认知殡葬　学习殡葬　研究殡葬　指导殡葬

殡葬园林文化学

BINZANG YUANLIN
WENHUAXUE

杨宝祥　著

中国社会出版社

图书在版编目（CIP）数据

殡葬园林文化学 / 杨宝祥著．—北京：中国社会出版社，2015.4

ISBN 978-7-5087-5021-7

Ⅰ.①殡…　Ⅱ.①杨…　Ⅲ.①葬礼—服务业—研究—中国　Ⅳ.①D632.9

中国版本图书馆 CIP 数据核字（2015）第 052438 号

书　　名：殡葬园林文化学

著　　者：杨宝祥

出 版 人：浦善新

终 审 人：李　浩

责任编辑：杨　晖　　　　**助理编辑：**高　文

出版发行：中国社会出版社　邮政编码：100032

通联方法：北京市西城区二龙路甲 33 号

电　　话：编辑室：（010）58124839

销售部：（010）58124841

（010）58124842

网　　址：www.shcbs.com.cn

经　　销：各地新华书店

中国社会出版社天猫旗舰店

印刷装订：中国电影出版社印刷厂

开　　本：170mm×240mm　1/16

印　　张：26.5

字　　数：480 千字

版　　次：2015 年 8 月第 1 版

印　　次：2015 年 8 月第 1 次印刷

定　　价：54.00 元

中国社会出版社微信公众号

再版前言

如果说《殡葬园林文化学》的问世得益于社会对殡葬工作的理解，得益于各级人民政府对殡葬工作的支持与关心，得益于民政系统各级领导对我这个从20世纪80年代末大学毕业后就扎根基层的殡葬工作者的鼓励和关怀的话，那么《殡葬园林文化学》（第二版）的出版还离不开殡葬同人的热情帮助，我在此书的再版之际，真诚地向领导、同行们道一声"谢谢"。

《殡葬园林文化学》借着21世纪的曙光出版后，很快就被一些大专院校、科研院所、图书馆等单位订阅或收藏，一些殡葬单位把此书作为提高干部管理水平和员工职业技能的培训教材，长沙民政职业技术学院、福建省民政学校、河南省民政学校、湖北民政职业学院、重庆城市管理学院、首都铁路卫生学校、辽宁省民政学校、北京社会管理职业学院等院校选定其为殡仪系相关专业的教材，首都铁路卫生学校曾聘我为现代殡仪技术与管理专业教师，特别是任北京社会管理职业学院社会管理系主任、殡葬专业带头人期间，我在讲授相关专业课程和带领学生实训的过程中，对殡葬园林文化学又有了新的理解，尤其是长沙民政职业技术学院殡仪系陵园设计与管理专业的部分学生通过书信、网络等形式就殡葬园林文化相关课题与我进行了广泛的沟通和交流，北京社会管理职业学院现代殡仪技术与管理专业的学生在我讲授课程时提出了许多关于殡葬园林文化学的新解，"教学相长"使我进一步拓宽了思路。

《殡葬园林文化学》出版十几年来，我先后主持了十余家殡仪馆、公墓、文化生态陵园、风景旅游区的总体规划设计和更新改造，参与了数十家殡葬设施规划设计的论证，这也使我加深了对殡葬行业的认识，提升了为殡葬行业服务的水平。我国殡葬改革经过半个多世纪的发展，在"实行火葬，改革土葬"方面取得巨大成就的同时也出现了许多新问题，如何解决殡葬领域一系列的人口、资源和环境问题，使生者、故人与环境能友好和谐相处，成为建设资源节约型、环境友好型社会和提升政府社会治理能力而面对的严肃课题。殡葬改革的目标是减少殡葬对自然资源的浪费和对自然环境的污染及破坏，正确处理与分析殡葬与自然环境之间的关系，建立可持续发展的殡葬体系和保持与之相适应的可持续利用资源和环境基础。在通过社会治理而推进社会主义和谐社会建设的进程中，建立以绿色殡葬为主题的殡葬新文化体系，树立科学文明的殡葬文化观念，统筹考虑殡葬改革和管理工作，切实通过环保措施促进人类生存环境质量的提高（绿色殡葬），建设体制合理、社会和谐的殡葬文化以及生态健康、景观适宜的殡葬环境（生态殡葬），充分满足公众基本殡葬权益并提升殡葬活动质量（人文殡葬），以促进生态系统的稳定性和持续性（和谐殡葬），推动人类社会协调、可持续发展，使殡葬与社会文化、生态文化、生态环境相协调，以更好地促进社会和谐发展，具有重要的现实意义和长远的历史意义。

在多年从事殡葬实务、科研、培训、教学工作中，在深入学习、调研的过程中，我看到了近年来社会主义建设总体布局的“生态文明建设”在殡葬领域的新发展，感受到了殡葬领域对殡葬园林文化的渴望，也更加明确了殡葬园林文化在提升殡葬行业整体水平和综合效益的作用。此书的再版也正是为了促进社会对殡葬行业新的认识和理解，满足殡葬行业为资源节约型、环境友好型社会建设贡献力量的愿望并给予文化和智力支撑，使殡葬管理和改革既有政府强力推进，又有全民自觉参与；既能实现殡葬管理法规追求的社会效益，又能充分体现社会对死者及其家人的人文关怀，有效地促进社会和谐发展。

《殡葬园林文化学》（第二版）在广泛征求殡葬行业领导、同人以及殡葬领域专家的意见和建议后，修订了第一版存在的错误，又适当增加了有关绿色殡葬文化、生态殡葬文化等有利于殡葬服务机构提升整体效果的可操作性极强的内容，希望能继续得到社会各界的大力支持。

杨宝祥

二〇一四年冬于北京

序一

任何一门新学科的产生和发展的根本动因，都是时代的需要。今天，构建中国殡葬园林文化学理论体系，既是殡葬改革和环境发展的需要，也是适应世界文化浪潮冲击和追赶现代类型文化学研究水平的需要。

在我国学术界蔚然兴起科学与文化的热潮之际，本书作者杨宝祥同志作为一名殡葬事业单位的园林科技工作者，出于时代的感召和求真探源的渴望，一面致力于殡葬园林科技工作，一面又沉埋书海，潜心研究殡葬园林文化这一边缘学科，真是难能可贵，这是他热爱殡葬事业的真诚体现。园林关系着人们的精神生活，殡葬园林的精神功能更有其特殊性和现实意义，对殡葬园林文化的探讨，也是精神文明的建设。有志于在殡葬事业中作出符合时代需要的殡葬工作者和关心这项事业的人们，学习殡葬园林文化学的知识是十分有益的。

作者在多年殡葬园区园林工作实践和研究的基础上，针对殡葬行业特点，从指导园林工作实践出发，从殡葬园林艺术文化、造园与管理文化的角度对殡葬园林文化进行论述。全书内容精练、通俗易懂，既有基本概念，又有规划设计方法，还提出了管理中应注意的问题。书中内容包括殡葬园林文化的基本概念、主要园林艺术手法、园林建设与管理技术对策，还结合殡葬园林工作的特殊性，对有关殡葬园林文化理论进行了探讨，具有一定的指导意义和现实意义。

这部《殡葬园林文化学》，集中体现了长期从事殡葬园林工作的杨宝祥同志现阶段的学术成果。作为民政工作者，我对这部专著的出版感到很高兴。我希望本书的出版能够满足殡葬管理者与殡葬园林科技工作者的需要，促进我国殡葬园林工作的健康发展，使殡葬单位在市场经济大潮中能够提高自我保护能力，从而推动殡葬事业的科学发展。

李宝库

二〇〇一年七月于北京

序二

我怀着十分高兴的心情来写这篇序言，因为杨宝祥同志花了很多心血写成的《殡葬园林文化学》即将出版了。

一部真正具有学术价值的著作，不外乎在三方面下功夫并进行真知灼见的阐述，一是学科中需要填补和解决的空白，二是在原有的或前人的科研成果的基础上使学科向前发展，三是在学术界讨论未果的问题上提出大家公认的解决方案。我认为《殡葬园林文化学》在这三方面都作出了一定的努力和贡献。

人们谈论殡葬文化、园林文化已有相当长的时间了，但殡葬园林文化首次作为“联姻”的东西出现，是一个有着崭新内涵的概念，至今还没有相关的专著出现。殡葬园林文化概念的出现，也正像其他与文化联姻的概念一样，出现在现代的文化研究繁荣和衍生时期，其生命力在于它有自己的新内涵，具有现实意义。杨宝祥同志在《殡葬园林文化学》中勾画出的框架和主要内容，虽然有待于学术界同人继续对它进行丰富和完善，但作者对这门新兴的学科进行了大胆的尝试，尤其是重点从文化、实用角度去阐述，不仅有利于殡葬学、园林学、文化学的发展，给日益细腻而复杂的当代科学体系又增加一门新的交叉学科，还有利于殡葬园林文化学的发展，为人们继续深入研究殡葬园林文化学奠定了基础。

随着经济的发展和殡葬改革的不断推进，我国的殡葬工作由新中国成立前的“杠业”发展到如今服务于千家万户的“殡葬业”，人们对其认识已经走过了从“偏见”到“理解”的历程，殡葬业自身也由过去简单的“殡与葬”进入了“殡葬服务与殡葬文化”的新阶段，如果我们能很好地把“殡葬”“园林”与“文化”紧密联系起来，使殡葬园区建设不仅仅是“节约土地，保护环境”，而且还提升到“美化环境”并能为后代留下有一定历史意义的人文景观，那么人们就会用“尊重”的眼光看待殡葬业，殡葬改革就会更顺利。

殡葬园林是否相宜，是否美观和实用，实际上是通过使用者和管理者对殡葬园林的体验认识反馈表现出来的，殡葬园林建设过程中，要采用使用者和管理者的感受信息，通过实践求取大众的殡葬园林文化思想意识，这些都需要殡葬园林文化的正确引导。用先进的殡葬园林文化来引导人、教育人，可创造一个良好的社会氛围，减少我国殡葬改革的阻力。这也正是《殡葬园林文化学》的意义所在。

是以在欣喜之余为之序。

窦玉沛

二〇〇一年五月于北京

序三

尽管我时常从有关报刊上见到杨宝祥同志关于殡葬园林的学术性或科普性文章，但当我读了他的《殡葬园林文化学》书稿，却感到十分惊奇：我国殡葬史上关于殡葬园林文化学的第一部专著终于在一位殡葬园林科技工作者的努力下问世了！

中国有着几千年的文化传统，其中与殡葬相关的文化更是源远流长且广泛而顽固地影响着人们的观念和行为。回顾历史，人类的生存和发展无不依靠自然与文化这一对轮子的支撑并向前转动；展望未来，自然与文化这对轮子的支撑负担更重，转动速度更快。自然和文化从来是分不开的，任何高度的现代化也都是历史长河奔流不息的必然。

园林必须依托良好的自然生态环境才能健康存在，而殡葬园林本身又应当是极具个性特色的环境。通过殡葬园林建设充分体现出独特的文化内涵是殡葬工作者的努力方向。殡葬行业在殡葬园区建设中一贯强调“园林化、艺术化”，在殡仪馆等级评定和公墓考察过程中，我越来越意识到殡葬园区园林建设与管理的文化意义和作用：一花、一草、一木的栽植，一个景点的园林景观配置，一个功能区的园林布局，一个园区的总体风格等都隐含着丰富的文化信息（尤其是殡葬园林文化信息），可见殡葬园区的园林建设不仅仅是殡葬园林艺术和技术问题，更重要的是一个文化问题。

中国园林是中国文化的一个重要组成部分，殡葬文化是文化的一个重要分支。我国人民的殡葬行为深受封建的、唯心的文化观念影响，封建殡葬观在给人民带来巨大经济负担的同时，也影响着人们科学化思想上的进步，因而殡葬改革的中心是殡葬观念的改革，是殡葬科技与文化改革。现代殡葬园林文化的建设，应该在继承中华民族传统文化的基础上，借鉴国外先进的殡葬园林文化，发展成为先进的、充分体现现代文明的、为人民大众服务的具有中国特色的殡葬园林文化。

“用先进的殡葬园林文化来引导人、教育人，创造一个良好的社会氛围，减少殡葬改革的阻力”，就是充分发挥文化的作用。杨宝祥在多年的殡葬园林科技工作中注重把科技与文化联姻，潜心研究科技、文化与殡葬的内在关系。《殡葬园林文化学》不仅从理论方面进行了探讨，而且还在科技转化为生产力方面作了努力：作者创造性地提出“殡葬园林文化学”这一新兴的交叉学科，首次定义了殡葬园林文化学的概念，确定了殡葬园林文化学的研究对象，介绍了殡葬园林文化学的研究方法，这些为深入研究殡葬园林文化学奠定了理论基础；书中从文化与技术角度对殡葬园林工作进行了论述，以科普性语言说明了殡葬园林建设与管理中应该怎样做，不应该做什么，对新时期的殡葬改革、殡仪馆和公墓等殡葬园区的建设与发展具有重要的现实意义和长远意义。

一株幼苗，需要社会的精心呵护。为了使殡葬事业实现可持续发展，让我们以“高看一眼，厚爱一层”的态度来共同扶持“殡葬园林文化学”这门新兴的学科，祝愿殡葬园林文化学这株殡葬行业的奇葩永葆青春活力！

范兆岐

二〇〇一年五月于北京

目　录

第一章　殡葬园林文化学概要

文化，包容了人类社会各种智慧结晶的知识、行为和物质存在以及凝结在这些存在中的思想意识蕴含。中国文化有“山水画、烹饪、园林和京剧”四绝之说。园林艺术的兴衰，与国家的政治、经济及其他社会条件息息相关。中国园林艺术具有巨大的魅力，其创作有理、法、式可循，其审美有情、景、意可述。殡葬园林文化学作为一门新兴的交叉学科，把殡葬、园林、文化等相关学科紧密联系在一起，体现出独特的艺术魅力和发展前景。对殡葬园林文化这一人类文化现象进行探讨，将有助于这门边缘学科的科学发展，也有助于生态文明建设背景下的殡葬园林文化建设，从而推动我国社会治理理念下的殡葬改革顺利进行。

第一节　文化与中国传统文化

文化是人类在社会历史发展过程中所创造的物质财富和精神财富的总和。文化作为一种社会现象，是人们长期创造形成的产物；文化作为一种历史现象，是社会历史的积淀物。一定文化是一定社会的政治和经济的反映，又影响和作用于一定社会的政治和经济。每个国家（地区）、每个民族都有自己的文化，人类社会的文化发展表现为不断地推陈出新，人类文明的每一个进步和发展，都是文化在起着内在的导向和推动作用。

一、文化及其内质

（一）文化的内涵

“文化”一词，在英文和法文中均为Culture，在德文中是Cultur，都源于拉丁文Cultura。原意指耕作，又有居住、培养、练习等含义。其后，这一术语专指改造和完善人的内心世界，使人具有理想素质的过程。随着文化含义的不断扩大，文化又具有了教育、发展、尊重的意义，用以表示人们生活和活动达到了一定的发展水平。18 世纪以前的“文化”概念，指人对自然有目的的影响和改造以及人对自身精神和机体的培养（即人类为了完善自己的本性而增补的知识）。可见“文化”明显地留下了古代农业经济对人塑造的痕迹并逐渐由物质领域引向精神领域。

19 世纪下半叶以后，“文化学”逐步建立起来，对文化的研究也迅速而全面地展开。学者们大都认为：“文化”与“自然”相对，凡是与自然状态、天然状态相对立的都属于文化现象。自然不仅指存在于人身之外并与之对立的外在世界，也指人类的本能，人的身体的各种生物属性等自然性。而“文化”的含义是“人化”或“人类化”，是指人类主体通过社会实践活动，适应、利用、改造自然界客体而逐步实现自身价值观念的过程和一切物质与非物质成果。也就是说，自然界本无文化，自从有了人类，凡经过人类“耕耘”的一切均为文化。石头不是文化，但经过原始人简单打磨而成的石器却是文化。水不是文化，而水库就是文化。总之，人类的历程就是文化的历程，只要留过人劳动痕迹的东西都可以称之为文化产品。英国“人类学之父”泰勒（E. B. Tylor，1832—1917）在其经典著作《原始文化》（1871）一书中曾指出：“文化是个复合的整体，它包括知识、信仰、艺术、道德、法律、习俗和个人作为社会成员所获得的其他能力及习惯。”《法国大百科全书》（1981）认为：“文化是社会群体所特有的文明现象的总和。”《苏联大百科全书》（1973）认为广义的文化是社会和个人在历史上一定的发展水平，它表现为人们进行生活和活动的种种类型和形式以及人们所创造的物质和精神财富。20 世纪中叶，美国文化学家艾尔弗内德·克罗伯（Alfred Louis Kroeber，1876—1960）在总结前人的基础上，提出了大家公认的文化定义：“文化是一种架构，包括各种内隐或外显的行为模式，通过符号系统习得或传递；文化的核心信息来自历史传统；文化具有清晰的内在的结构或层面，有自身的规律。”

中国古代“文化”一词的含义可以帮助人们理解“文化”一词的由来与发展。“文”，本义指彩色交错，或纹理、花纹。《易经·系辞下》载：“物相杂，故曰文。”《礼记·乐记》称“五色成文而不乱”，唐代孔颖达注疏《尚书》时将“文明”解释为“经天纬地曰文，照临四方曰明”。“经天纬地”意为改造自然，属物质文明。“文”引申为文字、文辞的含义。“文”又被儒家进一步界定为舜、禹、汤、周文武王制定并一脉相传的礼乐、典章制度及伦理、价值观念体系。“化”指事物形态或性质的改变，即变化、改变、教化。“文”和“化”合并使用，最早出现在《易·贲·彖传》：“观乎人文，以化成天下。”在古代，“文化”指“文治教化”，即用一整套的礼乐典章制度和人文学说去教化人、改变人，从而达到社会治理之目的，它属于国家施政的一类手段与方式，即所谓“文治”。“文化”一词，中国传统的含义和西方的含义是相近的，即都是用一些精神规范去教化人、规定人、改变人、陶冶人。

“文化”这一术语有上百种定义。这些定义的正确程度，要从人类为什么需要文化这个根本问题去评定。从结构要素看，文化不仅包括作为知识形态的哲学、宗教和各门具体科学以及蕴含于这些学科之中的思维方式，同时也包括作为非知识形态的社会心理、风俗习惯和民族精神等。在这些结构要素中，哲学作为时代的精华，占据着核心的地位。人要维持自己的生存，就要在改造自身（即主观世界）的同时改造客观世界。主观世界指人的意识、观念世界，是人的头脑反映和把握物质世界的精神活动以及心理活动的总和，它既包括意识活动的过程，又包括意识活动过程所创造的观念，即意识活动的成果。这些意识、观念共同作用形成了一个由物质世界所派生的主观世界。主观世界不仅起于主体的心意以内，而且表现为主体的心意状态。人的欲求、愿望、情感、意志、目的、观念、信念、思维等是主观世界的不同存在形式和表现。从总体上看，主观世界是知、情、意的统一体。客观世界指“物质的、可以感知的世界”，是人的意识活动之外的一切物质运动的总和。从内容上看，它包括自然存在和人的社会存在两部分。前者不依赖人的活动而独立存在，后者形成于人的实践活动之中但又不以人的意志为转移。两者都是具有客观实在性的物质存在，而非意识、观念的存在或集合体。自然存在和人的社会存在的统一构成了“外部世界”或“物质的世界”即客观世界。改造自身是为了充实自己的本质力量以便更好地去利用自然；改造客观世界是为了更好地满足自身的需要，但其手段都是靠自身体力和智力发展出来的文化。改造的本质就是一种文化塑造，一部人类历史就是用文化塑造主客观世界的历史。人生活在社会这一文化氛围里，既接受这种氛围的陶冶，也为这种氛围增添新的内涵。如果只坐等被动地接受陶冶，而不最大限度地去创新，文化氛围的密度就要降低。社会文化含量一旦稀薄，人的智能体能就得不到开发，人在客观自然面前就会变得低能无力，人的自然驾驭能力也会削弱，人的生命能量就浪费在无用功上。

每一个社会都要建构适合它需要的文化内蕴。对社会文化内蕴起决定作用的是社会生产样式。从远古到现在，大致上可区分出这样几种社会生产样式：原始狩猎生产样式、原始采集生产样式、牧业生产样式、农业生产样式、商业样式、工业生产样式。与这几种生产样式相关联，人类历史长河出现过6种文化形态：原始狩猎文化、原始采集文化、牧业文化（或称草原文化）、农业文化、商业文化、工业文化。这是从人类历史整体上说的。作为一个地区、一个民族并非都要经历这6种文化。但是，从当今世界各民族物质文化发展水平折射出一个巨大的差别，凡是完完全全经历了这6种文化的民族在认识上就比较成熟，有很强的生命活力和创新力；而没有完全接受这6种文化洗礼的则表现出先天不足。

总之，文化有广义和狭义之分，广义的文化是指人类在认识和改造世界过程中积累的一切物质财富和精神财富的总和，即人类在实践交往中所建构的各种方式和成果的总体，其中既包括世界观、人生观、价值观等具有意识形态性质的部分，又包括自然科学和技术、语言和文字等非意识形态的部分。确切地说，广义的文化是指一个国家或民族的历史、地理、风土人情、传统习俗、生活方式、文学艺术、行为规范、思维方式、价值观念等。狭义的文化是指社会意识形态领域的各门知识以及与之相适应的制度和组织机构（如文学艺术、教育、体育、宗教、道德、政治法律、文化团体、文化教育制度等）。日常生活中所说的文化，则是指运用文字、掌握知识的活动（如学习文化、提高能力）。

（二）文化的结构

文化是一个社会历史范畴，是指人类创造社会历史的发展水平、程度和质量的状态。文化作为一个有机的整体，其构成处于互涵共摄、互观互照的状态之中。任何文化构成物，人们所能“看”到的只是它的状态和基本形式，物质文化、制度文化、精神文化也正是文化的三种基本存在形式，同时也是文化结构大系统中的三个构成要素。

关于文化的结构，有物质文化与精神文化“两分说”，有物质、制度、精神“三层次说”，有物质、制度、风俗习惯、思想价值“四层次说”，有物质、社会关系、精神、艺术、语言符号、风俗习惯六大子系统说等。

“文化两分说”认为，人类所创造的文化可以大致分为两类：一类为物质文化，一类为精神文化。这两类文化分别代表着人类战胜自然的现实成果和人类超越自然的理想追求。物质文化主要指以物质的形式客观存在的人类创造物；精神文化则主要指以艺术的、心理的形式存在的人类创造物，如哲学、宗教、文学艺术、风俗习惯等。人们的社会活动内容和形式各具特点，归纳起来不外乎两大类：一类是围绕生活而展开的活动，称为“生存活动”，诸如婴儿出生、生长、娱乐、交友、生产、祝寿、过节、婚姻等；另一类是围绕死亡事件而展开的活动，称为“殡葬活动”，诸如准备寿衣、临终关怀、办丧事、做墓立碑、祭奠、吊唁、清明扫墓等。人类的活动受文化的支配，或者说人类的每一类活动都产生一类相应的文化，因而，全部文化就可分为两类，即生存文化和殡葬文化。殡葬文化又包括祭奠文化、墓文化、碑铭文化等。殡葬活动是生者所从事的，其文化也是生者所创立，因而，殡葬文化实质上是生存文化的一种特殊形态。

“文化三层次说”认为，文化的表层是物态文化层，即人类一切劳动包括艺术劳动的物化形态；中层是心物结合层，体现为各种规范制度、法律法式或法则，以及艺术创作方法等；深层的是心态文化层，即属于这一文化整体的社会群体心态，包括群体的伦理思想、思维方式、价值观念、民族性格、宗教感情、审美意识等，它离物较远，却是在精神的物化过程中决定物的根本。

“文化四层次说”认为，物态文化层由物化的知识力量构成，是人类物质生产活动及其产品的总和，是整个文化大厦的基石，是可感知的、具有物质实体的文化事物。制度文化层是由人类社会实践中建立的各种社会规范、典章制度构成，即人类在交往中约定俗成的习惯定式，以礼俗、民俗、风俗形态出现的行为模式，包括社会经济制度婚姻制度、家族制度、政治法律制度、家族、民族、国家、经济、政治、宗教社团、教育、科技、艺术组织等。行为文化层是人际交往中约定俗成的以礼俗、民俗、风俗等形态表现出来的行为模式，以民风民俗形态出现，见之于日常起居动作中，具有鲜明的民族、地域特色。心态文化层由人类社会实践和意识活动中经过长期孕育而形成的价值观念、审美情趣、思维方式等构成，凝聚为文化的精神内核，是文化的核心部分，心态文化层又细分为社会心理和社会意识形态两个层次。

1. 物质文化

物质文化主要表明人在物质生产领域中认识、掌握、改造世界的创造力的表现和发展程度。凡人力曾经和正在作用其上的一切物质对象以及人类物质生活方式均可视为物质文化。它既是人类现实改造活动的对象化产品，又是人类现实活动富于成果的凝结，在它身上不仅镌刻着人类定向活动的结构，而且也映照着主客体之间特定关系的结构。

物质文化具有如下特征：一是物质性，这是它有别于文化其他存在形式的关键所在。二是基础性，物质文化从最显在的层次上映照着整个文化的历史积淀水平和样式，并成为其他形式文化存在和发展的基础。三是易变性，由于物质文化在文化形态层中居于最表层，变动不居，易于传播，当异质文化在平等或不平等的条件下接触时，它总是首当其冲。

2. 制度文化

制度文化是指人在一定历史条件下交往活动所缔结而成的社会关系以及与之相协调的社会活动的规范体系及其成果，又称为规范性文化。例如中国传统文化中的“礼”就是这种规范文化。制度文化是人类协调各方面关系、规范自身行为的文化产物，它包括社会的经济制度、婚姻制度、家族制度、政治法律制度，实行上述制度的各种物质载体的机构设施以及个体对社会事务的参与形式，反映在各种制度中的人的主观心态等。制度文化是群际关系得以维系的重要纽带，它由一整套内在的准则系统所构成，是人们一切文化活动的基本准绳。从文化结构诸形态的关系上看，制度文化是物质文化、精神文化的中介，其性质决定了物质文化尤其是心理文化的性质，并制约着二者的发展方向。

3. 精神文化

人类在精神需求的驱动下所形成的精神活动方式及其对象化产品的总和，称为精神文化。精神文化可分为书面文化、行为文化、艺术文化和心理文化4个层面，前两者可视为它的显形，而心理文化则构成它的隐形，艺术文化则居于显隐之间，是精神文化中的特殊形式。

书面文化是以书面的形式而凝固了的精神文化。

行为文化是“言语的与非言语的沟通”的文化，是心理文化的直接呈示。

艺术文化是人类艺术活动的方式及其产品的总和，从位置上看，艺术文化介于精神文化的显隐之间，它实际上包含着两部分：一是指人们在艺术活动中所创造的艺术产品，二是指艺术地把握世界的方式。从功用上看，艺术文化旨在提高人的整体精神水准，在思想、感情、意志、想象与趣味的有机统一中以及在对世界完整的审美关系、道德关系、认识关系的统一中全面地发展着它的精神性；从内容上看，艺术文化的内部结构又具有特殊性，通过艺术文化的“三维空间”而具体袒露出来。

心理文化指的是内化融凝于大脑中的精神活动方式、取向的总和。从构成上看心理文化包括认识方式、创造力、思维模式、价值观念等。心理文化处于精神文化这个子系统的最隐层，是整个文化形态大厦的底座。它是长期以来人类文化实践活动不断凝聚、积淀、演化而成的，并通过思维模式的求同性、单一性以及价值观念的定向性等表征出来，所以在它的身上往往最能体现出不同文化圈的本质差异。

作为结构的系统要素，是互涵共摄、互动共生的有机体。文化结构的整体性，既取决于表层形态上的层次性，也取决于结构三层之间的内在连贯性，它们共同导向文化的创造者和享用者，并全方位地释放着它们的本质力量。从理论的角度上看，借助文化的转换性，一方面不断地整理加工新的材料，可以体现自身的活力；另一方面，又在转换过程中保持着自身的连贯性。对文化结构而言，其自身调节性主要表现为结构诸要素的互动共振性。文化结构诸要素均具有相对独立性和各自发展的规律性，中国哲学强调和谐、调和，其实对和谐的倚重是我国传统文化的基本特色，无论是注重整体效益、讲究以和为贵的价值观念，还是“天人合一”的思维模式，抑或是重直观、轻分析的认识方式，都是和谐的广视角的生动映现。这正是一系列转换程序围绕着有益于自身生存而次第转换成的。

（三）文化的形态

人们的一切言行总是在自觉或不自觉地受着某一文化传统的制约，而现实的文化又总是渗入生活和创造之中，体现在人类的活动状态或实物状态。人们的每一生活（行为）和创造（物）之中都隐藏并体现着某种观念原则，这就是文化。

文化的存在形态一般分为三类。一是观念形态。指人们的知识、习俗、规范、价值观念和思维方式等，即西方学者所理解的狭义的文化，它作为所谓“传统”储存在各民族的头脑里，沉积在人们的下意识中。二是操作形态。即人们在衣食住行、婚丧庆典、工作学习、日常交往等活动中所表现出来的行为方式、态度、程序等，是“观念”在行为中的定型，是文化的外在表现。三是实物形态。即人们根据一定的观念和一定的操作而创造出来的实物，它体现了一定的文化观念。透过这些物体，可以看到各种文化之间的差异性和共同性以及各自的发展变化。这样，将“观念－操作－实物”三者联系起来作完整的理解，文化就是体现在人们的活动和创造物中的一整套知识、习俗、规范、情感、语言、信仰、艺术、法律、价值观念、思维方式等观念的凝结，其核心是价值观念和思维方式。

（四）文化的特征

特征是一个客体或一组客体特性的抽象结果。任一客体或一组客体都具有众多特性，人们根据客体所共有的特性抽象出某一概念，该概念便成为特征。属性是对一件事物的性质定型的概述。文化属性是指一个人、一个社会团体、一个民族、一个国家的生产生活的习惯的定性（基本的文化素质表现）。凡是系统的文化，它们都具有一些共同的基本特征。

一是社会性。文化产生于一定的社会条件，它是一个社会全部的历史活动和现实活动的观念产物。文化是社会的文化、民族的文化乃至人类的文化，从未有过纯粹个人的文化。文化是群体生活的必然产物，并且是这一群体继续生存所不可缺少的，人们总是自觉或不自觉地受到所处的社会文化的影响、制约。可见文化具有统一性、整体性和系统性，这就是文化的社会性。

二是规范性。即文化具有一定的导向规范性，如言行导向、价值导向、思维导向等。在一个社会中，人们想什么、做什么、追求什么、如何思维等都受社会文化规范的引导，因而表现出行为的一致性。如中国传统的“厚养薄葬”就是一种文化的规范性。

三是可操作性。人们的活动都在遵循着一定的准则，人们的行为都体现出一定的文化原则，这就是文化的可操作性。

四是稳定性。文化作为一个社会、民族的观念体系，是在较长的历史时期内逐步形成的，它一旦形成，就具有了超强的稳定性。所谓传统，就是一种文化观念在一个民族的心理和行为模式上所造成的定型，即使社会、经济、政治发生了很大的变化，这种模式也不会立即改变，如中国传统的殡葬文化中“入土为安”的观念。

五是继承性。文化作为一个相对独立的观念体系将代代传递，其内涵会沉淀于一个民族的心理结构之中，形成一套较为固定的倾向、偏好，即所谓“传统心理”，文化传统是一个民族区别于另一民族的精神根据。例如“殡葬文化”是民族文化不可或缺的一部分，作为一种传统文化，它自然有许多精华，也有不尽如人意的糟粕。在改革开放不断深入的今天，同样需要一场行之有效的现代殡葬革命，需要进行“去粗取精”，即使是“精华”的东西，也仍然有一个发展、完善、提升的问题；更重要的是要创造新的、符合历史发展总趋势和体现历史前进方向的殡葬文化。

（五）文化的功能

人类由于共同生活的需要才创造出文化，文化在它所涵盖的范围内和不同的层面发挥着主要的功能和作用。文化既然是社会的产物，又为社会所必需，它必然具有相应的社会功能。

1. 教育功能

在历史上，文化对人的教育不仅表现在生产技能上，更重要的还在于社会教育上，文化的功能也就是通过积极的引导为社会培养合格的下一代。

（1）整合。文化对于协调群体成员的行动可以发挥作用。社会群体中不同的成员都是独特的行动者，他们基于自己的需要、根据对情景的判断和理解采取行动。文化是他们之间沟通的中介，如果他们能够共享文化，那么他们就能够有效地沟通，消除隔阂、促成合作。

（2）导向。文化可以为人们的行动提供方向和可供选择的方式。通过共享文化，行动者可以知道自己的何种行为在对方看来是适宜的、可以引起积极回应的，并倾向于选择有效的行动，这就是文化对行为的导向作用。

（3）有序。文化是人们以往共同生活经验的积累，是人们通过比较和选择认为是合理并被普遍接受的东西。某种文化的形成和确立，就意味着某种价值观和行为规范的被认可和被遵从，这也意味着某种秩序的形成。而且只要这种文化在起作用，那么由这种文化所确立的社会秩序就会被维持下去，这就是文化维持社会秩序的功能。

（4）传续。从世代的角度看，如果文化能向新的世代流传，即下一代也认同并共享上一代的文化，因而，文化具有传续功能。

例如殡葬文化的教育功能，在殡和葬之前，要接受两种教育：知识教育要求培养各种各样的人才；死亡教育目的是让人们远离死亡，但不惧怕死亡。基督教里的忏悔也是一种教育，是人在临终前对自己一生的总结。对殡葬文化要从理论、从人生的道路、从身后的道路以及整个历史出发，充分发挥其教育功能。

2. 审美功能

从美学观点上提高人的素质，使人们从中发现“美”，从而使人的精神得到一种升华、一种陶冶、一种快感。文化的审美功能常常与教育功能相联系，因为丑恶的东西不能起到教育人的作用。

3. 娱乐功能

文化的娱乐功能大量地表现于人们所追求的一切文化活动中。文化活动具有使人们获得快乐的效用，文化的乐趣主要在于通过审美得到自由享受与审美快感。

此外，文化的功能还有记录功能、认知功能、传播功能、凝聚功能、调控功能等。文化的全部功能在于改造客观世界和主观世界。物质生产的目的是满足人的物质需要，文化的客观效果却改造了原始自然的蛮荒。这种改造的积累就造成了今天地球上繁华富丽的人工自然；精神教化和精神生产是满足人的精神需要，它的客观效果却是改造了人的主观世界，扫荡了人精神世界的蛮荒。今天，人能变成万物的灵长，取代了上帝的地位，就是这种改造积累的结果。文化从概念上可以明确地划分成物质与精神两大门类。但在实际生活中，这两者间是有着千丝万缕的联系的。它们是互相依赖、互相促进、互相丰富、互相提高。这两个门类的轴心是人，是人决定着它们的质与量。人和文化是双向塑造的。文化对人的创造是在开发人的心智和调教人的野性两方面体现功用，这两者之和便是人的文明程度。任何文化形态塑造人的基本着力点都是相同的，但不同的文化形态在着力点的走向上产生了歧异，有时会是很大的歧异。

如果一个民族在漫长时间跨度中，始终稳定在一两个文化形态内，没有新的发展，又没有异文化的渗入，就会出现熵增大的局面。如果地理环境又是封闭的，这个民族就有可能出现衰落，直至从地球上消失。即或存在到现在，智力发育不够成熟，生命还有可能出现畸形。

二、中国传统文化

每一种文化产生的地理环境、社会历史条件和发展演变的过程不同，因而各有自己的特点和个性。中国传统文化的特质，只有在与其他文化的比较中才能显示出来。

“传统”一词，汉刘熙《释名·释典艺》曰“传，传也，以传示后人也”；唐颜师古注《汉书·贾山传》“统，继也”。传统，有世代相继之义。传统在现代意义上的英文 tradition 的汉译，是指由历史沿袭下来的，具有一定特色的文化、思想、道德、艺术等，是一个外延很宽的反映客观事物最一般规定性的概念，是指人类创造的不同形态的特质经由历史凝聚而沿袭着、流变着的诸文化因素构成的有机系统。传统文化是具有积淀和传承机制的相对稳定的文化综合体。从人们的衣食住行、典章制度到价值观念、行为方式乃至一个民族潜在的心理意识，人们通常将其归于某类传统文化。传统与文化的内在关联，主要有文化的承传机制和传统的文化内涵两个方面。

传统文化就是文明演化而汇集成的一种反映民族特质和风貌的民族文化，是民族历史上各种思想文化、观念形态的总体表征。世界各地、各民族都有自己的传统文化。作为一个文化综合体，传统文化的基本特性不是来自抽象的传统文化，而是对具体的民族文化传统共性的抽象，传统文化的民族性、时代性、稳定性和保守性是其基本特性。传统文化是形态多样且结构功能复杂的民族文化传统的复合系统。每个时代的文化都是传统文化的积淀，是历史文化与现代文化的矛盾统一。传统文化的稳定性与传统文化存在和功能联系在一起，传统文化是新文化创造与发展的坚实稳固的土壤，它以稳固的形态和方式，保证文化的积淀、凝聚、存储、沿袭得以实现。例如，在中国文化发展中，儒家的仁义礼教，“天人合一”的宇宙自然观，直觉体悟的思维方式，务实、入世、求稳、崇德的心理状态，都是中华民族千百年文化的积淀，它们构成中华民族传统文化深层结构的重要部分，并作为超稳定的文化因素至今仍在现实生活中起着不可忽视的作用。

中国传统文化（traditional culture of China）主要指从中国历史上沿袭和保存下来的，具有一定特点的思想意识、信仰、道德、价值观念、风俗习惯、生活方式与社会心态等。中国传统文化是中华文明演化而汇集成的一种反映民族特质和风貌的民族文化，是民族历史上各种思想文化、观念形态的总体表征，是指居住在中国地域内的中华民族及其祖先所创造的、为中华民族世世代代所继承发展的、具有鲜明民族特色的、历史悠久、内涵博大精深、传统优良的文化。一般来说，中国传统文化是指1840年鸦片战争以前的中国古典文化，它是以中华民族为创造主体，于清晚期以前，在中国大地上形成和发展起来的，具有鲜明特色和稳定结构的，世代传承并影响整个社会历史的宏大的古典文化体系。

（一）中国传统文化的结构特点

中国传统文化源远流长，博大精深，其思想基础是以儒学为主，佛、道为辅，兼及法、墨、阴阳之学。了解和学习中国传统文化，有助于将科学精神与人文精神结合起来，可以增强民族自豪感、爱国热情以及全世界华人的凝聚力，把握民族文化的精神和特点，在世界文化之林保持民族特色，以便继承优秀文化传统，建构具有现代意识的新文化。

1. 多样并包性结构

中国文化有五千多年历史，在漫长岁月中形成各具特色的阴阳、儒、墨、名、法、道德六家，后由印度传入佛教各宗派。可见中国传统文化并非单一的，而是多元的和合体，表现出百家争鸣的形式，互相辩论的风气，兼容并包的政策。

2. 开放互补性结构

中国传统文化并非只是封闭的、保守的，它的主导方向是开放的，能不断吸收不同的文化思想和外来的思想，进而转化为自己的文化，同时又不把自己已有的文化思想绝对化，而不断建构新的理论形态。其表现是：儒、释、道的综合与排斥；儒家与道家的互补与对立，正面与负面，形而上与形而下，入世与超世等。

3. 经济实用性结构

中国传统文化的旨趣所在，不在于虚空的玄想，而在于讲求务实的精神和形而下的百姓日用之学。其表现为制民之产，知行合一。

（二）中国传统文化的精神生命

英国历史学家阿诺德·约瑟夫·汤因比（Arnold Joseph Toynbee，1889—1975）认为：在近6000年的人类历史上，出现过26个文明形态，但只有中国的文化体系是长期延续发展而从未中断过的文化。

中国文化强大的生命力主要表现在它的延续力、融合力、同化力等方面。中国文化源远流长，其之所以能顽强地生存发展并绵延至今而不辍，主要原因在于东亚大陆特殊地理环境提供了相对隔绝的状态，使中国文化好像一直孕育在一个广袤的避风港中，很少受到外部力量的巨大冲击。融合力是指中国文化并非单纯的汉民族文化或黄河流域的文化，而是在汉民族文化的基础上，善于有机地吸收中国境内各民族及不同地域的文化，形成具有丰富内涵的中华文化。同化力是指外域文化进入中国后大都逐步中国化，融入中国文化而成为其中的一部分，例如佛教文化的传入和佛教文化的中国化；又如先进的中原文化多次同化以武力入主中原的北方游牧民族而出现“征服者被征服”的结果。中国文化还具有强大的凝聚力，具体表现在文化心理的自我认同感和超地域、超国界的文化群体归属感。

中国传统文化历史悠久，源远流长。从公元前 2697 年的黄帝元年起，各地区、各民族间相互交流，相互融合，最终形成了一个统一的民族即中华民族，形成了统一的文化即华夏文化。华夏文化的源头覆盖了黄河、长江两大流域，其中有齐鲁、西秦、吴越、荆楚、中原、燕赵、三晋、巴蜀文化等，中国传统文化包容了各个时代、各个民族和各个地区的不同文化思想。中国传统文化不仅仅局限于儒、道、佛三家，而是兼容各家思想成果的博大精深的思想文化体系。长期建立在自然经济基础和宗法伦理关系上的中国传统文化，带有浓厚的封建主义色彩，这一点对殡葬行为影响最深。中国传统文化不像“古埃及文化”“古巴比伦文化”“古波斯文化”等文化“有古无今”，也不像“美国文化”“新西兰文化”等文化“有今无古”，中国传统文化从公元前 841 年起的以后每一年都有明确的文字记载，这种历史悠久、记载准确、没有中断的民族文化，在人类文明发展史上是绝无仅有的。中国传统文化在保持其连续性的同时不断推陈出新，也充分说明了中国传统文化的巨大生命力。

每一代人都是文化的承继者，他们在特定的文化环境中成长，一方面创造、积淀新的文化，另一方面又深受文化传统的影响。中国传统文化基本精神是渗透于中国传统文化中最本质的精神内涵，它是推动中华民族向前发展的内在动力和思想基础，也是中华民族区别于其他民族的最本质的原因。作为一种历史悠久、内蕴深厚、聚合力强、扩散性大的传统型的文化模式，中国传统文化在数千年历史的沉积过程中逐步形成了自己相对稳定的特征。

1. 整体精神

由于宗法制的严重影响，中国文化中崇尚人的价值实际上是崇尚人类的价值、人类的尊严，中国文化中的人文主义把人看作绝对不能脱离整体的人，因而强调人对集体的义务和责任，而忽视个人的权利。整体价值的内在深层蕴含，是整体意识。个体价值融入整体价值之中的“先天下之忧而忧，后天下之乐而乐”的精神。这种观念有利于培养人们形成全局利益高于局部利益、整体利益高于个人利益的行为，形成以民族利益为重的意识，成为保持中华民族长久团结统一的重要思想渊源之一。

2. 人本精神

传统文化认为，天为上，地为下，人在中心，人把天地联系沟通起来，构成完整的宇宙世界，这就形成了以人为中心原则，“天地之性，人为贵”，人为万物之灵，人为邦本，仁者爱人，以及“民为贵，社稷次之、君为轻”的思想精神。中国人文精神的产生和中国历史的演进是同步的，它注重人的道德修养，主张人们通过自身的修养和学习，成为高尚的人、有理想的人，因而古代的人文精神非常重视礼仪形式，提倡德治，力求使社会各个等级和睦相处。中国传统文化“以人为本”的精神，有助于加强现代化企业的管理，使企业能以对人的信任和理解来培养员工的忠诚服务精神和积极参与意识，以关心人的需求来发挥员工的各种才能和创造性，全面调动人的积极性和主动性。

中国文化是一种伦理型文化，具有伦理至上的观念文化与价值取向。中国传统社会的政治、文化和社会生活体现着一种泛道德主义的人文特点。这种传统伦理讲求的是在个人修养基础上处理人际关系或社会关系的准则与行为规范，这种准则在理论规范上可用“仁、义、礼、智、信、忠、孝、节、义”来概括；行为规范则主要通过礼法或礼制来约束。这种伦理至上的文化与宗法制度、专制政治相结合，形成了一整套尊卑分明、等级有序的身份取向制，体现出道德的法律化，即通过礼制来规范社会行为，形成重礼制、重人治、轻法治的社会格局。重视个人的道德修养，但这种道德的养成是为了群体的和谐与有序，即“修已以安人”，表现在以人为本和人道主义倾向，如孔子的仁学、孟子的仁政、墨子的兼爱、佛家的慈悲之心。

3. 自强不息精神

《周易·乾·象传》:“天行健，君子以自强不息。”这是对古老的中华民族刚健有为、自强不息精神的集中概括和生动写照，中华民族就是依靠此精神，创造了灿烂的古代文化而成为世界文明古国并延续到现代而没有中断，这是与其他三大文明的不同之处。“天下兴亡，匹夫有责”的意识，是中国知识分子的强烈的社会责任感，也是中国传统文化的主体精神。

中国传统文化基本精神作为中华民族的民族精神的集中体现，是中国古代社会发展的思想基础和内在动力，对于中华民族的价值取向、思维方式、社会心理、行为表现等产生了重要影响，例如它在价值取向上的制约和引导功能、社会心理上的民族凝聚功能、行为方式中的精神激励功能等。

（三）面临挑战的中国传统文化

人类的一切物质创造活动，都是以一定社会和时代的文化形态为中介，对自然之物的加工改造。文化的未来发展落实在生产力与技术进步的焦点上。人类创造了前农业技术（狩猎技术）、农业技术和工业技术，人类正在通过信息技术把生产力推向新的高度。新技术革命主要是以微电子技术为核心，以生物技术、光电技术、新材料和新能源为支柱的科学技术新发展。新技术革命的核心是微电子技术，微电子技术的核心是电脑。它们会像人类历史上曾经起过重要作用的石器、铁器、机器一样，影响甚至决定社会与文化的未来发展。

文化形态的各个方面、各种构成要素都带上信息社会的印迹。人类迈向未来信息社会，在文化学意义上信息文化的生成与发展，未来文化的信息化使得文化形态发生全面变迁，变迁的结果是文化形态日趋合理。文化作为人在自然系统中处理人与自然关系的产物，始终与人的本质及人的发展相联系。现代文化向传统文化发起的挑战攻势，所采取的方式往往是强力的文化侵入和温和的文化渗透。这是全方位的传统文化冲突：一是传统农业社会安身立命的自然经济基础越来越不适应社会经济发展的客观需要，二是传统农业社会以专制为特色的政治制度同现代民主制发生尖锐的冲突，三是对传统文化意识形态的挑战。

中国传统文化是一个以汉民族为主体，历经了几千年农业和社会发展形成的古老文化形态。以自给自足的自然经济为基础、以家族为本位、以血缘关系为纽带的宗法等级伦理纲常，是贯穿于中国古代的社会生产活动和生产力、社会关系、社会制度、社会心理和社会意识形式这五个层面的主要线索、本质和核心，这也是中国古代传统文化的基本精神。中国传统文化的基本特质是“礼治”。“礼”是中国文化世代相沿的主要表现形态，它具有中国文化的原初性和普遍意义，兼有生活方式、伦理风范、社会制度的内容，成为绵延数千年的传统文化模式。以儒学为中心的中国传统文化有独立、完整、延续、实用等重要特性，显示出较高的存在价值。以儒学为主体的中国传统文化是一个封闭自足的系统，它有着广阔浓厚的土壤维持自己的生命机体。在现代文化的挑战面前，要积极地反省和批判旧的传统，特别是改造文化深层结构中一系列价值观念、思维方式、风俗习惯、社会心理等。通过文化借鉴给中国传统文化注入新鲜血液，改换民族文化形态的容貌，使它以崭新的形象立于现代文化之林。

中国传统文化与中国现代化具有必然和复杂的联系。通常所称的现代化主要是从工业化、民主化的角度来考虑问题的。就广泛的、剧烈的经济、政治、社会、心理、生活方式各方面的变革而言，现代化是在文化总体上舍弃传统社会特征，创造和发展新的文化模式。现代化即现代文化运动。人的现代化和社会文化环境变迁之间的关系，是一个相互影响的互动作用过程。社会经济、政治、文化意识的发展推动人的现代化过程，同时，人的发展也不断地反作用于社会文化的变迁。传统文化与现代化的冲突，更多的是指思想意识、观念形态的冲突，是传统心理与现代心理承受力之间的冲突，因而要从多维学科的角度全面系统地研究传统文化的问题，从中发掘整理合理进步的因素，以解决现代化建设中遇到的一系列问题。

从传统走向现代化的具体道路是多种多样的，要正确认识传统文化，清楚地了解国情，文化现代化是民族全体的事业，应当从文化结构的表层做起，建立新兴产业，发展经济，通过工业化和市场经济的冲击力，震撼社会体制，改换文化深层结构，取得相适应的政治环境与社会心理环境，保证文化结构整体的和谐效应，使现代化走向正途。

三、中国现代文化

中国民族历史源远流长，传统文化博大精深，像一颗璀璨的明珠照亮着世界，让中国人民以及海外华人引以为傲。从诗词歌赋到笔墨书画，无不渗透着中国优秀传统文化的精髓，凝聚着整个中华民族。鸦片战争后，各式各样的西方思想不断涌入，人们的思维、行为和生活方式都受到了外来文化的冲击，使中国的传统文化受到了严峻的考验，开始全方位地转换和发展。传统文化是指中华民族几千年以来，以儒家、道家和佛家为主体的重视个人心灵修养和社会精神文明建设的思想体系以及这个思想体系的文化载体和产品。现代文化是指人们适应现代化本质要求的文化，就是实现文化的现代转型并形成与社会主义核心价值体系和社会主义价值观体系相一致性的文化，包括“诚信、法治、公正、理性、科学、人文”六个价值理念。

对传统文化在批判的基础上继承，在继承的基础上综合创新。现代化不仅是经济问题，更是一个文化的问题，即需要在社会结构、制度、思想、观念乃至人的本身诸多方面由传统社会转型到现代社会。而传统文化是与一定历史社会和历史阶段相联系的文化，不对传统文化进行批判，现代文化就无从谈起。

从文化一般性特征来说，文化具有民族性和传递性，要在批判继承的基础上进行综合创新，做到“古为今用，洋为中用”：接受某些新的（中外）文化素质；拒斥某些新的（主要是西方文化和当代中国传统文化的糟粕部分）

文化素质；保留某些传统的文化素质（如民族认同观念、爱国主义意识、价值观念的优秀成分、制度中的借鉴部分等）；扬弃某些传统的文化素质（如专制政治和价值观念中的官本位、保守主义、平均主义、重农轻商意识、人情观念、地域观念、重人治轻法治思想等）。

对传统文化的认同及传统文化与现代化的适应。由文化的民族性和传递性看，对传统文化的认同实际是对自己国家和民族的认同问题。文化传统可以造就一个民族的自尊心、自豪感和自强精神，因此，没有文化认同就没有民族和国家的认同。传统文化与现代化的适应实际上就是要克服文化优越感和自我中心的文化本位主义，通过对外开放，吸收外来先进文化的过程来建设符合中国国情的现代新文化。适应的过程也是一个批判继承与综合创新的过程。

第二节　殡葬文化与园林文化

文化，是指人类社会历史实践过程中，在一定的环境条件下，人类群体形成的相对稳定而又区别于其他群体的语言文字、思维方式、观念价值及相关行为模式和物化形态的有机构成。

一、殡葬文化

殡葬文化源远流长、博大精深，广泛而顽固地影响着人们的殡葬行为。殡葬事业科学发展的基础和关键在于现代殡葬文化的建设，特别是在倡导构建和谐社会的大环境中，通过对传统殡葬文化的扬弃与传承，结合现代科学技术与人们的生活方式，树立和谐的殡葬文化观，构建科学的殡葬文化体系，既能促进殡葬事业的健康发展，又为建设和谐社会营造一个良好的社会氛围。

（一）殡葬的内涵与特征

1. 殡葬的概念

殡葬是人类自然的淘汰，是对死者遗体进行处理的文明形式，是社会发展的产物，也是文化传统的组成部分。殡葬是一种社会活动，它起源于人类文明，又将永远与人类结伴而行。殡葬又称丧葬，其含义是指人们对死者遗体的处理方法和对死者的哀悼形式。

殡葬原是土葬的文言用词。“殡”一作停柩解，如《礼记》“殷人殡于两楹之间”“周人殡于西阶之上”；一作葬解，如《荀子》“三月之殡”。“葬”作藏解，葬，原意指土葬，后来引申为处理尸体的方式，如土葬、火葬、水葬等。如《礼记》:“国子高曰:葬也者,藏也。藏也者,欲人之弗得见也。是故,衣足以饰身,棺周于衣,椁周于棺,土周于椁。”《说文》:“死在棺,将迁葬柩,宾遇之。”即置死者于棺中,待以宾客之礼。由于人死后并非立即一埋了之,而是要进行一系列的社会性活动和相应的礼仪,诸如表彰死者的德行、功绩,让亲友故旧前来吊唁、祭奠等仪式,以此表达人们对死者的感情。所以,殡葬就引申为丧事活动及其礼仪规范。此外,对死者的祭奠也属操作形态范畴,如清明上坟祭祖、祭扫烈士公墓等。

葬是人生落幕时必经的一道手续。在生产力发展水平低下的上古时代,生前和死后的物质享受都很贫乏。据《韩非子·五蠹》记载,尧做君王时,住在简陋茅屋,吃粗粮野菜,穿兽皮粗布。据《墨子·节葬》说,古代君王制定的丧葬法规是:棺材只要三寸厚,就足以储藏腐朽的尸体;衣服只要三套,就足以遮盖尸体难看的模样;至于下葬,只要下面不挖到泉水,上面不透出臭气,坟墓有三尺大小就够了。

随着生产力的发展,物质财富增多了,殡葬的条件也有所改善。一些特权人物、富贵人家,“棺椁必重,葬埋必厚,衣衾必多,文绣必繁,丘陇必巨,……然后金玉珠玑比乎身,纶组节约,车马藏乎圹”,以显示权威。春秋时期齐桓公的墓中“水银池,金蚕数十箔,珠襦、玉匣、缯彩军器不可胜数”。河北平山战国中山王墓中,有 12 匹马,4 辆车,5 条船。河北满城发掘出的汉武帝异母兄中山靖王刘胜墓中,刘胜夫妇二人皆裹玉衣,各由两千多块玉片用金丝连缀而成“金缕玉衣”。秦始皇征调 70 余万劳工,用了 40 年的时间,在骊山修建规模惊人的陵墓。《资治通鉴》云:“葬始皇于骊山,下锢三泉,奇器珍怪,徙(从库府搬迁到墓穴)藏满之。令匠作机弩,有穿近者辄射之。以水银为百川、江河、大海,机相灌输。上具天文,下具地理。后宫无子者,皆令从死。葬既已下,或言工匠为机藏,皆知之,藏重即泄。大事尽,闭之墓中。”

现在的殡葬指的是处理死者遗体的方法和对死者哀悼形式,包括发讣告、向遗体告别、送花圈挽联、送葬、火化、安葬遗体或骨灰盒等一系列的丧葬事项。

2. 殡葬的起源

人类的殡葬有一个发展过程。殡葬方式受民族、地理条件、历史时期、社会制度和经济状况的制约。殡葬是某个时期文明程度的反映,是和人们的物质条件及社会政治情况相适应的。由于不可能找到文字记载,人们对于人类早期的殡葬文化,主要是根据文献学和考古学的资料,其中更多地又是从殡葬角度认识的。

殡葬的起源，主要有以下三个方面。

（1）人类的本能意识。人类初期行为和动物并无本质区别。先民们对待死者，就像动物对待同类的死亡一样，弃之荒野，听其腐烂或任由食肉动物吞噬。

人类早期，当活着的人看到死去的人再也无声无息时，会很自然地产生一种原始的、朦胧的意识，认为是人生不可挽回的转折，应当采用一种适当的方法进行处置，除因当时自然条件和物质条件的不同而有所区别外，还会因或对死者的亲恋，或对死者的怜惜，或对死者的恐惧，或对死者的憎恶等而有所不同，有的可能往死者身上盖些柴草，有的可能往死者身上堆些土石，有的可能将死者运到隐蔽的地方，……也有的可能会弃之不管而另外择地而居。《孟子·滕文公上》云："盖上世尝有不葬其亲者，其亲死，则举而委之于壑。他日过之，狐狸食之，蝇蚋姑嘬之。"早期的殡葬是简陋的，殡葬意识还有些模糊不清。

随着人类思维的发展，自我意识能力和理解能力不断增长，原始人开始变得关注起同类的尸体和自己的生死，当活着的人看到死去的人再也无声无息时，会很自然地产生一种原始的、朦胧的意识，并由此产生了早期的殡葬行为，即有意识地处理遗体行为。人们会根据对死者的态度和认识，采取一些在当时认为是恰当的方式予以处置。这也是人们为了保持一个好的生活环境，考虑日后自己死去的归宿而采取的一项社会措施。

（2）灵魂观念的影响。自产生了灵魂不死的观念以后，就有了埋葬亲人的习俗。古时人们受落后的社会文化的影响，认为人的灵魂是永存的，人死灵魂不死，对于后代既可以降福，也可以施祸，关键是要看对死者的态度和安葬的方式。古老的中国就是在这种灵魂观念的影响甚至支配下，对殡葬的认识越来越具体、越全面，许多新奇多样的殡葬形式随之出现。

中国原始社会时期，逐渐产生了宗教迷信灵魂不死的观念，《孟子》中说"上世尝有不葬其亲者，其亲死，则举而委之于壑"。自产生了灵魂不死的观念以后，就有了埋葬亲人的习俗。《易经·系辞》载："古之葬者，厚衣之以薪，藏之中野，不封不树，丧期无数。"即以柴草裹尸体，置于荒野，不积土做坟，不竖木做标记，丧期也没有规定。

在半坡遗址中，埋葬的死人多是头朝西，表示灵魂寄托西方的意思，这种宗教信仰和对祖先的崇拜，在我国母系氏族社会就产生了。《礼记·檀弓上》"古也，墓而不坟"。即"凡墓而不坟，不封不树者，谓之葬"。坟，是指墓上的堆土。直到西周，墓上仍是不做坟堆、不做标记的。后来，人们开始追求最能表达活人意愿的殡葬形式，如墓室的精良、葬品的丰盛、葬礼的隆重，并开始流行殉葬奴隶、合葬夫妻，出现了数十代于一地的家族墓地，产生了祭祖习俗等，给古老的殡葬深深地打上了灵魂观念的印记。

到了奴隶社会时期，厚葬之风和迷信活动盛行，奴隶主阶级为利用宗教迷信维护其统治，大力提倡对凶礼的习俗，甚至把奴隶也作为祭品杀掉，作为殉葬品埋掉。用活人殉葬是古代可怕的暴政和习俗。《墨子·节葬》：“天子杀殉，众者数百，寡者数十；将军大夫杀殉，众者数十，寡者数人。”《左传·文公六年》：“秦伯任好卒，以子车氏三子奄息、仲行、针虎为殉，皆秦之良也。国人哀之，为之赋《黄鸟》。”《诗经·秦风·鹲》反复吟唱的“临其穴，惴惴其栗”的诗句，对残忍的殉葬制度作了强烈控诉。

在封建社会时期，统治阶级利用宗教神学思想、宗法思想和伦理道德观念等意识形态，麻痹、统治、压迫广大人民群众，极力推行封建的葬礼，倡导“慎终追远，重殓厚葬”“破家而葬，债子而偿”“葬埋必厚、衣衾必多、文绣必繁，丘陇必巨”“坟丧必择吉地”等，形成了一整套繁杂、铺张的殡葬习俗。

几千年来，我国的殡葬习俗贯穿着一个灵魂不死的思想，认为人的身体可死而灵魂是永生的，因而主张重魂厚魄。由于历代统治阶级竭力推行土葬和封建的丧制、丧礼，年长日久就形成一种习惯势力，使土葬、厚葬及与之相伴的封建活动成为几千年来在我国人民中主要的殡葬习俗。随着社会的进步，人类的殡葬行为日益变得规范和复杂，同时也逐步走向文明。

（3）宗教信仰的产物。殡葬的起源和发展，也有愚昧落后的宗教原因。古人在对死者的处置中，出于各种各样的目的，人为地把对死者的安葬同生者的福祸联系起来，给死亡和殡葬披上了许多宗教色彩和封建的外衣，至今仍然表现得相当明显。

中国的殡葬起源是世界最早的国家之一。中国的殡葬文化在世界殡葬发展史上占有重要的地位，从山顶洞人算起，中国的殡葬至今已有1.8万多年的历史，它渗透着中国古老的殡葬文明和民族文化之精华，同时也包括了殡葬历史的文化糟粕。通过学习研究中国的殡葬历史，可以更好地学习吸收优良的殡葬文化，摒弃有违于社会主义精神文明和物质文明的糟粕，为今后的殡葬改革和发展提供有益的借鉴，进一步弘扬民族殡葬的优良传统。

3. 殡葬的特征

由于历史时期、社会制度、宗教信仰和自然环境的不同，每个国家和民族的殡葬活动有所不同，但殡葬具有以下几个共同的基本特征。

一是共同性。死亡是人类不可抗拒的自然规律，对每个人来说，死亡是最平等的。围绕着死亡后的各种活动，各地、各民族大致相同，如土葬与火葬两种遗体处理方式自古以来就存在。

二是民族性。每个民族对死者遗体的处理方式和礼仪往往受该民族所处的自然环境、物质文化生活、宗教信仰等多种因素的影响，一旦形成模式，便具有对本民族的殡葬行为的规范作用。如全世界的穆斯林实行土葬。

三是地方性。即使是同一个国家、同一个民族的同一种殡葬方式，由于死者所处的地域不同，人们对死者遗体的处理方法和对死者的哀悼形式也就不同，正所谓“十里不同俗”。

四是传承性。殡葬习俗一旦形成，就容易沿袭下去，这种沿袭，在社会生产力不发达的情况下，它能起到稳定社会的作用，而在社会变革时，它则成为一种影响和制约改革发展的惰性力量。

五是变异性。由于社会进步、文化交流、地域变迁等因素，殡葬活动也在不断变化之中，这也正是殡葬改革的可行性。

（二）文化对殡葬的影响

1. 殡葬礼仪与葬法的殡葬斗争

从历史上看，一些具有朴素唯物主义观点的思想家、政治家，曾经不同程度地反对封建的丧制、丧礼，民间也曾经采用不同于统治阶级主张的葬法。所以在殡葬领域中，历史上就存在着两种思想、两种风气的斗争。

首先，在殡葬礼仪上，有些思想家、政治家曾提出薄葬节丧、丧事从简的主张。由于中国传统的“灵魂不死”观念一直支配着古人的思想，而儒家又倡导“孝道观念”，因而厚葬的观念在中国殡葬文化中一直占绝对支配的地位。先秦的思想家墨子虽然不反对殉葬制，却严厉抨击厚葬久丧是“辍民之事，靡民之财”，主张“薄葬节财”。战国末期思想家、法家代表人物韩非提倡死者“冬日冬服，夏日夏服，桐棺三寸，服丧三月”，主张薄葬。《吕氏春秋》中有《节丧》《安死》两文，文章继承并发挥了墨子的主张，认为“今世俗大乱，之主愈侈其葬，则心非为乎死者虑也，生者以相矜尚也。侈靡者以为荣，节俭者以为陋，不以便死为故，而徒以生者之诽誉为务，此非慈亲孝子之心也”。战国时代的庄子更是一位反对厚葬的学者，《大宗师》载“古之真人，不知悦生，不知恶死，其出不欣，其入不拒”，“夫大块（指天地、自然）载我以形，劳我以生，佚我以老，息我以死”。在殡葬问题上，他不仅反对厚葬，而且更解放、更超脱地主张不葬。据《庄子·列御寇》载：庄子将死，弟子欲厚葬之。庄子曰：“吾以天地为棺椁，以日月为连璧，星辰为珠玑，万物为赍送。吾葬具岂不备邪？何以加此！”弟子曰：“吾恐乌鸢食夫子也。”庄子曰：“在上为乌鸢食，在下为蝼蚁食，夺彼与此，何其偏也。”东汉唯物主义哲学家王充批评厚葬“重死不顾生，竭财以事神，空家以送终”。尽管在长期的奴隶社会、封建社会中，土葬厚葬占统治地位，但是薄葬和厚葬两种思想的斗争却未停止过，古代的薄葬观念作为一种新颖而深刻的生死观，给传统的殡葬观念文化注入了理性之光，也预示着中国殡葬文化发展的必然趋势和归宿，具有十分深远的历史意义。古代的薄葬、节丧等思想，在今天看来仍然是可贵的文化遗产。

其次，在葬法上，火葬不但古已有之，而且这种葬法在许多地区曾经相当流行。《墨子·节葬》载："秦之西有仪渠之国，其亲戚死，聚柴薪而焚之。"《列子·杨朱篇》有晏平仲关于尸体处置的记载："既死，岂在我哉，焚之亦可……"后来的《扶南传》《永昌群传》也有关于火葬的记载。东汉初年，佛教传入我国，对火葬在民间的流传起着重要的作用。到了唐宋时期，火葬又有了进一步发展。

2. 佛教和西方文化对我国殡葬的影响

殡葬是人类文化的一个组成部分，由于人类进行交往联系，文化也随之传播。在我国历史上，大的文化传播出现过两次，第一次是佛教的传入，第二次是西方近代文化的传入，这两次文化传入，对我国文化产生了巨大影响，特别是第二次文化的传入，经与中国文化的融合，形成了我国的现代文化。

佛教自汉代传入我国，趁王朝更迭频繁、社会不断变更之机，逐渐流传并为人们所接受。佛教与中国传统文化发生冲突和融合，是一种在彼此的撞击中寻找契合点的过程，中国传统文化有效地吸取了佛教文化的成果，将它吸收和改造成为中国文化的一部分，显示了中国传统文化的充分开放性、高度坚韧性和善于消化的能力，表现了中华民族文化强大而鲜明的主体意识。佛教文化与中国传统文化的冲突和融合，是宗教文化与封建时代文化的交涉，因而要批判地继承传统文化的精华，积极学习外国一切先进的文化，并在社会主义建设实践的基础上，加以综合、改造、创新和发展。

死葬祖坟是我国人民的传统。即使客死他乡，也要将遗体运归故里，称之为"归葬"，我国历史上只有"义地"，没有"公墓"一词，但有着丰富的"墓文化"。墓葬的形式、形制结构、规格等级、布局和装饰、随葬品的内容等，无不折射出人们在殡葬上的价值观念，也反映了不同时代社会的宗教信仰、伦理道德、政治和经济制度。

陵墓，又称为"陵"，古代专指帝王、皇后或有帝后谥号者的坟墓。坟墓周围广植林木，形成陵墓园林。我国古代的陵寝制度是伴随着封建专制主义的形成而确立的，它是封建统治者作为皇权和维护身份等级制度的手段。我国古代陵寝制度和具有东方文化特色的陵园建筑，是封建社会政治生活中的重要内容，是我国殡葬文化的主要内容。例如陵墓中具有"驱邪、仪卫、彰绩”功能的石象生。

坟墓，也称之为“丘墓”“冢墓”“茔冢”，是埋葬死人的处所。平曰墓，封曰冢，高曰坟。古时封土成丘称为“坟”，挖地成穴称为“墓”，后多以坟墓连用。《管子·九变》：“大者，亲戚坟墓之所在也。”坟，原指土堆。屈原《九章·哀郢》：“登大坟以远望兮。”后来坟与墓连称，《周礼·大司徒》：“一曰微宫室，二曰族坟墓。”丘，本义是土山，《尚书·禹贡》：“九河既道……是降丘宅土。”春秋时以丘称葬地，如楚昭王墓称“昭丘”，赵武灵王墓称“灵丘”，后来丘与墓、冢、坟等连称，《汉书》载司马迁《报任安书》：“亦何面目复上父母之丘墓乎。”《史记》记吴王刘濞“烧残民家，掘其丘冢”。《诗·十月之交》“百川沸腾，山冢崒崩”，后来称高坟为冢，《史记·高理本纪》“项羽烧秦宫室，据始皇帝冢”。陵，本指大土山。《尧典》“荡荡怀山襄陵”，后称帝王墓为陵，《史记·赵世家》载赵肃侯十五年“起寿陵”，这是君主坟墓称陵的最早记载。后世把帝王之墓地称为陵园，帝王墓地的宫殿建筑称为陵寝。在阶级社会里，坟墓的高低、大小、形制均体现阶级和等级的差别。我国现在的土葬区仍有坟墓存在。进入文明时代，社会等级急剧发展且日益森严，墓地出现了一些新的特点。一是墓地等级贵贱之分更加明显，成为社会地位和政治地位的象征，如西周时期，墓地分两类，一类是“邦墓”，即王公贵戚的专用墓地，另一类是死者按家庭辈分依次而葬的公共墓地。春秋战国以后，又分离形成了专门的帝陵，以埋葬皇帝、皇后及皇室成员。“邦墓”则演化为各家庭的宗族墓地。

墓志，也称为“墓志铭”，是埋在墓中用来记录死者的姓名、家世和生平事迹的石刻。墓志源于东汉，当时有人为防止墓碑遭到破坏而将其埋入墓中，魏晋时期严禁在墓前立碑，埋在墓中的墓志增多。南北朝后期，墓志逐渐定型，志石多呈方形，志盖多呈顶形，志文也形成固定的文体，先记述死者的姓名、籍贯和家世谱系，再记其生平事迹、官职履历，并颂扬其政绩德行，后记其卒葬的年月和葬地。志文后一般为四字韵的“铭”。

墓碑，有的立于墓前，有的置于墓后，是用于记载死者姓名、生卒年月及生平事迹的碑。碑身通常呈长方形，上端顶部呈圆弧形或腰尖角状。秦以前由木制，因不耐侵蚀，汉以后改用石刻，并刻成碑文，石墓碑就流行起来。碑文一般由子孙、友人等撰写，也有死者生前撰文自立的。

中国古代殡葬不仅受灵魂、山水观念的影响，也有一定的巫术因素，即通过一些手段求取吉祥，避免凶邪。具体表现在安放镇墓兽（物）、雕镂吉祥图案等。在墓中葬入吉祥的麒麟、狮子、龙马、凤凰、鸾鸟、青龙、白虎、朱雀、玄武等，还有雕镂的仙山楼阁、玉宇琼台的图纹、莲花的图纹等，这些都意在营造一种天堂仙境、瑶池蓬山的气氛，以图死者能乘鸾御凤、驾鹤升天，得道成仙，或造福子孙后代。

近代以来，随着经济的发展和国际交往的增加，兴起了一批聚集着众多人口的城市，既有大量来自全国各地的中国人，也有为数不少的外国人。为了处理死者遗体，在西方文化影响下，出现了“殡仪馆”和“公墓”两种新的殡葬形式和设施。

公墓即公共墓地，它是在我国“义地”（又称“乱葬岗”）的基础上，受西方文化的影响而形成的，属殡葬园区的范畴，是人民群众办理丧事的活动场所。现如今，作为为城乡居民提供骨灰（或遗体）安葬服务的公共设施的公墓，一种是由殡葬管理部门自己或与有关单位联合兴办的经营性公墓；另一种是农村自己兴办的，只埋葬本村死亡居民的公益性公墓。上海最早的公墓是从1844年开始出现的，虽然经历了很长的历史演变，但作为一种文化现象，公墓仍然是现代殡葬的主流。

最早在西欧出现的殡仪馆是城市化客观要求殡葬服务社会化的发展产物。在我国，由于城市的发展，又受西方文化的影响，城市中也出现了“殡仪馆”这种办理丧事的服务场所，它改变了以往由死者家属在自己家里办理丧事的做法，承担了提供社会殡葬服务的任务。

骨灰堂是在火葬区用于存放死者骨灰的设施。它有两种形式：一种附设于殡仪馆，对存放骨灰者实行有偿服务；另一种由农民以村为单位集资修建，只存放本村死亡居民的骨灰。骨灰堂内以木料或金属制成多层多格橱架，分格存放骨灰盒，盒上标以死者姓名、遗像等，供生者凭吊。

（三）殡葬文化及其内涵

1. 殡葬文化的概念

文化是一个复杂的总体，包括知识、信仰、艺术、道德、法律、风俗以及人类社会里所有一切的能力与习惯。殡葬文化作为人类文化的一个组成部分，是与人类的历史同时诞生、同时存在的。人类文化可以分为生存文化和殡葬文化两类。殡葬文化是指相对人类生存文化而言，与死亡相关的人类创造的社会活动中多种特质文化的复合体，是围绕殡葬活动而出现的文化现象，诸如殡葬仪式、殡葬方式、殡葬历史、殡葬习俗、殡葬节日、殡葬心理以及殡葬的社会控制和调适等。因此可以说，殡葬文化是人类创造的社群活动中诸多特质的复合体，其涵盖内容涉及实物、信仰、心理、伦理、道德、艺术，也就是人们在关于殡葬的观念、殡葬的操作和殡葬的实物中所隐藏或寄托的某种“含义”，由此而延伸展开形成了诸如临终关怀、遗嘱文化、死亡教育、死亡观念、殡仪习俗、丧仪文化、祭祀文化、殡仪经济、殡葬科技以及其他有关活动等。

殡葬文化是指人们办理丧事过程中的形式和方法的现象总结，也是各种观念和表现的综合反映。因而，殡葬文化本质上是一种特殊的生存文化。理解殡葬文化时要领悟其中所蕴藏的含义，提升殡葬文化水平要侧重在将健康的“含义”融入殡葬观念、殡葬服务和殡葬实物中。

殡葬文化有广义和狭义之分。广义的殡葬文化的内涵和外延是比较广泛的，应该由物质的经济基础和精神的上层建筑两大方面组成，经济基础部分应包括殡葬的科学技术、殡葬设施设备、建筑装饰、各种殡葬用品等，其上层建筑部分包括殡葬的礼仪、殡葬习俗、殡葬方式、殡葬心理、殡葬伦理、相关政策法规、殡葬教育、殡葬服务等。狭义的殡葬文化是指殡葬文化的意识形态部分。

就其本质而言，殡葬文化是人们在观念形态、操作形态和实物形态中所表现的一整套价值认知系统，体现了人的自我意识的觉醒，其中隐喻了对人生的归宿和生命的价值的理解，对永生的追求、对现存社会的反映等，集中了人们对人类本源问题的深刻思考。

2. 殡葬文化的形态

殡葬文化有观念形态、操作形态和实物形态三类形态。在人们关于殡葬的观念（如对死亡的称谓）、殡葬的操作（如葬礼）和殡葬实物（如纸钱、棺、墓地）中都隐藏或寄托了某种含义，如对人生的归宿、生命的价值、对现存社会的反映等，殡葬活动都是按照生者的生活模式而设计的，所谓“事死如事生，事亡如事存”，即像对待生者一样地对待死者。因而，殡葬文化本质上是一种特殊的生存文化。理解殡葬文化时，主要是领悟其中所蕴藏的含义，而提升殡葬文化水平时，也侧重在将某一健康的“含义”融入殡葬观念、殡葬服务和殡葬实物中。

殡葬观念是殡葬文化的核心。殡葬观念是指人们对死后归宿也就是对死后世界的认识及其生活的愿望。例如我国古代殡葬观念的演变，基本上遵循了“生死如一”“神人相通”“厚葬”“孝道和宗法”等基本原则。

殡葬的操作主要指殡葬礼俗，它是殡葬观念的外在表现，即人们殡葬观念所表现的种种意识行为。历代统治阶级十分重视从思想上来教化民众，将殡葬礼俗制度化、规范化和等级化，演绎出形形色色的神秘、隆重而繁缛的殡葬礼俗，形成了所谓的“殡葬之礼”。

殡葬的物化形态即殡葬实物，如墓葬及其附属物，是人们殡葬观念和殡葬礼俗的物化表现。如我国古代的墓葬不仅体现了古代的思想观念、礼制风俗、殡葬观念和礼俗，而且反映了古代社会的演进过程，墓葬浓缩和凝聚了古代社会历史文化的精髓，从墓葬中，我们可以找出它所蕴含的历史的、文化的、民俗的乃至政治经济方面的丰富内涵。

3. 殡葬文化的特性

殡葬文化根源于社会生活，是社会生活和社会意识的反映，是社会文化的一个分类，它体现了人性的正义、善良、情感，也留下了人类的残忍、野蛮与愚昧。源于人类文明的殡葬文化，地域发展的参差不齐而形成不同的个性，为我们展示了各个历史时代各地区民族别具特色的生活方式和生死理念，并由此奠定了殡葬文化的共性。

殡葬文化有其自身的特性。一是折射性，每一时代、每一阶段的殡葬现象，都鲜明地打上该时代的烙印，折射出该时代的政治、经济、文化和民风民俗。二是渗透性，殡葬文化不仅渗透到每个家庭，影响到每个人，而且往往对某些人的一生都产生很大的影响。三是历史性，从当今社会的殡葬活动和习俗中，我们能发现它的历史投影和历史源头，作为传统文化的殡葬文化具有明显的历史惰性。四是神秘性，殡葬文化是人类对于死亡的一种认识和选择，这就使得中国的殡葬文化产生一种神秘感。

殡葬文化作为我国传统文化的重要内容，对我国古代社会各个方面产生了深远的历史影响。它能起到维护和强化宗法与家族制度，巩固封建秩序的作用；通过殡葬活动，推崇忠孝为本的伦理道德；它作为世代相传的一种社会历史文化现象，具有传承性和相对的稳定性，对保持我国传统文化的积淀和延续具有不可磨灭的作用。

4. 殡葬文化的内涵

人生有出生、结婚、丧葬三大礼仪。出生礼仪象征着人类的繁衍生息，关系着社会发展；结婚礼仪象征着家庭的建立，社会细胞的形成；殡葬礼仪则象征着人的生命结束，留给人们的是历史的无限回忆。

人生就有死，这是辩证法则；死是生的最后终结，这是大自然的规律。文化是同一个历史时期遗址和遗物的综合体。就文化而言，既有“生文化”，也有“死文化”。人死后的世界，历来被人们称为冥世（或天国），这是人们在处理丧事过程中塑造出来的另一个缥缈不定的缤纷世界。

在殡葬活动中，从古至今，都显示着人的社会关系。远在旧石器时代的文化遗址中，就有对死者有意识地进行埋葬的情况，反映出生者和死者的关系，以及与死者有关的诸多生者之间的关系。为死者举行各式隆重的葬礼，正是直系血亲关系的联络和加固，也是旁系血亲及相邻友朋之间关系的联络和认同。不同地区和不同民族的殡葬礼仪逐渐成为一个民族和社会的特定的文化模式。

历史上，由于受传统观念的影响，人们对待死亡的心理承受能力极其脆弱，表现出各种各样的心理状态和文化表现形式。只有冲破旧的思想观念，运用马列主义的历史唯物辩证法，去研究探讨殡葬文化，了解它的产生发展及影响，才能更好地加以科学分析，掌握其历史发展规律，挖掘优良的传统殡葬文化，摒弃陈旧落后的殡葬陋俗，更好地满足社会需求，为社会主义物质文明、精神文明和生态文明建设作出贡献。

殡葬方式是由观念决定的，而殡葬观念则是由人的生死观决定的，因此殡葬文化的首要本质是人的生死观的反映，不同的个人或不同的民族由于受不同的外部环境以及对自然界、人类、社会乃至自身认识的不同，生死观有极大差异。一般来说，个体的生死观从属于民族的、国家的、社会的、宗教的乃至某个集团的，也不排除个体独立的生死观。

殡葬文化是人类在自我意识觉醒过程中逐步建立并不断改造完善起来的。这一过程也是人类心理自我满足、自我需要的过程。自我满足有亲情需要满足、社会需要满足（道德需要满足）、宗教需要满足、自我表现满足等，其中自我需要满足是殡葬活动的内在动力之一。殡葬文化的根本意义在于纪念，而纪念的形式有很多。根本的纪念是精神，精神才是永恒的。

殡葬文化是一种古老而内容又十分丰富的文化，它包含着陈旧腐朽的与科学文明的殡葬习惯。古代奢侈的殡葬观，形成了封建陈腐的殡葬文化，历朝历代的帝王将相达官贵人尤其如此。唐朝修建了18陵，明朝修建了13陵，清朝修建了东陵与西陵等，实行厚葬，将众多贵重宝物、异兽珍禽等为他们陪葬，甚至把数以千计的建坟修墓的平民百姓、能工巧匠作为殉葬品埋入地宫。不仅占用了大片耕地，浪费人力物力，耗费了巨额资金，还残害了众多鲜活的生命。纵观我国几千年的历史，这种厚葬礼俗占据了统治地位，至今还严重地影响着现代社会。

科学文明的殡葬文化就是要实行科学的殡葬，骨灰深埋植树不留坟头或安放在殡葬设施内。科学文明的殡葬文化是社会主义文化的一部分，属于精神文明的范畴，随着生产力水平的提高和社会改革的深入而发展起来。在社会生产方式和人们生活方式不断发展的今天，构筑科学文明的殡葬文化，是社会的客观需要，是社会发展的必然趋势。

5. 殡葬文化的研究

中华民族历史悠久，幅员辽阔，民族众多，有璀璨的文化和优良的传统。殡葬文化源远流长，数万年前就有了一定的丧葬形式，相应也就产生了殡葬文化。殡葬文化是社会总文化的一部分、一个分支，是生者为死者而建立、形成、发展起来的文化，是礼仪的一个重要内容，它反映并受制于社会总文化。比如中国古代殡葬文化就受制于以儒家文化为主流的中国传统文化，古代殡葬文化是古代社会生活的一个缩影，通过对古代殡葬文化的研究，可以丰富历史研究和文化研究的广度和深度，有利于对我国历史文化进行全面和系统的分析研究，将政治文化现象和社会生活现象结合起来考虑，从立体的、多维的角度对古代社会作出合理的、科学的解释。先进的殡葬文化，也就是现代殡葬新文化，应该代表广大人民群众的利益，必须是为广大人民群众服务的。

文化是人类的一种适应体系，它涉及人类的三种关系，即人与自然的关系、人与人的关系、人与自己心理上的关系。殡葬作为人们生活的一个重要组成部分，也是人类的一种适应，并与人类社会的其他文化特质和文化形态构成人类总的适应体系，因此殡葬很自然地涉及这三种关系。具体地说，殡葬各个环节都离不开物质文化。人们借助药物器具保存遗体、布置厅堂悼念死者、寻觅墓地构筑坟墓，或者将骨灰撒向大自然，无不涉及人与自然的关系。殡葬活动主要是一种群体活动，人与人的关系在殡葬活动里得到集中体现，人与人之间的各种情感在殡葬过程中可得到充分展现。殡葬活动中，人与自己心理始终处于一个调适平衡过程，人类自己心理的任何反常或变异，均控制在殡葬文化所允许范围，从而形成了一种特有的适应方式。研究殡葬文化，应当把这三种关系放在总的社会文化体系中进行研究，要研究殡葬的起源、变迁、类型以及它在社会文化中的各种关系、各种功能。

研究和发展殡葬文化有利于为推进殡葬改革创造一个良好的社会氛围。我国殡葬文化长期受封建思想的影响，由于人们对图腾的崇拜，对死人的崇拜，发展到对死人的畏惧，沿着这条线发展到“厚葬薄养”的传统习俗。文化是一种复杂的总体，要用一种先进的殡葬文化来引导人、教育人，创造一个好的氛围，来减少殡葬改革的阻力。只有通过对殡葬文化的研究，分析传统习俗和内隐的传统思想意识的变异，探索殡葬文化在当代的变化程度，掌握各类文化的传播、交流、冲突和融汇的状态，深入了解和理解殡葬文化现象，才能更好地推行殡葬改革。

研究发展殡葬文化有利于殡仪服务水平的提高。要使各项殡葬工作卓有成效、富有创新，离不开殡葬文化作为底蕴。注重了服务水平的提高，增加了文化内涵，也就注重了殡葬文化，就加快了事业的发展。不论是硬件的建设还是软件的发展，都需要文化来支撑，如殡仪馆建筑设计，其整体布局(包括内部景观的设计)，只有创造了文化的氛围，才能缓解人们的悲痛情绪，真正体现出“以人为本”的服务理念。

研究植根于民众中的殡葬文化的哲学信仰，建设现代殡葬文化，必须在最高层次的哲学理念上作根本的改变。重新认识殡葬文化并赋予现代殡葬新文化，推动殡葬文化的创新是时代的要求。对殡葬历史文化的回眸（或反思），目的是推进殡葬文化建设和发展。殡葬文化是一种古今中外的“融合物”，新质的形成是需要创新的。没有文化流通和交会，就不能博采众长，创新就不能在众长的基础上进一步升华，创新的含量也不会高，甚至出现重复别人已经创新过的东西，这是智力劳动或文化劳动的浪费。

从目前我国的情况来看，殡葬文化作为大文化的组成部分，是“唯心主义唯一占上风”的一个文化领域，一些腐朽的、不健康、不文明的东西，在民间流行的殡葬活动中还相当严重地存在着。殡葬服饰文化、墓文化、殡仪馆建筑文化、殡葬技术和设备中的文化等，内容非常丰富，这些新的学科分支可以建立起来，并形成殡葬文化学的学科群。

殡葬文化是区分其他行业文化和企业文化的具有特质性的文化。如墓文化是殡葬文化这个大系统中的子系统，是殡葬文化的重要组成部分。公墓的景点与墓统一起来，墓就是景，景就是墓。景是公墓的基础设施，但将基础设施与墓有机地融合在一起，则有妙不可言之效果。根据系统的观点，所有的墓地都应该成为一景。每个墓地的个性化，又要与整个公墓的文化风格相一致。在追求墓地个性化，提高其文化含量时，如果破坏了整个公墓的文化风格，则在整体上降低了文化含量，这也是得不偿失的。因而要用科学的态度去认真研究、兼收并蓄、互相融合、改革创新、探索推出更适合时代的更加文明的殡葬礼仪和殡葬方式，要贴近大众、服务大众、从公众的根本利益出发研究殡葬文化。

（四）现代殡葬文化建设

1. 殡葬文化体系建设的基本理念

殡葬改革的关键是破除人们的传统殡葬观念，而观念的改变需要先进文化的引领。现代和谐的殡葬文化观应更能体现人生命的价值，体现对生命的敬畏与敬重。

（1）现代殡葬文化的特点。现代殡葬文化，不是对逝者留下的文化财富简单的重复和再现，更不是一般的收藏和保存，而是进一步的提升、升华，实现其“更生”。现代殡葬文化体现出以下几个特点。

一是特色的文化。在中国从事现代殡葬文化建设，势必要牢牢把握住中国特色。无论是殡葬精神文化、制度文化抑或是殡葬物质文化，都应立足中国国情，创造出符合中国广大民众社会心理、风俗习惯、经济水平的现代殡葬文化。

二是时代的定位。现代殡葬文化特指现代这一特定历史阶段的殡葬文化建设，是一种时代角度的现实性。新中国成立后，党和政府对殡葬业制定了一系列管理法规、制度，开展了一系列移风易俗的活动，为现代殡葬文化建设奠定了政治基础。

三是先进的文化。现代殡葬文化应代表先进文化的发展方向，对广大公众有正确的导向作用，用先进文明的科学思想充实人们的头脑，以文明的殡葬方式、殡葬活动去影响人们的殡葬习俗，让人们接受更多的思想教育和优秀文化的熏陶感染。

四是融合的文化。殡葬文化应该具有民族特色，同时也要广泛地与国外先进的文化进行交流，融合世界上一切先进的文化。越是走向现代化，文化交流、融合、分化的趋势越是明显。现代殡葬文化更充分显示出文化的这一特点，在世界性的交流融合中快速发展，达到民族性与世界性的统一。

五是建设的文化。现代殡葬文化正处于有组织、有领导、有计划部署的建设中。首先，现代殡葬文化的建设性体现在有明确的主体，即广大公众，他们是现代殡葬文化建设中真正的创造主体。其次，现代殡葬文化的建设性体现在有明确的战略目标。我国各个管理层次都制定了殡葬文化的发展战略，充分体现了各个层次对现代殡葬文化建设的重视。最后，现代殡葬文化的建设性体现在随同各殡葬服务机构的软、硬件建设的进行，其殡葬文化的现代化也迈上了一个新的台阶。

（2）现代殡葬文化的类型。现代殡葬文化是一种复合文化，可以按照不同方法进行分类。按时代分为传统殡葬文化和现代殡葬文化，按性质分为积极的、先进的殡葬文化和消极的、腐朽的殡葬文化，按殡仪活动内容分为死文化、殡文化、葬文化、祭文化，按文化形态分为殡葬观念文化、殡葬制度文化、殡葬风俗文化、殡葬器物文化、殡葬消费文化、殡葬艺术文化、殡葬组织文化、殡葬科技文化等。

一是殡葬观念文化。殡葬观念是人们对于死亡、殡葬活动以及祭祀追思活动的思想、看法，其思维活动取得的成果便是殡葬观念文化。殡葬观念文化具有抽象性、依附性、相关性等特征。殡葬观念文化是殡葬文化的灵魂和精华，处于殡葬文化的核心层，决定着殡葬文化的发展方向。先进的殡葬观念文化将推动人类殡葬文化沿着正确的方向发展。

二是殡葬制度文化。在殡葬文化结构的三个层次中，殡葬制度文化处于中间层，是联系内层殡葬精神文化与外层殡葬物质文化的纽带。殡葬制度是保证制度制定者目标实现的重要手段，具有不可替代的作用。殡葬制度包括国家和地方政府为了对殡葬活动、殡葬业进行管理制定的一系列制度，殡葬企业、事业组织为了开展经营活动而制定的一系列制度。殡葬组织制定的管理制度又可分为工作制度、责任制度、其他制度等。

三是殡葬风俗文化。殡葬风俗是人们在殡葬活动中崇尚、施行的风俗习惯，具有传统性、非强制性、产生的偶发性、可塑性、程式性和包容性。殡葬风俗可按普遍性分为一般风俗和特殊风俗。一些地域相近、民族习惯相似的民众群体往往具有类似的殡葬风俗。有些则是某一特定地区的人群在某一独特活动中沿袭存在的风俗。前者称为一般殡葬风俗，而后者称为特殊殡葬风俗。

四是殡葬器物文化。殡葬器物文化是殡葬文化的一个分支，它是以器物形式存在的文化形态。殡葬器物并不是殡葬单位或组织所使用的一切器具物品，它是指同祭祀活动相关的器物，与殡葬有直接的相关性。殡葬器物除了具有一般器物的特性外，还有自身的特点，如殡葬器物的专用性、殡葬器物使用对象和使用场合的特殊性、殡葬器物作用的多元性、殡葬器物消费方式的特殊性等。

五是殡葬消费文化。殡葬消费文化是人们在殡葬活动中的消费文化，是指人们在殡葬活动过程中产生的消费观念、消费心理、消费价值取向以及殡葬用品及消费行为模式等经济文化因素的总和。殡葬消费文化可以通过消费者、消费品、消费方式表现出来。殡葬消费文化可以发挥促进社会经济发展的功能，优秀的殡葬消费文化可以培养人们科学的殡葬理念、高雅的情操，促进和谐殡葬的开展。

六是殡葬艺术文化。殡葬活动是人类现实生活中极为重要的一部分，它以有力的渗透性、深刻的折射性反映着历史、社会、时代、地域和特定人群的现实。殡葬活动反映现实生活和精神世界的现状，以殡葬为题材创造的艺术——殡葬艺术具有形象性、典型性和独特的美感。殡葬艺术按表现手段和方法分为表演艺术、语言艺术、造型艺术和综合艺术，按艺术表现的时空特性分为时间艺术、空间艺术以及时空艺术。

（3）现代殡葬文化的评价。现代和谐殡葬文化如何界定，不同的国家、民族和时代有着不同的要求或判断标准。确立一个较为系统全面的评价体系作为参照，有助于殡葬文化建设的全面科学和谐发展。

一是科学性。主要体现在：树立科学的生死观念和唯物主义的观点，消除或缩小唯心主义影响。采取科学文明的殡葬仪式、祭奠仪式和追思仪式；使用科技含量较高的殡葬设备、设施及遗体处理过程中具有较高的科技含量和科技水平；殡葬管理的科学化程度；殡葬服务及商品的科技含量；科学合理的殡葬组织结构等。

二是人文性。主要体现在：对逝者实施终极关怀，让逝者安详地离开人世，有一个完美的结局；维护逝者的尊严。如殡葬工作者要树立以人为本的意识，殡葬设施设备体现人文化设计和人文化操作；要善待遗体，遗体清洗、更衣要在专门隐蔽之处；抚慰客户哀痛心理，满足其心理需求。

三是环保性。主要体现在：现代殡葬文化在殡葬服务的各个环节中推广清洁生产；各类殡葬产品的生产、使用、报废都不会污染损害环境；最大限度地减少土地、木材、水资源的消耗，最好实现死循环式循环使用流程；积极采用先进的有利于生态平衡，有利环境的高新技术。

四是审美性。主要体现在：建立在现代物质基础上的人际关系和伦理道德的美；有条不紊地按应有程序举行告别和殡仪活动，体现理智美；殡葬仪式中因人际关系不同，而表现出不同程度的情感美；殡葬文化的艺术形态诸如园林艺术、墓雕艺术、殡葬文学艺术、墓志铭艺术、殡葬音像艺术、美容化妆艺术体现出艺术美。

2. 殡葬文化体系建设的基本途径

（1）企业运作参与市场竞争。现代殡葬文化建设是全面系统的巨大工程，是殡葬物质文化、制度文化、精神文化的全面协调发展。完成这一艰巨任务不仅要靠殡葬管理部门和殡葬工作者的努力，还要直面殡葬市场化的现实问题。殡葬市场化使各服务机构由事业单位转为殡葬企业，独立经营，实施企业化运作，从根本上解决过去殡葬体制下殡葬事业机构难以办到的诸多问题。实施殡葬组织企业经营是现代殡葬文化建设的必由之路。企业化经营能充分承担起现代殡葬文化建设主体的职责。殡葬企业化运作，能把现代殡葬文化建设的各类主体集中统一起来，形成合力。政府殡葬管理部门的各项方针、政策、管理措施可以及时通过殡葬企业去贯彻实施，并对其成效予以验证。企业化运作形成现代殡葬文化建设的动力机制。殡葬企业有一种内在的追求发展的动力，在现代殡葬文化建设中同样存在着这样的动力机制（包括经济动力、精神动力、技术支持、信息动力），所以能有效地推进这一建设取得成果。

（2）总体策划提升殡葬文化。现代殡葬文化建设是殡葬业全体人员甚至是同全社会有关的重大活动。为了尽快提高现代殡葬文化水平，缩小与发达国家在殡葬文化建设方面的差距，应努力提高现代殡葬文化建设的策划力。对于许多重大的殡葬文化建设活动，要如同市场营销、广告宣传那样，列入科学策划的轨道。现代殡葬文化建设是文化建设中的一项，始终要聚焦于人，既包括各级殡葬组织中的殡葬工作者，也包括相关组织和社会公众。对不同的人以不同方式进行现代殡葬文化教育，传播先进的殡葬文化理念、殡葬习俗方面知识与殡葬科学文化艺术，这是现代殡葬文化建设的又一重要途径，也是该项建设的基础性工作。

（3）文化创新充实殡葬内涵。综合运用文化创新的基本手段是现代殡葬文化建设的基本途径之一。文化创新的基本手段多种多样，包括典籍的发掘、整理与提炼，文化的交流、融合与升华以及文化赋予手段，即通过人的创造力，在殡葬物质和精神文明建设过程中赋予殡葬活动、殡葬设施、殡葬用品、殡葬理念以更新、更美、更充实的文化内涵，以此不断丰富和发展现代殡葬文化。

3. 殡葬文化体系建设的关键环节

现代殡葬文化建设的意义不是局限于社会的某一层次上，而是涉及社会的各个层面，是现代文明的有力支撑点，对殡葬业的发展具有直接的作用和重大影响。

（1）重构殡葬价值体系。一个行业没有文化事业底蕴，就难以发挥强大的感召力和社会影响力，就会造成工作范围狭小、矛盾难解的情况。价值观是殡葬事业发展的人文支撑。殡葬文化作为一种古老文化，有着广泛的经济、政治、群众基础。但由于旧的观念、习惯的束缚，殡葬业普遍存在“坐、等、靠”的思想，还不能适应市场经济发展的要求。构建殡葬行业价值观，一是需要根据中国文化，富含中国文化元素，传承中华文化价值理念；二是要紧密结合国际发展和中国社会变化，形成稳定的殡葬行业价值观；三是根据社会分层、贫富不同确定较为详细的价值观，形成符合各个社会分层利益又能为大众所接受所认可的价值观。这样构建价值观体系，旨在满足各阶层公共利益。

（2）加强基础设施建设。殡葬设施的环境建设要注重整体规划，要体现合理性、艺术性和审美性，充分发挥殡葬设施的功能作用，通过优美的景区环境、精美的建筑艺术、科学的景观设置、和谐的殡葬氛围使殡葬消费者心理得到抚慰。作为人生旅途的最后归宿之地，殡葬设施既是一种自然景观，又是一种人文景观，在安置死者的同时，还承担着缅怀先人、寄托哀思的任务，同时又是文化传承的场所。殡葬设施建设是和谐社会建设的重要内容，对殡葬设施建设与发展要进行科学合理规划，要把殡葬文化艺术建设与人文殡葬结合起来，与绿色殡葬结合起来，与提升服务水平结合起来，与理论创新结合起来，与需求性服务结合起来。做到生者与逝者的和谐、殡葬设施与环境生态的和谐以及殡葬设施自然景观与殡葬文化的和谐，使其在满足人们基本殡葬需求的同时，发展成一个集安葬、祭奠、纪念、休闲、人文教育等功能为一体的多元化的现代殡葬设施，彰显人文关怀。

（3）构建殡葬人才体系。人才培养与教育体系是实现殡葬事业科学发展的支柱。在美国和加拿大等殡葬业较为发达的国家，都有系统的殡葬服务行业教育培训体系。结合我国实际，构建该体系可以分为三个方面：民政系统殡葬事业的综合管理者的培养，殡葬企事业一线服务技能型人才的培养，推动殡葬事业科学发展的骨干力量——殡葬专业人才的培养。殡葬人才教育体系基于上述三个方面组成，三者之间是相互通融、不断提升的阶梯结构，具有适度灵活性与高度的发展性，用来共同支撑殡葬人才培养平台，着力构建殡葬人才培养的课程体系与教育体系。在政策制度设计上将现有殡葬从业人员和未来殡葬从业人员纳入教育培训范围，成为其必需课和必经程序，通过培训考试考核后方可上岗，大力推行职业资格证书制度。适应殡葬行业岗位需求，设计科学的殡葬专业人才培养方案，形成优势人才培养队伍，为推进殡葬事业科学发展奠定良好的人力资源基础。传承和创新殡葬文化，必须由人来实施，所以必须强化现代殡葬文化的理念，提高殡葬行业从业人员自身的文化素质。殡葬文化的传承与创新不仅是对外的，也不仅是物质文化、制度文化、精神文化的理论研究与普及，它要求拥有大量与之相适应的殡葬从业者。同时，也通过殡葬文化的传承与创新，提高殡葬工作者的文化素质。作为团队要向同行的先进学，向跨行业的类似行业学，引入社会各行各业，尤其是服务行业先进的服务、管理理念、方式、方法等。作为个人，要从思想根源开始，改变外观形象、改变行为方式，真正成为先进殡葬文化的载体。要切实加强行业企业内部管理，提高服务品质，建立以岗位责任与绩效考核为基础的综合评价制度和服务问责制度，实行规范、文明、诚信、优质服务，增强社会认同感和满足感。

（4）打造殡葬文化平台。观念创新是殡葬文化创新的出发点。观念创新具有先导、启发意义。每当殡葬观念前进一步，都会引发葬式、葬仪、祭奠等活动一系列创新。针对公众对殡葬行业的理解程度还比较低，其观念还未得到很大的更新的现状，加大宣传工作力度，更新公众的观念极为重要。要充分利用广播、电视、图书特别是互联网等媒体打好宣传仗，同时又要深入实际开展形式多样、公众喜闻乐见的节目方式，如戏曲、歌舞、相声小品等进行宣传，可以借助现代远程教育平台广泛宣传，不断扩大宣传面。具体包括：大力宣传火葬、生态葬等比较科学的殡葬方式；着力宣传健康的殡葬文化，使公众对殡葬文化有一个全面深刻的认识；积极宣传殡葬法律法规，使公众深刻理解，全面贯彻；全貌展示殡葬行业，重点宣传殡葬行业先进人物，标榜树优，使公众理解认同殡葬行业；加强宣传展示现代化科技信息化成果；有针对性地做好贫困地区先进殡葬方式的执行、先进理念的输入，富裕地区文明节俭、厚养薄葬等理念的宣传工作；抓住清明节有利的时机，宣传现代殡葬，唤起人们对死亡以及生命的更深刻的体悟和理解等。互联网的空间是无限的，利用现代网络信息技术，对传统殡葬文化是一种继承和扬弃。一方面，对于逝去的人设立一个虚拟的网上家园，可以放上逝者的影像资料、文字记载等，建立逝者与生者的虚拟联系。逝者的音容笑貌，亲人的不尽哀思，友人的深切怀念，讣告、献词、悼文、祭献，都可化为多媒体文件，永久保存，无限扩容，不因岁月的流逝而磨蚀，使他们永生在互联网上，这才是人类孜孜以求的“永生”的最深刻的内涵。另一方面，可以设立网上祭扫网站，引导人们从传统的现场扫墓到网上祭扫，从传统的祭扫的特定时间（清明节等）和特定地点（墓地）的双重约束中解脱出来，同时又满足人们祭扫的心理需求。给因生活节奏和工作节奏的加快或身在异乡他国、无暇亲往墓地祭扫的人们，提供了一个便利、快捷的祭扫方式，也为人们提供了一个新的追忆和思索的空间，使扫墓这一古老的传统在网络时代得到更好的延续和升华。从社会角度看，它让逝者的精神融入永恒，让每一个生命的故事永远流传。

（5）着力开展生命教育。殡葬教育正由精英型向大众型转变，殡葬教育密切结合哲学、文学、宗教学、艺术、音乐、环境科学等领域的研究成果，致力于改变生死观念与习俗，带动具有中国特色的生命哲理、生命教育与殡葬文化的研究，推动殡葬事业快速、健康、协调发展，朝着人性化、现代化、专业化、制度化的方向发展，提升人们从生到死、养生送死、生死无憾的整体生命质量，消解死亡处理方式的工业化和技术化操作造成的负面影响，使殡葬过程人性化、人道化、人文化，真正提升中国殡葬业的品质与水准。生死教育不同于科学知识性教育，本质上是一种人文性教育，这种教育不是让人们知晓某一学科，获得一种谋生的能力；而是教育人们从生死之必然性过渡到对亲人及自我生死的理性及感性的接受，让人们不避讳“死”，能以正常的心态来讨论有关“死”的各方面的问题。这就是以死观生，在对死亡的体认中获得如何生的教益。所以，一方面要注重对死亡和生命意义的教育，增强公众对生命的认知。从中小学开始，引导学生认识生命的独特性、生命的可贵和人与自然的关系，感受生命的喜悦，体验生命的意义，对于树立正确的人生观和价值观，可以促进人们在成长过程中正确认识生死悲欢，珍爱生命，乐观向上，意义重大。另一方面，应引入并提倡“生命规划”的概念，推动人们生前规划死后之事的新风尚。最重要的是要注重对生命意义的教育，尤其人类文明的漫长经历大部分都是在农耕社会中衍生的，殡葬文化的基础和依托也是农耕文明。合理吸收传统殡葬文化的追思怀念的内核，重视人生的生命价值，并且结合现代科学技术，提供现代人对逝者以及死亡的合理的宣泄渠道，特别具有现实意义和可行性。殡葬教育延伸到生命教育是改变人们生死观念的重要途径之一。生命教育是围绕有关生命问题、生活问题、人生问题进行的知识传授过程，目的是让人们理解生命、珍惜生命、关爱社会和他人之生命，并获得生命发展的正确方向。生命教育的本质是尊重生命及其存在的价值，表现为珍惜生命和保护生命。鉴于目前我国自杀问题严重，在我国全面系统地开展生命教育就显得十分的急迫和必要，这也是创建和谐社会的重要组成部分。推动生命教育普及化与全面化，补足教育体制的空隙，使殡葬场所转化为生命教育的重要园地。

二、园林文化

中国是一个历史悠久的文明古国，延续5000多年所创造的辉煌灿烂的古典文化，对人类的文明进步作出了巨大的贡献。人类从茹毛饮血、树栖穴息，到捕鱼狩猎，采集聚落，直至建立了城市公园、国家公园的今天，经历了数千年的悠悠岁月。在这漫漫的历史长河中，人类写下了源于自然、索取自然、保护自然，最终回归自然的文明史。同时，人类也谱写了从中国汉书《淮南子》《山海经》记载的“悬圃”，西方《旧约圣经·创世记》中描写的“伊甸园”，直至今天各国创作的种种公园、花园的世界园林史诗。

中国园林“发于商周成于汉，跃于宋而峰于明清”。园林从它产生之时，就蕴含了人类文化的结晶，近代、现代园林更是包含了深厚的文化内涵。大地山川的钟灵毓秀，历史文化的深厚积淀，孕育了一个源远流长、博大精深的中国园林文化。

（一）园林的内涵及其功能

1. 园林的定义

“园”的早期含义是非农耕公地。甲骨文和金文中没有“园”字，小篆的“园”字是“袁”外加一方框，表示地方虽然远，但已经被利用。“袁”在金文中构形表示一整天才能往返的地方，中间的“口”表示太阳或水池、水塘，上边土原为止（脚），又表示地形起伏，下边是“道路”形象，表示远，又表示人或树木。

园，是指四周围有垣篱，种植树木果树、花卉或蔬菜等植物和饲养动物的绿地。园林，在中国古籍里根据不同的性质也称作园、囿、苑、庭园、园池、山庄等，美英各国则称之为Garden、Park、Landscape Garden等。它们的性质、规模虽不完全一样，但都具有一个共同的特点，即在一定的地段范围内，利用并改造自然山水地貌或者人为开辟山水地貌，结合植物的栽植和建筑的布置，从而构成一个供人们观赏、游憩、居住的环境。

作为一种艺术形态，中国园林的萌生经过了长期的孕育，然后又在积累的基础上开始其自身的发展。我国古籍中最早关于园林的记载见于《穆天子传》："春山之泽，水清出泉，温和无风，飞鸟百兽之所饮，先王之所谓县圃"，"县圃"便是原始的园林的模式。它是一种自然态的山水园林，表现了出自人类生存需求的圈地意识，即以自然固有的山水林兽，作为耕作、狩猎、游乐的场所。较早见于史载的园林形式是"囿"，而"囿"在殷代甲骨文中以及稍后的石鼓文中，都画成田字形方格，方格中填满了草木，这是象形文字为记录的直接形象。园林中的主要构筑物是"台"，中国古典园林就是在公元前11世纪（即奴隶社会的殷末周初）产生于囿与台的结合。《诗经》毛苌注"囿，所以域养禽兽也"。可见囿是在一定地段范围内畜养禽兽，主要供帝王狩猎活动，也兼作宫廷膳食和祭品的供应。囿的范围广阔，除了自然植被外，在空地上种植树木、经营果蔬，同时开凿水池作灌溉之用，并有简单的建筑物，使帝王在打猎之余可以观赏自然风光，因而囿就具备了园林的基本功能和格局。"台"是用土堆筑而成的，《吕氏春秋》高诱注"积土而高曰台"，其用途是登高以观天象、通神明。由此可见，中国古典园林起源于帝王狩猎的"囿"和通神的"台"，狩猎和通神是中国古典园林最早具备的两个功能。

秦汉时期，产生了气势宏伟、占地面积达数百里、通过在自然山水环境中布置大量离宫别馆而形成的山水宫苑。秦汉时期已有"私园"，但直到北魏时期仍存在大量非农耕的"公园"。"园"的休娱功能与公地上的植物相关，到六朝时期则与家居农耕相关并开始与"林"连用，"林"是相关于非农耕的植被，我国关于园林的最早的文字记载出现于西晋时期（公元300年前后），文学家张翰的《杂诗》中记有："暮春和气应，白日照园林；青条若总翠，黄花如散金。"同一时期左思的《娇女》诗中也有"驰骛翔园林"的诗句。又如东晋时期陶潜《悲从弟仲德》中写道"阶除旷游迹，园林独馀情"以及"静念园林好，人间良可辞"，唐宋之后，"园林"这两个字的使用逐渐增多，但这只是两个字在行文中的连用。"园林"一词在明末才作为二字词来使用，如计成的《园冶》中多次写到"园林"并作为二字词使用。现代汉语中"园林"一词最初是"公园和路树"的简称，由于"树"易被误解为单株，所以使用"园林"而不使用"园树"一词。现在，专业上已普遍使用"园林"这个词，"园"字主要是表达人造景观，而"林"字则表示自然植被景观，必须借靠植物的有关地域才能被称为"园林"，可见，它反映了人们回归自然的渴望。

园林是人工创造的美的户外空间。它起源于人类对环境开始产生美的要求并已具备必要的造园能力的那一时期。园林的出现是多源脉的，例如，有的是出于对神的膜拜和对祖先灵魂的祭祀；园林只能出现在社会生产力的发展使得人们的劳动不仅可以勉强维持自身的生存而且有了一定的积累之后；人们创造美的居住环境也是早期园林的根源之一。自园林在世界上出现以来直到今天的每一步发展都不是偶然的，它与人类其他许多物质的、精神的发展存在着因果关系。无论是从审美需要还是从改善物质环境出发，也无论是人工再造自然还是保护原有的环境，园林都应该是自然的组成部分。魏晋时期，儒、释、道思想导致园林化的寺庙（即寺庙园林）的产生，朴素的山水诗、山水画带动了文人士大夫园林的发展。唐宋时期，山水诗、山水画的水平处于巅峰状态，因此写意山水园就应运而生。到了明清时期，写意山水园的发展达到高潮，造园艺术更加趋于成熟、完美，无论是帝王将相，还是文人士大夫，都在园林中追求着更真实的生命体验，寄托了更多的审美情怀与社会理念。

园林的概念，古今不同，中外各异，时至今日，尚无统一确切的定义。人们往往从不同角度出发，对园林的概念加以界定。《中国大百科全书》将园林定义为：在一定的地域应用工程技术、艺术手段，通过地形或进一步的筑山理水、叠石、种植花草树木、营造建筑、布置园路等途径形成的美的自然环境和游憩境域。陈从周的《说园》称“中国园林是由建筑、山水、花木等组合而成的综合艺术品，富有诗情画意”。汪菊渊称“在一定地域用工程技术和艺术手段，通过改造地形、种植树木花果、营造建筑和布置园路等途径创造而成的优美的自然环境和游憩境域”。可见园林包括庭院、宅园、小游园、花园、公园、植物园、森林公园、风景名胜区、自然保护区、休养胜地等。园林是由地形、地貌和水体，建筑构造物和道路，植物和动物等素材，根据功能要求、经济技术条件和艺术布局等方面综合组成的统一体。可以说，园林是以有植物并可以提供游憩为主要特征，主要由积淀了如历史、文化等诸多信息内容的不同风景单元及其有机组合为主要构成形式的理想的生活境域。

2. 园林的功能

园林的功能是指园林能满足某种需要的属性，即它的用途、作用，它所担当的职能，所起的功效，也就是园林满足人们需要的使用价值及其外观审美价值。

园林是充分利用绿色植物，创造自然环境，健全生态的一项重要的环境建设事业，是其他非生物设施所不能代替的。园林的功能，一是可以改善城乡环境，健全城乡生态；二是可以给城乡居民创造自然环境，为人们提供休憩和锻炼的场所；三是可以防灾避难，有利于城乡的安全；四是可以美化环境，给社会增加色彩和生机。

从生态环境方面讲，园林具有美化和优化环境的功能。园林是一种为了满足游客多样化休闲娱乐需求和选择而围绕“一个或多个主题”塑造出来的拟态环境。园林的这种拟态环境拥有大面积包容绿地和高质量造就生态环境的能力，是一种生态效应、景观效应、经济效应等高度融合的现代环境模式。

从文化活动和公共关系方面讲，园林具有解释或映射文化以及对外交流与合作的窗口和纽带的功能。园林是围绕“一个或多个主题”塑造的一种具有特殊活动规律的景区。“主题”是园林的灵魂和精髓，也是人们参与园林休闲娱乐活动的路径。从一定意义上讲，“主题”就是一种文化形态的代名词，这种文化形态可以通俗地理解为“主题”解释文化和传递文化的功能，而且人们把“主题”表现的内容作为文化来理解和接受。这就是园林作为一种文化形态的积极作用和特殊功能。园林是一种满足人们多样化休闲娱乐的需求形态。成功的园林以其“特别构想的主题”和“围绕主题塑造的拟态环境”吸引游客，人们在这里感受“主题”带来的欢乐和美好、了解人类社会的文明成果、进行不同地域文化形态的交流，从而，加强了人与人之间、民族与民族之间、地区与地区之间、国家与国家之间的相互了解和交流。

园林是一个特定范围内的生态环境，是人造或人为干预的景观。景观的功能是指要素和组分的相互作用，即能量物质和生物有机体在组分之间的流动，因为园林生态是人工和半人工生态，故有大量能量的输入，由人工去调节，使其短期内符合人的改善环境的生态功能（净化空气、降低噪声等）和维护自然生态要求以及景观美的要求。

城市绿地系统的功能是城市生态系统功能中的一部分。城市生态系统的功能是靠其中连续的物流、能流、信息流、货币流及人口流来维持的。城市生态系统有生产、生活和还原三种功能，城市绿地系统的功能在城市生态系统中的生产功能对城市生产来说较小些，但对生活和还原两个方面，城市绿化系统为市民提供的生活环境和社会、经济环境的平衡发展，功能是相当大的。

园林的功能是由园林事业（服务）功能提供的，而园林事业的功能则是经由人的功能实现的，所以人的功能是其他功能的核心。园林整体功能的发展变化，是由各局部功能之间相互影响或相互作用的结果，各局部功能之间不是简单的聚合，而是根据总体目标的统一要求，按照一定逻辑层次组成的功能系统。

园林的复杂性主要体现在园林的双重性方面，园林一方面是现实生活的环境，所以能满足物质生活上的功能要求；另一方面，它又是反映意识形态、精神面貌的艺术，具有一定的艺术性，能满足人们精神生活的需要。园林是物质与精神的统一，并不是物质与精神的比重在所有的园林中都占有同样的分量。如果可以用数字来表明二者的比重，那则在不同的园林中精神性的比重将呈现0~1，而物质性的比重则反向从1~0的系列变化。总体来说，园林的精神性所占的比重应该是较高的。

（二）园林文化的基本功能

中国园林文化始终贯穿了传统文化的精神，采取了融合与吸收的包容性态度，以道家思想为底蕴，综合体现儒家礼制、禅宗意境，是具有深厚古典文化内涵的典型艺术表现形式，铸就了东方古典园林的最高成就，对世界园林的发展产生了深远的影响。

园林历来就是人们亲近自然的重要媒介。古代上至帝王，下至有一定资财的平民百姓，都以园居为时尚，他们在园中听政、狩猎、宴饮、听歌观舞、品茶习武、对弈鸣琴、吟诗作画、读书讲学、著书立说、莳花养鸟、叠石挖池、构亭立阁，久而久之，便形成了蕴含丰富的园林文化。这种文化一经形成，又会对当时的政治、经济、军事、宗教、艺术等或多或少地产生一定的影响。

园林文化结构有物态和精神两方面的文化。物态文化指凝结在园林的表层结构载体上，具体地指凝结在构成园林的四大物质要素，即建筑、山石、水和植物表层结构上的可视、可感文化。精神文化指园林物质建构的深层结构的非物态化存在，游离在物质载体之外，隐藏在物质形式的背后，透过物质建构所反映的社会心理、思维模式、价值观念、生活方式、行为方式、哲学意识、伦理道德、文化心态、审美情趣等。园林能以其鲜明生动的物质形态具体、形象地传达出一个民族的精神气质或一个时代和文化心理特征。园林艺术是物质文化与精神文化的双重体现，其物质形态中包含着一定的文化精神与审美意识的信息，物化着创造者或欣赏者的观念与情趣。

1. 园林文化物质特征内涵

园林文化物质特征指园林文化表现的社区经济基础的内容和层次。主要包括：园林的规模（即单元景观和组合景观的面积与体积）、园林景观所使用的物质资料及其加工程度（即营造园林使用的所有材料数量和质量，包括移植、莳养的植物和饲养动物的数量和品种）、园林景观的营造与装修质量（即园林人文景观营造与装修的水准）。这涉及社会经济基础要素与园林文化相关的因子对园林文化模式的约束与影响，园林文化的物质特征体现了社会经济基础的演化历程和发育程度。

园林文化必须以相关的物质资料为载体才能得以实现，园林文化的地理特征首先是具有三维空间的物质实体，园林的精神文明物化是以物质为载体的。精神文明可以物化，而物质本质是没有精神属性的。园林文化的物质特征表现的是园林实体的物质属性。

园林艺术涉及许多实用成分，如技术施工方面的需求、气候及各种地理环境条件的制约、创造者的实际生活需要等。园林艺术的实用成分，也就是园林与人的日常现实生活的密切联系，也使它与人的文化心理的联系更为生动感人，更加贴近自然，成为文化心理自然流露的产物，因而园林艺术比那些纯艺术门类更直观反映了当时特定的文化心理、精神信息。

中国传统园林是中国传统文化的重要组成部分。作为一种载体，它客观而又真实地反映了中国历代王朝不同的历史背景、社会经济的兴衰和工程技术的水平，鲜明地折射出中国人自然观、人生观和世界观的演变，蕴含了儒、释、道等哲学或宗教思想及山水诗、山水画等传统艺术的影响。中国古代神话中把西王母居住的“瑶池”和黄帝所居的“悬圃”都描绘成景色优美的花园。这正是人们梦寐以求的生活环境，它抒发了中华民族对自然和美好生活环境的向往与热爱。中国古典园林极富中国传统文化特色，大致可分为皇家园林、第宅园林和寺观园林。皇家园林气势宏伟，山水萦回，花木繁茂，建筑华丽厚重。第宅园林多为写意小景，小巧玲珑，幽静隐逸，是旧时达官贵人可居、可憩、可游的去处。寺观园林隐于深山幽谷之中，为僧人道士之住所，香烟缭绕，晨钟暮鼓，诵经阵阵，梵铃声声。

园林作为特定功能的产物，无论是用于游逸狩猎，求仙通神，崇奉祭祀，修身养性，还是游憩观赏、隐逸幽居、研读创作都具有浓厚的文化背景和功能性的文化色彩。这使中国传统园林历来肩负着精神的和文化的任务。中国传统园林中充满了理想主义的哲理和浪漫主义的诗情画意，使园林不仅有优美丰富的外表，而且蕴含着深厚的精神文化内涵。园林是一种艺术品，人们在优美的园林中游览，会感受到大自然的生机勃勃、和谐美满；领会到人类与自然不可分割的依存关系，从植物的荣枯变化和生命进程领悟到时间流逝和历史演替的规律；从姿态万千欣欣向荣的花草树木领悟到大千世界的神奇广袤和个人功名利禄的微不足道；从自然景观的雄奇深远、纤巧妍艳更能体会人类性格中的开朗豪放与细腻温柔；从纵横交错的绿地系统和遍布大地的优美景观中理解到只有人们共同努力才能建造美好家园，理解到个人与社会利益的息息相关，从而更明白个人对社会的责任感。

2. 园林文化精神特征内涵

园林文化精神特征指园林文化表现的社会上层建筑领域的内容和层次，主要包括：运用园林语言表达和包含的社区精神世界与政治体制。这涉及社会上层建筑领域要素与园林文化相关的因子对园林文化模式的社会性观念的约束和影响，园林文化精神特征体现了社会上层建筑的内涵。

园林文化的精神特征包含了人在营造园林的活动中的主观世界。上层建筑与经济基础之间是辩证逻辑的关系，所以经济基础不直接作用园林文化精神特征的表现，而是通过上层建筑领域相关因子控制影响园林文化的精神表现。精神特征丰富的园林文化是以相应的物质资料为支撑的，但是物质特征雄厚的园林文化不一定有精神特征丰富的内涵。

园林是物化的精神或精神的物化，园林文化是一种境界文化信息，它通过生境的营造、环境的改造、意境的创造架起物质转化为精神的桥梁。作为一种文化信息载体，中国园林的发展从兴起开始，便不仅仅是物质感观层次的休憩娱乐场所，更包含了精神上心灵上深层次的文化审美信息。人们到殡葬园区，不是为了获得某种物质，而是为了获得一种精神的信息、物质的文化。现代园林文化的基点是“创造”，关键是“品位”，要在把握园林文化性质的前提下，创造出适应时代特点和人民需要的高水平的精品园林文化。任何空间艺术的问题，其本质都是文化问题，布局、建筑、道路、绿化等都是某一种文化在空间上的投影，都具有相应的文化意义，只有认清殡葬园林空间表现出的文化特性，才能把握其文化脉络。园林不是园和林的混合体，而是以植物为主体的艺术境界，其中植物造景艺术是园林文化的核心，山水建筑是构成园林文化的重要因素，园林建筑小品也蕴含着一定的文化意蕴。

园林是一种文化现象，中国园林艺术是祖国文化的重要组成部分，这是因为它与源远流长的中国传统的佛家思想、道家思想、儒家思想有着密切的关系，并以景象这一独特的形式体现、抒发这些朴素的哲学观点和传统思想。园林文化是人类在一定的物质生活条件满足之后的精神生活的高层次的追求，这种追求（或需求），不仅推动了园林的发展，而且提高了人们的素质。

中园传统园林以其自然天成的形式、深厚的文化底蕴和博大精深的艺术综合，独树一帜于世界园林。历经数千年的兴衰演化，一脉承袭而来的自然山水园林，协和着时代的节拍，不断丰富、精粹，表现出特有的创造性和无限的生命力。中国园林表现不仅是美好的境域，更体现我国深邃的传统文化和民族精神风貌。优美的中国传统园林隐喻着中国传统哲学思想同大自然的和谐观，道德的儒雅，智慧的凝结，又表现了现代和平、友谊、进步的追求。中国传统园林以大地作纸，以大自然提供的土、石、水、木等材料作颜料，泼洒描绘出有声有色的大画幅，不亚于绘画、雕塑的艺术创作，更有诗词歌赋的传颂，升华了园林的景致和意蕴，而园林又承托了这些艺术创作历久不泯的影响力。

3. 园林文化蕴含的意境美

研究中国园林，也应从中国诗文入手。欲求其本，先究其源，然后有许多问题可迎刃而解，如果就园论园，则所解不深。中国美学首重意境，同一意境可以不同形式之艺术手法出之。如“曲径通幽处，禅房花木深”的诗境，“零落成泥碾作尘，只有香如故”的词境，“枯藤老树昏鸦，小桥流水人家”的曲境。造园之高明者，运文学绘画音乐诸境，能以山水花木、池馆亭台组合出之。人临其境，有诗有画，各臻其妙。园林的诗情画意即是诗词画之境界在园林景物中的再现。

（1）园林诗画意境美。文人画家颇多名园，因立意构思出于诗文。中国古典园林能在世界上独树一帜，实以诗文造园。中国具有悠久的灿烂文化，人们在欣赏大自然植物美的同时逐渐将形象美人格化。比如视松柏耐寒、抗逆性强，虽经严冬霜雪或在高山危岩，仍能挺立风寒之中，即《论语》之“岁寒，然后知松柏之后凋也”。松叶细长呈针状，经风吹拂易产生振动发出声音，是为松涛，有万马奔腾、翻江倒海之势。园林中就运用这个特点而创造出承德避暑山庄“万壑松风”的景区。古人造园植木善寓意造景，选用花木常与比拟、寓意联系在一起，如将松、竹、梅称“岁寒三友”，梅、兰、竹、菊号称“花中四君子”，梅，剪雪裁冰，一身傲骨；兰，空谷幽香，孤芳自赏；竹，筛风弄月，潇洒一生；菊，凌霜自行，不趋炎势。松的苍劲、海棠的娇艳、杨柳的多姿、牡丹的富华、莲荷的如意、兰草的典雅等。园林善于利用植物的形态和季相变化，表达一定的思想感情，如“留得残荷听雨声”“夜雨打芭蕉”。树木的选用也有其规律：“庭园中无松，是无意画龙而不点睛也。”南方杉木栽植房前屋后，“门前杉径深，屋后杉色奇”。利用桂花、玉兰交植来比喻金玉满堂等，真是别具匠心。

（2）匾额楹联意境美。匾额楹联是诗意、书法艺术、意境享受的综合体，它在园林欣赏中起到点景和深化审美感受的作用，通过双向交流，和谐共鸣、物我契合，从而获得深刻的园林审美享受，即所谓“韵外之致”“味外之旨”“象外之象”“景外之景”等园林艺术美的最高形式。

匾额题刻是将园林中的虚实之景以及文人的情思系之一词，来表达其深邃的立意、含蓄的意境和高雅的情调，从而拓展并且强化和充实了景观的内在的生命意蕴，如“小山丛桂轩”“五峰仙馆”“绮窗春讯”，泉石生辉，意境超妙；“沧浪亭”“网师园”“归田园居”“濯缨水阁”，寸山多致，片石生情；“集虚斋”“安知我不知鱼之乐”“汲古得绠处”，题寓远致，理趣盎然；“拜石轩”“坡仙琴馆”“东山风流”，典藏精蕴，催发幽思；“闻木樨香轩”“印心石屋”“亦不二”“揖峰指柏轩”等，佛理禅趣，忘机脱俗。

楹联是随着骈文和律诗成熟起来的一种独立的文学形式，讲究骈俪对仗，音调铿锵，节奏优美，融散文气势与韵文的节奏于一炉，浅貌深衷，蓄意深远。如拙政园“雪香云蔚亭”对联“蝉噪林愈静，鸟鸣山更幽”；“梧竹幽居亭”对联“爽借清风明借月，动观流水静观山”；沧浪亭“翠玲珑”对联“风篁类长笛，流水当鸣琴”。文人士大夫从自然、社会中感悟到的人生真谛、宇宙隐语以及内心情思，借助这些高言妙句而物态化，从而感性地呈现在人们的面前。园林名胜匾额题刻不仅文字隽永，而且书法美妙，篆、隶、真、行、草，书体皆备，历代名家的笔情墨趣大可寻求：颜体的神姿，篆书的风采，楷书的深严，草书的潇洒，行楷的金石味，行草的汉隶笔意……琳琅满目，令人叹为观止。

没有正确的思想观念，就不可能有正确的行为。观念就是一种文化，只有“深刻理解园林的文化属性，充分掌握园林的文化内涵，突出强调园林文化的意义和作用”，才能进一步明确“园林建设是人类渴望自然环境，亲和自然环境的生物属性的文化体，这种文化现象是围绕环境开展的”，只有追求园林的完美空间形式，赋予园林建设与管理以浓厚的精神文化色彩和科学技术成分，才能创造出新时代的园林文化。传统文化是一个包含着过去、现在和未来整个时间维度上的开放系统。在现代殡葬园林建设中，弘扬传统文化具有双重内容：一是以现存的、定型的文化为核心，对园林景观进行再现和挖掘，旨在沟通人们在园林中的意境感受，陶冶情趣，传播历史文化。二是使“传统”带着新的现代的“民族文化心理结构”，在新园林中得以实现。

（三）现代园林文化的建设

文化是多维体，既可分为宏观、中观、微观文化，又可分为物质、制度、行为文化，是分层次、多系列的。文化具有历史性、社会性、系统性、差异性、非平衡性、渐进性的特点。文化是民族的血脉，是人民的精神家园。实现中华民族伟大复兴，必须推动社会主义文化大发展大繁荣，兴起社会主义文化建设新高潮，提高国家文化软实力，发挥文化引领风尚、教育人民、服务社会、推动发展的作用。文化建设的基本任务就是用当代最新科学技术成就提高公众的知识水平，通过合理和进步的教育制度培养社会主义一代新人，并用最能反映时代精神的健康的文学艺术和生动活泼的群众文化活动来陶冶人们的情操，丰富人们的精神生活。我国加强社会主义精神文明建设的根本任务，就是提高全民族的思想道德素质和科学文化素质，培养一代又一代有理想、有道德、有文化、有纪律的公民。

建设社会主义文化强国，必须走中国特色社会主义文化发展道路，坚持为人民服务、为社会主义服务的方向，坚持百花齐放、百家争鸣的方针，坚持贴近实际、贴近生活、贴近群众的原则，推动社会主义精神文明和物质文明全面发展，建设面向现代化、面向世界、面向未来的，民族的科学的大众的社会主义文化。建设社会主义文化强国，关键是增强全民族文化创造活力。要深化文化体制改革，解放和发展文化生产力，发扬学术民主、艺术民主，为人民提供广阔文化舞台，让一切文化创造源泉充分涌流，开创全民族文化创造活力持续迸发、社会文化生活更加丰富多彩、人民基本文化权益得到更好保障、人民思想道德素质和科学文化素质全面提高、中华文化国际影响力不断增强的新局面。

1. 现代园林文化建设的原则

园林文化是一种存在于园林工作中所特有的文化，是人们在长期的园林实践和管理活动中，逐渐形成的具有园林特点并得到共同遵循的价值观念、思维模式、行为准则以及与之相关联的物质载体的总和，包括园林理念、价值标准、管理制度、行为模式以及语言、习惯、传统等内容，它构成了园林文化的理论根基。作为园林文化的核心内容，精神文化是园林文化的基础，包括园林理念、价值取向、思维方式、园林知识、园林经验等，是园林文化的基础；行为文化是园林文化的主体内容，包括园林行为规范、行为习惯、管理制度等，是园林文化的主体内容；物质文化是园林文化的外在表现，包括园林从业人员的服饰、园林设施的设置等，是园林文化的外在体现。从精神基础到行为内容，从行为内容到物质的外在体现，处处都反映出园林文化的理论依据，为园林文化提供了强大的理论支撑。广义的园林文化还包括法律规范的完善、公众园林素养的普遍提高、园林从业人员良好道德的形成等。园林文化是以管理为目的的文化和以文化为载体的管理理论的有机结合，是园林工作的灵魂所在。

（1）有利于加强社会主义核心价值体系建设。社会主义核心价值体系是兴国之魂，决定着中国特色社会主义发展方向。要深入开展社会主义核心价值体系学习教育，用社会主义核心价值体系引领社会思潮、凝聚社会共识。广泛开展理想信念教育，大力弘扬民族精神和时代精神，深入开展爱国主义、集体主义、社会主义教育，丰富人民精神世界，增强人民精神力量。倡导富强、民主、文明、和谐，倡导自由、平等、公正、法治，倡导爱国、敬业、诚信、友善，积极培育和践行社会主义核心价值观。

（2）有利于全面提高公民社会主义道德素质。要坚持依法治国和以德治国相结合，加强社会公德、职业道德、家庭美德、个人品德教育，弘扬中华传统美德，弘扬时代新风。推进公民道德建设工程，弘扬真善美、贬斥假恶丑，引导人们自觉履行法定义务、社会责任、家庭责任，营造劳动光荣、创造伟大的社会氛围，培育知荣辱、讲正气、作奉献、促和谐的良好风尚。深入开展道德领域突出问题专项教育和治理，加强政务诚信、商务诚信、社会诚信建设。加强和改进思想政治工作，注重人文关怀和心理疏导，培育自尊自信、理性平和、积极向上的社会心态。深化群众性精神文明创建活动，广泛开展志愿服务，推动学雷锋活动、学习宣传道德模范常态化。

（3）有利于让人民享有丰富的精神文化生活。要坚持以人民为中心的创作导向，提高文化产品质量，为人民提供更好更多的精神食粮。坚持面向基层、服务群众。建设优秀传统文化传承体系，弘扬中华优秀传统文化。开展群众性文化活动，引导群众在文化建设中自我表现、自我教育、自我服务。普及科学知识，弘扬科学精神，提高全民科学素养。

（4）有利于增强文化整体实力与核心竞争力。文化实力和竞争力是国家富强、民族振兴的重要标志。要坚持把社会效益放在首位、社会效益和经济效益相统一，推动文化事业全面繁荣、文化产业快速发展。加强重大公共文化工程和文化项目建设，完善公共文化服务体系，提高服务效能。促进文化和科技融合，发展新型文化业态，提高文化产业规模化、集约化、专业化水平。构建和发展现代传播体系，提高传播能力。营造有利于高素质文化人才大量涌现、健康成长的良好环境，造就一批名家大师和民族文化代表人物，表彰有杰出贡献的文化工作者。要坚持社会主义先进文化前进方向，树立高度的文化自觉和文化自信，向着建设社会主义文化强国宏伟目标阔步前进。

2. 现代园林文化建设的途径

从认识文化、接受文化到发展文化需要漫长的时间，需要分步骤、分阶段地进行，是文化建设规律性的重要体现。园林文化是社会文化的组成部分，是人类文化的积淀、延续、发展和创新，具有丰富的文化内涵。园林文化建设作为社会主义文化建设的重要内容，必须符合社会主义文化建设的总格局和总任务。目前，我国的园林文化建设仍处于初级阶段，在现有的社会经济条件和社会背景下，建设现代园林文化，必须立足国情，明确园林文化建设的方向和目标，全面正确地理解园林文化建设的深刻内涵和重要意义，紧密结合园林工作实际，有组织、分步骤、分阶段地进行。

（1）树立学习观念，营造园林文化建设的氛围。人的个性的完善和能力的培养是一个不断发展的动态过程。没有终身学习，就没有知识的更新换代，就没有能力的深度开发。学习知识伴随着人的一生，能力的开发伴随着人的一生，这既是园林从业人员自身发展的需要，也是园林适应社会发展的需要。

（2）改善心态模式，培育创新殡葬文化的思维。一是利用各种方式开展形式多样的教育活动，积极开展核心价值观学习，引导人们树立正确的世界观、人生观、价值观，增强集体主义观念和对园林事业的重视程度。二是大力倡导开放的思维方式，引导人们通过学习，探讨园林工作的自身规律，大力倡导求实、求是、开拓、创新的科学精神。三是营造浓厚的学术氛围，强化求新求异意识，为创新园林工作奠定思想基础。

（3）加强业务培训，提高开展园林文化的潜能。在社会迅猛发展复杂变化的今天，园林工作者的知识老化，专业结构单一，复合型人才短缺，人才的梯级结构不合理等越来越难以适应园林工作的需求，应以开展推进社会管理创新为契机，坚持“园林业务上水平，学以致用解难题，人人参与提素质”的学习原则，大力开展旨在提高园林文化水平的活动。

总之，园林文化建设是一个庞大、复杂的系统工程，必须长远规划、统筹安排，必须与园林整体工作的推进相协调，做到形式与内容的统一、过程与效果的统一，才能使园林文化建设不断发展，推动园林建设工作实现新跨越。

第三节　殡葬园林文化

在人类文明发展的长河中，殡葬园林成为人类文化总体的重要组成部分，所蕴含的文化属性已逐渐为社会确认。

一、殡葬园林文化的内涵

（一）殡葬园林的内涵及其功能

1. 殡葬园林的基本内涵

殡葬园林有广义与狭义之分，广义上是指与殡葬有关的园林文化，狭义上是指殡葬园区的园林。殡葬园区的园林主要以植物为主，在美化殡葬园区环境的前提下为殡葬活动者提供游憩功能，同时通过环境的渲染而影响殡葬活动者的情绪。殡葬园林起源于我国古代的陵墓园林。我国历来崇尚厚葬，生前的地位越高、身份越尊贵，死后经营的陵墓就越讲究，围绕陵墓兴建的园林就越豪华。

2. 殡葬园林的主要功能

殡葬园林的功能可分为物质的和精神的两个方面，即实用功能和精神功能。实用功能如可以供殡葬活动者（或游人）坐卧休息、遮阳蔽雨、祭扫通行以及其他活动；精神功能是指园林能满足人们精神需要，是园林的基本内容，支配着园林的物质内容，统一着园林景观的主题或情趣。殡葬活动者到殡葬园区后主要的并不是享受园林的物质功能，殡葬服务提供方的主要工作是通过独特的园林艺术去缓解殡葬活动者的悲哀心情，这也是殡葬园林艺术的独特之处。

从殡葬园林的概念及其功能分析，应该明确以下几个方面：

一是殡葬园林要以植物为主。从社会效益、环境效益、经济效益角度讲，植物是最佳角色；从美学角度讲，它既有动态美，又有静态美，还具有独特的象征意义。

二是殡葬园林功能的两重性。殡葬园林在完善物质功能的前提下，要着重提高园林的精神功能，以通过这种潜在的精神力量推进殡葬改革。

三是殡葬园林要有文化品位。殡葬园林除了注重传统的文化品位外，还要在“殡葬文化品位”上下功夫，可将古树名木、历史人物、民间传说等纳入殡葬园林的系统规划之中，寓传统文化于殡葬园林。

3. 殡葬园林的文化意义

（1）殡葬园林的文化聚合力。殡葬园林是一个文化载体，文化是其特性中的重要元素。殡葬服务设施无论其功能辐射范围大小，殡葬园林在发展过程中不断吸纳、保护、传承和再造大量的文化元素，成为殡葬文化象征和代表。对于提升殡葬服务设施的竞争力和促进殡葬服务机构的健康发展来说，努力加强殡葬园林的文化聚合力，增强其融合多元文化的能力，是一个非常重要的手段。判断一个殡葬服务机构通过其园林平台提升文化效应的成功与否，要看其殡葬园林是否可以全面展示殡葬文化品位并增强其文化包容性，更重要的是要看这样的殡葬园林建设能否在有效传承其历史文化的同时，总结和吸收各种其他文化元素。殡葬园林的文化聚合力既表现为能够有效地保护、集成古人的文化成就，也表现为能够很好地适应当今社会的文化元素，能够将现代文化元素中的适宜成分转换为具有自身品牌特色的文化要素和新文化象征，同时，还表现为能够对特有的不同文化元素进行合理的深加工，从而转化成特有的殡葬文化品牌，满足人们不断增长的文化需求。殡葬园林对于殡葬文化聚合力的提升，既是殡葬活动者文化素养的具体表现，也是殡葬服务机构软实力和竞争力水平的重要标志。

（2）殡葬园林的文化品牌力。优秀的殡葬园林应当具备多种特征，如有著名建筑和独特风貌、著名景色和人文景观、奇特的地域文化习俗、独特的文化礼仪和文化节庆活动、良好周到的服务等。殡葬园林建设囊括了诸多因素而形成人们心目中不可替代的殡葬文化聚集地，因此而产生的文化吸引力、文化表现力、独特的文化氛围、高质量的文化产品，形成独特的文化品牌力效应。殡葬园林的文化品牌力构成要素，包括其文化产业链的完整程度、文化产品的丰富程度和质量高低、文化设施的完善和丰富程度、基本环境质量的优美程度、基础设施建设的文化表现能力、殡葬园林通过文化展示对殡葬消费者的吸引能力、殡葬园林人文景观和自然景观的结合程度。殡葬服务机构之间的文化品牌力差别，将因为这些元素的效能发挥高低而改变，客观上必然会影响到殡葬服务机构的软实力。

（3）殡葬园林的文化生产力。殡葬园林的文化生产力是将现有的和未来可以融入的文化元素，进行深度开发和市场推广能力。对于殡葬服务机构竞争力而言，能够兼容不同文化类型是一个基本要求，而对所兼容的不同文化元素进行有机的融合、深度加工、推广和应用的能力，则是殡葬园林文化生产力的核心部分。因为时代的进步，殡葬园林体现文化生产的内容、容量和手段，都会随着时代变迁而不断产生进一步的变化。殡葬文化所依托的场所形式、生产以及运作的方式，也会在这样的变化中发生相应的改变，因而殡葬园林就成为殡葬文化生产力的重要依托。在当今的文明社会中，文化生产力水平显著提高，文化生产的能力和文化传播的速度都进一步提升，文化供给具体方式和传播途径，都发生空前的巨大变化。随着数码技术和网络技术的发展，文化生产的能量被极大程度地拓展，文化产品复制、传播和演示方式，都在发生着革命性的改变。在适应这种变化的同时可以进一步增强自身的文化生产能力，将是评价殡葬文化生产力水平和竞争力高低的一个重要依据。

（4）殡葬园林的文化吸引力。文化吸引力是提升殡葬服务机构竞争力的一个重要内容，表现在多个方面，殡葬园林功能构成、殡葬园林文化特色、殡葬园林体现的设施形象特征、殡葬文化活动、殡葬园林气质等，都可以成为殡葬服务机构吸引力的构成要素。殡葬园林文化吸引力是由于优质的文化氛围，而具备的特有内容并成为人们关注的对象。文化吸引力是一个殡葬服务机构的重要部分。要使殡葬服务机构的文化吸引力得到最充分的体现，就要以殡葬园林为建设基础将殡葬服务机构独有的各种文化资源进行整合，这是其他殡葬服务机构所难以描摹和复制的。这样的殡葬园林所体现的内在文化气质是经过长期沉淀积累而形成的，反映着殡葬服务机构的精神追求和价值取向，承载着人们的文化趣味和情感意志，因而是殡葬服务机构文化吸引力的最深层的实质内涵，也是构成殡葬服务机构文化吸引力的决定因素和内容构成要素。

(5) 殡葬园林的文化展示力。殡葬园林的文化展示力是看其能否充分有效地展示殡葬服务机构形象，是以有效的组织、协调、运作，以殡葬园林为载体将一个殡葬服务机构的积极形象充分地展现、宣传、推广给外部世界的能力。传统社会形态里，认知殡葬服务机构的方法多是通过文学作品或人们之间口耳相传来进行的。在现代的信息社会，由于传播技术和手段的改进，宣传和提升殡葬服务机构形象的能力和效果都大大增强。殡葬服务机构能够运用独到的方式和特有的形式或载体有效地把自身的文化精髓、殡葬文化的品牌形象，通过巧妙的总结和包装，将殡葬服务机构特色宣传推广出去，那么殡葬服务机构就能获得尽可能多的被外界和世人关注的机会，就能最大限度地增加自身的殡葬服务竞争力。

(6) 殡葬园林的文化影响力。殡葬园林文化是殡葬服务机构竞争力因素中不可缺少的元素之一，从表现形式来说，如何凸显其影响力是一个重要问题，殡葬园林看似更多的是经济和环境效益，但如果设计合理，赋予其殡葬服务设施历史文化的深刻内涵，就可以将殡葬园林的隐性竞争力发挥出最大的影响力。殡葬园林建设不仅提升了殡葬服务设施建设质量，更重要的作用在于通过这样一个载体，展示着殡葬服务设施的整体形象，向外界表达着殡葬服务设施的文化价值，并借助具体的文化产品将殡葬设施的文化力影响进行广泛且有效的拓展。殡葬园林的建设可以从多个方面展现殡葬服务设施的文化影响力，在其建设中赋予殡葬服务设施的文化内涵不仅可以陶冶情操，提升文化修养，还是一种成本相对低廉但效果显著的宣传殡葬服务设施形象的手段。殡葬园林的建设不仅可以体现殡葬服务设施本身的生态文明，还可以向外界表达殡葬服务设施的文化张力。殡葬园林建设本身就可以是殡葬文化影响力的重要组成部分，通过它的文化影响力可以深深地打动人们，使得殡葬服务设施的良好形象深入人心，从而对殡葬服务机构的竞争力产生深远和持续的影响。

（二）殡葬园林文化的基本内涵

中华民族有着 5000 年悠久的文明史，在历史发展的长河中逐渐积淀了深厚淳朴的民族文化，这些文化中有许多与树木相关联，既体现了古人对树木的崇拜，也反映出古代社会的礼教制度与观念以及人们理想、愿望和深层次的民族心理。远古时代，由于生产力水平极其低下，人们对自然现象既无法认识，也无力征服。在先民的意识中，世界上的万物都普遍存在一种超自然的神秘力量，特别是对曾经庇护和哺育过人类的莽莽森林，更有一种特殊的依存关系。林海莽莽，猛兽出没，人类祖先由对森林的神秘而产生恐惧，由恐惧而祈求神灵保佑，于是便把树木视为圣物，逐步形成了对森林和树木的敬仰和崇拜，并通过口传心授，蔚成风习，世代相因，享祭不绝。树木崇拜意识的形成，人们将对自然、生命及未来的理解，渗透在对树木的崇拜中，使自然之物——树木融入了许多民族文化内涵。

殡葬园林文化起源于陵墓园林文化和墓葬植树文化。墓葬形成的直接原因是有关“阳间”的宗教意识作用于人类思想的结果。人们根据“阳间”的模式设计“阴间”的生活方式。墓葬的形制和葬俗反映着当时文化、生活方式和风俗习惯。如果把中国古老的社会比作一只航行在人类历史长河中的木船的话，那么中国墓葬就是这只木船在水中的倒影。

中国古代汉人的社址，是氏族部落祭祀鬼神的坛禅所在，当时的初民对天神、地祇及人鬼无所不祭。《淮南子·齐俗训》云：“有虞氏之祀，其社用土，……夏后氏，其社用松，……殷人之祀，其社用石，……周人之礼，其社用栗。”可见虞、夏、商、周四代之社各有区别，或封土，或立石，或植树，或择木，所以社的最初类型可分为土社、石社、树社和丛社四类。据《周礼·地官·大司徒》载：“设其社稷之遗，而树之田主，各以其野之所宜木，遂以名其社与其野。”郑玄注曰：“……所宜木，谓若松、柏、栗也，若以松为社者，则名松社之野。”可见，古代的“社”不仅有坛，而且都必须有树。自西周始，树木就成为社的标志，社与树融为一体，密不可分。《尚书·逸篇》曰：“太社唯松，东社唯柏，南社唯梓，西社唯栗，北社唯槐。”足见当时各种树木已成为区别社坛方位和大小的重要标志。据《太公金匮》记载，武王问太公曰：“天下神来甚众，恐有试者，何以待之?”太公请树槐于王门内，有益者入，无益者拒之。可见，植槐就是让有益的社神有栖息之处，并可拒无益之神于门外。古人在作为祭祀场所的社坛上种植树木作为标志物，认为树是一种让人见之尊奉崇敬的象征物，又把树木看成神灵所凭依的“主”，即神灵降临之处，作为神灵的象征。此外，社坛立树是因为树木的寿命长于其他生物体，而且树木承受外界侵害能力也相对较强，所以古人往往把树木特别是古树大木作为崇奉的象征。

墓上封土并有意识地修筑坟头，可能始于西周，从而突破了《礼记·王制》“庶人……不封树”和《礼记·檀上》“古也，墓而不坟”的古制。《周礼·春官》“以爵为封丘之度”是按官位高低而确定坟头大小。春秋战国后期，周礼中严格的墓葬制度被突破，《吕氏春秋·安死篇》“世之为丘垄也，其高大若山，其树之若林”，说明人们开始在墓地上栽树，而树木的株数也越来越多，墓地面积越来越大。古人在先辈墓地上植树以表达先人精神永存、灵魂不死，并冀求先人之灵能像其坟上树木留荫一样庇护后代，树木成了祖先崇拜的物质符号，所谓“坟陵尊显，松柏桑梓，犹宜肃恭”。据《公羊传·文公二年》记载，“虞主用桑，练主用栗，用栗者藏主也”。古代，死者葬后，即举行祭祀，称虞祭，神主牌位用桑木，上面不题文字；13 个月后要举行练祭，用栗主，上刻谥号，祭祀后藏于宗庙，用以常年奉祀。桑谓“丧”；栗，有战栗、谨教之意。

除了死者坟地所植树的种类与其身份、地位密切相关外，坟地上树木的多少也成为死者身份地位的一种标志。《周礼·冢人》载“以爵等为丘封之度与其树数”“尊者丘高而树多，卑者封下而树少”。到春秋末期，王公贵族丘垄“其高大若山，其树之若林”，已成风气，且制度化。由于墓葬封土若山丘，植树若森林，“丘”和“林”也逐渐演变成了墓葬的代名词，如战国后期赵武灵王的陵墓被称为赵丘，孔子的陵墓称孔林，洛阳的关林则是关羽的墓地。墓上筑坟丘和墓旁植树，是中国古墓葬发展史上一个很大的变化，也体现着向陵园形制的墓葬制度进化。“孝陵云黯万株松，叶叶冰霜树树龙，更遣奚官豢千鹿，艺田瑶草护春茸。”说明当初孝陵不仅广植松树，而且在陵园内养有鹿群，形成典型的陵墓园林。

在坟墓上树立一些标记或纪念物，是许多民族的丧葬习俗之一，各民族的宗教信仰、社会心理、民风民俗等也往往从中得到反映。从春秋时代开始，由于经济逐渐繁荣，兼并风气渐盛，人口流动频繁，为了辨认，人们在墓上筑坟或种树以为标志，到战国时代成为一种普遍现象。《礼纬·含文嘉》载“天子坟高三仞，树以松；诸侯半之，树以柏；大夫八尺，树以栾；士四尺，树以槐；庶人无坟，树以杨柳”。可见坟的高低和树的种类是与死者的身份有密切关系的。冢上松柏是古代中国身份等级制度松弛瓦解的象征，“礼”是一切社会秩序与人际关系的准绳，个人身份的贵贱尊卑在礼仪上有着不可逾越的界限，正如《周礼·春官》“冢人以爵等为丘封之度与树数”，冢上植树“天子树以松，诸侯树以柏，大夫树以杨，士树以榆，庶人不树”，以后卿大夫和士的冢树由杨榆改为栾和槐，庶人得以植杨柳。商代末期开始有了木制的葬具——棺和椁（棺外的套棺），但有等级规定。《礼记·檀弓上》规定：天子棺四重，诸公三重，诸侯再重，大夫一重，士不重。就是说天子崩殂后，除有贴身的内棺外，外面还套有四重外棺，且外三重必以椴木制成。不仅如此，木棺大小厚薄，也都有严格的等级规定。《礼记·丧大记》对棺椁用料也有明确的等级规定，“君松椁，大夫柏椁，士杂木椁”。后又规定帝后、大臣用梓棺。至明代，仍规定“品官棺用油杉朱漆，椁用土杉”，而庶人“棺用坚木，油杉为上，柏次之，土杉、松又次之”。

到了秦代，立冢植树已相当普遍，《盐铁论·散不足篇》载“今富者积土成山，列树成林”。《墟墓诗》描绘“出郭门直视，但见丘与坟。古墓犁为田，松柏摧为薪，白杨多悲风，萧萧愁煞人”。可见当时起坟植树风气之盛。魏晋承汉，植冢树的习俗有增无减，一些清廉之人不得不预作终制，遗命不得起坟种树，以免儿孙受世俗之累。魏文帝曹丕也作终制：“寿陵因山为体，无为封树，无立寝殿，造园邑，通神道。夫葬者藏也，欲人之不得见也……”《孔雀东南飞》中“两家求合葬，合葬华山傍，东西植松柏，左右植梧桐，枝枝相覆盖，叶叶相交通”。可见，冢上松柏的实际功用在逐渐转变。松柏已从国君陵上的专利，成为凡人坟上的标记，以至于松柏一词逐渐成为坟树的别称。冢树所植，由死者身份的象征发展到“广植树林，以壮观瞻，以此争相奢侈”。

后世植冢树的主要功能是标志和纪念。冢树的标志功能与古礼是完全背道而驰的，因为植树违背了土葬“藏”的原意。《吕氏春秋》载：起坟种树，“以此观世示富则可也，以此为死则不可也。……是故大墓无不抇者而世争为之，岂不悲哉！”后世民众或受“庶人无坟”古礼的影响，或无力起坟，遂植以松柏，插以杨柳，以为葬处的标志。冢树的纪念功能更具人情味儿，可能是冢树从王制流为民俗的最重要原因。《皇览·冢墓记》载：“孔子冢去城一里，……冢茔中树以百数，皆异种，鲁人世世无能名其树者，盖孔子弟子异国人各持其国树来种之……”冢上松柏是国人道德观、价值观的寄托，松柏在中国人心目中一向具有其他树种不可替代的地位。《史记》“松柏为百木之长也，而守门阙”。松树外形多节，皮质粗厚，望之如龙鳞盘根，极具高贵之相，因而常为宫殿庙堂的守护之神。作为冢树，松柏虽已失去帝王之相，但较之婀娜的柳枝、多变的枫叶，其挺拔的身姿、茂密的树叶，仍显出类拔萃，不同凡类，因备受国人青睐。松柏类常绿树可增添墓地庄严、肃穆的气氛，暗寓死者生前品格气节，象征死者精神长存。

我国人民自古就有重视和爱护冢树并十分注重殡葬园林文化建设之传统。据《战国策·齐策》中“齐宣王见颜斶”载，昔者秦攻齐，令曰“有敢去柳下季（注：秦伐齐，先经鲁，鲁展禽字季，采食柳下，亦云居之）垄（同冢）五十步而樵采者，死不赦”，又令曰“有能得齐王头者，封万户侯，赐金千镒”，由是观之，生王之头，曾不若死士之垄也。坟墓是故去先人的灵魂居住的场所，因古人认为“神灵安则子孙盛”，历代统治阶级从稳定社会秩序和伦理道德出发，多有禁止毁墓的法律。《唐律疏议》曰：“诸盗园陵内草木者，徒二年半。若盗他人墓茔内树者，杖一百。”就民间而言，也比较重视对坟墓的保护，保护陵墓已成为一种道德行为的准则，唐诗谓“耕地诫侵连冢土”，说明即使处于社会底层的劳动者也受到了无形的道德约束。

《明经胡氏龙井宗谱》中除主张禁步内要不时添土拔草外，更强调在四周种树护坟，以“保全生气”。皇家陵园植树更盛，如明朝时期，十三陵地区植树不断，甚至采取植树赎罪方法，动用犯人前去植树。如《明史·刑法志》载“死罪终身；徙、流各年限；杖，五百株；笞，一百株”，使这块风水宝地更加郁郁葱葱。

在保护风水意识的驱动下，一些地方逐渐形成一套护林的奖罚制度。对破坏风水林者，轻者罚款祭树安土，重则诉诸公庭，缉拿究办。如《瓯宁祖氏族谱》曰：“永远存留树木，作对门宾遮荫风水。其山寸土木石俱系一族之人众物业，……倘有向前山砍伐一竹一木者，不拘何人看见捉获者，议定赏银一钱，其盗伐者轻则猪酒散众，重则经官告理。”又如河北省双凤山陵园在1992年修建业务大厅时出土的大清光绪五年三月六日吉旦（1879年）“正定府获鹿县台头村振社四甲董族栽树碑记”载：“且夫双凤山上巽地隅有董族□先茔，自古由来已久矣，不知创立何年，四方以羁马石为际，自我□先人栽柏树二株，年深日久，树已樵枯，岂有滋生之理？合族人等目睹此树尽颓，公□曰：‘将树便卖柴材’，一举齐心，数日，栽有小柏树二百余株，近以为今日之荣，远以不留后世之念，写实为记。又云倘或有人斫伐树木，乡中□有罚规，恩人不遵，又新设立罚规有四□列于后。”碑的后面记载着“一割草拾柴罚钱二百文，一牧放牲口罚钱八百文，一斫伐树木罚钱六百文，一作践碑字罚钱四百文。无论本族异姓外乡男女，一例同罚，有人捕住不法之徒，交与现年乡长与族长董清彦、绊首董爱贤，按罚规罚之，捕捉之人分之，一半修坟”。

树葬的出现是随着人类的意识形态的发展而出现的，它与远古人类所处的生活环境、社会环境有很大的联系。树葬作为一种葬法，在我国文献中记载颇多，《周书·异域上》记载莫奚人“死者则以苇薄裹尸，悬于树上”的葬俗，《魏书·失韦传》载“父母死，男女聚哭三年，尸则置于林树上”。可见树在先民的观念中占有重要的位置，由于远古时代的人类对自身所处的世界知之甚少，没有掌握自然界的客观规律，从而产生了对万物的崇拜，认为万物皆有灵，因而出现了象征土神乃至祖先神的“社树”“社林”。汉末曹植“桂之树，得道之真人咸来会讲仙”显然是幻想通过具有神性的树而使人的灵魂升入天堂。

现行树葬为植树葬，即把遗体或骨灰“入土为安”后植上一棵树，以树代碑，是与绿化相结合的骨灰处理方式。植树葬是一种文明、进步的安葬方式，不仅有利于改变人们旧的、传统的殡葬观念，而且节省大量土地资源，起到绿化荒山、保护环境的重要作用。从观念上看，火化并不是殡葬的终结，生命的终点是回归自然，让无法延续的生命转化为绿色，是向旧的传统观念和旧习俗的挑战。

人是大自然的产物，最终也将回归大自然。从骨灰墓葬过渡到骨灰植树葬和骨灰撒海等骨灰处理方式是人们观念的更新，是社会文明的又一大进步。骨灰植树葬符合我国殡葬改革的方向，符合骨灰处理多样化的精神。植树葬以树代碑，象征生命之树常绿、精神永存，也符合人们“入土为安”的传统观念，便于接受。从环境保护的角度看，植树葬既不占耕地又绿化荒山，不会造成环境后患，有利于土地的持续和永续利用。我国是一个少林国家，而我国每年死亡人数达 900 万人，如果大范围推行植树葬，加上这些树得到死者亲人和有关管理人员的精心呵护，成活率很高，将大大促进我国的生态文明建设。

二、殡葬园林文化的分类

殡葬园林是文化的载体，是记载人类文化发展的史书，像明十三陵、清东陵、清西陵等，都是人类文化的结晶，无不体现了人类文明的精髓。作为大文化圈中的一元，殡葬园林文化可以理解为文化在殡葬园林方面的反映和体现，也可以解释为以殡葬园林或其他相关物化去体现和涵盖的文化。殡葬园林文化作为人类区别于动物的基本形态之一，本质上是与自然和天然相对的人造物。殡葬园林文化的概念是人们对殡葬园林本质理解的深化，殡葬园林文化处于文化的背景之下，同时又存在于殡葬园林之中，从其定位和功能体现来说具有模糊性。

任何一座园林都不能不受到社会形态、经济状况和文化背景的影响，而这些社会、经济、哲学和人类价值对殡葬园林的影响又是综合的，因而殡葬园林文化不会像一般文明意义上的知识文化概念那样通俗，其本身较稳重和博大。纵观古今中外的殡葬园林实例，都是人类所创造的物质文明和精神文明的综合体现，是殡葬园林与文化同构的历史例证。殡葬园林是构成文化的一个重要部分，是全部文化的高度集中，要了解一种殡葬园林形式，一个殡葬园林体系，首先要了解和研究产生它的历史文化背景，人类的整体文化由物质文化、艺术文化和精神文化三部分组成。这明显地体现了其中的技术科学是物质文化，美术是艺术文化，而社会科学如殡葬园林哲学、殡葬园林美学和殡葬园林心理学等，则属于精神文化的范畴。

殡葬园林文化的内涵，是殡葬园林思想、殡葬园林观念、殡葬园林意识、殡葬园林情感、殡葬园林意念、殡葬园林思潮等心理层方面的要素群。殡葬园林文化内涵决定了殡葬园林文化存在的区域和分布状况，按不同的标准可以有不同的分类方法和分类结果（分类之间可能是交叉的）。

（一）区域性殡葬园林文化

人类生存于不同的地理环境区域，所形成的殡葬园林文化必然有所不同，以区域性差别的标准来划分殡葬园林文化总体，就有不同的殡葬园林文化类型。自然地理环境的差异使不同区域的人具有不同的殡葬园林认识观，当人类文化之力有了较大的增强之后，在一般的、原有的殡葬园林自然观里又逐渐加入了填补自然观空缺的宗教文化意识观念，于是就形成了一个完整的殡葬园林文化的思想意识观念。

园林文化与自然环境关系特征指在营造园林文化活动中运用和模拟自然环境的层次，体现了在园林文化中人与自然环境的关系。“师法自然”是园林文化与自然环境关系特征的核心，包含了园林文化对自然环境的运用与模拟的两个层次，涉及自然环境要素与园林文化相关的因子对园林文化模式的约束与影响。园林文化与自然环境关系的特征表现了华夏民族崇敬、热爱自然环境的情操和利用自然资源充实园林文化渊博高超的技术和艺术。

宏观上的区域性殡葬文化可以分为欧洲殡葬园林文化、中东殡葬园林文化、中南非殡葬园林文化、南亚殡葬园林文化、东亚殡葬园林文化、东南亚殡葬园林文化、北美殡葬园林文化、中南美殡葬园林文化等；中观上的区域性殡葬文化可以把东亚殡葬园林文化分为黄河流域殡葬园林文化、长江流域殡葬园林文化、西域殡葬园林文化、蒙古殡葬园林文化、朝鲜殡葬园林文化、日本殡葬园林文化六类；每个家庭、每个人的殡葬园林文化观念并不完全相同，这也就是微观的区域性殡葬园林文化的分类。

（二）构建性殡葬园林文化

一个殡葬园区园林的形成要经过多个环节来构成，如意向计划、规划设计、施工、验收、维护管理等，这些环节都蕴含着人们各种殡葬园林文化思想意识。从构建性的角度来看，殡葬园林文化可以分为规划殡葬园林文化、设计殡葬园林文化、施工殡葬园林文化、验收殡葬园林文化、管理殡葬园林文化五个基本类型。而实际上每个构成环节还由许多小环节构成，例如殡葬园林设计环节，就有测量、规划、建筑、植物配置、概预算等，由于专业角度不同，各专业人员所持的观点不同，所参与的殡葬园林文化思想观念就会有所差异，因而就有了细微的分类。

（三）心理性殡葬园林文化

殡葬园林文化是一种意识形态上的文化要素，实际上它在人们头脑中的生存也具有一个过程，这就是殡葬园林文化的心理过程，这样就可以根据心理过程各阶段的不同为标准对殡葬园林文化进行分类。心理性殡葬园林文化分类至少包括感觉、知觉、表象、记忆、想象、概念、判断、推理、决定等类型的殡葬园林文化。另外，殡葬园林的思想、观念、意识、信仰等，虽然不是人们心理过程的环节，但也包含了心理过程的内容，因而也属于殡葬园林文化的范畴。

（四）历时性殡葬园林文化

人类文化发展具有阶段性的进化过程，由文化决定其进化程度的殡葬园林文化也必然有一个曲线的发展演变过程，因而可以把殡葬园林文化按不同的历史时期进行划分，这就称为历时性或阶段性的殡葬园林文化分类。例如在中国文化区，可以在传统殡葬园林分类的基础上把殡葬园林文化分为秦汉殡葬园林文化、两晋殡葬园林文化、隋唐殡葬园林文化、两宋殡葬园林文化、明清殡葬园林文化等几个粗线条的类型。传统时期之后，各文化区间的文化交流逐渐全方位展开，进入一个人类文化的大交融时期，殡葬园林文化也出现了完全不同于传统时期的另一个发展态势，因而又分为近代殡葬园林文化、现代殡葬园林文化、当代殡葬园林文化、新时期殡葬园林文化等。

三、殡葬园林文化的组成

殡葬园林文化内涵要素之间的结构方式构成了殡葬园林文化体系，也就是殡葬园林文化要素的结构系统。殡葬园林文化内涵要素的结构是平面的，要素之间的关系是并列平等的，但要素相互之间的亲疏关系不是均等的，可以根据这一特点去认识结构中客观存在的要素意群，然后再排列组合成意群间的结构体系。

殡葬园林文化的组成是以其客观存在的要素意群结构为依据的。由于殡葬园林文化是关于殡葬园林的意识形态的东西，其内涵各要素在意识形态的科学系统中有原型明确的范畴归属，所以根据各要素的原型归属状况，可以从殡葬园林哲理、殡葬园林伦理、殡葬园林心理等几个方面入手来认识殡葬园林文化要素。

（一）殡葬园林哲理要素

殡葬园林哲理要素，是指殡葬园林哲学理论的要素群，主要是有关殡葬园林的物质与意识或精神、存在与思维的关系以及殡葬园林内涵构成的辩证关系和在社会环境中的地位、性质、作用等基本问题的殡葬园林文化要素。这一要素群主要有殡葬园林精神、殡葬园林意识、殡葬园林思维、殡葬园林思想、殡葬园林观念、殡葬园林信仰、殡葬园林理念等。

殡葬园林精神，是指人们对殡葬园林的意识、思维或心理活动的高度概括，是殡葬园林的意识形态的最高境界。

殡葬园林意识，是人脑机能对殡葬园林客观存在的主观反映，是人的第二信号系统对殡葬园林信息刺激的高级神经活动的反射，它包括感性的殡葬园林意识和理性的殡葬园林意识两部分内容，它对殡葬园林物质存在的反映，也对殡葬园林活动具有能动的支配作用。

殡葬园林思维，是人脑对殡葬园林存在的间接的、概括的反映，是以语言为工具，对人们感受到殡葬园林材料进行的由表及里、去伪存真的分析和综合的能动过程，且以揭示殡葬园林的本质和规律为最终目的。

殡葬园林思想，是人们运用思维机能对殡葬园林的感性材料进行加工制作的结果，同时又具备对殡葬园林活动的指导性质，且以是否促进殡葬园林活动的健康发展为标准来判断其殡葬园林思想的正确性。

殡葬园林观念，是指人们在头脑中形成对殡葬园林的较稳定的认识思想，是在殡葬园林活动中经过较长时期的反复加工制作或思索后所形成的较固定的看法或思想。

殡葬园林信仰，是指对某种殡葬园林精神的极端尊崇而形成的支配殡葬园林行为的观念，是以殡葬园林精神为固定反射条件的特殊反映。

殡葬园林真理，是人们对殡葬园林的客观存在及其客观规律的正确的主观反映，它来自于人们殡葬园林活动的实践，同时接受殡葬园林活动实践的检验，它是在与殡葬园林谬误的比较和斗争中而存在和发展的。殡葬园林真理的绝对内容是相对的，是绝对和相对的辩证统一。

殡葬园林理念，是指人类对殡葬园林永恒不变的认识，并认为这主观认识与殡葬园林客观存在是绝对统一而形成的观念，它不受任何殡葬园林经验和人们认识条件演变的限制，是绝对合乎理性的观念，也是人类殡葬园林本原的唯一。

（二）殡葬园林伦理要素

殡葬园林伦理要素，是指人们在殡葬园林过程中的相互关系准则和道理的要素群，即殡葬园林伦理关系的要素群。它主要包括有关殡葬园林活动的社会道德、人们在殡葬园林活动中的道德规范以及人们对这些道德品质的培养、教育等问题的殡葬园林文化要素，主要有殡葬园林道德、殡葬园林信念、殡葬园林理智、殡葬园林修养、殡葬园林风尚、殡葬园林意志、殡葬园林情操等。

殡葬园林道德，是人们在殡葬园林活动过程中必须遵循的一定的行为规范和行为准则所具备的思想品质和心理意识，这是建立在一定的伦理思想体系之上的，在不同的伦理思想体系背景里便形成了不同标准的殡葬园林道德。

殡葬园林信念，是指对某种殡葬园林思想观念或理想的真诚、自觉的信服，并具有支配某种殡葬园林活动趋向的欲望，是认识和情感的有机统一。

殡葬园林理智，是指人们在殡葬园林活动中合乎原则性和逻辑性的理性思维活动的思想意识，一种具有不受客观情绪影响和干扰的理性能力的意识。

殡葬园林修养，是指人们通过自我改造和锻炼在思想上所形成的合乎既定殡葬园林道德标准的品质，也是人们殡葬园林意识构成的一个有机成分。

殡葬园林风尚，是指在社会殡葬园林活动中形成的、对人们所要求的某种殡葬园林道德趋向的品质，这种所形成的道德品质带有较强的社会性或普遍性。

殡葬园林意志，是人们运用某种殡葬园林道德的必然性，去实现某一既定的殡葬园林目的所产生的意识，它一方面要依循殡葬园林道德规范，另一方面又具有能动的殡葬园林意识取向。

殡葬园林情操，是指人们在殡葬园林过程中所特有的殡葬园林情感和道德操守两者相结合的特殊的意识，既有情感驱使动力，又有操守约束规范，是一种带有一定感情色彩的殡葬园林修养。

（三）殡葬园林心理要素

殡葬园林心理要素，即殡葬园林心理过程的要素群，主要是人们在殡葬园林活动中的心理状态、心理过程、心理规律、心理作用等问题的殡葬园林文化要素。这一要素群包括殡葬园林感觉、殡葬园林知觉、殡葬园林表象、殡葬园林记忆、殡葬园林想象、殡葬园林联想、殡葬园林认识、殡葬园林情感等主要成分。

殡葬园林感觉，是人脑对直接作用于感官的殡葬园林客观存在的个别属性的反映，如殡葬园林的外观、色彩、空间、体量等，都可能成为刺激感官的信息传入神经中枢而在头脑中得到反映，这是一般殡葬园林心理活动的基础。

殡葬园林知觉，是人脑对直接作用于感官的殡葬园林客观存在的整体的反映，是所有个别属性的殡葬园林感觉的总和，也是依赖于过去的殡葬园林知识和经验而形成的。主要包括殡葬园林空间知觉、殡葬园林活动知觉和殡葬园林时间知觉三部分。

殡葬园林表象，是通过殡葬园林感知（即殡葬园林感觉和殡葬园林知觉的统称）而在人脑记忆中保存下来的殡葬园林的形象，是殡葬园林感性认识中具有形象性和初步概括性的认识，也是殡葬园林感性认识向殡葬园林理性认识过渡的中间环节。

殡葬园林记忆，是人脑对过去经验过的殡葬园林的反映，即人脑对殡葬园林信息的输入、编码、储存和提取的过程。

殡葬园林想象，是人脑在过去形成的殡葬园林表象的基础上所进行的新的创造的殡葬园林心理。一是有过去形成的殡葬园林表象或殡葬园林感知材料作基础，另一是所进行的新创造必须是从未感知过的，甚至是现实中不存在的殡葬园林形象。

殡葬园林联想，是由已经知觉的殡葬园林表象唤起其他殡葬园林的影像的殡葬园林心理过程，是对客观存在的殡葬园林之间在人脑中的相互反映，这种反映通常取决于已知的殡葬园林表象的客观联系对象和主观意识上的定向兴趣这两个因素。

殡葬园林认识，是人脑对殡葬园林客观存在现象及其本质的反映，包括感性和理性的殡葬园林认识，前者是直观的、表面的、现象的，后者是间接的、抽象的、本质的，两者由表及里构成了完整的殡葬园林认识。

殡葬园林情感，是人们对殡葬园林认识的态度的体验，是由殡葬园林是否满足人们的需求所引起的，有满足需求的肯定的殡葬园林情感，有不满足需求的否定的殡葬园林情感。通常还包括殡葬园林情绪和殡葬园林感情，前者侧重于本能殡葬园林需求的体验，后者则偏重于非本能殡葬园林需求的体验。

以殡葬园林哲理要素、殡葬园林伦理要素、殡葬园林心理要素为主的要素群体，相互交叉而构成殡葬园林文化结构体系。殡葬园林文化要素群之间的界限并不分明，是关于某些要素的交叉关系。如殡葬园林心理要素群有三种基本过程，即殡葬园林认识过程、殡葬园林情感过程、殡葬园林意志过程，殡葬园林认识过程又包括殡葬园林感觉、殡葬园林知觉、殡葬园林表象、殡葬园林记忆、殡葬园林想象、殡葬园林思维等。其中殡葬园林思维是殡葬园林哲理的基本要素，而殡葬园林意志又是殡葬园林伦理中的一个要素。而且，同一要素在不同要素群中，意义上也各有侧重。如殡葬园林意志，归为殡葬园林伦理的要素，特指依殡葬园林道德规范而言的意志；在殡葬园林哲理上看来，殡葬园林意志仍是一种意识；而对殡葬园林心理来说，则是指一种有选择性的心理意向。因此，殡葬园林文化要素群的划分，仅是一个大致轮廓，是为了殡葬园林文化研究和具体运用的需要而进行的，因为殡葬园林文化本身就是一个非常复杂的构成，过于限定各要素内涵意义反而束缚了人们对殡葬园林文化的理性发展以及殡葬园林文化研究的现实作用。

四、殡葬园林文化的性质

殡葬园林文化作为一门正在孕育中的学科，其关键问题在于如何定“性”，可以借用一般自然科学对物质的定性方法，即从物理性质和化学性质两方面着手，对“殡葬园林文化”这一客观存在的事物，确定其“性质”的基本轮廓。

（一）殡葬园林文化的存在形态

殡葬园林文化的存在形态，是指其在人类文化总体中的存在形态。自从殡葬园林文化出现以后，就有一定的形态并以这种存在形态付诸人们所感知。

1. 存在环境的人类文化总体与殡葬园林文化

人类文化总体不仅是人类活动的行为本身和行为规则以及支配这些行为、规则的思想意识观念，而且还存在于人类文化范畴边缘的某些与非文化共生同存的胶着状态中。人类的非本能行为所创造的一切，无论以什么形式创造出来的，都是人类文化的东西。如一个殡葬园林的形成，从对殡葬园林的构思、图形或模型的绘制制作，到殡葬园林实体的施工，甚至到人们在殡葬园林竣工后的使用过程和陈旧后的维修，每一个环节，都是一种文化现象。而且蕴含在这些现象内的思想意识变化发展过程中的种种内容也都是文化，甚至是最本质、最核心的文化。

2. 殡葬园林内涵诸要素在文化总体中的地位

殡葬园林从投资构想、规划设计、施工建造、投入使用到维护管理等过程以及支配这一过程的人们思想意识的发展变化，都是人类文化，这些要素各自存在的形态并不都是一样的，殡葬园林实体是人们视觉可知的实在的东西，殡葬园林技术是一种包含着人类智慧和行为规则，而支配着殡葬园林的形成和殡葬园林行为规则制定的殡葬园林思想，又是以意识形态出现的存在状态。其他要素也都有各自相应的存在形态，为人们所感知。为了便于研究，也可依据各要素存在形态的客观性质，使人类文化各要素的客观存在在人们头脑中有比较条理化、系统化的认识轮廓。可以人为地给这些文化要素划分一个较合理而形象的结构层次，即物质形态的物质层、意识形态的心理层或精神层以及介于物质与意识这两种存在形态之间的心物结合层。如果对殡葬园林内涵各要素也进行划分，则殡葬园林的实体便被置于物质层，殡葬园林技术、殡葬园林制度等应置于文化的心物结合层，殡葬园林思想则为文化的心理层要素。

对文化要素的划分，能使人们更清晰地认识各要素的存在形态以及可能有的功能性质，也更能了解同一层次要素的共性和不同层次要素的个性，通过对这种共性和个性的认识，使人们对文化各层次里要素间普遍的、一般的相互关系有了较清晰的概念，也就更能清楚地、明确地理解文化各要素之间的相互联系和相互作用。

3. 殡葬园林内涵不同形态要素与文化的关系

殡葬园林是一个文化要素，也是一个由诸多要素构成的综合体或复合体。现实中的殡葬园林业以外的绝大多数人甚至殡葬园林业内的少数人，对“殡葬园林”总是以物质形态去理解，即“殡葬园林”是殡葬园林实体的物质存在，“殡葬园林”是文化结构物质层里的一个要素，且以其现实中的物质存在来表现文化，说明人类智慧的某种创造力，体现当时人类构成殡葬园林时的具体能力，也称之为文化力在这一方面的实在表现。人们可以通过殡葬园林的存在来认识当时的人类文化状况，因而说，殡葬园林是人类社会发展的固态历史。

“殡葬园林”内涵较为宽广，它还包括殡葬园林技术、殡葬园林制度、殡葬园林思想等含义。殡葬园林工作者更喜欢谈的不是殡葬园林实体的存在，而是殡葬园林思想，通常以殡葬园林哲学、殡葬园林观念、殡葬园林意识等提法出现。而这些指导具体的殡葬园林创作的思想、观念、意识等，也同其他思想意识一样，成为一种潮流，即“殡葬园林思潮”，这种殡葬园林思潮一经形成，将主导着当时广大殡葬园林工作者的创作内容。在物质形态和意识形态之间，一方面是某种殡葬园林思想支配下建立起来的，另一方面又对殡葬园林活动有具体的指导作用的殡葬园林技术和殡葬园林制度等，被认为是殡葬园林在文化总体中的心物结合层里的要素。这些要素在文化心物层，不仅与殡葬园林系列的物质层、心理层的要素有直接联系，而且还通过这一中介要素，引入其他系列的文化内容。它可能直接吸收其他科学的思想内容，来改造殡葬园林系列的要素内容，促使其成长和发展；也可能通过对其他物质存在的应用，使自身技术和制度等得到不同的解释，改善殡葬园林系列中的要素，使之更合理、更优化的重新构成。所以，殡葬园林心物结合层要素是殡葬园林文化系列的中介要素，是形意相融的东西，是殡葬园林活动的行为规范或准则，也是殡葬园林思想的个体表现。

殡葬园林文化是自然科学、社会科学、人文科学、宗教、哲学和艺术等学科发展的历史化石，作为文化形态的一种，殡葬园林文化体现了一般文化所具有的共性，即文化自身的构成层次，由时间和空间的不同而引起的多向度的时空层次，由多层次构成系统上的整体性、具体质离散性、形态上的模糊性、概念间的介质性和发展过程中的延变性；又强调自身的个性即场所精神。殡葬园林文化的发展是生产关系、民族特征和自然环境等多因素在历史进化中的逻辑的“重构”，体现了殡葬园林文化发展的复合性和增长的无限性。文化有物质层、心物层、心理层的各种要素的构成，广义的文化包容了这三个层次的所有内涵，只要是人类智慧的非本能的东西，都被认为是文化；而狭义的文化仅指其心理层和心物层的东西，是人类非本能的意识形态以及形意结合形态的东西，这些东西被认为是严格意义的文化。从广泛的意义上讲，一座殡葬园林是一种文化，一件艺术品也是一种文化，一座殡葬园林可以说是一件艺术品。殡葬园林在狭义文化概念中的核心意义或内容是殡葬园林的本质，也是区别于其他文化要素的最主要特征。殡葬园林文化的明确概念，是殡葬园林的狭义文化的核心含义，也正是一种最严格意义上的意识形态的存在形态。

（二）殡葬园林文化的形态特征

1. 殡葬园林文化的层次性

世界上任何民族或地区的殡葬园林文化都具有一定的层次性，包括地域层次、时间层次以及时空层次和殡葬园林文化本身的构成层次。殡葬园林文化的地域层次与时间层次共同构成了殡葬园林文化的时空层次，以坐标轴的图形来表示，地域层次与时间层次共同构成了半球形的时空层次。

（1）地域层次。一个民族的文化及殡葬园林文化随着民族的政治、经济的发展活力和影响，从其聚居中心不断向周围地区辐射、扩散、渗透和延伸，为周围地区的民族所吸收、借鉴和交融，形成了一种具有同一性的殡葬园林文化体系。这种体系的民族特点与地方特点，随其地理位置从中心向周围地区递减，愈靠近中心特点愈浓，离中心愈远，愈变形、交叉、混杂与折中，形成了明显的地域层次或文化圈。产生这种地域层次的客观原因是自然条件和社会条件的差异。在这个具有同一性的殡葬园林文化体系中，中心之外的地方由于民族和文化的同根性，其殡葬园林文化具有明显的共性，同时由于地域的变迁、自然条件和社会条件的差异而各具特色。

（2）时间层次。一个民族或地区的殡葬园林文化随着生产、生活和社会的发展而变迁且不断地发展变化。各种殡葬园林类型、殡葬园林的物质功能要求和精神功能要求的不断发展，科学技术、园林技术、园林材料和园林结构的不断发展，必然导致殡葬园林文化形态的发展变化。因此每个时期都具有自身的文化特征，带有明显的时代发展烙印，形成殡葬园林文化的时间层次性，同时又不失去作为一种殡葬园林文化体系的同一性，体现殡葬园林文化发展的延续性和发展脉络。

（3）构成层次。人类的总体文化与殡葬园林文化都是由物质文化、艺术文化和精神文化所构成。文化的最表层是物，即人类的物质产品，是可见的；中层是心物结合，直接指导着物的创造，可以由物感觉出来；深层的是心，相当于精神文化，直接影响中间层次，虽与物相距较远，却是最终决定物的本质依据。物质文化体现在表层，精神文化体现在深层，艺术文化则体现在两者之间的中层面上。它们分别阐明了文化和殡葬园林文化的构成层次。例如明清皇陵，其殡葬园林布局的中轴线对称，黄色的琉璃瓦、庑殿屋顶、台阶等物质可见的因素体现了表层；庄严、雄伟和壮丽的概念体现了心物结合的中层；封建帝王的威严和至高无上的皇权思想体现了深层。这些都说明殡葬园林文化区别于其他文化所特有的构成层次。

2. 殡葬园林文化的整体性

殡葬园林文化是由多层次构成的综合整体。每个时期都有每个时期的殡葬园林文化，而这些不同时空的殡葬园林文化又构成连续的整体，所以对待传统文化，不仅仅是继承，更重要的是在连续这种时空整体上下功夫，做到时空文脉的发展，同时又恰到好处。我国传统殡葬园林文化，就汉殡葬园林文化这部分来说，也是整体上的统一，它从总体上反映了汉文化对自然和文化生态的适应方式，要从人与生态环境和谐相处的角度，发掘我国传统殡葬园林文化的积极方面。

3. 殡葬园林文化的离散性

殡葬园林文化的离散性就是集中化整体化的反面。事物不断发展变化，殡葬园林文化也随时空变化，殡葬园林文化背景不同，对殡葬园林文化的确定和认识也不同。因此，同一对象由于时间和空间的差异，会有截然不同的评论。

殡葬园林文化与文学、艺术、宗教和政治等相互关联，殡葬园林文化是由诸多因素决定和反映的。因此，有些可以体现为殡葬园林文化，也可以体现为其他构成文化，在继承殡葬园林文化时，更应考虑到异地异时的情况，考虑到殡葬园林文化的离散性，才不会被文化这个看似沉重的包袱压得喘不过气来。

4. 殡葬园林文化的模糊性

从系统来看，殡葬园林文化与整体性有紧密联系的是模糊性。整体呈混沌无序状态，但每个局部都具有自律性的有序状态，有序和无序并存，相互作用，形成更高层次上的有序与无序，整个系统向着高层次发展。这是殡葬园林文化模糊性的一种反映，是无序的有序；每个流派都有自己严格的自律，从广义的理解来说，都有理性的成分。

5. 殡葬园林文化的介质性

介质，即中间环节，间接联系，事物这种过渡时的扬弃过程就是对一系列中间环节的否定过程，对各环节之间差异的否定，对中间过程的否定就构成了它们自为存在，就获得了同一性，殡葬园林文化在中间过渡时黑、白、灰的调子相互渗透，相互转化，呈现各种交叉状态，这样就形成其混沌性。另外，殡葬园林文化的中介特征还表现为“文化—殡葬园林文化—园林”这几个概念之间的相互联系，殡葬园林升华正是由文化而完成，文化的体现正是通过殡葬园林而呈现的，殡葬园林文化正是这一关系链中的中介环节。

6. 殡葬园林文化的场所精神

不同的人类社会都以各自独特的方式建立和发展自己的聚落和殡葬园林文化模式，这些模式一方面反映了生态系统、技术水准、生产方式以及特定观念形态的潜在作用，另一方面也反映了普遍的继承性及其特定形式的关联。因此，殡葬园林文化所反映的是各种异质环境的特异性，即深层地把握场所精神以及影响表意形式的潜在动力，也就是说，殡葬园林文化致力于探求殡葬园林的内在意义以及如何通过社会交流系统中人的行为的习惯的中介，使外在的意义空间转化为建筑的意义空间，即场所精神，而殡葬园林形式（殡葬园林的符号意义），不过是文化性格在殡葬园林领域中外化了的表现。

7. 殡葬园林文化的延变性

文化是一种历史现象，每个社会都有其相应的文化，并随社会物质生产的发展而发展。这一发展过程就像生物的新陈代谢现象一样，当新陈代谢作用较强时，旧事物消亡多，变革性较强，在文化发展的不同阶段，其延续性和变革性的强弱会交替出现，呈波浪式发展，殡葬园林文化的发展也具有波浪式发展的规律，从殡葬园林文化这个大系统的诸多因素的关联与变革中，可以找到决定它延续和变革的主要因素：社会物质生产的发展（包括园林材料和园林技术的发展），社会政治经济制度（包括世界观，哲学、伦理和道德等）。民族文化传统包括民族性格、气质及审美意识等，不同民族的生活习惯与生产方式及地区的自然条件，其中社会物质生产和社会政治经济制度是相对活跃的因素，在不同的发展阶段中体现出较强的变革性，特别是在社会发展的突变阶段，更是体现出强烈的变革性，民族文化及生活与自然条件是相对稳定的因素，在社会发展的不同阶段虽然也有不同程度的变化，但其变革性较弱，特别是自然条件在一段较长的时期中基本保持不变，相对活跃因素促使殡葬园林文化变革创新，相对稳定因素保持殡葬园林文化的延续与继承。

（三）殡葬园林文化的思想意识

殡葬园林文化在人类文化总体中所呈现的是一种意识形态，是一种无形的东西。

1. 有形与无形的辩证关系

任何一种人类文化的物质存在，都有其人类智慧的内在蕴含，这是有形之意；而无形并不是不存在，人类文化中的无形是以其意而存在的。人类文化中有形与无形的存在，有着非常明显的区别。无形与有形是相对应的一对哲学或文化学的范畴。“无”仍是一种存在状态，是一种与“有”相对应的人类文化的存在状态；“有”有它的存在形态，“无”也有其独特的存在形态，“无”不是以“有”的那种具体的形状、体积和重量等的具体量值来衡量、测定它的存在，而是以有形的升华后的那种“意”的出现来表示其存在。人类文化的“有形”存在是人类智慧运用的结晶，而人类智慧是以其“意”为最基本的存在形态。这种“意”是人类文化孕育中的“无形”的存在，没有这种“无形”存在的运用，就难以有“有形”的人类文化的生成。可见“无形”与“有形”是相统一的，若缺其一人类文化便显得不完整了。

“意”存在于无形中，无形的“意”为人类文化总体中的最本质的东西，体现了人类非本能的最严格意义的行为结果。从人类历史的角度来观察，这种人类无形的“意”的出现和存在，才真正独立了严格意义的人类本身。人类“意”的产生，是一个非常复杂的生理化学过程。“意”在人脑复杂的生理化学过程中产生以后，便逐渐形成了一种“意”的群体，或称“意群”“意境”，对“意境”的物化过程就是一种将现实的人类文化的物质存在的“寄意”活动。“寄意”源于人类复杂的“意”的产生和“意境”的形成，是人类非本能行为结果的必然蕴含，是人类物质文化的一种必然现象。

殡葬园林作为一种人类文化的物质存在，也根源于人类之“意”的出现和“意境”的形成，殡葬园林的“意”是一个综合体，是多种不同来源的“意”的组合，甚至还可能是来自不同流派或不同风格的殡葬园林“意念”的构成。殡葬园林的理性发展，只在于人类之“意”的不断更新、完善地组合。

2. 殡葬园林文化的思想意识

殡葬园林之“意”的现实意义即殡葬园林文化，因为殡葬园林文化是一种意识形态的存在，是殡葬园林的各种思想意识的综合体。殡葬园林思潮是一种普遍流行的殡葬园林思想，它为人们构筑具有某种特征的殡葬园林意念以及所形成的意群，是人类的殡葬园林文化，属于意识形态的范畴。殡葬园林思想的全部内容，是人们对殡葬园林的了解、认识的意识观念的多年沉积，某一时刻的殡葬园林思想状况，是那个时刻之前人们殡葬园林观的各种不同方面的殡葬园林思想的混融结果，有理解的融合，也有不甚理解的混合，各种殡葬园林思想的混融状态就构成了当时的构思、策划者的殡葬园林思想内容。

殡葬园林之“意”的存在形态，只能通过复杂的殡葬园林活动来物化，而形象地为人们所感知。虽然在整个物化过程中，其“意”总是居于支配地位，且最终通过物化后的殡葬园林蕴含来表现其“意”。然而殡葬园林所蕴含的，是多种殡葬园林之“意”的综合，有投资构思者之“意”，有规划设计者之“意”，也有施工成形者之“意”，这是一曲协调或许并不协调的交响乐。人们对殡葬园林的认识要受所处的客观环境限制，生存的客观环境给予人们某种信息的刺激，才能产生对该信息的接受和处理后的反应；人们对殡葬园林的认识还受所接受教育的内容限制，教育使人们开阔了眼界，间接地了解了客观环境，也同样可以产生对殡葬园林的新认识。人们可通过将研究后的成果运用到现实的殡葬园林投资、设计、使用等各个环节，使殡葬园林活动的参与者各方能相互协调，真正构筑出满足大众殡葬需求的各种殡葬园林，这就是对殡葬园林之“意”研究的现实意义。

（四）殡葬园林文化的核心本质

殡葬园林文化是文化总体中一个比较独立、完整的要素，可以成为一门独立学科的研究对象。殡葬园林文化的本质是剔除了其外在所有附属物，留下最能体现其存在性质所构成的东西。人类不仅在其演进过程中创造了文化，文化也为人类自身的发展需要而存在和发展，成为人类最本质的标志。人是文化发展相对永恒的动力，也是文化发展的服务对象。

1. 殡葬园林文化的本质因素

殡葬园林文化所揭示的是狭义文化核心部分的殡葬园林内容，并包容于文化范畴之中。殡葬园林文化的主体在于人，载体也在于人，没有人，殡葬园林文化也便无从存在和发展。同时，殡葬园林文化的载体或存在承受物也是人。殡葬园林文化存在的目的和发展方向，也同样是为了人类能更好地生存。殡葬园林文化维系于人类而存在，是人类非本能“欲念”和“意境”的总和，它使殡葬园林物质有其真正的、严格的意义，构成殡葬园林文化本质的因素，至少应该有集“主体”和“载体”为一体的人以及人类的非本能意识，还有人类社会环境。

2. 殡葬园林文化的本质特征

殡葬园林文化与其他文化一样，其载体都是人，以文化作为参照系，殡葬园林文化的本质特征是具有纯粹的意识思想性，并完全以人为转移，只有蕴含了某些殡葬园林文化意识的人工环境空间，才是一种殡葬园林。殡葬园林的本质是为了人类的各种生理和心理需求对客观环境的再造，而殡葬园林文化则是在这一解决过程或再造过程以及将来使用管理过程中的各种思想意识，其本质于人自身，殡葬园林文化显然有意向性、指令性和感受性等本质特征。殡葬园林文化本质于人，且为人的殡葬活动环境的再造确定了某种发展方向，这也便带有了一定的意向性。

殡葬园林空间再造的具体过程，无论是形制的设计规划过程，还是物化的构筑成形过程，事前构思成的“意境”则对这些过程起着绝对的支配作用，于是，殡葬园林文化在人们的殡葬园林活动过程中又有着不同于殡葬园林本质的指令性特征。

当殡葬园林成形后，人们通过使用也就必然要对它或有声或无声地评论、或有意或无意地品味。每一个所具有的殡葬园林文化的意识内容和构成不尽相同，先入为主的殡葬园林文化思想观念早已形成了一种自己独特的品位、评论标准。显然，殡葬园林文化又给人们带来了不同于殡葬园林本质的感受性特征。

（五）殡葬园林文化的存在区域

殡葬园林活动的各个环节都存在着殡葬园林文化，殡葬园林内涵有一个完整的意识形态方面的要素群，殡葬园林内涵所应包容的要素结构状况，可以分成三种不同存在形态的要素群，即物质形态的殡葬园林物及其所包容的构件和设备等、意识形态的殡葬园林思想和殡葬园林情感等、心物结合形态的殡葬园林技术和殡葬园林制度等，这些不同存在形态的要素群构成了殡葬园林所包容的总体要素的全部。

1. 殡葬园林内涵的要素在殡葬园林总体内的相互关系

殡葬园林的物质形态要素在心物结合形态要素的具体指导下，来表现意识形态要素的本质，也对心物结合形态要素和意识形态要素发出信息的反馈；殡葬园林的意识形态要素则通过心物结合形态要素的过渡，支配着物质形态要素的具体实现，接收和处理物质形态要素原道反馈回来的信息。殡葬园林的发展，便是在这些不同形态的内涵要素的相互关系活动中演进发展，从而实现殡葬园林在人类文化发展中的“活”的地位，也通过不同形态的要素与文化总体结构中的其他要素产生积极的沟通关系，以利于殡葬园林与其他文化要素相互间或人类文化总体的共同发展演进。殡葬园林中不同形态要素的沟通是积极、必然的，通过对殡葬园林不同形态要素的分析，可清楚地了解其与文化中其他要素相互沟通的具体途径，有利于殡葬园林总体理论全面、理性地研究发展。

2. 殡葬园林文化在殡葬园林内涵中的存在区域

作为意识形态的殡葬园林文化，实际上其存在区域具体地体现在整个殡葬园林活动的过程中。在计划、设计、施工和使用等各个环节中，具有殡葬园林的意识形态内涵这个共同属性的集合，便有了计划的殡葬园林文化、设计的殡葬园林文化、施工的殡葬园林文化、使用的殡葬园林文化等这样一些元素或要素。殡葬园林文化思想意识，对于每一个人来说，也许每一个所形成的内容构成都不一样，而每一个殡葬园林的构成，在其计划、设计、施工、使用等各个殡葬园林活动环节中都通常不是由同一个人或“法人”来完成的，甚至各个环节也通常不是由一个人或“法人”来支配完成的。殡葬园林的物化落成，是要经过许多个人或“法人”的共同协作来完成所需的诸多工序的，每一个人都在整个殡葬园林活动中从事自己的那个环节或部分，在自己已形成的殡葬园林文化思想、意识或情感等的支配下，在殡葬园林物质的具体形成过程中，加进了自己的这一部分内容。殡葬园林文化遍及殡葬园林形成过程的每一个环节，遍及每一个“法人”以及每一个人，无论任何区域、任何殡葬园林都一样。这是从某一时间断面的某一点上而言的殡葬园林文化的存在区域。

从人类殡葬园林发展史的角度来谈殡葬园林文化的存在区域，殡葬园林“形”其表，“意”其质，而“意”是无形的东西，是通过人类复杂的生理化学过程的感知而存在的，从殡葬园林史的角度考察，其下限应该是以人类的覆灭之点为闭区间。殡葬园林文化存在于殡葬园林内涵的各个环节或各个部分中，且与人类共生同存，这是由其自身的本质所决定的。

殡葬园林文化存在区域遍及殡葬园林物的整个形成和存在过程，殡葬园林以其“形”“意”相随而存在，殡葬园林“意”的感受为人们所感知，表现了人们之间不同殡葬园林文化思想状况。殡葬园林文化也表现在殡葬园林其他内涵要素对殡葬园林文化的逆向反应状态上。在人们的感知或认知下，殡葬园林所蕴含的“意”才得到一定程度的表述或反映，殡葬园林文化也就在其中，殡葬园林所给予人们殡葬园林文化“意”的表述和反馈，在殡葬园林文化中具有不可低估的分量和价值。

殡葬园林技术、殡葬园林制度等，也同样有殡葬园林文化存在其中。殡葬园林技术和殡葬园林制度等原本就是殡葬园林心物结合形态的要素，更能清楚地表述殡葬园林文化意识的蕴含内容，而实际上，它更多的是在殡葬园林的具体活动中，转达殡葬园林物质层反映而来的信息，或者说是对殡葬园林文化的反馈。在殡葬园林的具体活动中，对于原已研究或制定的殡葬园林技术和殡葬园林制度等行为准则，人们会感知并在具体的殡葬园林活动实践中得到验证。即使是原来行之有效的行为准则，也由于时间或空间的位移，人们生活需求、思想观念、客观环境的改变，都将对它的实施验证起着不同的影响作用，使其有效的成分受到削减，甚至可能逐渐与现实不相适应了。殡葬园林物质和殡葬园林技术、殡葬园林制度等其他殡葬园林内涵要素对殡葬园林文化的表述和反馈，也说明了殡葬园林文化其“域”的存在范围，在整个殡葬园林内涵中体现了殡葬园林文化的地位和意义，则从另一个角度也论证了殡葬园林文化的性质。

通过对殡葬园林文化存在形态、思想意识、核心本质、存在区域四个方面的简要陈述和论证，大略可让人们清楚地了解和认识殡葬园林文化的基本性质，也奠定了“殡葬园林文化学”的基本内容和要素，为人们阐明了一条基本的研究方向，以便继续展开对其他方面的研究，包括各分支学科的深入探索，以求取得殡葬园林文化学体系的更全面和更完善的构成。

从张守仁的《墓园》一文的描写中可以领略殡葬园林文化尤其是公墓园林文化之特色。

【扩展阅读】

墓　园

张守仁

多伦多公墓里是墓碑的森林，碑形繁多：有立着的方尖碑，有躺着的棺廓碑；有的是个十字架，有的则是一本打开的石头书；有的碑上雕着一个带翅膀的天使，有的则雕刻一只口衔橄榄枝的鸽子；有的竖着一块未经雕琢的天然石，有的雕成影壁，或刻成圆柱状；有的像小屋脊，有的似大花瓶。个别墓碑只是一株名贵树木，树根旁石板上写明被纪念的墓主的名字。还有一张供凭吊者、扫墓者憩息的长椅，充当了墓碑，那钉在椅背的小金属片上刻着被悼念的亡者的名字。不少碑身显示出墓主生前的职业，如有的墓石上刻着一段五线谱，有的雕出一个大足球，有的放着一只铁锚，有的则摆着一架观测时辰的仪器日晷。亲友们对亡故者的挚爱、悲恸、思念，激发出他们层出不穷、花样翻新的创意。

从墓碑颜色看，有灰色、黑色、白色、赭红色、墨绿色、咖啡色、米黄色。有的碑石上刻着墓主的座右铭和遗言，如："不管命运把你扫到何处，你都要使生活过的地方变得更好些或更美些。""上帝给予我宁静，去接受我不能改变的事情。""如今一切都已平息，我将在绿地上得到安息。"更多的是亲人们对亡者的叮嘱、祝愿和怀念，如："爱妻、慈母、挚友安息在这儿。当基督召唤你起来之际，苏醒时请勿惊吓。""你是永不消失的爱。""活在我们心中，你就永生。""我们仰望苍穹，仍觉有一颗星星怀着您的母爱照耀着我们，直至时间的尽头。"从艺术角度看，每块碑石都精雕细刻，匠心独运，标新立异，形制多样。这儿也就形成了一个名副其实的雕刻公园。

公墓筹备于1826年，正式建立于1876年。每个墓穴都被花草簇拥着。墓园里敛聚着北美安大略湖区气候条件下能够存活的所有名贵花木。许多树的形状奇特怪异：有像藤一样旋绕着向上攀缘的黄叶树，有开着一团团蓬松的驼绒色花絮的狭叶树，有结着一嘟噜一嘟噜珍珠般红、黄小果的树。墓园实际上成了散发花果芳香的植物园。

墓区安静，无阴森之感，氛围肃穆。偶尔能听到婉转的鸟鸣，或一阵风儿吹动树叶之后，有蒙着淡绿刺毛的、橄榄形坚果的坠地之声以及浇灌草坪的辐射状弧形喷水线的嗞嗞声。

我曾读过许多名家写的关于伦敦、巴黎、新加坡公墓的佳文，印象深刻，击节赞赏。但当我侧身在这个墓园的万千碑石之中，看到一代又一代曾经鲜活地生活在这个大湖城里、并作出种种贡献，使之成为今天这样一个世界名都的市民们，永远长眠在这里，才情不自禁感慨万端。近一个半世纪的城市史，十多万人的生命史以及他们生前的欢乐、痛苦、奇遇、隐秘、失败、成功，全部凝聚在这方圆205英亩的墓地之中。时间、空间的高度浓缩，亲情、友情的集中展现，使我心灵产生强烈震颤。

按照尘世的习俗，人死后都要埋葬，可谓入土为安。一代一代的死亡，一代一代的埋葬，堆起了地球上无数的陵园、公墓、坟茔。埃及的金字塔是古代法老的陵墓。陕西的黄陵系华夏先祖轩辕帝的灵寝。山东曲阜的孔林实为两千多年来绵延至今的孔氏家族的墓园。西安、洛阳、南京、北京这些历代建都之地，簇聚着自秦迄清数以百计的帝陵。一部帝陵史，也就是一部朝代史。

我这辈子拜谒过北京八宝山革命公墓、莫斯科新处女公墓、华盛顿阿灵顿国家公墓、费城先贤墓、纽约华尔街西头教堂公墓。有的坟茔很朴素，如列夫·托尔斯泰葬在他家乡亚斯纳亚·波利亚纳的墓地，仅是一堆黄土，既没有墓碑，也没有十字架，只有几株他生前亲手栽的树木。

（六）殡葬园林文化的依赖特性

殡葬园林文化建立在传统殡葬园林基础上，却又反过来对传统殡葬园林具有决定性的指导作用，传统殡葬园林学的“殡葬园林”，包括殡葬园林的物质形态和心物结合形态两方面，即殡葬园林物质、殡葬园林技术、殡葬园林艺术等内容以及有关这些内容的殡葬园林理论，都依赖于殡葬园林文化而生存和发展。

根据殡葬园林文化在揭示前与揭示后的不同作用的区别，可以将其分成殡葬园林文化潜在时期、揭示时期和认知时期三个阶段。这样可以把所述的依赖性分为：殡葬园林文化揭示前的殡葬园林对潜在殡葬园林文化的依赖性，殡葬园林文化揭示后的殡葬园林对认知殡葬园林文化的依赖性。揭示中的殡葬园林文化仍是未认知的殡葬园林文化，其作用应当认为是殡葬园林对潜在殡葬园林文化的依赖，则殡葬园林依赖的殡葬园林文化便只有潜在和认知两种状况。

1. 殡葬园林对潜在殡葬园林文化的依赖性

殡葬园林文化揭示前和揭示中，殡葬园林文化是潜在的。殡葬园林文化内涵的诸要素是客观存在的，就必然有其客观必然的存在地位和存在作用。客观存在的殡葬园林文化诸要素对殡葬园林的作用必定是潜在的，殡葬园林依赖于潜在殡葬园林文化经历了三个主要发展阶段。

第一阶段的原始时期，主要指文化产生后至传统时期形成前的这一段发展过程。其殡葬园林无论在文化产生后的文明形成前，还是文明形成后，都基本上是自然因素决定其殡葬园林的构成，殡葬园林文化也随文化的产生而产生，潜在于人们的殡葬园林活动过程中。在这个时期，由于人类文化之力很弱，人类生存的自然环境的威胁性很大，人类的殡葬园林文化内容主要还局限于对自然环境的简单认识，主观意识上都将精力全部倾注于寻求更有利于生存环境的改造上，主要是顺乎自然的防御性改造自然。这时期的人类便以带有“神”和近乎本能自然反应的殡葬园林文化思想意识来支配所有的殡葬园林活动。

第二阶段的传统时期，殡葬园林类型得到充分的发展，殡葬园林除了满足人们基本的殡葬活动需要（主要是精神方面的），而且还在此基础上分化独立出其他许多种类的殡葬园林类型。传统时期由殡葬园林的构筑技艺沿传统上升为一种殡葬园林理论（包括殡葬园林技术和殡葬园林艺术），然后由殡葬园林理论来指导殡葬园林活动过程。殡葬园林技艺劳作是殡葬园林的物质形态，殡葬园林技术和殡葬园林艺术本身则是殡葬园林的心物结合形态，殡葬园林理论却是意识形态的，当属于殡葬园林文化的范畴。传统时期的殡葬园林活动以及殡葬园林理论的演进发展，同样也仰赖于殡葬园林文化的支配，只是较之原始时期的殡葬园林文化，其对“神”的盲目敬畏演绎为较理性的宗教崇拜，已有较科学的心理安定积极因素。

第三阶段的近现代时期，殡葬园林文化已在揭示中，但严格地说，人们的殡葬园林文化仍处于潜在作用中。随着西方殡葬园林的输出，西方近代殡葬园林理论不断地侵入世界其他区域，但殡葬园林理论却是意识形态的侵入，需要有一个较长的接受过程。到了现代，基本上各区域都接受了西方殡葬园林理论的完整体系，超过对物质形态的西方殡葬园林的接受程度，这是决定于人们殡葬园林文化思想意识的本质属性。

2. 殡葬园林对认知殡葬园林文化的依赖性

对殡葬园林文化研究的意义，主要在于有意的认知作用的实现，即在殡葬园林文化认知时期，殡葬园林对殡葬园林文化的依赖性的体现。

近现代时期，人们已认识到了殡葬园林思潮的重要作用。由于殡葬园林文化未揭示，有关殡葬园林的各领域之间的关系不明确，则各要素在殡葬园林活动中的地位和作用人们并不清楚，也就无法正确认识殡葬园林思潮、殡葬园林时代、殡葬园林风格等之间的区别，殡葬园林思潮的应有作用还只能潜在。当殡葬园林文化揭示以后，有关殡葬园林意识形态便独立为一个专门的研究领域，人们在殡葬园林活动中的殡葬园林艺术创作、殡葬园林技术运用、殡葬园林物质的使用等，都将会有意识地、自觉地去寻找正确的殡葬园林文化思想意识作指导，也在人们日常生活中追求对科学的、理性的殡葬园林文化思想观念的修养，因为人们已认识到殡葬园林文化在殡葬园林活动中的决定、支配作用，任何殡葬园林活动都离不开殡葬园林文化的主导。殡葬园林文化揭示后，殡葬园林对殡葬园林文化的依赖性便是认知的、有意识的，其依赖作用也就较殡葬园林文化的潜在时期更大、更显著。

【扩展阅读】

风水理论与殡葬园林文化

风水理论形成于中国远古时代。在工业文明社会，因其不符合机械因果论而为众多学者所不能接受。随着科学技术的发展却又凸显出强大的生命力，其根本原因是风水理论有合理的科学和艺术成分。

中国人思维的基本特点，是同宇宙保持一致和协调，注重从整体角度直观地把握事物，重视事物之间的联系和统一。作为关于“环境选择”的风水理论，因其植根于中国传统风俗文化之中，与生态学、经济学、土壤地理环境学等科学密切相关，是从避凶趋吉的需要出发发展起来的景观经济文化系统，同时，风水理论还具有艺术性和美学方面的合理成分（如秦始皇兵马俑坑的艺术性设计）。中国历代的城市选址、规划布局、园林建筑艺术、许多著名陵寝建设，都包含了科学性和精妙绝伦的合理性，这些高超技艺和思想使西方生态环境专家、城市地理学家都叹为观止，一些西方学者甚至将中国的风水理论誉为“东方文化生态”“环境景观学”“东方文化景观学”等。

尽管中国的宗教以儒、释、道三教为主，然而在中国的人民中间却长久不衰地保持着祖先崇拜、自然崇拜、植物崇拜等原始信仰，而且在某种意义上后者对中国民俗文化与人民生活的影响远甚于前者。这些信仰与风水理论有着很强的亲和力，因而风水如鱼得水般的浮游于民间社会之中。东南亚、日本以及海外华人社会因受儒道释思想的影响，风水理论在这些社区也一直非常流行。他们认为风水是地理学、气象学、生态学、规划学和建筑学的一种综合的自然科学。查理（Chattily）为风水下过如此的定义：“这是使生者与死者之所处与宇宙气息中的地气取得和合的艺术。”因此，我们应对几千年的风水理论用科学的方法去研究它。

“风水理论”所信仰和追求的“天人合一”以及人与自然和谐相处，正是现代和未来生态学所追求的目标，所以有的西方学者甚至称“风水理论”为“宇宙生物学的思维模式”和“宇宙生态学”（Astro－ecology），并把“风水理论”定义为“通过选择合适的时间与地点，使人与大地和谐相处，取得最大利益、安宁和繁荣的艺术”。近年来，国内学者也开始对风水说进行重新的认识和评价，并取得可喜的成果。俞孔坚认为：千百年来，风水模式在中国大地上铸造了一件件令现代人赞叹不已的人工与自然环境和谐统一的作品，形成了中国人文景观的一大特色，并成为我们深入研究中国人理想环境模式的重要依据。

仔细考察就会发现风水中更多的是富有科学意味的经验总结，它凝聚着中国古代哲学、科学、美学的智慧，隐含着国人所特有的对天、地、人的大智大勇的真知灼见，有其自身的逻辑关系与因果关系。中国传统的思维方法是直观感性的和实用理性的，当人们站在以西方思维模式为基础的现代科学的角度来考察我国传统的风水理论时，便会感知它的前科学的特点。

（一）风水概念及其思想根源

“风水”一词，典出晋人郭璞《葬经》“气承风则散，界水则止，古人聚之使不散，行之使有止，故谓之风水”。其义为考察山川地理环境，包括水文地质、生态、小气候及环境景观等，然后择其吉，而营筑城郭室舍等，是古代的一门实用的学术。很多人认为，“风”就是指空气，风来自“气”，是一种感觉得到却捉摸不到，而又生生不息在人们周围流转着的东西。“水”也不仅仅指水流，更多的是流趋势的事物，水流必须依附现有的环境或受人工塑造所影响。古人称“风水”为“堪舆”。堪就是天道，舆就是地道，“风水”是指大自然，指天上的星辰如何影响动、植物的生长，从而影响民族习俗等。风水理论又称“堪舆术”，是中国先民对生存及死后“栖息”环境条件的选择，是在选择生活环境的过程中逐渐发展起来的景观评价系统。

初期风水与太阳崇拜有关，风水从一开始就与天文、地理结下不解之缘。此外风水也萌芽于生活和农业生产的需要。风水中“背山面水”模式与我国以农立国的宗旨有关，该模式的推出与早期农业生产及水利建设实践关系密切。因为在有山有水的丘陵地带，背山面水之处的土地最为肥美，有利于农业耕作。

风水理论在中国流传久远，几千年来人们结合地理环境，联系星相知识以及掺杂儒、道、佛的观念，风水理论演化出不同派别，再加上一些靠此谋生的江湖术士的演绎，使风水这门古老的艺术，蒙上了一层神秘的面纱。其实，风水具有我国古代哲理、美学、心理、地质、地理、生态、景观等方面丰富的内涵，并包含着人如何顺应自然的大量论述。传统风水讲究布局合理，让人置身其中感到舒适，中国古代的建筑，几乎都是依循风水的观念营造的，用现代的眼光看，其优美的空间和生态环境含有许多科学的成分。

风水思想不是古人凭空所造，风水术的产生受到中国原始文化和先秦诸子百家及其后学者们自然哲学思想的综合影响。

1. 灵魂不死，天人合一

“灵魂不死，天人合一”是中国古代自然哲学的重要思想，是儒、道两家对人与自然关系的最终回答。西汉董仲舒《春秋繁露》提出“天人之际，合而为一”，它最初孕育于《周易》及儒家的生态思想并在老子、庄子的道家思想中得到发展完善。“天人合一”在《周易》中是以“与天地合其德”的理想来表达的。《老子》有“道之尊、德之贵，夫莫之命而常自然”“天地与我并生，万物与我合一”“夫物芸芸，各复归其根，归根曰静……”等的观点，认为天、地、人、生是一个有机的统一体，人和自然都遵循着道所固有的运动规律，而道本身的运动规律是循环演化。《庄子·秋水》“天在内，人在外，德在乎天”意思是“自然是内在的本质，人为是显露于外的东西，高尚的道德就在于顺应自然”，因而人们遵循自然规律，追求“返璞归真”。老子与庄子都非常强调作为自我循环的自然系统在动态过程中的协调、稳定与和谐，主张把自然界的这种天然状况作为人类社会所追求的理想模式。因此风水理论继承了“天、地、人、生各大系统自我循环、协调稳定”的自然哲学思想。

在人的生死观上，风水理论认为人是自然生态链上的一环，“万物不能越土而生，人亦万物中一物”，“人由五土而生，气之用也；气息而死，必归葬五土，反本还原之道也”。“葬者，乃五行之反本还原，归根复命，而教化之变达也”。至于孝亲法祖，敬祀先贤，以其立功、立德、立言于后人，风水理论则观照“比德山水”的传统艺术哲学，追求“葬者，反本而藏也，奉先以配五土，而一体于青山”，“配祀者，遗骨与青山相配，从而祀之”，“附享必致其归依，虽形骸之已化，配江山之莫违”。可见，青山常在，英灵不灭，以锦绣山川的永恒崇宏，生生不息，来寄托后人对于先贤的缅怀和景仰。这种追求，是一种高级的审美境界，也正因此，才产生了中国古代陵寝永具魅力的成就。

2. 天人感应，阴阳五行

原始风水理论认为世间一切事物都由“阴”“阳”结合而成。阴和阳是宇宙间最基本的两种力量，生物生长、人类自我繁衍、森林的生长、风、雨、雷、电自然现象等一切生命和非生命现象都是阴阳结合的结果。阴阳结合的场所是生气聚集之处，也就是“风水宝地”，有了阴阳也就有了生命，它是世界开始的本源，阴和阳的关系是一种互补、互助、相依为命的共存的关系，是世间的根本关系。《周易》认为阴阳两极的流动形成自然循环流转，这一思想具有一定生态学合理内核，它最早阐述了日月运行、季节更替、生命机体的生长、成熟、衰老、死亡等一切对立事物的循环转化。老子则认为天人是相通的，不仅生物界有循环、新陈代谢，而且大自然、地表层也有循环和新陈代谢，宋代张载《正业·参两》“若阴、阳之气，则循环无方，聚散相求，细蕴相揉，盖相兼相制……屈伸无方，则运行不息”。《老子》“大曰逝、逝曰远、远曰返”，认为阴阳是宇宙演化过程生生不息的内在动力，由于两者的作用而推动自然循环往复、不可穷尽的永恒运动，“万物负阴而抱阳，中气以为和”，正是这些阴阳循环流转的思维方式和思想为古代风水理论奠定了“天人感应、世代轮回”坚实理论基础。

3. 尊重生命，厚养薄葬

庄子继承了老子尊重生命的原则，《庄子·让王》“能尊生者，虽富贵不以养伤身，虽贫贱不以利累形”，认为生命重于一切名声、利禄、珠宝乃至天下。这一思想深深影响了最初风水理论中的“厚养薄葬”思想，以至于在西汉一段时期“厚养薄葬”之风盛行。另外，“儒、道”生死观对风水理论的产生发展也有深刻影响。孔子曰：“生，事之以礼；死，葬之以礼，祭之以礼。”道家把死看成是一种休息，即“息我以死”，从而取消了生与死的对立，因此风水理论尤其看重死后长眠的场所，要求这些场所“依山靠水、阴阳协调、静谧祥和”。道、佛两家主张“超生死、得解脱”，对风水理论中“灵魂不死、祖先有灵”思想产生了一定的影响。“灵魂不死、肉体不灭”认为灵魂必常住肉体而超生，人们超生死得解脱的道路不是圆应寂灭，而是肉体成仙，此种观点自先秦以来就已存在并一直影响着风水理论的发展，因此后来的风水理论尤其重视死后肉体“入土为安”并能得到一块“葬身之地”，希冀通过阴阳轮回早日转世回到人间。

（二）风水理论与人的需要

1. 生存需要

风水关于地形的理想模式，便是在中国特定的历史地理环境条件下为求生存的最佳选择。人与自然界是一个动态变化着的整体，在人与动植物、水、空气、土壤组成的大气生物圈这一整体中，大气对人类的影响最大，气流即风。故风水从选址到布局都考虑到是否通风、避风等问题。除空气外，人类生存最基本的资源为水，清洁纯净之水实为开发其他一切资源的保证。风水理论对水的密切关注最初源于人对饮用水的本能需要。风水中所谓好的“龙脉”，都是容易获得泉水的地段，这里有着水文、地质方面的科学道理。中国以农立国的特点，决定了人的生存唯有依赖土地这一物质基础。四时农作要合乎时令，为了生存，就必须遵守天的时令秩序，风水的处处追求天、地对应的观念即萌芽于此。

2. 安全需要

一旦生存需要得到满足，人们就开始对安全需要的追求，最初聚落遗址四周的防卫壕沟便是这种需要的遗迹，而使人获得安全依托感的莫过于天然屏障——四周群峰屏列，前有门户把守，后有山所倚的闭合式地形，风水中的“水口”“龙脉”理论就是为了加强这种对安全的心理需要。

3. 精神需要

对山水的热爱与向往，构成中国人的最高精神追求，即所谓“智者乐水，仁者乐山”。唯有中国涌现出影响深远的山水画与山水诗，在国人的心里，山、水对应的是人的隐秘禀性和喜怒哀乐：“山水质有而趋灵”“宇宙之间惟山川为大”“于山有穆然之思焉，于水有悠然之旨焉，与吾共处者，或欲登高而作赋，或欲临流而咏诗”。一系列的描写均带有深沉的人情味，也显现出人对山水美的需求。

4. 心理需要

格式塔心理学家认为，当人的视觉区域出现一个不规则、不完整或有缺陷的图形时，人们将其“组织”的“需要”便大大增加，即人要努力使之变成完美的图形。风水中的水口“立高塔、楼阁、种树”等的“障空补缺”观点的实质，就是为了满足这种“格式塔”需要。

（三）风水理论的基本原则

风水理论实际上就是地球物理学、水文地质学、宇宙星体学、气象学、环境景观学、建筑学、生态学以及人体生命信息学等多种学科综合一体的一门自然科学。其宗旨是审慎周密地考察、了解自然环境，利用和改造自然，创造良好的居住（或安葬）环境，赢得最佳的天时地利与人和，达到天人合一的至善境界。晋代风水鼻祖郭璞在《葬书》中论述：地有四势，气从八方。故葬以左为青龙，右为白虎，前为朱雀，后为玄武。玄武垂头，朱雀翔舞，青龙蜿蜒，白虎顺俯，形势反此，法当破死。故虎蹲谓之衔尸，龙踞谓之嫉主，玄武不垂者拒尸，朱雀不舞者腾去。

1. 整体系统原则

风水理论把环境作为一个整体系统，这个系统以人为中心，包括天地万物。环境中的每一个整体系统都是相互联系、相互制约、相互依存、相互对立、相互转化的要素。风水理论就是要充分注意到环境的整体性，宏观地把握各子系统之间的关系，优化结构，寻求最佳组合。《黄帝宅经》主张“以形势为身体，以泉水为血脉，以土地为皮肤，以草木为毛发，以舍屋为衣服，以门户为冠带，若得如斯，是事严雅，乃为上吉。”“山以水为血脉，以草木为毛发，以烟云为神彩，故山得水而活，得草木而华，得烟云而秀媚”。《青囊海角经》更有谓：“夫石为山之骨，土为山之肉，水为山之血脉，草木为山之皮毛，皆血脉之贯通也。”清代姚延銮在《阳宅集成》卷一《丹经口诀》中强调整体功能性，主张“阴宅须择好地形，背山面水称人心，山有来龙昂秀发，水须围抱作环形，明堂宽大为有福，水口收藏积万金，关煞二方无障碍，光明正大旺门庭”。这一原则是风水理论的总原则，其他原则都从属于整体原则，以整体原则处理人与环境的关系，是现代风水理论的基本特点。

2. 因地制宜原则

因地制宜，即根据环境的客观性，采取适宜于自然的生活方式。《周易·大壮卦》提出“适形而止”。《史记·货殖列传》载：“太公望封于营丘，地泻卤，人民寡，于是太公劝其女功，极技巧，通鱼盐。”中国是个务实的国家，因地制宜是务实思想的体现。根据实际情况，采取切实有效的方法，使人与建筑适宜于自然，回归自然，天人合一，这正是风水理论的真谛所在。

3. 依山傍水原则

依山傍水是风水最基本的原则之一，山体是大地的骨架，水域是万物生机之源泉。考古发现的原始部落几乎都在河边台地，这与当时的狩猎、捕捞、采摘果实相适应。例如依山的“土包屋”即三面群山环绕，奥中有旷，南面敞开，房屋隐于树林中。

4. 观形察势原则

中国的地理形势，每隔8°左右就有一条大的纬向构造，如天山—阴山纬向构造；昆仑山—秦岭纬向构造。《周礼·考工记》云：“天下之势，两山之间必有川矣。大川之上必有途矣。”《禹贡》把中国山脉划为四列九山。风水理论把绵延的山脉称为龙脉。龙脉源于西北的昆仑山，向东南延伸出三条龙脉，北龙从阴山、贺兰山入山西，起太原，渡海而止。中龙由岷山入关中，至泰山入海。南龙由云贵、湖南至福建、浙江入海。每条大龙脉都有干龙、支龙、真龙、假龙、飞龙、潜龙、闪龙。龙脉的形与势有别：千尺为势，百尺为形，势是远景，形是近观。势是形之崇，形是势之积。有势然后有形，有形然后知势，势住于外，形住于内。势如城郭墙垣，形似楼台门第。势是起伏的群峰，形是单座的山头。势为来龙，若马之驰，若水之波，欲其大而强，异而专，行而顺。形要厚实、积聚、藏气。

5. 地质检验原则

风水理论对地质很讲究，认为地质决定人的体质。地质对人至少有四个方面的影响：一是土壤中含有元素锌、钼、硒、氟等。在光合作用下一些矿物质放射到空气中，直接影响人的健康。《山海经》记载了不少地质与身体的关系，特别是由特定地质生长出的植物，对人体的体形、体质、生育都有影响。二是潮湿或臭烂的地质，会导致关节炎、风湿性心脏病、皮肤病等。三是地球磁场的影响。地球是一个被磁场包围的星球。中国先民很早就认识了地磁，《管子·地数》云：“上有磁石者，下有铜金。”风水理论主张顺应地磁方位，根据不同的地质形态，分别采用“顺逆缩缀开穿离没对截犯顿”12种点穴方法。四是有害波的影响。复杂的地质结构放射出长振波或污染辐射线或粒子流，导致人头痛、眩晕、内分泌失调等症状。

6. 水质分析原则

风水经典《博山篇》主张“寻龙认气，认气尝水。其色碧，其味甘，其气香，主上贵。其色白，其味清，其气温，主中贵，不足论”。《堪舆漫兴》论水之善恶云：“清涟甘美味非常，此谓嘉泉龙脉长。春不盈兮秋不涸，于此最好觅佳藏。”“浆之气味惟怕腥，有如热汤又沸腾，混浊赤红皆不吉。”不同地域的水分中含有不同的微量元素及化合物质，有些可以致病，有些可以治病。风水理论主张考察水的来龙去脉，辨析水质，掌握水的流量，优化水环境。

7. 坐北朝南原则

中国位于地球北半球，欧亚大陆东部，大部分陆地位于北回归线以北，一年四季的阳光都由南方射入。坐北朝南，不仅是为了采光，还为了避北风。中国的地势决定了其气候为季风性气候。冬天有西伯利亚的寒流，夏天有太平洋的凉风，一年四季风向变换不定。风有阴风与阳风之别，清末何光廷在《地学指正》云："平阳原不畏风，然有阴阳之别，向东向南所受者温风、暖风，谓之阳风，则无妨。向西向北所受者凉风、寒风，谓之阴风，宜有近案遮拦，否则风吹骨寒。"这就是说要避免西北风。总之，坐北朝南原则是对自然现象的认识，顺应天道，得山川之灵气，受日月之光华，颐养身体，陶冶情操，地灵方出人杰。

8. 适中居中原则

适中，就是恰到好处，接近至善至美。《管氏地理指蒙·论穴》云："欲其高而不危，欲其低而不没，欲其显而不彰扬暴露，欲其静而不幽囚哑噎，欲其奇而不怪，欲其巧而不劣。"适中的风水原则早在先秦时就产生了。风水理论主张山脉、水流、朝向都要与穴地协调，《论语》提倡的中庸，就是无过不及，处事选择最佳方位，以便合乎正道。适中的另一层意思是居中，适中的原则还要求突出中心，布局整齐，附加设施紧紧围绕轴心。在典型的风水景观中，都有一条中轴线，中轴线与地球的经线平行，向南北延伸。中轴线的北端最好是横行的山脉，形成丁字形组合，南端最好有宽敞的明堂（平原），中轴线的东西两边有建筑物簇拥，还有弯曲的河流。明清时期的帝陵，清代的园林都是按照这个原则修建的。

9. 顺乘生气原则

风水理论认为，气是万物的本源。由于季节变化，太阳出没的变化，风向的变化，使生气与方位发生变化。不同的月份，生气和死气的方向就不同。《管子·枢言》云："有气则生，无气则死，生则以其气。"生气就是万物的勃勃生机，就是生态表现出来的最佳状态。

10. 改造风水原则

人们认识世界的目的在于改造世界为自己服务，人们只有改造环境，才能创造优化的生存条件。风水理论对阴、阳宅的环境选择上讲究"拆成"，即根据环境条件更好地组织空间，并有所布置。在墓地选择时如果不具备前述两个条件，后代可人为将原有环境改造成有山有水、静谧和谐、对称以及"四神砂"结构的"风水宝地"。改造风水的实例很多，四川省都江堰就是改造风水的成功范例。北京城中处处是改造风水的名胜。故宫的护城河是人工挖成的屏障，河土堆砌成景山。圆明园堆山导水，修建一百多处景点，堪称

"万园之园"。

（四）风水理论对中国传统殡葬园林文化的影响

风水理论在汉代已相当流行，东汉以后已将墓地的好坏与生者的贫富贵贱联系起来，到了魏晋南北朝时期，墓地风水术已形成系统的理论，出现了大量风水理论方面的著述。风水理论作为对"环境选择"的一门方术虽然流传数千年，但由于历史原因，不同学者对它的评价持有不同、甚至截然相反的观点。

祖宗崇拜是中国宗教文化的一大特色，把死人安排得跟活人一样，是中国埋葬制度的主要用心。古人具有"灵魂不死、祖宗崇拜"等信仰观念，因此对陵墓选址一直是古代风水理论中的重头戏。风水理论的数千年沉淀对中国甚至东南亚及海外华人社区的殡葬观念有着很深的影响。风水理论对理想墓地一般要求具有两个特征：一是统一和谐。风水思想认为天、地、人、生四大系统是一个有机统一体，要求有一个山清水秀、排水良好的环境，和谐才能逢凶化吉、趋利避害。二是对称均衡。一般好的风水地要求具有不发生剥蚀或堆积或四神砂结构（或称四象，即青龙、白虎、朱雀、玄武）且具有对称性。这种对称均衡具体体现为有山有水、有高有低，中轴线平面布局要对称和谐。这实际上包含了现代地理学和生态学的许多科学原理：对风水要求环境中多项自然地理因素的有机协调，即有良好的地质、地貌状况、良好的水文气候因子、适中的土壤和生物物种；各项因子必须统一协调，构成一个有机和谐的生态环境，这样的环境才具有更大的稳定性。阴宅卜葬地若还有四神砂结构的开口小盆地相配则更能提高墓地对扫墓者的崇敬感，因而也是一种景观生态和景观心理结合的空间组织。

风水术兴起后，历代王朝上自君王，下至黎民百姓，在其卜葬习俗中无不打上风水理论的烙印。历史上帝王将相的陵墓环境选择，风水术影响体现得淋漓尽致。例如北京明十三陵便是遵从风水术的最典型结构。以长陵为例，其背后的天寿山为玄武，十三陵盆地出口大红门东侧的龙山，是一个基本作南北延伸的单斜山，其上出露坚硬的石英砂岩，恰似蜿蜒的青龙，右侧的卧虎山则是由假背斜构成的几个单斜孤丘，酷似蹲坐的老虎。这说明了风水术对传统殡葬园林文化的重要影响。

（五）风水理论对现代殡葬园林文化的影响和作用

原始人类满意的生态环境和中国文化主要定型时期的环境结构是理想风水模式的原型，它存在于中国人的内心深处和文化深处，决定了中国人的环境吉凶意识。目前我国殡葬问题已较为突出，尤其是在人口多、土地面积锐减的人口过密化城市中更为尖锐。对于注重生与死以及阴阳宅风水传统文化的中国人来说，近两千年的风水理论对殡葬的影响不可低估。如何剔除中国风水理论糟粕并发扬其精华，使传统风水理论而转变为现代风水理论，适应现代经济发展，以促进生态环境的可持续发展，推进我国现代殡葬改革，是一个很值得探讨的问题。

1. 推行火葬，倡导生态安葬

当前，火葬在全国推行已具有较为坚实的思想文化、心理和物质基础。风水理论的核心观点是“天人合一”，这种观念几千年来深刻地反映在“入土为安”以及老子的“返璞归真”的伦理观中。生与死是人类永恒的主题，受风水理论影响极深的中国民众强调老有所养，死有所安，对死者的纪念缅怀构成了中国传统文化的重要内容。因此，风水理论要求具“孝道”文化传统的生者们能为亲人的遗体及骨灰找一块能够安息的“风水宝地”，希望逝者能在黄泉之下安息。殡葬改革的另一重要措施是提倡生态安葬，建立生态园林公墓。生态安葬与风水理论中的“天地与我并生、万物与我合一”相吻合，符合广大中国人的习俗和心理。骨灰复归泥土，成为生态系统中生物地球化学循环的网点之一，它既符合生态循环再生的基本原理，又符合风水理论中“若阴、阳之气，则循环无方，聚散相求，细蕴相揉，盖相兼相制……屈伸无方，则运行不息”的阴阳循环论和“世代轮回”观念。早期的风水理论中就存在“植树葬”“厚养薄葬”的思想。孔子生前慕古不修墓，而其弟子在其墓地上广植不同树种以此来缅怀纪念他，以此寄托哀思、感激师恩。汉晋时期人死后即植冢树以示纪念之风，已在民间极为盛行。风水理论中含有许多至今还具有非常积极的思想，在一段时期内风水理论主张“厚养薄葬”，以至三国时代曹氏父子都主张“厚养薄葬”，魏文帝曹丕临终嘱曰：“……寿陵因山为体，无立寝殿、造园邑、通神道。夫葬也者藏也，欲人之不得见也……”

2. 改造风水，建造生态墓园

“风水实乃一种文化现象，其真正的含义在于它所反映的景观理想，一种生物与文化基因上的图式。”通过传统风水理论的引导，对荒山荒地进行生态修复和生态建设，使人死后迅速进入生物地球化学循环，创造新的自然景观和人文景观是我国殡葬建设可持续发展的必然选择。风水理论对墓穴的环境选择通常要求“有山有水”且地形土壤通气排水良好。《葬经》简明概括风水选择标准谓：“来积止聚，冲阳和阴，土厚水深，郁草茂林。”这样的环境通常被认为“风水宝地”。在不具备上述条件的地理环境，古人常使用风水术中的“拆成”法。根据地理环境状况更好地组织空间，并进行适当的布置，或者将不利的环境通过适当的时空重新组织和改造，使其人为地转变为新的意义上“风水宝地”。因此，城市中在将难以利用的荒山秃岭规划为新的公墓区时可利用风水理论中的“拆成”，原来生态条件恶劣、植被覆盖率低、水土流失严重的荒山陡坡，通过现代化建筑技术，将其建设成为有山有水、环境宜人、安静祥和的公墓区，甚至可人为地构筑“青龙、卧虎、朱雀、玄武”结构，以便符合死者生前“与天地合二为一、入土为安”及其亲属所信仰的“祖先有灵、灵魂不死”传统心理要求。这样既保护了生态环境，又增加了休闲娱乐景点。

风水理论既是一门科学，又掺杂了一些糟粕，但它已渗透并扎根于中国民众心灵深处，正确认识中国古老的风水理论中关于人与自然和谐统一的精髓，对于缓解当前的环境危机、协调和改善人与环境的关系，正确引导当前我国殡葬改革具有重大的现实意义。

（六）“风水林”蕴含的殡葬园林文化

古往今来，诗人们描写和歌颂大自然的环境美，都离不开青山绿水、花卉草木。如孟浩然“绿树村边合，青山郭外斜”，李白“绿竹入幽径，青萝拂行衣”，杜牧“青山隐隐水迢迢”等。有人把王安石、白居易、陆游、欧阳修四位唐宋大文学家各自的一句诗连在一起，组成了一首优美的“绿”诗：“春风又绿江南岸，绿杨荫里白沙堤，伤心桥下春波绿，长郊草色绿无涯。”

判断风水的好坏，不是一个孤立的局部问题，而应该从较大范围内去考察。江山美如画，处处绿葱葱，无疑是风水好的一种体现。环境不好，要着手设计和创造。从科学美的角度来看，注意“山青水碧，绿树成荫”。从风水的角度出发，根据某种需要营造的森林称为“风水林”，实际是人类和大自然共同创造的一种特殊环境。

1. 常见的风水林

风水林按其分布特点，可分为挡风林、龙座林、下垫林三种。

挡风林又叫挡煞林，所谓“煞气”，不仅仅是寒冷的北风（包括西北风和东北风），要将“煞气”视为一种对人体有害的“磁力线（磁场）”“射线（离子或粒子流）”等。树木对这些物质有阻挡或减弱的作用，因而森林有挡煞的作用。挡风林一般种植在盆地的水口之处。山间盆地，在小河或小溪流出或流入的水口方位就有一个缺口，如果这个缺口在西北方，正是寒冷的冬季风侵入的大门，如果这里不种上风水林，“煞气”便会乘虚而入。同理，若水口在东南，夏季风由这个通道吹入，风雨易造成灾害（山崩、洪水等），所以在这个水口也同样需要种上风水林。

挡风林是从水平方向上显示其重要性，而龙座林却在垂直方向上表现出威力。在山坡上，如果没有树林，自然被暴雨冲刷得很厉害，四周的风力也很大；夏天阳光直照，没有树林遮阳，难以调节小气候。这样三面环抱的环境自然是优美的。建在河边、湖畔的房子（或坟墓），虽然后山有“龙座林”，如果没有下垫林，会显得头重脚轻。在山头流水的冲刷之下，还有滑坡、崩塌的危险。

风水林实际是“山环水抱必有气”的一种具体体现：挡风林所起的作用是左右砂环，龙座林所起的作用是背有靠山，下垫林所起的作用是前有朝山。

2. 知名的墓地风水林

山东曲阜城北2km处的孔林，是春秋末期思想家、政治家、教育家孔子及其家族的墓地，也是世界上持续时间最长的家族墓地。孔林占地200hm^2，四周筑墙环绕7km，内有古树2万余株，柏、桧、柞、榆、槐、枫、楷、朴等各类树木形成茫茫林海，盘根错节，流丹滴翠，“墓古千年在，林深五月寒”，这片举世闻名的风水林，为这块墓地增添了无限光彩。

陕西勉县东南定军山的三国蜀汉政治家、军事家诸葛亮陵园，占地27hm^2，覆盖着一片茂密的风水林。后主刘禅曾下诏，在陵园里种了54株柏树，象征着诸葛亮终年54岁，以志不朽。墓前左右两侧，各有一株汉桂，称作“护墓双汉桂”，是蜀汉以来少见的结籽桂花树。这里树木多的时候达到10万株，尤其是剩下的22棵古柏仍树干高大，挺拔苍翠，为墓地增添了肃穆的气氛。

3. 风水林的保护

重视植树是风水理论中的一项重要内容。风水对绿化有许多特殊规定，树木种植的总规则是为了舒适，借此减少嘈杂混乱，给人以宁静的环境，但树木又不可太多，如门前有大树不但出入不便，而且易遭雷击，冬秋季又有落叶易入室内。在树种选择上，风水认为：“东种桃柳（益马），西种栀榆，南种梅枣（益牛）、北种柰杏。”又“中门有槐，富贵三世，宅后有榆，百鬼不近”“门庭前喜种双枣，四畔有竹木青翠”等，这些规定颇有科学道理，既符合树种的生理特性又满足了改善宅旁小气候以观赏的要求。

清代林牧《阳宅会心集》“村乡之有树木，犹人之有衣服。稀薄则怯寒，过厚则苦热，此中道理，阴阳务要中和”，“如四应山环局窄，阳气不舒，不可有树以助其阴，即或堂局宽平而局外有低山护卫者，亦不可种树，惟于背后左右之处有疏旷者则密植以障其空，若上手不是障空，不必种树以闭天门”，在这种观念的影响下，我国东南地区的乡村外部呈现出一种既封闭（四周为山屏）又开敞（树的种植疏密有致）的园林空间。

风水理论最反对破坏自然植物。“乡中有多年之乔木，与乡运有关，不可擅伐。……或有高密之树，当位之不吉而应伐者，……于随年岁官交承之际，渐减去之，不可一旦伐清，盖树之位吉者，伐则除吉，位凶者，动亦招凶。”

可见赋予树木浓郁的圣性，以树象征人命运的吉凶，这是上古自然崇拜的余流，却在客观上保护了自然环境。

严禁毁坏与风水相关的林木是风水理论中的又一重要内容。风水理论认为吉地虽“本自天成”，但仍须辅以人力的保护，《龙穴胡氏龙井派宗谱》载“龙穴河水一处受伤，则体破气散，焉能发福”；《瓯宁祖氏族谱》“著树木砍伐，有伤风水”。有的地方则通过祠规或借助立护林碑来保护林木。

五、殡葬园林文化的研究

殡葬园林文化的根源是人的劳动和人的活动有关的物质生产活动，作为物质生产活动的殡葬园林文化，它的发展与科学技术、经济条件、风俗习惯和社会人文环境有关。科学技术的发展，新材料、新技术和新结构的运用，都深刻地影响和制约着殡葬园林文化的发展。

殡葬园林文化发展的趋势，并不完全取决于它所面临的现实的建筑环境，而是取决于人们对不同的殡葬园林文化了解的普遍程度以及人们的选择权利，现在社会中，殡葬园林文化应具有较大的自我检视和更新的可能性和能力，即风格多变，趣味迥异。

殡葬园林文化中人的因素是重要的，殡葬园林文化的焦点是人，一切以人为中心，这一观点要求殡葬园林文化不断更好地满足人的各种需要，从人类的风俗习惯、文化传统、价值观念、行为模式和社会交往等因素出发，在殡葬园林中不仅要考虑人是一个物理的生理的人，更要考虑人是一个社会的人、有情感的人、需要层次的人、多元的人。

因此，作为物质生产活动的殡葬园林文化，其未来必将是数量众多，风格多变的。殡葬园林作为社会生活的对象，在任何社会中都起着本质性的作用，殡葬园林文化不仅要考察这种现象所赋予的符号，而且应把重点放在这种符号意义的观念和组织背景的释义上，这样的环境认知方法，既可以理解以往的殡葬园林空间的意义，又可以帮助创造新的有意义的殡葬园林空间。

根据殡葬园林文化学研究的内容，其研究要以历史唯物主义作为方法论指导，采用整体方法、历史方法、结构方法、比较方法、实地考察法、个案研究法、现代科学法等方法，根据殡葬园林文化的特点，在学科体系建设中摸索出一套切实可行的研究方法。

（一）正确认识殡葬园林文化的实践

一个社会经常发生着死亡事件，并举行着不同规模和类型的殡葬活动以及殡葬园林活动，只有从理性上深刻地认识殡葬园林文化，即它赖以产生的诸社会条件含义和社会功能，才能正确认识民间的殡葬活动，也才能正确认识因殡葬园林文化而产生的殡葬园林文化活动。

（二）建立全新的现代殡葬园林文化

随着现代工商业的发展，城市不断扩大，人口迅猛增长，社会的土地、空间、水源、森林等生存资源变得日益紧张，而中国传统的土葬、厚葬习俗已变得与现代社会矛盾更加突出。研究殡葬园林文化学，旨在建立新的殡葬园林文化，引导人们正确的殡葬园林行为。

现代殡葬园林文化建设，首先要弄清“建设的主体”，公众是真正历史主体，现代殡葬园林文化建设要靠广大群众来创造。要十分重视广大群众在现代殡葬园林文化建设中的首创精神，才能真正荡涤存在于殡葬园林文化中陈旧的甚至是腐朽的东西。

我国几千年历史留下了丰富的殡葬园林文化遗产，要结合时代精神加以继承和发扬，做到古为今用。必须充分体现时代精神和创新精神，结合新的殡葬园林实践和时代的要求，结合人民群众精神文化生活的需要，积极进行殡葬园林文化创新，努力繁荣先进的殡葬园林文化，荡涤旧社会遗留下来的和国外渗透进来的腐朽的殡葬园林文化，从思想上、精神上极大地解放和激励人们。在殡葬园林文化建设方面，要坚持“以科学的理论武装人，以正确的舆论引导人，以高尚的精神塑造人，以优秀的作品鼓舞人”，充分发展社会主义的殡葬园林文化，增强其感召力，积极推动殡葬改革的顺利进行。

（三）有效融合殡葬文化与园林文化

殡葬园林文化学是一门新兴的交叉学科，应当注意诸多相关学科的影响。与殡葬园林文化学相关联的学科很多，最紧密的有社会学、社会心理学、行为学、哲学、历史学、经济学、民俗学、人口学、伦理学、园林学、生态学、美学等。

殡葬文化本身是一个遗体处理过程，但它关系到亲情，关系到血缘，关系到社会制度，因此在长期的发展过程中形成了一系列的制度规则和文化礼仪。殡葬本身包含着一种意识形态和相应的规范制度，也就是一个包含着物质文明和精神文明的广义的东西。从这个大概念上，它就是一种文化，如果把它具体到细致的领域来说，涉及文学、建筑、雕塑、宗教礼仪等各个领域，几乎涵盖了中国古代文化和现代文化的所有领域。可以说殡葬是一种人类特定的文化超时空的载体。

殡葬园林文化研究要坚持殡葬改革方向，促进生产力的解放和发展。要从历史和现实、国际和国内的角度，运用马克思主义的分析方法，深入研究新形势下的殡葬园林文化，不断创新并充分发挥殡葬园林文化的功能，使其有利于为推进殡葬改革创造一个良好的社会氛围。

现代殡葬园林文化建设要代表先进生产力。生产力决定生产关系，经济基础决定上层建筑，殡葬园林文化属于上层建筑范畴，归根结底，是由生产力的发展水平所决定、所制约的。现代殡葬园林文化建设要有利于解放先进生产力，而不是束缚先进生产力，这就要依靠现代科学技术。提高科技含量主要是如何将现代科技成果较好地运用于殡葬行业的问题，这是实现殡葬服务设备设施现代化很重要的一个方面。但是殡葬园林文化的建设既是内部的需要，也是面向整个社会的，它既需要提高科技含量，又要注重文化（艺术）建设，这样才能有利于提升殡葬行业的社会地位，促进殡葬行业向高层次发展。

殡葬园林文化建设一方面要创造性地应用国内的先进技术和理念，另一方面要大胆引进国外先进技术和理念，并在两者结合的基础上形成中国特色的现代殡葬园林文化体系。例如生态园林理论和可持续发展理论对殡葬园林文化的影响。

第四节　殡葬园林文化学

殡葬园林文化学作为一门交叉学科是否能够成立，关键在于它是否有自己独立的研究对象和内容，这些研究对象和内容是否对不断发展的人类社会有现实的推进作用。可以说，殡葬园林文化学已经具备了这两个前提条件，它具有独立的研究对象和内容，且具有普遍的现实意义。

殡葬学、园林学、文化学是不同领域的学科，是各自独立的、并不交叉的人类科学体系中的不同学科。但是，殡葬、园林与文化又是非常密切的概念，可以理解为殡葬文化与园林文化合而为一而发展形成殡葬园林文化学。

殡葬园林文化学是研究殡葬园林文化的学说。它作为一门新兴的交叉学科，而不属于殡葬学、园林学或文化学的分支学科。殡葬园林文化学是一门专门研究人们对殡葬园林的认识、情感、意志等意识形态方面内容的学科，是完全不同于传统的殡葬学、园林学的一门独立学科。

在殡葬园林文化学概念使用上我们要避免盲目、错误的而又事实存在的两种倾向：一类是把殡葬园林文化作为传统殡葬学或传统园林学中的另一个发展了的概念，认为殡葬园林文化是指殡葬或园林的一种文化，这样研究的目的无非只是为了殡葬、园林与文化的相互促进和相互协调；另一类则认为殡葬园林文化是比传统的殡葬学和园林学中的殡葬园林有更大范畴的概念，它包括物质的和精神的两个方面，这样就把“殡葬园林文化”包含了传统殡葬和园林学的殡葬园林，又加进了一些所谓新的精神方面的内容，它只是提出了新文化时期的殡葬与园林学的另一个发展新阶段，人们对殡葬园林不只是物质功能的满足，还有精神方面的欲望需求，使其有个更大的研究体系。这两种倾向都缺乏建立一门新学科必备的科学性。

一、殡葬园林文化学的研究对象

殡葬园林文化研究的宗旨，在于从本质上解决殡葬园林发展中存在的一系列问题并使其顺利发展，这就包括了殡葬园林各要素之间的关系，人们对殡葬园林认识的统一，建设者、使用者、管理者之间认识协调等方面。

殡葬园林一系列的文化要素是紧密相连的，各要素之间的发展是相互协调、相互促进的。殡葬园林文化不仅使其自身的发展满足其他要素的发展需求并与之相呼应，而且要在整个系列要素的发展过程中起着总体的导引作用，使殡葬园林风格、技术、制度、艺术、思想等协调发展。

殡葬园林文化是指人对殡葬园林的各种思想意识，它以协调殡葬园林发展过程中各方面人们的殡葬园林思想意识的关系为宗旨，人们只能从殡葬园林的建设过程去认识，而殡葬园林的构成是由小到大、环环相扣形成的，由一株植物、一个景素、景观、景观群等形成了殡葬园林环境，因而殡葬园林文化的研究对象就由不同的各个细胞组成，形成殡葬园林文化研究对象的总体。

殡葬园林文化学研究选取的“点”，可以是一个殡葬园林要素、一组要素体、一个景、景区等，也可以是这些计划、设计、施工、管理等环节。任何一个殡葬园林要素都源于自然，是人类对自然环境现象的感受、了解、认识以及通过大脑的思维所形成的一种反映的结果，殡葬园林文化学研究的对象，目的不是殡葬园林要素本身形式、样式等，而是透过形式、样式去认识蕴含其中的思想意识。可以把殡葬园林的一组要素组合体作为研究对象，殡葬园林每一要素都具有一定的功能作用，是人类某种意念或意识支配下的产物，而要素的组合体，可形成功能作用的叠加、互补，或产生新的功能。研究之点还可以大到一个殡葬园区及其周围环境区域。

殡葬园林文化学研究之“线”，是具有相同性质和内涵的系列，是这一系列的东西在人们思想意识上的蕴含。对于具有某种内在功能的要素，通常不是单一的一种，而是具有相同内涵和功能的系列要素，例如多种植物通过科学合理配置构成植物景观，蕴含着一定的意识。然而，每一个殡葬园林要素、要素组合体、景素、景观、景区的构成，都有一个形成过程，因而还可以把计划、设计、施工、使用与管理等环节作为殡葬园林文化学研究之“点”的选取对象。而对于任何一个研究对象之“线”的系列，不同的计划、设计、施工、使用与管理等环节，都会有不同的意识和感受，这会影响到殡葬园林的局部甚至整体，因而也可成为研究对象。

“面”是“点”的二维空间。“面”可以理解为一类殡葬园林系列发展、演变的全体，也就是一个存在时期内该殡葬园林系列的全部。殡葬园林是时代的产物，人类发展到一定时期产生了殡葬园林，也将在一定时期消失，而每个时期的殡葬园林形式、风格甚至内容不尽相同，各个时期的殡葬园林与当时人们的生活和思想意识相适应。同样，对于一个特定时期所形成的殡葬园林文化研究之“面”，其计划、设计、施工、使用与管理等环节都有主观意识或选择意向上的区别，也可作为研究对象。

若以某一殡葬园林要素为研究之“点”，相应的研究之“线”是这一要素所代表的这一类要素，研究之“面”是某一特定时期内的这类要素的总体，研究之“体”便是这一特定时期内所有类型要素的总体。可见殡葬园林文化研究对象的点、线、面、体的每一维彼此间都构成一定的取向角度，向不同的内容方向连续而构成。从宏观上讲，殡葬园林总体便是研究之“体”，在一定时期内殡葬园林总体都有特定的性质和内涵，而这在研究之体内是由无数点、线、面组成的；从中观角度讲，人类任何一个区域都可以成为研究之“体”；从微观上讲，殡葬园林文化学研究之“体”是一种殡葬园林文化意识观念，这一观念是某特定区域内一定时期的产物，具有强烈的时代性。

研究之“体”沿着时间运动形成四维空间，也可作为殡葬园林文化学研究的对象，殡葬园林总体就成为由不同的发展时期连续构成的殡葬园林文化学研究之“运动体”。

构成一座殡葬园林，从形到意必须有一些构成要素，这些构成要素归结起来可分为三个方面或三个层次：一是“形”的物质要素，二是“形”与“意”结合的技术、语言、制度、艺术等，三是“意”的殡葬园林情感、意识、观念、思想等。从文化角度讲也就是文化构成因素的物质方面、心物结合方面和心理方面三部分。可以说，殡葬学和园林学主要是研究“形”和“形”“意”结合的学科，而殡葬园林文化学则是在研究殡葬学和园林学的基础上专门研究“意”的学科。

二、殡葬园林文化学的研究方法

任何学科的研究方法，都是与其特有的研究对象和研究内容相呼应的。

殡葬园林文化学具有一般科学的普遍性意义，因而现代一般科学思维的几种主要方法论如现象学、符号学、公理学、归约学等方法也可作为殡葬园林文化学的一般研究方法。殡葬园林文化学作为一门独立的交叉学科，有自己特殊的研究主体和客体，其主体是人（确切地说主要是殡葬活动者），客体是殡葬园林及其发展的各个阶段或环节以及这些发展阶段或环节中所涉及的人，所以除了一般性研究方法外，还有特殊的研究方法。

（一）历史学方法

历史学是研究人类社会的发展过程及其规律的学科，是以思想史为其中最本质、最核心的部分，由人们对历史的研究、认识和体验所构成，一门兼具科学、哲学、艺术的人文学科。历史学是一门整合型的社会科学，是历史研究主体在马克思主义哲学所提供的一般规律指导下，运用一定的思维认识方式和手段，在与历史客体发生互动作用的过程中，通过对历史客体的分析研究，以理解其特殊规律和特点的一种精神生产实践及其创造出来的产品——历史知识。

历史学方法是归约学方法的一种，以文献记载的事实性陈述为已知的陈述，再导出有关的解释性陈述，通过“证伪”过程排除虚假的解释性陈述，从而得出结论。人类殡葬园林文化意识观念的发展规律是源于其产生和发展过程所形成的规律，这些大多源于文献记载，如果研究以前的殡葬园林文化，则更需取材于有关文献的记载。

（二）心理学方法

心理学是一门研究人类及动物的心理现象发生、发展规律的科学，包括心理现象、精神功能和行为的科学。心理学研究涉及知觉、认知、情绪、人格、行为和人际关系等许多领域，也与日常生活的许多领域——家庭、教育、健康等发生关联。要科学地研究人的心理现象，确定心理事实，揭示心理规律、心理机制、心理本质，就必须针对要解决的问题，运用心理学的研究方法，按照一定的研究程序进行研究，最终得到科学的结果。心理学的研究方法有很多，其中最主要的有观察法、实验法、调查法、心理测验法、活动产品分析法等。

由于殡葬园林文化是一种存在于人们头脑中意识形态的东西，虽然人们殡葬园林文化的心理成分是复杂、可变的，但各种心理成分综合结果都有一定的主观心理意向，因而研究主体便可获得相对稳定的殡葬园林文化意向。以殡葬园林文化研究客体的普遍思想意识观念现状为已知前提和认识基点，通过各种心理研究手法了解既定研究客体殡葬园林文化的各种思想意识观念的结构状况，来测定殡葬园林文化意向，这就是殡葬园林文化学的心理学研究方法。对既定研究客体摄取殡葬园林文化的各种思想意识观念的手法主要有实验法、观察法、个案法、测验法、调查法、统计分析法等，殡葬园林文化学的心理学研究方法可根据上述方法进行详细分类。

（三）经济学方法

这是以殡葬园林经济为着眼点或认识基点的一种方法，是以既定的经济目标为前提，通过各种相关的殡葬园林经济指标的测算和分析，来测定殡葬园林文化意识的特殊方法。

经济学是研究人类社会在各个发展阶段上的各种经济活动和各种相应的经济关系及其运行、发展的规律的科学。其中经济活动是人们在一定的经济关系的前提下，进行生产、交换、分配、消费以及与之有密切关联的活动，在经济活动中，存在以较少耗费取得较大效益的问题。经济关系是人们在经济活动中结成的相互关系，在各种经济关系中，占主导地位的是生产关系。

经济学方法一般指研究或者应用经济学时采用的各类方法。经济学方法主要包括数学方法、计量方法、历史方法、公理化与形式化方法等。经济学有一套以数量分析为特征的分析方法。主要有：实证分析法、边际分析法、均衡分析法、静态分析法、比较静态分析法、动态分析法、长期与短期分析法、个量与总量分析法等。

（四）社会学方法

社会学是现代社会科学中从某种特有的角度，或侧重对社会，或侧重对作为社会主体的人，或侧重对社会和人的关系，进行综合性的研究，是从社会整体感念出发，通过社会关系和社会行为来研究社会的结构、功能、发生、发展规律的综合性学科。社会学是具有其独立研究对象、理论、研究方法和范式的一门社会科学。以人们的社会环境为殡葬园林文化研究背景，以运用各种方式（如文献法、问卷法、访问法、观察法等）采集的社会环境信息资料为背景，通过各种逻辑方法进行推论，可以取得殡葬园林文化意识观念结论。

社会学方法主要包括：调查法、观察法、实验法、文献研究法、实证研究法、定量分析法、定性分析法、跨学科研究法、个案研究法、功能分析法、数量研究法、模拟法（模型方法）、探索性研究法、信息研究方法、经验总结法、描述性研究法、数学方法、思维方法、系统科学方法。

（五）未来学方法

未来学是研究未来的综合学科。这种着眼于将来的特殊的研究方法又称未来预测、未来研究。通过定量、定时、定性和其他科学方法，是以事物的未来为研究和实践对象的科学，是应用科学的理论和方法，探索和预测事物发展的趋势、动向、前景，研究控制事物未来发展变化的对策，为规划、计划、管理、发展战略和各种决策服务。未来学由两大部分组成：理论未来学着重于分析、比较、归纳、整理、综合各种预测结果或未来研究成果的研究；应用未来学是为特定的规划、计划、管理、决策、发展战略等工作提供依据的未来研究或未来预测。未来学的研究至今已涉及社会、经济、教育、科学、技术等几乎所有的传统学科领域，并且有了一定的研究成果。殡葬园林文化学的未来学方法就是运用未来学的基本理论和方法研究殡葬园林文化发展趋势、预测殡葬园林文化发展未来，并在研究和预测过程中探索和发展适合于殡葬园林文化未来研究的理论、方法及其应用和评估的科学。

未来学的研究方法大都来自其他科学领域，其中一小部分是由未来学专家创造的。其中较常用的方法，包括德尔斐法、形态分析法、类推法、关联树法、交互影响矩阵分析、时间序列分析、指数平滑法、自回归－移动平均法、回归分析、系统动态分析、脚本法（前景方案）、编制连续图像、网络分析、历史类比等20余种。

三、殡葬园林文化学的研究展望

（一）殡葬园林文化学的研究方向

实现传统文化的现代化，目的在于建设中国特色的社会主义新文化，而研究殡葬园林文化学，必须遵循正确的指导方针和发展方向，从根本上体现先进的殡葬园林文化的基本特征。

一是殡葬园林文化的科学性。文化的核心是理论，只有客观地反映人类对自然界和人类社会的真理性认识，能够顺应人类社会发展规律，揭示人类社会未来发展方向，才是科学理论，才具有先进性。殡葬园林文化的发展必须坚持以科学的理论为指导方针。

二是殡葬园林文化的时代性。文化作为一定社会条件下的产物，它不能脱离特定的时代。我国殡葬改革尚处于初级阶段，而且发展很不平衡，这个时代的殡葬园林文化特点，就科学技术方面而言，它必须反映的是人类征服自然的能力，积极表现出现代科学技术发展的最高水平；就思想观念方面而言，它应该服务于这个时代的经济和政治，为殡葬改革提供强大的精神动力和智力支持。

三是殡葬园林文化的民族性。即殡葬园林文化的发展必须体现中华民族的优秀文化传统。任何一种文化首先是一种民族的文化，它是民族精神和民族传统的具体体现。中华民族在历史发展的长河中，形成了许多优秀的民族文化传统，拥有博大精深的文化遗产，而这些文化遗产随着时代的变迁和社会的进步不断得到扬弃和发展。

四是殡葬园林文化的世界性。任何一种民族文化，必须与不同民族之间进行相互交流、相互渗透和相互吸收，才能得到更好的发展，只有开放性的文化，才是有生命力和有前途的文化。随着现代科学技术的飞速发展，这一特征将会更为突出。

五是殡葬园林文化的创新性。殡葬园林文化的发展必须顺应时代潮流，着眼于创新和发展。在不断创新中得到发展和丰富，始终保持其旺盛的生命力，以贡献全人类。

（二）殡葬园林文化学的研究趋势

殡葬园林作为一种文化，要有一种人文的概念，有对亲属、对血缘关系的怀念，对先人优秀品格的继承和发扬光大。殡葬园林文化应该吸取传统的有益的东西和国外的一些先进的做法，做到人文思想和现代科学相结合。殡葬园林的发展，客观要求人类对殡葬园林文化继续深入研究下去，殡葬园林文化研究是长期的、深入的。

首先是殡葬园林文化学学科体系的完善。殡葬园林文化研究对象、研究内容和范围、研究方法等，殡葬园林文化性质、结构和体系、时期、区域等，都有待进一步论证，给予不断的健全、完善。

其次是殡葬园林文化结构的内涵各要素的丰富。无论何时何地的殡葬园林文化，都必然由殡葬园林文化内涵的某一个或某些要素所构成，结构内每个要素都可以单独作为一个研究课题，殡葬园林文化结构内各要素的继续研究之路，尚有漫长而宽广的探索途径有待人们去开辟。

最后是殡葬园林文化研究方法及运用研究的深入。殡葬园林文化存在形态是客观的，对于这种客观的特殊形态的存在都有一些相应的、必然的研究方法出现。科学方法论是殡葬园林文化学的基本研究方法的主要源泉，科学研究的方法论是演进的，总体方法论科学下的殡葬园林文化研究方法也必然要随之演进，任何新出现的方法论的成果，都可能被应用到殡葬园林文化的研究上。因为所有研究方法的选择和发明是由客观上可能提供的前提材料和主观上研究目的（或需要）两者共同决定的，随着殡葬园林文化自身研究的深入和现实中被运用的逐渐推广，现实中就需要研究方法的演进或更新。例如现代殡葬园林文化建设必须引进可持续发展和生态文明的理论，用可持续发展和生态文明的“绿色文化”剔除传统殡葬园林文化中的糟粕，丰富充实现代殡葬园林文化。现代殡葬园林文化建设寄希望于现代科学技术的发展，必须努力寻求能够尽快被广大群众接受而又具有科学的哲学理念的概括方式，重视其他文化形态对现代殡葬园林文化的积极影响。

第二章　殡葬园林艺术概论

随着经济社会的迅速发展和文化的交融与进步，人类已经进入用美的尺度重新建造生存空间和居住环境（当然也包括殡葬园区）的新时期。园林艺术是美化环境和满足人们精神生活的重要综合艺术，如何创造一个优美的环境，已成为当前人类追求更高、更丰富的精神生活的重要课题。

从现实角度讲，殡葬园林环境的好坏直接或间接地影响着殡葬改革的进程。殡葬改革是社会主义精神文明建设的一项重要内容，殡葬园区（如殡仪馆、骨灰堂、公墓、殡仪服务站等）直接为殡葬改革服务，是公众办理丧事的活动场所，是殡葬职工用现代、文明的方式为故者举行人生最后礼仪（即殡葬礼仪）的场所。因而积极探讨殡葬园林艺术具有重要的现实意义。

从殡葬园林文化学研究意义来讲，殡葬园林艺术是殡葬园林构建过程中的计划、设计、施工、管理等环节的艺术理论依据，殡葬园林艺术是殡葬园林文化学研究选取的重要对象之一，因而探讨殡葬园林艺术具有重要的理论意义。

第一节　中国园林艺术的基本概念

中国园林艺术是我国文化艺术宝库中的珍品，也是人类文化艺术百花园里一株奇葩。中国园林在中华大地上经过漫长的发展过程而形成自己独特的艺术风格，成为世界上独立的造园体系。

一、中国园林艺术的基本内涵

（一）园林艺术及其基本内涵

园林是以植物、建筑、山石、水体等物质要素，经过各种艺术处理而创造出来的占有一定空间的艺术品，它不仅同人们视觉发生联系，而且与人们的听觉、触觉等都发生一定的联系。人们在欣赏园林的时候，会因造型、色彩、音响等现象引起不同的心理反应。通过一定特点的园林环境可以影响殡葬活动者的思想、感情、情绪，从而积极地引导人们进行文明、节俭的殡葬消费。

园林艺术是指在园林中运用典型的形象反映社会现实，以表达作者的审美情趣和思想感情。园林艺术是一种实用与审美相结合的艺术。艺术是生活的反映，生活是艺术的源泉，这就决定了园林艺术之美具有明显的客观性。园林艺术创造活动就是以大地作纸，以花草树木、山石湖水等为客观物质材料，来表现艺术构思的一种实践活动。

园林艺术是一个融时间、空间、自然、社会和各相关艺术门类于一体的综合艺术，是一个各种因素融汇为一的系统工程。园林艺术中的外部造型美、色彩美等，都能于整体的空间环境里表达出一定的情绪、气氛、格调、风尚和趣味。如殡葬园林利用对称种植造型可表现出一种肃穆的情调；利用不对称种植造型与环境的恰当配合，又能显现出生动、活泼、流畅和自由的感觉（小游园中常用）；园林景点中色彩的冷与暖能形成强烈对比，植物和建筑物布置得高与低、大与小、直与曲等，都能构成丰富多彩的园林艺术之美，这种美是流溢、烘托出来的一种朦胧宽泛的情韵。园林外部的造型美可造成不同的艺术风格并给人以不同的审美感受，有的古色古香，有的鲜艳富丽，有的庄严雄伟，有的舒展大方，有的小巧玲珑，有的神秘莫测。一座园林，一旦开发或建造出来，会在较长时间里与人们共存，所以懂得并掌握园林艺术的规律，可以指导园林的规划设计和建造，并可遵循规律来改善园林的管理工作，这对殡葬园林建设来说是非常重要的。殡葬园林工作者要深刻理解园林艺术的内涵，提高园林建造的艺术水平和园林艺术的欣赏水平，用优美的具有时代精神的环境给人以美好和健康的感受，使人们心情舒畅，并启迪和培育人们的心灵美、行为美。

园林艺术是一定的社会意识形态和审美理想在园林形式上的反映。它运用总体布局、空间组合、体形、比例、色彩、节奏、质感等园林语言，构成特定的艺术形象，形成一个更为集中典型的审美整体，以表达时代精神和社会物质文化风貌。在古代，帝王、将相、贵族营建陵园要缜密地选择地形，园内植物栽植和建筑的修造都经过严格的规划设计和布局，当时目的是为了创造出一种特殊的纪念性环境气氛，体现出避凶就吉的观念，随着时间的流逝，现在已成为具有游览功能的特殊园林。我国目前的殡葬园林艺术就深受古代陵墓园林特点的影响。古代陵墓，不同时代的不同民族、不同社会阶层，有不同墓葬形制，这也是了解当时社会生活、社会意识和社会文化风情的重要物证。古代陵墓可分为三种类型：一是帝王陵墓（如西安的秦始皇陵、北京的明十三陵、河北易县的清西陵），二是王公贵族的陵墓（如湖南长沙马王堆汉墓、河北满城中山靖王墓），三是民间陵墓（如河北景县北魏林氏墓群、山西稷山县金代雕砖墓葬等）。1840 年鸦片战争以来，随着反帝反封建的民主革命的发展，在中国大地上留下了许许多多可歌可泣的革命遗址和后人为纪念革命先烈而建造的烈士陵园，如广州的三元里平英团遗址、西藏江孜县宗山抗英遗址、广州黄花岗七十二烈士墓、河北省邯郸市晋冀鲁豫烈士陵园、石家庄市华北军区烈士陵园和白求恩墓等，这些近代革命遗址和烈士陵园体现着中国特有的殡葬园林文化。

【扩展阅读】

中山陵

中山陵整个建筑群吸取了中国古代陵墓布局的审美传统，利用山势，结合地形特点，以宽大高升的石级显示陵墓的庄严和崇高。瞻仰者拾级而上，对孙中山的伟大人格肃然起敬。主体建筑由南向北，随山势而上，依次是广场、石坊、墓道、正门、碑亭、祭堂、陵寝等，平面建筑构图呈“警钟形”，充分体现孙中山遗嘱中“革命尚未成功，同志仍须努力”的思想意蕴。

来到中山陵区，首先映入眼帘的是一个酷似警钟底部轮廓的半月形广场，广场的南面梧桐树丛中有一座八角形的三层石台，台上矗立着孙中山先生的全身紫铜铸像。穿过广场，走上第一道平台，一座用花岗岩砌成的牌坊迎面而立，牌坊横额上镶刻着孙中山先生手书的“博爱”两个大字，站在牌坊中央望山坡上的墓顶，宛若一座闪着银光的“天宫”。沿着 442 米长的三条并行墓道拾级而上，两边是高大的松柏、秀美的绿竹和嫩绿的草皮，墓道尽头是陵墓的正门，门额上刻着孙中山手书的“天下为公”四个大字。跨过陵门，有一座花岗岩碑亭，亭顶是青莲色的琉璃瓦，亭中立有一块刻着“中国国民党葬总理孙先生于此”的高 8 米的石碑。绕过碑亭向上走，有八层平台间隔开的 392 级台阶。台阶尽头就是“祭堂”，古朴庄严的仿古宫殿式建筑有三个石拱门，门楣上分别用篆体刻着“民族”“民生”“民权”，在民生门的上面檐下还刻着孙中山先生手书的“天地正气”四个大字。墓室是中山陵的最高点，墓室前门上端有孙中山先生手书的“浩气长存”横额，墓室顶部是穹隆式圆顶，四壁是红色大理石，墓室中央用白色大理石栏杆围护墓穴。除主体建筑外，中山陵周围还有当时各界和海外华侨捐款建造的“行健亭”“光化亭”“流徽榭”等，起到一定的烘托作用。

人们瞻仰中山陵，无不从思想上受到巨大的震撼，在灵魂深处受到一次净化和洗礼。

（二）园林艺术的整体性特征

园林是在一定的空间里依照园林艺术原则进行创作而形成保留着自然因素之美的生活境域，它具有整体环境的美感。园林艺术的基本单元是景象，景象是由自然要素（山水、植物、动物等）和人工要素（建筑、小品等）组成的。这些要素须组成整体才能构成园林，园林又把这些艺术要素组成了具有独立存在价值的艺术整体，在园林艺术中分别形成了对地形、水景、植物配置、园林色彩以及园林布局的不同艺术要求。

园林艺术的整体效果是与时间紧密联系在一起的，园林环境的艺术感染力还存在于园林空间的序列流程，园林环境有明确的起始、高潮和结尾。园林艺术的审美享受（调节殡葬活动者心情的过程），一般在运动中（殡葬活动者殡、葬、祭的整个过程）的殡葬活动者（或游人）停在某处观赏，只是运动的暂时停顿。在这个时间组织的过程中，时间与空间可以相互转化，因而园林是一种四维空间的时空艺术。

园林通过整体环境的创造，使园林艺术的审美享受成为一种五官协同的审美活动。园林空间环境的多变和转换，通过五官把美的信息交混协调起来，引起全身心的审美感受，因而每一殡葬园林要素的配置都要考虑到殡葬活动者来到殡葬园区的特殊心情，以调节殡葬活动者的情绪。

（三）园林与其他艺术的关系

从中国文化土壤上孕育出来的中国古典园林艺术，同中国古代艺术，特别是绘画和文学有着密切的关系。因此，人们把园林称为“凝固的诗，立体的画”。艺术具有相通性、包容性和综合性，中国园林艺术与其他门类的艺术既有明显的区别，又有密切的联系。

中国古典园林的代表人物大都集诗、画、园林诸方面高度文艺修养于一身，如两晋南北朝时期的陶渊明、王羲之、谢灵运、孔稚珪，唐宋时期的王维、柳宗元、白居易、欧阳修，元、明、清时期的倪云林、计成、石涛、张涟、李渔等人都是如此，他们既是文学家、艺术家，又是园林创作者或风景开发者。陶渊明用“采菊东篱下，悠然见南山”去体现恬淡的意境。他们发展了园林意境创作的传统，力创新意，对中国古典园林的发展作出了巨大贡献。

1. 园林艺术与文学的联系

中国古典园林艺术借助于文学而发展。中国古典园林在创作时同古典诗词一样，追求的是意境，是品格，是物质世界中的精神世界。在有限的物质中表现无限空灵之感，达到“诗情画意”的特殊艺术追求，是园林艺术与文学内在的、深层次的结合。

文学成分在园林中往往被直接借用，其作用表现如下。

点明主题，直抒胸臆。园主或造园家常借园林这一艺术品来表达自己的主观情意。例如，扬州的“个园”，门口种几丛竹子，“个”字是半个“竹”字，园名隐晦曲折地说出了坚贞不屈的竹子只有这里的了，用来表达孤高不群的清高情怀；又如苏州拙政园的“与谁同坐轩”，取自苏东坡的“与谁同坐，明月清风我”之句，借以抒发园主清高孤傲的心情。一般来说，私家园林多是赞扬哲人君子品德的，如“淡泊宁静”“曲水荷香”等，皇家园林多是寓意四海升平、称颂帝王功德的，如“万方安和”“九州清晏”等。殡葬园林可选用既带有殡葬改革精神又体现出中华民族传统美德的字词作为园名以点明主题，如上海的“福寿园”（公墓）、天津的“寝园”（公墓）、“憩园”（公墓）、河北省双凤山陵园的“归园”、北京静安墓园的“永安长廊”（壁葬区）等。

扩大园林空间意识。颐和园的谐趣园里有一副对联“西岭烟霞生袖底，东洲云海落樽前”，读了这副对联，似乎看到了西岭烟霞和东洲云海，扩大了景的空间。漏窗是中国园林建筑中常用的形象，它既可表现其本身的构图和形式美，还可组织墙面的构图，使墙面形象虚实生辉，此外，它还组织了漏窗以外一个空间的景。这与作诗章法中的“寓意、隐喻”一样能显示出共同的艺术情趣和魅力。

显示当地景物的表象所不能呈现的有关人和事、情和意。如苏州沧浪亭石柱上的对联“清风明月本无价，近水远山皆有情”，把欧阳修和苏舜卿紧紧连在一起，使人联想到苏舜卿买地筑亭及两位诗人洋溢诗意的韵事佳话，大大充实了沧浪亭的精神内容。

勾勒点染意境。园林景观的诗意与诗的景观形象可形成对偶关系，也就是说园林语言与诗的语言有着不可分割的关系。园林环境经过有意识地组景，运用诗文联对，可以引发游人（殡葬活动者）的联想，促进共鸣，使能感受其间的意境。如扬州瘦西湖对联“秋水才添四五尺，绿荫相间四五家”勾画出长堤烟柳的水村之境。

受文学的影响，园林意境的表现形成很多的手法：状写、比附、象征、寓意、点题等。表现的范围十分广泛：情操、品德、哲理、生活、理想、愿望等。

广泛阅读文学作品，尤其是一些名著，如《红楼梦》《镜花缘》《品花宝鉴》等，对深刻理解园林艺术具有重要作用。从园林艺术角度讲，读完《红楼梦》，会惊奇地发现：作者曹雪芹是一个优秀的园林艺术家。

【扩展阅读】

从《红楼梦》景物描写分析古典园林美

《红楼梦》是举世公认的具有高度思想性和艺术性的伟大作品。这部18世纪现实主义文学作品的一个重要特点是自然科学与文学的完美结合。作者以其独特的艺术匠心，“肇自然之性，成造化之功”，将自然美转化为艺术美，塑造出迄今为止文学作品中最生动、最完整的古典园林艺术形象；他借书中人物之口，发挥了许多有关园林审美的独到见解，使之成为一篇优秀的园林美学论文。这部著作在清末曾成为造园的范本，近年来在园林界又一次掀起了“红楼热”，一些园林专家纷纷以《红楼梦》为蓝本仿造起大观园来。把作家创造的艺术美转化为自然美，说明《红楼梦》有着无穷的园林艺术魅力。

园林美学所探讨的是园林艺术为什么能适应人们对它的审美需要，怎样才能适应人们的审美需要，它关系着对园林艺术美丑的判断。在当前我国园林建设强调物质而忽视精神需要的情况下，园林美学的社会作用可能超越园林建设自身。曹雪芹对园林艺术的描写，是当时处于鼎盛时期的园林艺术及审美的概括，探讨曹雪芹的园林美学思想及形成过程，不仅有助于了解明清时期园林美学观，继承和发扬祖国古典园林艺术，而且对现代园林建设及园林美学的发展也大有裨益。

一、园林美的物质性建构

每读到《红楼梦》中有关园林描写之处，总给读者一种身临其境之感，并在脑海中留下那旖旎风光倩影，久久难忘，其主要原因在于曹雪芹笔下的园林，有着充实丰富的园林美的内涵，他在组成园林美的众多相互联系的建构元素中，强调了物质性建构。

（一）花木及其依附景观之美

园林美与花木之美有着不解之缘，曹雪芹笔下的园林花木及依附于花木的景观，品类十分丰富，其内涵深厚美好，多层次、多方面地满足了人们生理、心理、意识形态及生态性的需要。

1. 花木之美

曹雪芹通过对园林绿色空间的描述，阐述了园林翠情绿意的审美观。书中植物所含遍及五谷主食，四季果木，林副产品，药材花卉，瓜菌蔬菜，莲芡荇茭，各种植物以其纷繁的色彩、扑鼻的芳香、娟好的形状姿态，诉诸人们的感官，给人以种种风格印象，娇俏、飘逸、浓艳、素静、妖冶、端丽……在重点花木的选择上，本着姿、色、味、韵美的传统审美标准，使花木形成多层面的、多视角的景观之美，具有特定的古典园林美学审美观。如第十七回的描写，“有几百株杏花，如喷火蒸霞一般。外面却是桑、榆、槿、柘，各色树稚新条，随其曲折，编就两溜青篱。下面分畦列亩，佳蔬菜花，漫然无际”，恰是一派自然田园风光。又如“只见许多异草：或有牵藤的，或有引蔓的，或如翠带飘飘，或如金绳盘屈，或实若丹砂，或花如金桂……”既表现出外在美，又蕴蓄着内在美。

曹雪芹对花木的审美上还表现在奇、雅、古、名等方面。追求花木之奇是古典园林早就出现的一个审美传统，《红楼梦》除写出了部分天然的奇品异种之外，还以“酌奇而不失真”的品评标准为审美视角，点出了因自然灾害或人为管理不善所造成花木物候异常的奇特之美。如第九十四回“宴海棠贾母赏花妖”一回中，时值秋去冬来，“怡红院里的海棠本来萎了几棵，也没有人去浇灌它，却突然间丝垂翠缕，葩吐丹纱，红绿争妍起来”。这既说明了一种“植物二次开花”的自然界奇特现象，又隐含了贾府“回光返照”的衰败预兆，抓住了“自然比德”的园林审美观，把握住自然美所具有的人和精神的意义，点出了不同的人与花的不同德行情性。如通过“秋爽斋偶结海棠社”的雅人韵事，阐述了“与海棠同韵”的美学思想，通过部分章节道出了“与菊同野”“与梅同疏”的美学思想。他还通过与名载史册的人们发生某种特定联系的名（古）树的描写，产生出由名（古）树联想到名（古）人的审美特点。

2. 花木依附景观之美

花木依附景观的类型美，在书中得到充分体现。园林内花木馥郁繁茂，就必然会招蜂惹蝶，引来蝉、鸟栖息其上，飞鸣其间，为园林平添几许景致和生机，曹雪芹正是把“花到正开蜂蝶闹”的自然美的意境展现给读者，同时还巧妙地把这种闹趣转化成一种审美静趣，虽虫喧鸟语，寂处闻声，达到了动中有静的作用，如“只见赤日当空，树阴合地，满耳蝉声，静无人语”，不正道出了那“蝉噪林愈静，鸟鸣山更幽”的有声静谧境界之美吗？这一审美辩证关系，也正符合我国“反常合道为趣”的审美观。

曹雪芹没有忽视盆景、瓶花等的园林装饰美，如“贾母花厅内有点着山石布满青苔的小盆景，俱是新鲜花卉”。在盆景的装饰摆设问题上，他注重与建筑物的大小比例和色彩对比，体现了“适称”之美。他还把土瓦器安置在贵族居室内，体现了“贵铜瓦、贱金银”的思想。

（二）建筑之美

曹雪芹把建筑之美作为园林美的物质性建构的一个重要因素。他笔下的园林庭院颇多，建筑纷繁，不仅满足了可行、可观、可居、可游的要求，而且通过人工建筑，点缀了自然景色之美。这样就使园林除了满足人们多层面的欣赏功能要求外，还以其独特的形式蕴含着发人深思的审美意味。

大观园内建筑的数量和类型甚多，体现了唐宋时期“园林多是宅”的造园理论，说明了园林不能脱离建筑而存在。大观园内建筑力求变化多姿，在体现建筑个体美的基础上，形成了建筑群体美。为了适合游乐闲居，个体建筑多以淡雅为多、简朴为主，外形美（材料和质地的美）与建筑整体美浑融一体，更有其审美内涵。如第十七回“只见正门五间，上面桶瓦泥鳅脊；那门栏窗，皆是细雕新鲜花样，并无朱粉涂饰”，芦雪庵的茅屋土壁、稻香村的黄泥墙等，均是简朴中求雅洁，情趣极高。在建筑内部装饰方面，通过家具的质地美、造型美、结构美和装饰美，充实了园林建筑内部空间的人工技巧之美，如“四面皆是雕空玲珑木板，或山水人物，或翎毛花卉，满墙满壁，皆系随依古董玩器之形抠成的槽子。诸如琴、剑、悬瓶之类，虽悬于壁，却都是与壁相平的”。

群体建筑从空间上组成多层次、多变化的景观。群体建筑与周围风景结合，又形成了风景小区，区区相连又构成了风景线，在风景线上，建于山水、林木之间的个体建筑既可作为风景小区的点景，又是极好的观景点。建筑又从时间上组成连接不断的景观，如暖香坞、怡红院等处是春季景观；榆荫堂、藕香榭等处是夏季景观；蓼风轩、嘉荫堂等处是秋季景观；芦雪庵、栊翠庵是冬季景观。

（三）山水泉石及其依附景观之美

曹雪芹受“园林之胜，惟是山与水二物”思想的影响，把山水泉石也作为园林美物质性建构中的重要元素，并通过依附水体的景观进行衬托。

1. 山石之美

《红楼梦》原名《石头记》，作者从女娲补天剩下未用而弃于青埂峰下的一块“形体倒也是个灵物”的石头写起，其间或隐或现地存在着具有中华民族特色的一脉相承的石头文化及审美观点。

大观园虽利用了会芳园原有的一些山石，但绝大部分是新的。园内的山采用了我国古代传统的堆山手法，即小山用石，大山用土，石山兼薄土以植树生藤，土山兼石以作点景，如“或如鬼怪，或似猛兽，纵横拱立；上面苔藓斑驳，藤萝掩映”。说明了石山构成的景观。芭蕉坞、沁芳闸一带是以山景取胜的风景区，这里的大山土石并用，产生出“假山如真”的审美效果。

在山石审美方面，借宝玉之口，批评了“非其地而强为其地，非其山而强为其山，即百般精巧，终不相宜”的古典园林中不顾环境与条件，矫揉造作的不良倾向，阐明了“天然”这一中国园林的主要艺术标准，即造景要顺自然之理，得天然之趣，以不露人工凿痕者为上乘。

2. 水泉之美

在园林美的物质建构中，理水比叠山更为重要，在建造大观园时，作者强调了选址相地与水关系的重要性。大观园的水有源有流，引会芳园北墙脚下的一股活水，作为水源，“从那闸起流至那洞口，从东北山凹里引到村庄里，又开一道岔口，引至西南口，并总流到这里，仍旧合在一起，从那墙下出去”。从这一段描述可知大观园的主要水流经过的地段几乎遍及全园；流水所经，又结合地形加以处理，造成多种景致。园内有的水面开阔，有的窄小，各池相通，使广阔的水面曲折多景，园中池沼多为自由式，具有江南园林的参差不齐之美，即天然之美。曹雪芹强调了水的流动、洁净、虚涵之美：有的“一带清流，从花木深处泻于石隙之下”，佳木奇花，葱茏灿烂，显得园景更清幽；有的“清溪泻玉，石磴穿云”，大有水声铮铮如闻琴声之感；有的“水声潺潺，出于石洞”，好像水源深奥，别有幽壑；有的“落花浮水，溶溶荡荡，曲折萦纡”，再现了桃花源溪流之景……这正是对自然界各种形态类型的水的审美模拟和创造性的再现，不仅以水的形、质、色、光、声等丰富了园林景观，还使其他景物活化，使静态的山因水之流动而带来动态的美感。

3. 依水景观之美

曹雪芹对山水泉石的描述，充分体现出“石令人古、水令人远”的山水审美真谛，同时他还强调了依水景观之美。依水的景观大大丰富了园林水体景观，同时也具有不同程度的独立审美价值。通过对沁芳桥、柳叶堤等多种依水静态景观的描写，把富有诗情画意的自然风景引进了园林，美化了园景，增添了“小桥流水人家”的自然意境美。作者把传统的游鱼、涉禽等园林小动物引入园林，使依水的景观具有动态美。如“刚到了沁芳桥，只见各色水禽都在池中浴水，也认不出名色来，但见一个个文彩斑驳，好看异常”。

（四）自然天时之美

曹雪芹除了写出易于感知的物质美外，还主动地充分利用和把握住自然性天时之美，使时间和空间相互交感，构成了一个风景系列。在时间季节上，有历可依；在空间环境上，有图可控。在前80回中，随故事的发展，春秋时令、年月交替都有清楚的记载：元春省亲、桃花树下宝黛读西厢系春季之事；芒种饯花、端午撕扇为夏季之事；海棠结社、菊花咏诗是秋季之事；芦雪红梅、除夕祭祖则为冬季之事。通过写故事的发展，也把园林花木不同的季相美给予了概括，渗透了季相美学观点。

曹雪芹还阐述了时景美，即晨昏昼夜的时分变化、晴雨雪雾的气象变化之美，使“良辰”与“美景”互相融汇在一起，借助时景之美而展现出流动景观之美。如凸碧堂和凹晶馆赏夜月之美，又如“伏中阴晴不定，片云可以致雨，忽一阵凉风过了，唰唰的落下一阵雨来”。寥寥几语，写出了初夏时节瞬时阴晴变化，骄阳、绿树、风声、雨声、云影、花影全部融合在大观园的美景之内，使时、景、情浑然一体，构成浓郁的诗意。

二、园林美的精神性建构

园林作为美的艺术，园林美的物质性建构参与到作为整体控制的艺术中来，就必然不同程度地渗透着审美主体的精神性。曹雪芹笔下的园林，就有着社会历史性和艺术综合性的人文之美。

（一）艺术综合性的人文之美

中国园林是一个大型繁复的、以静态为主的综合艺术系统，其中作为语言艺术并诉诸观念、想象的诗或文学；有作为空间性静态艺术并诉诸视觉的书法、绘画、雕刻以及带有物质性的建筑、工艺美术、盆景等；也有作为时间性动态艺术并诉诸听觉的音乐、戏曲等。曹雪芹笔下的园林，也正是这样一个集萃式的综合王国。

大观园中充分体现了文学语言的审美功能，主要表现在题名、匾额、对联、石刻等方面。“大观园试才题对额”这一回，集中体现了这一园林美学思想。作者借贾政之口“偌大景致，若干亭榭，无字标题，也觉寥落无趣，任是花柳山水，也断不能生色”道出了标题对物质建构突出的精神性的生发功能，这一美学规律也概括了中国古典园林的美学思想。在题对额时，“编新不如述旧，刻古终胜雕今”这句精彩的话是对中国古典园林对额创作艺术的高度概括。书中一再写大观园中题景艺术的具体创作及其推敲过程，这样由感觉领域走向感情领域，由具体领域走向抽象领域，使景点进一步臻于情景互渗的境地，使有形之物与无形之物相融合，体现出文学语言超越物象的审美功能。对于种种物质建构来说，它们或标出季节，或点明时分，或巧写景色，或引人遐思，抒发性灵，深化意境，诉诸审美想象，勾起思古幽情，足以生发园景，表达出种种高情逸思，达到了文学语言不只是状物、写景、记事，还能抒情、言志，使园林富有诗情画意和典雅美丽的神韵风致。

曹雪芹还阐述了建筑、工艺、美术、书法、绘画、雕刻等艺术，把依附于建筑的雕刻美写得十分精彩，如“那门栏窗，皆是细雕新鲜花样，下面白石台矶，凿成西番草花样”综合艺术的美，给人以无限美感享受。作者把园林的匾额、对联、建筑，看作是时间之流的积淀、音乐艺术的凝固，成为“此曲只应天上有，人间能得几回闻”的理想化的神仙式园林。

（二）社会性的人文之美

在园林中有种种文化意识和历史精神的流动和凝固，这就是园林社会性的人文之美。他把园林审美意识与宗教意识巧妙地联系在一起，并在大观园内设置了佛寺尼庵风景小区，使宗教意识与理想化园林融合在一起。

在大观园这个王侯园林中，稻香村这一独特景区不仅体现了作者重农意识，也体现了对华丽风格美的一种逆反补偿美。

曹雪芹笔下的园林也充满了政治意识和伦理意识，尤其在园林建筑方面表现较为突出。如大观园内建筑以大观楼为中心，就渗透着政治伦理与意识。

三、园林意境美

曹雪芹在阐述园林物质美和精神美的基础上，强调了园林意境美，突出了园林美的核心，不仅从审美客体的创造方面说明了园林意境整体生成的诸多规律，还从审美主体的接受方面分析了园林意境整体生成的若干特征和规律。

（一）通过规划和布局产生意境美

大观园反映了我国古典园林传统的规划布局法，在宏观上加以把握，把整个园林空间划分成五个院落风景区（潇湘馆、稻香村、蘅芜院、省亲别墅、怡红院）、三个自然风景区（稻香村、芭蕉坞、凸碧堂）和一个佛寺尼庵风景区。通过题对额路径、刘姥姥逛大观园路径及抄捡大观园路径，对大观园有关规划布局进行了详细描述，既着意造成殊相的空间之美，又造成总体的意境之美，景观变化多致，联络有情，体现了中国古典园林空间分隔的美学原理。

在应用空间分割律的同时，作者没有忽视与其密切相关的奥旷交替律。园中既有屈曲隐蔽、深邃回合幽闭的奥如空间，又有寥廓悠长、虚旷高远开敞的旷如空间，如“遂命开门，只见迎面一带翠嶂挡在前面”充分体现了“入门奥如”的审美手法，使园内景致，通过奥与旷的转化，构成了园林审美的独特心境。

为了深化园林意境，作者还运用园林内部最富于审美功能的半亏半蔽的艺术手法，把美好的意境隐藏在一个或一组景色背后，同时使景物体现了隐与显的统一，表现出其园林艺术的朦胧美与含蓄美，给人以意趣深隽的美感。如第十七回“忽见青山斜阻，转过山怀中，隐隐露出一带黄泥墙，墙上皆用稻茎掩护。有几百枝杏花喷火蒸霞一般，里面数楹茅屋”。其中“青山斜阻”是山石亏蔽；“几百枝杏花”是花木亏蔽；“数楹茅屋”是建筑亏蔽；这三个层面之中，还有其他景物亏蔽着、穿插着，构成了层次丰富的画面。

曹雪芹受清代流行的“以曲为美”的艺术趣味影响，利用“曲径通幽”增添了园林意境美，此外还强调了曲蹊、曲岸、曲桥、曲廊、曲室之美。

曹雪芹强调了园林山水景物的气脉连贯，讲究“水贵有源”的江南园林造园思想，强调了园内景物和园外地貌环境的气脉关系，既增加了山水审美品位，又促进山水意境的整体生成，揭示了山与水、人工与天然的美学关系。

作者还把两种或更多种景物配置在一起所生成的审美效果，表现出互妙相生的一种关系美，使不同种类的景物恰到好处地配置在一起，通过均衡、映衬、对比等种种美的关系，臻于互妙相生的境界。如“凸碧山庄”与“凹晶溪馆”，通过赏月把这种相反相成的对比之美予以了精辟的分析。

（二）意境的空间观

曹雪芹在一定程度上强调了意境的空间观，巧妙地运用了借景、对景等艺术。

大观园是私家宅园，曹雪芹巧妙地组合了自然界中各种美好景色进园，打破了界域，扩大了空间，创构了审美境界。如第四十九回“出了院门，四顾一望，并无二色，远远的是青松翠竹，自己却似装在玻璃盒内一般，于是走至山坡之下，顺着山脚，刚转过去，已闻得一股寒香扑鼻，回头一看，却是妙玉那边栊翠庵中有十数枝红梅，如胭脂一般，映着雪色，分外显得精神，好不有趣”。这里既有借景，又有对景，青松翠竹、白雪红梅，悉成对比，互相掩映，互相资借，分外妖娆。作者还把人（或动物）组合到美景之中，体现出“园中有景、景中有人、人与景合、景因人异”的美学观。如第三十回“龄官画蔷”一段，把骄阳、绿树、风声、雨声、云影、花影以及龄官画蔷无语凝噎的姿态全融合在大观园的美景之内，使时、景、情互借互生，构成一种特殊的意境美。

（三）审美主体的接受与意境的生成

园林审美意境的整体生成，离不开审美主体的创造和接受，园林美的意境客体只有转化为审美主体的接受意境，才能实现园林意境的整体生成。

曹雪芹通过小说人物游览园林，尤其是题对额过程，把各种景观贯穿在一起，连缀、展延、变奏，构成了凝固在空间之内的音乐，大体量的审美客体随审美主体的流动而流动，给审美主体提供了丰富而耐人品味的韵律感。游览时，“处身于境，视境于心”，通过眼、耳等感官，沟通了“思想为妙”的“意觉”，“韵味”油然而生，以现实感受为起始，以意境生成为归宿。作者还把关于意境的审美经验凝铸在游园诗句里，表现出一种潜美学。他还说明了审美主体和作为审美客体的景物之间的不同距离与审美意境的关系，重点说明了远眺的含糊美、朦胧美。

总之，园林意境的整体生成是通过把自然美的景物典型化，做到情景交融，再通过游览、题对额等深化过程而达到的。

2. 园林艺术与绘画艺术的联系

山水诗、山水画、山水园是中国古典艺术中的连理枝。中国传统文化中的山水诗、山水画深刻表达了人们寄情于山水之间，追求超脱，与自然协调共生的思想。山水诗和山水画的意境是中国传统园林创作的目标之一。东晋文人谢灵运在其庄园的建设中就追求“四山周回，溪涧交过，水石林竹之美，岩岫嵔曲之好”，而唐代诗人白居易在庐山所建草堂则倾心于“仰观山，俯听泉，旁睨竹树云石”的意境。人们向往自然山水主要是寻求精神寄托，在经济和社会条件发展到一定程度时，按照山水画的意境营造能纵情玩赏的现实生活实体，“不出城廓，而能坐享山林之乐；不下堂筵，而能坐穷泉壑之幽”，得到美的享受。历史上许多园林的代表作品是由画家主持设计的，如苏州的网师园、环秀山庄等园林，都有文人画家参与设计。如河北省邯郸晋冀鲁豫烈士陵园就是在20世纪50年代由中央美院教授设计的。

中国古典园林是以山水画构图为蓝本，以山水诗的意境为内涵，融合美学、哲学、诗词、书法、绘画、雕塑等，富于“诗情画意”的综合艺术。“诗情画意”是园林形象的塑造所要表现出来的意境和情调，是中国园林艺术的最高境界。古典园林的艺术风格与绘画理论有着内在的联系，山水画视点运动的鸟瞰画法类似于园林“动静观”构成的连续画面构图，追求的最高境界是意境；山水画中关于构图的疏密、呼应明暗、曲直等画论又是造园的理论依据；两种艺术在植物配置上都注重形与姿，注重民族风格，强调与景观主题的协调配合；两种艺术都讲究“胸有丘壑，意在笔先”，园林创作必须先有意图，再进行设计，然后才能施工，设计中先定总体规划，再进行局部技术设计，先定山水地形，建筑道路，再进行植物景观设计；两种艺术都讲究“主景突出，客景烘托”，都强调突出主景的艺术处理，形成鲜明的主题。

中国画是中国艺术的一种重要形式，它对中国古典园林有很大的影响。中国画最大的特色是写意，写意是注入了人的主观感受对自然原来面貌的浓缩，使之能传自然之神，具有更强的艺术感染力。中国古典园林要在有限的空间中表达自然之美，就要像绘画那样用写意的方法将自然再现于园内。《园冶》中的“多方胜境，咫尺山林”，就是真实自然山水的缩影，为艺术的摹写，理应具有画般的意境。计成《园冶·掇山篇》所描绘的“峭壁山者，靠壁理也。借以粉墙为纸以石为绘也。理者相石皴纹，仿古人笔意，植黄山松柏、古树、美竹收之园窗，宛镜游也”。计成在自序说：“合乔木参差山腰，盘根嵌石，宛若画意。”这就是要求所造之园以画入景，以景入画，富有画意。杭州西湖三潭印月，每逢月夜，皓月当空，月光、灯光、湖光交相辉映，月影、塔影、云影融成一片，一湖金水欲溶秋，有说不尽的诗情画意。

中国画分为人物画、山水画、花鸟画，其中与中国古典园林关系最密切的是山水画。中国的山水画重“意境”，意即意象，是寄情，属于主观的范畴；境是寓物，即景物，属于客观的范畴，意境就是人在审美过程中由对象所产生的一种情调或境界。这种情调或境界源于物也源于心，是人感受物时所产生的，但又是物本身存在的。情由景生，境由心造，境情交融而产生意境。意境是生活形象的客观描绘与情感理想的主观抒发辩证统一的艺术境界，也就是情景交融。园林意境是指通过园林的形象所反映的情意使游赏者触景生情产生情景交融的一种艺术境界。宋代著名山水画家郭熙在《林泉高致》中对山石的描绘："春山艳冶而如笑，夏山苍翠而如滴，秋山明净而如妆，冬山惨淡而如睡。"很好地说明寄情于物的移情作用。扬州个园有以山石为景而分别象征春夏秋冬四时景观的，这是造园家借物传情，从主观返到客观的再现。

园林中的每个小景，乃至一花一木，一山一泉，都寓意深长，耐人寻味，达到"一峰则太华千寻，一勺则江湖万里"的艺术效果。明代画家唐志契在《绘事微言》中说："最要得山水性情，得其性情，山便得环所抱起伏之势，如跳如坐，如俯如仰，……水便得涛浪索洄之势，如绮如云，如奔如怒。"清朝方薰在《山静居画论》里说："画之为法，法不在人，拙而自然，便是巧处；巧失自然，便是拙处。"明清时期私家园林更是受到文人画的直接影响，更重诗话情趣，意境创造，贵于含蓄蕴藉，其审美多倾向于清新高雅的格调。此时期的园林代表作品可推无锡寄畅园、苏州拙政园、扬州影园，其审美特点是"接近自然"。园景的主体是自然风光，亭台参差、廊房婉转作为陪衬，这里寄托园主人淡漠厌世、超脱凡俗的思想，在物质环境中寓藏着丰富的精神世界，苍凉廓落、古朴清旷是其美的特征。这些私家园林就连当时的君王也赞不绝口，乾隆皇帝在《静明园记》中写道："若夫崇山峻岭，水态林姿，鹤鹿之游，鸢鱼之乐。加之岩斋溪阁，芳草古木。物有天然之趣，人忘尘世之怀。较之汉唐离宫别苑，有过之而无不及也。"自古就有诗画同源之说，诗是无形的画，画是有形的诗。诗对于造园的影响也是体现在"缘情"的一面。清代钱永指出："造园如作诗文，必使曲折有法，前后呼应。"说明中国园林重追求富有诗文的意境美。宋代叶绍翁《游园不值》中"满园春色关不住，一枝红杏出墙来"的诗句千古传诵，它描写了烂漫的春天勃发的生气，不是人工所能掩藏的，真是一段好春藏不尽，最含情处出墙头。此中虚实相生相对，春景明媚又情理渗透，隽永回味，令人领悟到无穷意蕴，使人获得陶醉的审美享受。我国古典园林特别注重追求具有诗的意境美。网师园中的"月到风来亭"，对联取唐著名文学家韩愈的诗句"晚来秋将至，长月送风来"，在这里秋夜赏月，油然而生一种盎然的诗意来。南北朝时期，文人墨客陶醉于自然，描写了大量的田园生活，陶渊明的《桃花源记》"缘溪行，忘路之远近，忽逢桃花林，夹岸数百步，中无杂对，芳草鲜美，落英缤纷，渔人甚异之。复前行，欲穷其林。林尽水源，便得一山，山有小口，仿佛若有光。便舍船，从口入。初极狭，才通人。复行数十数，豁然开朗”。文中所立的意境成为造园家创造“山重水复疑无路，柳暗花明又一村”的园林艺术空间意境的依据。

3. 园林艺术与雕塑艺术的联系

雕塑是园林中的重要组成部分，如颐和园门前的石狮、陵墓园林中的石人石马等，这些艺术精品，在园林中起到了点明主题的作用，有的也使人产生对历史的追忆。殡葬园林有一部分属于装饰雕塑，公墓中的碑墓雕塑一定要追求含蓄，讲究艺术，使其具有较高的美学价值，为殡葬园林平添一番艺术情趣。例如上海福寿园（公墓）汇聚了风格多样的书画、篆刻，形态迥异的碑雕像塑，营建了陵园独有的露天艺术展览馆、立体档案陈列室。这是文化底蕴的艺术积淀，也是启迪人生的人文景观。

陕西省兴平县境内位于茂陵（汉武帝墓）东面的霍去病墓，为了纪念这位英年早逝（仅活了24岁）的将军在河西走廊的卓越战功，其墓外观设计为祁连山形，墓上林木葱茏、怪石林立，象征祁连山大战的自然环境。墓前安放了一大组纪念性石雕，其中有“马踏匈奴”“卧马”“跃马”“巨人搏熊”等十余尊大型石雕像。其中尤以“马踏匈奴”和两匹一卧一跃的战马造型最具审美情趣。一条马足沉重地踏立在赤脚散发的匈奴败将身上，象征汉朝的胜利。霍去病墓前大型石雕群像的特点是精练（仅仅刻画三匹不同姿态的战马来表现和歌颂墓主人的赫赫战功和英雄业绩）、含蓄（通过雕刻三匹战马烘托出汉军将士远征祁连山的艰险与悲壮，向后人展示着将士们的不朽功勋）、粗犷（充分利用巨石的天然形态，经稍事加工雕刻，融合圆雕、浮雕和线刻的技艺手法，完美地体现了纪念青年将军、歌颂英雄主义的创作意图）。这也是我国最早的纪念碑式的石雕群巨作。

4. 园林艺术与音乐的联系

音乐用在时间里流动的有组织的乐音来塑造艺术形象，以表达人们的各种不同的感情。音乐声音是通过空气波动传到人的耳朵的，音乐既是时间艺术，又是空间艺术。音乐犹如一股清泉，永恒地溶释着人们丰富的情感与沉思，尽情地流淌着人们对美的向往与追求。自然山水（园林是人们师法自然的造物）以其清新、完美、和谐冲涤着世人心灵的污秽，陶冶着人们的情操。园林用植物、建筑、山石和水体等构景，有着凝固于空间的节奏、旋律、音调和乐境。人们在欣赏园林时，会因造型、色彩和音响等现象引起不同的心理反应，园林外部的造型美可造成不同的艺术风格和给人以不同的审美感受，园林环境还能给人造成感情上的持久影响，无声地作用于人的心灵。艺术是相通的，音乐与园林艺术有着共同的主题。

音乐是描述自然的音乐。音乐表现是在时间的行进中通过系统地组合音乐来表现美的艺术。音乐的基本构成要素是节奏（指强弱不同的乐音运动旋律，是按时间进行的水平次序）与旋律（是对高低不同的乐音按一定的时间次序进行水平配列的状态）。自然本身就是一曲变幻而又完美和谐的交响乐。“残荷听雨”自然会令人感到凄凉的秋意，“桐叶鸣蝉”会让人感受到夏日浓荫。园林凝固在三维空间，从抽象的时空相关的视角看，移动视线和进一步移动立足点，把它作为一个过程，那么，它又类似流动于时间之中的音乐。

园林是充满着音乐的园林。音乐中的对称、协调、比例、重复、变换、层递、交替、循环、间隔等形式美的规律，与园林艺术是相通的。虽然园林与音乐运用的材料不同，但两者的社会功能都是通过形象来感染人，其审美原理是一致的，把这两门同源艺术有机地结合在一起，能给人以丰富多样的审美感受。音乐与园林的结合主要体现在两个方面：一是将自然界的声响作为园林素材，巧妙地组织在园林中，使之不仅有优美的景观，又充溢着自然丰富美妙的乐音，从而构成一曲诱人的园林之歌；二是在园林组织结构方面，借鉴和运用音乐的表现手法，使园林的布局、景观的组织手法、游览路线的安排等方面更能引人入胜，感人至深。用名曲可进行造园设计，名曲所表现的意境及主旋律在进行造园和地形附会设计时，使园内地形丰富变化，创造出更美的园林景观。

《梅花三弄》古曲“引子、暗香浮动、笑傲霜雪、凌寒盛开、尾声”五段式运用到造园中，以梅为素材布置庭园，使人赏梅之高洁、孤傲、清秀的特征同时，布以小桥流水，进行丰富的地形音乐设计，创造出踏雪寻梅、吟风弄月的园林意境。可以考虑把《哀乐》《葬礼曲》《梁祝》《爱心永恒》等一些有关殡葬、祭祀方面的名曲用于殡葬园林造园中。

二、中国园林艺术的个性特点

园林的服务对象、建设目的不同，技术材料运用的不同以及人们审美情趣的变化和对园林需求的增加，都使得园林在形式上相应地发生变化。中国古典园林尤其是私家园林，在明清时达到登峰造极的程度，在造园艺术上深受绘画、诗歌的影响，讲求师法自然，重在诗情画意，以创造意境为园林设计的核心，追求含蓄之美，使得园林的欣赏讲究近玩细赏，需要欣赏者具有相当高的艺术修养，仔细体味品评。而西方的古典园林以法国园林为代表，偏重于追求气派，讲究人工美，体现皇权意识，布局规划对称而严谨，表现几何图案美，立足于用人工的方法改变自然的状态。

现代城市园林内涵的不同，使园林不再只为少数文人雅士或贵族服务，而是要面向大众。园林内涵的扩大，引发了诸多方面质的变化，这些变化不仅反映在园林面积的扩大，还表现在形式、风格以及布局上的改变。尤其园林在现代更担负了提高生态环境质量的任务，因而在种植上应注重满足保护及调节环境的功能需要，要求突出整体的美和大体量的美。同时在对园林的欣赏上，由于现代人已厌恶了过分的人工环境，因而希望园林能够更为接近自然的环境，渴望通过园林寻回日益失去的天然情趣，达到心理和生理上的平衡。现代人得自园林的感受已由单纯的艺术欣赏转为对园林空间物质与精神上的双重享受，因而现代城市园林应体现的是一种自然气息。

中国古典园林理论源于绘画，在布局和造景理论上依附于绘画，在对自然的美好追求中始终囿于对诗意的追随，其实质是对自然的一种再现。西方园林设计的思想则直接来源于建筑，强调的是人的力量，充分展现的是人在自然面前的进取精神。中国园林面对的问题是要去打破古老院墙所围合的空间，从封闭的文化圈中走出来，走向公众参与的开放空间。随着社会的发展，东西方不再因为长期地域上或人为上的分隔按自己的思想观念撰写各自的历史，世界已进入了大融合的时代，两种文化的交错与撞击，势必会产生很多新的契合点，在未来的实践中开辟多种途径，使园林走向多元化风格的发展道路。

（一）传统思维艺术特点

思维方式是思维主体按一定的概念或经验框架和形式方法来反映和把握客体对象的样式。它既是一个民族在其长期的发展历史中形成的一种长久的、稳定的、普遍的起作用的思维习惯和思维方法以及对事物的审视趋向和传统文化观点，也是一个民族生产方式和社会政治结构以及意识素质的间接反映，是民族特殊性的重要体现。

中国人自远古以来，在特殊的地理环境和经济生活方式的氛围中，养成独特的中国传统思维方式。一是长于辩证思维，注重整体和归纳；二是推崇超思辨的直觉，体现在表述上的不准确性、模糊性和暗示性；三是侧重于内在情感性，忽视客观理性。中国传统思维整体地观照世界的方式，形成了重视整体、重视关联的“综合思维模式”，这与西文注重推理与分析的“分析思维模式”形成鲜明对比。中国传统思维只注重整体思维，必然会忽视对外界事物的分析和研究；推崇直觉，必然忽视对感性材料的缜密论证；侧重内在情感，必然忽视客观理性。中国人习惯的辩证思维，又称模糊思维，这种传统思维模式表现在艺术领域，就是十分重视艺术品的神韵。

中国古典园林艺术与其他艺术一样，源于主体的思想感情，追求味象畅神，抒写情志，以景写情，随兴适趣，体现自己的人品和人格，具有“缘情”的艺术个性，这决定了反映自然外物的艺术手段的写意性，即不是真实逼真精确地再现外物。像苏州园林多是典型的“写意咫尺山水园”，“一峰则太华千寻，一勺则江湖万里”。而园林建筑则与园林的主题相一致，往往通过造型和文学题名表现出浓郁的写意色彩。这种“写意”手法可以从有限到无限，激发审美者的想象力，以突破时空、语言、概念形象等方面的限制，达到“言有尽而意无穷”的艺术效果。

园林艺术讲究意境的创造，要求外界景物的形象与造园家的主体情思相交融，从而形成充满主体感情的形象。有的园林通过布局的变化就能看出园林的主人以及历代修葺者的心态；有的借助文学题名，委婉陈情；有的在自然景物中寄托一定的理想和信念，甚至雕刻、雕塑等园林装饰和园林植物也带有强烈的感情色彩。

中国艺术理论很重视含蓄蕴藉之美，例如中国造园家往往通过“欲扬先抑”“曲径通幽”“柳暗花明”等艺术手法含蓄地表现景物之美。中国古典园林文化反映出的自然式封闭和内向的心态与中国古代稳健儒雅的自然经济的发达有一定的关系。

（二）园林造园艺术个性

现代和未来的园林，应该是一种确保健康发展的多元化生态风景园林。园林工程建设，首先应考虑如何来满足生态环境的良性循环，让园林艺术美建造在生态环境美的基础上。生态风景园林是一种高科技、多功能式的园林，它既是伴随着人类社会生存和发展的基本物质因素，又是一门超国际、跨行业的多边科学和综合艺术。一个城市的生态风景园林建设的质地好坏，不仅关系着该城市居民身心健康及各种经济体系的发展速度，而且还影响着周边各种环境文化氛围。

中国园林艺术在世界造园史上具有十分明显的艺术个性和独特的审美情趣，因而应用生态园林艺术手法来建设城市大环境，要讲究地区特色和艺术个性，例如近十几年来域外草坪园艺科学随着改革开放的浪潮大量渗入，中国园林善于博采众长，坚持“自然美”，回避了机械呆板或纯几何图案式的布局，按中华民族传统美学法则，进行中国式的新园林创造，使城市生态环境美更明显地融汇了自然美、艺术美和社会美，构成了一个生机勃勃的完美整体。

中国园林艺术具有数千年的实践经验和雄厚的理论基础。它所蕴藉的独特内涵属文化范畴，在“继承—发展—创新”这一博大精深的艺术传统时，应不断锤炼文化修养并勇于实践，广泛吸收古今中外造园精英中的精粹。当代园林设计应首先着眼于生态效益、社会效益，以植物配置艺术为主导，去营造生态风景园林。至于其他功能，只有在形韵各异的植物环境中才能充分发挥出各自不同的绿地应有的独特功能。现代生态风景园林建设，应在刻意追求生态美、人文美、科学美、自然美、艺术美的前提下，尽力抒发个性美。因为不同环境的园林建设，各自功能要求不同，而园林景观的艺术个性，应各具特色，在植物品种、色泽配置上，必须有内涵和外延的差别。否则就会失去园林应有的深邃意趣，无法满足各自不同的功能需求。

（三）园林美的艺术审视

园林作为人类创造的充满自然情趣的生活游憩空间，除具有实用功能外，还具有更深层的艺术功能，即通过园林欣赏审美，陶冶情操，获得有高尚情趣的精神享受。

在以往对园林审美的论述中，大多是从意境角度来说明审美主体所获得的美感，运用了诸如“引起美的联想”“产生了悠然意远而又怡然自得的哲学反思”等人文语言，没有能够从心理学角度系统地说明欣赏者是如何获得这种美感的以及欣赏者的审美需求是什么，怎样的园林审美对象才能满足这种需求。

日常生活中司空见惯的对象是不可能引起美感的，只有那些与生活有一定距离的对象，即在时间、空间、心理上超越生活的对象才能引起人们的注意和紧张，而这种紧张是通过对审美主体内在生理和内在情感的刺激产生的，即愉快感来自外在刺激。快感来自审美信息的新颖度与可理解性之间的平衡，一个园林设计的审美信息新颖度越大，其独创性的量也越大，产生的刺激越强烈，而它的可理解量就越小，越不容易被欣赏者接受。园林的审美主体是游人，由于知识水平、修养程度的差异，游人对园林美的理解水平也不相同，因此，在创造园林美时要十分重视审美信息的可理解性。园林又是游人认识世界、扩大知识、提高修养、陶冶情操的场所，必须具有一定的新颖度。因此园林设计者应该致力于寻求可理解性与新颖度之间的最佳点，以充分体现园林艺术功能。

随着社会的发展和人们对园林审美能力的提高，审美度也随之变化，即满足审美需求的最佳点会向新颖量一方不断移动。相对于每一个特定时期，都要根据物质与精神文明发展的程度来决定这个“度”，创造出符合当代人审美观的园林作品，做到园林创作审美与欣赏审美的相互统一。

（四）园林美的文化内涵

1. 人本主义的社会伦理观

在论及中国传统文化核心问题上，无论是孔子的“礼”，还是老子的

"道"，抑或《周易》的"阴阳"，它们所专注的都是精神领域，人文精神最为浓厚，人本价值最被看重。基于这种人本主义的思想基础，伦理关系渗透到社会各个角落，中国园林的建造也建立在这种伦理价值上，并与之密切相关，空间的营造需要为现实的伦理秩序服务。"君子将营宫室，宗庙为先，厩库为次，居室为后。"这样的伦理观念便形成了以威严的皇家园林为代表的空间形态的主旨，包括皇权至上的永恒观念、上下有序的等级观念等。这些观念已在当今社会中荡然无存，但其体现在园林空间中的内与外、主与从、中轴对称等形式依然在现代建筑空间中得以表达。运用边界和关口、主要的地标、对称的中轴线、严整的秩序等手法，依然是一种力量的表达和强化，也为人们提供了一种安全感、稳定感、永恒感、威严感和自豪感。所以它们仍可以用来表达某一族群的荣耀和情感，把人和场所联系在一起，来强化人类繁衍的感受，或显露宇宙的伟大。

2. 天人合一的自然环境观

中国传统文化不仅把人和人际关系相连，而且也把人与自然联系起来，对自然风景可说是爱之敬之到了无以复加的地步。不论是儒家的"上下与天地同流"，还是道家的"天地与我并生，万物与我为一"，都把人和天地万物紧密联系在一起，视为不可分割的共同体，认为天是万物的起源，自然的发展变化体现和制约着人类社会的发展变化，从而形成一种主观力量，促使人们去认识、把握、利用和改造自然，并与自然和谐相处。因此老子的"故道大，天大，地大，人亦大，域中有四大，而人居其一焉。人法地，地法天，天法道，道法自然"的思想被西方许多艺术家和设计家认为是"最大的人本思想"和"最符合可持续发展的思想"。这种对自然环境的态度在中国独树一帜的自然式山水园林上得到了完美体现，"天人合一"成为园林艺术追求的最高境界。明代造园家计成在《园冶》起首篇就提出了"虽由人作，宛自天开"的意境。在这种本于自然、高于自然的原则指导下，历代的造园大师们以神州大地千姿百态的山川林泉为造园风格，使人工环境与自然环境达到最大限度的和谐统一，也使得中国园林成为当之无愧的世界园林之典范。

3. 空灵流动的哲学辩证观

文化本身就是一个生生不息的运动过程，生命的本质就在于它是流动的。中国园林艺术继承了这一原则。空间不只是为构成一种静止的画面，而是一系列富于生命的运动感，使人在"步移景换"中得到一连串的空间层次感觉——亦静亦动，亦曲亦直，亦虚亦实，亦隐亦现。这种层次间的关系是连续的、流动的，它们形成了一种空灵的、通透的、自由的空间。最流动的园林建筑表现形式莫过于廊。廊在园林中主要是风景的导游线，又是建筑之间相互联系的脉络。在园景组合方面，还起到划分空间、增加风景深度的作用。廊的体形宜曲宜长，随形而弯，依势而曲。曲廊多迤逦曲折，与墙依偎辗转流淌；水廊多婀娜摇曳，使水面与空间“藕断丝连”；爬山廊多高低起伏，给人以强烈的动势。总之，廊的设置使园林空间在延续的流动性中冲破封闭与隔绝而溢向室外形成弥漫之势，令人意犹未尽，可达到景观外延的效果。

4. 诗情画意的文人审美观

文人成为中国园林特殊造园家，他们把对文学意境的追求与环境艺术的雕琢融为一体，使中国园林形成了一个明显特征，那就是主要体现在对“意境”的追求上，尤其是私家园林和一些文人的山野别墅园更是讲究与中国画境相通，诗境相似。追求“得意忘形”不仅成为园林空间塑造的最高境界，也成为一种传统文化的特殊表达。文人们往往根据绘画和文学的描写造景，在中国园林空间中通过匾额和楹联来表达文学意境，引导欣赏者进入一个“诗情”世界。在园门和园窗的设计上更加心思别致，情态多姿。计成在《园冶》中说道：“夫借景，园林之最要者也，如远借、邻借、俯借、仰借、应时而借，然物情所逼，回寄心期，似意在笔先，庶几描写之尽哉。”透过花窗门洞借景成一首诗、一幅画；而是因情而借，为了丰富意境而借，但凡春暖花开、明月清风、南屏晚钟、枝影摇曳等均可触情而借。根据立意来规划布局，剪裁景物，是传“情”达“意”的思想设计源泉。人们有意在窗外门外筑石、栽树、种花，借入室内空间而成为别致的框景。园门与园窗的形式上更是搜奇夺巧，造成一种半藏半掩、内外渗透的景色与空间，意趣无穷。无论是在中国园林中，还是在建筑空间中，抑或其他的物质创造中都存在传承关系，只有渗透传统文化的现代园林空间才有强大的生命力。

三、中国园林艺术的主要特征

中国是世界上园林艺术起源最早的国家之一，中国园林被称为“世界园林之母”，有着独特的艺术追求。作为一种载体，中国传统园林不仅客观而又真实地反映了中国历代王朝不同的历史背景、社会经济的兴衰和工程技术的水平，而且特色鲜明地折射出中国人自然观、人生观和世界观的演变，蕴含了儒、释、道等哲学或宗教思想及山水诗、画等传统艺术的影响，凝聚了中国知识分子和能工巧匠的勤劳与智慧。

（一）园林艺术的追求

1. 追求自然

自然环境是生命的根源，在远古的原始社会，人们栖居于森林草原之中，就意识到大自然环境的重要，并把自然山水作为“神”来祭拜，形成典型的“自然崇拜”。园林艺术同其他艺术一样受到美学思想的影响，道家学说和儒家学说作为中国传统文化的两大支脉，共同塑造中国人的世界观、人生观、文化心理结构和艺术理想、审美情趣。中国园林崇尚人的内在，形成人格化的自然山水园，其特点是在“天人合一”理论指导下，在尊重、崇尚自然的前提下改造自然，创造和谐的园林，也就是源于自然，高于自然，把自然美与人工美巧妙地结合起来，达到“虽由人作，宛如天开”的境地。

来自于自然而又高于自然是中国园林创作的主旨，其目的在于求得一个概括、精练、典型而又不失其自然生态的山水环境。园林不是一般地利用或简单地模仿自然，而是有意识地加以改造、调整、加工，从而表现出一个典型化的自然，这种典型化的自然又具有一定的抽象性，它不受地段的限制，能做到小中见大，也可大中见小，给人们传达自然生态的信息。

殡葬园林更要注重自然之美，这与传统的殡葬文化是分不开的，传统文化中的“天堂”和“仙境”都是理想的“自然环境”，理想的自然环境能使故人的生命在青山绿水中延伸，使故人在“人生后花园”中“生活”，也就能使殡葬活动者得以慰藉。

2. 追求意境

意境是中国艺术创作和鉴赏方面的一个极其重要的美学范畴，意即主观的理念、感情，境即客观的生活、景物，由于中国园林艺术与诗画的综合性、三维空间的形象性相融合，其意境内涵的显现比其他艺术更为明晰，除了包括意与境、情与景、神与物等主观与客观两个因素之外，还包括艺术气氛、神情韵味和景外之景等因素。也就是说，意境是意与境、情与景、神与物互渗互融所构成的艺术整体，是具体形象负载着意趣、情思的完美的艺术画面。

意境的基本特征是以有形表现无形，以物质表现精神，以有限表现无限，以实境表现虚境，使有限的具体形象和想象中无限的丰富形象相统一，使再现真实景物与它所暗示、象征的虚境融为一体。寓情于景之后，景物就倾注了人格灵性，也才具有情景交融的感人艺术效果。

意境总是以鲜明、生动、突出的形象性为主要特征。中国古典园林通过综合运用各类艺术语言（空间组合、比例、色彩、质感等）造成鲜明的艺术形象，引起人们的共鸣和联想，构成意境。意境实质上是造园主内心情感、哲理体验及其形象联想的最大限度的凝聚物，又是欣赏者在联想与想象的空间中最大限度的再创造过程。正如严羽在《沧浪诗话》中所说：“如空中之音，相中之色，水中之月，镜中之相，言有尽而意无穷。”中国园林艺术创作中“意境”的产生与中国哲学思想是密不可分的。中国哲学思想对中国园林的影响主要是通过对中国文人性格和审美情趣的渗透，折射在园林风格和景观意境的审美观念中。因此，无论从园林的物质内容到精神功能，从园林的立意布局到园内景区的主题分配，从景物本身的表意内涵到景物之间的符号关系都孕育着丰富的中国园林美学思想和博大精深的中国传统文化底蕴。

给景物以艺术的比拟和象征，赋予景物以“观念形态”的意义，给它以意趣和情感，可使园林富有诗情画意。例如园林选石的8个标准就蕴含着不同的审美情趣：透（玲珑多孔，比拟耳聪目明的意态）、瘦（细削却显示出棱角分明、不屈不阿的风骨）、皱（起伏多变，呈现出风姿绰约的情韵）、漏（暗喻血脉畅通的活力）、清（表示阴柔之美）、丑（表示奇突）、顽（表示阳刚之气）、拙（则有浑朴的气质）。园林中的花草树木也往往寄寓着某种思想感情，如垂柳被喻为对故土的依依恋情，松柏比喻君子坚贞等。

中国古典园林还运用匾额对联等文字，赋予建筑物一定的含义，从而使景观有了意境。中国园林艺术所表现的艺术意境，主要还是追求“天然之趣”，一种自然清新、淡雅宁静的情调，一种把自然环境与现实生活协调起来的美的境域。

3. 追求含蓄

中国民族艺术的最大特色就是含蓄美，作为中国古代文化艺术瑰宝的古典园林，是体现含蓄美的典范。中国古典园林艺术是一种空间艺术，连续流动的空间在时间中延伸，通过时间与空间的交替，创造不断变化的气氛。

“尽者景之美可收眼底，不尽者景外有景”，这就是园林含蓄之美。通过对人工与自然、大与小、虚与实、藏与露等一系列对立统一体的研究，经过对各种景物的取舍加工，高度概括地再现出典型而抽象化的自然山水的本质特征，从性质和数量上确定了以有限的部分来表现出整体的效果，达到了园林的含蓄美。

含蓄是藏与露的辩证统一，园林通过巧妙地处理藏与露的关系来取舍含蓄的情趣。如承德避暑山庄表现的主题是“溥天之下，莫非王土”：东南部的湖区模仿江浙一带的名胜园林就代表了东南水乡；大片山峦地带代表西北和西南地区；湖区以北的一片草地布置了一组蒙古包，是蒙古草原的缩影；沿山蜿蜒起伏的宫墙就如万里长城，外八庙代表了边陲地带，象征着中央与外藩的关系。

（二）园林艺术的融合

1. 多艺术融合的综合艺术

园林艺术的综合性，首先表现在园林艺术是一门综合性学科，它综合了植物学、生态学、建筑学、土木工程学、美学等许多学科的有关理论。中国园林艺术又是融多种艺术为一体的综合艺术，在它的艺术空间中，聚集着多种艺术的美，文学、诗歌、绘画、雕塑、建筑、工艺、书法等各门类艺术结合在一起，在园林艺术创作原则的统辖下，互相渗透、交会，产生一种综合效果，各门艺术自己固有的审美特性被园林艺术同化，成为园林美中不可分割的一部分。传统园林长期演化充实的结果，使造园成为多类艺术的综合。园林内人工空间同自然山、水、植物要素的组合和空间序列的变幻，将营造空间的艺术提高到“缩天移地”的新层次。园林内植物群落配置，生物的四季特色显示和生命活力的表现，将园林艺术的发展推向广阔的领域。丰富多彩的园林建筑类型，因山就势的设置和雕刻、绘画、书法等表现艺术的结合，使精粹的艺术品比比皆是。园林艺术是比较特殊的综合艺术，它一方面要在一定的范围内真实、集中地创造出山水风景供人们游赏，另一方面又是造园家抒发自己主观情感、观念和思想的一种手段。运用各种手段综合性地创造和追求统一美的艺术手法，是中国园林艺术的一大特色和艺术传统。

2. 建筑美与自然美的融合

中国园林建筑无论多寡，也不管其性质、功能如何，都能做到与其他造园要素有机地组织在一起，相互协调统一，达到“天人合一”的境界。值得注意的是，古代陵墓园林中的建筑多数是对称均齐的布局，它在很大程度上是封建礼制的产物，是儒家伦理观念的物化。古代园林中的建筑多为自然式布局，在一定程度上通过曲折隐晦的方式反映出人们企图摆脱封建礼教的束缚，憧憬返璞归真的意愿。殡葬园林建筑应以殡葬功能为主，这就加大了建筑美与自然美融合的难度，这也是殡葬园林工作者要着意努力的方向。

3. 有限时空与无限时空的融合

中国传统园林的一个重要特点是以有限的空间表达无限的内涵。宋代徽宗的“艮岳”曾被誉为“括天下美，藏古今胜”，而清代圆明园中的“九州清晏”则是将中国大地的版图凝聚在一个小小的山水单元之中来体现“溥天之下，莫非王土”的思想，明代造园家文震亨也在《长物志》中强调了“一峰则太华千寻，一勺则江湖万里”的造园立意。

园林艺术既是空间艺术，又是时间艺术。园林建造有“纳千顷之汪洋，收四时之烂漫。梧阴匝地，槐荫当庭；插柳沿堤，栽梅绕屋；结茅竹里”等建构手法，表“诗与画之境界在实际景物中出现”之意，达“在品题欣赏上以感情悟物，且进达人格化”的境界。人们游览园林的时候能触景生情，得到美的享受，使园林的存在超出了空间的深远。园林风景是以三维的空间形象呈现在大地上，其画面是流动变化的。天象因素千变万化，晨昏四时，一年四季，循环更替，决定了园林艺术形象的不同面貌，特别是春夏秋冬的季象变化更为明显。中国园林艺术家正是掌握了这些自然规律，经过巧妙构思，设计出在时间流动和气象变化过程中的不同景物。园林有一定的空间位置，但又不局限于这个有限的范围，构成园景的自然天象是无限的，而园林借景，不仅丰富了园内景物，也扩大了园林空间，使园林的空间特性具有无限性。园林艺术这种时空特性是任何一种时间艺术都不能与之相比拟的。中国园林借助于山、水、花木、建筑甚至园林小品等各种物质要素，经过精心构思立意，按意境的设置，通过对景、借景、聚景、纳景等手段来安排景致，创造“第二自然”的时空意境。

（三）园林艺术的统一

1. 审美与实用功能的统一

园林作为艺术，美是它的基本要求。园林艺术的美是衡量园林艺术作品的主要标志，同时，园林也是一种带有实用性的艺术，实用艺术的美，更为明显的是与功能相联系。对于实用艺术来说，实用功能是其存在的前提，也是直接制约其美学价值的因素。园林作为满足人们文化生活、物质生活的现实物质文化环境，必须使园林布局在保证游人游览时感到生活上的最大舒适。当然，如果过分强调园林艺术的功能性，园林美必然会降落为功能性的一个附属品，因而园林艺术要求其实用功能和审美特性高度统一。

2. 技术经济与艺术的统一

人们力求最经济地建造一座园林用以满足使用者的预定需要，其中当然也包括审美需要。园林工程的经济性又是和各项技术活动密切相关的。园林的经济性首先表现在园林选址和总体规划上，其次表现在设计和施工技术以及管理成本上。造园活动作为一种特殊的艺术创作过程和精神生活过程，其投资的经济效益，不同于一般的物质生产投入与产出之比的经济效益，而表现为城市环境的经济效益，也就是通过改善城市环境质量，为人民的生产和生活提供舒适的环境空间所带来的经济价值。

（四）园林艺术的优势

中国传统园林有着独特的处理手段，对西方园林设计理念本土化后，更能表现出自己的独到之处。

1. 模山范水的景观类型

地形地貌、水文地质、乡土植物等自然资源构成的乡土景观类型，是中国传统园林的空间主体和构成要素。乡土材料的精工细作，园林景观的意境表现，是中国传统园林的主要特色之一。中国园林强调的“虽由人作、宛自天开”，就是要源于自然而高于自然，强调人对自然的认识与感受。

2. 适宜人居的理想环境

追求理想的人居环境，营造健康舒适、清新宜人的小气候条件，是园林的物质生活基础。由于生活环境相对恶劣，中国传统城市与园林都十分注重小气候条件的改善，营造更加舒适宜人的生活环境，如山水的布局、植物的种植、亭廊的构建等，无不以光影、气流、温度、湿度等人体舒适性的影响因子为依据，形成适宜居住生活的理想环境。

3. 巧于因借的视域边界

不拘泥于庭院范围，通过借景扩大空间视觉边界，使园林景观与城市景观、自然景观相联系、相呼应，营造整体性园林景观，无论动观或静观，都能看到美丽的景致。许多现代园林设计师都把视阔空间作为设计范围，把地平线作为空间参照，这与传统园林追求的无限外延的空间视觉效果是殊途同归的。

4. 循序渐进的空间组织

动静结合、虚实对比，承上启下、循序渐进、引人入胜、渐入佳境的空间组织手法和空间的曲折变化，园中园式的空间布局原则，常常将园林整体分隔成许多不同形状、不同尺度和不同个性的空间，并且将形成空间的诸要素糅合在一起，参差交错、互相掩映，将自然、山水、人文、景观等分隔成若干片段，分别表现，使人看到的空间的局部，似乎是没有尽头的。过渡、渐变、层次、隐喻等西方现代园林的表现手法，在中国传统园林中同样得到完美运用。

5. 小中见大的空间效果

古代造园艺术家们抓住大自然中各种美景的典型特征提炼剪裁，把峰峦沟壑一一再现在小小的庭院中。在二维的园址上突出三维的空间效果，“以有限面积，造无限空间”。将全园划分景区、水面的设置、游览路线的逶迤曲折以及楼廊的装饰等都是“小中见大”的空间表现形式。“大”和“小”是相对的，现代较大的园林空间的景观分区以及较小的园林空间中景观的浓缩，都是“小中见大”的空间表现形式和造园手法。关键是“假自然之景，创山水真趣，得园林意境”。

6. 耐人寻味的园林文化

人们常常用山水诗、山水画寄情山水，表达追求超脱、与自然协调共生的思想和意境，传统园林中常常通过楹联匾额、刻石、书法艺术、文学、哲学、音乐等形式表达景观的意境，从而使园林的构成要素富于思想内涵和景观厚度。在现代景观设计中以及西方园林中，一些造园元素，如石刻、书法、文学典故、声音等，也是随处可见的。这些要素在细微之处使园林获得了生命和文化韵味，是我国园林文化的一脉相承和发扬。

第二节　殡葬园林美及其创造技法

美是社会意识形态，是一种社会的思想活动，是由客观外界活动产生的特殊主观意识。园林美学是关于园林美的根本观点和方法，它所探讨的是园林艺术为什么能适应人们的审美需要，怎样才能适应人们的审美需要，它关系着对园林美丑的判断。在当前我国园林建设强调物质而忽视精神需要的情况下，园林美学的社会作用要超越园林建设自身，因而，加强园林美学思想的教育十分有利于殡葬园林文化建设。

一、美的基本内涵与分类

美是客观方面某些事物、性质和形状适合主观方面意识形态，可以交融在一起而成为一个完整形象的那种特质。人们习惯把美分为社会美、自然美、艺术美三类。社会美、自然美以及作为它们的观念反映的艺术美，三者在一定条件下可以互相转化，互相渗透，互相影响。

自然美，即自然事物的美，一般是指与艺术美相对称的自然界的美。自然美有两种形态，一是人化自然之美，二是未经人化的自然之美。自然美具有区别于其他形态的美的特殊性，自然美是天然的本色之美，出于自然造化之工，是任何人为艺术所无法代替的；自然美的属性具有变易性和多义性的特点；自然美主要以其形式自身的特征而引起人的美感。自然美源于人类社会实践，是自然属性与社会属性的统一，自然美与人类社会生活具有一些相似的特征，可以成为人类社会生活一种寓意和象征，成为生活美的一种特殊形式的表现。

自然风景往往同历代建筑、文物古迹所反映的人工美结合在一起，形成特有的文化景观。自然风景美重在形式，以其感性特征直接引起欣赏者的美感，它的总体形态、空间形式和审美主体在欣赏风景时的心理生理感受构成了自然风景的形象美。自然风景的形象美体现在结构美、色彩美、动态美、听觉美等方面。自然风景的雄、秀、险、奇、幽、奥、旷既是自然风景的形式美，又是自然风景美的主要特征。如泰山之雄是由于泰山在山东平原上孤峰独起，山势耸立，山上可远眺东海，故有“登泰山而小天下”的雄伟气势；华山的东、南、西三面均为高峻的悬岩，“自古华山一条路”逼真地描述了华山之险；而“匡庐之瀑”的特色也是由于其特殊地势所造成的，庐山位于四面壁立的山顶平台上，这里雨量充沛，山上汇水面又大，从而在四周峭壁上形成众多的瀑布景观，故有“飞流直下三千尺，疑是银河落九天”的绝句；“峨眉天下秀”是形容其貌如眉，峨眉山植被丰富，气候温和，终年云雾缭绕，具有“清、幽、秀、雅”的特色，因此，李白有“蜀国多仙山，峨眉貌难匹”的佳句；“五岳归来成一笑，名山还让故乡多”，桂林山水是以山水呼应为特色的富有交响乐章韵律节奏之美的自然风光；对于兼具雄、险、奇、秀的黄山，则集名山之精华，并形成独特的山川壮丽之魂魄，被称颂为“五岳归来不看山，黄山归来不看岳”之风景明珠。

存在于社会领域的美即社会美，社会美存在于、显示于人对自然的征服和改造以及其他方面的社会生活过程中。社会美是以内容取胜、重在内容的美，具有直接现实性和明显的功利性。人是社会美的主体，在社会生活中，凡是符合规律性的人的自由创造性活动都是美的。

二、殡葬园林美及其构成

（一）园林美的基本内涵

园林是人类社会实践的产物，是造园思想的物化形态。园林既是给予人们文化生活、物质生活的现实环境，又是反映社会意识形态与陶冶精神文明与审美要求的艺术，因而园林美应该是现实生活与艺术的高度统一。园林美是指应用自然形态的物质材料，依照美的规律来改造、改善或创造环境，使之更美丽、更符合时代社会审美要求的一种艺术创造活动。园林美是园林思想内容的外部表现方式，是园林的思想内容通过艺术的造园手法用一定的造园素材表现出来的符合时代和社会审美要求的园林外部表现形式。

园林美是一种生活美，一种自然美，更是一种艺术美，它是自然与人工、现实与艺术相结合的融哲学、心理学、伦理学、文学等综合性的艺术美。园林美与其他美之间有共性，都是艺术家对社会生活形象化、情感化、审美化的结果。园林美又是一种特殊的人造美，它源于自然又高于自然，是在特定的有限整体生态环境里，按照客观的美的规律和人们对自然的审美观念创造出来的艺术美，揭示了人对自然的征服又保持和谐一致的本质。

（二）园林美的主要特征

园林艺术是一种实用与审美相结合的艺术。殡葬园林的审美功能往往超过了它的实用功能，它是以渲染环境、烘托氛围、影响殡葬活动者的情绪为主，兼以游赏为目的的。

1. 多样性

园林美从其内容与形式统一风格上，反映出时代民族的特性，从而使园林美呈现出丰富多彩的多样性。园林艺术风格，由于时代、民族、地域、环境等因素影响而不同，又因造园者的社会实践以及审美的意识、经验、修养、理想、意趣等的不同而异，园林美呈现出精彩缤纷、美不胜收的风姿。中国园林追求诗情画意、优美典雅的意境：皇家园林金碧辉煌，气势恢宏；江南园林清秀典雅，婀娜多姿；岭南园林精巧玲珑，绚丽明净；东北园林以中轴线对称而排列组合；西藏园林则具幽秘的宗教气氛和粗犷的原野风光。园林美不仅包括植物、建筑、山水等物质因素，还包括人文、历史、文化等社会因素，是一种高级的综合性的艺术美。中国园林与绘画为缘，把建筑自然化，表现出形象的天然韵律之美。

2. 阶段性

园林中的审美客体以活体为主，这些花草树木等绿色生命及鸟类虫兽使得园林艺术充满盎然生机。审美客体具有生长、变化、成熟、衰老等过程，如春日的园林，大地回春，万物复苏，树木绽出新芽，园林中生机勃勃；夏日的园林草木繁盛茂密，树荫浓郁，色彩纷呈；秋日的园林呈现出金黄色的韵律，枫叶红遍，一派成熟景象；冬日的园林寒风凛冽，景色萧条，色彩单调，但树木的冬芽又孕育着春的生机。

3. 客观性

园林主要以其外在的形式美诉诸人的视觉感官，引起人们的审美愉悦。一是园林的形态美，它一方面体现在园林要素的个体形态上，另一方面也体现在园林的总体布局上。二是园林的色彩美，由于园艺家对园林要素色彩上的巧妙搭配，一座园林有一座园林的色彩美的基调，随着时序的变化，季节的更替，气候的不同，园林的色彩美极富变化，使人获得丰富的色彩美的享受。三是园林的节奏美，主要是通过空间上的高低、远近、疏密、聚散；形质上的大小、粗细、软硬、轻重；色彩上的浓淡、深浅、明暗、冷暖等变化而表现出来的。此外，雨打芭蕉、风起松涛、水波拍岸、鸟鸣林梢，也会通过声音的强弱、快慢、长短以及音色的变化给人以节奏美的享受。

园林艺术和其他艺术一样，都倾注着艺术家的思想感情，反映着艺术家的审美情趣和审美理想，同时还带有鲜明的民族风格和时代特色，这就使园林艺术不仅具有外在的形式美，而且具有内在的意蕴美，如园林的诗情与画意等。

（三）园林美的表现要素

园林美的表现要素较多，如整体布局、主题形式、章法韵律、造园意境之美，点缀与装饰美，还有植物、色彩、光、点、线、面等。

1. 整体布局美

通过规划设计，合理处理园林空间、景观序列以及造园要素的配置，使之产生园林整体布局美。

如上海福寿园（公墓）“芳草遍野、水天一色，名人雕塑驻足，亭台楼阁竞辉。自然美景与人文景观织就一派江南风光，令人舒心与感怀”。其布局显示了殡葬园林整体美：在阳光照耀下，结构方正谨严，颇具汉唐遗风的主楼金碧辉煌，气势恢宏，显示出“福寿园”营造者的不凡手笔。入口牌楼高耸着名人书写的“福寿园”三字。右侧依次是停车场、办公楼和集餐饮、购物、住宿为一体的星级服务楼群。从入口到殡葬区约有1000m，沿着整洁的水泥路可见神道两侧翁仲、石象、石马等造型古朴的路神石雕肃立有序，拱卫着整个墓区，仿佛置身于神秘的皇家陵园之中。沿路的仙人河中，汉白玉雕塑的观音菩萨、八仙过海群雕栩栩如生。河旁路边遍植柳树、龙柏等花木。沿河花树掩映、亭榭连着水桥和回廊，江南旖旎风光尽入眼中。

2. 主题形式美

园林的主题形式美反映了园林的个性特征，它渗透着种种社会环境的客观因素，同时也反映了设计者的表现意图。主题形式美与造园者的人格因素、审美理想、审美素养有着密切的联系。如北京颐和园万寿山前高阁凌空，殿宇壮观，气势非凡，结构严谨对称，表现出一种庄严肃穆的气氛。其后山却是小径盘旋，山脚下小河迂回曲折，河边苏州街沿街一系列建筑与整个环境吻合，反映了一派江南水乡风貌。可见根据需要而表现了设计者两种不同主题的形式美，都收到了较好的效果。

殡葬园林应反映文明进步的殡葬改革意识，在殡葬功能区可以通过植物配置或严谨的对称结构表现出庄严肃穆的气氛，而在特定的游览区或生活行政区域内就可以通过一定形式反映出与殡葬功能区截然不同的主题。

3. 章法韵律美

园林中的韵律使得园林空间充满了生机勃勃的动势，从而表现出园林艺术中生动的章法，表现出园林空间内在的自然秩序，反映了自然科学的内在合理性和自然美。如古代园林中“草七分，石三分”便是处理韵律的一种手法。空间因其规模大小和内在秩序的不同而在审美效应上存在着较大的差异。人在狭小的空间中会感到压抑烦躁和郁闷，而在空空荡荡的环境中会因感到自身微不足道而产生一种卑微恐惧的感觉。殡葬园林的空间处理要十分注意空间处理对殡葬活动者情绪的影响。组成空间的生动的韵律与章法能赋予园林以生气与活跃感，同时又能吸引游赏者（或殡葬活动者）的注意力，表现出一定的情趣和速度感，并且可以创造出园林的远景、中景和近景，加深园林内涵的深度与广度。

4. 造园意境美

追求意境美是中国园林的一个显著特点。意境的基本特征是以有形表现无形、以物质表现精神、以有限表现无限、以实境表现虚境，使有限的具体形象和想象中无限丰富的形象相统一，这样寓情于景就使景物倾注了人格灵性，产生情景交融的感人艺术效果。造园者把自己的情趣意向倾注于园林之中，运用不同的材料，通过美学规律剪取自然界的四季、昼夜、光景、鸟虫等混合成听觉、视觉、嗅觉、触觉等结合的效果，唤起人们共鸣、联想与感受，产生出意境。园林的意境是按自然山水的内在规律，用写意的方法创造出来的，它可通过规划布局产生意境美，也可通过审美主体的接受形成意境美。

5. 点缀装饰美

以匾额、楹联作为点缀与装饰来构成园林美是必不可少的要素，能深化园林美的审美情趣，给人以游目骋怀的美感。如济南大明湖的“四面荷花三面柳，一城山色半城湖”等。

西方园林多以雕塑作为点缀与装饰，中国园林却以用联见长，匾额楹联可起到一定的引导作用，读之令人领略景观的意境，令人浮想联翩，从而深化审美层次。

在殡葬园林中点缀美的作用尤为重要，如长春市殡仪馆以“龙凤”“鸳鸯”等作为不同告别室的名称；河北省双凤山陵园以“福寿”“龙凤”“吉祥”“如意”等为名划分出不同的墓区，“何处寻仙境，此地胜蓬莱”的墓区楹联更能给人以美的享受。

殡葬园林美的构成要素还很多，当然也包括以殡葬功能为主的殡葬设施等。只有依照审美法则，按照审美规律去构建，才能达到令人满意的美的效果。

（四）殡葬园林美的构成

殡葬园林美的构成因素可分为自然因素、加工了的自然因素、人工因素三类。

1. 自然因素

园林中的自然因素构成一个相对完整的生态系统，是园林美接近自然美的物质基础，也是欣赏者对园林产生兴趣并引发想象的重要内容，一旦生态系统遭到破坏，园林便成为废园。殡葬园区在选址时多为荒弃之地，但也有自然生态环境条件较好的，要注意有意识地保留一些能显示出自然美的地块，这对殡葬园林美是大有益处的。

体现园林的自然美，是园林工作者探讨的重要课题。例如植物美是构成园林美的主要角色，植物美最主要表现在植物的叶色，绝大多数植物的叶片是绿色的，但色度上深浅不同，在色调上也有明暗、偏色之异，这种色度和色调的不同随着一年四季的变化而不同。如垂柳初发叶时由黄绿逐渐变为淡绿，夏秋季为浓绿。春季银杏和乌桕的叶子为绿色，到了秋季则银杏叶为黄色，乌桕叶为红色，鸡爪槭叶子在春天先红后绿，到秋季又变成红色，这些色叶树木随季节的不同，变化复杂的色彩，人们掌握它的生物学特性，运用它最佳色彩稳定规律，科学配置是完全可行的。园林植物色彩表现的形式一般以对比色、邻补色、协调色体现较多。对比色相配的景物能产生对比的艺术效果，给人强烈醒目的美感，而邻补色就较为缓和，给人以淡雅和谐的感觉。如道路分车带，以疏林草地式配置，以白色的护栏为背景，栽植部分银杏，满栽常绿色高羊茅草，夏季树木、草坪深深浅浅的绿色，虽无花朵，也感到清新宜人，和谐可爱。秋季银杏叶色变黄，秋风阵阵，黄叶凋落在绿色的草坪上，黄绿色彩的交相辉映，既壮观又协调，使人赏心悦目。园林植物的色彩另一种表现形式就是园林色块的效果，色块的大小可以直接影响对比与协调，色块的集中与分散是最能表现色彩效果的手段，而色块的排列又决定了园林的形式美。

2. 加工了的自然因素

加工了的自然因素是指那些取自自然通过加工完全或根本改变了面貌或结构，从而与整个生态系统不一致的因素。如盆景、人工喷泉、花坛等。可见加工了的自然因素只有纳入生态环境中才能获得园林艺术的审美意义。如殡葬园区中的花坛主要起小品式的点缀作用，它不会起到主景作用，也不会构成生态环境中的主导因素，但在小庭院中则可起到主景作用，并能成为改善生态环境的主导因素，因而其数量、质量、立体分布都有一定的限制，要与特殊的生态系统相协调，还要与每个景点特殊而规模有限的空间审美情趣相协调。

3. 人工因素

园林中的建筑、小品等都属人工因素，殡葬园区中的碑墓也属人工因素。实用艺术品到了园林中，尤其是在殡葬园林之中，实用性除了受本身艺术性制约外，还受到总的景观和各景点的审美性质制约，从而产生出新的审美意义，如园林中的“亭”，在殡葬园区中可以建成“骨灰亭”，作为殡葬园林建筑其风格就要充分考虑到殡葬文化，显示出独特的具有丰富殡葬文化内涵的园林美。

建筑是建筑物和构筑物的总和，它是用物质材料建造的人类居住和活动的场所。建筑艺术是通过建筑物的形体、结构方式、内外空间的组合、建筑群以及色彩、质地、装饰等方面的审美处理所形成的一种实用艺术。它按照物质的重力规律和美的规律，创造出既适应于人类的生存，又符合审美的需要，既有实用性又有艺术性，既有民族性和时代感，又具一定的象征意义的空间造型体系。

建筑是人类利用物质材料，根据实用与审美的不同需要而建造的空间造型艺术，它是住宅、厂房、学校、楼、堂、馆、所、宫殿、桥梁、堤坝、碑、塔、亭、台、阁、榭、陵墓等人工建造物的总称。最早的建筑物，目的是遮风避雨，防寒御兽，主要为了满足人们对功利的生理需要。随着社会的进步和文明的发展，建筑物在实用的基础上，又增加了人们对审美价值的追求。到了近现代，又出现了以审美观赏和精神享受为主要目的的纪念塔、碑、亭、馆、堂等建筑物。建筑的种类丰富多彩，如宫殿、府衙等政治建筑，民房、住宅楼等民用生活建筑，寺庙、道观、教堂等宗教建筑，桥梁、堤坝、剧院、博物馆、图书馆、展览馆、医院、车站、码头等公共建筑，明十三陵、中山陵、毛主席纪念堂等陵墓建筑。

建筑艺术是一种实用艺术，它是实用与审美的统一。建筑艺术是运用一定的物质材料和技术手段，根据物质材料的性能和规律，按照一定美学原则去造型，创造出一个既适宜于居住和活动，又具有一定观赏性的空间环境的实用艺术。它一方面具有实用功能，是一种技术活动，在适合物质材料性质和规律的情况下，改变物质材料的自然面貌，使它适合人类物质生活需要。另一方面，它又具有审美功能，是一种审美感受，物化着人类的精神体验。建筑艺术的实用性，一方面表现在建筑的内部空间适用于主体的活动需要，另一方面还表现在建筑的外部形式适应于材料的结构功能。建筑艺术直观的形式美，往往都是形式与功能、技术与艺术的统一。

各种建筑艺术的审美价值以及给人们的审美感受也多种多样：有的巍峨，有的小巧；有的飞扬，有的凝重；有的雄伟壮观，有的玲珑可爱；有的明快，有的含蓄；有的崇高，有的优美；有的华美，有的朴实。建筑艺术美主要表现在优美的几何造型、科学的力学原理、合理的材料配备以及建筑物各部分的比例尺度、色彩搭配、空间布局、审美情趣、审美理想的和谐统一。

建筑艺术作为一种空间造型艺术，它的审美特性常常直接表现在它自身所具有的造型美以及和周围环境的和谐关系。建筑艺术通过综合运用空间、形体、比例、尺度、质地、色彩、装饰等建筑语言，根据对比、统一、均衡、节奏韵律等造型规律，创造出可视的三维空间形象，属于空间造型艺术。建筑艺术的审美特征首先集中体现在建筑的造型上，不同的建筑形式，给人不同的审美感受：或是形式美的愉悦，或是精神的震撼，或崇高，或优美，或独特，或怪诞。建筑的形体几何造型不同，给人的审美感受也不同：圆形柔和，菱形锐利，方形刚正，正三角形产生稳定感，倒三角形有倾危感，沿正三角形顶线看下去有前进感，高而狭窄的长形体有险峻感，宽而平的梯形有稳定感。色彩是构成建筑美不可缺少的形式美因素，色彩具有强烈的表情性和象征性。红、黄、绿是我国古建筑的主色调，从中华民族的传统审美观点看，红色表示喜庆、欢乐，黄色表示富丽、堂皇、高贵庄重，绿色表示生机旺盛、富有朝气。

建筑作为一种空间造型艺术，它的审美特性除了与它自身的空间形式有关外，还体现在它与周围环境的和谐关系中。建筑更是一种固定的工程形态，它一旦建成，就成为整体环境机体的一部分，成为周围建筑物和生活环境的一部分，因而处理好建筑物与周围环境的关系，是构成它的审美属性的重要条件。环境的和谐美，是指将建筑艺术与周围自然风景有机结合，使建筑美与自然美和谐地融为一体。多个单体建筑，按照形式美的法则，组成一个错落有致、和谐统一的建筑群，这是群体组合的和谐之美。单个建筑或建筑群周围环境，草木葱茏，鸟语花香，能使建筑物更增添生机盎然的幽深美。建筑与自然环境、人文环境的有机融合，不仅可以突现建筑的造型美，而且还具有建立人与自然、人与社会和谐关系的精神功能，在一个更深的层次上展现出它的审美特性。

由于我国园林学科起步较晚，新中国成立后一段时期内的园林规划设计大多作为建筑学科的分支，许多园林是由建筑学家设计的。例如河北省石家庄市的华北军区烈士陵园，是 20 世纪 50 年代由曾经留学日本的建筑学家邬天柱规划设计，并经梁思成、张开济等著名建筑学家审定后施工建设的。

（五）殡葬园林美的创造

园林中的组成要素如植物、山水等本身反映的并不是园林美，而是生命的运动和进化或非生命物质的变化，只有把这些要素有机地结合起来才能创造出园林美。园林美的创造，经历了漫长的演变发展过程，当人类的审美意识觉醒之后，构筑或创造园林便成为人们根据一定的审美理想，按照美的规律所进行的一种自觉的实践活动。可见造园是人类带着审美理想的实践活动，园林美的创造实质是创造有利于生态平衡、悦目怡人的环境，这种改造自然的实践活动既要合乎规律性，又要合乎目的性，园林美的创造就是要坚持内容与形式的统一。

1. 殡葬园林美的创作原则

园林美的创造要坚持“天人同构”“因地制宜”的原则，在造园时要科学地运用造园处理手段，如园林地形的利用与改造、园路工程、园林叠山、理水、植物造景、园林建筑配景等。

（1）“天人同构”的原则。天是指自然之道，而人则为目的所求，“天人同构”即指把自然界的内在规律与人类创造园林的目的有机结合达到和谐统一，这是创造园林美的哲学思想和基本原则。

“天人同构”要求园林具有“和谐统一性”。它包括内容与形式的高度统一，园林要素自身的和谐统一，要素与要素之间关系的和谐统一，要素所组合成的整体空间布局的和谐统一等。

“天人同构”要求园林具有“比例协调性”。构成协调性的美的比例，其本质不是具体的数据，而是人类在实践活动中产生感情意识、感觉经验所形成的一种对照关系（即比值），造园应根据主题的需要，依据基地范围的大小，定出一定比值，统率全园各景物的大小关系，然后根据比值构造出具有美学价值的园林作品。

“天人同构”要求园林具有“均衡稳定性”。园林中的各景物在左右、上下、前后等相对应的两方面的布局上，其形状、质量、价值等诸要素的总和处于对应相等的状态，则为均衡。造园时采用对称均衡原则或不对称均衡原则都直接影响园林审美价值。

（2）“因地制宜”的原则。造园是一种社会实践活动，把造园要素按照一定的规律进行组合联系，形成优美宜人的园林风景，从而满足人们改造自然、美化环境的要求。

“因地制宜”要考虑对比的支配性。对比是突出主景的重要技法之一，园林的布局从整体到局部，要围绕主题进行布置安排，鲜明地反映出主题，理想的园林应把构园诸要素进行艺术处理，使主景和衬景互相联系，形成对立统一的整体，具有特定的审美价值。造园材料性质不同，形态各异，组合成一定的环境空间，这些材料的不同线条、体形、体量、色彩、明暗、性格或空间的开朗与封闭可形成对比，互相联系和支配，并在整体中得到统一。

“因地制宜”要考虑组合联系的完整性。和谐的园林是造园要素组合联系的结果，各要素相互联系、相互制约形成统一整体，组成一个诗情画意的空间环境，显示出美学性，各要素相互联系、互相映衬，可消除丑陋、不协调的因素，突出园林主题，创造出系统的、完整的、具有韵律节奏布局的园林。

“因地制宜”要考虑韵律节奏的流动性。韵律节奏是各物体在时间和空间中按一定的方式组合排列，形成一定间隔并有规律的重复，它具有流动性，是运动中的秩序。园林中的韵律节奏，是由要素自身形状、色彩、质感等的连续、重复的运用，并在其中按一定规律安排适当的间隔、停顿而表现出来的。在园林中韵律节奏不能过多变化，而在变化过程中要注意过渡的处理。殡葬园林中的殡葬功能区应表现出庄严肃穆的韵律节奏，其他功能区可表现轻松、恬静的韵律节奏。

2. 殡葬园林美的创作要点

殡葬园林美具有独特的构成特点，其结构应把握以下要点。

一是要按照总的意图和各景点的特殊需要选择种类材料单体，并把它们融为一个整体的形象群。如殡葬园林建筑与殡葬功能建筑要协调统一。

二是总体布局要突出统一的主题，这一主题有时以有形的或无形的园林轴线（不是建筑轴线）显示出来，以自然的单体（殡葬园区原有的自然单体）、加工了的自然单体（如花坛等）和人工单体（在园林中起点缀作用，在殡葬功能上可能起主导作用，如造型独特的墓碑）构成；有时以一两个主要单体（如骨灰亭、骨灰塔等）统率全园的趣味，造成总的园林意境。

三是选择、加工、配置及总体布局要因殡葬园区不同类型而异。主要是花木、山水等材料的应用要考虑到殡葬园林实际。

四是要有明显的民族性、时代性和地方风格。殡葬文化的特性决定了殡葬园林文化要与之相协调统一，这样才能显示出一种和谐之美。

3. 殡葬园林美的审美特性

（1）园林景象。指由建筑、山石、水体、动植物等因素构成的具体物象。它是一种感性形式，是直观感相的摹写，可称为表层结构。它源于现实，经艺术加工后，又高于现实，蕴藏着造园家对自然和社会的审美理想、审美趣味。从审美欣赏过程来说，园林景象所含意蕴是主体产生意境的先决条件。

（2）园林意象。审美主体在审美感知过程中，将感知到的直接产物——园林景象，借助联想、想象，注入情感和思想因素，塑成主体意识中的虚象，即园林意象。园林意象是与造园家的审美理想、趣味、经验相关联，是造园家创造性思维所构成的虚象，它借助园林景象传达出审美内容的特定感知信息，因而园林意象具有规定性的一面。另外，造园家将丰富的审美内涵熔铸在高度凝练的园林景象中，含而不露，隐而不显，给主体以想象的空间，为意境提供了进一步充实其内容的必要性和可能性，从而调动主体凭借自己的审美经验去进行再造想象，因而园林意象又具有含蓄性、模糊性的一面。

(3) 园林意境。意境是实景与虚境契合交融后产生“韵外之致，味外之旨”，使意境有了醇美之味，这就是中国艺术所追求的一种极高的审美境界。园林意境是造园主所向往的，从中寄托情感、观念和哲理的一种理想审美境界。园林意境是园林审美的最高境界，是造园立意的本质所在，也是欣赏过程的终点。从造园角度来看，它是造园家将自己对社会、人生的真切、深刻的理解，通过想象、联想等创造性思维，倾注在园林景象中的物态化的意识结晶，这是一个由内及外的过程，即意在笔先。从审美欣赏过程来看，审美主体以园林景象为感知起点，以园林意象为中介，进行再造景象，通过“得意忘象”获得对审美客体的哲理化感悟——园林意境的审美体验。这是一个由表及内的过程，即“画尽意在”。它以物质寓精神，以“物我相糅合”，以有限寓无限，构建一个以哲理为命脉的精美的文化环境，意在给人以无穷的联想，达到“忘其美之所在，复又与美同在”的文化环境。

三、殡葬园林意境的创造

意境是通过园林的形象所反映的情意使游赏者触景生情产生情景交融的一种艺术境界。园林意境是通过园林的形象所反映的情意，使人触景生情产生情景交融的一种艺术境界，造园者将自身的思想情感等深层次的文化内容都凝聚在景物中，体现在园林的空间环境里，达到“虽由人作，宛自天开”的境界。

（一）园林意境的历史溯源

在中国文化土壤上孕育出来的园林艺术，同中国的文学、绘画有密切的关系。园林意境这个概念的思想渊源可以追溯到东晋至唐宋时期。受当时崇尚自然的文艺思潮的影响，出现了山水诗、山水画和山水游记，园林创作从以建筑为主体转向以自然山水为主体，以夸富尚奇转向以文化素养的自然流露为园林设计的指导思想，因而产生了园林意境问题。《世说新语》中记载东晋简文帝入华林园“会心处不必在远，翳然山林，便自有濠濮间想也”。他在游览自然景观时联想到当年庄子与惠子的“鱼乐”辩论，这是历史上第一次关于游赏园林而产生联想与想象的记载，可以说已领略到园林意境了。园林意境创始时代的代表人物，如两晋南北朝时期的陶渊明、王羲之、谢灵运到唐宋时期的王维、柳宗元、白居易、欧阳修等人，既是文学家、艺术家，又是园林创作者或风景开发者。陶渊明用“采菊东篱下，悠然见南山”去体现恬淡的意境。以后元、明、清的园林创作大师如倪云林、计成、石涛、张涟、李渔等人都集诗、画、园林诸方面高度艺术修养于一身，发展了园林意境创作的传统。随着我国园林逐步发展并走向成熟期，创造了许多极富意境的园林，近代学者王国维在《人间词话》中的描写“文人造园如作文，讲究鲜明的立意，使情与景统一，意与象统一，形成意境”。

通过园林的形象所反映的情感，使游赏者触景生情，产生情景交融的一种艺术境界。园林意境对内可以抒己，对外足以感人。园林意境强调的是园林空间环境的精神属性，是相对于园林生态环境的物质属性而言的。园林造景并不能直接创造意境，但能运用人们的心理活动规律和所具有的社会文化积淀，充分发挥园林造景的特点，创造出促使游赏者产生多种优美意境的环境条件。

（二）园林意境的基本特征

《中国大百科全书建筑园林城市规划》园林意境（Poetic imagery of garden）的定义：通过园林的形象所反映的情意使游赏者触景生情产生情景交融的一种艺术境界。通过创作者对自然景物的典型概括和提炼，赋予景象以某种精神情感的寄托，然后加以引导和深化，使观赏者在游览观光这些具体的景象时，触景生情，产生共鸣，激发联想，对眼前景象进行不断的补充和拓展，感悟到景象所蕴藏的情感、观念甚至直接体验到某种人生哲理，从而获得精神上的一种解脱与自由，享受到审美的愉悦，是所要达到的景外之景、物外之象的一种最高境界。园林意境的形成需要有对自然的提炼选择和情与意的投入，两者统一，才能见景生情，缘情而取景，最后寄情于景，创造出有意境的园林。

1. 园林意境源于实景

园林意境的产生，来源于具体而真实的景物，园林是三度空间的实际境域，由地形、水体、山石、建筑、植物等实景构成，不同因素的形象各有个性特点和情感表达，因此由不同实景组成的园林应该是概括提炼和高度浓缩的艺术形象。

2. 园林景物形象多变

园林是自然的境域，它的形象时刻都在变化着。白天夜晚光影与色彩的变化；风霜雨雪的气象万千；春、夏、秋、冬季节更替；梅绽迎春，叶落知秋的植物变化等，不断地影响着人的心情，使游赏者产生多种不同的意境。

园林是一个真实的自然境域，其意境随着时间而演替变化。这种时序的变化，园林上称“季相”变化；朝暮的变化，称“时相”变化；阴晴风雨霜雪烟云的变化，称“气象”变化；有生命植物的变化，称“龄相”变化；还有物候变化等。这些都使产生意境的条件随之不断变化。在意境的变化中，以最佳状态而又有一定出现频率的情景为意境主题。最佳状态的出现是短暂的，但又是不朽的，即计成《园冶》中所谓“一鉴能为，千秋不朽”。如杭州的“平湖秋月”“断桥残雪”，扬州的“四桥烟雨”等，只有在特定的季节、时间和特定的气候条件下，才是充分发挥其感染力的最佳状态。这些主题意境最佳状态的出现，从时间来说虽然短暂，但受到千秋赞赏。

3. 集多种艺术于一身

中国古典园林的发展与诗词书画等艺术门类有着很深的渊源，园林的意境也与其相融合。如园林中的楹联、匾额上的诗词、题字、书法等为园林意境的营造起到了画龙点睛的作用；诗歌、画意、书法的运用不仅令人赏心悦目，更提升了园林文化底蕴。

中国园林艺术是自然环境、建筑、诗、画、楹联、雕塑等多种艺术的综合。园林意境产生于园林境域的综合艺术效果，给予游赏者以情意方面的信息，唤起以往经历的记忆联想，产生物外情、景外意。不是所有园林都具备意境，更不是随时随地都具备意境，然而有意境更令人耐看寻味，引兴成趣和深刻怀念。所以意境是中国千余年来园林设计的名师巨匠所追求的核心，也是使中国园林具有世界影响的内在魅力。园林意境寄情于自然物及其综合关系之中，情生于境而又超出由之所激发的境域事物之外，给感受者以余味或遐想余地。当客观的自然境域与人的主观情意相统一、相激发时，才产生园林意境。

园林意境与文学艺术、宇宙观乃至宗教等有密切联系。由于不同游赏者的生活经历、文化素养多有不同，产生的意境也会千差万别。有的园林造景通过标题、楹联等的提示，把园林景物特点与某些历史、神话中的情节人物、著名诗词文章中的观点、掌故、宗教信仰中的理想境界等联系起来，使熟悉这些文化内涵的许多人都能产生设计者所预期的同一意境内容。园林意境的内容与社会文化传统中自然物的人格化有密切联系。如以苍松翠竹比拟不变的节操，以芙蓉、牡丹比拟美丽的少女、贵妇，由柔长的柳丝引起缠绵的情意，从活泼的流水联想到灵活明睿的智慧，从坚固的山岩联想到刚毅敦厚的禀赋等。

4. 丰富园林文化意境

园林善于应用“托物寄情”，建筑、水体、山石、植物、小品等造园的要素，常被拟人化，物述人语，如被称为“岁寒三友”的松、竹、梅，莲的“出淤泥而不染”的君子之风等。还有各种历史典故、文化知识融入园林，增加了园林的文化内涵。

中国古典园林是无声的诗、立体的画，达到了自然美与意境美的高度统一。意境是中国园林的内涵，赋予园林艺术以灵魂，情由景生，境由心造，情景交融而产生园林意境。

（三）园林意境的表达方式

意境是客观（生活、景物）与主观（思想、感想）相熔铸的产物。意境是情与景、意与境的统一，意境就是一种情景交融，神、形、情、理和谐统一的艺术境界。从景观的环境气氛与效果可分为静境与动境。静境以静态景观为主，表达出大自然安谧、幽静的艺术境界。“千山鸟飞绝，万径人踪灭”（唐·柳宗元）即是静境的典型。又如杭州西湖十景之一“云栖竹径”，燕京八景之一“琼岛春阴”等皆属此类型。动境以动态景观为主，着力表现自然物生机勃发之动态美。动境由于构景要素的不同又可分为声动、水动、色动和风动水动引来树动花动等。如声动：“两个黄鹂鸣翠柳，一行白鹭上青天”（唐·杜甫）；水动：“飞流直下三千尺，疑是银河落九天”（唐·李白）；“惊涛拍岸，卷起千堆雪”（宋·苏轼）；色动：“春色满园关不住，一枝红杏出墙来”（宋·叶绍翁）；风动水动引得树动花动：柳浪闻莺、万壑松风。园林意境的表达方式可以分为三类，即直接表达方式，间接表达方式，利用点景、园林题咏等来创造意境。

1. 直接表达方式

直接表达可以通过雕塑、小品等以具体形象表达思想感情。如英雄人物的雕像、动物的雕像，各类装饰性的雕像会使人浮想联翩。儿童公园的蘑菇亭、月洞门、动物造型设施，古典园林的亭台楼阁，现代园林舒缓的草地、茂密的树丛，谐趣动人的各类喷泉等。以不同的气氛感染人，产生不同的联想。

2. 间接表达方式

“托物言志、借景抒情”的间接表达方式比直接表达手法更加委婉动人。

（1）比德。运用植物的特定含义，强调比德思想。长期以来，文人之间形成了一种评价标准：石令人古，山令人静，水令人远，泉令人清；竹直而心虚，松苍劲刚健，梅花凌寒开放。中国古典园林中，自然景物经过拟人化而赋予某种品格特征后，不再是孤立的客观物化，而是托物言志、借景抒情的审美对象，情景交融，主客观之间形成相互感应交流的关系，深化了园林意境。如松、竹、梅“岁寒三友”，荷花出淤泥而不染，菊花傲霜斗雪，花中君子兰花，国色天香、雍容华贵的牡丹，意味着忠贞不渝的杜鹃，象征爱情的玫瑰等。

（2）光境。光影成为审美对象，在我国由来已久。只要有日月天光，就会有形影不离，它们之间总是相互依存的。太阳是生命之源，是人们形成视觉的重要条件，也是一位变幻莫测的美景大师。白居易曾发出“阴晴显晦，昏旦含吐，千变成状，不可殚记”的感叹。一天之中园林主要的变化是由太阳的升落带来的光线转换和阴影变化，光线对反映色彩、形式和空间关系都很重要。月亮时晦时明，时圆时缺，周而复始，既是运动的体现，又是永恒的象征，于是它总是引导对生生不息的存在加以神赞，启发人们对宇宙永恒的思考，成为中国古典园林的永恒主题，体现园主寄情山水，吟风啸月的风范。明代计成在《园冶》中对园林月境之美进行了独到而精辟的论述：窗前庭院的月境是“溶溶月色，瑟瑟风声；静抚一榻琴书，动涵半轮秋水，清气觉来几席，凡尘顿远襟怀”；山林幽谷月境“峰峦缥缈，漏月招云”“阶前自扫云，岭上谁锄月”；池水溪流的月境“虚阁荫桐，清池涵月”“曲曲一湾柳月，濯魄清波，遥遥十里荷风，递香幽室”；春夏月境“俯流玩月，坐石品泉”；深秋月境“凭虚敞阁，举杯明月自相邀。冉冉天香，悠悠桂子”；寒冬月境“恍来林月美人”“寒雁数声残月”。由此可见，月色是古代造园生境的重要内容。月光妩媚清丽，是阴柔之美的典型。圆月给人以完美团圆的联想。上、下弦月令人想起相似的弓。月光清亮而不艳丽，理与心合，清空无执，淡寂幽远。宇宙的本体与人的心性自然融合，实景中流动着清虚的意味，因此月光是追求宁静境界园林的最好配景。网师园的“月到风来亭”是以赏月为主题的景点。当月挂苍穹，天上之月与水中之月映入亭内设置的镜中，三月共辉，赏心悦目，高下虚实，云水变幻，使人联想到宋代诗人邵雍《清夜吟》中诗句“月到天心处，风来水面时”。在月清、水清、风清之境，人心也自然清。影是形的映像。古典园林中，梅旁的疏影、石边的怪影、花下的碎影、水中的倒影等，都是虚与实的结合，意与境的统一。

（3）声境。声响能引起人们的想象，是激发诗情的重要媒介。声境是以园林环境中不同声响所传达的意境。鸟叫、蝉鸣、风声、雨声、琴声、钟声、歌声，都可以声夺人，使人的感情与之交流。古典园林中以声为主题的园林有很多，如惠州西湖的“风湖渔唱”、杭州西湖的“南屏晚钟”和“柳浪闻莺”“空谷传声”、苏州拙政园的“听雨轩”、承德避暑山庄的“万壑松风”、扬州瘦西湖的“石壁流淙”、无锡寄畅园的“八音涧”等。“竹径无人风自响”（唐·王维）道出竹径之幽深，“松子声声打石床”（唐·皮日休）则勾勒出秋冬松林之景涩，“南屏晚钟”表现出日落西山时山色之空明。声境中，诸如激流飞瀑、惊涛拍岸等喧闹之声为动境，而滴泉、涓涓细流、雨打蕉叶等声平者则多为以动衬静境。

（4）色彩。色彩是丰富园林空间艺术的精粹。色境是以园林景物色彩的巧妙构图表达特定的意境。色彩作用于人的视觉，引起的联想尤为丰富。用建筑色彩点染环境，突出主题。用植物色彩渲染空间气氛，烘托主题。是中国园林中常用的手法。如皇家园林应用红、黄、绿强烈的对比色，体现了皇家的富丽堂皇，衬托出皇权的威严。江南私家园林，绿瓦粉墙，色彩淡雅、轻快、明丽，体现了主人高雅的文学修养。长沙岳麓山爱晚亭周围遍植枫树，形成“停车坐爱枫林晚，霜叶红于二月花”（唐·杜牧）的艺术境界。色彩的布局有艳丽与素淡之分。一般来说，色艳者为动境，如“一枝红杏出墙来”（宋·叶绍翁），大片种植的樱花、碧桃、枫树等均能传达出欢快、热烈的动境，色素者为静境，如“断桥残雪”“梨花伴月”等景，游人置身其中，倍感环境之恬静、清幽。

（5）香境。是以植物所散发的芳香为主要表现手段而达到的某种意境。香气同样能诱发人的精神，使人振奋，产生快感。被誉为天下第一香的春兰，清香宜人，含笑“花开不张口，含羞又低头”，米兰香气可浴，桂花花开浓郁。香花的种类很多，有许多景点因花香得名。苏州拙政园有“远香堂”，源自北宋周敦颐《爱莲说》中“香远溢清”句意，而“雪香云蔚”则以欣赏梅花盛开如堆雪积云，幽香袭人为主。如杭州的满陇桂雨，苏州拙政园的远香堂，网师园的小山丛桂轩，留园的闻木樨香轩等都因花香而得名。气象因子是产生深广意境的重要因素。同一景物在不同的气象条件下，都会产生不同的景观特色。在一天当中，有晨光、暮色、霞光、夕照，一年当中，有春天的桃红柳绿、秋天的硕果累累、夏天的苍松翠柏、冬天的白雪皑皑。香浓烈者为动境，所谓花香袭人；香淡雅者为静境，如宋代林逋的“疏影横斜水清浅，暗香浮动月黄昏”，非静境难以赏析。

3. 点景、园林题咏

（1）点景。点景既景色命名。要使园景生色，必定要为它们取一个意境高远的名字。景色命名是全园主题思想的高度概括，总园园名往往体现园主的最高人生理想，各分园又有自己的小主题，各景点又类似于文章的关键句子。“片言可以明百意”，命名时要抓住每一景观的特点，结合空间环境的景象、特征，给予高度的概括、形象、诗意，点景具有装饰、导游、宣传的作用。如扬州个园，“个”字为竹叶形状，一进园门，便见湖石傍门，修竹繁茂，石笋参差，仿佛是雨后竹林中破土而出的春笋。园内的主要景观，以春夏秋冬四季山景布局，创造“春山淡冶而如笑，夏山苍翠而如滴，秋山明净而如妆，冬山惨淡而如睡”的整体观赏效果。在整体布局上，春山是开篇，夏山是铺展，秋山是高潮，冬山是结语，并按环形路线安排，使游者不由发出“时间无限，人生有涯”的感慨，从而珍惜时间、奋发图强的启迪。好的景色命名可以起到画龙点睛、指导游览的作用，可以让人在未接触景色之前，从命名中产生联想。如苏堤春晓，可以使人想象得到明媚的春光，含苞待放的桃花，嫩绿的柳丝，波光泛影的西湖。又如，双峰插云是远观云山。玉泉观鱼是近观泉鱼。虎啸奔雷是听，金兰幽桂是嗅，温泉水浴是皮肤感受。如荷风四面亭，人临其境，即使在冬天，湖面已无荷花景观，便一看其亭名，立刻就会联想到夏天荷花盛开时，阵阵清香袭来，令人回味无穷。再如沧浪亭会联想到“沧浪之水清兮，可以濯吾缨”，园处大片水面，使人产生“千古沧浪水一涯”的审美感受。

中国园林大多为文人、画家创建，他们总是按照诗情画意的审美情趣，与各类工匠结合，来构建心目中至美园林。从诗画到园林，从园林到诗画，是一个创作上的“可逆反应”，其连接纽带就是点题。题名的诗情画意也使游人在园中处处看到诗情画意。如拙政园“待霜亭”，取自唐代韦应物“洞庭须待满林霜”的诗意，亭四周种满橘树，待霜降始红，使人联想到晚秋洞庭红橘遍地的画意。此外，由于中国园林的景名大多取自历代著名诗人的著名诗句，因此大多具有语言韵律美，朗朗上口，令人徘徊吟哦不已。而表述景名的，或匾额，或石刻，均出自著名书法家之手，再配上高雅的色彩，鲜红的印章，本身就是一帧艺术高超的书法作品，令人百看不厌，大大增强了中国园林的书卷韵味。

（2）园林题咏。“文以园生辉，园以文溢美。”园林美景要有名句佳诗相配才会越显神韵，传之久远。园林题咏可以丰富观赏内容，增加诗情画意，给人以丰富的艺术联想。园林艺术一个主要审美特征是它的象征性，以特定的艺术形象来激发游人的悬念与联想。园林中的匾额、楹联是古代造园家弥补园林自然符号不足的一个绝招。匾额、楹联属于语言艺术，是中国古典诗词的精粹。园林的意境是含蓄、朦胧的，它所蕴含的象征意味和深层寓意常常令游赏者难以精确地领悟、把握。为了将精巧的艺术构思和景观表达的思想意蕴顺利地传达给游赏者，造园家就需要用某种艺术手法对园林景观的意境给予一定的规定和引导。而匾额、楹联正是这种艺术手法的最佳形式，它较其他艺术具有更为巨大的理性力量，更易达到明确的思想内涵。寥寥数语，就能将园林景观的意境勾勒出来，将景观意境升华，使物化的园林成为诗化的园林。如中国园林的水景，常常设有观鱼景点，造园家的用意就在于通过水清石现、游鱼悠然的风景物质形态，表现出“观鱼知乐”“与鱼为侣”“水清心静”的思想场地，造园家们利用匾额、楹联，使游赏者迅速准确地领悟这一理性寓意。如北京颐和园谐趣园的知鱼桥、上海豫园的鱼乐榭、苏州留园的濠濮亭等。杭州玉泉观鱼处的匾额是“鱼乐园”，楹联是“鱼乐人亦乐，泉清心共清”。这些匾额、楹联的共同特点是把规定和引导的审美信息集中到一个焦点为即观鱼知乐，自然会令人联想到庄子与惠子的对话，产生对人生与自然的哲理思考。

匾额、楹联的有与无，直接影响着游人的审美体验的层次，是引导游赏者突破有限的园林空间跨入无限时空的最佳手段，可以唤起游赏者的形象思维器官，去自由地想象体验园林意境的无限空间，使游赏者的情与眼前的景融合起来，使游人的审美感受超越具体时空的限制而得以大大丰富和增强。例如山西蒲县鹳雀楼，经唐代诗人王之涣“白日依山尽，黄河入海流，欲穷千里目，更上一层楼”的诗一传，则闻名遐迩，诗依楼得势，楼依诗传名。滕王阁在江西南昌赣江之滨，是历史上有名的胜景之一，雄伟壮观的滕王阁已不复存在。但是，“落霞与孤鹜齐飞，秋水共长天一色”情景交融的名句一直流传着。长江三峡的白帝城借李白“朝辞白帝彩云间，千里江陵一日还，两岸猿声啼不住，轻舟已过万重山”的诗句，一直名扬海外。唐代张继的《枫桥夜泊》诗“月落乌啼霜满天，江枫渔火对愁眠。姑苏城外寒山寺，夜半钟声到客船”诗韵钟声，脍炙人口，使苏州的寒山寺有佳境又有名诗，千古称颂。

园林题咏不但能点缀亭榭，装饰墙壁，而且可以发人深省，追怀往事。昆明大观楼的180字长联“五百里滇池，奔来眼底，披襟岸帻，喜茫茫空阔无边。看东骧神骏，西翥灵仪、北走蜿蜒、南翔缟素。高人韵士，何妨选胜登临，趁蟹屿螺洲，梳裹就风鬟雾鬓，更苹天苇地，点缀些翠羽丹霞。莫辜负四围香稻、万顷晴沙、九夏芙蓉、三春杨柳；数千年往事，注到心头，把酒凌虚，叹滚滚英雄谁在？想汉习楼船、唐标铁柱、宋挥玉斧、元跨革囊。伟烈丰功，费尽移山心力，尽珠帘画栋，卷不及暮雨朝云，便断碣残碑，都付与苍烟落照。只赢得几杵疏钟、半江渔火、两行秋雁、一枕清霜”。上联写昆明附近东西南北的美丽风光和富饶景象；下联对历代封建帝王统治云南的下场，作了一扫而空的评论。一横一纵，触景生情，发人深思。这不仅增添了游览内容，而且成为园林审美的主要内容。

（四）园林意境的创作方法

园林意境是文化素养的流露，也是情意的表达，园林创作的根本问题在于对祖国文化修养的提高与感情素质的提高。园林意境的创作方法有中国自己的特色和深远的文化根源，其关键是融情入境。

1. “体物”的过程

园林意境创作必须在调查研究过程中，对特定环境与景物所适宜表达的情意作详细的体察。如果说“感物”是着眼于客观外物对创作主体心灵的触发而引起的创作冲动，那么“体物”是侧重于艺术传达过程，它更注重的是对客观外物形貌的描绘予以摹写。“体物”的“物”并非事物的内质，而是事物的外在形式，事物形象各自具有表达个性与情意的特点，这是客观存在的现象。“体物”并非只是刻画描摹物象，而且还主张寓情于物，在物象描摹中抒情言志。如人们常以柳丝比女性、比柔情；以花朵比儿童或美人；以古柏比将军、比坚贞。比、兴不当就不能表达事物寄情的特点。如以石块象征坚定性格，则卵石、花石不如黄石、磐石。“体物”作为中国美学方法，更加重视的是艺术创作中的艺术传达阶段对客观物象的准确摹写，只有在体察过程中，心有所得，才能开始立意设计。

通过景观要素形象、体量、方向、开合、明暗、虚实、色彩和质感等方面的对比来加强意境。对比是渲染景观环境气氛的重要手法。开合的对比方能产生“庭院深深深几许”的境界，明暗的对比更衬出环境之幽静。在空间程序安排上可采用欲扬先抑、欲高先低、欲大先小、以隐求显、以暗求明、以素求艳、以险求夷、以柔衬刚等手法来处理。

2.“意匠经营”的过程

在“体物”的基础上立意，意境才有表达的可能。然后根据立意来规划布局，剪裁景物。园林意境的丰富，必须根据条件进行“因借”。明代计成《园冶》中的“借景”一章所说“取景在借”，讲的不只是构图上的借景，而且是为了丰富意境的“因借”。凡是晚钟、晓月、樵唱、渔歌等无不可借，正如计成所说的“触情俱是”。借景将有利于风景画面构图和意境渲染的景象组织到观赏视线之中。气象景观的借取是加强景观艺术效果的常用手法，因为气象景观的重要特征就是变化，变化中带来无限意趣。首先，境随时变。杭州西湖有春晓、风荷、秋月、残雪之景等；宋代郭熙有“春山如笑、夏山如滴、秋山如妆、冬山如睡”之感受；同时夕阳西下，有春山晚照、雨过晚照、疏林晚照、平川晚照、远山映照之区别，其景象、意境各有不同。其次，境随地变。赏月有梨花伴月、三潭印月、二泉映月、平湖秋月、石湖串月、象山水月之分；观雨有洪椿晓雨、榜岭春霖、花桥烟雨、潇湘夜雨、花洲话雨、蕉院听雨、山楼听雨之别。气象景观还因其风云变幻而显扑朔迷离。黄山云海、庐山云雾、巫峡云雨，同是云之朦境，各有千秋。承德避暑山庄有“水流云在”“云帆月舫”等著名景点，充满了浪漫主义情怀。除了气象景观外，园林中还可远借山峦，近借湖池、植物，乃至都市、郊野及莺歌燕舞等。

3.“比”与“兴”的表现

这是中国先秦时期审美意识的表现手段。《文心雕龙》“比者附也；兴者起也。”“比是借他物比此物”，如“兰生幽谷，不为无人而不芳”是一个自然现象，可以比喻人的高尚品德。“比”是比较直接地用某个意象比拟一种观念，意象所寓托的“意”较为明显。“兴”是借助景物以直抒胸臆，如“野塘春水浸，花坞夕阳迟”景中愉悦之情，油然而生。“兴”是以某个意象渲染情景、气氛，使人受到感染。“比”与“兴”都是以具体的意象来比拟或兴发造园者之“意”，“比”与“兴”很难绝然划分，经常连用，都是通过外物与景象来抒发、寄托、表现、传达情意的方法。

意境的欣赏是物我交流的过程，因此景观的构设要做到能使人见景生情、因情联想，进而从有限中见无限，形成景观意境的艺术升华。一是以小见大，以少胜多。即模拟自然山水，以精练浓缩的方法，综合组织空间，使人们产生“一峰则太华千寻，一勺则江湖千里”（明·文震亨）的感受与联想，从而达到“咫尺之内而瞻万里之遥，方寸之中乃辨千寻之峻”的效果。二是运用植物的特征、姿态和色彩的不同感受而产生比拟联想。如松树象征坚贞不屈、万古长青的气概，竹寓意虚心有节的品质，梅花傲雪怒放象征坚韧不拔的精神，白色象征纯洁，绿色代表和平等。这种象征手法与民族习惯、文化风俗有着密切的联系。三是运用文物古迹产生联想。风景名胜、文物古迹发人深思，游赤壁会联想起三国时代的许多人物和故事；游南京雨花台会联想起许多可歌可泣之往事；游杜甫草堂会联想起杜甫的千古诗篇。四是运用景名、题咏产生联想。好的景名和题咏，含义深、意境高，能使人产生丰富联想。五是运用雕塑、碑刻、壁画等手段，与历史、人物、传说、动植物形象等相联系，使人产生联想。总之，园林景观意境的创造要通过对各种园林构景要素的艺术加工来激发游赏者美的感情、意愿和理想，形成情感上的共鸣，进而达到“境生象外”、情景交融的艺术境界。

中国古典园林特色的形成，在很大程度上是有赖于它那众多的植物材料，有赖于植物配置的别具匠心。植物材料作为造园四大要素之一，是由园林植物独特的形态、色彩、风韵之美所决定的。而植物景观作为我国古典园林中一大主体，它所展示的文化内涵是为人们所青睐的。由于许多古典园林中常常以借植物间接地抒发园主的某种意境和情趣，从而使古典园林植物景观得到了人们的认可和喜爱。古典园林植物景观作为几千年中国历史文化的积淀之一，具有浓重的中国历史气韵和民族风格特色。

植物的形象美、色彩美以及季相变化等都比较容易为人们所发现和了解，但是常为人忽略的是植物包含有一种比较抽象的、却极富于思想感情的美，可称为含蓄美、寓言美、意境美，正所谓景外之景、弦外之音。这种美与民族的文化交流，风俗习惯、教育水平、地域和社会的历史发展等有所不同。这种融汇了人们的思想情趣与理想哲理的精神内容既有传统，又随着时代而发展。它对提高园林艺术水平，对培养精神文明具有潜移默化的作用。作为一种凝缩了的小宇宙，园林为人们提供一种惬意的居处。园林艺术十分现实的意义是为同时代的人服务，体现人与自然的和谐统一。因此重视意境美并运用生态审美的观点来为传统的园林艺术设计原则注入新时代的要求，从而在园林规划设计过程中体现出意境美，达到人与自然的和谐统一，这是时代对园林的新要求。注入民主、开放、科学、以人为本、保护环境、可持续发展等现代精神，以诗文意境来构筑现代中国园林，可发展出适合现代人的“人景合一”的中国园林。

现代园林主要指在工业化国家发展起来的，与现代城市结构、功能相结合的新型城市园林。它是对人类生活方式极端人工化所产生后果的一种平衡或补偿，是城市土地的一种利用方式，实现了创造者与使用者的同一。现代园林是为大众服务的，具有公众性，且以自然、生态为主导的园林势必将代替以视觉景观为主的园林。

现代园林大力提倡以生态为主的园林。园林空间造景讲究生态效益，注意结合立地生态条件，提倡以植物造景为主，尽量少用硬质景观。今天的园林应力求新的形式、新的内容、新的境界，朴素健康，为广大人民所喜爱。园林意境的时代感创作主要体现在两个方面：园林设计手法与材料的时代性。随着中西方园林之间交流的不断加强，园林设计的思维和理念也发生了强烈的冲撞，不断地排斥、同化、影响、融合，园林设计更人性化和更具有实用性。简洁的现代园林突破了过去所谓“自然式”“规则式”的传统，在设计形式上更自由、更灵活，通过新材料的运用、大胆的想象力，传递给游人一种更直白、现代的意境氛围。另外，基础科学及应用科学的迅猛发展，为人类带来了众多的新材料和新的生活方式，同样影响了园林的发展。在古典园林中，人们擅长利用地形、植物等自然物质的属性，加以季相、气候的辅助来营造意境。在此基础上，现代园林的意境创造更多元。借助钢结构、玻璃、木材等新材料等的创新运用，强化了园林的现代感。意境不再只是整体氛围的诗意，也可以成为某种新材料的构筑物带给游客的对时代的感慨和未来的遐思。

现代园林设计以自然为主体，是依据自然规律对遭到破坏的自然进行人工整治，或减少对自然的人为干扰，形成具有自然活力的人类活动空间。中国园林艺术一开始便以大自然作为审美认识和审美表达对象。中国古典园林较好地解决了人性中的平衡需求与亲自然性。园林中繁花似锦，花卉树木生机盎然，充满生命的活力；它们往往是构成园林景观、景象的主体，或是观赏主题。这是植物本身重要的风景资源与自然山水不可分割的部分。植物景观的千变万化，精益求精，其基本目的是在小面积的园林里建立丰富、和谐、完整的景观体系。基于这种思想理论，今天园林建设更应符合人们的审美情趣，创造舒适、宁静、幽雅的意境氛围，为现代造园提供一定的基础和指导。因此我国的园林在继承发展古典园林精华的基础上，结合新时代对园林的需求，促使植物景观在当今园林中发挥必要的作用，为人类作出新的贡献。

四、殡葬园区园景的题名

中国思维模式与西方以逻辑分析和推理为基础的思维模式不同，它以深厚的直观综合模糊化为特征，反映到文化艺术上，就是审美的综合性。如中国园林集植物、建筑、山水、文学等艺术于一体，文学在园林中应用广泛，如匾额、楹联、碑文等，其中尤以园名景名分量最重。以含蓄优雅的文字给园林建筑取名、题额、配对联、写诗文，具有丰富的象征意义，通过文字曲折地表达一定的思想，是园林建筑的一个重要组成部分。园名景名是中国园林人文景观的一个重要组成部分，流传至今的园名景名是我国优秀传统文化的结晶。园景题名是全园主题思想的高度概括，它可焕发游者的美学感受，增强园林的书卷韵味。殡葬园区作为特殊的园林，其园景题名时除遵照精练性与寓意性相结合的原则外，更应充分体现殡葬改革与殡葬文化。

中国园林园名景名文辞优美，数量浩大。园名景名的取名不外乎意象和具象两大体系，各自有深厚的文化内涵，可作为殡葬园区园景题名的主要方法。

（一）意象题名方法

所谓意象，是指从具象事物中被抽取出来的相对独立的各个方面、属性和关系等。

1. 典故传说

中华文化悠久灿烂，以崇古怀旧命名的园名景名，能使人产生千古之幽思。有的直接用“古”字，如“古遗堂”“阅古楼”等，文辞简洁，含义深远。有的用特定的神话典故，如蓬莱、方丈和瀛洲神话中的仙山影响到园林中，形成“一池三山”的园林布局。承德避暑山庄万树园南的澄湖，自东而西散布的“金山岛”“青莲岛”和“千林岛”，就是模仿三神山的意境而布局的。而“鱼乐亭”和“濠濮轩”等则采用庄子《濠梁之辩》中与惠子的那段移情益智、闪烁着东方人聪颖与智慧的典故。“五柳园”源自陶渊明的《五柳先生传》，园主仿佛也像陶渊明一样，脱略形迹，不慕荣利。又如“立雪堂”“拜石轩”，分别取材于“立雪拜师”和“米芾拜石”的故事，各有所取，各有所喻。

用诗句作园景名称往往文辞优美，意境深远。苏州拙政园中的“听雨轩”取自南唐李中诗“听雨入秋竹，留僧复旧棋”和宋代杨万里诗“蕉叶半黄荷叶碧，两家秋雨一家声”，亭边广植蕉、竹、荷，雨声潇潇，别有情趣。承德避暑山庄的“梨花伴月”源于宋代晏殊“梨花院落溶溶月，柳絮池塘淡淡风”诗句。上海豫园“卷雨楼”取自唐代王勃“画栋朝飞南浦云，珠帘暮卷西山雨”的骈文。

有的园景题名过程便是一个故事，像苏州狮子林中的“真趣亭”。传说乾隆南巡至此眺望，即兴挥毫“真有趣”三字，有个随从大臣觉得欠雅，请求乾隆把中间“有”字赐给他。由此，所剩“真趣”二字便成了此亭的名字。

2. 哲理志趣

对中国传统文化影响最为深刻的是儒、道、释。儒家入世进取，更多地渗透积淀在政治和伦理等方面；道家退隐无为，崇尚自然，对山水等自然美的追求与发掘有巨大影响；佛教传入中国后，被深厚的本土文化同化，产生禅宗，使中国人对自然与人生有更玄奥深刻的醒悟。三种思想相互影响渗透，使得古代文人具有思想的多重性。反映儒家思想的园名景名有“怀仁堂”“勤政殿”等。因为园林是士大夫公务之暇休憩之处，或是文人遁世隐居之所，所以道家的思想对之影响较大，这不仅表现在“虽由人作，宛自天开”的造园思想，而且在园名景名中占有较大比重。如苏州拙政园取晋代潘岳“灌园鬻蔬，……此亦拙者之为政也”之意。其中的“小沧浪”取《楚辞·渔父》“沧浪之水清兮，可以濯吾缨；沧浪之水浊兮，可以濯吾足”之句，表达这种退隐渔耕思想的还有“退园”“息园”“归耕之庄”等。其他如“澄怀堂”“寄清净心殿”“忘机亭”等，追求道家清静淡泊的心境和状态。一些含有哲理志趣的成语也可作为题名，尤其是组合式建筑或园景，如北京大学的一组建筑以“德斋”“才斋”“均斋”“备斋”为名，取自成语“德才均备”，隐含着育才之目标。

殡葬园区园景题名也可以是对人生的反省，结合入世的儒家思想、出世的道教思想和考虑生死意义的佛教思想，依托宗教对人生意义进行反思，把宗教思想与现代殡葬改革观念融合在一起。

3. 吉祥喜庆

龙凤呈祥和福禄寿禧等吉祥喜庆辞藻，表达了人们追求幸福生活的愿望与互相祝贺的诚意。一般皇家园林中用此类文字较多，如“万福楼”“迎祥馆”“延庆楼”等。吉祥之文字在殡葬园区园景题名中应用很广。为了增强殡葬园区的文化氛围，应尽量选择既有一定针对性又比较含蓄的词语，把殡葬功能隐藏在字里行间，使人产生相关的联想。日本的“公益社”就是殡仪馆，公墓则叫“××草地”，国外有的殡仪馆还加入了“Home”“Garden”等词素，但人们都知道这就是殡仪馆（或火葬场）。

（二）具象题名方法

具象是指客观存在着的或在认识中反映出来的事物的整体。日月星辰、花草鱼虫、自然万物，丰富多彩，是艺术创作取之不尽、用之不竭的源泉。由于文化的沉积，许多事物蕴含丰富的文化内涵。园名景名撷取富有诗情画意与人格精神的景物，可达到情景交融的艺术效果。

1. 日月光影

太阳是生命之源、希望的象征。“暾将出兮东方，照吾槛兮扶桑，抚余马之安驱，夜皎皎兮既明”，屈原对之进行了专门的歌颂。从曹操的“月明星稀，乌鹊南飞”到李白的“举头望明月，低头思故乡”，再到苏轼的“明月几时有，把酒问青天”，一轮澄明皎洁的明月，牵动千古多少诗人的伤情愁绪。“日知阁”“紫光殿”“阳泽门”等是对太阳及其光辉的崇拜；“宝月楼”“明月楼”等是因月亮而生发无限诗情。

以虚为特征的光影是诗家之追求，“以追光蹑影之笔，写通天尽人之怀”，造园家也深知此理。苏州网师园“月到风来亭”中巧设一镜，入夜，天上之月、水中之月与镜里之月相互辉映，空间感大增。镜子成为中国人艺术心灵与宇宙意象“两镜相入”互摄互映的媒介，看到诸如“镜香室”“镜清斋”“镜藻轩”等景名，不但会感到清亮如镜的湖水，而且会联想到“以铜为镜，可以正衣冠，以古为镜，可以知兴替”的古训。“影园”“香影廊”“塔影亭”等园名景名，则透逸出“潭影空人心”的韵致。

2. 植物山石

中国一向有将植物拟人化的传统。“岁寒，然后知松柏之后凋也”，以喻君子之德风。梅兰竹菊四君子，松竹梅岁寒三友，是人们喜爱并为之颂扬的植物。“朔风飘夜香，繁霜滋晓白”，赞梅之凌寒不惧；“寸心原不大，容得许多香”，颂兰之幽香清远；“未出土时先有节，便凌云去也无心”，歌竹之劲节虚心；“开迟愈见凌霜操，百草摧时始起花”，咏菊之傲霜晚香。这种文化定式同样反映到园名景名中来，如“梅花书院”“兰室”“水竹居”“菊香书屋”等。有的因植物的特性而命名，例如扬州的“个园”，园名隐晦曲折地说出了坚贞不屈的竹子只有这里的了，用以表达孤高不群的清高情怀。有的则因诗词而得名，如“暗香疏影楼”撷取宋代林逋咏梅名句“疏影横斜水清浅，暗香浮动月黄昏”。

借物喻义是常用的手法之一，园林中的题名多借助植物名，仔细品味，方能理解背后的寓意。如苏州沧浪亭“翠玲珑”周围近20种竹子，夏秋去时，绿荫蔽日，阴翳可人；冬春去时，绿意满天，生机盎然。“仰止亭”布置在“翠玲珑”北侧，亭内石刻描绘与苏州有关的名宦士人晚年在沧浪亭的生活片段，“仰止亭”取《诗经》“高山仰止，景行景止”之意，并用“未知晚年在何处，不可一日无此君”的对联来表示对这些苏州名贤的高尚道德仰慕崇敬。

松树以其“霜雪干漏殷周雨，黑漆层苔滴白云”的苍古高耸受人倾慕。以松命名的有“小松隐阁”“松风阁”等。其他植物像荷花、梧桐、芭蕉和杏花等，或以其品格属性为人们所称道，或以其诗文文脉受人们所钟情。“双桐书屋”既表明书屋的环境气氛，又寓意主人推崇梧桐清洁孤高的品性；“杏花村舍”脱胎于“借问酒家何处有，牧童遥指杏花村”诗句；“曲水荷香”“远香堂”“香远益清”等都以荷花为主题命名。

植物的香气清雅隽永，荷花香清，兰花香幽，桂花香烈……书香节香则是香气的延伸。园名景名中既有广义的香，如“沁香轩”“滋香阁”等；又有特定的植物香，如“闻木樨香轩”“藕香榭”等。

具有宁静安定感的植物绿色是自然的本色，生命的象征，吻合天人合一、复归自然的中国哲学思想。“山中元无雨，空翠湿人衣”，绿色湿润如雨；“坐看苍苔色，欲上人衣来”，绿色竟要蹦入人怀。如“交翠庭”“翠寒堂”“湛碧亭”等，一片翠绿青碧的清凉世界。

孔子“仁者乐山”是对化万物而无言的山之品德的肯定；郭熙“春山澹冶而如笑，夏山苍翠而如滴，秋山明净而如妆，冬山惨淡而如睡”发掘出山的四季之美。刚强嶙峋的石以其漏透瘦皱等形态为人青睐，山石不但能产生“咫尺有万里之势”的联想，而且能使人得到“不出户而获山林之性”的诗意，于是以山石为主题的园名景名便应运而生，如“倚山园”“邀山亭”“万石园”等。

3. 四季气候

一年四季景色递换，各季都有美景。“春有百花秋有月，夏有凉风冬有雪。”然而光阴易逝，佳景难留。园名景名用其中的一季来命名，以此来指明和定格最佳赏园时节。苏州网师园的“殿春”，指明“尚留芍药殿春风”的芍药主景，作为书斋，激励读书人更加珍惜大好时光。杭州“平湖秋月”定格“月到中秋分外明”的秋月美景。其他如“万春园”“冬荣园”等，都对四季予以捕捉与欣赏。

风晴雨雪等各种气象都有其独特的审美价值。战国后期楚国辞赋作家宋玉的《风赋》对风的发生、发展、衰微的过程和状貌一一作了描绘；王维“新晴原野旷，极目无氛垢”，对雨后新晴景色尤感欣喜；杜甫“随风潜入夜，润物细无声”，细致入微地刻画出春雨的特性；岑参对塞外之雪作了神奇的想象，“忽如一夜春风来，千树万树梨花开”。以此类意境来命名，如“风来堂”“春雨林殿”“漪晴楼”“甘露殿”等如诗似画。杭州西湖“断桥残雪”是《白蛇传》中许仙与白娘子悲欢离合的特定场景。有的除了表现气候现象外，还寓有深层的文化内涵，如“喜雨快雪之亭”，是集苏东坡名篇《喜雨亭》和王羲之名帖《快雪时晴帖》而成，对仗工整，趣味隽永。

4. 其他事物

按人名取名，最为直接明了。有的用园主的姓氏，有光宗耀祖、恩泽子孙之意，如“魏园”“沈园”等；有的在姓氏后加上一个表达主人意向的字，如“卢氏意园”“魏氏逸园”等；有的则因著名人物而得名，如“青藤书屋”，原名“榴花书屋”，后为明代文学家、书画家徐渭所居，故改以他的号为园名。又如为纪念革命先行者孙中山先生而命名的“中山公园”。

按方位命名，带有导游的作用。“东园”“西苑”“湖心亭”等，一听就可知道其大致方位。

按园林的特殊形状来命名，形象生动，新颖别致。苏州曲园，正如《曲园自记》中所云：“曲园者，一曲而已，强被园名。”其他如“扇子亭”“螺髻亭”“匏庐”等。有的从园林面积的角度做文章，既寓谦虚之美德，又含壶天自春、以小见大之意境。如“残粒园”，取“一粒砂里见乾坤”之意；“容膝园”源于陶渊明《归去来辞》中的“审容膝之易安”句。其他还有“半亩园”“勺园”等。

中国深厚的哲学思想和“为求一字稳，耐得三更寒”的文字推敲功夫，使得中国园林的园名景名在寥寥数字中，既能表达主人的志趣抱负，又有自身的文化内涵，在追求“切雅精新”的基础上，展现园林的特色魅力。游赏者在被优美的自然景观所吸引的同时，又被深邃的文化内涵所陶染。

（三）殡葬园景题名

从下面一些殡葬园区园景名称可以发现其蕴含的文化内涵：北京的万安公墓、福田公墓、太子峪陵园、通惠陵园、朝阳陵园、天慈墓园，通州的惠灵山陵园，顺义的潮白陵园，平谷的归山陵园，昌平的凤凰山陵园、天寿陵园、炎黄陵园，房山的静安墓园等。又如江苏省苏州市清泉公墓、兴隆公墓，昆山市淀山湖公墓、陆家公墓、神仙园公墓、鳌峰园、仙鹤公墓以及张家港市天府苑等。

墓文化是反映历史、宗教、艺术的综合景观，也是人类整体文化的重要部分。树碑立传对后人来说既是缅怀，又是瞻仰，使人了解人类的文明和进步。如某地的“功德园”从起步就蕴含着文化和历史，它集墓葬、塔葬、壁葬、树葬、草坪葬于一体，形成综合性殡葬服务设施。内设有文星园、憩园、思园、钟灵园、青松园、红星园、安乐园等不同园区。各具特色的公墓造型，风格迥异的墓碑和雕塑，艺术地再现独特的人文景观。

如北京景仰园总面积达 $30hm^2$，西有虎山，东有蟒山，群山耸立，起伏如屏；两山相对呈虎踞龙盘之势。南面相邻十三陵水库，可谓依山傍水，这里种有杏、李、苹果、核桃等果树，使陵区内风景优美，环境清雅，再与皇家陵园内苍松翠柏、红墙黄瓦交相辉映，很是宏伟壮观。陵区内共分为福寿园、龙凤园、向佛园、朝翠园、玉珠园、玉带园等 6 个园区。提供植树葬、鲜花葬、草坪葬，同时附设园艺苗圃基地和百鸟园，成为集人文景观、旅游服务为一体的墓葬陵地，安身之所。

天津市西城寝园，门前耸立着具有汉代特色的牌楼，熠熠生辉，神道两旁排列着石像生，象征着中华民族的神威，院中另有展示新时代风格的缅怀堂雄踞，坚实的基础配以半透明屋顶，象征天地浑然一体，园中的金字塔替代了通行的影壁，十二生肖跃然其上，栩栩如生，九龙昂首前瞻吞云如水，使人一望便可感悟到人生有限，生命无极。寝园分为日松苑、月鹤苑、星延苑、辰年苑四区，梅、兰、竹、菊四湖散布其间，构成一幅日月星辰、松鹤延年、梅兰竹菊、山清水秀的完美画卷，这幅美妙、优雅的画卷，既是逝者静谧长眠之所，又是生者慎终追远之所。

“仙居园”位于太原市晋祠镇明仙峪，“明仙”谐音为“铭先”“铭贤”，而把“明仙”二字拆开看，则为“日、月、人、山”，人居山巅与日月同辉，可谓福地。它背依天龙山，右靠卧虎山，左傍龙山主脉，龙虎奔腾，远眺汾河，明堂开阔。背山面水，整体地理形势为环抱式结构，似一把雄伟庞大的座椅。园区占地面积 $72hm^2$，周围名胜环绕，西边天龙山是北齐皇帝高欢的避暑胜地，是春秋农民起义领袖柳跖举义练兵之地；北面龙山石窟是中国唯一的道教石窟；东面晋祠为周朝唐叔虞的宗祠。园区中央有一圆形山丘，曰龟山，与周围卧虎山、龙山主脉相映衬，堪舆形态呈龙虎戏珠之势。

位于哈尔滨市帽儿山麓的元宝山陵园是集塔灵、公墓及人文景观、传统建筑于一体的大型园林式墓园，因此山状像金鞍、形似元宝而得名。元宝山天梦园是在总体策划基础上，本着“融入自然、文化建园”的方针而设计的现代新概念陵园，它传达的已不是冥界的静默，而是将死亡转向对生命的回响与召唤，是在慎终追远中弘扬传统美德，在缅古怀祖上营造文化氛围。

重庆市华夏永久陵园是集人文景观、园林艺术于一体的陵园，陵园择灵秀神明的风水宝地而建，三面群山环绕，形似龙座。陵园由祭祀礼仪区、功能服务区、墓园区构成。设有地葬、壁葬、树葬、草坪葬四种安葬方式。墓园区分规范墓区和自由墓区。自由墓区设高知苑、名人苑、回归苑、园丁苑和丰碑苑，充分体现往生者的社会价值，彰显生命的尊严。

又如天马塔园，以其浓郁的乡土味和人情味，呼唤着亡者的归来，其陵塔命名就有一定的点缀意义：

天：天马行空，一世英名永颂；

地：地气和中，吉祥福泽日隆；

人：人杰地灵，福山贵水嘉庆；

福：福履绥之，宝贵顺祺万世；

禄：禄命绵长，子孙庆福无疆；

寿：寿元无量，吉星高照瑞祥；

喜：喜神庇佑，善心功德深厚；

安：安乐颐养，同登极乐天堂；

泰：泰山梁木，千秋福运永固；

祥：祥云拱护，天庭逍遥独当；

和：和鸾雍雍，共祈万福攸同。

五、殡葬园林的楹联艺术

匾额、楹联，脱胎于古代用桃木驱鬼避邪的习俗。横的称匾，竖的称额，一般悬挂于建筑入口上方门楣上，或挂在厅堂内下面墙壁或梁架正中下。“楹”就是柱子，挂、贴或刻在建筑物柱子上的对联就叫作“楹联”。楹联是由诗（特别是近体律诗）词发展而来的。园林楹联是由古代山水风景诗或词发展而来的。匾额、楹联在园林中可突出主景、制造氛围、加强景观效果，是我国独具的园林艺术中的一绝。

园林匾额、楹联是我国古老民间文艺的一种形式，是中国古典文学、古典诗词的变种，更是我国古代园林点景手法。楹联属于有一定格律的韵文，既有对仗严整的“工对”，又有对仗灵活的“宽对”。作为一种文学艺术，楹联词语典雅、音调幽婉，做到字面的整齐美，又做到声调的抑扬美，这也正是我国历代文人墨客所吟诵的楹联广为流传而沿用至今的原因之一。楹联的文字多来自过去的文学作品，正如曹雪芹在《红楼梦》中借贾宝玉之口所说的“编新不如述旧，刻古终胜雕今”。如苏州沧浪亭楹联“清风明月本无价，近水远山皆有情”来自欧阳修《沧浪亭》和苏舜钦《过苏州》诗中，这副对联不仅匹配得天衣无缝，而且把两位诗人紧密联系在一起，使人联想起苏舜钦买地建亭的经过以及两位诗人的友情和有关诗篇。

园林匾额、楹联又是一种书法艺术。园林匾额、楹联有砖刻、石刻，有板对、竹对，有板屏、大理石屏；也有用画面的，这比具体的形象来得更曲折耐味。因园林建筑多为敞口，装裱的屏联容易有损纸质，实际中很少用装裱的屏联。匾额、楹联露天者用砖石，室内者用竹木，厅堂居室内则用装裱字画，这样能增添内部光线及影响音响效果，使居者有明朗清静之感。园林匾额、楹联把诗句这个“神”用书法表达成“形”，达到“形神兼备”。园林匾额、楹联不同的书法有不同的神韵：楷书有端匀严静之美，篆书有蚕头燕尾之美（它们可以表达平静情趣，书写在幽静景区，使观赏者产生低频率的情感波动），行书有活泼流畅之美，草书有龙蛇飞舞之美（可表达出激昂的情绪，使观赏者产生高频率的情感波动）。

园林匾额、楹联更是一种园林艺术，“缩千里于咫尺，写万趣于指下。”发挥了“文仅数十笔墨，意含千山万壑”的特殊作用，其高超卓绝之处在于它将景、情、理、趣融为一体，耐人寻味，诱人深思。凡读过《红楼梦》的人都会记得第十七回《大观园试才题对额，荣国府归省庆元宵》中，曹雪芹借贾政之口强调了楹联在园林造景中所具有的特殊地位和作用，他要进门时说道：“偌大景致，若干亭榭，无字标题，任是花柳山水，也断不能生色。”正是“无文景不意，有景景不情”，用楹联来润色景物、揭示意境，除了能点缀园林、增添游赏的情趣和意味外，还能使花草、树木、山水亭台建筑所构成的景物形象升华到一个更高的艺术境界，用楹联来写景状物，怀古励今，引导人们张开想象的翅膀驰骋于景致内外，遨游广阔的遐想天地。园林楹联不只是写景、状物，还有记事、抒情、言志之功能，从而极大地丰富了园林空间的精神内涵，增加了园林储存的信息量。园林楹联能充分体现出情与景、境与意的和谐统一，强化园林意境美。如北京颐和园楹联“碧通一径晴烟润，翠涌千峰宿雨收”，又如上海豫园内楹联“曲栏遥通沧海月，虚檐不隔柳峰云”，把园内外景致结合在一起，使人感到眼界扩大了，使景物的美妙境界远远超出了本身范围，其独特的审美价值，给人以艺术美的享受。

园林匾额、楹联附丽于一定的景致，园林之美在于人工与自然的结合，因而游览园林时最忌走马观花，尤其是园林楹联，只有细心揣摩，着意品味，才能从中得到园林楹联的全部美并能享受到园林景观内外的意境之美。园林匾额、楹联深化园林的意境，丰富园林文化内容，成为园林欣赏活动中的路标，更是赏景的说明书，起到了非常明确的导向作用。

中国古典园林的园主或造园家，具有较高的中国传统文化修养，他们通过含蓄优雅的匾额、楹联自我标榜，体现出孤高傲世的文人风气和士大夫情调，其表达方式较为含蓄；有的是官场失意的园主以文字和题名的方式自我解嘲；有的是园主对人生的反思，中间纠葛着入世的儒家思想、出世的道教思想和审视生死意义的佛教思想，与宗教思想交织在一起，反映出官场之外文人信托宗教，对人生意义的反思。如苏州拙政园“雪香云蔚亭”中的“蝉噪林愈静，鸟鸣山更幽”对联，“蝉噪”似乎应该使树林充满噪声，“鸟鸣”则会打破山的幽静，联中却说声响反面显得寂静。对联抓住了现实生活中寂时有声更觉静的体验，用“以噪烘静”的手法表达佛教的虚空美和寂静美，为亭周围渲染出几多禅思。

殡葬园区应是一个反映综合文化的园区，如何充分利用园林匾额、楹联来点缀、渲染环境意境，强化园林美感，是殡葬园林工作者在园林化建设中应十分注意的问题。

第三节　殡葬园林艺术思潮与风格

艺术思潮指在一定历史时期和一定地域内，随着社会生活的发展（特别是经济变革和政治斗争的发展）以及艺术自身的发展，在艺术领域里形成的具有广泛影响的艺术思想和艺术创作潮流。艺术思潮是一种艺术现象，它是艺术自身内部的规律性运动和发展，是各种不同倾向、风格、流派的艺术家和理论家先后掀起并共同推动的一种发展艺术、影响艺术史的思想潮流。

一、殡葬园林艺术思潮

人的任何一种生产活动或任何一种掌握世界方式，都是有目的有计划地进行的，艺术思维在艺术掌握世界方式中是第一个基本要素。艺术思维是指艺术创作和艺术鉴赏过程中人脑所进行的思维活动，是一种艺术地认识和反映社会生活的特殊的思维活动过程。

（一）园林思维及其核心

园林思维是指园林创作的理性认识过程，是人脑对园林创作间接概括的反映，它是在园林创作实践的基础上进行的。园林思维是最终体现出园林创作思路和情感的必要环节，它决定了园林作品中各种艺术信息的基本表达方式。

在园林欣赏意识中也存在着园林思维，只不过这种思维常以不完整的形态表现出来。园林创作思维的进程是具体的，园林美感的内涵只有经过园林思维的整理，在社会园林审美观念、情趣、传统以及对园林及其美的规律的理解等共同制约下，才能有效地形成典型意境，再进入物化环节，在园林作品中表现出来。

艺术构思是园林创作思维的中心环节。立意是构思的主导方面，关键在于深刻理解，包括用造园理论原则去思考和推敲。塑造典型是构思的核心，其关键在于通过取舍、提炼、概括和虚构，达到共性和个性统一的完整的园林艺术形象。

园林创作思维包括抽象思维和形象思维。园林创作思维的各个环节，包括收集和整理素材，充实、增删、融合、改造格局，绘制效果图等，这些都不是直接采用抽象思维就能解决的问题，因而园林创作思维主要采取形象思维方式。

园林创作思维的最终目的是创作出新的园林艺术美，其艺术美的要旨在于典型化，即把客观与主观、共性与个性、必然与偶然紧密联系到一起，构成典型意境。

园林思路是指园林创作思维的脉络，主要分为三种类型。

1. 思路指向明显

这是一种比较自觉的园林艺术思维，大部分种类的美的信息，都通过某种自觉程度较高的艺术处理在构思中得到较明确和充分的传达，同时各类美的信息能协调地构成统一的艺术效果。

这种思路有着以下三个显著的共同点。

一是逻辑支配性。构成的作品大都有十分明晰的格局：有的主轴明确，一切单体都围绕着轴线依照某种艺术原则分布并联系为一个个群落，有很强的统一感；有的虽无明显的主轴线，但各群落之间仍有明确的内在联系。这类作品中大部分都有主要单体，它统率着全园的总的理趣，突出主题，各个局部服从统一主题，形成内在的章法和秩序。

二是规范性。这类作品所要暗喻或象征的大多是社会公认的事物或观念。传统文化意识与社会习俗常常反映到园林中，如松柏类树木在殡葬园林中的应用，体现了“生命之树常青”的观念。

三是暗示性。暗示性指作品中暗示某种主题，象征某种意义，同时还可暗示某种社会关系。暗示性与象征性有联系又有着区别，它不是约定俗成的象征，而是表现为较强的个性，很少遵循某种既定法则。

2. 思路指向含蓄

这种思维有很少自觉性，很少刻意追求，这种创作过程的显著特点是它显得像是一种美感形态的直觉表达或感情的直接流露，多半不经过明确的开掘主题的环节，作品中的感情色彩比较朦胧。这种思维中的园林美的观念是

“天人合一”，是主观和客观、自然与人、感情与认识的高度融合。

这类作品的特征是具有含蓄性，不注重阐释，而注重启迪。园林语言简洁精练，强调的不是可入可触的客观时空感，而是虚无缥缈的时空感。

3. 园林艺术想象

园林思维的核心是创造性的艺术想象，是经过改造的各种表象纳入新的联想而形成新的、形象和感情融为一体的意境。园林思维的创造性想象与其他艺术的关系十分密切，其内容带有群体文化意识的烙印。

园林艺术想象主要是空间的艺术处理，通过空间处理完善其功能。各种单一的艺术想象互相融合、转化，主观和客观在想象中可以互相融合、互相转化。中国传统的艺术文化心理特征主要有两条，一是时间观念率领着空间观念，造成一个节奏化、韵律化的时空合一的序列；二是情感率领着形象，造成一个诗化、音乐化的意境。

作为融入各类艺术因素的整体环境艺术的园林艺术，有不同于其他艺术的美学特征。中国传统的艺术文化心理对园林意识起着重要的影响和作用，如园林创作中的想象比起欣赏想象来就多了一层民族的、时代的、历史的文化心理制约，即受到大文化环境和特定的观众的文化心理的双重制约。

（二）殡葬园林艺术思潮

殡葬园林思潮，即殡葬园林思想潮流，是指在某一历史阶段里反映一定社会群体的殡葬园林欲望的殡葬园林思想倾向，也就是殡葬园林文化思潮。如果也将其作为一个殡葬园林文化要素来看待的话，应属于殡葬园林哲理要素群的范畴；殡葬园林思潮是具有多方面内涵的一种特殊的殡葬园林文化，且又是现实中人们经常使用的一个概念。在殡葬园林史上，无论是哪一个历史阶段出现的哪一个殡葬园林思潮，通常都不只是殡葬园林的思潮，而是文化总体上的思潮，无论是由思想界或艺术界的哪一方面首先掀起的某一思潮，也都将最终席卷整个文化总体的任何一个角落。

殡葬园林思潮是文化思潮中的一个领域或方面，而任何一个殡葬园林思潮的出现都不是孤立的，都是顺应文化总体大潮中的一个随潮而动的小潮，当然，也不排除某一文化大潮是由殡葬园林小潮所掀起的可能，不过也应是顺乎文化大潮的发展趋势的。

二、殡葬园林文化意识

（一）园林艺术意识与文化意识的关系

园林艺术活动是人类活动（包括物质活动和精神活动）的一个有机组成

部分，它与物质活动有十分密切的关系。因为园林艺术与一般意识形态的艺术不同，要对环境作整体性的艺术改造，有物质性的一面，当然离不开科技、生产活动、经济活动。园林艺术活动随物质活动的发展而同步发展，材料的选择和加工、建筑技术、环境改造以及园林管理等方面的水平和物质活动发展程度的同步关系是十分明显的。当代新学科、新技术对园林艺术发展的影响也日益引起人们的重视，新园林也逐渐采用了电子、激光、新生物技术、新施工技术、新管理技术等，不仅影响到园林工艺学特别是其中的艺术语言和创造技巧方面，也影响到园林艺术学。人类物质活动的发展必然影响到人类精神活动，它们都会对园林艺术意识产生一定的影响。

园林艺术又有一般意识形态的艺术所无法比拟的稳定性（历史继承性）。这是园林艺术可以超越阶段、跨越时代而有较普遍的审美价值的缘故，不同时代、不同民族的园林艺术意识又有先天的亲和性，这种亲和性从客观上说，来源于园林美的普遍性，从主观上说则是园林艺术意识的稳定性在各种不同人身上呈现为对美的整体环境大致相同的适应性的缘故。可见，园林艺术意识的一个基本特征是稳定中随时代发展。园林艺术从本质上说，是一种人类精神活动的物化产品。艺术对环境虽有物质方面的改造，却不全是为了满足人的物质需要，更重要的是为了满足人的精神需要、审美的需要。时代文化意识从整体上各方面决定着园林艺术意识的内涵、结构、功能和面貌，使它符合时代精神并随时代变化而变化。

园林艺术意识是社会的人对自然既要改造、征服又必须保持和谐一致的辩证关系的审美反映，时代的社会审美要求是多变的，对人们的园林艺术意识经常有各种各样的影响，尤其对艺术语言和艺术趣味影响比较大。一方面，自然因素是相当稳固的因素，不大会随时代迅速变化，人对这些自然因素的美感在相当程度上近似于自然美感，是非常普遍的，其内涵却又极为丰富，有对自然与人的自然辩证关系的深刻的审美把握。另一方面，园林艺术中的建筑美感有较广阔的历史内涵。这两方面同其他方面共同构成园林艺术意识系统。因此，园林艺术意识既随时代而变，又有相对独立性。时代的（因而是多变的）社会审美要求与相对稳固的园林自然美感的相对独立性和园林艺术美感有较大的历史容量的辩证统一，它有相对独立的发展史。

一个时代的文化意识系统跟它的艺术文化子系统的表现有时不同，它并非不能容纳传统意识（包括传统的园林意识）中的某些相对稳固的成分，传统园林意识中的相对稳固的成分不仅可能与时代的文化意识大系统不相矛盾，而且可以获得新的历史内容并促进新的时代文化意识系统的巩固和发展。中国自然式园林意识影响了自然风景园林意识，两者在今天都自然而然地容纳了生态平衡、环境保护等现代意识，同时反过来促进现代文化意识的完善和发展。

园林意识有较为显著的稳定性，但这个稳定性不是来自人的意识自身的惰性和既得利益，而是有客观依据的。园林意识自身（整体、本质、美感和思维等）以及它与时代文化意识之间的生态系统都具有系统的一般原则：即集合性、相关性、非加和性、目的性、环境适应性和可控性。

作为整体性环境艺术的园林艺术也在随时代而变，但与一般意识形态的艺术不尽相同，它同时代的进步保持着较好的一致性，可以有最大限度的民众性。园林艺术越来越显著的大众媒介价值，使相对稳定的园林意识中的历史内容无形改变，与时代文化意识大系统的民主性、人道主义和人与自然的一致性的充分明智态度的形成和发展结合为一体，将为消除现代文明与人的对立作出重要贡献。时代召唤园林理论，园林理论反过来又将促进“人-社会-自然”一体的时代文化意识。

（二）中国传统文化对园林文化的影响

中国古代传统文化思想对中国古典园林的影响以及人们对自然美的认识和追求，常常与社会的剧烈变革、政治动荡以及思想活跃程度密切相关。在中国文化发展史上，儒、道、佛三教作为中国传统文化的三大组成部分，各以其不同的文化特征影响着中国文化；同时，三者又相互融合，共同作用于中国文化的发展，并充分体现了中国文化多元化互补的特色。

中国传统园林所体现的“人与自然和谐”的思想背景来源于中国“普遍和谐”的传统观念。儒家思想历来主张“礼之用，和为贵”，老子《通德经》提出“万物负阴而抱阳，冲气以为和”，董仲舒《深察名号》有“天人之际，合而为一”的宇宙观，认为对立物的统一，则有创新，能够有新生事物出现。由“天道与人性和合”的一贯思想指引，将自然山水比德仁智，“道发自然”为探求规律的遵循，返璞归真、朴素自然为审美标准，所以自然而然的大自然才是真、善、美的。中国园林在尊重自然，取同自然协调的路线下，借助于自然之广，崇尚自然之美，模拟自然之形，创造自然之意，以“虽由人作，宛自天开”为创作追求和评判标准。

中国古典园林艺术体现了中国人生命情调与心灵律动的形态，融入了中华民族传统的人生情趣、审美观念和空间意识。中国园林艺术创作中“意境”的产生与中国哲学思想是密不可分的，它对中国园林的影响主要是通过对中国文人性格和审美情趣的渗透，折射在园林风格和景观意境的审美观念中，无论从园内的物质内容到精神功能，从园林的立意布局到园内景区的主题分配，从景物本身的表意内涵到景物之间的符号关系都孕育着丰富的中国园林美学思想和博大的中国传统文化底蕴。

高低错落、曲幻掩映、奇景迭出、扑朔迷离是中国古典园林的美学意境。中国古典园林造园理论基于以儒道佛思想为中心的多元文化。其“天人合一”“师法自然”的观念对造园者产生了深刻久远的影响。历代帝王与道士方丈寻仙山玉宇以求升天得道，产生了堆山理水的基本构想，造成象征蓬莱仙阁的中国古典园林最早布局。返璞归真、任其自然、虚静恬淡的意向是中国古典园林的美学标准，因而有了仿天下名山大川或田园风光之杰作。佛道追求禅栖道隐的志趣为中国古典园林平添几分超凡脱俗之清越。

1. 儒家思想与中国园林

在中国文化发展史上，儒家学说是中国传统文化发展的主流，自汉武帝“罢黜百家、独尊儒术”之后，儒学便成为中国古代文化的正统思想，儒家思想深深地影响并主导着中国文化发展的历程。崇尚“仁义”和“礼乐”等孔子思想，提倡不偏不倚、无过无不及的中庸思想是儒家思想的特色。在政治上主张“德治”和“仁政”；教育上主张“有教无类”，重视平民教育和伦理道德的培养与实践；并融入了重民、三纲五常、道统等思想以及提倡以义制利的价值观。儒家思想对中国古典园林的影响主要体现在“天人合一”和“君子比德”两方面。《周易》中强调天、地、人三才以人为本，重视人与自然、人与人之间的和谐统一关系。儒学并不把自然看作异己力量，而是主张人与自然和谐相处，认为天人是相通的，倡“天人合一”“万物与吾一体”之说。这些思想导致了中国人的艺术心境完全融合于自然，“崇尚自然、师法自然”也就成为中国园林所遵循的一条不可动摇的原则，在这种思想的影响下，中国园林把建筑、山水、植物有机地融合为一体，在有限的空间范围内利用自然条件，模拟大自然中的美景，经过加工提炼，把自然美与人工美统一起来，创造出与自然环境协调共生、天人合一的艺术综合体。儒家的比德思想对中国园林的主题思想产生一定的影响。在我国的古典园林中特别重视寓情于景，情景交融，寓意于物，以物比德。人们把作为审美对象的自然景物看作是品德美、精神美和人格美的一种象征。例如，自古以来人们就把竹子作为美好事物和高尚品格的象征，人们把竹子隐喻为一种虚心、有节、挺拔凌云、不畏霜寒、随遇而安的品格精神。唐代文人刘岩夫《植竹记》中将竹与君子的人格相比拟，“劲本坚节，不受雪霜，刚也；绿叶萋萋，翠筠浮浮，柔也；虚心而直，无所隐蔽，忠也；不孤根而挺耸，必相依以林秀，义也；虽春阳气旺，终不与众木斗荣，谦也；四时一贯，荣衰不殊，常也”。从竹子的人格化看出，自然美的各种形式属性本身往往在审美意识中不占主要的地位，相反，人们更注重从自然景物的象征意义中体现物与我、彼与己、内与外、人与自然的同一。除了竹子以外，人们还将松、梅、兰、菊、荷以及各种形貌奇伟的山石作为高尚品格的象征。

2. 道家思想与中国园林

道教是中国土生土长的宗教，它与儒、佛并称三教，成为中国文化的重要组成部分之一。道家思想认为："道"是宇宙的本原而生成万物，亦是万物存在的根据，道生一，一生二，二生三，三生万物。同时主张"大地以自然为运，圣人以自然为用，自然者道也"。后来，道家思想继承和发展了"道法自然"的思想，认为自然界本身是最美的，即"天地有大美而不言"。在老庄看来，大自然之所以美，并不在于它的形成，而恰恰在于它最充分、最完全地体现了这种"无为而无不为"的"道"，大自然本身并未有意识地去追求什么，但它却在无形中造就了一切。道家的自然观对古代艺术民族特色的形成是极为重要的，其精神表现为崇尚自然、逍遥虚静、无为顺应、相持贵清、淡泊自由、浪漫飘逸。在道家思想的影响下，以自然仙境为造园艺术题材的园林逐渐发展起来，如深受道家影响的"一池三山"典型布局对后世园林有着深远影响，并成为创作池山的一种模式，促进了园林艺术的发展。

3. 禅宗思想与中国园林

禅宗是由于佛教文化东渐，在中国文化土壤上形成的一个中国佛教宗派，它不仅吸收了以往佛教诸派思想以及玄学思想之所长，而且还融合了中国文化中有关人生问题的思想精髓，从而与中华民族注重现实生活的文化传统构成水乳交融的整体，成为与儒、道并称为传统文化的三大基本组成之一。禅宗作为中国传统文化现象，是儒、道、释三家融合的重大思想成果，具有特殊的文化价值。它提倡通过个体的超常体验和沉思冥想的思维方式，从而在感性中通过悟境而达到精神上的一种超脱与自由，认为人与自然并不仅仅是彼此参与的关系，两者是浑然如一的整体。为了在人的生命历程中展现出这种自然宇宙与人的整体境界，禅学认为内心的体验便是达到这一境界的关键。中唐时期，禅宗的兴起，将审美与艺术中主体的内心体验、超常感情等的作用，提到极高地位，使之得以深化，并把禅宗思想融入中国园林的创作中，从而将园林空间的"画境"升华到"意境"。从禅宗的观点看，世间万物都是佛法或本心的幻化，即"青青翠竹，皆是法身；郁郁黄花，无非般若"。这就为园林这种形式上有限的自然山水艺术提供了审美体验的无限可能性，即打破了小自然与大自然的根本界限。这在一定的思想深度上构筑成文人园林中以小见大、咫尺山林的园林空间。因此，与皇家园林不同，充满禅趣的文人园林多显露出以小为尚的倾向。这一方面表现在园林面积、规模的小型化上，如山向叠石、水向小池潭、花木向单株转化，静观因素不断增加，而自然景观的可游性则相对降低。另一方面表现在立意于小、小中见大的创作手法在我国源远流长的古代文化艺术中应用是十分广泛的。小是客观的，指园林的面积，大是主观的，指人的感受，大通过小而体现出来。除了以小见大的创作方法以外，园林中的“淡”也是源于禅宗思想。园林的“淡”可以通过两方面来体现：一是景观本身具有平淡或枯淡的视觉效果，其中简、疏、古、拙等都可构成达到这一效果的手段；二是通过“平淡无奇”的暗示，触发你的直觉感受，从而在思维的超越中达到某种审美体验。从中国园林的历史发展来看，禅宗思想影响下形成的士大夫的立足心性解脱、追求旷达适意的生活态度，以及自然清静、含蓄澹远的审美情趣，促成了文人士大夫私家宅园的兴盛，并且带来了园林艺术特征的变化。禅宗无论在理论上还是实践上，都对当今的生态伦理观及环境保护有着积极的意义，禅宗关注自然界，对自然界的现象进行参悟，讲究人与自然的和谐，这对现代环境设计有一定的启发。现代设计力求简洁，就是简洁的形式，自然到没有修饰的一种或几种材料，以及单纯的色彩，而表达的意境却相当深远，这种极简主义设计理念与禅宗思想中的“彻见心性”（即揭示事物的本质）在本质上是相似的。

（三）当代文化对殡葬园林文化的影响

文化传统可以在一定程度上影响人们去认识领悟现实世界中并不存在的事物，种族群体共同的幻想和追求来自他们所共享的文化传统。例如在中国人心目中“泰山的雄伟、长江的豪迈、西湖的秀丽、桂林的迷人”等许多风景观念的形成，在很大程度上是文化传统熏陶作用的结果，这就是风景园林文化的作用，它在一定程度上影响着殡葬园林文化。

当代文化意识的主流是“人－社会－自然”一体的客观实际在人脑中较明智的反映。它对殡葬园林文化意识的影响是巨大的、全面的、深刻的。

一是综合性的影响。园林艺术意识本身就包含了人的自然意识、社会意识和艺术史意识，是综合性的。现在越来越多的人认识到“人与自然的协调”才是美，人类需要“人与自然有机地统一在一起的生活总体”。

二是审美观的影响。殡葬园林艺术活动的直接目的是满足殡葬活动者环境的审美需要，它受一般审美需求和特殊审美需求的制约。殡葬园林管理行为比园林创造行为更为直接地受到现实条件的制约，并强有力地左右着创造行为，造成一部分人的创造行为与创造意识的某种程度脱节。人们对殡葬园林的审美需求越来越呈现出多元化、多层次，因而必须对殡葬园林进行创新。

三是新学科的影响。科学知识的复杂化、精细化和迅速分化，拓宽和加深了人们对园林艺术的认识，科学和技术直接变成了园林建设和园林管理的最重要的手段。由于殡葬园林本身的特点，新学科对殡葬园林的影响作用更大，受制约的因素更少，也就是说殡葬园林更容易接受新学科。

四是新方法的影响。园林艺术变革的这种背景中所显示的园林美学的落后促使人们去深入研究方法论的理论方法，而传统哲学和美学依靠自身的力量不能完成园林艺术的发展去综合各种知识并提供有效的研究方法的任务。时代向园林艺术提出了许多新的课题，传统的因果观框架中重逻辑不重描述的规律研究就显得狭隘、无力了，因而要用辩证矛盾系统观去改造系统论、控制论和信息论，并用来指导新时期的园林活动等。

【扩展阅读】

中国松柏文化及其殡葬园林文化价值

松柏是殡葬园林的传统树种，据现有文献记载，自春秋时期至今，松柏在殡葬园林中已有几千年的栽植历史，因而松柏类植物在殡葬园林中具有强烈而浓厚的传统文化色彩。

松柏植物由自然之物变为文化之物，由物化的形象变成文化符号。松柏文化兼容多门科学，其构成非常广泛，包括哲学、宗教、文学、艺术、教育、风俗、民情等文化领域。松柏文化中所包含的文化信息，可以反映出中华民族文化的基本概貌。作为民族文化的一部分，松柏文化与其他类型的文化相比，具有较浓重的生物学特点、美学特点、文学特点、乡土气息和人生回味。

一、中国松柏文化的起源

新石器时代是中华文化起源的重要时期，也是中国松柏文化起源的重要时期。

从人类文明开始，人们就已经注意到自然界中的植物了，这就是形成松柏文化的基础。植物界的种类非常丰富，植物学家根据植物形态构造的完善程度以及生活习性等方面的差异，将植物划分为低等植物和高等植物。松柏类植物属于高等植物类的裸子植物，在中生代时期就较为繁盛，后因地壳变迁而致使多数裸子植物绝迹。

我国是研究植物最早的国家，早在四五千年前人们就有相当丰富的植物学知识，如周代（公元前1046—前256年）的《诗经》《尔雅》就记载和描述了包括松柏在内的200多种植物。我们可以从人类对松柏植物审美意识产生的心理、生理和人类应用松柏植物的历史等三个方面来考虑中国松柏文化的起源。

人类的审美意识是一个由各种心理形式（包括感觉、知觉、想象、理解、情感等心理过程）相互融合、渗透、交织而成的意识系统。这些心理过程从内容上看都具有社会性，作为具体的人类能力，又都具有其依赖的生物生理机制，它们的组合、交叉、协调构成了人类审美心理活动的生理基础。这种生理基础是人类祖先在漫长的生物进化中逐渐形成的。

早期人类对松柏植物产生兴趣并由此产生审美心理，从生理和心理上考察，直接的原动力来源于原始人类对自然界中松柏植物在生理上的愉悦感，或称为快感。由愉悦感产生的反复作用，使人的心理对外界审美主体形成了一种依恋关系。

植物在地球上生存的时间比人类文明史早得多。松柏类植物作为存活下来的700多种裸子植物中的一部分，其树形优美，木材优良，有很高的可利用价值和观赏价值。中国松柏文化形成的内驱力就是从松柏的使用性开始的，人们对松柏植物可利用性的认识是松柏植物审美与松柏文化发展的推动力。

二、中国松柏文化的内涵

中国松柏文化的主要内涵集中体现在松柏的人化、人格化等方面。而这些手法的运用在很大程度上与人在松柏植物审美活动中的内模仿与移情作用有关。

内模仿是当人面对审美客体时，人的知觉会按照客体的性质进行模仿活动。由于内模仿使人产生相应的心理和生理反应，这常常是人们的“比”与“兴”产生的重要因素。当人凝视笔直的松树时，其视觉会随着松树的形体向上作升腾的视觉运动，而随着视觉同时进行的是身体运动，人在高大挺拔的松树面前不自觉地挺立，就是内模仿的结果。内模仿的身体运动必然产生相应的心理情感，并不仅是停留在人的情感方面，而是将它投身到客体上，使客体具有了感觉到的心情，这就产生了移情作用。

移情是在植物审美过程中，将人主体的情感灌注、投射或转移至植物客体的现象。移情主要有四个方面：一是将无生命的静止的客体灌入生命内涵；二是拟人化描述；三是心情外射，将自己的感情完全移到客体中去，认为客体也一定会有这种情感；四是将外貌当作内心表征的移情。把松柏植物看成是有生命、有感情的东西，移情的审美心理过程，是以自己的感情心理来认识审美客体，去“接活”审美对象，然后反射给自己，从而产生新的感受，好像是审美对象作为生命和意识的对象所给予的，这种感受要通过审美对象的表情语言来传递。

松柏树干笔直，外形多节，皮质粗厚，《广群芳谱》载：“松，百木之长，犹公，故字从公。皮粗厚，望之如龙鳞。四时常青，不改柯叶。”极具高贵之相，因而常为宫殿庙堂的守护之神。《东方朔传》“柏者，鬼之廷也，鬼神尚幽暗，故以松柏之树为廷府”。《史记·龟策传》“松柏为百木长，而守门闾”。《六书精蕴》云：“柏，阴木也，木皆属阳，而柏向阴指西，盖木之有贞德者，故字从白；白，西方正色也。”《礼记·礼器》其在人也，如竹箭之有筠也，如松柏之有心也。二者居天下之大端矣，故贯四时而不改柯易叶。

松柏是古今被咏赞的植物。《花镜》云：“松为百木之长，……多节永年，皮粗如龙麟，叶细如马鬃，遇霜雪而不凋，历千年而不殒。”有人拆字“松”为十八公，元代冯子振写有《十八公赋》，明代洪璐著有《木公传》。松耐寒耐旱，阴处枯石缝中可生，四季常青，凌霜不凋，可傲霜雪。松是广泛被视为吉祥的树种。松能长寿不老，民俗祝寿词常有“寿比南山不老松”之说，在书画、器具、装饰中也常有“松柏同春”“松菊延年”的组合。

“不同流合污，坚贞有节，地位高洁。”松为“公”，柏为“伯”，在“公侯伯子男”五爵中，伯列第三位，柏也比作“位列三公”。《风俗通》载，魍魉喜食死人肝脑，惧于虎、柏。故阴宅陵墓多植柏立石虎。民间习俗也喜用柏木“避邪”。在民俗观念中，柏的谐音“百”是极数，“极”即多而全，诸事以百盖其全部，如百事、百鸟、百川等。

世人常把植物人格化，所以植物是有寓意和象征的。长久以来，某些植物被赋予了深厚的文化内涵，与人们的思想感情发生着千丝万缕的联系。人们通过暗喻或象征能够体现出社会公认的事物或观念。如竹的虚心、兰的情操、杨柳的多姿、松柏的富华、玫瑰的灼热，都给人以不同的感受。又如“梅花清标雅韵，玉兰幽谷品逸，青竹节格刚直，菊花操介清逸”的“四君子”，荷花出淤泥而不染，红豆相思，紫薇和睦，萱草忘忧，石榴多子等都能引起人们丰富的联想和内心共鸣。

松柏树木，以其风姿美态而媚人。松柏植物美除形态色彩美以外，还包含一种比较抽象却极富思想感情的美。人们在欣赏大自然中植物美的同时，有时将植物形象美人格化了，如松树寿达千年，经得住岁月风雪的侵蚀，因而将松树比喻人间的英雄。如《论语》“岁寒，然后知松柏之后凋也”。《晋书·载记吕光传》载吕光遗杨轨书云：“凌霜不凋者，松柏也。临难不移者，君子也。”殡葬园林选用蓝、紫、白等花色树种，以示悲哀之意，富有哀思和中华民族风格，如松柏常青、凌冬不凋象征永垂不朽；垂枝柏、雪松等象征默悼志哀。松柏类树木在殡葬园林中的应用，体现了“生命之树常青”的观念，是传统文化意识与社会习俗在殡葬园林中的反映。

三、中国松柏文化在殡葬园林中的发展

人类的殡葬有一个发展过程。殡葬方式受民族、地理条件、历史时期、社会制度和经济状况的制约。它是某个时期文明程度的反映，是和人们的物

质条件及社会政治情况相适应的。而中国松柏文化在殡葬园林中的发展是与殡葬发展过程相适应的。

早期的殡葬是简陋的，直到西周，墓上仍是不做坟堆、不做标记的。从春秋时代开始，由于经济逐渐繁荣，人口流动频繁，为了辨认，人们才在墓上筑坟或种树以为标志，到战国时代成为一种普遍现象。“礼”是当时一切社会秩序与人际关系的准绳，个人身份的贵贱尊卑在礼仪上有着不可逾越的界线，冢上松柏是古代中国身份等级制度的象征，《礼纬·含文嘉》云“天子坟高三仞，树以松；诸侯半之，树以柏；大夫八尺，树以栾；士四尺，树以槐；庶人无坟，树以杨柳”。可见，墓上筑坟丘和墓旁植树是中国古墓葬发展史上一个很大的变化。坟的高低与树的种类是与死者的身份有密切关系的。

在坟墓上树一些标记或纪念物，是许多民族的丧葬习俗之一，各民族的宗教信仰、社会心理、民风民俗等也往往从中得到反映。后世植冢树的主要功能一是标志，二是纪念。冢树的标志功能与古礼完全背道而驰，植树也违背了土葬“藏”的原意。《吕氏春秋》载：起坟种树，“以此观世示富则可也，以此为死则不可也。是故大墓无不扣者而世争为之，岂不悲哉!”后世民众或受“庶人无坟”古礼的影响，或无力起坟，遂植以松柏，插以杨柳，以为葬处的标志。

到了秦代，立冢植树已相当普遍，《盐铁论·散不足篇》也指出“今富者积土成山，列树成林”。《墟墓诗》载：“出郭门直视，但见丘与坟。古墓犁为田，松柏摧为薪，白杨多悲风，萧萧愁煞人。”可见当时起坟植树风气之盛。魏晋承汉，植冢树的习俗有增无减。

冢树的纪念功能，更具人情味，这是冢树从王制流为民俗的最重要原因。《孔子家语·终记解》：“葬于鲁城北泗水上，藏入地不及泉，而封为偃斧之形，高四尺，树松柏为志焉。”

冢上松柏是国人道德观、价值观的寄托，松柏在中国人心目中一向具有其他树种不可替代的地位。《日知录》中记载了“坟墓尊显，松柏桑梓，犹宜肃恭”的说法。

著名汉末民间叙事诗《古诗为焦仲卿妻作》（又名《孔雀东南飞》）记述了一对被迫离异的夫妻以死表达爱情的坚贞，“两家求合葬，合葬华山傍。东西植松柏，左右种梧桐，枝枝相覆盖，叶叶相交通……”以相抱偶生之树喻相爱的情人。可见，冢上松柏的实际功用已逐渐从国君陵上的专利成为凡人坟上的标记，以至于松柏一词逐渐成为坟树的别称。冢树所植，由死者身份的象征发展到“广植树林，以壮观瞻，以此争相奢侈”。自两汉以来，社会世风一直倡行厚葬。王符《潜夫论》：“偶人车马，起造大冢，广种松柏，庐舍祠堂，崇侈上潜”的现象大炽于天下。“孝陵云黯万株松，叶叶冰霜树树龙。更遣奚官豢千鹿，艺田瑶草护春茸”。当初孝陵不仅广植松树，而且在陵园内养有鹿群，形成典型的陵墓园林。

作为冢树，松柏虽已失去帝王之相，但较之婀娜的柳枝、多变的枫叶，其挺拔的身姿、茂密的树叶，仍显出类拔萃，不同凡类，因而备受国人青睐。松柏类常绿树可增添墓地庄严、肃穆的气氛，暗寓死者生前品格气节，象征死者精神长存。

在现有古典文献中，不乏关于殡葬园林中的松柏的描述，足以说明松柏在殡葬园林中的应用价值和历史。

有描述安葬后栽植松柏的：《晋书·山涛传》涛年逾耳顺，居丧过礼，负土成坟，手植松柏。《甄琛传》琛丧父，于茔兆之内手种松柏，隆冬之月，负掘水土。乡老哀之，咸助加力。十余年中，坟成木茂。《列女传》泝女李，父母亡，庐于墓，蓬头跣足，负土以完园茔，昔松数百。武后时，诏树阙门闾。《初学记》后汉方储，丹阳人，遭母忧，负土成坟，种松柏，鸾鸟栖其上，白兔游其下。《孝友传》霸城王整之姊，嫁为卫敬瑜妻，年十六而敬瑜亡，手为亡婿种树数百株。墓前柏树，忽成连理，一年许还复分散。女乃为诗曰：“墓前一株柏，根连复并枝，妾心能感木，颓城何足奇。”

有描述墓上松柏景观的：《述异记》卢氏县有卢君古冢，冢旁柏二株，枝条荫茂二百余步，树文隐起，皆如龟甲，根劲如铜石。《雨航记》自惠山寺入门，西曰“听松”，松在断冈上，大可十围，奇曲皆虬枝。入“听松”，缘冈皆士大夫家墓隧，松楸白杨，青沾翠洒；其最胜曰邵文计墓，墓上三松，大逾“听松”者二倍，而奇峭不逮。

有描述墓上松柏奇特现象的：《晋书·孝友传》许孜二亲没，建墓于县之山，列植松柏，亘五六里。时有鹿犯其松栽，孜悲叹曰：“鹿独不念我乎!”明日，忽见鹿为猛兽所杀，置于所犯栽下。孜怅然不已，乃为作冢，埋于隧侧。猛兽即于孜前自扑而死，孜益叹息，又取埋之。自后树木滋茂，而无犯者。据《孝友传》载，王裒庐于墓侧，旦夕常至墓所拜跪，攀柏悲号，涕泪著树，树为之枯。裒衮字叔褒，或有斩其墓柏，莫知其谁，乃召邻从集于墓而自责焉。因叩头泣涕谢祖祢曰：“德之不修，不能庇先人之树，衮之罪也。”父老咸亦为之重泣。自后人莫之犯。《南史·孝义传》：“庾沙弥母亡，书夜号恸。墓在新林，忽生松百许株，枝叶郁茂，有异常松。”《毗陵志》：“洪迈绍兴间与弟适，遵读书外家沈氏白茅山坟庐。是岁墓有二松结球盖，既而兄弟举博学宏洞，亦木之祥也。”《圣贤冢墓记》：“东平王归园，思京师；后，葬东平，其冢上松柏皆西靡。”《广群芳谱》：“唐沙门胜至孝，母亡，墓前忽生松柏十余株，人以为孝感所致。”

殡葬园林中松柏植物的表情十分丰富，审美过程中对松柏植物表情的移情，在其形式本身，也在于文化积淀。在殡葬园林植物配置中，人们经常利用不同植物的不同气质、不同情调来创造不同的园林空间气氛，使人们通过联想产生优美动人的园林意境。殡葬园林中的松柏，象征着崇高，因为它本身形态高直苍劲，符合视觉形象的壮美特征，久而久之引起人们对它的感情联想，形成了传统殡葬文化的积淀。

三、殡葬园林艺术风格

风格是指某个时代、民族、流派类型或某个作者一系列作品中呈现出来的主要思想和艺术特点的统一。风格是艺术作品整体上所呈现出来的代表性特征，是建立在性格、品格基础上，着重从审美角度集中表现的某种艺术形态。

性格主要是指自然条件赐予的某种天生的性质，例如由于地理环境的自然差别，东西南北地区或平原、山区、沿海、沿江、沙漠等地区的自然地理环境产生的影响不同，必定先天地赋予某种特色的自然性格。除自然条件影响赋予的性格外，同时还取决于社会、政治及文化等的影响，这就形成某种品格。特别是我国历史悠久，在传统的完整的“礼制”与“民俗”长期支配影响下（实质上为政治服务）所形成的反映中国封建文化特色的品格。如果说性格是先天自然条件决定的，那么品格则是后天社会因素形成的。例如，我国历史上建筑有皇家、官府、衙署、民居、寺庙、店铺等的等级地位之差，这种纳之于礼制的不同规格的等级所反映的就是品格差别。又如封建帝王陵墓是依照“礼制”的定性、定位、定制形成，它们是属于皇家建筑等级的品格。地方不同、民族不同、时代不同、历史文化背景不同，都是形成风格各具特色的根本原因。风格是在自然基础上的文态环境创造，是后天人为的，离不开自然的生态环境。如北方山水以刚劲雄厚的自然风格居多，南方则以青山绿水、秀美柔和的自然风格为主。

（一）中国园林的不同艺术风格

园林艺术以真实的自然材料来表现自然美，它的风格既有艺术风格的共性，又有其独有的特征。中国的园林艺术受儒、道、佛教的影响，追求、向往的人间仙境是“上有天堂，下有苏杭”，青山绿水，草长莺飞。人们置身其中，领略旦夕间阴晴晦明，岁月里草木枯荣，仿佛把握住自然的脉搏，忘却了自我的存在，因陶然忘机而进入“天人合一”的境界，与整个世界融化为一体，从而感到彼此存在所带来的美好境界。

1. 皇家园林的主要风格

皇家园林是皇家生活环境的一个重要组成部分，它反映封建统治阶级的皇权意识，通过人们审美活动中的联想意识来表现皇权至尊的观念，从而达到巩固帝王统治地位的目的。

皇家园林规模宏大，如清代建造的几座大型园林面积都在 100hm^2 左右，皇家园林常效法江南造园的建筑配置、假山堆叠、水体布局、花木搭配等技法，运用北方刚健之笔抒写江南柔媚之情的艺术再创造。建筑在皇家园林中占有重要的地位，其建筑布局多为严整的对称形式，空间处理一般较封闭，气氛凝重，建筑的体量大，数量多，其色彩富丽堂皇。皇家园林的鼎盛发展取决于两方面的因素：一方面，封建帝王全面接受了江南第宅园林的审美情趣和造园理论；另一方面，皇家园林的造园追求宏大的气派和皇权的“溥天之下，莫非王土”，造成了“园中园”格局的定型。所有的皇家园林内部的几十乃至上百个景点中，势必有对某些江南袖珍小园的仿制和对佛道寺观的包容，同时从整体宏大气势来考虑，势必要求安排一些体量巨大的单体建筑和组合丰富的建筑群，这样也往往将比较明确的轴线关系或主次分明的多条轴线关系带到原本强调因山就势、巧若天成的造园技法中去。殡葬园林风格受皇家园林风格的影响很大，这与人们殡葬文化观念、向往荣华富贵的生活等有很大关系。

2. 第宅园林的主要风格

第宅园林与一般住宅相连，有浓厚的生活气息，是享受生活乐趣之所，园林的主人多是文人、画家或由其设计营造，因此它必然表现出士大夫阶层所标榜的清高淡泊、寓意深远的意识。第宅园林多以写意式的山水为主体，“一勺代水，一拳代山”，将大自然的山水观浓缩提炼到诗情画意的境界。

第宅园林的布局多呈内向的形式，难以获得开阔的视野和良好的借景条件。第宅园林占地不广，然千岩万壑，清流碧潭，宛然如画。其总体布局及空间处理能做到小中见大，曲折多变，开敞通透，观之不尽。如苏州网师园以池沼为主题，池沼居中，贯以小桥，绕以游廊，亭、轩、楼、阁绕其周围布置，山石为主，略引水泉，苔痕鲜润，草木桦滋，宛然真山真水。

建筑也是构成第宅园林的重要部分。其园林建筑的体量、形式和细部处理有着轻巧、玲珑、纤细的特点。其色彩朴素淡雅，白墙灰瓦，能和其他色彩相调和，使整个园林色彩显得秀丽雅致。

从现今留下来的明清时期的园林布局来看，北方的第宅园林受四合院形制的影响较大，显得较为拘谨；南方的第宅园林则在空间布局上自然大方。

北方第宅园林中通常水面较小，而南方第宅园林因基地水源丰富而水面较大；北方第宅园林建筑显得大度稳重，屋角起翘较平；而南方第宅园林建筑则空灵、飘逸，屋角起翘很大；北方第宅园林中，油松、桧柏、白皮松、国槐、核桃，柿树、榆树、海棠较为常见，而南方第宅园林中常以梅花、玉兰、牡丹、竹子、榆树、芭蕉、梧桐等为主要树种；北方第宅园林色彩构图是以灰瓦、灰墙、红柱、红门窗、绿树、黄石、青石为特点，色彩艳丽、跳动，而南方第宅园林则是以灰瓦、粉墙、棕柱、棕门窗、灰白石、绿树为主要特点，色彩清雅、柔和。

第宅园林的成熟反映了中国封建知识分子与封建权力之间持久的冲突与融合。文人士大夫第宅园林原也是受到皇家园林的启发，寄托自己的政治抱负。但社会的动荡和政治的腐败使恪守礼教的中国知识分子失望，因而又受庄子思想影响，形成与儒家五行学说比较形式化的天地观相对立的，以自然为核心的天地观念。第宅园林一整套的审美趣味和构园传统，给中华民族留下了一大批极为宝贵的文化遗产。

小型殡葬园林可以借鉴第宅园林风格，使殡葬园林产生出浓厚的生活气息，这样更有利于缓解殡葬活动者的情绪。

3. 寺观园林的主要风格

寺观园林是指随着寺、观的大量兴建而相应出现的园林类型，狭义的寺观园林是指寺观内部各种殿堂庭院及其内部环境，广义的寺观园林则指寺观本身及其外围的园林环境。寺观、名胜古迹与自然风景区共同组成的宗教性质的风景区即宗教圣地亦属寺观园林范畴。寺观园林遍及我国古城和名山大川，其数量为皇家苑囿、私家园林的百余倍，也是现代旅游的主要内容。

早在东汉时期，我国道教基本形成，佛教也已从印度传入中国。作为宗教建筑的佛寺、道观大量出现，由城市及其近郊而逐渐遍及远离城市的山野地带。到唐代，佛教的诸宗融合论以及佛道释三教的融合，形成了至今仍很明显的寺观园林特点。

建在城镇及近郊的寺观规模一般很小，但十分注重本身的庭院绿化，其主要殿堂的庭院多栽松柏、七叶树等姿美叶茂树种，以适当烘托宗教的肃穆气氛。而在次要殿堂和其他用途的庭院内则多栽观赏树木及花木，甚至点缀山石水体，以体现雅致宜人的情趣。因而古代城市寺观不仅是举行宗教活动的场所，也是城市居民公共活动中心，其园林布局特点是模仿大自然，而其功能则类似如今的城市公园。

由于宗教原因，“地偏为胜”成为寺观选址要点，不同的自然地理环境形成了各具地域特色的寺观园林。深山名川建造寺庙，以自然景观为主作为构景方式，形成山林型寺庙园林，居高临下，视野开阔，周围自然景色与寺庙融为一体，有着浓厚的宗教气氛。地处山巅的寺观，周围自然景观与寺观呈现出浓厚的宗教氛围，如泰山绝顶的碧霞祠，地处山坳、山麓的寺观，山深林静，其布局既有宁静清雅之利，又有层叠曲折之巧。如杭州灵隐寺，据山而设的寺观，山水结合，景色明秀，其布局取一寺独踞之利、风格统一之便。如苏州虎丘的云岩寺，隐于洞中的寺观，层峦叠嶂，其布局巧借地形之利，若隐若现之妙。如藏于洞中的福建太宁甘露寺，洞中有庵的福州鼓山罗汉洞。远离城市的寺观，一般都靠近树林以便采薪，地势向阳背风，因而风景极佳。此外，更注意结合地形、地貌创造出宗教意识与世俗审美相结合的园林环境，使以宗教信徒为主的香客、以文人名士为主的游客纷纷光顾，逐渐成为风景旅游区。

寺观园林的总体布局常反映“旷达放荡，纯任自然”的庄子思想的追求，通常选取环境优美或险要之地，用以象征仙境。寺观园林的构成可分为崇拜部分、生活部分、前导部分。佛教与道教都属崇拜偶像的神教系统，因而三清殿、如来殿、老君堂等都是举行宗教仪式的主体部分，崇拜部分通常在寺观的最主要或显要部位，其建筑群平面布置多采取四合院或廊院形式；生活部分一般依寺观规模而定，其中有僧房、方丈室，还有供信徒、游客住宿的客房；前导部分既是寺观区的主要交通路线，又是风景区的一条主要游览线路，从宗教意义来说，前导部分是由俗入清、渐入佳境的前奏曲，一般位于山麓缓坡或山脚的寺观，多采用丛林为前导，如杭州灵隐寺前的“七里云松”；位于山坳、山谷的寺观，常利用溪流为前导，如杭州虎跑寺；位于山巅的寺观，因上下相对高差较大，多采用山道为引导，如泰山南天门，利用风景区内的丛林、溪流，因地制宜配置的山道可形成综合引导式的前导部分。

4. 风景园林的主要风格

风景园林是以具有美感的自然景观为基础，渗透着人文景观的地域综合体。自然风景园林一般位于城邑郊外，是以自然风景物为基本骨架，利用天然山水林泉，结合山水的治理建设适当加工改造而成的园林风景区。自然风景园林是一个由许多单个园林加上山水间公共的游览地组成的一个集合体。既有青山绿水、洞壑溪泉、花草树木等自然景观，又有亭台楼阁、危磴曲径、仙祠古刹等人工创造的景致。自然风景园林占地大，园林范围没有人为的界限，具有特色的自然景观和丰富的人文景观。它具有开阔的赏景视野，这就为远距离欣赏山林溪泉、亭塔楼阁的整体气势和阴晴雨雪的变化创造了条件。与其他园林相比，自然风景园林的大众性和综合性更加突出。自然风景园林已经成了城市社会生活的有机扩展，从而也成为民众活动不可缺少的舞台。

（二）殡葬园林艺术风格的构成

园林既是一个艺术空间，同时也是一个真实生活的物质空间。园林风格不仅受到人们的修养、审美习俗的影响，而且还受到当地自然条件、社会生活、经济力量和科学技术发展水平等客观因素的限制。由于园林艺术的这些特性，就使园林艺术风格的地方性和时代性更强。

不同类型的园林由于其对象、规模、环境、自然条件和传统风俗习惯等的不同，形成不同的风格。园林艺术风格是多样统一的，在统一的民族风格下，也有时代风格、个人风格及地方风格。殡葬园林艺术更具有独特的风格。

1. 民族风格

中国园林艺术的风格有一个发生、发展的过程，其总体趋势是随着实践活动的深化而不断进化，从而形成了不同时代的园林风格。先秦时期，其园林的雏形——囿的形式、内容较简单，形成了素朴、粗犷、富有野趣的早期园林艺术风格。在秦汉时期皇家苑囿中物质与精神、君权与神权、珍禽共处一体，风格可谓“珍物罗生，焕若仙境”。魏晋园林艺术突破了皇家宫苑的藩篱，转向以山水为主体的新园林，表现为“植林开涧，有若自然”的风格。唐宋园林“因地制宜，理景成趣”“筑山浚池，诗情画意”。明清园林“曲折多变，形式精巧”。可见民族风格是一个动态概念。

中国园林审美的最高境界是人与自然的冥合，由于社会条件、自然环境的改变，园林服务对象的变更，必将导致园林风格的转变，多元化是大势所趋，应该提倡弘扬民族风格中健康成分的多元化。传统园林民族风格即我们民族文化、时代精神、地方特色以及造园家个性在园林作品中的表现，只有具有民族色彩意义的才能具有国际意义，也才能得到昌盛。

民族的文化特性决定着园林民族风格，园林风格的形成主要受制于审美理想、审美机制及表现方法，这些都受到民族思想观念的支配。中国园林既是“伦理园”，又是“自然园”，殡葬园林应该把握住中国传统的殡葬文化，反映出孝道、厚养薄葬等主题，更应该符合当代殡葬改革的精神。

2. 地方风格

园林的地方风格是一个地区园林艺术的生命，要创作出这个时代、这个地区的园林风格，只能认真按照此地、此时的地理环境、植被面貌、气候因素、造园材料、社会经济、功能的要求去创作。

研究殡葬园林，一定要研究地域文化，就是研究不同地域的不同文化，这种地域不一定是个民族范畴，而更多的属民俗范畴。地域文化是这一地域的社会历史和现实的外化，由视觉形象反映出来并给人以视觉心理感受。对于殡葬园林来说，研究地域文化有两方面，一是本土文化与殡葬园林景观心理，二是外来文化与殡葬园林景观心理。

园林的风格和一切艺术一样是有生命的东西，纵观我国园林的发展史，从殷周的囿到秦汉的建筑宫苑、东晋自然山水园、唐代写意山水园及明清的园林，每一种园林形式的形成，都是社会发展的产物，没有一种园林风格可以是永恒的。科学技术的迅猛发展，国际间的交流日益频繁，随着新技术革命的发展，一些新材料、新技术在园林中得到广泛的应用，这又必然改变园林的原有形式，也就改变了园林的风格。因而应该创造出适合这个时代的园林作品，更应该创作出符合殡葬改革需要的园林来。

3. 行业风格

殡葬业是一个十分独特的行业，因而其园林绿化也有着独特的风格。殡葬园区是一个公共场所，其作用和用途决定了其园林应该有一定的能够反映殡葬改革精神的内容，要有一定的殡葬服务功能设施，有一定的活动空间，其园林绿化的目的在于为殡葬活动者创造一个肃穆、幽静的殡葬活动环境，要起到卫生隔离防护、阻滞烟尘、减少噪声的作用。

殡葬园林的风格是由中国殡葬园林文化的性质所决定的，道德、伦理观念渗透在园林之中，由于社会的发展，这些也在发生变化。殡葬园林服务对象的素质等的变化也要求园林风格的变化。殡葬园林至今还没有形成其明显的行业风格，大多数园林是效仿品，难以体现出特色，因而要努力创造出具有殡葬行业特色的园林。

4. 风格预测

今天的园林艺术仅仅满足于对诗情画意或伊甸园的领悟是远远不够的，必须要有现代观念，有最新科技理论的支持，更富于创造性，才能创造出更新、更美、更能适合于不同审美情趣的作品。园林工作者一方面要将外国新的设计思路加以吸收，将新的植物品种引种驯化；另一方面要结合本地文化传统、欣赏趣味、经济条件、人口、用地条件，产生最为适宜的设计指导思想。

园林通用的模式已不复存在，但相互间的借鉴更为频繁。随着社会的发展、科学文化的进步，各种园林艺术的形式发生了很大的变化，让园林充满自然野趣，尽量减少人工建筑物，注重生态和卫生功能，成为世界园林共同发展趋势。随着21世纪知识经济的飞速发展，园林艺术必将进入更加快速发展的新时代，其概念会更加丰富，内涵会更加新颖，形式会更加多样，功能会更加齐全，风格会更加多彩，特点会更加鲜明。

由于地理因素以及社会因素的文化差别，构成了不同的园林风格，这一民族文化遗产受到本民族的重视，还将在世界文化中产生有益的作用。科学技术的进步和经济的发展与繁荣，使人们在建设生活环境方面，能够把过去特别是由于地理原因造成的障碍很容易地排除掉。过去的神话，通过人类劳动和艺术创造，逐步变成现实。生活方式的变化，生态效益处于头等重要的地位，这些变化引起园林风格的变化。

第四节　殡葬园林美的鉴赏与创新

园林艺术之美是以造园者的创造、管理者的维持与发展、游赏者的鉴赏的共同作用才得以体现其美学价值和审美意义的，园林的审美主体包括造园者、管理者、游赏者，有一定鉴赏能力的游赏者通过品味、鉴赏，使园林美产生出完善综合的生态与文化效应，其妙处可以启发灵感，使人的思维活动处于生理过程中的最佳状态，可以消除疲劳，健身养神，有利于工作、学习与身体健康。

园林审美活动是园林美的创造活动的组成部分，园林审美意境的整体生成，包括审美客体与审美主体两方面，游赏者对园林美的感受、思索，直至升华为主体审美意识，才实现了园林美的价值。园林审美活动一般包括三个阶段：审美知觉的形成（园林美引起人们生理、心理上的愉悦感）；审美享受（在愉悦感官的基础上通过想象、联想等手段，展开思维活动，与客体发生共鸣，产生情景交融的境界，此阶段人的一切精神力量处于情感高涨的状态之中）；审美判断（是审美活动的较高层次，人们在理解和评价园林审美特点基础上对现实园林进行评价）。

中国园林中的山石、植物常用拟人化的象征手法，赋予其某种思想感情意义，使之人格化。殡葬园林亦是如此，如墓区内风格各异的碑墓、不同品种造型独特的植物，能体现人的不同性格与性情，这些方面，如果殡葬活动者（或游人）不了解，不去仔细品味，就无法理解其园林景观乃至整个殡葬园林的美学价值。

一、殡葬园林美鉴赏的特性

园林美的鉴赏必然受到时代、人情、文化、生理、心理等因素的制约。殡葬园林美的鉴赏，必须把其园林放在一定的历史条件下，考虑到当地民族民俗审美观念、审美方式、审美特点等综合因素，才能获得相应的审美效应。从生理角度讲，是与人类的起源同步的；从心理角度来说，人的价值观、人生角度不同，人们的审美理想、审美方式、审美行为等也不同。远古神话传说赋予自然山水的神性，表现了人类对自然山水丰富而奇异的想象力，因而历代人们将陵墓祠堂等建在山清水秀之地。古人崇拜山，人类早期的“台”就是对山的模仿，山岳以其巨大形体、恢宏的气势显现出不可抗拒的力量，“台”则巍峨挺立，体积庞大，显示出“整体团块美”。水是人类生存依附的必要环境条件，孔子《论语》“知者乐水，仁者乐山”把山水人格化，山水的美德即人之美德，因而自古陵墓选址都注重山水。例如建筑艺术的鉴赏，是欣赏主体通过对建筑形象的直观把握与悉心体验，感受其形式美与表现力，体味其社会历史文化内涵与象征意义，获取审美愉悦与精神激荡的审美活动。它是心理的、精神的众多因素共同参与的复杂过程。

性格、情绪、个性在殡葬园林美的鉴赏中影响极大，如性格柔和的人喜欢圆形，性格坚强的人喜欢菱形；个性沉静、内向的人喜欢同一色调的和谐，而活泼明快性格的人喜欢红、橙等暖色调的组合。在殡葬园林中，一花、一草、一树、一石，都要充分考虑到生者与死者的性格与个性，以更好地体现出殡葬园林之美。

二、殡葬园林美的鉴赏方法

（一）殡葬园林美的欣赏

园林欣赏是一种以游客为审美主体、园林为审美客体的审美认识活动。中国园林讲究小中见大，把外界大自然的景色引到游赏者面前，使游客从小空间进到大空间，突破有限，通向无限，从而对整个人生、历史、宇宙产生一种富有哲理性的感受和领悟，引导游赏者达到园林艺术所追求的最高境界。中国园林作为一个独立的艺术门类，其欣赏是一种以造园为基础的艺术审美活动，园林艺术欣赏是一项以游客为审美主体、园林为审美客体的特殊审美认识活动，是对园林艺术形象和它所要表达的艺术意境进行感受、体验、领悟、理解，从而获得由浅入深、情景交融的审美把握的过程。

1. 园林欣赏的阶段

(1) 观。人们对艺术的欣赏，总是从对艺术品的感性直观开始的。“观”主要表现为欣赏主体对园林中感性存在的整体直观把握，这一阶段，园景起着决定性的作用。园林是一种视觉艺术，欣赏园林主要靠人们的视觉参与，但园林艺术又不单是一种视觉艺术，它还涉及听觉、嗅觉等感官，如园林中的“鸟语花香”就要依靠听觉和嗅觉，苏州拙政园的“听雨轩”，就是借“雨打芭蕉”而产生的声响效果来渲染雨景气氛的。拙政园中的“雪香云蔚”是借梅花香气袭人而得名的以嗅觉为主的园景。现代园林中的音乐喷泉则是将音乐艺术同化为造园艺术，也需要视觉和听觉。观有静观和动观之分，一般欣赏者都能达到，不少欣赏者也就停止在这一步。要想进一步深化，还需要“品”。

（2）品。如果说“观”主要是按照园林景象来理解的话，“品”则是欣赏者根据自己的生活经验、文化素养、思想感情等，运用联想、移情、思维等心理活动，去扩充、丰富园林景象，领略、开拓园林意境的过程。园林欣赏之“观”，是以园林为主，整个心理活动表现出一种相对被动状态；园林欣赏之“品”是以游客为主，整个心理活动表现出一种相对主动状态。不过园林欣赏的最高境界在于“悟”。

（3）悟。如果说“观”和“品”是感知的，是想象、是体验、是移情、是欣赏者神游于园林景象中而达到“物我同一”的境地，那么“悟”就是理解、思索，是欣赏者从梦境般的园林中醒悟过来，而沉入一种回忆、一种探求，在品味、体验的基础上进行哲学思考，以获得对园林意义深层的理性把握。

2. 园林欣赏的要点

（1）身临其境。中国园林具有独特的造园规律和鲜明的艺术风格，它作为一个可供赏玩的现实生活和游憩境域，是一系列复杂而又真实的现实空间，因此，欣赏中国园林艺术与其他审美活动的最根本的区别就在于游人必须身临其境，步入园林空间内部进行欣赏。中国园林具有含蓄而曲折的艺术境界，在欣赏时，由于园林景象总是表现为随着游人欣赏活动的动态进行而不断展开它的空间序列，时间特性也就在这种动态欣赏中转化成第四维空间特性了，从而使本来静止的三维空间变成了动态的四维空间，这就更加丰富了园林的空间美感。

（2）把握时机。即所谓“良辰、美景相得益彰”。园林中有些景观在审美要求方面需要与时令配合，因季节气候、时间的不同而达到不同的审美效应，只有在审美过程中注意选择好时机，才能在最佳时机之间获得某个景观的最高审美价值，达到预期效果。

（3）选择角度。要从不同角度欣赏园林之美。从造园角度说，变换风景观赏点的位置，将得到不同的审美效果，仰观立体构架，俯瞰平面构图，宏观看整体，中观审其势，近观窥其巧，动观知其章法，静观通其情致等。

（4）展开想象。要在审美过程中充分发挥想象力。要用心，用想象去观赏，才能真正体会到园林艺术美的真谛，只有充分展开想象与联想，才能使心灵自由自在地获得深远的审美效应。

（二）殡葬园林美的品鉴

园林美的品鉴是在园林美欣赏的基础上进行的。园林艺术鉴赏过程是以游赏为主的感性认识阶段上升到以品鉴（评鉴）为主的理性认识阶段。品鉴活动是游赏者对游园感受的分析、比较与结合并得出结论，通过品鉴活动可以比较各类不同风格的园林的审美形式、审美内容、审美意义，从而交流审美经验，提高鉴赏者的审美能力，促进园林艺术的发展。殡葬园林美的品鉴可采取专家与群众相结合的方法，选择那些热爱殡葬事业和园林事业、有一定科学文化知识和园林艺术素养及园林审美经验的人员参加品鉴，以进一步完善园林美。

1. 比较分析法

联系古今中外各类不同风格的园林进行横向和纵向的比较，从而触类旁通，在比较中进行鉴别，得出结论。

2. 统筹评价法

从各个方面如园林的整体效果、主题形式、意境、园容、创新、环境质量、园林艺术的处理手段、服务设施等诸方面去欣赏园林，去品味园林，才能得出较为客观的正确的结论。

3. 客观评价法

品鉴的标准要客观，要在尊重社会实践的基础上以实事求是的精神去品评。

三、现代殡葬园林美的创新

园林往往从某一侧面反映出社会的物质和精神生活，因而它总与当时当地的社会现状紧密结合在一起，带有时代的印记。现代的审美观念与古代不同，古代人时空观念比较局限，对园林景色强调诗情画意，讲究步移景换，而现代生活的快节奏形成一种对时间的紧迫感，新时代孕育了新的美感。为了搞好殡仪服务，大部分殡葬园区都在更新改造，一些形式新颖的殡葬园林博得人们的赞赏，殡葬园区作为一个公共场所，传统的园林能否符合现代殡葬文化的要求？能否符合现代人审美要求？这不可避免地存在着新观念与老习惯、新环境与旧形式之间的矛盾，需要对园林形式进行探索和创新。

（一）历史与现状

殡葬园林是随殡葬改革的深入和殡仪服务的开展而建设的，相对源远流长的中国园林史来说，殡葬园林史是极其简单而短暂的，殡葬园林现状也是有喜有忧的。

20 世纪六七十年代兴建的“三五式”殡仪馆的绿化只不过是栽几棵树，种几株花的规模，根本谈不上什么园林设计、形式、布局等。随着殡葬改革的深入，20 世纪 80 年代末期殡葬园区围绕服务进行了建设，使建筑设施、设备渐具规模，同时也进行了环境绿化美化建设。一些先进的等级殡仪馆和公墓等殡葬园区在绿化美化工作中开始注重园林的科学性，聘请有关园林专业技术人员帮助进行规划设计，使园林建设水平迈上新台阶。由于我国园林有史以来多以自然式山水为主，因而在园林空间的组织上常采用园中有园的手法，曲折多趣，层次丰富，有的还进一步发扬了这种传统的布局手法，并部分地吸取外来的形式，采取规则式布局，对地形、地貌、水体、建筑、广场及花木种植采用规则的几何图形。这种“混合式布局”的园林是当今园林界常见的形式，是殡葬园林高水平的代表作，也比较符合民政部颁布试行的《殡仪馆等级评分标准》和《公墓等级评分标准》的要求。

由于中国园林在世界上独树一帜，影响极深，在现代殡葬园区建设中，也出现了不管具体环境条件如何，到处沿用习惯做法或套用民族形式的问题。当今世界潮流是提倡植物造园，但是大量的仿古亭台楼阁或假山喷泉充斥于园林之中，复古思潮像传染病一样蔓延到殡葬园区。有的单位不考虑环境条件，不惜花巨资兴建琉璃瓦仿古牌坊、巨型假山和豪华喷泉，因资金问题对植物用量一减再减，使殡葬园林走入误区。

殡葬园林步入误区的原因主要是殡葬行业极其缺乏园林科技人员，同时它也受多方面的干扰，主要有：一是长期以来，缺少对适合新内容的新形式探索，新的形式尚未确立之前，旧的形式存在极大优势；二是近十几年来对“文化大革命”期间破坏的古园林的修复和国外对中国古典园林的钟爱与引进，强化了古典园林的观念；三是市场经济初期，设计施工部门单纯追求经济效益的观念有所滋生，不问环境条件是否需要，叠山理水，兴造建筑与小品风靡一时；四是植物景观效果要经过相当长时期才能形成，这就助长了园林中建筑内容偏多的风行；五是园林弹性大，人人都可以参与意见，其优点是可以集思广益，其缺点是设计者受干扰太多，施工单位也不严格按图纸施工，随意改变栽植位置，随意增添小品、花木等内容，结果往往杂乱无章，失去设计者的初衷。

园林建设首先要强调与环境协调，要美观新颖，富于时代感，殡葬园林宁可朴实无华，也不要富丽堂皇。

（二）继承与发展

1. 继承

中国古典园林是中国文化艺术长期积累的结晶，它充分反映了中华民族对于自然美的巨大而深刻的理解力和鉴赏力。中国园林艺术之所以有着丰富的主题思想和含蓄的意境，原因在于中国园林美学思想的丰富和中国传统文化的博大精深。在哲学上，儒家思想和道家思想为古典园林带来了“天人合一”和“一池三山”的经典理念；在宗教上，禅宗思想为园林审美带来了无限的可能性；在艺术上，绘画和诗词与园林紧密结合，达到了诗情画意的境界。可以说，没有中国悠久的文化传统，就不会有在世界园林历史上都有着深远影响的中国古典园林。研究中国古典园林，不仅要研究园林本身，更应研究中国的古代文化传统，这样才能更好地理解中国古典园林的精髓，使之应用于中国现代园林艺术，为我国的园林事业增添光彩。

2. 发展

中国现代园林的健康发展，既要认真汲取中国传统园林的精髓，又要深入研究西方现代园林的成功经验。抛弃传统园林的历史局限，把握传统观念的启示意义，融入现代生活的环境需求，才是中国现代园林真正的发展方向。

（1）与时俱进，拓展园林设计领域。中国古典园林的历史局限性之一，在于习惯闭门造车，与外界的联系相对较弱。随着时代的发展，中国园林如何自我更新，拓展设计思路和领域，将中国园林理念与内涵带入人居环境、城市景观、风景名胜、自然保护、郊野公园、乡村景观、工业园区以及道路、河流等景观规划设计之中，产生新的思想与活力，是中国园林能否持续发展的关键。

（2）开阔眼界，研究园林发展趋势。中国园林要走向世界，前提是开阔眼界，对各国园林发展史和现代园林发展趋势有清醒的认识。在西方现代风景园林普遍尊重自然与可持续发展，注重场地特征、空间塑造、时空效果、地域文化特色，强调简约和个性化设计风格的潮流下，中国现代园林如果还停留在抄袭模仿中西方园林，大搞形式主义，注重实体景观而忽视空间塑造，强调张扬和人工堆砌的设计手法上，就不可能真正走向世界。

（3）立足本土，再现地域文化景观。中国现代园林的发展，必须依靠本土风景园林师长期的艰苦努力和整体水平的不断提高，不断关注现代园林的本土化研究，积极探索富有地域景观文化特征的园林作品。好的园林作品是从“乡土”环境中“生长”出来的。园林设计应针对大到一个区域、小到场地周围的自然资源类型和人文历史类型出发，充分利用当地独特的造景元素，营造适合当地自然和人文景观特征的景观类型。

(4) 博采众长，关注园林文化内涵。虽然中西方园林在表现形式上差异较大，但在本质上存在诸多相通之处。中国现代园林的发展，应研究借鉴西方园林的成功经验，取西方园林之长，补中国现代园林之短，融西方园林现代理念与设计方法于中国本土景观资源与文化内涵之中，加速中国现代园林的发展。

(5) 朴实无华，融规划设计于自然。现代园林设计最忌讳人工堆砌、矫揉造作，这些恰恰是当代园林设计中最常见的弊病。在中西方园林发展史上，真正具有极高艺术价值的，都是那些朴实无华、简洁肯定与地域景观和历史文脉紧密联系的作品。

（三）探索与创新

1. 探索

随着时间的推移、历史的变迁，科学技术、材料工艺的不断演进以及与外来文化不断融合而不断地延伸演变，从而形成了中国特有的园林艺术体系。

几千年的文明史给人类留下了一个多姿多彩的艺术宝库，在如今的高度现代化、信息化的社会，新材料、新技术的不断涌现使我们目不暇接，随之而来的新思想、新观念以及国外的各种艺术思潮的涌入对中国传统文化艺术带来了前所未有的冲击。

纵观历史，人们会发现，园林艺术的表现形式随着每个历史朝代的更替而转变，总是与当时当地的材料工艺、艺术技巧、社会风尚相适应，往往具有鲜明的时代特色和地域特色。

西方文化从柏拉图开始，一直是讲主客二分的，于是在西方美学中突出的特点是“以个体为美”，强调形象性、生动性、新颖性，中国传统美学强调的是主客统一的“整体意识”，认为万事万物都是一个和谐统一的整体，都遵循同一个本质规律，因而中国古代的艺术家始终致力于“整体美”的创作，将天、地、人、艺术、道德看作一个生机勃勃的有机整体，把人的情感赋予物的形式，借物抒情，做到“以形写意，形神兼备”。

透过传统园林艺术的历史延伸脉络，可以看出，园林艺术本身是开放的系统，在新的技术与意识观念的冲击下而不断地更新拓展，而其后的内涵与精神则是民族历史长期积淀的结果，是中华民族所特有的，也是民族形式的灵魂之所在。因此，要使中国的传统园林艺术在现代设计中得以延伸发展，打造新的民族形式，应该在理解的基础上取其“形”，延其“意”，而最重要的是传其“神”。取其“形”自然不是简单的照抄照搬，而是对传统的再创造。这种再创造是在理解的基础上，以现代的审美观念与传统园林艺术中的一些元素加以改造、提炼和运用，使其富有时代特色；或者把传统表现形式运用到现代设计中来，以表达设计理念，体现民族个性。

只有在深入领悟传统的艺术精神、充分认识来自现代西方的各种设计思潮的基础上，兼收并蓄，融会贯通，寻找传统与现代的契合点，才能打造出符合新时代的民族形式，找到真正属于我们本民族的同时又能够为国际社会所认同的现代设计。因此，虽然高度科技化、信息化的现代社会对于传统园林艺术带来了巨大的冲击，同时也给其带来了新的发展契机。新的观念与思维方式的导入为我们重新审视传统文化观念提供了更多的思考维度，而新技术新材料的出现也为传统造型的再设计提供了更多样的可能性。

园林与人们生活密切相关，要使园林适应新的形势，进一步与现代生活相结合，就必须顺应时代潮流并勇于创新。传统与创新是对立的统一，创新应以传统为基础并使其得以补充和延伸。中国传统园林以意境为核心，讲究曲径通幽，富于诗情画意。创新应该是继承传统的创新，做到“舍形取意”，即形式全是新的，意境仍在其中，使时代感和传统感相结合。在改革的时代，中国园林需要创新，殡葬园林更需高起点、大发展。

中国传统园林层次丰富，意境深远，但一味追求以曲为美，封闭有余，开敞不足，既不适合现代生活的要求，也不适应施工技术要求；规则式园林虽容易与建筑取得协调，画面简洁，色彩绚丽，但构图强调横平竖直，轴线对称，一览无余，不给欣赏者留有想象的余地；混合式园林做到取长补短，适用范围较广，但容易出现自然与规则分界线。近年来，园林内涵不断扩大，这与园林的发展是相适应的，也是与服务对象的发展相适应的。古代陵墓园林服务对象只是帝王、将相等少数人，而现代殡葬新园林的服务对象是为数众多的普通公众，这必然引起新园林在诸多方面质的变化。这些变化不仅反映在新园林面积的扩大，还表现在形式、风格以及布局上的改变。新园林造园手法受新艺术形式的影响，讲究自然流畅、追求简洁明快，风格上博采众长，在一定程度上有别于古典园林刻意追求的意境与含蓄美，诸如大面积草坪、疏林草地、林缘花境以及与现代殡葬建筑相协调的公共游园等，都呈现出一种大方的自然气息。园林界积极探索新形式，使园林景观自然而不散漫，有规则可循而不呆板，变化多端而协调统一，富于装饰性而不流于公式化，富于时代感而不排斥诗情画意。

2. 创新

我国各地的地理环境（地质、地形、地貌等）、气候条件、风景资源和文物古迹等各有差异，历史上就形成了各地不同的园林艺术风格。

（1）体现当地传统园林特色。各地园林均有传统的特点，在新园林创作和建造时，可借鉴其空间布局、植物配置等造园手法进行，这将有利于体现出当地传统园林特色。如北方传统园林的粗犷豪迈，江南园林的秀丽典雅，岭南园林的畅朗轻盈等，在传统特色的基础上充分创新，会使新园林增添异彩。“就地取材”能发挥传统地方材料的艺术表现力，提高园林价值。如园林建筑材料，广州近年新建园林有效地采用了石湾玻璃通花、当地彩色玻璃、铸雕、瓷塑等工艺材料，也颇具特色。

（2）充分利用乡土植物造园。环境的现状要求多数园林应以植物为主。各地都有形、色、香不同的名花异木和乡土植物，这些都是观赏价值较高，而栽培管理容易（费用较低）的造园材料，如洛阳牡丹、云南茶花、泉州刺桐、扬州月季等，这些土生土长的植物，形象鲜明，有浓厚的乡土气息，突出其特有的表征可增加园林景致。

（3）充分利用自然景观资源。各地山川、湖泊、名泉、飞瀑和其他风土人情景观都具有异常诱人的魅力，是宝贵的园林资源，如苏州园林巧依秀丽的水域，借助太湖怪石构山，因地制宜地勾画出不少以水石景为主的独特写意山水画式的园林景观。云、雾、霜、雪等天象亦可用来表现地方特色的景观，如成都、重庆的雾色罩景耐人寻味，哈尔滨严冬雪景和冰雕创景颇为别致。

（4）注重园林与环境的协调。园林对于整个大环境来说，可以理解为大环境中的小环境，新园林必然受到大环境的制约。城市与村镇、历史名城与新兴城镇、风景名城与工商业城市、少数民族城市与边疆城镇等，其大环境特点都有明显差别，新园林应与之相配合得宜。如北京、西安等历史名城，园林宜多考虑文物古迹和传统因素的影响；桂林、杭州等自然风景名城，园林宜多考虑自然风光的体现；上海、广州等口岸大城市，园林可多从创新着想，这样才能在城市总体特征的前提下寻求个体特性。在处理环境协调方面，还要注意邻近地区原有空间环境，当新旧空间难以调和时，可考虑创造一个过渡空间。

园林的内容是其内在诸要素的总和，园林的形式是其内容存在的方式，内容与形式之间是矛盾的统一体。没有无形式的内容，也没有无内容的形式。园林的内容决定其形式，园林的形式依赖于内容，表达主题。新时代的殡葬园林，要求有适合广大群众开展殡葬或有益于身心健康、文明的活动内容，要求创造出为大众所喜爱的殡葬园林形式。

【扩展阅读】

情景交融赏园林

欣赏园林时，如果能够把园林要素看成是有生命、有感情的东西，那么游园赏景的过程也就成为“与景对话”的过程。审美客体是带有表情的，“情景交融赏园林”是移情的审美心理过程，是以自己的感情心理来认识审美客体，去“激活”审美对象，然后反射给自己，从而产生新的感受，好像是审美对象作为生命和意识的对象所给予的，这种感受要通过审美对象的表情语言来传递。

殡葬园林的各个组成要素是有表情的。园林是由地形、地貌、水体、建筑构造物和道路、植物和动物等素材组成的统一体，除了具有供人坐卧休息、遮阳避雨等实用功能外，更重要的是具有能满足人们精神需要的精神功能。

仔细品味就会发现，园林中常见的门窗是有表情的。门是沟通和分隔空间的物质对象，窗是提供采光、通风、视线等的物质对象，园林中设置门窗的目的要远远超出这种物质功能，它能通过表情来渲染环境。从描写园林的古代诗词中我们能够得到一些启发：唐诗《春怨》“寂寞空庭春欲晚，梨花满地不开门”，描述了汉代宫妃阿娇由宠而衰的暮春怨思，“梨花满地”渲染了暮春气氛，门的形象拟人化了，它充满了“汉武帝不再来了”的极端寂寞孤独的气氛；唐诗《华清宫》“门横金锁悄无人，落日秋声渭水滨”以及宋代李清照的《念奴娇》“萧条庭院，又斜风细雨，重门须闭”等诗句中门的状态，多半是关着的，有的是锁着的。如果门开着，其表情就大不一样了，杜甫的《客至》“花径不曾缘客扫，蓬门今始为君开”则使人感到开门如开心。

园林中的墙更显“封闭”，园林中墙的作用，从表情来说既不表现崇高、比德，也不表现哀怨、悲伤之情，多半显示出一种别而不哀、隔而不离的情趣，墙是一种隔绝信息的表情，陆游的《钗头凤》中“满城春色宫墙柳”，词意和形象贴切至极、感人至深。墙有时也会意外而含蓄地传递信息，如叶绍翁的《游园不值》“春色满园关不住，一枝红杏出墙来”正是表达了这种情态。在园林中往往在大面积的墙面上设置漏窗，不但使墙体本身增加了形式美，还可以使人们的视线通过漏窗隐隐约约地欣赏到隔墙彼处的空间景物。

殡葬园林中植物的表情则更加丰富，审美过程中对植物表情的移情，在其形式本身，也在于文化积淀。松、竹、梅“岁寒三友”，梅、兰、竹、菊“四君子”，这些都体现了形式美基础上的文化美，如园林中的松柏，象征着崇高，因为它本身形态高直苍劲，符合视觉形象的壮美特征，多栽植于肃穆庄重的场所（如陵园、纪念馆等），而更主要的是文化的积淀，孔子在《论语》中说“岁寒，然后知松柏之后凋也”，久而久之，则引起人们对它的感情联想。而杨柳则是另外一种情态了，“杨柳岸，晓风残月”表现出柔弱、秀美，这种审美特征与江南水乡相协调，充分体现出江南园林的独特表情。欧阳修《丰乐亭游春》“游人不管春将老，来往亭前踏落花”在描述花草之美的同时产生情趣；“离离原上草，一岁一枯荣。野火烧不尽，春风吹又生”使人感受更深。

景的表情，则是组成景的各个要素表情的综合。宋代郭熙《林泉高致·山水训》里说“春山淡冶而如笑，夏山苍翠而如滴，秋山明净而如妆，冬山惨淡而如睡”就充分说明了人们对山之情趣。“知者乐水，仁者乐山。”《红叶题诗》就体现了小溪之情趣，“逝者如斯”“流水不腐”“流水落花”都是情。苏州拙政园中的水池和廊，可谓杰作。水池之轮廓曲折多变，水面聚散有致，有“余音绕梁”的“不尽之意”。它追求自然，不做作，似乎解脱对它的种种桎梏。廊也从不平铺直叙地布置，曲曲折折，高低起伏，顺其自然，体现出建筑服从自然，可以说园林的形象到处都在与人对话，表述情意。园林映射着社会文化、民俗风情等，如北京颐和园、故宫御花园和承德避暑山庄等因修建时考虑到审美主体是帝王将相，其风格表情与民俚、士大夫园林以及江南私人花园迥异。

园林风景的表情，与欣赏者的感情心理之间有着一定的关系，作为客体的景与作为主体的情是辩证关系，当人的感情在有意地点化情态时，就产生“景随情迁”，正如文学作品中所描写的“人的心情悲哀时，常常伴随着秋雨或寒霜”。园林的审美目的，在于陶冶人的心灵，“情随景迁”，对于审美客体给人的感受往往是在潜移默化中迁人之情的。

园林植物探美

植物是殡葬园林中最主要的材料，它春季新叶初绽，鲜花盛开；夏季叶色浓厚，郁郁葱葱；秋季果实累累，霜叶斑斓；冬季枝条舒展，姿态美观。植物生动的变化使园林环境生机盎然，产生出赏心悦目的审美效果。人们在殡葬活动或游园赏景时，惯于把园中植物人格化，从植物的寓意和象征角度来欣赏。如梅花清标雅致，玉兰幽谷品逸，青竹节格刚直，菊花操介清逸，故称之为“四君子”，“荷花出淤泥而不染，红豆相思，紫薇和睦，萱草忘忧”等都是传统观念的反映。

植物的色彩常常给人以“第一印象”，如“春月四时常在目，但看花开日日红”的月季花，“万绿丛中一点红，动人春色不须多”的石榴花，“皮青如翠，叶缺如花，妍雅华净，一叶落而知天下秋”的梧桐等。植物自身的颜色表现出独特的审美特征，产生出不同的审美感受，如浅绿色给人以生机勃勃的欢快感，深绿色给人以幽静安定的感觉，鲜花给人以轻松、活泼的感觉等。造园家常常根据植物的不同花色、花期互相衬托，显示出季相艺术效果。在配置植物时多注意其背景，如苏州园林多为私家花园，为“养性谈书清静之所”，以常绿树作为自然背景，点缀各色花卉，以白壁粉墙灰瓦为纸，古木、怪石为笔，俨然一幅幅古朴雅致、自然潇洒的水墨画。如拙政园“待霜亭”橘树环绕，“离离朱实绿丛中，似火烧山处处红”，异常美丽。

植物的味有一种“先入为主”的诱导欣赏作用，人们置身园林之中，倍感爽朗，令人神骨俱清，大有逸致。苏州园林的留园“闻木樨香轩”，遍植桂花，花开时节，异香袭人，意境幽雅；拙政园“远香堂”外池内植荷，夏日荷风扑面，清香满堂；早春到怡园“锄月轩”，可观赏梅花、牡丹，能体验到“暗香浮动月黄昏”的诗意，栀子花、木香、茉莉等都是色、香、姿俱全的上品。

欣赏植物，当然要赏其形态，形在于姿，姿态的美独立于实际的植物之外，即把具体的植物抽象为形式的植物，我们所欣赏的植物姿态之美，无论有叶的冠或落后成繁枝的“冬态”，只是欣赏的形式。植物本身就是自然的线条，古人赏梅“以曲为美，直则无姿；以欹为美，正则无景；以疏为美，密则无态”，线条艺术是中华诸多艺术之源，枝条横施、疏斜、潇洒有韵致的植物品种极多，在园林中应用极为广泛。

植物本无声，而园林中利用大自然的风声、雨声，使自然空间千变万化，别具风味，同时使植物产生出“声”。拙政园“留听阁”可领略“留得残荷听雨声”的意境；“松风亭”似“万壑松风”，西风惊绿，更觉空间幽静，山林野致；“听雨轩”后院种有数株芭蕉，透过漏窗可见，“雨打芭蕉淅沥沥”，感人至深。

不同的光线可使植物产生不同的审美效果。园林中利用自然光线产生明暗对比、光影对比，配之以空间的收与放，渲染环境气氛。如苏州留园的“古木交柯”，根据“坐对当窗木，看移三面阴”构思出“花木随着日照投影于白墙之上，落影斑驳”，形成了优美的动景。古诗中有许多这方面的精美评价，如“疏影横斜水清浅，暗香浮动月黄昏”“云破月来花弄影”“隔墙送过秋千影”“粉墙花影自重重，帘卷残荷水殿风”等。

根据花木的这些物理属性能创造出独特的意境，如竹子，植于园中，“日出有清阴，月照有清影，风来有清声，雨来有清韵，露来有清光，雪停有清趣”，能够突出“清”的美感，可谓高雅。

园林意境美

中国园林在美学上最大的特点就是意境的创造，因而游览园林一定要把握意境，才能真正产生深层次的美感。

园林的意境不是一个孤立的景与象，而是景外之景、象外之象，能够给游览者更丰富的美的感受。意境是在外形美的基础上的一种崇高的情感，是情与景的结晶体、交织物，只有情景交融，才能产生意境。

中国园林注重自然美，而自然天成的意境更能使游人流连忘返。康熙皇帝曾写下“自有山川开北极，天然美景胜西湖”的诗句来赞美承德避暑山庄的自然环境。避暑山庄在建造时保留了原有的山林野趣，充分发挥了自然特色，使山庄展现出一种朴素、自然而深远的意境美。

“花香鸟语”是中国园林追求生动自然意境的理想境界，乾隆皇帝曾用“鸟似有情依客语，鹿知无害向人亲”的楹联生动描绘了避暑山庄的自然山林野趣。欧阳修“百啭千声随意转，山花红紫树高低。始知锁向金笼听，不及园林自在啼”的诗句描绘了小鸟在园林中自由鸣唱的快乐情景。如“西湖十景”的意境含蓄而深邃，充满诗情画意，常常令人浮想联翩。试看苏堤春晓与柳浪闻莺：春光明媚，生机勃勃，“几处早莺争暖树，谁家新燕啄春泥”“池塘生春草，园柳变鸣禽”，从莺莺燕燕的动态和柳树嫩芽的萌发中，把大自然从严冬沉睡中苏醒过来的生动意态表现得惟妙惟肖。

造园家采取虚实结合、分景、隔景、借景等手法，组织空间、扩大空间，丰富美的感受。无论是虚中有实或实中有虚，还是分景、隔景都使观赏者在心理上扩大了空间感，分景、隔景通过分隔空间，增加了景色的层次，使景色的趣味多样化，使观赏者心理上空间的容量增大。借景则是把观赏者的目光引向园林之外的景色，从而突破有限的空间而达到无限的空间。

园林的山水、花木、建筑，都给人以美的享受，当造园者把自己的情趣意向倾注于园林之中，运用不同的材料，通过一定的美学规律，剪取自然，四季、昼夜、光影、虫鸟等混合成听觉、视觉、嗅觉、触觉等综合的效果，唤起人们共鸣、联想与感动，才产生了意境。

计成在《园冶》中“轩楹高爽，窗户虚邻，纳千顷之汪洋，收四时之烂漫”，道出了园林建筑对构成园林意境的重要作用。通过园林建筑采用种种手法布置、组织、创造空间，丰富了园林意境。“群山郁苍，群木荟蔚，空亭翼然，吐纳云气”，山上一座空亭可成为山川灵气动荡吐纳的交点和山川精神聚积的处所。杜甫的“窗含西岭千秋雪，门泊东吴万里船”就是从一门一窗体会到无限的空间。对着窗子挂一面镜子，把窗外大空间的景色照入镜中，“隔窗云雾生衣上，卷幔山泉入镜中”和“帆影都从窗隙过，溪光合向镜中看”都是化实为虚，意境深邃。

中国园林不仅重视实景，还重视声、光、影、香等虚景，月影、花影、树影、云影，风声、雨声、水声、鸟声等都是虚景，在构成园林意境中有很重要的作用。如“留得残荷听雨声”“小楼一夜听春雨”“疏影横斜水清浅，暗香浮动月黄昏”“云破月来花弄影”“隔墙送过秋千影”“粉墙花影自重重，帘卷残荷水殿风”等。

中国园林在建造过程中常常“以景寓情，感物吟志”，如苏州耦园的意境就是用高度的园林艺术抒写了清末安徽巡抚沈秉成夫妻双双归田隐居后高尚的情操和清白的抱负，因而园林的意境能表达美的感情；如苏州怡园“锄月轩”从陶潜《归田园居》“晨兴理荒秽，带月荷锄归。……衣沾不足惜，但使愿无违”的诗句中借来园林意境，寄托了园主“锄掉野草，助长良苗”的美的抱负；扬州“个园”意即现在坚贞不屈的竹子只有一根了，用“众人皆浊我独清”的意境表达自己孤高不群的清高情怀，通过园林意境寄托主人的高尚品格。

园林含蓄美

中国民族艺术的最大特色就是含蓄美，作为中国古代文化艺术瑰宝的古典园林，是体现含蓄美的典范。中国古典园林的含蓄美受自然山水画“师法自然而不模仿自然，重在写意”宗旨的影响，以有限空间和景物创造出无限的意境，同时诗文的意境、结构及形式美与含蓄美影响着造园。园林因为有深厚的生活作为基础，才使内涵得到扩大，能因物移情，缘情发趣，动人遥想，从而具备了内容的含蓄性。经过对各种景象的取舍加工，高度概括地再现出典型化的自然山水的本质特征，从性质和数量上确定了最适当的有限部分以表现出整体的效果，达到了形式含蓄的效果。

通过具体形象来体现含蓄是造园的主要手法。园林作为一种空间艺术，需要以具体形象展示客观实体并表达一定的思想感情，我们在游园赏景时呈现在面前的都是具体形象，通过不断接触和观察，产生了对具体形象的感知、理解，凭自己的理解去想象和领悟园林具体形象展，达到含蓄的目的。例如“石令人古，水令人远”等都是具体形象在心灵中作用的结果。

中国园林能抓住大自然中典型的环境、气质（典型的个体有机组合），表现出整体的环境效果，使游客实际的感受量得以增加，使人能产生类似大山、巨泽之感，由此联想到大自然，犹如置身于真实山水中。中国园林具有时空连续性，一个园林一般都有一条最佳观赏路线，这条线以几组突出的景点作为路标，是流动着的。观赏者在环境中循着这条路线移动，步移景换，目之所及，思之所至，随着时空的变化而浮想联翩，从中悟出大自然的乐趣。

人有把视觉、触觉、味觉等感觉相互转化沟通的能力，可以把某一种感觉的印象转化为另一种感觉印象，这种联觉性可起到言尽意不尽的含蓄效果。

如扬州个园的四季假山，宣石为冬山，湖石为夏山、春山，黄石为秋山，不但在神态、造型上使人联想到四季的变化，也在色泽上表现出四季气候的更迭和温度的差异，使叠石有更深的意义，使人体会到真正意境的存在，有“神游物外”的作用。在园林中利用滴水声使人想象出深山清泉或幽谷小溪，就是含蓄的手法。古典园林讲究花影、树影、云影、水影，水声、风声、雨声，鸟语、花香、虫鸣等，有形之景与无形之景交响成曲，通过联想体现含蓄美。

中国园林空间是个模糊的空间，它留有余地，发人深思，产生极大的思维能动作用。如曲折的云墙既围又引，它分隔了空间，阻碍人的视线，却又引导人们寻路探径，渐入佳境。又如缓缓流出园墙的曲水，是尽头，又是源头，它源源不绝，绵绵而去，藏入石隙，又现于矶，在有限的空间内却又悄然逝去，一逸无返。

花落探美

花是大自然的精华，是美的化身，她有着和谐的美、韵律节奏的美。花自身就存在着美，既有丰饶的姿态、颜色、芳香的外在美，又有迷人的内在神韵美。爱花的人以侍弄花为乐事，每当看到鲜花盛开，便感到异常欣喜，获得精神上的享受，心理上无限地满足；而对于落花，则触景伤怀，哀婉叹息。其实花落花飞，不是美的消逝，而是景象变幻，是美存在的继续和延伸，是美的转化和升华。

落花是静态美向动态美的转化。碎红撼枝，繁花满树，只是一种静美，一阵风来静美便顿然化为动美：瓣逐清风，或如飘素摧柔、或似金霰飞洒，或如白絮翻空，或似胭脂雪下。正如韩愈《晚春》“草木知春不久归，百般红紫斗芳菲。杨花榆荚无才思，惟解漫天作雪飞”一样，落花呈现出千姿百态的“飞舞”之美。风雨过后，又能欣赏到“风定花犹落”和“无风花自飞”的景象，使动静之美相伴而生，饶有情趣。

花开争奇斗艳，花落景象万千，不同花卉的落花景象又有着不同的风格美。李贺赞“桃花乱落如红雨”，刘秉忠赞“梨花乱舞白霓裳”。桃花盛开嫣红如火，凝霞敷锦，灿烂炫目，花偶一落，犹如红雨自天而降；紫薇花繁如锦，乱红荡漾于丛绿之中，微风轻拂，花枝颤动，舞姿弄影，雀跃离枝，如绛雨霏霏，纷然而落。花成片方显示出一种特有的群体美，成片花木的落花景象更为绮丽壮观，清代诗人龚自珍赞美成片海棠花落“如钱塘潮夜澎湃，如昆阳战晨披靡；如八万四千天女洗脸罢，齐向此地倾胭脂。奇龙怪凤爱漂泊，琴高之鲤何反欲上天为？玉皇宫中空欲洗，三十六界无一青蛾眉”。

花落地面、水面，显示出一种装饰美。落花点地着廊、铺阶覆砌，成为地面美饰。《红楼梦》的“滴翠亭杨妃戏彩蝶，埋香冢飞燕泣残红”一回中“低头看见许多凤仙石榴等各色落花，锦重重落了一地”，自然天成，乱而显美，丰富了地面景观。徐陵“落花承步履，流涧为行衣”，独孤及“花落没屐齿，风动群木香”，杜牧“砌下梨花一堆雪”，黄庚“满阶香雪落梨花”以及崔道融的“满地梨花白，风吹碎月明”等诗句，都体现出花落地面之美。流水无情，落花有意，溪水潺潺，落花浮荡，花落水面更有一番情趣，杜牧《春晚题韦家亭子》写成“蔫红半落平池晚，曲渚漂成锦一张”，辛弃疾的《满江红·暮春》咏为“花径里，一番风雨，一番狼藉。红粉暗随流水去，园林渐觉清阴密”。花随水流能让人联想到花源，联想到美之源。

落花能与人和动物相映生辉，显示出一种和谐之美。唐代李峤的“飞花随蝶舞，艳曲伴莺娇”，南朝梁简文帝的“落花随燕入，游丝带蝶惊”，杜甫的“落花游丝白日净，鸣鸠乳燕青春深”，张公庠的“夹道桃花新雨过，马蹄无处避残红”，蔡襄的“狂花有意怜狂客，掩乱飞红满一身”，都把落花与人和动物融在画一般的美景中。

“落花不是无情物，化作春泥更护花。”花开是美的，花落仍不失其美，花从生到死都是美的。

园林小动物探美

提起园林，人们自然而然地会想到园林中各式各样的花草树木和千姿百态的亭、台、楼、榭、廊、桥等建筑之美，往往忽视了园林中各种昆虫、飞禽、走兽等小动物的真趣。其实，在园林中作为花草树木和山水建筑点缀物的小动物，以其动态的形象美与其他相对静止的景物形成强烈的动静对比，为园林平添几许景致与情趣，给园景带来生气，使人们能从中获得深层次的美感，具有极深的文化意义和价值。

在我国古典园林的苑囿和邑郊风景园林兴建之初，动物在园林中作为狩猎游乐的对象占突出地位，随着园林的发展，完成了由狩猎到欣赏的历史性嬗变。把小动物组织到园景中来进行欣赏，达到了园林审美意识的一个飞跃，如传统的“鹿苑长春”“梅妻鹤子”“鱼跃莺飞”“鹿鹤争春”等都少不了动物。把动物景致作为局部景区的观赏主题，如苏州留园的鹤所、北京颐和园的听鹂馆、避暑山庄松鹤清樾等都体现出动物在园林中的作用。动物园内笼养动物具有观赏价值，那些在园林中自由自在地嬉戏的小动物更能增添园林的真趣，体现出我国“自然式园林”的特色，提高了园林的审美价值。在我国园林文化史上，留下了大量脍炙人口的诗句，如唐代杜甫《江畔独步寻花》中“黄四娘家花满蹊，千朵万朵压枝低。留连戏蝶时时舞，自在娇莺恰恰啼。”明代汤显祖的《牡丹亭》中“生生燕语明如剪，呖呖莺歌溜的圆”。南朝梁王籍《入若耶溪》“蝉噪林愈静，鸟鸣山更幽”。唐代王维的“漠漠水田飞白鹭，阴阴夏木啭黄鹂”。这些诗句都体现了小动物的多层次审美功能。曹雪芹笔下的大观园是园林界公认的以文学形式表现出的完美园林，作者除了强调花草树木和山水建筑之美以外，没有忽视动物的景致美。动物景致美在园林美的组成中虽不占主要地位，但它又是人们亲和的审美对象，动物与人融洽地共处于一个艺术天地之中，点缀充满着园林之美。

园林中花木馥郁茂盛，就必然会招蜂惹蝶，并引来蝉鸟栖息其上，飞鸣其间。这些小动物多姿的形象，美妙的叫声，发出了审美的闹趣，不是吗？花间叶底，蝶舞蜂忙，不正是显示出“红杏枝头春意闹”的意境吗？这不正是自然所提供的洋溢着生活情趣的生动画面吗？如果有呖呖圆润的莺歌燕语的声音美作为伴奏，更会美如仙境。动物能发出审美的闹趣，又能把它转化成审美的静趣，枝头树梢，蝉噪鸟鸣，怎不令人“直知人事静，不觉鸟声喧”，只有“人事静”，才能分明地感知蝉噪鸟鸣，不但不觉得喧闹，恰恰感到了它的寂静，这也正像拙政园的雪香云蔚楹联“蝉噪林愈静，鸟鸣山更幽”的“反常合道为趣”的有声静谧境界之美。在园林中，就是“白鸥傍桨自双浴，黄蝶逆风还倒飞”这样细微的动态也能给园林中幽静的一角点上动人的一笔。

园林中的莺歌燕语不但悦耳动听，使人们通过听觉产生快感和美感，还能使人们确证视觉的空间感，并引发人们的情思，勾起种种思绪，正如王维的《鸟鸣涧》中“月出惊山鸟，时鸣春涧中”能很好地表达出“夜静春山空”的幽深广远的空间感，“蝉在高柳，其声虽甚细，而使人闻之有刻骨幽思”。正如王安石《菩萨蛮》“何物最关情？黄鹂三两声”，声音在人们灵魂深处回旋、荡漾，并和审美主体情思相契合，具有音乐艺术性。可以说花草树木给园林带来了绿色空间，而依附于花木的虫鸟则给园林带来了有声的空间。

园林中的山水建筑占一定地位，因而鱼类、水鸟、涉禽（在浅水中和滩涂中生活的禽类）等动物也成为园林美的内容。游鱼依水构成富有审美价值的动态景观，在碧波荡漾的池水之中，锦鳞赤鲤，色彩斑斓，或翻腾翔跃，泼籁有声；或悠然自得，摆尾而去；或饵之则霞起，惊之则火流，引得游人如织，观者如堵，依栏数游鱼。锦鳞酣游清池等很有趣的园林小景深得人们喜爱。在现存的园林中，有许多“知鱼之乐”文化心理的历史积淀，如承德避暑山庄的石矶观鱼、知鱼矶，北京颐和园的知鱼桥，上海豫园的鱼乐榭等，都为园林增添了美的景致。在园林中可以欣赏到“无风莲叶摇，知有游鳞聚”的妙境。在水石岛屿的背景上，水鸟以其形体、色彩、声音、浮游或栖息等活动，构成了别开生面的依水动态景观，正像《浴鸥池》一诗所咏“积泉澄不流，白鸟泛空阔。眇眇苹蓼中，数点明如雪。更有两鸳鸯，飞来共成列”一样，增加了园林中的水趣和生机。在《红楼梦》中有这样一段，“贾芸看时，只见院内略略几点山石，种着芭蕉，那边有两只仙鹤，在松树下剔翎。一溜回廊上吊着各色笼子，笼着仙禽异鸟”，又有黛玉“刚到了沁芳桥，但见一个个文彩斑灼，各式水禽尽都在池中，好看异常”。涉行于浅水中的鹤、鹭等涉禽，飞舞啄食，行走栖止，都显示出一种特有的园林美。可以说，在园林中依附于花草树木、山水建筑的各式小动物的声音美、形态美、色泽美以及动态美，为园林美锦上添花。

听松摭趣

松树，以其风姿美态而媚人。人们爱松，在游览名山大川、风景园林时，总喜欢用眼睛去饱览松之姿色美，殊不知用耳也能欣赏到松之美，只要你凝神而听，声中必有情趣。

自古以来，人们就有“听松”之嗜，明代李东阳“不爱松色奇，只听松声好”。陶弘景特爱听松，他“庭院皆植松，每闻其响，必欣然为乐”，而僧皎然却“为爱松声听不足，每逢松树便忘还”。古代诗人听松成癖，留下了许多脍炙人口的诗句，也为我们提供了“听松”审美的门道。

在园林中孤植、对植松树，大多为满足人们“赏姿”而置，然而古人却能从中抒发出“听松”审美的诗句。李中对新栽植的小松树能欣赏到“输我婆娑栏槛内，晚风萧飒学幽泉”；李咸用赞小松“短影月斜不满尺，清声细入鸣蛩翼”；张乔称小松“带月栖幽鸟，兼花灌冷泉。微风动清韵，闲听罢琴眠”等表现出舒缓的轻音乐之美；杨万里能欣赏到“忽有凉风飒然起，小松呼舞大松号”，恰似歌舞之美。对于孤植的松树，李山甫咏为“地耸苍龙势抱云，天教青共众材分。孤标百尺雪中见，长啸一声风里闻”，有高音之美；刘得仁听松声后赋“庭际微风动，高松韵自生。听时无物乱，尽日觉神清。强与幽泉并，翻嫌细雨并。拂空增鹤唳，过牖合琴声。况复当秋暮，偏宜在月明。不知深涧底，萧瑟有谁听”，大有交响乐之美；曾巩咏高松为“高松高干云，众木安可到。汤汤鸣寒溪，偃偃倚翠纛。侧听心神醒，仰视目睛眊”，说出了“仰视”与“侧听”都是从不同角度来欣赏松之美；元代谢宗可赏龙形松“紫髯夜湿千山雨，铁甲春生万壑雷。影动欲翻平陆起，声号如卷怒潮回”。冯璧《同希颜怪松》中把怪松之声描述为“月上虬影摇，风度雨声骤”。这些诗句说明了不同姿态的松有不同的松声。至于对植的两棵松树，白居易《松声》描述为“月好好独坐，双松在前轩。西南微风来，潜入枝叶间。萧寥发为声，半夜明月前。寒山飒飒雨，秋琴泠泠弦。一闻涤炎暑，再听破昏烦。……谁知兹檐下，满耳不为喧”，有一种柔和的弦乐之美；曹唐称对植的双松“枝压细风过枕上，影笼残月到窗前”，显示出动静结合之美。

松树可作行道树或群植，把个体美化为群体美，听松亦如此，黄庭坚《道中闻松声》中描述“蟠空作风雨，发地鸣鼓吹。日晴四无人，声在高林际。伊优儿女语，蹇浅市井议。我欲抱七弦，写此以卒岁”，说明了松树行道树的声美；而郑谷却把行道树写成“春砌花飘僧旋扫，寒溪子落鹤先闻。那堪寂寞悲风起，千树深藏李白坟”，成片栽植的松树林有独特的“松涛”之美，郭祥正《松风》“夜寂松风度，魂清客枕寒。琴声传不尽，诗句写应难。骤雨倾瑶砌，真珠落玉盘”，把松、风、雨编织成的音乐美表现出来；杨万里认为“松本无声风亦无，适然相值两相呼。非金非石非丝竹，万顷云涛殷五湖”。陆游在“秋夕大风，松声甚壮”时作歌“秋郊多烈风，夜壑起松籁。初闻尚萧瑟，髣佛听严濑。忽如倒巨浸，便欲翻大块。又疑楚汉战，澒洞更胜败。不然六月雨，雷电奔百怪。三更势稍敛，铁马归入塞”，把听松比作听战，似有雄浑的交响乐之美；张羽《戴山石上听松》“溷耳俗喧久，兹晨一清听。长松递解飙，哀壑互相应。奔腾骇涛濑，窈眇韵笙磬。至音不假器，始觉自然胜。缘触故成声，动极还归静。此时憩石坐，默然待其定”，说出了在石上静听松声之美；徐积把成林的大松之声比喻成“最是半宵风雨声，山妖走尽川魅惊。十万争挥铁槊骑，百千齐闻黑旗兵”。

夜宿深山静听松声，意境更美，如《游茅山记》“闻窗外声澎湃滂滂，飘忽扬激，如秋江怒涛，又如大将之师，万马奔腾，千里驰骤”，场面自然壮观。有时听松更比观松得趣，明代刘基《游松风阁》“当日正中时，有风拂其枝，如龙凤翔舞，影落檐瓦间，金碧相组绣，观之者目为之明；如过雨，又如水激崖石，或如铁马驰骤，剑槊相磨戛，忽作草虫鸣切切，乍大乍小，若远若近，莫可名状，听之者耳为之聪”。

第五节　殡葬环境美及其艺术体现

随着我国城市化进程的迅猛发展，在造成城市人口密集、人为活动频繁、资源能源消耗巨大、废弃物猛增的同时，大气、水、土壤、噪声等一系列问题日趋恶化，视觉污染也渐趋严重。如何改善殡葬活动场所的环境，在降低视觉污染的同时改善环境，是十分重要的问题。广义的环境美包括山川草木、气候风物等自然环境的美和社会风俗习惯、社会制度以及人与人的关系等社会环境的美。狭义的环境美即人们生活、学习、工作的具体环境场所的美。它既体现在个人家庭、学习、工作环境的布置与美化之中，又体现在社会活动环境的美化上，如公共场所的卫生、整洁、绿化，街道、村舍的布局，建筑、园林设计的美等。环境美是人类遵循美的规律所展开的创造性活动的结果，受特定时期社会物质条件和文化发展状况的制约。环境美学研究的主要对象是人类生存环境的审美要求，环境美感对于人的生理和心理作用，进而探讨这种作用对于人们身体健康和工作效率的影响。

一、殡葬环境美的艺术特征

美是社会实践的产物，是含目的性和规律性、必然与自由的统一，是对人的本质力量积极肯定的物的形象。自从有了人类和人类社会，伴随着生产劳动，人们才逐渐有了美的意识和思想。

环境是指围绕着人群的空间及其可以影响人类生活和发展的各种自然因素的总和，是指相对人类活动的周围的地方或周围的情况和条件。人类造就了与城市环境和生活相关的各种人文现象即社会环境，城市环境是自然环境和社会环境的综合体，殡葬设施是城市环境和生活的一部分，其环境美融合着自然美、社会美和优化的环境设计。

环境美是人们赖以生存和发展的周围空间条件的美，是人对环境的审美功能作出的一种主观评价。广义的环境美包括山川草木、气候风物等自然环境的美和社会风俗习惯、社会制度以及人与人的关系等社会环境的美。狭义的环境美即人们生活、学习、工作的具体环境场所的美。环境美的形成和发展，一方面以物质文明为基础，另一方面以精神文明为灵魂。环境美不仅可以满足人的审美需要，使人得到愉悦的精神享受，还可以作为审美教育的一个重要手段，促进人的“行为美”和“心灵美”。

环境美学的研究涉及声学、色彩学、化学、生理学、心理学、生态学、造林与园艺、建筑学及城乡规划（包括材料力学、动力学、风水学）等许多学科。环境美学研究的对象有三方面内容：一是回答什么样的生活环境是美的，包括环境美的审美特性，审美感受和对人的心灵的净化意义等。二是回答人与环境以怎样的方式相处才是美的、和谐的。三是用环境美学思想来指导城乡建设和人们在日常生活中的行为举止。通过审美实践，人们可以不断扩大环境的美学价值，激发人对自然的热爱与敬畏之情；通过审美欣赏，人们可以不断发现、欣赏和利用环境的审美价值，培养人对自然的美好情愫，增强保护环境的意识。在这种审美活动中，爱护环境会逐渐成为人们良好的生活习惯与崇高的社会风尚，有利于经济的发展，也会促进人与环境的和谐相处。

（一）自然环境美及其特征

自然环境是环绕人们周围的各种自然因素的总和，如大气、水、植物、动物、土壤、岩石矿物、太阳辐射等。大自然是人类生存的第一需求，也是人类一切认知、审美实践的源泉。自然美的首要特征，就是具有引起人们功利、认知、审美快感的生态性，它是一切社会美、艺术美赖以产生的自然基础。其次，自然美是具有通过视觉、听觉、嗅觉、触觉、味觉引起人们认知以至想象、联想的一切对象物。美源于自然，人类有向往绿色自然的天性，所以使殡葬设施充满大自然的生趣，是最基本的美，如山水、花草之美以及伴随着春去秋来、日月星辰、阴晴雨雪、晓雾夕霞的无穷变化，这些美的自然属性，还会通过人们的感官——大脑于实践中产生理性思维，从而发现自然美中的科学美。最后，自然美还会唤起人们移情于景的形象思维，从而产生多种多样的美的艺术形象。人们欣赏自然美景所产生的感情，必然反映出人的各种观念形态，把这种主观的观念形态反投给自然景物，然后来自我欣赏，这种心理所形成的自然景物的美感，称为自然的人化。因而，自然美中包含着生态性、科学性、艺术性等特征。

环境美学是对传统美学研究领域的扩展，是一种以环境为中心的新的美学理论。它与传统美学的区别在于，研究重心从艺术转移到自然，其哲学基础在传统的人文主义和科学主义基础上又囊括了生态主义，使美学走向了日常生活和应用实践。同时，环境美学也是环境哲学的派生物，环境哲学思考人与自然、主体与客体、生态与文化的基本关系问题，并寻求这些二元对立因素的和谐，当这种和谐作为感性的体验时，便是美学。环境美学侧重于从哲学角度来思考人与环境的审美关系，将对环境的体验上升到理性层面，是在当下的感性体验中实现精神的超越。在我国，环境美学的研究是在工业化逐步深化的情况下产生的，因为单纯的经济发展维度已无法实现工业现代化，而必须伴以文化的审美维度。因此，我国环境美学建设面对的是急需发展经济的现实社会需要与环境资源空前紧缺的国情现状，经济发展与保护环境已成为双重需要。

（二）社会环境美及其特征

社会环境是指人类生存及活动范围内的社会物质、精神条件的总和。殡葬设施是人类社会生活的一种特殊的空间组织形式。它通过建筑群、交通网、园林绿地系统等的建设和设置，从时空的结合上重新组合了自然空间，形成了多种多样的建筑环境（包括殡葬功能建筑如骨灰寄存、公墓安葬等）、交通环境、园林环境特殊的人文生态环境。

1. 建筑环境美的特征

殡葬设施建筑的环境美，如今已由建筑的单体设计转向群体设计和环境设计，从整体的环境考虑，使建筑组合形成有限的物质文化空间，使人–建筑–自然环境相互协调。建筑空间（结构空间）的创造，遵循建筑科学和建筑美学的规律性，力求在一定的经济、技术条件下，尽可能地处理好实用空间与视觉空间的关系，使建筑实体分隔出来的实用空间，组合为在时间上变化的序列；建筑实体与其外观造型，在面、线、点、体量、质地、色彩的组合上，成为在空间上变化的序列，产生整体的综合形象。殡葬设施的现代建筑群一方面要体现时代性、民族性、地方性，另一方面还要注重新、旧建筑群的整体协调，尤其要注意殡葬功能建筑的特殊性。

2. 规划环境美的特征

殡葬设施的道路（或水系）不仅是连接殡葬设施内不同区域空间的线性单元，也是把不同景点组成连续景观序列的视觉走廊，是殡葬设施与自然环境进行交流和融合的网络，同时对人们进行殡葬活动也起到一定的引导作用。因而殡葬设施区划环境美的主要特征，应该具有维系和推动整个殡葬设施的动态美。道路（水系）两侧的建筑、广场等设施，其空间结构应该有明显的格局，由标志性建筑物（包括园林小品等）形成的建筑群，构成有开有合，视野有大有小，视点有高有低，视角有仰有俯的视景，具有变化的韵律和明快的节奏感。殡葬设施规划美还是殡葬文明的一面动态“镜子”，如不同时期的墓碑造型等，特别是它们形成的环境氛围之间的相互呼应，各个墓区及墓区内碑墓和墓区设施与公墓地形、地貌的和谐；以殡葬活动者为主的“人流”的引力、仪表着装等与殡葬设施文化环境的依托；殡葬设施内“硬质环境”与园林“软质环境”的结合；清明节等殡葬活动者的表情、服饰和活动等，都是殡葬设施文明的反映。总之，殡葬设施的基调、主调和配调之间的协调，是殡葬设施文明的标志，而殡葬设施的规划美则是显示其风采的游廊。

道路具有引导、欣赏、服务于管理与交通的作用，园路的布局要与公墓的总体规划布局一致，自然式殡葬设施中的园路布局自然流畅，规则式殡葬设施中的园路布局庄重严整，现代殡葬设施注重从功能出发，多为综合性布局。园路要疏密适度，通常殡葬设施内的道路面积不超过全园面积的10%。园路的设计要与排水系统相结合，要主次分明。园路可适当进行铺装，以提高其艺术性。

3. 园林环境美的特征

园林美是殡葬设施现代化的有机组成部分，是指应用天然形态的物质材料，依照美的规律来改造、改善或创造环境，使之更自然、更符合时代社会审美要求的一种艺术创造活动，也就是说，园林美是园林思想内容通过艺术造园手法，用一定的造园素材表现出来的符合时代和社会审美要求的园林外部表现形式。中国园林以“自然”而著称于世，在继承诗情画意、含蓄曲折、天然成趣等优秀造园风格的基础上，吸取国外优秀的造园经验，努力创造出融殡葬设施文化于自然美之中的最广阔的空间尺度，即在殡葬设施内外之间、自然环境与人工环境之间，因地、因时、因景制宜，坚持以植物造景为主，创造多种园林风格相和谐的园林绿地系统。此外，在中观、微观的空间尺度中，运用传统的园林艺术手法，采取壁画、雕塑、绘画、书法、盆景、园林小品、小游园等多种形式，创造引发、激活、协调人们审美心理的空间景观，成为展现殡葬设施园林文化的画卷。

现代化殡葬设施建设的一个重要方面就是它的整体环境艺术，园林在这一方面有着重要的作用，一是殡葬设施环境美的改善；二是殡葬设施生态条件的改善。殡葬设施中园林包括殡葬设施中的公园、花园、绿地、庭院、行道树、广场绿化、花坛、雕塑（墓碑也属雕塑）、林带、游览区等，这些内容的综合就构成了现代殡葬设施整体环境艺术的主要形式，是一个殡葬设施密不可分的有机组成部分。

工业发展与环境恶化之间的关系使人们进一步认识到发展经济的最终目的是提高人们的生活质量，而环境正是生活质量的内容之一，一个殡葬设施的重要标志之一，不仅是它的绿化面积，更重要的是其园林绿地的美感效益。因而要从殡葬设施的整体风格、殡葬功能和文化功能的主要特点、风格以及人们殡葬习俗的实际需求结合园林绿化的美感效果加以综合考虑，才能达到殡葬设施环境艺术美的目的。

在殡葬设施环境建设中，应依其布局和特点，以特色带全面，从园林绿化与殡葬设施环境的协调与配合来加以艺术的设计，达到环境美化的效果。要遵循生态园林美学的原则，千方百计地保护完整的自然，以植物造景为主，再造自然，呈现出以自然美为主的朴素的园林美，主要是如何通过独特的园林艺术去缓解殡葬活动者的悲哀心情，这是公墓园林艺术的独特之处。

4. 殡葬设施文化生态系统

生态园林具有社会美，它通过建筑群、交通网、园林绿地系统等的建设和设置，重新组合了自然空间，形成多种多样的环境，殡葬设施环境中自然的、社会的物质文化空间，除了以多姿多彩的动态和静态的形式美展示它们的风姿之外，还浸润着历史的、现实的、民族的、地区的极其丰厚的文化内涵。殡葬设施环境美的文化，是殡葬设施文化生态系统的重要组成部分，其特征既取决于城市文化的总特征，又具有独特性，现代殡葬设施的环境美是自然美、社会美、技术美、艺术美等多因素、多层次的有机融合，具有综合性和整体性，因而现代殡葬设施的美文化，必然是现代科学技术和现代环境艺术的高度融合，是中国殡葬文化形象的再现。

殡葬设施文化是我国社会经济规律在殡葬事业中的反映，而公墓这一文化现象的兴衰与社会的发展进步程度是分不开的，殡葬设施可以从其特殊的角度体现着文化建设内容，也是精神文明建设的重要窗口，因而创造文化和管理文化是殡葬设施可持续发展的动力。在创造文化时，关键是品位，要在把握殡葬设施文化属性的前提下创造出适应时代特点的、适应殡葬设施特点的、适应殡葬文化定位和人们需要的高水平的殡葬设施文化精品。殡葬设施是一种文化现象，具有浓厚的群众性，因此要面向群众，以一种文明、高层次的管理来实现它的功能，要把握文化定位和自身特色，殡葬设施是社会的产物，在建设过程中受历史、地域、政治、经济、文化等诸多方面因素的影响，确立各自的文化定位，形成不同的风格和特色，这种文化定位、风格和特色是每个殡葬设施存在和发展的物质基础，因而要始终把握其文化定位和自身特色。如在殡葬设施墓区内根据死者生前特点建立名人园、园丁园、劳模园、英烈园等。碑墓文化是我国文化的精粹，碑刻园、植物说明牌、殡葬科普知识窗等都能提高公墓的文化品位，丰富公墓的文化内涵。结合公墓特有的环境举办一些有特色的社会公益性活动也能提高公墓的文化内涵。

社会主义和谐社会的本质是人与社会、人与自然、人与自身高度和谐统一的社会。黑格尔曾说古希腊是一个和谐的社会，是“一个美的时代”，但那是一种没有充分发展的和谐，无法与今天全面发展的和谐社会相比拟。社会主义的和谐社会，是在现代科技基础上，在知识经济和信息的时代，在中国特色社会主义建设的过程中构建的，它将是一个自觉的、充分发展的和谐时代。和谐社会的构建归根结底就是要实现人与社会的和谐、人与自然的和谐、人与自身的和谐三个层面。这三个方面的发展，也正体现出了社会美、自然美、人自身和谐美的特点。在这三个方面中，人自身的和谐是前提和归结点。人自身若处于和谐状态中，就能以正确的态度和方式来对待和处理人与社会、人与自然的关系。构建和谐社会，出发点是人，实践要落实到人，最终归宿也是人。通过感受和体认自己生命的价值、生存的意义，从中找到了自我，享受到了生命的安宁与幸福，在此基础上，人积极地肯定自己，从而唤醒对生命的激情与热情，善待自己、积极生活，与自我处在一种高度和谐与完美的状态。

就人与社会的和谐而言，新的和谐社会结束了近现代传统思想中所主张的绝对对立，吸收、融合后现代趋向和谐的观念，重新创造一种和谐的社会关系。这种和谐社会，开创了人类和谐处理自身关系的新时代，体现了一种新型的人与社会的和谐关系，将创造一种新的社会美。而环境美学提高着人们的道德品格、人文素养，增加和扩大着人与人之间共同的思想、道德与感情基础，也在人与物的关系上不断强化着人的根本地位，使人与人的关系良性互动，促进人与社会的和谐相处。

人与自然的和谐，是环境美学与和谐社会构建最为密切相关的一个方面。中国古人提出充满东方和谐意蕴的“天人合一”，认为人的身心和情感的节奏韵律与自然界运动的节奏韵律是相互感应的同构系统。人类要维护人与自然环境的和谐共存，这是实现人类“诗意栖居”的本源，只有这种和谐共存，人类才可能拥有自然、自在、自由的审美空间。人与自然完美和谐，创造了自然美，自然美又给人以巨大的经济乃至精神回馈，人们在良好的生态环境中惬意舒畅地生产和生活，人与自然实现了双赢。环境美学强调人与自然无差别的“整体和谐”，侧重强调人是自然的一部分，人是自然界生态发展的一个环节。有了和谐的自然空间，才有利于社会和谐，时代才会进步与发展。可见，人与自然和谐相处，是社会发展的需要，是人类进步的客观物质条件，是社会安定进步的前提条件，也是人与社会、人与内心世界和谐的大环境。

（三）殡葬环境美及其特征

殡葬环境创新的核心就是如何实现“以人为本、天人合一”，求得人文环境与自然生态环境的和谐、统一。因此，殡葬环境建设围绕“人”这个主体，一切设施、举措都要为人的健康、舒适着想，为丰富人们的物质生活和精神生活着想。殡葬环境生态美要从这几层考虑：一是殡葬环境最根本的要求是生态结构健全，适宜于人类的生存和可持续发展。二是生态结构健全的殡葬环境，都会给人一种外在美感，即“生态美”。三是美化殡葬环境可以有各种不同的美学手段和审美取向，但应将“生态美”作为最高境界，作为首要的和主要的美学取向。四是殡葬环境已不再单纯地作为生存资料，同时也成为一种赏心悦目、怡情养性的享受资料。殡葬环境建设应以尊重生态为原则，运用生态科学技术进行规划设计，保持生态系统的平衡状态，而不破坏其能量、物质循环和生物多样性。殡葬环境不仅要满足人类对殡葬的物质需求，而且还要满足人类对心理、伦理、审美等方面的精神需求。殡葬环境为人所造，又反过来通过它的“美育”作用，来陶冶人的心灵和性情，来“造人”。对殡葬环境的审美，应从两个方面着眼，首先是对它的形式，即形象、空间组合、装饰、质地、色彩等，其次是对它的内容，如生态性、功能性、实用性、舒适性、经济性等。前者是由建造法则所创造出的美，称为“形式美”，它能通过视觉直接感知。后者是一种内在含蕴的美，称为“内容美”，必须由概念、理念向审美升华。也就是说：美，既表现于形式，又表现于内容。“形式美”和“内容美”各有其相对独立性，又必须做到两者的统一。殡葬环境的生态美，就是从内容与形式的统一中产生的。

二、殡葬环境美的艺术体现

殡葬设施的环境往往从某一侧面反映出人类社会的物质和精神生活，因而它总与当时当地的社会现状紧密结合在一起，带有时代的印记。殡葬园区的园林是随殡葬改革的深入和殡仪服务的开展而建设的，相对源远流长的中国园林史来说，现代殡葬园林史是极其简单而短暂的。环境与人们生活密切相关，殡葬设施环境与人们的丧葬活动密切相关，要使环境适应新的形势，进一步与现代生活相结合，就必须勇于创新，顺应时代潮流。

传统与创新是对立的统一，创新应以传统为基础并加以补充和延伸。中国传统园林以意境为核心，讲究曲径通幽，富有诗情画意，创新应该是继承传统的创新，做到“舍形取意”，即形式全是新的，意境仍在其中，使时代感和传统感相结合。在深化改革的时代，殡葬园林更需高起点、大发展。

中国传统园林层次丰富，意境深远，但一味追求以曲为美，既不适合现代生活的要求，也不适应现代化施工技术要求；规则式园林虽容易与建筑取得协调，画面简洁，色彩绚丽，但构图强调横平竖直，轴线对称，一览无余，不给欣赏者留有想象的余地；混合式园林做到取长补短，适用范围较广，但容易出现自然与规则的分界线。近年来园林界积极探索新形式，使园林景观自然而不散漫；有规则可循而不呆板；变化多端而协调统一；富于装饰性而不流于公式化；富于时代感而不排斥诗情画意。如现代化公墓应具备的主要特征应该是布局整体化、墓体小型化、碑墓工程艺术化、环境园林化。

（一）重建殡葬环境美的整体意识

重建环境的整体意识，就是用系统工程方法，研究、发掘、弘扬我国重视保护自然资源和崇尚自然美的园林艺术、规划、设计等优秀传统，同时注意吸取国外现代环境设计的优秀成果，树立现代的整体优化的殡葬文化——生态环境观念。

园林化殡葬设施是以殡葬为主要用途的特殊公园。它充分考虑了死者生前所向往的“仙境”，也更多地考虑到生者环境方面的需要，这一需要属于殡葬消费的一部分，是精神的物化品，从形式上看是物质的东西，但透过物质形式却能反映出人们观念上的差异，这就形成了殡葬活动者对殡葬设施绿化美化需求的差异，也就是园林化殡葬设施的多样性。人的祖先来自大自然，人类喜爱自然既是生理需要也是心理的趋向，人们到殡葬设施去祭扫时，总希望环境能满足自己的需要，这种需要是后天的，是精神的，因而园林化殡葬设施的建设又具有一定的特殊性。

殡葬设施的园林化就是殡葬设施与自然和谐共存。要做到殡葬设施与绿地协调，首先要实现合理的面积比例与分布状态，其次是绿地内合理的结构状态和最受殡葬活动者欢迎的审美内容。

（二）殡葬设施环境美的时代要求

当今时代是一个充满重大变革的时代，有着独特而完整的艺术体系的中国园林艺术，随着时代观念的更新而在审美意识上也发生着深刻的变化。都市化的日益明显，生态不平衡的日趋严重，造成人们对自然环境的新的追求，这就造成了人们对园林审美情趣的新趋向。对照传统的园林艺术审美特征，可以发现当代园林审美意识的变化主要表现为以下几个方面。

一是审美概念的变化。园林艺术的概念已从狭义的人工园林艺术扩展到追求大环境的自然化和美化的“环境艺术”范畴；从园林审美类型看，已从传统的以人工园林为主体扩展到以自然山水为基础的区域性公园、小游园等公共绿地系统；园林美学也已从单一的研究诸如形式美、内容美、意境美扩展到研究艺术、科学和自然三者之间关系，特别是人和自然的审美关系。

二是审美需求的变化。从单一的追求园林的画面美向多形式、多功能的综合审美要求扩展。主要趋向表现在：一是回归自然，在紧张工作、快节奏、激烈竞争的现代社会环境中，如何保持人间诗意，感受人和自然的和谐与温馨，引发人们本能地对自然的回归意识的产生；二是美感熏陶，园林场所可作为启发、培育、熏陶审美情趣、寻求美感知识的地方（如公墓中的园林同样可以有少年的欢乐、青年的求知求爱、中年的深思开拓、老年的宁静反思）；三是多功能的综合意识，在园林中赏景、游憩，具有多种生活和文化的功能，改善了的自然生态环境可增进健康，如清明节期间在公墓中进行祭扫活动之后，一家老少在园中郊游、野餐等。

三是审美时空的变化。审美客体的内容和三维空间结构形式的高层次审美需求导致了多序列、多声部、复杂的立体空间结构形式，现代科学技术和生活的发展使审美客体在空间顺序和时间顺序上的多样性与复杂性日益发展，在审美主体方面，园林美的欣赏者由少数人变为人民大众，在欣赏需求和文化层次上呈现出多样化的趋势。

在进行殡葬设施规划设计时，至少要从三个层次考虑，一是要为日常的殡葬活动服务，二是要为周末的殡葬活动和顺便郊游服务，三是要为每年较为集中的几大祭奠活动服务。各个殡葬设施的情况不同，应有各自的环境发展战略，用以指导一个时期的环境建设，树立三个观点：一是要树立大园林的观点，把殡葬设施的园林建设与园区的整体建设结合起来，形成一个既具有殡葬功能，又具有园林功能的园区；二是要以扩大公墓绿化面积，提高园区绿化覆盖率为主要奋斗目标，点、线、面紧密结合，形成丰富的绿化结构；三是要建设生态园林，大量种植花草树木并进行垂直绿化，形成多层次混交，大大增加园区的绿量，提高叶面覆盖率，提高观赏效果和环境效益，园区环境建设应以植物造景为主，除必要的殡葬服务功能和管理设施外，不应把有限的土地、人力、资金过多地用在修建硬质景观等非生物设施上。

【扩展阅读】

园林植物在殡仪活动中的应用

植物是大自然赋予人类社会的一种有生命、富于情趣的物质，它给人带来五彩缤纷、生机盎然的瑰丽世界。随着现代文明社会的发展，园林植物在殡仪活动中应用越来越广泛。

一、殡仪客厅的花木装饰

殡仪客厅是现代殡葬园区重要的组成部分之一，是接待殡葬活动者、殡葬活动者团聚并进行感情交流的公共场所。充分利用花木装饰殡仪客厅，能产生出其他工艺美术装饰品无法比拟的意境。由于殡仪客厅的特殊性，在进行花木装饰时应着重考虑以下几点。

（一）花木装饰与殡仪主题相协调

殡仪客厅的花木装饰应体现出与殡仪场合相协调的一个明确的主题，其绿化装饰既要有庄严肃穆的氛围一面，又要有节哀、慰藉、大方的一面，还要体现出殡葬园区独特的风格与情趣。通过花木装饰，使殡仪客厅充满绿意花香，既能缓解殡葬活动者的悲哀，又能表达出来共哀的一片盛情和悼念。

（二）花木体量与客厅空间相协调

在殡仪客厅内摆放花木不能盲目效仿，要根据客厅空间大小确定花木体量与数量。面积较大的客厅宽敞明亮，可选用大型植株采取气魄雄伟的布置手法进行装饰，如在客厅进门显眼处放置一盆造型独特的罗汉松、五针松等松柏类盆景，摆放植株高大、叶硬而舒的榕树、棕榈、蒲葵、苏铁等，这样装饰美化可适当遮挡视线，取得分隔空间的效果；在墙角、沙发旁也可摆放龟背竹、橡皮树、棕竹等大中型花木以弥补空间死角，起到缓冲、过渡的作用。若客厅空间狭小，宜选用少量枝叶细繁的矮小植株，以免空间拥挤和凌乱，大中型花木要尽量沿墙角分散布置，以免遮挡视线和限制室内活动的空间。花木形状与客厅配置要协调，选择花木要考虑其形状并摆放在客厅适当位置。如南洋杉等直立型花木宜摆放客厅中间或角落；体形较小的文竹、凤尾竹、四季海棠、瓜叶菊、水仙、豆瓣绿以及瓶插切花和小型树桩盆景等宜置于茶几或桌面上，显得文静清逸；匍匐状的紫露草、吊竹梅等可作为吊式摆设，壁面或窗户的两边可悬挂绿萝、吊兰；墙角可设置几架经造型的迎春、悬崖菊、紫罗兰等枝叶下垂的花卉或藤蔓花卉，这种陈设手法填补了平面的不足，形成一个立体绿化空间，既充分发挥花木的装饰效果，又显示出一种热情的气氛；在室内可按照花木的高度、形状、颜色进行合理配置组合在一起摆放，充分发挥各自的优势，能收到非常协调的效果，配置时高大直立的花木宜放在后面，灌木状的置于中间，匍匐状的置于前面，产生层次感。

（三）花木着色与客厅色彩相协调

在选择花木时要考虑到色彩的调和，如果地板、墙面的颜色浅，可配以深绿色的观叶植物或冷色调的花木，此类和谐的装饰比较适宜于殡仪场合；而艳丽的鲜花则宜与浅绿、淡蓝、乳黄等亮色调背景相衬，这样显得主次分明。

（四）花木特性与客厅生境相适应

客厅的光照、温度、湿度形成了独特的生存环境，花木特性要与其生境相适应，才能长期保持美饰效果。室内摆放花木要注意各种花木对光的不同要求，如喜光的一品红、仙人球、紫鹅绒等应放在客厅的向阳面，否则就会因阳光不足而不能开花；耐阴的杜鹃、茶花、兰花等花木宜放在半阴处；在光线差而又干燥的环境，可选常春藤、蜘蛛抱蛋等花木，在向东的客厅中选风信子类植物。此外，还要通过一定措施调节室内湿度及光照条件，以适应不同花木正常生长。

（五）殡仪客厅内花木的管理特点

殡仪客厅具有特殊的生态环境条件，要在掌握花木特性的前提下合理配置花木并科学管理，才能保证室内植物枝繁叶茂、长时间保持植物装饰效果。客厅要使其光照、温度、湿度保持在一定的范围内，以具备植物生长的基本条件。一般客厅光线较充足，能适合多数室内植物生长，但要避免直射光，夏季应将花木移开窗户周围，或用窗帘遮阳。此外，室内植物的肥水管理是一项重要的工作，客厅内花木浇水量的多少要根据植物类型、房间温湿度和季节来定，一般生长季节和开花季节的春末和夏季浇水量要多于休眠季节，对于喜高温高湿的热带植物，可将盆花置于装有湿泥、炭土或水的盘子上，以增加湿度。室内花木浇水应本着不干不浇、浇则浇透的原则，水温要近于室温为宜。在孕蕾开花前可多施磷肥、钾肥和少量氮肥，对生长旺盛的观叶植物可多施氮肥，对草本盆花和花繁而花期长的盆花，要采取“薄肥勤施”的方法，冬季要节制水肥，以免受肥害烂根而死。由于室内植物常处于光照与空气较差的环境中，其主要虫害多局限于某些以吸取植物汁液为生的害虫，主要有红蜘蛛、介壳虫、蚜虫等，可喷洒稀肥皂水、洗衣粉水或敌敌畏等。

二、植物型花圈的制作与应用

植物型花圈是用植物材料（包括枝、叶、花、果等）制成的花盘或花环，它与纸制型、绢制型、铁制型、塑花型花圈相比更能表达一种主题，传递一种感情和情趣。

花圈具有悠久的历史，而植物型花圈是最原始和富有发展前途的类型。在一些国家和地区，制作精美的花圈曾作为礼物相赠，广泛应用于音乐会场、剧场舞台等场合。在佛教传入中国之前，我国民间就有用花环馈赠亲友、敬献神灵或祭祀故人的习俗，随着我国改革开放和经济的迅速发展，植物型花圈的应用范围也越来越广，因而掌握植物型花圈的制作技术并熟悉应用特点是十分必要的。

（一）选材

花材是植物型花圈的主要材料，它包括从植物体上剪下来的花朵、花枝、果枝、叶片等。选择花材首先要视使用场合来选择适当的颜色和种类的花卉材料，殡仪场合多选用洁白、素雅的冷色调花卉，常用的有菊花、香石竹、芍药、大理花等白色或黄色花材，淡蓝色的香豌豆、桔梗、翠菊等以及淡粉色的玫瑰、香石竹等花材；而庆贺场合使用的花圈则多选用色彩艳丽、花朵饱满的花材，以充分营造出热烈喜庆的氛围，一般应时四季花卉都可选用，如月季、铃兰、孔雀草、连翘、碧桃、迎春、绣线菊、珍珠梅、忍冬等花枝条均可使用。选择花材还要考虑到季节性，以使人感受到大自然的清新与亲切，春季可选各种嫩绿幼芽、幼叶及盛开的花朵如丁香、榆叶梅，以展现出无穷的生机和力量；夏季多选浅色调花朵、绿叶及水生植物，产生宁静、清凉气氛；秋季可选累累果枝、斑斓多彩的秋叶和傲霜的秋菊，造成金秋景象；冬季选松柏、竹类也能表现出峥嵘劲直的气氛。花材要选择生长健壮、无病虫害、无异味，从植株上剪下来之后不易萎蔫，具有一定观赏价值的植物，如具有鲜艳明快的花色或彩色枝条的红瑞木、棣棠，小花点点、轻盈柔美的满天星、补血草，枝叶纤细、蓬松碧绿的文竹、天门冬等，为了使花圈的鲜花更醒目，还要选择装饰叶作陪衬，常用的有文竹、天门冬、蜈蚣草、柽柳、扁竹等，还可选用常春藤、木香、银芽柳等藤本或柔软的枝条。

制作植物型花圈除具备纸制型花圈的竹竿、锡纸、彩皱纸、绸缎带、丝线、胶带纸外，还要准备好插花泥（或用硬泡沫代替）、喷水壶、剪枝剪等。

（二）制作

植物型花圈是把剪下来的植物素材，经过一定的技术（修剪、整枝、弯曲等）和艺术加工（构思、造型、调色等），重新配置成一件精致、美丽、富有意境和主题的艺术品。

制作植物型花圈首先根据预定的花圈形状做好用来插花的装饰框或架（用竹竿、细铁丝、木棒、苇草等编制而成）并用彩色皱纸或锡纸包裹起来，然后把装饰叶缠绕其上，装饰架多以圆形为主，也可使用一些圆形的变形状如马蹄形、心形、竖琴形、车轮形等。

第二步是花材的剪取与处理，剪取花材，应选择气温低、无风无日晒的时间（清晨或傍晚），以防花材过早萎蔫，对花材本身来讲，不同植物因花开放与开放速度不同，各自也有最佳剪取时间，如马蹄莲在白色的佛焰苞展开后剪最合适，而香石竹、芍药在花蕾期剪为宜，一般单花者以含苞或初开时剪为宜。为了延长花圈的使用和观赏时间，应对鲜花进行处理，具体方法是先把花枝浸入水中，用剪枝剪截成所需长度，以防止空气侵入新切口或被污染，减少剪口处的蒸腾失水，再把花枝在鲜花保鲜液中浸泡数分钟，或将花枝基部插在用塑料布包着的浸过保鲜液的花泥中，此外还可根据花材品种不同选取沐浴法、疏叶法、切口灼烧法、注水法、切口涂抹药物法等方法提高和增强花材的吸水性，以延长花材使用寿命。像菊花类、香豌豆等保水性能好的花材也可不做处理直接使用。

第三步是花圈的绑扎与插花。把选择处理好的花材绑在装饰架上，然后进行插花，在插花之前要有一定的构思，以使花圈具有丰富内涵，一般根据布局与构图美学原理先插主要花朵，然后再配以调色的次要花朵，插花完后，还要依所用场合的不同对花圈进行装饰，殡仪用花圈除使用适当的彩绸带以外，也可在其上写上悼词并签上赠者名字，庆贺用花圈一般用细铁丝穿系上贺卡或用缎带穿在花圈上并扎结成美丽的花结。

（三）应用

花圈制成后，要用喷水壶或喷雾器在花朵和装饰叶上均匀喷洒，以保证其色泽纯净、美观。殡仪用花圈是生者向死者敬献的用来表达对死者的敬意、怀念和哀思，殡仪用植物型花圈变化丰富，但多以绿色的松柏枝（比喻精神常青）和白花（象征纯真、圣洁）为主，如果缺少特殊花材，可用适当的绢花、塑花替代部分鲜花；而庆贺用花圈则只能用鲜花材并以暖色花为主。

三、殡仪花束和花篮的制作

中国是世界上拥有花卉种类最为丰富的国度之一，也是世界花卉栽培的发源地。中国的花卉、用花艺术，不仅丰富了中华文明的宝库，也对世界园林艺术乃至整个人类文明作出了不可磨灭的贡献。自古以来，花卉就与中国人的生活密不可分，渗透到各个文化领域之中，花卉直接参与中国文化的形成，成为中国文化史的重要组成部分，它与中国其他文化门类相互影响、相互补充、相互融合的过程中，已经形成了一系列相对独立的文化领域。中国的文化，充满着泛人文主义色彩，习惯把一切事物都与现实人生联系起来，中国人把花卉融入日常生活的方方面面，现代文明的社会，殡仪活动中离不开花卉。所谓殡仪花卉，是指人们将经过栽培的或野生的观赏植物的花、叶、茎、果等剪下，扎制成花束、花篮等艺术品，供殡仪活动使用的花卉。

(一) 殡仪花束的制作

花束，又称手花。即把切取下来的花枝，通过艺术构思，经过修整扎制成束，再加以精心装饰而成。花束是一种高雅礼品，在各种礼仪活动中应用最广泛。

1. 花材的选择

一般要选择花梗挺直，叶片刚强，花冠硕大，色彩艳丽，香气馥郁，花朵初放的花枝。根据这一要求，在桃红柳绿的春天，可供选用的花卉有：桃花、樱花、玉兰、迎春、丁香、郁金香、芍药、牡丹、紫罗兰、鸢尾等；在荷清蝉鸣的夏天，可选用唐菖蒲、晚香玉、大丽花、百合、睡莲、小苍兰、非洲菊等；在天高气爽的金秋，可选用菊花、桂花、红枫、月季等；在傲霜凌雪的冬天，可选用香石竹、一品红、蜡梅、南天竹、山茶、银柳、水仙、马蹄莲等。作为花束的衬托材料，近年来常用白色的荷兰菊和满天星等开小花的花卉作为点缀用花。装饰叶多用文竹、武竹、天门冬、一叶兰、肾蕨、铁线蕨等观赏植物的叶片，在花色品种搭配上，既可选用由几种多色花卉组成；也可选用由单一品种多色或单一品种的单一花色的花卉组成。这些搭配方式各有优点：一种花卉几种色彩的较易调和；一种花卉单一色彩的虽易调和，但往往显得平淡单调。

2. 花束扎制方法

扎制花束时首先要将选定的花枝茎上的小枝和刺剪去，同时剪去杂叶。然后将花枝剪成约 30 ~ 60cm 长，挑选 1 ~ 3 枝花朵大、色彩艳丽的花枝位于中央作主体，四周再配以下垂状态的小朵花和装饰叶，使整个花束具有层次感。然后再用细线或细铁丝将基部扎紧，并将花束下端剪齐，用脱脂棉将基部切口扎好，浸足水，以利保持花束鲜艳。最后罩上光洁透明的装饰纸即可使用。花束握柄处粗细要适当，其长度约为15cm左右，以用手握之恰到好处为度。花束握柄处外包锡纸效果更好，既银光闪烁，又防潮湿。隆重场合应用的花束，一方面要选用名贵花材，突出华丽风貌；另一方面扎好后要注意用大张质薄而透明度好，又印有精美花纹或图案的装饰透明纸包裹好。花束扎好如不立即使用，可先不套装饰纸、锡箔纸等装饰物，尽快将其放室内阴凉处，并将基部浸入浅水桶中待用。

3. 扎制花束应注意事项

为使扎制的花束色、香、姿搭配和谐，从而增加美感，扎制时应注意以下几点。

一是对花材本身绿叶多而色彩又美的花卉，如月季、玫瑰、大丽花、山茶等，应少用装饰叶；而香石竹、香豌豆等绿叶较少的花材，则需多用些装饰叶，并适当配置些满天星之类的小花朵花材，以使花束构图显得生动活泼，花叶相衬合理。

二是花与花之间应有适当距离，中间适当装饰些配叶，以形成花叶交相辉映，疏枝绿叶衬托出花朵的姣美风姿。

三是装饰叶宜放在花枝的间隙中，既应注意不可突出在花朵之上，又应注意不要遮掩花枝姿态，以利主体突出。自制花束，可选用香石竹配以文竹、马蹄莲，或用非洲菊配以文竹、天门冬，或用月季、玫瑰配以晚香玉、满天星等，均可收到艳花绿叶交相辉映的艺术效果。若把茉莉、白兰、珠兰、含笑等芳香花朵采下后用丝线串联，缠于花束间，不仅具有美感，而且幽香四溢，使人爱不忍释。

赠送殡仪花束，对花卉品种、花色等的选择应因时、因地、因对象而异。

（二）殡仪花篮的制作

花篮是艺术插花中的特殊形式之一。它具有造型端庄大方，风韵雅致，瑰丽多姿，五彩缤纷，使人观之有韵律感等特色。改革开放以来，随着社交活动的频繁，花篮的用途越来越多，丧事悼念场合应用也很广泛。

现代花篮的风格，大多讲究豪放、潇洒、浪漫。花篮的形式多种多样，可圆、可扁、可弯，不拘一格。其形态大小不一，大的花篮可高达1m以上，摆放于地面上；小的花篮，一般不超过40cm，摆放在茶几或桌面上。制作花篮的容器，一般多选用柳条、藤条等材料编织而成的篮子。按照我国的国情，选取花材时要特别注意根据花卉的寓意，采用不同品种和不同色彩的花卉，其效果就会更加理想。例如上海一位104岁高龄的寿星去世，亲人们请花店制作了一只用104朵粉红色香石竹制成的梯形花篮，用洁白的长寿菊簇拥着整个花篮，显得十分庄重、典雅。

制作花篮，要讲究艺术性。首先要按照设计要求，用柳、竹、藤等编扎成具有优美造型的精巧篮子，再按照插花原理在篮子里协调地插入疏密有致、高低有序、鲜艳多姿的切花，并适当衬以碧翠的装饰绿叶，然后在提手处饰以美丽的彩带，即成为一个精美的花篮。对于高身的花篮，还需在花篮里面扎制成一个“井”字形的支架，以使花枝和装饰叶在篮内插得均匀牢固，以免枝叶东倒西歪，影响观赏价值。花篮的形状、大小，花卉品种及花朵大小的选用，花枝高矮的处理，色彩浓淡的搭配等，均应根据风俗习惯、民族特点和殡葬用途不同等因素而定。办理丧事时使用的花篮，大多采用白、蓝、黄、紫等素雅色彩的花卉，饰以黑色或白色缎带，以呈现肃穆气氛，以此寄托哀思。

隆重殡葬场合使用的花篮，一般都应选用优质高雅而花梗较硬的应时花材，如郁金香、月季、玫瑰、唐菖蒲、香石竹、百合、晚香玉、玉簪、鸢尾、芍药、牡丹、菊花、非洲菊、火鹤花、白鹤芋、马蹄莲、石斛兰、鹤望兰、满天星等花朵刚刚盛开时的鲜花，再用文竹、苏铁、棕竹等装饰叶片加以衬托。装饰叶的使用是否得当很重要，艺术性的衬叶不仅能衬托出主体花材的美丽，还能充实空间，呈现出某种意境和风韵。若能将少量茉莉、白兰、含笑等芳香花卉的花朵穿插在花篮中，则花篮不仅能呈现瑰丽缤纷的美姿，而且暗香幽出，更具观赏价值。

为使殡仪花篮制作得精美艺术，制作时应注意以下事项。

插花之前，先在篮口周围插上文竹、天冬草等绿叶作陪衬，然后再插入主花材（若主枝叶片太多，需先适量修剪，以突出花的主体）。这样不仅可以把花篮的支持物掩盖起来，而且可使花叶相互映衬，相得益彰，各显其趣。插花时要按花朵大小、高矮、色彩调和等均衡规律。还应注意花朵的排列要疏密有致，花叶比例适宜，自然丰满。插主花时，花朵都要向上，如花朵已下垂，可用铁丝做个直径小于茎径的圆圈托住花朵，再把铁丝缠在花枝上。花枝与花枝之间要留有一定空隙，以使花朵的芳姿充分显露出来。花篮口宜排置大、中型花朵，枝茎朝里，以叶掩盖。在花枝间大的空隙处适当点缀些小朵鲜花和观叶植物作衬托。插入花枝时要注意将所有花枝插入篮内盛水容器中，使其能得到水分供应，否则花朵很快就会凋谢。安排花卉品种时要注意色彩和谐，大小高低协调，花与叶分布恰当。篮边和提手要用细软的配叶缠绕。一般情况下每个花篮宜选用两三种花材，色彩不宜太多，否则易使人产生杂乱感。整个花篮的色彩以呈现对比色、调和色为好。

为了延长花材的新鲜度，不使其很快凋萎，中小型花篮可在篮子的底部中央固定一个塑料制的轻便盛水容器，在容器内放些水苔、木屑、海绵泥等保湿材料，将花枝插入其中，并注意经常换水。大型花篮，需在篮内放个浅水盆，水盆内安放草束，草束是用麦秆或稻秆剪成约10cm长小段，扎成小束，再将若干个小束竖放，汇总扎成与水盆大小相当的大束。把花枝插在草束上，既能吸水，又可借此固定位置，不使花枝倾倒。

花篮扎好后需用清水将枝叶喷湿，放阴凉湿润处，经一昼夜，花叶即会恢复新鲜，花头上挺，生机盎然，成为一件色彩调和、形态生动的高雅礼品。

第六节　殡葬园林美的创造与评价

殡葬园林有广义与狭义之分，广义的殡葬园林指与殡葬有关的园林文化，狭义的殡葬园林指殡葬园区的园林。殡葬园林往往从某一侧面反映出社会的物质和精神生活，因而它总与当时当地的社会现状紧密结合在一起从而带有时代的印记。正确把握新时期殡葬园林创造与评价的人文尺度，将有利于殡葬园林建设与发展，更好地推进殡葬改革。

一、殡葬园林美创造与评价的人文价值

（一）殡葬园林美的人文精神

1. 人文精神的基本内涵

早在20世纪90年代初，中国大地上就悄然涌动起一股寻思“人文精神”的思潮，如今，“人文精神”“人文主义”已成为一个备受关注的论题，甚至引导出文化思想领域一系列新的话语。科学主义思潮和人文主义思潮的二重奏构成了时代精神的整体形象，也展示了当代人类文化发展的基本脉络和宏观走向。

“人文精神”是指人类对自身存在的思考，是对人的价值、人的生存意义的关注，是对人类命运的理解和把握。“人文”是相对于西方传统的“神文”和中国传统与西方近现代“天文”而言的。“文者，纹理也。”引申为有规律、意义之义。由于“神”涉及宗教信仰，而“天”具有“自然”意义，因而“人文”与研究宗教的“神文”和研究自然规律的“天文”相对。不同的时期有不同的人文精神内容，人文精神在人类发展的历史长河中总是以这样或那样的方式存在并发挥作用，人文精神的每一次高扬，都是在特定历史时期由于自然、社会、文化等种种原因，致使人性受到压抑和摧残后，人类为寻求自身发展和人性复归的必然抗争。

通过考察中国文化，可知中国传统文化的基本精神是“人文主义”。中国

文化与希腊文化和中东文化相比，希腊文化注重人与自然的关系，中东文化注重人与神的关系，而中国文化则注重人与人的关系，它以伦理、政治为轴心，富于“人文精神”。

“人文精神”是以人为一切价值的出发点和源泉，以人文尺度、标准去衡量一切价值的精神，具体地说就是以“人本”为逻辑出发点，在伦理的基础上生长起来的文化价值系统，它以人为万物之本，以人为万物之原型，从人的自身特点和需要去考察万物，衡量其价值。在认识方法论上，它将物质世界拟人化，把物提升为人，用人的方式对物进行认知和把握，它与把人还原为物的“科学精神”的思维方式是相反的。科学和人文关注的对象虽然不同，但在精神实质和深层底蕴上则是相通的、互补的，其目的都是解决人类面临的问题，人文精神与科学精神是人类文化的特定路向，作为人的精神生长的特定方式，它们都是人类自身存在和发展的需要。

2. 殡葬园林的人文思想

人文思想是指对人性、人伦、人道、人格、人的文化、人的历史、人的存在及其价值，全面加以尊重和关怀。

殡葬园林是一门工程学科，更是一门艺术学科，而艺术当然属于人文学科。殡葬园林的发展得益于自然科学、社会科学和人文科学的共同发展。就殡葬园林与人类生活天然而全面的联系而言，殡葬园林更具有明显的人文科学的性质，在科学技术高度发达的今天，殡葬园林的中心问题常常超越技术的范围，更多与人的精神因素和精神生活相联系、相渗透，殡葬园林的人文方面越来越为人们所关注。

当今，大量的殡葬园林设计者往往一味倾心于主观的创造，刻意追求某种风格、观念或思想上的表达，却十分缺乏对大众空间行为的真切体察，更不去研究殡葬园林获取和传达意义的途径与方式。当代殡葬园林所表现出的对人的关怀与尊重的取向是殡葬园林被异化的境地向其本源的回归，这种本源则是一种深厚的人文精神，是殡葬园林文化真正的内在本质。

把殡葬园林（尤其是殡葬园林的形式）视为某种“时代精神”的显现，强调甚至规定殡葬园林创造的统一主题，把殡葬园林的发展进步认为是一个个“时代主旋律”的变幻和更迭，将时代精神与殡葬园林风格对应起来等都反映了殡葬园林界一种普遍的殡葬园林观念，这样的观念没有把殡葬园林首先作为人的日常生活中的一种具体、现实的存在，而是作为某种精神的显现，使殡葬园林失去了存在的真实根据。殡葬园林既不是可以随处复制或挪用的普通产品，也不是用以显现某种绝对精神或理念的虚玄之物，它是一种现实的存在，一种与人的日常生活（主要是殡葬活动）密切相关的“生产”，它不会接受所谓“时代精神”的统一安排。殡葬园林的功能因素、文化因素、地理环境、气候条件以及与之相关的人的价值观念、行为方式、审美心理等，都制约着殡葬园林的创造性思维。殡葬园林活动要真正走向审美化，就必须放弃追求任何外在统一和规定性的传统观念，从人的需求出发，在殡葬园林活动和生命活动之间建立起真实、内在的联系。

文化是“一个群体或社会所共有的价值观和意义体系，包括使用这些价值观和意义体系具体化的物质实体”，意义是人对客观事物能动认识的结果，价值观具体地存在于人们的意义体系中，每一个人类群体或社会的成员都有一套公认的好与坏、对与错的观点，这就是价值观。广义的文化是植根于人的内在生命的人类群体相对稳定的行为方式，是人的生命的表现存在形式。文化对象是一个具有主动性并体现人的价值观的存在物。殡葬园林正是这样一种存在物。殡葬园林文化与人们的生存和生命活动的关系是极为密切的，它应当包括两重含义：一是殡葬园林的意义体系和价值体系，二是可见的殡葬园林方式和与之相应的人类生活方式。

殡葬园林文化的研究就是把殡葬园林活动置身于人类文化活动的背景中去探索其发展的意义、规律和前景。殡葬园林活动服务于人的物质需求和精神需求，同时又受制于经济、科技、社会、人伦、自然等多种因素，表现出特殊性、复杂性和矛盾性。

殡葬园林总是处在其他文化因素的包围之中，并不断地同它们形成双向运动的复杂联系。一方面，社会的其他文化因素（如哲学、政治、宗教、经济、科技等）总要以各种方式，通过各种文化机制深刻地影响殡葬园林活动，并最终体现在殡葬园林观念、殡葬园林功能、殡葬园林形式、殡葬园林风格乃至殡葬园林手段上；另一方面，殡葬园林作为人类的一种独特的活动和文化领域，又有着自身不同于其他人类活动的特性。人们对殡葬园林环境的一切认识和体验只能通过置身其中而获得。人们常说的“殡葬园林亲切宜人”，并非指殡葬园林本身亲切宜人，而是因为殡葬园林及其所形成的环境、空间场所中凝聚着人们特定的情感和丰富的生活内容与经验。所以殡葬园林艺术的创造不能仅仅从视觉上创造某种完美的艺术品，而是要把人的情感方式、生活方式客观化，用殡葬园林的形式和语言把它们表现出来。

殡葬园林的人文精神是殡葬园林文化一切以人为本、以人为中心的集中体现，这种人文精神的最终结果是它的主体化，即一方面从主体自身而不是客体对象对世界进行把握，另一方面则赋予对象以主体即人的属性，从而使世界成为真正属于人的世界，这是人文精神的内在逻辑，也是殡葬园林创作的内在逻辑。这样，殡葬园林创造便始终从人的现实需求出发，从而殡葬园林创造不再是随意的行为，不再在新鲜、时髦的风潮前无所适从。这样我们就以真诚的态度和科学的精神去探索殡葬园林的新形式而不是追求风格，因为风格是由形式逐渐演变而来的。

（二）殡葬园林的创造和评价

创造和评价是殡葬园林活动的两个既相互区别又紧密相关的内容和方面。殡葬园林的创造总是以一定的殡葬园林价值观念为基础，因而离不开评价。而广义的评价又不仅仅是专业人员依据一些殡葬园林设计、评价原则对殡葬园林的某些方面所进行的专业性评估，而是人们对殡葬园林、环境乃至园区的整体评价，是人们的殡葬园林观、价值观、美学观乃至整个人生观的综合体现。创造和评价构成了殡葬园林活动的全部基础，涉及它所有的内容和领域，殡葬园林活动的一切矛盾和问题都将在创造与评价中得到反映与体现。

特定社会的生产方式和思想方式是每一个生活于其中的人都很难超越的，而人们的行为与思维的习惯、定式又使这些方式趋于稳定而难以改变。进行文化批判要通过对传统及现实的文化的批判和检讨，探寻突破现有思想、观念模式的途径，这将更多地触及思想、观念的深层结构。人类生活质量与其所处环境以及他们对环境的观念和意向是密不可分的，殡葬园林不应该是一种纯粹抽象的物体或空间，也不应该只是一件“艺术品”，殡葬园林应该是富于人情味的、适应公众多方面需求并为其活动所提供的空间场所和背景。这就要求殡葬园林创造和评价应从传统的偏重殡葬园林物质单体扩展到更广泛的领域。

从根本上来说，殡葬园林设计问题最终可归结为人类与自然的基本问题，真正的殡葬园林创造总是以人的生存为中心目标的，当然，这种生存不是生物学意义上的生存，意味着人能与其环境之间建立起有意义的关系。人类的活动可分为必要性、自发性和社会性活动三种类型，每一种活动类型对于物质环境的要求有所不同。必要性活动包括了那些多少有些不自由的活动，如上学、出差，这是人们在不同程度上都要参与的活动，一般日常工作和生活事务属于这一类型，这些活动是必要的，也是功能性的，它们的发生很少受物质构成的影响，与外部环境的关系不大，参与者没有选择的余地。自发性活动则是人们有意愿参与并且在时间地点可能的情况下才会发生，这一类型的活动如散步、驻足观望有趣的事情等，对于物质环境的规划设计来说，这种关系是非常重要的，因为人们生活中大部分休闲活动属于这一范畴，而这些活动又特别依赖外部的物质环境。人的活动更重要的是与他人相关，它们往往依赖于他人的参与，这就是活动的社会性，人们在同一空间会引发各种社会活动。总之，殡葬园林的创造只有与生活紧密联系起来，才能获得客观现实的创造条件，才能实现真正意义上的创造。

殡葬园林文化的焦点是人，随着人类主体意识、生命意识的觉醒和价值观的改变，殡葬园林中人的因素更加突出，作为处于特定文化环境中的接受者，由于生活方式、价值观念、行为模式的不同，造成他们对殡葬园林的要求和理解的差异，形成了他们在殡葬园林接受中不同的“期望值”，因此，殡葬园林创造不是随意而为的，它必须对接受者的期望值进行预测。

创造与评价是本质上相互联系和影响的两个方面，它们共同受价值观的制约。没有明确的价值观念和价值取向，就不会有明确的评价原则，也不会有明确的创造态度。在评价上要防止两种错误倾向：一种是把殡葬园林活动视为殡葬园林工程师或殡葬园林艺术家依据个人意志的“自由创造”，从而把“具体经验”作为评价的出发点和依据；另一种是试图将殡葬园林活动归结为一种由一套普遍适用的准则、规范、标准所统摄的活动。

二、殡葬园林美创造与评价的人文尺度

在日常生活中，人们自觉或不自觉地不是从殡葬园林对人的现实生命活动的作用与影响的角度去分析和看待问题，而是从园林是否符合某个既有的外在目标（如某种观念、思想、精神、模式等）的角度去考察，这样的结果是取消了殡葬园林创造与评价的真实和内在的尺度。造成这些思想方法的根源极为复杂，与人们长期以来所形成的一种殡葬园林、艺术观念和美学观念密切相关。

殡葬园林创造只有在不背离其基本目标的前提下才有意义，而要实现殡葬园林的目标，就必须充分体现对人的生命活动的关怀，也就是要坚持创造的人文尺度。确立人文尺度的目的在于重建和发掘殡葬园林的人文价值，为人类寻求、发现、设计出生活与生命精神的理想环境。这样，殡葬园林活动就具有了人类文化行为的意义，成为一种价值的建构活动。

殡葬园林的创造要关注殡葬园林与生活的契合，使建成的殡葬园林成为生活的体现，生活世界是具体的，是具有色彩、肌理、形状等特征的具体事物所构成的有机整体。殡葬园林创造就是通过对物质形式的安排而获得某种有目的的空间，从而构成对人的殡葬活动有意义的场所。

评价殡葬园林时，不能只把殡葬园林视为单纯物的生产进行评价，要强调功能分析，不能只停留在将人的生命存在和生活过程逻辑化和物化的分析，要与人的生活建立起生动和内在的联系。

对殡葬园林的评价，从表面形式上看，是对殡葬园林的“好与坏”“美与

丑”“殡葬园林应当怎样”之类问题的判断与解答，但实际意义上的评价要广泛和深入得多，最多的评价是人们日常生活中时时发生并往往不知不觉中进行的。这种评价基于并反映人的内在需求，从而成为殡葬园林活动的基本准则和内在依据。

殡葬园林获得了坚实可靠的价值评价标准和尺度即人文尺度，这种尺度具有坚实的客观社会性。从观念的层面来讲，任何评价都要以价值观为基点进行价值判断，从方法论的层面来讲，评价也要以价值判断为轴心展开。因此，评价的基本前提是要有明确的价值观念和价值标准。古今中外，人们曾从不同角度为殡葬园林创造和评价提出各种各样的观念、理论和标准。人们提出“回归基本目标”的口号，就是呼吁重新确立殡葬园林为人民服务的价值观念和价值标准，对殡葬园林来说，只有“人文尺度”才是根本和唯一真实的内在的尺度。

三、提高殡葬园林艺术整体水平的途径

园林艺术水平的高低也可以说成是园林美的程度，园林美与其他艺术美一样，都是艺术家按照客观的美的规律和某种审美观念进行创造的产物。园林美是在特定的有限整体生态环境里，按照客观的美的规律和人对自然的审美观念创造出来的艺术美。

（一）中国园林艺术处理的基本手法

园林美的表现要素较多，如整体布局、主题形式、造园意境、章法韵律、点缀与装饰美，还有植物、色彩、光、点、线、面等。

中国园林追求具有诗情画意的美，把自然美与人工美结合起来，创造出一个把自然与生活环境结合在一起的空间。园林艺术是空间处理的艺术，其艺术创作手法主要有以下几个方面。

1. 灵活的布局

除了选择、加工和制作各种园林要素外，园林艺术创作还要处理好诸要素之间的关系，特别是处理好人工要素和自然景物之间的关系。

处理好园林的总体布局，也就是搞好空间的组合，在布局上师法自然，创造意境。造园要选择合适的地方，并充分利用园地的自然条件和四周的空间特点来进行艺术创作，达到“虽由人作，宛自天开”的效果，《园冶》中将相地列为第一章，把园地分为山林地、城市地、村庄地、郊野地、傍宅地、江湖地六种形式，认为山林地“有高有凹，有曲有深，有峻有悬，有平有坦，自成天然之趣，不烦人事之功”，最适合造园。殡葬园区的殡仪馆多数建在城

市或市郊，而公墓多建于郊野，前者多数缺乏地形之丰富变化，后者缺乏植物之覆盖，如何取长补短，兴利除弊，是殡葬园林管理者应该十分注意的问题。

中国园林自由灵活的布局在平面上表现为不规则的平面构图。园林满足了多功能的需求，园林建筑占一定的比例，其布局大体有以下几种形式：建筑集中布置，与山水形成对比（如殡葬功能建筑集中布置有利于殡葬活动，但要与周围的环境相适宜）；建筑分散布置，相对集中成为重点（如业务区、祭奠区、服务区或不同档次的骨灰寄存室等建筑可以这样布置）；建筑分散布置，注重与山水、树木自然环境的融合（如花间隐榭，水际安亭等形式，较适合供殡葬活动者休息的区域）。

2. 空间的处理

（1）空间的分隔。为了在有限的空间内构成富于变化的景观，同时满足多种实用需要，通过采取分隔景区和空间的手法，使园林各个景区都有风景主题和特色，这是我国园林为丰富园景和扩大空间感所采用的一种手法。如江南的私家园林，面积较小，其布局多是在园中挖池堆山作为主要景区，一些小景区围绕主要景区布置，开敞疏朗与紧凑迂回相结合，构成了曲折而又有变化的景观。

园林划分空间的手段是多种多样的。既可利用自然的山水花木，也可使用人工的建筑。占地较广的殡葬园区多用自然山水或花木作为分隔景区的主要手段。占地较小的园区，由于殡葬功能的要求，多用墙、廊、房屋等分隔。用建筑分隔景区容易产生规整呆板的负面效果，因而常采取小空间中再求变化，廊、墙形式多样而分隔灵活，注意空间的通透以克服封闭感等的方法来避免。占地较小的园区，花木孤植、丛植并与建筑、山石配合，也能取得一定的分隔空间的效果。

园林空间既要分隔，又要使各景区保持联系与过渡，成为园林整体空间中有机的组成部分，像一部乐曲中的几个互相联系的乐章一样。如承德避暑山庄在山岭区和湖泊区、平原区相毗连的山峰上建筑了数座亭子，又在进入山区的峪口地带布置了几组园林建筑，不但点缀了风景，还起着引导作用，巧妙地将山区与湖泊区、平原区联系起来。园林空间的分隔必须注意主次分明、疏密相间、开朗幽深相结合，这样才能形成景色富于变化而又统一的整体环境。

（2）空间的对比。对比是园林艺术创作中常用的手法。在不同的景区和两个相邻的空间之间，都可因有不同的特色而形成对比。

一是空间大小的对比。以小衬大是园林空间中为突出主要空间而常用的一种手法。当两个大小明显不同的空间毗邻在一起，从小空间进入大空间时，必然使大空间显得更庞大。面积较小的园林为了取得小中见大的效果，常用欲扬先抑的办法来组织空间序列。就是先经过一些小空间，才能进入大空间（即主要景区），利用大小空间的对比，突出了园林的主景区用空间大小的对比可扩大空间感，空间大小对比不仅可以“小中见大”，还可以从大空间进入小空间时做到“大中见小”。

二是空间形状的对比。不同形状的空间具有不同的特征和气氛，整齐规则的空间给人以庄严、肃穆的感受，曲折不规则的空间给人以自由活泼的感受，两者必然形成强烈的对比。殡葬园区的建筑部分和入口处多为规整的空间形式，而园林绿地部分可以为自由灵活的布局。

三是空间开敞和封闭的对比。开敞与封闭是相对而言的，因为园林空间不是孤立的存在，它必然和其他空间相连又相隔，并组成有机整体。不同空间内的不同处理，能够形成开敞和封闭的对比。殡葬园区可根据不同的殡葬功能需要来处理空间，开敞空间可以缓解殡葬活动者压抑的心情，而封闭的空间可以通过环境的渲染来强化殡葬活动者的感情。

四是建筑空间与自然空间的对比。殡葬园区的建筑空间多是为殡葬活动者服务的，因而尽量规整，这样既便于殡葬活动者办理手续，又形成一种肃穆的环境效果。自然空间要注重自然，要使殡葬活动者心情能够“豁然开朗”或“为之一振”。

园林空间的各种对比手法经常互相结合使用，使空间有变化、有层次、有深度，殡葬园区建筑空间与自然空间有机结合，可以满足殡葬实用功能和造景两方面的需要。空间的对比，不能只从毗邻的两个空间之间的关系来考虑，因为各个不同形状和不同性质的空间在总体布局中是按照一定的观赏路线贯通、穿插、组合起来，形成空间上的序列，所以要从空间序列的整体性通盘考虑空间的对比。

(3) 空间的渗透。中国园林在意境上追求雅、深、远、秘，因此空间布置注重蜿蜒曲折。空间渗透的手法，对于占地较小的园林求得深远的空间效果有重要的作用。空间分隔和联系是空间渗透的前提，只有空间分隔之后又使之相互联系，才能形成空间渗透。渗透是随着视线的移动渗入其他空间去的，步移景异，只有“步移”（需要时间），通过时间的变化，才能形成景色的变化。空间的渗透主要通过门洞、漏窗洞和空廊形成。通过墙上开设的门洞、窗洞使空间渗透，这种实中有虚的空间封闭感较强，在使用功能上要求幽静的庭院常采用；通过空廊使空间渗透显得开敞，走廊在园林中起着联系各个景区的作用，并且曲折多变，这在以观景为主的园林中应用较广。

3. 对景与借景

对景与借景是我国园林为创造丰富的景观而使用的传统手法，对景的关键在于“对”，通常是在园内主要的观赏点和游览路线的进行方向布置景物，形成各种对景，因此在处理园林总体布局和局部空间时，都必然要考虑对景的处理。

位于园林绿地轴线或风景视线端点的景叫对景。如北京颐和园的佛香阁与昆明湖中的龙王庙形成偏对。园林的对景大致有以下几种情况：一种是在较大的空间范围内的对景；另一种是在道路、走廊的行进方向，或进门、转折等变换空间处所看见的景物；还有一种是在房屋的两侧山墙和后墙上开门洞、窗洞形成框景。

因为一般园林范围有限，为了扩大空间、丰富园景、增加变化，可将一些园外景色组织到园林画面中来，成为园景的一部分，这种手法叫借景。如站在承德避暑山庄湖滨东望，远处溥仁寺、普乐寺以及磬锤峰借入画面，并倒映湖中，湖光山色、浑然一体，情趣盎然。借景有多种形式，如远借、邻借、仰借、俯借、应时而借等。远借多为自然景物，应时而借是所借之景物因时间的变化而表现的不同特点，一日间有晨曦夕霞，晓星夜月；一年四季有春光明媚、夏日浓阴、秋高气爽、冬日白雪；至于花木，随季节变化更有多种不同的特色，为园林增添丰富多彩的内容。

（二）提高殡葬园林艺术水平的步骤

1. 通过规划设计提高园林艺术水平

园林既是一种立体的空间艺术，又是一门综合的造型艺术，其艺术水平的高低首先取决于规划设计，园林的规划设计也就是园林构图，是通过组合景物、联系空间和景点布局创造出美的境界，园林规划设计首先要确定主题，经过周密构思做到意在笔先。其次是总体布局，在总体布局上要按照功能进行分区，各区要有特点，要注意各分区的联系、过渡，做到多样统一。

殡葬园林具有特殊性，为建造出高水平的园林，可以聘请专业的园林规划设计人员进行设计，但殡葬单位的管理者必须拿出自己的意见，把自己的想法和建议同设计人员讲清楚，关键是把殡葬园区的特殊性讲清楚，以便设计人员结合这些意见设计出高水平的园林来。

丰富多彩的植物是构成园林的重要因素之一，殡葬园区绿化成果的指标是用园林植物的覆盖面积来计算的，国家对殡葬园区提出的绿化、美化指标中绿化覆盖率占了大部分比重，可见通过提高绿化覆盖率能有效地提高殡葬园区的园林艺术水平。

在进行殡葬园区园林规划设计时，至少要从三个层次考虑，一是要为日常的殡葬活动服务，二是要为周末的殡葬活动和顺便郊游服务，三是要为每年较为集中的几大祭奠活动服务。各个殡葬园区的情况不同，应有各自的园林发展战略，用以指导一个时期的园林建设，但各殡葬园区在园林绿化上都要树立三个观点：一是要树立大园林的观点，把殡葬园区的园林建设与园区的整体建设结合起来，形成一个既具有殡葬功能，又具有园林功能的园区；二是要以扩大殡葬园区绿化面积，提高园区绿化覆盖率为主要奋斗目标，点、线、面紧密结合，形成丰富的绿化结构；三是要建设生态园林，大量种植花草树木，充分利用攀缘植物进行垂直绿化，形成多层次混交，大大增加园区的绿量，提高叶面覆盖率，提高观赏效果和环境效益。园林建设应以植物造景为主，除必要的殡葬服务功能和管理设施外，不应把有限的土地、人力、资金过多地用在修建假山、喷水池等非生物设施上。

2. 通过施工达到园林艺术的再创造和提高

在园林的建造施工过程中，要有设计人员、殡葬单位管理者等人员在场，这样在施工中，很容易发现原有规划设计中存在的不足（有设计的不足，也有设计合理但施工工艺达不到等问题），及时改造规划内容，达到园林艺术的再创造和再提高。

3. 通过管理达到园林艺术的保持与提高

园林管理是一门综合艺术的管理。园林有静态美，也存在动态美，要提高殡葬园林艺术水平，就必须以保持和发扬园林的美感效益作为园林管理工作的中心环节。园林管理要立足于了解园林美，一是设计者的创作意图，二是园林的整体风格和布局。

（1）园林的日常维护与园林艺术美。植物配置韵律美要靠日常维护来保持。植物的配置在园林中是有韵律美的，管理工作中为了使园林美得以常新，仍需时时注意保持植物配置的合理安排、调节，使其美感得到更好的体现，园林中植物的总体配置，是建园时规划设计好的，尤其是木本植物及花坛位置等都有精细安排。我们可以运用盆栽花草或易种植、成本低而在颜色、形态上又颇具观赏性的花卉，与裸地种植的花卉、灌木丛或雕塑等特定景物有机组合的方法，美感效果好，灵活性强，既能抓住一年四季的不同特点来进行管理、配置，又能适应各种特殊需要，如殡葬园区内清明节的环境美化。园林植物的日常维护，绝不仅仅是使花草树木健康地生长，还应从更好地发挥自然美及体现整个园林的美感效果的高度来重点考虑。

植物的生长变化与园林艺术美有着密切的联系。园林中植物的高低、疏密及品种的配置，在建园时一般是有意识地加以安排的。随着树木的生长，其高低、疏密会发生变化，在管理中要结合特定景观加以调整，使这种变化不破坏原有的园林美，如植物的整形、修剪等。

（2）园林的更新与园林美。园林除了做好日常维护以外，在必要时还须进行局部景点的调整建设，植物更新，道路、建筑的翻修、增添等。这时一方面要考虑实际需要，另一方面仍需注意园林的整体美感与风格，应持慎重的态度。要注意园林建筑与周围环境的协调，植物更新的原则和方法与日常维护时大致相同，要注意协调这一原则，在更新时要注意“简单也是美”，简单就能形成朴实的风格。

（三）殡葬园林美学艺术修养的提升

艺术修养是指艺术审美情趣的总体层次。园林是一门综合艺术，园林工作者通过各种形式和途径与园林整体形象直接或间接地发生关系，因而园林工作者要热爱、理解园林事业，了解园林美学价值，从自觉的高度达到应有的境界。园林是一门综合艺术，从事艺术工作的人要求具有较广泛、且有一定深度的艺术修养。所谓修养，其实是指意识（认识、理论）和主体的能力（态度和处理各种关系的能力）的自我完善，以适应某种客观需要。在大力提倡殡葬园林建设的时期，提高自身的艺术修养，目的是促使更多的殡葬管理者多几分热爱园林的自觉性和主动性，减少盲目性和被动性，以便在殡葬改革中正确定向和发展。

由于殡葬事业单位的特殊性，殡葬园区管理者应该就是殡葬园区园林工作者，每个殡葬服务人员都直接或间接地与本园区内的园林有着联系。

1. 殡葬园林艺术修养的内涵

（1）进步的世界观。世界观是人们对整个世界的看法，也是园林工作者的灵魂，它不仅决定着园林作品的思想倾向，还影响、指导着整个艺术活动。园林艺术是一门“征服自然”的艺术，世界观以十分复杂的方式顽强地从各方面影响和制约着园林艺术的发展，新时期的园林工作者，面对社会生活和艺术中许多复杂的现象，尤其是殡葬管理者，随着殡葬改革的深入，在艺术实践和艺术理论上会遇到许多新问题，只有树立辩证唯物主义和历史唯物主义世界观，具有高尚的道德品质和良好的思想作风，才能正确认识世界和处理好艺术与生活的关系。

（2）丰富的生活经验。生活经验也就是人生阅历，任何艺术的创作素材唯一来源只能是生活，生活经验的积累也是园林艺术创作的基础，只凭读几本园林理论书，看几处园林，而不深入生活，是造不出好园林来的。殡葬园林艺术的创作必须依靠对生活、对人民群众、对殡葬活动者的理解、洞察和奉献精神，殡葬管理者应该保持自己与殡葬活动者的血肉联系，使殡葬园林成为为殡葬活动者提供优质环境服务的主要内容。

（3）广博的文化知识。社会飞速发展，生活的内容日益丰富多彩，园林艺术与生活和各个方面及各门学科的联系越来越广泛而深刻，各门知识和技艺的“整合化”是大趋势，园林艺术正面临着巨大的变革，这些都要求园林工作者具有广博的文化知识。

（4）熟练的艺术技巧。随着社会的发展和科学、艺术的进步，各种艺术的技艺性不断加强，技术更趋复杂，技巧日益高深，园林艺术中又融入了其他艺术因素，因此，只有十分重视专业的基本训练，努力学习各类艺术技巧，才能得心应手地进行园林艺术的创造。要获得熟练的艺术技巧，必须做到：长期坚持，不懈努力，并在反复中求提高。

（5）科学技术与现代手段。随着科学技术的飞速发展，园林艺术的技艺性更加高深，表现形式（手段、物质材料和结构）的技术处理更加繁难，运用技术体现深刻思想感情的技巧更复杂，做到得心应手地表现现代生活和现代人的丰富思想感情的难度更大，所以只有重视科学方法和现代化手段，才能适应时代的需要。

2. 殡葬园林艺术修养的提高

（1）因人而异，多种途径。针对园林工作者所具体担负的工作及其原有的文化基础采取不同的方针和不同的方法来处理。应该在业务进修和自学中不断提高自己多方面的文学艺术和历史知识水平，学习美学的基础理论和园林赏析文章，经常实地考察一些名胜风景和园林景观，使在美学上达到较深的造诣，向专家学者请教，提高自己对园林的欣赏水平。

（2）渐进积累，不断提高。美学修养不同于某些简单的技术操作，只能采取渐进积累的方法，逐步加深，日积月累，用熏陶的方法不断提高。

（3）拓宽思路，敢于创新。创新是指以现有的思维模式提出有别于常规或常人思路的见解为导向，利用现有的知识和物质，在特定的环境中，本着理想化需要或为满足社会需求，而改进或创造新的事物、方法、元素、路径、环境，并能获得一定有益效果的行为。创新是人类所特有的创造性劳动的体现，是人类社会进步的核心动力和源泉。创新是人们在认识世界和改造世界的过程中对原有理论、观点的突破和对过去实践的超越。从社会学角度讲，创新是指人们为了发展的需要，运用已知的信息，不断突破常规，发现或产生某种新颖、独特的有社会价值或个人价值的新事物、新思想的活动。创新的本质是突破，即突破旧的思维定式，旧的常规戒律。创新活动的核心是“新”，它或者是产品的结构、性能和外部特征的变革，或者是造型设计、内容的表现形式和手段的创造，或者是内容的丰富和完善。从经济学角度讲，创新是利用已存在的自然资源或社会要素创造新的矛盾共同体的人类行为，或者可以认为是对旧有的一切所进行的替代、覆盖，是指以现有的知识和物质，在特定的环境中，改进或创造新的事物（包括但不限于各种方法、元素、路径、环境等），并能获得一定有益效果的行为。创新是以新思维、新发明和新描述为特征的一种概念化过程。人们从科学技术日益迅猛的发展进步中，从世界各国和地区日益激烈的国力竞争中，从自我价值的体现和发挥中，越来越深切地感受和认识到创新的重要和可贵。创新思维不会凭空而生，从天而降。从人类历史上多如繁星、成效卓著的创新事例中，从人们长时期积累的丰富经验中，可以总结出一些富有指导、启发意义的原理原则和具体做法。实践证明，有目的地学习，对于我们培养提高自己的创新能力有着事半功倍的效果。

从国际形势上看，环境是世界性的问题，全球都在关注着环境的变化，我国也十分重视环境问题，园林环境建设事业得到了积极的发展。从殡葬行业来看，“园林式殡葬园区”是国家的要求，也是殡葬工作者自我保护和为殡葬改革服务的需要。从殡葬行业的人员构成看，提高园林美学修养的问题既有其重要性，同时又有很大的可能性。改革开放以来，殡葬工作者的队伍构成发生了变化，总体趋势是整体素质大大提高，只要重视这一工作，一定会收到很好的效果。从殡葬事业单位体制改革后产生的社会效益和经济效益来看，多数殡葬单位都有能力搞好园林建设。

第三章　殡葬园林造园文化

在一定的地段范围内，利用并改造自然山水地貌或者人工开辟山水地貌，结合植物的栽植和建筑的布置，从而构成一个供人们观赏、游憩、居住的环境，创造这样一个环境的全过程（包括设计和施工在内）称之为造园。在当今的社会，殡葬园区已成为人们生活中不可缺少的部分，并日益显现出重要地位和作用。殡葬园区的建设即园林术语中的“造园”，造园作为一种文化现象，能体现出人类对生活环境方面的一种较高要求的认识和行为。园林艺术的创作和艺术美的维护都具有极强的科学性，需要大量的园林科技知识。因而，殡葬园林工作者应掌握园林科技基础理论，熟悉园林实际操作，懂得造园技艺，只有这样才能建造出环境优美的殡葬园区，并通过积极的技术性工作维护殡葬园区的园林美。

第一节　殡葬园林造园文化概述

殡葬园林功能和艺术的物化实现过程也就是殡葬园林的建造过程，它包括科学的计划、规划设计、施工等环节，这些都包含了殡葬园林文化的内涵。

一、殡葬园林造园文化的内涵

殡葬园林造园文化的含义，可以从殡葬园区造园全过程的文化意义来理解。

殡葬园林计划是对拟建造的殡葬园林的投资决策，实际上是一种意向选择，它支配着殡葬园林形成的全过程，是最重要的一个环节。这一阶段的工作内容主要是在意识形态中进行的，各种动机、目的、欲念、设想、意图等都在头脑中无形地被完成着。因而殡葬园林计划是最具有殡葬园林文化意义的一个环节内容。

殡葬园林规划设计是殡葬园林计划的图形化过程，因而离不开殡葬园林计划的意向、目的等，并以此为指导思想进行具体的殡葬园林设计。其中每一个设计符号的表达，都旨在体现中心思想，所以设计的过程就是落实计划的初步。

殡葬园林建设（即施工）是造园的实质性工作。从表面上看，施工是对通用的殡葬园林施工工程、特殊的图纸设计的实施过程，但其中确实有意识形态的殡葬园林文化内容存在。施工者必须首先领会设计图纸的意图，由设计图纸过渡为施工图纸，这是又一次对殡葬园林计划的更具体的执行，是对计划和设计图纸的最好体现，也是施工物化的最先一个步骤。另外，在不影响设计功能和效果的前提下，制订与施工图纸相配套的既安全又经济可行的施工方案，同样也以殡葬园林意向为主导。不同的设计图纸是施工者的特殊实施规范，包含了许多殡葬园林文化意识在内，而且通用的殡葬园林施工规程，是前人经验的积累，同样也包含了许多殡葬园林文化内涵。

二、殡葬园林造园文化的意义

能否正确认识殡葬园林的文化意义与作用，关键要树立一种观念文化，因为没有正确的思想观念，就不可能有正确的行为。殡葬园林工作者要深刻理解殡葬园林的文化属性，充分掌握殡葬园林的文化内涵，突出强调殡葬园林文化的意义和作用，进一步明确园林是人类渴望自然环境、亲和自然环境的生物属性的文化体。这种文化现象是围绕环境开展的，要明确追求殡葬园林的完美空间形式，赋予殡葬园林建设与管理以浓厚的精神文化色彩和科学技术成分，创造出新时代的殡葬园林文化。

不管是殡仪馆、骨灰堂，还是殡仪服务站、公墓等殡葬园区，其环境建设的好坏直接影响着殡葬园区为公众提供殡仪服务的水平与质量，影响着殡葬业务的开展。一个优美的殡葬园区，能使人感到清新舒适，能吸引公众积极主动地到那里去办丧事，无论是从目前状况还是从长远观点来看，国家提出的“殡葬园区园林化”的要求是完全必要和可行的。

首先，实现殡葬园区园林化是实行殡葬习俗改革、加强精神文明建设的需要。殡葬园区是一个特殊的社会活动场所，是殡葬改革的前沿阵地，其环境建设对殡葬服务质量、公众自觉遵守殡葬改革政策、积极文明节俭办理丧事发挥极大的促进作用。殡葬活动者到殡葬园区看到自己亲人能在一个环境优美的地方“安息”，自然会减少悲伤，得到慰藉。只有这样，殡葬事业才能得到公众的理解与支持，才能得到巩固和发展。殡葬园区又是社会主义现代化城镇建设一个不可缺少的重要内容，城市化的进程加快了环境的恶化，土地在逐渐减少，而现行的殡葬改革和人民群众又都需要为故者提供一个保留骨灰（或安葬遗体）的空间。殡葬园区园林除具殡葬功能外，还具有城镇公共绿地的功能。因而殡葬园区的园林化问题成为城镇绿化美化中必不可少的工作，是社会主义生态文明建设的一项重要内容。

其次，殡葬园区园林化是公众的合理要求。人们对环境有一定的心理承受能力，恶劣的环境能使人趋向“精神崩溃”的边缘，而舒适的环境则能使人心情舒畅，人民群众不希望再出现没有绿色生机的庭院场所，不管殡葬园区建在城区之内，还是设在荒山瘠地上，都需要搞好园区绿化美化，以改善人类生存的环境。殡葬园区拥有优美和谐的园林环境，也是完善殡仪服务的一部分，它能使殡葬活动者悲痛的心情得以慰藉，心理上得以平衡。

最后，殡葬园区园林化有利于提高综合效益，促进殡葬事业实现良性循环。殡葬园区园林化的多种功能还包括具有提高殡葬单位两个效益的附属功能，殡葬园区园林化除具有观赏价值、自然价值外，还有直接和间接的经济效益，因而其意义重大。

民政部颁布试行的《殡仪馆等级评分标准》中明确规定了园林绿化、美化的标准，给殡葬园区建设指明了方向，但由于历史的原因，大部分殡葬园区的园林化建设离理想化标准相去甚远，为确保殡葬改革的顺利进行，殡葬管理者必须把殡葬园区的园林化建设作为一项重要工作来抓，这也是殡葬园林文化意义与作用之所在。

三、殡葬园林建设的基本概念

（一）殡葬园区

殡葬园区是公众办理丧事的活动场所，是殡葬职工用现代、文明的方式为故者举行人生最后礼仪即丧葬礼仪的场所，如殡仪馆、骨灰堂、公墓、殡仪服务站等。随着殡葬改革的不断深入，葬法和葬俗都在发生着潜移默化的变化，因而殡葬园区概念的内涵和外延都随之发展，如在火葬基础上推行的骨灰入土安葬、以树代墓、骨灰墙、骨灰林等的场所等。人们采取骨灰撒海的海葬、撒入江河的水葬等不保留骨灰的葬法，有的亲属还要在有纪念意义的日子为已故亲人进行祭奠，那么我们殡葬管理部门为方便群众而建立的祭奠场所也是殡葬园区。又如人们把亲人的骨灰回归大自然，骨灰不存在了，但有的亲属还保留着已故亲人的档案或遗物，那么专门保留档案或遗物以供人们随时祭奠或悼念的场所也是殡葬园区。可以说凡是能为公众提供殡仪活动的场所都是殡葬园区。

（二）园林绿地

凡稳定保持着植物生长的土地，不论是自然植被还是人工栽培的植物，都称为绿地。

殡葬园区的园林绿地指标可以反映殡葬园区绿地的质量与绿化效果，是评价殡葬园区环境质量的一个重要指标；它可以作为殡葬园区总体规划各个阶段调整用地的依据，是评价规划方案经济性、合理性的数据；可以统一国家对殡葬园区的计算口径，为国家有关技术标准或规范的制定与修改提供基础数据。

反映殡葬园区园林绿地水平的指标可以有多种表示方法，目的是为了反映绿化的质量与数量，并要求便于统计。

殡葬园区园林绿地总面积＝殡葬功能绿地＋公共绿地＋办公绿地＋附属绿地＋交通绿地＋风景绿地＋生产防护绿地＋……

绿化覆盖率（%）＝（园区内各种绿地覆盖面积总和/园区总面积）×100%

园区公共绿地面积率（%）＝（园区公共绿地面积/园区总面积）×100%

绿化覆盖面积是指乔木、灌木和多年生草本植物的覆盖面积，按植物的垂直投影测算，但乔木树冠下重叠的灌木和草本植物不再重复计算。覆盖率是园林绿地现状效果的反映。它不仅如实地反映了绿地的数量，也大体了解到绿地环保功能作用的大小，可以促使绿地规划者在考虑树种规划时注意到树种选择与配置，使绿地在一定时间内达到规划的覆盖率指标。因为覆盖率是经常变动的，为了保证起码的覆盖率，要注意树种的搭配，根据树种的寿命和不同时期的冠幅，合理地进行树木的更新。

如果仅用绿化覆盖率来说明其绿化水平和生态质量未免过于简单，应把殡葬活动者的客流量这个指标附加其中，这样以每年殡葬活动者人均绿地面积作为指标就能更灵敏地反映出殡葬园区的绿化状况和生态质量。

园林绿地的功能随着科学的发展而逐步被揭示。最早，人们把园林绿地作为娱乐、游憩的场所，当今人们发现和认识园林绿地具有保护环境、提高环境质量的生态功能，具有有益于身心健康的心理功能，还具有防噪减噪、防风通风、水土保持和防灾抗灾的物理功能以及使用功能等。随着人们生态意识逐步加强，人们渴望回归大自然，园林事业面临可持续发展和提高的趋势，从生态学的角度深化园林理论的研究，日趋增加和扩大城市园林绿地，力求建立生态健全的城市园林绿地系统，不断延伸和拓宽园林的范围，渗透到城市的各个方面，也扩大到城市以外，目标是实行大地园林化。

绿地率、绿化覆盖率、人均绿地面积等绿化指标，是以二维面积为绿地评价标准，这些指标可统称为二维绿化指标。然而，这些指标在不同植物种类，不同绿化结构的绿地功能水平，特别在系统统计分析园林绿化的生态效益时，很难对其进行准确的测算。

绿量概念的提出，克服了二维绿化指标的不足，其主要特点是：它针对不同植物种类、不同绿地结构间存在的功能差异，提出了以植物所占据的绿色空间体积作为评价标准，使绿化评价指标由二维向三维迈出了一步。绿量又称三维绿色生物量，指所有生长中植物茎叶所占据的空间体积，单位一般以立方米为单位。绿地的生态功能是其中个体植物功能的整体体现，每株植物的功能又是其枝叶功能的整体体现。绿量通过调查生长中的植物茎叶所占据空间的多少，把对绿地的研究细化到每一种植物甚至每一个枝每一片叶上，来反映绿地生态功能水平的高低。绿量概念是从生态学的能量转换利用和植物茎叶的生理功能这一基本点出发，通过对茎叶体积的计量，来揭示绿色三维体积（或叶面积指数）与植物生态功能水平的相关性，进而来说明植物功能乃至绿地功能的生态效益，它突破了以往二维绿地指标的局限性，可以更确切地反映绿地植物构成的特性及生态效益水平，它为生态园林研究提供了理论依据，使城市园林绿化定量研究发生了质的飞跃。绿量的概念强调了绿化的功能性，进一步明确了绿化的主导思想。绿量指标的提出，将人们的绿化思维从二维面积引向三维空间，由绿化覆盖面积引向绿色空间占有量，绿地的规划与设计不再仅是考虑绿地的景观效果，而要注重绿地的功能性。

（三）园林景观

园林风景是由许多局部景观（景区、景点）构成的整体。若干个景点组成一个景区，再由若干个景区组成整个园林。

景点是单体景象或景象群与一定的园林局部环境结合而成的小型景观。其作用一是“点景”，通过特殊的局部造景来点缀此处风景；二是“观景”，即观赏别处的风景。在大型殡葬园区，景点可以是开放式的，也可以是园中有园。园中有园是指成组的建筑物和景象群与局部环境构成幽闭式的园林空间，形成一个在布局上具有相对独立性的小园式的园林空间。

景是指在园林绿地中，自然的或经人工创造加工并以自然美为特征的一种供人游憩欣赏的空间环境。景是一种艺术实体，可赏、可游、可用。景具有符合园林艺术构图规律的空间形象和色彩，也包括声、香、味等特殊因素。园林绿地通常是由许多景区和景点互相联系而构成的一个景观体系，景的创造是指人工创造出既符合一定的功能要求，又寓以一定意境的景区或景点。广义的景点指的就是景，狭义的景点是指园林建筑小品。建筑小品是园林绿地中的“宝石”，它在园林绿地中与花草树木相互衬托，常形成引人入胜的园林景观，如亭、廊、榭、花架等。小品是某种功能简明、体量小巧、造型别致、富有意境、配置恰当的精巧的园林景象，它不是殡葬园区的主体，而是局部和配体，起点缀、陪衬、强化、填充等辅助作用。

四、殡葬园林的基本构成要素

园林是在一定地域内用工程技术和艺术手段，通过改造地形（或进一步筑山、叠石、理水）、种植植物、营造建筑和布置园路等途径创造而成的优美的自然环境和游憩境域。园林也像其他艺术品一样要通过一定的材料、媒介来实现内容和形式的统一。

园林构成要素一般可分为三类：一是地形、水体等无生命的自然物象，二是建筑、小品、道路及其他硬质景观，三是植物、鸟兽虫鱼等有生命的自然景物，其中地形、水体、建筑、植物为多数园林的主要组成部分，殡葬园林自然也离不开这几种主要素材。

（一）自然物象

“无石不成园”和“水可积之成潭，泻之成流，喷之成雾，旋之成涡，举之成柱，悬之成布，凛之成冰”的描述，说明错落有致、峭直嶙峋的山石与静态、动态之水皆可制造出绝佳的园林艺术效果。人们叠石造山，掘池理水，移天缩地，纳自然于小园之中；想假山浅流为大山名川，可谓小中见大，大中见小。

1. 地形

园林地形是园林其他要素的承载体，它对附着其上的要素往往产生直接影响，如合理使用会使人们体会到不同寻常的神奇。园林中有了丰富的地形（如平地、坡地、丘陵、山地等），既可使园林风景生动活泼、富于变化，又可使园林布局曲折幽深、引人入胜。在殡葬园区规划地段内如已有山地或地形变化，可在原有基础上加工利用，没有地形变化的，可根据规划的功能要求，改造地形或人工堆筑假山，使之利于园林功能的艺术要求。

2. 水体

园林中的水体是园林的灵魂，由于自古人类就与水有着密切联系，因而水体是园林中给人以强烈感受的因素，园林中的水体包括：湖池、溪流、瀑布、喷泉等多种形式。园林中的溪流是联结水源与湖池的通道，水系布局曲折多变，与叠石、植物相配合形成不同的声、色、景，给人不同的感受，丰富了园林风景，活跃了园林气氛。园林中瀑布、喷泉则为园林增加了立体景观和动感，给人以美的享受。

（二）硬质景观

1. 建筑

园林建筑具有其他要素无可替代的、最适合于人活动的内部空间，它是园林中的“点睛之笔”，是园林中人文景观的寄寓之所和自然景观的有力烘托。园林建筑的种类与形式多样，主要依据不同需要和环境要求而变换。按照园林建筑的功能可分为组织交通（游览）的建筑，如园门、园路、广场、桥等；供群众休息、乘凉、眺望等的建筑，如亭、廊等；服务性建筑，如餐厅、小卖亭、公厕等，此外还有雕塑、园灯、宣传栏等园林小品和小型建筑设施。

建筑，作为一种应用的对象来看，是人们为了自己的活动需要，以物质形态而构成的空间；作为一种文化或审美的对象来看，其物质形态外化着人的本质特征。建筑作为一种艺术和审美对象，从实用中解脱出来而形成建筑美。园林建筑是组成园林不可缺少的部分，它不同于其他实用性建筑，它是以游赏为目的存在于园林风景中的物体，它具有将人类的生活带进园林风景中的独特作用，因而园林建筑具有供人休息、娱乐和观赏的作用。园林中有了建筑便有了生活气息，有了人的思想感情。

建筑艺术是“凝固的音乐”。建筑物质材料合乎规律的组合，能给人以类似于音乐节奏和韵律的美感，建筑往往是一个空间序列，是一个需要在运动中逐步铺陈开来的、置于时间推移序列才能领略其全部魅力的一系列空间。空间序列的展开既通过空间的连续和重复体现出单纯而明确的节奏，也通过高低、起伏、浓淡、疏密、虚实、进退间隔等有规律的变化体现出抑扬顿挫的韵律。这就颇似音乐中的序曲、扩张、渐强、高潮、重复、休止一样，能给人一种激动人心的旋律感。

由于建筑艺术既是一种物质生产，又是一种艺术创作，它选用的物质材料、结构方式、建筑造型和艺术风格，不仅直接体现着一定社会、时代的物质技术水平和政治、经济状况，而且也凝聚着一定的阶级、民族、时代的心理情绪、精神风貌和审美理想，积淀着社会历史文化的记忆。

建筑艺术具有反映生活的抽象性和象征性特点。建筑艺术是对一定的政治、经济、文化状况的反映，运用大量抽象的线、面、体及组合创造出符合美学规律的几何形体，符合力学规律的“力的式样”或“力的逻辑关系”，去抽象地象征、隐喻某种宽泛、朦胧的精神观念和社会生活的某些本质真实。一座建筑物以其空间形式、体量规模、色彩装饰等方面的处理，创造出一种整体氛围，激起人们或庄严肃穆、或爽朗明丽、或神秘恐怖的情感反应，引起人们联想与共鸣。

建筑除了为现实世界的活人服务之外，还常常用来表达对逝者的纪念和哀思，于是出现了陵寝建筑。古代陵寝建筑是现代殡葬建筑之源，这类建筑可利用价值不大，但却具有很强的精神作用。在某种程度上，它反映人们对人类自身的认识和对世界的认识。西方国家和中国对于人死后的归宿有着不同的理解，因而也就导致了中西陵寝建筑布置、造型等风格上的差异。一般而言，西方国家陵寝强调永恒的意味，常采用坚硬的石材建造，体积庞大，高高耸立在地面之上，具有非常鲜明的艺术形象，而中国的陵寝则常是轴线明确，有一定规模的建筑群体，除了纪念性的地面建筑外，还有结构牢固、布局复杂、层层相套的地下墓室。我国古代陵墓在很长的历史时期内，也是锥形的台体，由于受到“入土为安”思想的影响，这些台体均用黄土堆成。一直到唐代，它们还是陵墓的主要形式，后来逐步由方变圆，演变成明清陵墓地宫上覆盖的半球形巨大宝顶。这是因为圆形在我国传统思想中备受士大夫喜爱，它没有棱角，周而复始，与儒家学说的中庸和自我完善，与道家的无始无终和禅宗的圆静等思想有某种程度的契合。我国帝王陵墓从方锥形到圆形的变化，在一定程度上反映了这些传统思想对陵寝建筑潜移默化的影响。

殡葬园林建筑除具使用和观赏的双重作用外，还有空间情态等作用，这便是殡葬园林建筑的多重性。建筑类型虽多，但其基本构成都包括基座、墙（或柱）身、顶三部分。基座有的很高，甚至多层，使建筑显得宏伟壮丽。墙上可有种种窗洞、花饰，使其富于变化，甚至有的建筑只有立柱支撑层顶，显得轻快活泼。层顶则有庑殿顶、歇山顶、攒尖顶形式，更加丰富绚丽，重檐处理更变化有致。如《殡仪馆建筑设计规范》（JGJ124－99）规定“殡仪馆的建筑设计应以当地殡葬习俗为前提，并保证有安静肃穆的活动空间”。

殡葬园区内组织交通的建筑是首要考虑的问题。园门是出入园区的必然通路，也是组织人流动的重要设施。主要入口应设在城市人流的主要方向上，并与城市交通干道相联系，此外还有次要入口、专用入口等。园门形式较多，如柱式、牌坊式、门楼式，而月洞门、花架门等则用于园内空间分隔。园门大小主要依据使用要求和业务人流量多少来决定，园门数量主要决定于园区性质、规模和周围环境。如《殡仪馆建筑设计规范》规定“殡仪馆不应少于两个出入通道，其中一个专供殡仪车通行”。

殡葬功能建筑如追悼厅、骨灰堂等园区内的大型主体建筑，一般置于显要地段并采取规则式建造，以使人产生肃穆之感。它一般要通过植物等材料与游览区隔离开。园林中亭、台、楼、阁、塔等是富于空间景观变换的建筑，在殡葬功能区中可合理应用，如天津寝园的骨灰廊等，既满足了殡葬功能之用，又成为园中一景点。

园区内的餐厅、公厕等服务性建筑，要注意与周围环境相协调，建筑要注重实用性和美观，如哈尔滨皇山墓园内的殡葬用品服务部建成欧式攒尖顶式风格就很有特色。此外园区内还可根据环境需要设立雕塑、园灯、休息椅、宣传栏等小型园林建筑。

殡葬建筑可选用古朴、素雅之色以烘托环境，就建筑的色调来说，北方气候较为寒冷，建筑宜于强烈浓重的色彩，而江南自然条件不同，气候较暖和湿润，阳光明媚灿烂，更宜于柔和素雅的色调。其殡葬园林建筑的整体布局既要考虑殡葬功能，又要考虑其空间艺术处理，以使其多重功能尽可能地发挥出来。

2. 交通设施

园路是组成园林的脉络和组织群众办理丧事（或游览）的导游线，平直的园路使人感到意境开阔简洁（适用于殡葬功能区），而曲折的园路使人感到意境深远（适用于游览区）。如河北省双凤山陵园内依山地特性修建出略作曲迂的山路，显示出山地之幽深；同时又根据山地特点参考南京中山陵建成由陵园主路通往山巅骨灰寄存大厅的台阶式人行路，更显出建筑之雄伟，创造出独特的意境之美。如《殡仪馆建筑设计规范》规定“道路的设计应根据建筑布局和周围环境条件，选择方便、安全的方案，并满足消防车通行的需要”。

有些园路或其局部用混凝土预制成仿木树桩做成的踏步，既能行走也能健身，古典式园林建筑门口也有用山石做成如意踏跺的形式。为了体现以人为本的思想，对于坡度较大的景点入口，还要建立无障碍设施，除了踏步还做成坡道，便于轮椅车辆行驶和老幼病弱者行走。为了防滑，把坡面做成浅阶的坡道，即礓磜。

汀步是布置在浅涧小溪之上或是点缀在浅水滩之上的步石，也叫“鼋鼍”“踏步桥”“跳桥”，汀步既有自由式又有规则式，游人蹑步而行，踏石凌波而过，别有一番情趣。

园桥横跨园林水面，并起到联系景区的交通作用和形成水上优美景观的作用，如游览区的梁式桥、浅水中供游人通行的汀步点式桥。园桥要根据规划地段的环境以及水陆交通的需要而定，北方某陵园园门外的拱式桥的设计，来园人、车要先过桥后进门，有着江南园林之特色。

（三）自然景物

从维护生态平衡和美化环境角度来看，园林植物是最主要的要素。园林中最活跃的绿色景观的形成和防护功能的获得，必须依靠植物材料，园林植物具有防治污染、保护环境（如抵抗和吸收有毒气体、杀菌、防治粉尘污染、降低噪声、防火、净化空气与水体等）的功能，有活跃景观、美化环境（利用植物材料的色、香、形创造绚丽多彩的园林景观，可满足游憩功能，达到绿化、美化、香化、彩化的目的）的功能，有改造环境、调节气候（如改变温湿度和风速等）的功能。

第二节　殡葬园林景观空间布局

殡葬园林景观作为特殊的园林景观类型，所反映出的色彩、质感、尺度及其使用材料的变化，以及空间的特定意境，常给殡葬活动者（或游客）留下深刻的感受。殡葬园林往往从某一侧面映射出社会的物质和精神生活，因而它总与当时当地的社会现状紧密结合在一起并带有时代的印记，受不同地域文化、自然环境、社会政治、经济等因素的影响，殡葬园林景观表现出不同的特征。当今城市建设追求的共同理想就是要有特色，形成自己的风格，创造良好的城市形象。殡葬园区作为现代化城市不可缺少的组成部分，应形成与当地城市特点相协调并富有殡葬园林文化的风格。

一、殡葬园林景观空间的基本内涵

（一）空间的构成

空间是由点、线、面、体等组成的一切场所的总和。有形的空间形态是实用空间和存在空间的表现，空间的实体与虚空、存在与功用之间是辩证统一的关系，它们在空间艺术中相生相连，缺一不可，离开了空间构成要素的实体，则不成为空间，而没有“虚空”的空间则不能达到一定的功用，空间就会失去其价值。我国古代艺术理论中的空间常指渺无边际的不可触及的“太玄”，这种空间概念使得我国园林在游览空间的组织处理上远比西方国家园林灵活和随意，园林的“因借”理论就是基于空间引申和扩展。空间在园林中能够随着欣赏的需要可放可敛，是流动的、变化的，带有时间的因素。园林空间是一种无形的、不可度量的、不能触及的、宏大而连续流动的客观存在。无形是因其宏大的空间只是一种感觉的存在，实际上园林本身可能是很小的；不可度量，则是因其空间可大可小，或开或闭，时断时续，让人无法找出其源头，只能在感知中存在，这样的空间是不能触及、宏大而连续流动的。园林具有三维空间的可感形象，使游人能直接进入艺术品内部进行审美活动。

园林中的各种要素彼此联系并组合成一定的空间。景观空间指的是人所存在的空间，旨在为人的欣赏景观、审美而言的空间，是由地面（地平面或水面）、垂直体（植物、建筑等）、顶面（即天空）等构成，这种空间的目的在于观赏。殡葬园林景观的空间侧重于通过空间环境渲染来影响殡葬活动者的情绪，因而具有特殊性。殡葬园林景观是由“线”和“点”两种类型的空间组成的，“线”为引导人们活动（主要是葬和祭）提供条件，而且有助于引导人们在活动中确定方向和寻觅途径（如墓区道路），“点”是指供人们停留的“结点”（如广场、祭奠场、小游园等）。

空间是由中心、区域和方向构成的。从本质上讲，殡葬园林景观的空间具有物质和精神的双重社会属性，尤其是精神方面的属性更为重要。中心是根据人的特别目的而构筑的，与人的行为直接发生联系并取得一定的意义，殡葬园林景观的空间不仅要考虑死者，更重要的是考虑生者；区域指环境中不同的场所引起人们心理在空间位置上的反应，区域的空间位置、空间配置、环境设施和环境色彩等因素都影响着区域的特点，路线使环境分为各种各样的区域，各种不同的空间实质上是不同性质的区域，它是诱发人们进行不同活动的具有潜力的场所，如殡葬园区中的骨灰廊、骨灰亭、骨灰墙等殡葬功能建筑空间；方向能极大地影响人们在环境中的流动状态，如在殡葬园区殡葬活动者中单一方向性的单向型人流和来去往返性的选择型人流等。

（二）空间的分类

任何一个由点、线、面、体构成的空间，都是由比值、造型、色彩、景物光线和材质等视觉要素相互关联、相互影响而形成不可分割的有机整体。

人置身于赖以生存和活动的空间之中，必然受到环境气氛的感染而产生种种审美的反应。人在有组织的空间序列中，空间是随着人的移动而变化的。如仿古建筑空间可使人领略古文化风韵；神圣空间（园林建筑中的殿、堂、厅等）形式整齐划一，层次井然，追求空间方圆规矩和秩序，可产生肃穆感；此外还有愉悦空间、悠闲空间、亲密空间等。

二、殡葬园林景观空间的性格特点

空间的每一种视觉要素的变化都会引起人的生理和心理上的不同感受，

这就使得空间具有不同的性格，“人”作为环境的中心，在所处空间有一定的心理感受。空间性格是空间环境对居于其中的人在生理和心理上反应的人格化。随着社会的发展，殡葬园林空间不断被赋予新的内涵，政治、经济、伦理、意识、宗教信仰、文学艺术、民俗风情等种种因素对空间都有深远的影响，使空间环境具有不同的性格，成为特定的文化效应场。

优秀的殡葬园林景观，既能反映出殡葬园区的综合品质，又可为殡葬活动者（或观赏者）留下深刻印象——“景观感受”。动感空间与情感空间构成了这些感受的主体。人们在观赏园林景观时，一是追求观赏感受的动感空间，二是追求可以停留驻足观赏的情感空间。这两种空间为人们提供了身心对景观的综合需求。动感空间在视线的快速移动中，注重景观的连续韵律，强调色彩与线型的变化。观者体会的是一种大线型的感受，大色块的对比与呼应关系。这样的视觉效果，往往成为人们评论这一殡葬园区的第一论据，更是体现殡葬园区综合品质的关键。设计师以强劲的风格、艺术化的处理手法，能打动观者，形成具有震撼力的景观内涵。情感空间更注重景观的参与性，观者对景观进行欣赏、品味、聆听，甚至去触摸，同景观间距离更小。情感空间强调观赏者同景观相融相合的内容，考虑到人本身的需求，更具有人性化。

尽管空间内涵、设计与表现手法及其所处的不同地域环境、文化背景等不同，但其内在的构成要素，都是以“人”为最终目的的，是围绕“人”的主题来完成的。优秀的情感空间处理，在赋予人格化的同时，更注重人群内在心理世界的描述，使观者在停留与观赏之中，体会出人生，体会出人与人之间的交流。园林中的动态美是合乎规律的自然的伸展和萌发，是动与静的交织和统一，如山静泉流，水静鱼游，花静蝶飞，石静影移，都是静态形象中的运动。人们沿着园中主要游览路线进行的观赏活动，实际上是不断改变着视点的一幅幅风景画面的连接，在较短的时间内，能够欣赏到丰富多样的景色，打破了时间空间的限制。运动总是与空间和时间联系在一起的，这也是空间艺术的时间特性。

（一）动感空间

殡葬园林景观在连续的景观变化中，突出一些景观点的主题，产生跳动的韵律，把园林景观中有限的空间内容处理得有声有色。园林中的韵律节奏，是由要素自身的形状、色彩、质感等以及植物、建筑等造园要素的连续、重复的运用，按照一定的规律安排适当的间隔、停顿所表现出来的。组成园林空间的生动的韵律与章法能赋予园林生气与活跃感，同时还能吸引游赏者的注意力，表现出一定的情趣和速度感，加深园林内涵的深度与广度。

以不同性质的形态组织人流空间，产生明确的方向性，可形成动感空间。在景观空间的处理上，动感空间所赋予的性格更具人性化，常以简洁、明快、强劲的风格形成独具艺术魅力的空间。动感空间在视线的快速移动中，注重景观的连续韵律，强调色彩与线型的变化。观者体会的是一种大线型的感受，大色块的对比与呼应关系。这样的视觉效果，往往成为人们评论这一殡葬园林的第一论据，更是体现殡葬园区综合品质的关键。

景观空间的轴线（由空间限定物的特征而引起的心理上的空间轴向感）决定了空间的形式感。如大多陵墓空间以崇高为主，即庄严肃穆，总体设计以中轴线为主，空间对称中轴线与不对称的流水性轴线都产生不同特点的空间。

殡葬园林景观在连续的景观变化中，突出一些景观点的主题，产生跳动的韵律，把园林景观中有限的空间内容处理得有声有色。园林中的韵律节奏，是由要素自身的形状、色彩、质感等以及植物、建筑等造园要素的连续、重复的运用，按照一定的规律安排适当的间隔、停顿所表现出来的。园林中的韵律使得园林空间充满了生机勃勃的动势，从而表现出园林艺术中生动的章法，表现出园林空间的自然秩序，反映了自然科学的内在合理性和自然美，组成空间的生动的韵律与章法能赋予园林生气与活跃感，同时还能吸引游赏者的注意力，表现出一定的情趣和速度感，加深园林内涵的深度与广度。

1. 流线型空间

动感空间流线的变化常常形成动感极强的景观韵律，连续的流线变化，构成视线导向性。在流线主线上，布置色块、点景等的应用，使得流线语言所表达的线性魅力更为清晰。在流线的波动中，空间的平面层次更易于表现。流线的变化韵律常以有序流线与无序流线相结合处理，其变化更为生动，使观赏者在动态观赏中的印象更为深刻。如天津市塘沽殡仪馆在游园小径上进行“草间铺装”，形成动感极强的观赏效果，草皮同花岗岩色彩与质感的对比，又产生特殊的视觉效果，成为动人的一笔。

2. 波浪线型空间

波浪线的变化比流线更具规律性，动感空间在波浪线的应用上，注重其有序的线型变化特点，在有序的空间中形成韵律。硬质景观在应用中，强调其色彩的变化，植物材料的组织以其具备修剪特征的植物品种成为主要构成元素，重点突出线的变化韵律，形成动感空间强烈的视觉感受效果。如石家庄市殡仪馆采用金叶女贞、桧柏形成修剪的波浪线效果，强调动态的变化，点缀的紫叶小檗球同金叶女贞、桧柏形成色彩的对比。曲线型园路具有丰富游人视野的作用，能扩大园林空间感。弯曲的道路，增加了游人对沿途景观的注意力和观赏兴致，使游人感到园景丰富，兴犹未尽。如河北省双凤山陵园在平坦的草坪中，用方整的片石设置汀步，其走向采用变幻的“S”形反曲线，曲径、花丛、花带线形统一，飘逸流畅，表现出含蓄、深邃、自然、朦胧之美。

3. 直线型空间

直线意味着人工之物（规则的曲线也多为人工之物）。直线能形成壮美、崇高、严整、庄严的景观，直线的变化更具男性化，往往形成简洁、豁达的视觉效果，在以直线为主要线型的殡葬园林景观处理中，常常以不同材质组织其园林景观效果。直线变化韵律的常规手法是同道路成平行的方向，来处理以直线为母线的园林景观的变化，或以折线的方式同道路方向相一致，而同道路相垂直的直线段落处理，使得园林景观更加生动，并保持了直线的固有特点，直线型道路的方向明确，对景单一，游人行走速度较快。在垂直线的应用中，组织其长短的空间，可形成具有曲线韵律的空间格局。这样处理技术，在动感空间中，常常达到意想不到的效果，为观者留下更为深刻的印象。例如在修剪的龙柏之旁植草花，在直线长短有序的组合之中，突出了其内在的波浪线的韵律，使观者在动态观赏中，体会到极强的色彩与线型的韵律变化。

（二）情感空间

空间本身并无意义，但对人类而言，一个空间可能代表一种力量（人得以安定、得以保护），也可能代表一种情绪（人得以平静或得以兴奋）等。只要把感情当作构成空间的主要因素，就会发现情感空间无处不在。人们创造空间的目的在于“在最神妙的本质中享受生活”。人的特定的活动需要有适合于活动的环境，人在这种环境中活动多次后，就对环境（景观）产生了特定的感情，因而环境就成为情态语言。不同的形状、大小和限定手法，会产生不同的感情，如对称的形状，使人产生严肃感。园林景观是人类情感的特定表现空间，具有不同的吸引力，其重要特征反映出具有围绕着人的环境性质以及符合、创造或影响人类心情的能力。景观越概括、越典型，越能表达具体，往往就越能激发感情，引起人们强烈的感受和反响，当然，经常用心同景观接触和交往，观赏者有可能对具体的景观来表达自己的情感。“人性空间”应该是殡葬园区空间设计的主题，要由物理空间的设计转变为情感空间的设计。人类的感情中，悲情与怀念占据重要的部分，人人都有悲情、伤感和怀念的经验，生活中需要创造适合的空间与场所抒发人类的悲情，例如双凤山陵园双凤湖的柳树和水草的绿荫在水面荡漾和流动，给人一种清新感，带来一种温情。

空间的深远感是一种情态的表述。通过景的处理，可使视线达到深远之感，这种空间的深度感不仅仅在于实际距离的长远，而更在于感觉上的深远性。在园林中，通过收缩视野，可产生深度与宽度上的对比；通过增加层次，形成深度判断上的错觉；通过掩映手法，产生含蓄之感。这是一种缘情之美，即通过一定手法达到以景寄情，形成情感空间。

在景观空间的处理上，情感空间更具女性化性格，以细腻、亲情及同观者交流、与观者共融的情调，形成自己的特点。观者在对景观的色彩、质感、尺度、形状等的直接感受、接触中，对空间的适应性得到充分的显示，即情感空间是以人为主体的空间内容。每一材料都具有其自身的自然属性，形成一固定的形态与性格，给人以独特的感受，例如“石令人古”，石头具有沉重坚固、粗糙有力的质感，常年裸露在光天化日之下，经过风雨的侵蚀、日光的暴晒，风化后形成粗糙的外表，甚至造成狰狞的外貌，给人一种野性的、坚硬强壮的感觉。悲哀是一种感情，是人们内心活动的一种表现。墓，是孝子思慕之处，到墓地悼念是一种悲情的诉说方式。一块墓碑，最简单的环境空间，可以产生难以表达的复杂感情，其情感空间的塑造源于传统文化，表达对人物的怀念最直接的手段是雕塑艺术，公墓中造型各异的碑墓多以石材为主，是“石头”性格的变异。

尽管空间内涵、设计与表现手法及其所处的地域环境、文化背景等不同，但其内在的构成要素都是围绕“人”的主题来完成的。优秀的情感空间处理，在赋予人格化的同时，更注重人群内在心理世界的描述，使观者在停留与观赏之中体会出人生，体会出人与人之间的交流。情感空间更注重景观的参与性，观者对景观进行欣赏、品味、聆听，甚至去触摸，同景观间距离更小。情感空间强调观赏者同景观相融相合的内容，考虑到人本身的需求，更具人性化。

1. 时代空间

在殡葬园林景观的设计中，要体现出时代精神。一是生态性要求景观在功能上维护或不破坏生态平衡，在形式上应和原有的自然景观及人文景观的秩序性相一致；二是人之需要，殡葬园区是一个特殊的感情交流场所，因而其景观充满人情味和地方特色。具有时尚内容的空间环境，往往给观者耳目一新的感受，观者在观赏、品味景观的同时可以体会时代的发展。因此在景观处理、设计手法、空间处理、构筑物材料、植物景观的应用等方面都具有时尚性。如天津市塘沽殡仪馆广场，处理景观构成诸要素时，采用极强的时尚性观念，在边缘局部散植灌木花丛，以示空间的分隔，标志着园区的平易亲切，嵌草铺装上点缀造型新颖组合座凳，修剪的流线型龙柏组合、蜀桧垂直造型等亦极具时尚性。而唐山市殡仪馆把地坪看作一张绿色的画纸，在其上用植物材料作立体画，由色彩斑驳的花灌木组合成立体景观，其体态、线条的设计所构成的空间体积可表现出随意和浪漫。用大自然提供的植物材料来创作的空间艺术，芳草如茵的底面，色彩斑斓的花丛，伴随着作响的音乐喷泉等。

2. 艺术性空间

艺术性内容的情感空间，强调景观的艺术内涵，在显示不同个性艺术的同时，让观者体会不同艺术浓厚的感染力。艺术性情感空间常形成自己的主题景观，在主题景观周围，形成与之相呼应的主题环境。依据环境景观因素的巧妙组合，把艺术题材加以升华，使观者在观赏中，融于艺术的情境。如河北省双凤山陵园广场的景观创作中，以“天女散花”和反映“厚养薄葬”雕塑形成景观主体，展示出殡葬园林艺术的主题。

3. 地域性空间

在殡葬园林景观中，不同的地域往往形成不同的景观环境，而将其特色加以浓缩与艺术化处理，往往成为该地域的特色景观，以此反映出该地域的环境特点与景观特点，把地域性空间的内涵推向高潮。殡葬园林景观的地域特色，主要体现在包括人的行为在内的景观要素特征的因地制宜的强化和对景观文化内涵的恰如其分的表达。因而要探求地域文化背景、熟悉当地殡葬行为模式、保护文化古迹景观、保留特征地形地貌。如河北省双凤山陵园把园区内出土的清光绪五年（1879 年）“董族先茔护林碑”作为文化古迹保护起来，加强了这一地域性空间的文化内涵。

4. 文化性空间

每一个时代都有着自身独特的文化特性，现代高科技文化不仅仅体现在社会现实的家庭生活中，也完全可以体现在殡葬园林的空间文化形态上，因而殡葬园林设计者应通过殡葬园林环境表达现代高科技文化内容，以独特的空间格局、建筑形象、园林材料等为载体，传递独特的殡葬文化。文化性空间把观赏者内心世界同景观的文化内涵相互交融，使观者真正融于景观之中。景观在形成自己主题文化内容的同时，更兼环境特色，突出强烈的文化氛围。在殡葬园区中的园林景观中，要有一定的反映殡葬文化的空间，以体现出殡葬园林特色。

植物种植设计在景观意境以及传统文化意蕴的信息传递中有着独特的作用，通过树影、声响、叶色等传递风、月、云等自然的信息，植物材料在满足生态功能的基础上可以营造独特的文化、意境空间。华北地区多数殡葬园区选用个性较强的常绿针叶树通过种植点的经营进行意境创造，产生静态或半静态空间。

三、殡葬园林景观空间的艺术处理

（一）殡葬园林景观空间的划分

1. 以园区道路划分空间

在一定的地域内以道路为界限划分成若干空间。如双凤山陵园以绿化风格和碑墓造型的不同而设置的墓区，各个空间各有特色，而墓区内道路又是联系这些空间的纽带，殡葬活动者在路上可以看到不同空间景色。

2. 以植物材料划分空间

在一定的地域内用植物材料划分出若干空间，脱离了道路的限制，显得自然生动。如河北省双凤山陵园以“北凤松涛”和“南凤柏香”划分成两个主要空间，显示出殡葬园林的主旋律，为了显示植物季相之美，还通过“槐岭春雪”“柿丹映翠”“柳浪击水”等植物划分出不同空间，适当展现愉悦的生活空间。因河北气候四季分明，植物景观的季相也很突出，河北各地殡葬园区中的主要树种，大多选用华北地区暖温带的针阔叶树种，形成模拟华北暖温带自然群落结构针阔叶混交的人工群落，显示出强烈的北国植物景观。

3. 以园林建筑划分空间

利用各种建筑形体和它们之间的相互关系可以组成很好的园林空间，殡葬园林中以殡葬建筑组成的空间能够互相渗透、互相呼应，构成积极的空间。如河北省双凤山陵园以北凤山骨灰寄存建筑群、南凤山寄存厅、墓区“天女散花”大型雕塑划分出殡葬园林空间。

以山林、道路和建筑等实体综合组成的园林空间最具有表现力，它们互相衬托，相互补充，使园林空间具有鲜明的主题，可以产生较好的效果。如天津市西城寝园（公墓），汉代风格的牌楼熠熠生辉，神道两旁排列着石像生，象征着中华民族的神威，院中另有展示新时代风格的缅怀堂雄踞，坚实的基础配以半透明屋顶，象征天地浑然一体，园中的金字塔影壁，十二生肖跃然其上，栩栩如生，九龙昂首前瞻，吞云如水，使人一望便可感悟到人生有限，生命无极。既是逝者静谧长眠之苑，又是生者慎终追远之所。

（二）殡葬园林景观空间的处理

殡葬园林空间有自己的主题。以高度的思想性、科学性和创作热情，可通过山、林、建筑、地面和水体优美、鲜明的园林空间形象来感染人。

1. 空间的系列构图

若干有特色的空间连起来，可形成一个丰富的连锁空间。处理好连锁空间或者称为空间系列构图。园林中不怕空间多，而是要每个空间才有特色，若干空间连起来，就是一个丰富的连环画面。这里面有个特色的问题；还有一个各个空间的联系要一气呵成；开、合，轻、重，急、缓，起、落，续、断，要有安排；首尾相顾，前后呼应，有高潮也要有平缓，我们在处理时有时过轻过重，有时衔接生硬，有时过于平铺直叙。

如北京福田公墓，采取空间先抑后放的手法，在进入殡葬园林的主体空间之前先经过一段相对较为闭塞的空间（主道两侧密植桃树），当主体空间（“福田沧海”影壁和骨灰寄存楼群）突然展现时，由于强烈的对比而获得扩大空间之感。

2. 提高空间利用率

同样一段距离，曲折的路比直线的路长，路长给人的感觉比路短经过的地方大，这是很简单的道理。更重要的是在曲折的路线上能够看到的东西多，而且变化大，实际上是提高了有限空间的利用效率。步移景异正是在这个基础上实现的，一个很有趣的办法是把景深引到视线达不到的地方，如一弯曲水，源头没入丛草乱石中，其上浓荫蔽日，令人难测幽深，虽已到园界，人只是不觉。如河北省双凤山陵园水系处理时，源头没入丛草乱石中，其上浓荫蔽日，这样把景深引到视线达不到的地方，令人难测幽深，虽到园界，却不知觉。

3. 增加空间的层次

即在人和观赏对景之间增设某种“障碍”，以强化景的深度感。多数“障碍”是半隔半透的，如空廊、漏窗、植物、山石等都经常用来起到这种作用。园林水池的驳岸常常突出几块山石，伸出一个半岛等也都可以使水面显得更深。至于透过漏窗观景，从树丛中窥视深藏的建筑，都会使本来近在眼前的景物增加距离感。

4. 缩小景物的尺寸

空间大小给人的感觉和景物的尺度有一定程度的关系，特别是人工的建筑物及桌、凳、栏杆等小品，在人的心目中都有一个通常的尺度。而园林则常常缩小建筑的尺度来提高环境的相对尺度感，如只有尺把宽的小桥与山石结合在一起就显出山石的雄伟之势，若换了现实中正常尺度的桥，同样的山石就可能变得像个垃圾堆。

此外，还可以采用园外借景的方法处理空间构图。借景是园林中常用的手法，如北京福田公墓把园外西山美景通过适当的手法组织到园内，扩大了空间感，把殡葬园林的视觉范围扩展到无穷无尽，达到事半功倍的效果。

四、殡葬园林景观的空间序列组织

一个殡葬园林中有若干空间，这些空间景观连续起来就形成一个空间序列。空间序列是指空间环境先后活动的顺序关系。空间的组织是园林设计师从心理和生理上积极影响人的艺术手段，景观空间的限定物有自然物（山、水、树等）和人工物（建筑、道路、小品、人植之树等），因而造景时要充分考虑空间序列。序列的起始预示着将要展开的内容；过渡阶段是培养人的感情并引入高潮的重要环节，具有引导、启示、酝酿、期待及引人入胜的作用；序列中的主要阶段是主体，使人在环境中产生种种最佳感受；终结阶段则由高潮回复到平静，可使人追思高潮的余音。

园林环境有明确的起始、主体陪衬和结尾，其艺术感染力存在于园林空间的序列流程。园林的空间序列是靠游览路线连贯起各个空间的，同时也可以考虑通过视线进行联系，还可以通过眺望点进行联系。我们沿着主要游览路线进行的观赏活动，实际上是不断改变着视点的一幅幅风景画面的连接，在较短的时间内，能够欣赏到丰富的景色，打破了时间空间的限制。殡葬园林艺术的审美享受（调节殡葬活动者心情的过程），一般在运动中的游人停在某处观赏（殡葬活动的整个过程中）只是运动的暂时停顿，这是一个时间组织的过程，这一过程中时间与空间可以相互转化，因而园林是一种四维空间的时空艺术。园林通过整体环境的创造，使园林艺术的审美享受成为一种五官协同的审美活动，园林空间环境的多变和转换，通过五官把多种多样的美的信息交混协调起来，引起全身心的审美感受，因而殡葬园林每一要素的配置都要考虑到殡葬活动者来到殡葬园区的特殊心情，以减轻殡葬活动者悲哀。

（一）空间序列的导向

通过空间组织处理，引导人们行动的方向，让人们进入空间后，随着空间的布置自然而然地随其行动，从而满足空间的物质功能和精神功能。可以采用同一或类似的视觉元素进行导向，如秦皇岛市殡仪馆以一堵墙作为（火化区与祭奠区）空间的分隔，人环绕围墙只有通过月洞门才能进入彼空间，墙起到空间分隔和导向的作用。相同元素的重复产生节奏，同时也具有导向性，如河北省双凤山陵园主路林荫道中垂直的树木的重复排列具有一定的导向性。

（二）视觉中心的安排

导向性只是把人引向高潮的引子，最终目的是导向视觉中心，让人领略到园林的真谛，可以利用虚实对比、隔景、借景等手法进行空间处理，巧妙地安排视觉中心。如天津寝园（公墓）中贴墙的骨灰长廊，有意创造一些小曲折使廊与墙之间形成空当并建造小景，打破单调感，活跃环境气氛。

（三）空间环境的构成

空间序列是通过若干相联系的空间构成彼此有机联系、前后连续的空间环境，它的构成形式随着功能要求而呈形形色色。园林中“山穷水复”“柳暗花明”“迂回曲折”等空间处理手法，都是采用过渡空间将若干相对独立的空间有机地联系起来，并将视线引向高潮。殡葬园林具有特殊性，其空间环境的构成既要体现出现代园林特色，还要体现出现代的殡葬文明，这也是多样统一的要求与特点。

（四）空间组织与延伸

殡葬园区内除了殡葬功能建筑外，还要组织植物空间，这就要求严格把握空间、构筑空间，为了丰富殡葬园林空间美，采用对比、衬托、尺度、层次、对景、借景的手法来布置空间、组织空间、创造空间，使园景小中见大，在有限的空间内获得丰富的景观。殡葬园林空间还包括通过殡葬活动者下意识地再创造的第四维空间——想象空间，它的审美价值远远超出风景实体形象，殡葬园林空间在这种虚无缥缈的感觉中获得无限的开拓和升华。

殡葬园林通过主体和平面的构图，运用点、线、面、体各部分的大小、开合、高低、明暗等空间序列的变化，来取得节奏和韵律的艺术效果。在进入较大有景区前，有曲折、狭窄、晦暗的小空间作为过渡，以收敛人们的视觉和尺度感，这就像一首乐曲的引子，然后转到较大的空间，视觉豁然开朗，使人心旷神怡，就像乐曲进入主题，开始高亢激昂。

总之，殡葬园林空间序列的发展形式，主要有三段式（序景、起景，发展、转折、高潮，转折、收缩、结景、尾景）和二段式（序景、起景，发展、转折、高潮结景、尾景）。规则式的连续序列，景物沿着明显的中轴线开展，轴线两侧的配景左右对称，而自然式的连续序列，景物沿着园林的自然式主干道、自然曲折的河流及水系展开。

五、殡葬园林景观空间的基本类型

在殡葬改革的进程中，一些殡葬园区通过营造优美的服务环境，促进了综合效益的提高，证明了《殡仪馆等级评分标准》和《公墓等级评分标准》中关于环境的指标规定是正确且必需的。多数殡葬园区把环境服务作为完善服务不可缺少的一环，把园林文化建设作为提高服务质量的一个重要工作来抓，出现了一批初具艺术精美的建筑、娇媚的景观设施、配置合理的园林、优美和谐的环境的殡葬园区。

（一）博大型

其特点是布局宽松合理，景观粗犷豪迈，园林绿地面积大，空间完整。如上海福寿园（公墓）、北京天寿园（公墓）、河北省唐山市殡仪馆等，大面积的具有欧美风格的疏林草地和体现中国传统艺术风格的假山、游廊、花架以及现代技艺特点的喷泉，采取乔、灌、草相结合，平面立体兼有的植物配置手法，并在绿地中合理摆放富有中国传统殡葬文化色彩的雕塑、小品，体现出面积较大的殡葬园区环境绿化美化的新思路和大手笔，实为目前我国殡葬园林建设之楷模。

（二）融合型

其特点是根据不同功能区域和环境条件分别采用规则式和自然式布局，各区自成体系，各具特色，区域过渡自然，紧密联系。如河北省秦皇岛市殡仪馆（国家一级殡仪馆），火化区规则式布局有明快之感；祭奠区自然式布局，具幽静之意；在祭奠区更新改造时注重原有树木的保留，使建筑设施服从原有绿化环境，产生较好的效果。同时还充分利用祭奠区高档树木开展树葬业务，体现了实用性。河北省栾城县殡仪馆在较小的地域内通过园林布局艺术手法创造出风景多变、观之不尽的完整空间；绿树成荫、花团锦簇、鸟语花香、蝶飞蜂舞，花坛、水池、雕塑小品置于其间，利用植物充分显示出庭院园林小中见大之效果，堪称小型殡葬园区环境建设之典范。

（三）精巧型

其特点是布局紧凑，小巧玲珑，亭廊皆备。通过建筑小品精巧配置、植物的充分协调烘托出环境之优美。如河北省石家庄市纪念堂、肥乡县殡仪馆等，大都植物丰富，使空间富有弹性，给园林增添了生机，小桥流水，杨柳弄姿，建筑轻巧而布置自然，给人以美的享受。

（四）特殊型

其特点是因自然地理条件或其他因素而造成绿化难度偏大，而又因园制宜地搞有自身特色的环境建设。如某殡仪馆场地小，又紧邻硫酸厂，一般植物生长困难，他们就选择国槐、龙爪槐、柳树等耐酸抗污染的树木进行绿化。

同时还选择大叶黄杨、万寿菊等耐酸植物盆栽点缀园区，也收到可喜的绿化、美化效果。这充分说明了殡葬园区千方百计搞好园林建设，努力为殡葬活动者提供幽雅舒适的服务环境的工作态度。

第三节　殡葬园林总体规划设计

园林创作是一种涉及植物学、工程学、心理学、文学、绘画、建筑等多方面的综合性艺术。园林中的地形地貌、花草树木、园林设施的布置是有机联系相互补充的艺术整体，因而园林的规划设计要注重科学性、艺术性和实用性，而殡葬园区的园林规划设计要在园区总体规划的基础上进行。

一、园林绿地构图

园林绿地构图是通过组合景物、联系空间和景点布局，把园林各要素与环境协调起来，创造出美的境界，是充分表现出园林内容、功能和景观创作的主要手段。

（一）园林绿地构图的特点

1. 园林是一种立体的空间艺术

园林构图不是单纯的平面或立面构图，是以自然美为特征的空间环境规划设计，因而要善于利用地形地貌、自然山水、植物等。

2. 园林构图是综合的造型艺术

园林美是自然、生活、建筑、绘画美的综合，因而必须借助于各种造型艺术的表现来提高园林的感染力。

3. 园林构图受时间变化的影响

园林植物、山水景观都随时间、季节而变化，因而园林美是动态的美。

4. 园林构图受自然条件的制约

不同地区的自然条件（如日照、温度、湿度、土壤等）各不相同，园林绿地要因地制宜、随势造景、景因境出。

（二）园林绿地构图的原则

1. 确定主题

要经过周密构思，做到意在笔先，表现形式要求内容与环境条件相统一，要根据园林的性质、功能、用途确定园林设施与形式。各景区、景点也要各有主题，设置主景、安排配景要主客揖让，层次分明。

2. 总体布局

要按照功能进行分区，各区要各有特点，要注意各分区间的联系、过渡，做到多样统一，各局部要根据地形地貌特点，结合景色环境，巧于因借，呼应环顾，做到空间联系渗透。

3. 因地制宜

构图要注意到规划地段自身和周围环境条件，根据工程技术、生物学要求和经济可能性进行构图，并尽量把诗画联赋、史料典故等结合到园林构图中，使其富于诗情画意。

（三）园林绿地构图的规律

1. 统一与变化的规律

园林构图的统一变化，既有多样的变化、又有整体的统一，是艺术作品表现形式的基本原则。

一是表现在对比与调和，如园林中各个区、景点各有特点就是对比，但在总体构图和总的风格上要协调，就是调和。处理好对比与调和的关系，能使景观既丰富多彩，又突出主题，形成统一。对比与调和包括形象、方向、体量、开闭、虚实、色彩、明暗、质感的对比与调和。

二是表现在韵律与节奏上，韵律与节奏是一种连续和变化的构图方式，是园林构图重要技法之一。它包括简单、交替、渐变、起伏曲折、拟态、交错韵律与节奏，能使园林构图单体有规律地重复，有组织地变化。

三是表现在主体与从属、重点与一般的处理。在园林中要有一个主景，其他从属要与主景联系、呼应，强调主景的方法有轴线法和对比法。园林中的重点不能过多，要重点处理好如入口、广场等几个部位。

四是表现在不同的空间或局部的联系与分隔。如入口与主干道结合形成轴线控制等。

2. 均衡与稳定的规律

在园林布局中以静态依靠动势求得均衡，称之为拟对称的均衡。对称的均衡为静态均衡，一般在主轴两边景物以相等的距离、体量、形态组成均衡。拟对称均衡，是主轴不在中线上，两边的景物在形体、大小、与主轴的距离都不相等，但两景物又处于动态的均衡之中。园林植物、山水、建筑都表现出不同的重量感。在平面上表示轻重关系的是均衡，在立面上表示轻重关系的是稳定。园林绿地一般应处于均衡状态，以给人安定的感觉，规则式布局是对称均衡，它能给人以整齐庄重的感觉；在园林绿地布局中，有的由于景物或环境的限制只能作出不对称均衡，它给人以轻松、活泼变化的感觉。园林布局中的稳定是指建筑、山水、植物以至整个景物应具稳定感，实际工作中，往往在体量上采用下大上小的方法增加立面上的轻重关系即稳定。

3. 比例与尺度的规律

任何物体，不论任何形状，必有长、宽、高三个方向的度量。比例就是研究三者之间的关系。任何园林景观，都要研究双重的三个关系，一是景物本身的三维空间；二是整体与局部。园林中的尺度，指园林空间中各个组成部分与具有一定自然尺度的物体的比较。功能、审美和环境特点决定园林设计的尺度。尺度可分为可变尺度和不可变尺度两种。不可变尺度是按一般人体的常规尺寸确定的尺度。可变尺度如建筑形体、雕塑的大小、桥景的幅度等都要依具体情况而定。园林中常应用的是夸张尺度，夸张尺度往往是将景物放大或缩小，以达到造景效果的需要。园林绿地内的景物形体的大小、景物之间距离的远近，都应具有一定的比例与尺度的关系，园林布局主要根据功能要求、工程技术条件、材料性能、艺术传统和人们观赏习惯等因素确定。

4. 比拟与联想的规律

游园赏景，常受园林形象的感染和启迪，联想到一定的美好形象和意境，比拟和联想到的东西，往往比园林本身更深远、广阔和富于哲理性，如运用植物姿态和特性，使人联想特定的性格。

（四）园林绿地构图的形式

园林布置形式的产生和形成，是与世界各民族、国家的文化传统、地理条件等综合因素的作用分不开的。园林的形式分为规则式、自然式和混合式三类。

1. 规则式园林

这类园林又称为“几何式”“整形式”“对称式”和“建筑式”园林。

中轴线。全园在平面规划上有明显的中轴线，并明显依中轴线的左右前后对称或拟对称布置，园地的划分大都成为几何形体。

地形。在开阔较平坦地段，由不同海拔的水平面及缓倾斜的平面组成；在山地及丘陵地段，由阶梯式的大小不同水平台地倾斜平面及石级组成，其剖面均为直线所组成。

水体。其外形轮廓均为几何形，主要是圆形和长方形，水体的驳岸多整形、垂直，有时加以雕塑；水景的类型有整形水池、整形瀑布、喷泉、壁泉及水渠运河等，古代神话雕塑与喷泉构成水景的主要内容。

广场与道路。广场多呈规则几何形，主轴和副轴线上的广场形成主次分明的系统；道路均为直线形，折线形或几何曲线形。广场与道路构成方格形式、环状放射、中轴对称或不对称的几何布局。

建筑。主体建筑组群和单体建筑多采用中轴对称均衡设计，多以主体建筑群形成与广场、道路相组合的主轴、副轴系统，形成控制全园的总格局。

种植规划。配合中轴对称的总格局，全园树木配以等距离行列式、对称式为主，树木修剪整形多模拟建筑形体、动物造型、绿篱为规则式园林较突出的特点。园内常运用大量的绿篱、绿墙和丛林划分空间，花卉布置常以图案为主要内容的花坛带，有时布置成大规模的花坛群。

园林小品。园林雕塑、栏杆等装饰点缀园景。西方园林的雕塑主要以人物雕像布置于室外，并且雕像多配置于轴线的起点、交点和终点。雕塑常与喷泉、水池构成水体的主景。

2. 自然式园林

自然式又称风景式、不规则式、山水派园林。

地形。自然式园林的创作讲究“相地全宜，构园得体”。主要处理手法是“高方欲就亭台，低凹可开池沼”的“得景随形”。自然式园林最主要的地形特征是“自成天然之趣”，所以，在园林中，要求再现自然界的山峰、崖、谷、洞、穴等地貌景观。在平原，要求自然起伏、和缓的微地形、地形的剖面为自然曲线。

水体。园林的水体讲究“疏源之去由，察水之来历”，水景的主要类型有湖、池、潭、沼、汀溪、港、湾、瀑布、跌水等。总之，水体要再现自然界水景。水体的轮廓为自然曲折，水周围为自然曲线的倾斜坡度，驳岸主要用自然山石等形式。

种植。自然式园林种植要求反映自然界植物群落之美，树木不修剪，配以孤植、丛植、群植、密林为主要形式。花卉的布置以花丛、花群为主要形式。

建筑。单体为对称或不对称的均衡布局；建筑群或大规模建筑组群，多采用不对称均衡的布局。全园不以轴线控制，但局部仍有轴线处理。中国自然式园林中的建筑类型有亭、廊、榭、舫、楼、阁、轩、馆、台、塔、厅、堂、桥等。

广场与道路。除建筑前广场为规则式外，园林中的空旷地和广场的外形轮廓为自然式的。道路的走向、布列多随地形，道路的平面和剖面多为自然的起伏平曲线和竖曲线组成。

3. 混合式园林

主要指规则式、自然式交错组合，全园没有或形不成控制全园的主中轴线和副轴线。一般情况，多结合地形，在原地形平坦处，根据总体规划需要安排规则式的布局。在原地形条件较复杂，具备起伏不平的丘陵、山谷、洼地等，结合地形规划成自然式。其创作方法主要有以下三种方法。

一是轴线法。轴线法即规则式园林的设计方法。一般轴线法的创作特点是由纵横两条相互垂直的直线组成，控制全园布局构图，再由两主轴线派生出若干次要的轴线，或相互垂直，或呈放射状分布，一般组成左右对称，有时还包括上下、左右对称的、图案性十分强烈的布局特征。

二是山水法。以中国古典园林为代表的自然山水园就是山水法设计的典范。山水法的园林特点，就是把自然景色和人工造园艺术（包括园林五大要素的改造）巧妙地结合，达到“虽由人作，宛自天开”的效果。最突出的园林艺术形象，是以山体、水系为全园的骨架，模仿自然界的景观特征，造就成第二个自然环境。山水法造园也是根据不同的“基势”“体形”，做到“得景随形”。在处理山水关系时，以山为主，以水为辅，同时以建筑为占景，以树木为掩映，全园五大要素统一协调，全面布局。

三是综合法。综合法是介于绝对对称法和自然山水法之间的园林设计方法，又称混合式园林。由于东西方文化长期交流，相互取长补短，使园林设计方法更加灵活多样。由于文化交流、思想沟通和进步、社会的发展，现代文化生活趋于近似。

（五）园林绿地空间的组织

园林空间是被园林景致包围起来的立体环境，是指人们的视线看到的范围。合理组织园林空间，能按人的视觉特性创造良好的观赏条件，取得良好的观赏效果，充分发挥园林的功能。开敞空间是指人的视线高于四周景物的空间，因风景旷朗而心胸开阔，但缺乏近景感染，远景色彩形象不鲜明，久观则觉单调、空乏；闭锁空间是指人的视线低于周围景物的空间，其近景感染力强，但久赏产生闭塞感，易疲劳；纵深空间是指狭长的空间，在其间人的视线被引导到轴线端点，产生聚景。

园林是一系列空间相互联系而成的，在连续的空间组合中又分主体、从属和终止空间，在空间序列布局中，各个空间之间的起着联系、转换作用的称为过渡空间。园林空间的分隔手法有虚与实两种，两空间干扰不大，需互相通透的可以用疏林、空廊、漏窗、棚架等进行虚分；两个空间功能、风格上差异很大，则用实墙、密林、山阜、建筑等进行实分。

二、园林造景艺术

园林是由许多景区和景点互相联系而构成的一个景观体系。园林造景是指人工创造出既符合一定的功能要求，又寓以一定意境的景区或景点。

（一）园林造景的特点

景是园林绿地中，自然或经人工创造加工的，并以自然美为特征的一种空间环境。景的创造是指人工创造出既符合一定的功能要求，又寓以一定意境的景区或景点。主景是一处景区或园林的景观特点的代表，是构图的中心。主景有控制全局的作用，能体现园林的功能与主题，因而要求主景突出。配景是主景的陪衬，它能使主景突出并与主景互相呼应，相得益彰，配景的布局、体量、色彩等受主景的制约，起烘托主景的作用。突出主景的一般方法有：升高主体，加大观赏角度，使游人仰视观赏；运用构图手法把主景放在空间构图的重心处；利用配景的动势突出主景。景观有丰富的层次，前景是近视范围较小的单独风景，中景是目视所及范围的景致，是风景观赏的主体，远景是辽阔空间延伸的景致，一般前景和远景是为烘托中景而服务的。

中国园林的精髓在于园林意境，也就是由园林造景的形象使游赏者产生的超乎园林之外的心理环境乃至情感和有关人生观、宇宙观的哲理思维。园林造景并不能直接创造意境，但能运用人们的心理活动规律和社会的文化积淀，充分发挥园林造景拥有实际空间和丰富的景观内容、富于时相、季相、龄相变化、与气象因素结合密切等特点，借鉴绘画、雕塑、戏剧、音乐等其他文艺创作经验，创造出促使游赏者产生多种优美意境的环境条件。

自然风景式园林造景所要创造的基本意境是回归自然。园林造景中具有不同特点的形、色、光、影及声、温度、湿度、风力等环境信息，园林造景在早、午、晚和不同季节可呈现的时相、季相，在风、雨、晴、晦、霜、雪、雾、霭等不同天气条件下可形成不同景象，通过游赏者的感觉同意识中以往经验中的某些知觉痕迹相联系而形成的映像，可以通过记忆引出观赏者过去曾亲临过的与此时此地的园林环境有相似之处的自然景观和自然环境的心理环境（情绪、情感和思想意识），唤起对置身于该境遇时生活的回忆，从而扩大了心理上的时间境域，并可用今天的思想情感去对比过去，体味出新的人生哲理。

（二）造景的主要手法

园林造景要根据园林绿地的性质、功能、规模，因地制宜地运用园林绿地构图的基本规律去规划设计，形成一种可赏可游的艺术实体。根据景在园林绿地中的地位、作用和欣赏要求，造景的主要手法如下。

1. 主景与配景

各种艺术创作中，首先确定主题、副题，重点、一般，主角、配角，主景、配景等关系。所以，园林布局，首先确定主题思想前提下，考虑主要的艺术形象，也就是考虑园林主景。主要景物通过次要景物的配景、陪衬、烘托，得到加强。

在园林绿地中能起到控制作用的景即主景，它是整个园林绿地的核心、重点，常呈现主要的使用功能或主题，是全园视线控制的焦点，狭义的主景是指整个园林的主景，广义的是指园林中由于被园林要素分割的局部空间的主景。在同一空间范围内，许多位置、角度都可以欣赏主景，而处于主景之中，此空间范围内的一切配景，又成为欣赏的主要对景，因而要做到突出主景，使主景与配景相得益彰。突出主景的方法主要有：立体升高、运用轴线和风景视线的焦点、动势向心、空间构图的重心等，主景是强调的对象，为了达到此目的，一般在体量、形状、色彩、质地及位置上都被突出，为了对比，一般都以小衬大、以低衬高的手法突出主景。为了创造出富有层次的景，要根据空间距离层次而创造出近景、中景、全景、远景。

为了表现主题，在园林艺术中主景突出通常采用下列手法。

中轴对称。在布局中，确定某方向一轴线，轴线上方通常安排主要景物，在主景前方两侧，常常配置一对或若干对的次要景物，以陪衬主景。

主景升高。主景升高犹如“鹤立鸡群”，这是普通、常用的艺术手段。主景升高往往与中轴对称方法有相同作用。

构图重心位能。三角形、圆形图案等重心为几何构图中心，往往是处理主景突出的最佳位置。自然山水园的视觉重心忌居正中。

渐变法。渐变法即园林景物布局，采用渐变的方法，从低到高，逐步升级，由次要景物到主景，级级引入，通过园林景观的序列布置，引人入胜，引出主景。

2. 借景

园林有一定的界限范园，根据造景的需要，为了打破园林界限，扩大空间，丰富园景、增加变化，可采用借景手法把园外景色组织到园林画面中来，成为园景的一部分，这种手法可大大降低成本，使有限的园林提高功能，因而使园林价值提高。借景按空间距离、空间方位作为分类标准可分为远借、近借、邻借、仰借、俯借等；以借景的时间流程作为分类标准（即应时而借）可分为借春、借夏、借秋、借冬、借日月、借雨雾等，利用一日或四季大自然的变化与园景配合组景，一般可朝借旭日，晚借夕阳，春借桃柳，夏借荷塘，秋借丹枫，冬借飞雪等，如杭州西湖的平湖秋月、曲院风荷，河南嵩山的嵩山待月，洛阳西苑的清风明月亭，都是通过应时而借组景的；以借景的内容作为分类标准可分为借山、借水、借花木、借建筑等；此外借景还可以按所借形式等因素作为分类标准分为借形、借色、借光、借声等。尽管借景需对园林进行特有的人工改造（如堆山、建筑以提供观景点）才能把园外之景借入园内，但其成本要远比建成一个实景少得多。“借”是一种“用极低成本获得极高功能”的“造园技法”，借景要达到“精”与“巧”的结合，使借来的景色同本园空间的气氛环境有机地结合起来，让园内外相互呼应汇成一片。

3. 分景

中国园林以深邃含蓄、曲折多变而闻名于世，究其原因不外乎园林空间的分隔与组合。分景就是以山水、植物、建筑及小品等在某种程度上隔断视线或通道，造成园中有园、景中有景、岛中有岛的境界。分景的作用在于增加景色的量和质，使园景虚实变换，丰富多彩，引人入胜。分景可以把游人的注意力缩小到一定空间范围内，使其能集中精神细致观赏。

分景依功能与景观效果的不同，可分为障景与隔景。

障景是园林中用于遮挡视线，促使视线转移方向的屏障物。障景往往用于园林入口自成一景，位于园林景观的序幕，增加园林空间层次，将园中佳景加以隐障，达到柳暗花明的艺术效果。障景因材料不同可分为山石障、院落障、影壁障、树丛、树群或数者结合。

隔景是用以分隔园林空间或景区的景物。隔景的材料有各种形式的围墙、建筑、植物、假山、堤岛、水面等。

隔景的方式有实隔、虚隔和虚实相隔。

实隔：游人视线不能从一个空间透入另一个空间。以建筑、实墙、山石密林分隔形成实隔。

虚隔：游人视线可以从一个空间透入另一个空间。以水面、疏林、廊、花架相隔，形成虚隔。

虚实相隔：游人视线有断有续地从一个空间透入另一个空间。以堤、岛、桥相隔或实墙开漏窗相隔，形成虚实相隔。

4. 其他造景手法

位于园林轴线或风景视线端点的景叫对景，可联系各景点，互相烘托补充，相映成趣；以一定形式的边框（如花窗、月洞门、树木的树干与树冠）作为有限范围，把风景中最有观赏价值的部分收于框里进行欣赏叫框景；用树干、树丛、建筑等把左右两侧无观赏价值的部分挡住，形成左右遮挡、中间通透的狭长空间，使佳景外露的处理方法叫夹景；通过古典建筑飞檐的一角、树丛花卉等增加风景画面的层次感，加强风景景深效果。

总之，景的创造是一门综合性的艺术创作，应周密构思，反复斟酌，最后确定。造景时要根据园林主题和功能，因地制宜，灵活运用，才能收到良好的艺术效果。

三、植物造景艺术

植物景观主要指由于自然界和人工运用植物题材来创作的景观的植被、植物群落、植物个体所表现的形象，通过人们的感观传到大脑皮层，产生一种实在的美的感受和联想。植物造景，就是运用乔木、灌木、藤本及草本植物等题材，通过艺术手法，充分发挥植物的形体、线条、色彩等自然美（也包括把植物整形修剪成一定形体）来创作植物景观，形成一幅幅美丽动人的画面，供人们观赏。风景或景观中，除了自然界的山水、日月、生物外，还有人工的建筑物、广场等，都是景观构成的要素。但荒山秃岭，只有披上了绿装，才有山林之美。一泓池水，若在池中、水畔结合植物的姿态、色彩来组景，使水景平添几多风采。园林中土山若起伏平缓，线条圆滑，种植尖塔状树木后，就改变了对地形外貌的感受而有高耸之势。高层建筑前种植低矮圆球状植物，对比中显得建筑崇高；低层建筑前种植柱状、圆锥状树木，使建筑看来比实际的高。巧妙地运用植物的线条、姿态、色彩可以与建筑的线条、形式、色彩相得益彰。

近年来，我国园林建设比较注重植物景观的设计，强调植物的合理配置，提高了环境景观质量和生态效益。我国园林质量要达到世界先进水平，必须重视植物造景的造园发展趋势，在植物配置中要融传统园林艺术特色和时代生活内容于一体。

（一）植物景观及其意境美

植物景观主要指由自然界的植被、植物群落、植物个体所表现的形象，通过人们的感观传到大脑皮层，产生一种实在的美的感受和联想，植物景观也包括人工的即运用植物题材来创作的景观。

中国历史悠久，文化灿烂。很多古代诗词及民俗中都留下了赋予植物人格化的优美篇章。长久以来，某些植物赋予了深厚的文化内涵，与人们的思想感情发生了千丝万缕的联系。从欣赏植物景观形态美到意境美是欣赏水平的升华。传统的松、竹、梅配置形式称为“岁寒三友”。因为人们把这三种植物视作具有共同的品格。松苍劲古雅，不畏霜雪风寒的恶劣环境，能在严寒中挺立于高山之巅，具有坚贞不屈、高风亮节的品格。因此在园林中常用于烈士陵园，纪念革命先烈。如园景中有万壑松风、松涛别院、松风享等。竹是中国文人最喜爱的植物。“未出土时先有节，便凌云去也无心”“群居不乱独立自峙，振风发屋不为之倾，大旱干物不为之瘁，坚可以配松柏，劲可以凌霜雪，密可以泊晴烟，疏可以漏霄月”。因此竹被视作最有气节的君子。园林景点中如“竹径通幽”最为常用，松竹绕屋更是古代文人喜爱之处。梅更是广大中国人民喜爱的植物。毛主席诗词中“俏也不争春，只把春来报”。陆游词中“无意苦争春，一任群芳妒”，赞赏梅花不畏强暴的品质及虚心奉献的精神。成片的梅花林具有香雪海的景观，以梅命名的景点极多，如梅花山、梅岭、梅岗、梅坞、香雪云蔚亭等。如梅兰竹菊四君子，兰“清香而色不艳”，绿叶幽茂，柔条独秀，无矫揉之态，无媚俗之意，香最纯正，幽香清远，馥郁袭衣，堪称清香淡雅。明代张羽诗中“能白更兼黄，无人亦自芳，寸心原不大，容得许多香”。清代郑燮诗“兰草已成行，山中意味长。坚贞还自抱，何事斗群芳?”菊花耐寒霜，晚秋独吐幽芳。宋代陆游诗曰：“菊花如端人，独立凌冰霜……高情守幽贞，大节凛介刚”，可谓“幽贞高雅”。荷花被视作“出污泥而不染，濯清莲而不妖”。桂花在李清照心目中更为高雅：“暗淡轻黄体性柔，情疏迹远只香留，何须浅碧……画栏开处冠中秋，骚人可煞无情思，何事当年不见收。”此外，桃花在民间象征幸福、交好运；翠柳依依，表示惜别及报春等。皇家园林中常用玉兰、海棠、迎春、牡丹、芍药、桂花象征“玉堂春富贵”。

优秀的园林美，有文化，有历史，是一种富有文化内涵的艺术，需要游赏者本身根据自己的文化知识和生活体验，去细细品味和理解其中的无穷意境。从这一点上说，园林意境是创作者和欣赏者共同创造的。园林造景主要是指在满足工程技术要求和遵循园林艺术法则的前提下，运用各种造景手法，合理组织各种造园要素，使之成为若干具有审美价值的景观和空间环境，同时又巧妙地利用了原有的各种自然景观和人文景观的创作行为。在园林造景中蕴含了造园者的人生态度，并通过精彩的园林景观打动游人，使其在园林中驻足，通过景物中的题咏，感悟到造园者所赋予景物的思想内涵。造园者自身的思想情感、意志品质等深层次的文化内容都凝聚在景物中，体现在园林的空间环境里，达到“虽由人作，宛自天开”。也就是通过眼前的具体景象，暗示更为深广的幽美境界，是“景有尽而意无穷”。这便是中国园林造园之精髓。

1. 造景的花木意境美

在园林意境的创造中，作为造园最重要的材料要素之一，花卉的选择和配置起着十分重要的作用。园林意境的时空变化大都源自于花卉的物候或生命节律的变化。在对花卉生物学特征的了解和人为赋予的精神属性的深刻认识的基础上，最终通过花卉之间以及花卉与其他造园要素的适当配置才可能创造出富有意境的园林空间。中国传统园林中植物配置有一整套理论，且大多因循诗意画境，因种而异，位置有方，如《花境》中之植物配置："花之喜阳者，引东旭而纳西辉；花之喜阴者，植壮囿而领南熏……小桥溪畔，横参翠柳，斜映明霞……榴之红、葵之灿，宜粉壁绿窗，夜月晓风。"梅宜明窗疏篱，芙蓉喜湿润之地。"海棠韵娇，宜雕墙峻宇；紫荆容而久，宜竹篱花坞；梧、竹致清，宜深院孤亭；木樨香胜，宜崇台广度。"峭壁奇峰，藤萝掩映。"荷之鲜妍，宜水阁南轩；菊之操介，宜茅舍清斋；蔷薇障锦，宜云屏高架。"花木"贵精不在多"，多以孤植和丛植为主，孤植者色、香、姿俱佳，两株相伴，俯仰相应，多株丛植，各有向背，主次分明。园林种植花木，常置于人们视线集中的地方，以创造多种环境气氛。如故宫御花园的轩前海棠，颐和园乐寿堂前后的玉兰，谐趣园的一池荷花等。在具体种植布局，则"栽梅绕屋""移竹当窗""榆柳荫后圃，桃李罗堂前"。许多花木讲究"亭台花木，不为行列"，突出群体美，如梅林、桃林、竹丛、梨园、橘园、柿园、月季园、牡丹园等。

2. 造景的建筑意境美

在古典园林中，花卉与建筑、山石、水面配置也各有章法，如与建筑配，《园冶》有"茶间隐榭，水际安亭""围墙隐约于萝间，架屋蜿蜒于木末""门前松径深，屋后杉色奇""院广栖梧""槐荫当庭"等描述，点出了园林花木与建筑空间的关系。另外，与山石相配，则遵循"山借树而为衣，树借山而为骨。树不可繁，要见山之秀丽；山不可乱，须显树之光辉"。建筑既是生活空间，也是风景的观赏点，既是休息场所，又是园林景观，同时也是生活方式、精神向往的物质依托。园林中的建筑样式多变，个体各异，集中国古典建筑之大成，有厅、堂、斋、台、亭、楼、榭、轩、卷、廊等，都是根据居住、游赏、读书、作画、品茗、宴饮、抚琴、弈棋的需要而构筑的。建筑本身风格奇巧，艺术装饰优美，富有绘画意趣，具有特殊的艺术魅力。建筑的营造在考虑人的生活和游乐欣赏的需要时，注重突出建筑的文化趣味，以幽静淡雅为主，力求轻巧，不以壮丽浓烈取胜，以小巧雅致见长。恰如郑板桥读书处"室雅何须大，花香不在多"的对联。园林建筑就在精巧和谐中巧妙布置，花间隐榭，水际安亭，长廊云墙，曲桥漏窗，起着点染、补充、剪裁、修饰山水风景的作用，使其凝练生动而臻于画意的境界。飞动之美也是中国古代建筑艺术的一个重要特点。古典园林建筑斗拱梭柱，飞檐起翘，具有庄严雄伟、舒展大方的特色。建筑的形与神都与天空、地下自然环境吻合，讲究与天相接与地相齐，以使园林体现自然、淡泊、恬静、含蓄的艺术特色，并收到移步换景、渐入佳境、小中见大等观赏效果。

3. 造景的山水意境美

中国园林从一开始便重视筑山和理水，山水是中国园林中不可或缺的要素。“园林之胜，唯是山与水二物。”山贵有脉，水贵有源，水随山转，山因水活，脉源贯通，全园生动（陈存周《说园》）。园林以得水为贵，宅园的选址大多在靠近水系的地方。私家园林多以水池为中心，辅以细流，迂回曲折，并合自然，水光云影，相映成趣，用水以静止为主，体现静以悟动的辩证观点，“大园宜依水，小园重贴水”。叠石造山，小则置一二湖石，“片山多致，寸石生情”，大则峰峦洞壑，绵延成脉，远观有势，近看有质，石无定形，山有定法。中国园林妙在含蓄，一山一石耐人寻味。一瓢则江湖万里、一峰则太华千寻。“大中见小，小中见大，虚中有实，实中有虚，或藏或露，或浅或深，不仅在周回曲折四字也。”（《浮生六记》）花卉与水体配置由来已久。园林中以水生植物命名的景点数不胜数，如曲水荷香、采菱渡、萍香泮、香远益清、澄波叠翠、芝径云堤、芳渚临流、曲院风荷、花港观鱼等，体现了水生植物造景的特有意境。孔子的“知者乐水，仁者乐山”引导人们通过对山水的真切体验，把山水比作一种精神，去反思“仁”“智”这类社会品格的意蕴。中国人历来对山水情有独钟，“登东山而小鲁，登泰山而小天下”，高山巍巍可培植君子博大的胸怀；“君子见大水必观焉”，江河荡荡可孕育人高深的智慧。有智慧的人通达事理，所以喜欢流动之水；有仁德的人安于义理，所以喜欢稳重之山。人们以山水来比喻君子德行，“高山流水”自然而然就成为品德高洁的象征和代名词。“人化自然”的哲理又导致了人们对山水的尊重，从而形成中国特有的山水文化。当自然界的名山大川成了方士、信徒们养心修炼、求神拜佛的地方时，造园活动中也时常出现了以蓬莱、方丈、瀛洲东海三仙岛为蓝本的山水景观，或表现园主的避世心态，或表现园主的求仙思想，或表现园主的飘飘欲仙的人生理想。

（二）植物造景的艺术原理

植物造景就是运用乔木、灌木、藤本及草本植物等题材，通过艺术手法，充分发挥植物的形体、线条、色彩等自然美（也包括把植物整形修剪成一定形体）来创作植物景观。植物景观规划是运用各种园林植物，通过科学的、艺术的和技术的手法，充分发挥植物的生物学特征及其形体、线条、色彩等美学特征来创作植物景观，使园林在满足人们使用功能的同时实现最佳的生态的、景观的、文化的以及社会的综合效益。园林植物景观规划，是遵循美学和生态学原则，通过艺术手法，对乔木、灌木、藤本及草本植物进行科学配置，充分发挥植物本身形体、线条、色彩等自然美和季相、层次等群体美的特性。植物景观设计同样遵循着绘画艺术和造园艺术的基本原则，即统一、调和、均衡和韵律四大原则。

1. 统一的原则

也称变化与统一或多样与统一的原则。植物景观设计时，树形、色彩、线条、质地及比例都要有一定的差异和变化，显示多样性，但又要使它们之间保持一定的相似性，引起统一感，这样既生动活泼，又和谐统一。要在统一中求变化，在变化中求统一。

运用重复的方法最能体现植物景观的统一感。如行道树用等距离配置同种、同龄乔木树种，或在乔木下配置同种、同龄花灌木，这种精确的重复最具统一感。一个园区树种规划时，分基调树种、骨干树种和一般树种。基调树种种类少，但数量大，形成该园区的基调及特色，起到统一作用；而一般树种种类多，每种数量虽少，却五彩缤纷，起到变化的作用。

2. 调和的原则

即协调和对比的原则。植物景观设计要注意相互联系与配合，体现调和的原则，使人具有柔和、平静、舒适和愉悦的美感。找出近似性和一致性，配置在一起才能产生协调感。相反地，用差异和变化可产生对比的效果，具有强烈的刺激感，形成兴奋、热烈和奔放的感受。因此，在植物景观设计中常用对比的手法来突出主题或引人注目。

当植物与建筑物配置时要注意体量、重量等比例的协调。南京中山陵两侧用高大的雪松与雄伟庄严的陵墓相协调。

色彩构图中的红、黄、蓝三原色，任何一原色同其他两原色混合成的间色组成互补色，从而产生一明一暗、一冷一热的对比色。它们并列时相互排斥，对比强烈，呈现跳跃新鲜的效果，可以突出主题，烘托气氛。如红色与绿色为互补色，黄色与紫色为互补色，蓝色和橙色为互补色。我国造园艺术中常用“万绿丛中一点红”来进行强调就是一例。红色代表热烈、喜庆、奔放，为火和血的颜色，刺激性强，为好动的年轻人所偏爱。园林植物中如火的石榴、开花似一片红云的凤凰木都可应用。蓝色是天空和海洋的颜色，有深远、清凉、宁静的感觉。紫色具有庄严和高贵的感受，园林中除常用紫藤、紫丁香、蓝紫丁香、紫花泡桐、阴绣球等外，很多高山具有蓝色的野生花卉亟待开发利用。如高山紫菀、水苦荬、大叶铁线莲、牛舌草、蓝靛果忍冬、野葡萄等。白色悠闲淡雅，为纯洁的象征，有柔和感，使鲜艳的色彩柔和。园林中常以白墙为纸，墙前栽植姿色俱佳的植物为画，效果奇佳。如公墓中的“园丁苑”绿地中白色的墓碑，在周围配以紫叶桃、红叶李，在色彩上红白相映，而桃李满天下的主题也极为突出，最受中老年人及性格内向的年轻人欢迎。

3. 均衡的原则

这是植物配置时的一种布局方法。将体量、质地各异的植物种类按均衡的原则配置，景观就显得稳定。如色彩浓重、体量庞大、数量繁多、质地粗厚、枝叶茂密的植物种类，给人以重的感觉；相反，色彩素淡、体量小巧、数量简少、质地细柔、枝叶疏朗的植物种类，则给人以轻盈的感觉；根据周围环境，在配置时有规则式均衡（对称式）和自然式均衡（不对称式）。规则式均衡常用于规则式建筑及庄严的陵园中。如门前两旁配置对称的两株白皮松；楼前配置等距离、左右对称的龙爪槐；陵墓前、主路两侧配置对称的松或柏等。自然式均衡常用于花园、公园、植物园、风景区等自然的环境中。一条蜿蜒曲折的园路两旁，路右种植一棵高大的雪松，则邻近的左侧须植以数量较多，单株体量较小，成丛的花灌木，以求均衡。

4. 韵律和节奏的原则

配置中有规律的变化，就会产生韵律感。杭州白堤上间棵桃树间棵柳，云栖竹径，两旁为参天的毛竹林，如相隔 50m 或 100m 就配置一棵高大的枫香，则沿径游赏时就会感到不单调，而有韵律感的变化。

（三）植物造景的主要形式

1. 利用园林植物表现时序景观

园林植物随着季节的变化表现出不同的季相特征，春季繁花似锦，夏季绿树成荫，秋季硕果累累，冬季枝干遒劲。这种盛衰荣枯的生命节律，为创造园林四时演变的时序景观提供了条件。根据植物的季相变化，把不同花期的植物搭配种植，使得同一地点在不同时期产生某种特有景观，给人不同的感受，体会时令的变化。

利用园林植物表现时序景观，必须对植物材料的生长发育规律和四季的景观表现有深入的了解，根据植物材料在不同季节中的不同色彩来创造园林景色供人欣赏，引起人们的不同感赏。自然界花草树木的色彩变化是非常丰富的，春天开花的植物最多，加之叶、芽萌发，给人以山花烂漫、生机盎然的景观效果。夏季开花的植物也较多，但更显著的季相特征是绿荫匝地，林草茂盛。金秋时节开花植物较少，却也有丹桂飘香、秋菊傲霜，而丰富多彩的秋叶秋果更使秋景美不胜收。隆冬草木凋零，山寒水瘦，呈现的是萧条悲壮的景观。四季的演替使植物呈现不同的季相，而把植物的不同季相应用到园林艺术中，就构成四时演替的时序景观。

2. 利用园林植物形成空间变化

植物本身是一个三维实体，是园林景观营造成中组成空间结构的主要成分。枝繁叶茂的高大乔木可视为单体建筑，各种藤本植物爬满棚架及屋顶，绿篱整形修剪后颇似墙体，平坦整齐的草坪铺展于水平地面，因此植物也像其他建筑、山水一样，具有构成空间、分隔空间、引起空间变化的功能。植物造景在空间上的变化，也可通过人们视点、视线、视境的改变而产生“步移景异”的空间景观变化。造园中运用植物组合来划分空间，形成不同的景区和景点，往往是根据空间的大小，树木的种类、姿态、株数多少及配置方式来组织空间景观。一般来讲，植物布局应根据实际需要做到疏密错落，在有景可借的地方，植物配置要以不遮挡景点为原则，树要栽得稀疏，树冠要高于或低于视线以保持透视线。对视觉效果差、杂乱无章的地方要用植物材料加以遮挡。大片的草坪地被，四面没有高出视平线的景物屏障，视界十分空旷，空间开朗，极目四望，令人心旷神怡，适于观赏远景。而用高于视平线的乔灌木围合环抱起来，形成闭锁空间，仰角越大，闭锁性也随之增大。闭锁空间适于观赏近景，感染力强，景物清晰，但由于视线闭塞，容易产生视觉疲劳。所以在园林景观设计中要应用植物材料营造既开朗、又有闭锁的空间景观，两者巧妙衔接，相得益彰，使人既不感到单调，又不觉得疲劳。用绿篱分隔空间是常见的方式，在庭院四周、建筑物周围，用绿篱四面围合可形成一独立的空间，增强庭院、建筑的安全性、私密性；公路、街道外侧用较高的绿篱分隔，可阻挡车辆产生的噪声污染，创造相对安静的空间环境。

园林中地形的高低起伏，增加了空间的变化，也易使人产生新奇感。利用植物材料能够强调地形的高低起伏。例如在地势较高处种植高大乔木，可以使地势显得更加高耸，植于凹处，可以使用权地势趋于平缓。在园林景观营造中可以应用这种功能巧妙配置植物材料，形成直伏仰或平缓的地形景观，与人工地形改造相比，可以说是事半功倍。

3. 按照实用美的规律配置植物

园林是供人休息、娱乐、观赏的场所，植物的配置也必须按照实用美学来进行。因此，为了遮阴，创造一个凉爽的环境，就要在人行道的两旁行植浓荫植物；为营造一个芳香扑鼻的环境，可广植桂花、蜡梅、月季等花木；为了划分空间，掩蔽墙体，可用黄杨、小叶女贞、冬青等植成绿篱；有些果树，如桃树、柿树、石榴树等既有果实，又有观赏价值，可采用群植、孤植等进行配置。这些配置都能引起游人的实用美感，形成实用美。

4. 按照形式美的规律配置植物

植物的配置形式，如孤植、对植、丛植、群植等，本身就是按形式美确定的造景方式。如用雪松、桧柏对植在现代规则式建筑大门两旁，可体现对称的形式美。用姿态优美的大树，孤植在大草坪的构图重心，构成园林主景，这又体现了一种均衡的形式美。

5. 按照群体美的规律配置植物

许多树木组合栽植便形成树群，这种形式既能表现树木的群体美，又表现树木个体美。为了增加绿色效果，形成上、中、下立体绿化，多采用乔灌花草共同组成的自然式树木群体，更充分显示植物群体的效果。这种群落配置不仅增加叶面积系数，提高了园林绿地的生态效益，而且相对减少了占地面积。这种人工群落设计应遵循自然规律，在了解当地植被类型和自然群落的基础上，以乡土植物为主来设计群落层次和结构，大量应用耐阴地被植物和宿根花卉，达到群落的稳定，使群落种植成功。

（四）植物造景的生态种植

随着城市开放与综合功能的发展变化，人类对生存和生态环境的质量要求越来越高。环境建设应以生态学理论为基础，在可持续发展目标的指导下，科学规划，合理发展。

1. 贯彻以人为本的人文原则

满足人类生存和发展的需求，不仅是城市发展的最终目标，而且是人类社会进步的根本动力。在未来城市规划中，要充分认识和确定人的主体地位和人与自然的双向互动关系，强调把关心人、尊重人的宗旨具体体现在城市空间的创造中，以适应不同阶层、不同年龄、不同职业的市民的多样化需求。

现代语言学、心理学、人类学与哲学的研究已逐步揭示出人之为人、人区分于其他动物的本质特征，就是人高于动物之上的感知、理解及应对外部世界的方式。对人本的分析可粗略地分为以下三个层次。

人类层。是指人所皆有的结构特性（生理结构、心理结构、认知结构），如格式塔、逻辑、符号系统、语言、思维等。个体依赖这些系统与自然和世界沟通。

群体层（或文化层）。这是历史积淀下来的群体共享的公共法则与契约，是以遗传的方式和“集体无意识”的形式在群体内部传递、进化。如审美、意义、价值观上的东西方的差异。

个体层。包括个体的意识与潜意识，社会属性（身份、角色），性格气质等方面。这一层主要表现为“差异”。

今天大多数对人性化设计的理解一般停留在个体层上，每个人都有自己特殊的身份、角色、社会地位、欲望、目的、价值标准、生活习惯，人既是无限开放的，又是变幻莫测和无限矛盾的。立足于“差异”特征的个体层谈“以人为本”会使人感到无所适从。

因此，设计对人本的关注，首先应对文化与人的感知方式这些相对稳定的方面进行研究，然后才是个体的差异。但是，人类及其所存在的文化与社会在不断地进化（evolution）、内卷（involution）与革新（revolution），其中的人也是不断变化与发展的，因此，对“人本”的研究也应是时间、空间上的动态研究。即使在相对稳定的集体无意识层与感知结构层也不存在什么永恒不变的人本。现代设计的含义，包括了现代工业、商业、公共事业、环境等的造型计划，是一种现代物质文明、艺术结合的产物。现代设计是以人为中心，从人的因素来考虑与人有关的一切活动，并为这个活动提供一切最好的条件。

2. 倡导继承与创新的文化原则

随着城市的建设和发展，人的社会文化价值观念也随之更新变化。陈旧、过时的东西渐渐被淘汰，一部分有价值的历史文化、建筑文化等得以积淀。这种文化继承是人们怀念过去、研究过去、延续着融入人类文化感情的历史文脉。随着信息社会的到来，科学技术的进步与发展，知识文化产业在城市产业中占据更加重要的地位。城市空间环境的设计既要尊重传统，继承文脉，又要反映时代的特征，有所创新和发展。

3. 体现可持续发展的生态原则

工业革命以来，城市化进程的加快，带来了人口激增、资源过度消耗、城市环境质量日益恶化等后果，这正是由于人类在片面追求经济效益时，忽视了生态环境的保护所造成的。人类的生存发展与其他生物和环境共处在一个紧密相互作用的地球生存系统的整体中，促使人类形成人与自然相协调的价值观和自然观。

绿色植物是整个自然界生态平衡中最为关键的因素，是任何建筑物都无法代替的。所以，园林绿地要充分运用丰富多彩的植物作为主体，充分发挥绿地的生态效益，在植物的栽植方面发挥其保存性、观赏性、多样性、经济性。

植物的选择搭配要注重自身的生态效益。如果所选择的植物种类不能与种植地点的环境和生态相适应，就不能存活或生长不良，也就不能达到造景的要求；如果所设计的栽培植物群落不符合自然植物群落的发展规律，也就难以成长发育达到预期的艺术效果。在选择植物材料时除考虑树种的适地适树、注意树种的色彩美和形态美、注意与周围的环境相协调外，更要考虑其自身以及植物群落的生态效益。从生态效益上讲，复合混交层（指不同乔、灌、花、草合理搭配所构成的植物群落）的应用更为合理，而且它展示了一种更为自然、富有野趣的风景；科学的不同树种的搭配构成的植物群落更加稳定长久，从长远的利益来看更利于调节环境的生态平衡，当然，不能忽略某些植物本身对环境的净化作用。

4. 突出个性创造的特色原则

环境的个性特色是指一处环境的规划与其他环境有不同的本质和外部特征。这种特征能为人们生理、心理所认知和感受，具有特定的地方、时代特色，并且与人们生活紧密结合。一个有个性特色的城市，可使人们感到亲切和愉悦，唤起人们强烈的自豪感，从而更加热爱自己的城市。

（五）植物造景的艺术配置

完美的植物景观设计必须具备科学性与艺术性两个方面的高度统一，也就是既满足植物与环境在生态适应性上的统一，又要通过艺术构图原理，体现出植物个体及群体的形式美以及人们在欣赏时所产生的意境美。

植物景观中艺术性的创造极为细腻而又复杂。顺应自然，掌握自然植物群落的形成和发育，种类、结构，层次和外貌等是搞好植物造景的基础。

植物是园林美的素材，在生态种植的前提下，要讲究种植设计的艺术构图。诗情画意的体现需借鉴绘画艺术原理及古典文学的运用，巧妙地充分利用植物的形体、线条、色彩、质地进行构图，并通过植物的季相及生命周期的变化，使之成为一幅活的动态构图。

在传统的园林植物配置中，讲究适地适树，近远结合，速慢生搭配，常绿树和落叶树按比例栽植，讲究季相变化。冬天的绿地，应是松柏迎风，白杨挺拔，冬日的肃杀预示着绚丽的春天。在园林的景象构图中，秋天是一个十分艳丽的重要季节，“一声梧叶一声秋”，缤纷的落叶，满枝的果实，篱笆墙下的秋菊“悠悠南山晚，相看两不厌”。

总之，植物造景要以适地适树为前提，逐步引入可适应当地气候环境的优良园林树种，充分展示园林植物的形体美、群体美，最大限度地发挥园林绿地的生态效益。

（六）其他设计要素的把握

园林植物不仅有独立的景观表现，同时还可与建筑、山水、道路、园林小品等组合成景。

1. 园林植物对建筑的柔化作用

园林建筑也是构成园林景观的重要因素之一，而园林植物与建筑可相互因借，体现自然美与人工美的结合，使景点变得更为完美。建筑形体多是生硬的几何线条。植物的形体和质地则显得柔和多变，种植以后，会使这部分空间和谐而有生气。如，在建筑的墙壁上，用紫藤、凌霄、地锦、蔓生月季等植物垂直绿化，则自然气氛倍增。一般体形较大、立面庄严、视线开阔的建筑物附近，要植杆高枝粗、树冠开展的树种，而在结构细致精美的建筑物四周，要选栽一些叶小枝纤、树冠致密的树种。

2. 园林植物对山水的衬托作用

山水是自然式园林的骨架，“山因水活，石因树灵”。植物与山石相配一般选用姿态优美的树木，可乔、灌木错落搭配，欣赏山石和花木的姿态美。植物与水体结合，能显示出水体的灵性，使规则的几何形水池活泼生动起来。例如，水面荷花可形成“接天莲叶无穷碧，映日荷花别样红”的优美意境。

3. 园林植物对建筑的强调作用

光秃的路面两旁如无树木、草皮或其他地被植物覆盖，不但生硬呆板，而且直接影响到行人的情绪。树木栽于曲折道路两侧分隔空间，可达到“曲径通幽”的意境，或“草路幽香不动尘”的环境效果。现代园林中往往以常绿树作为雕塑、喷泉等园林小品的背景。通过色彩、质感等方面的对比来强调园林小品所处的特定空间，起到点景的作用。

以河北（含京、津地区）为例说明如何提高植物造景的效果。

河北各地公园、街道和自然中的主要树种，基本上都选用了华北地区暖温带的针阔叶树种。大量选用乡土树种，形成针阔叶混交的人工群落是植物造景的基本做法。如杨属、柳属、榆属、槐、椿、栾、白蜡属、椴属、五角枫、山杏、黄栌、栓皮栎、槲栎、黄连木、银杏、油松、侧柏、桧柏等。如以油松作为基调树种，四季常青，阔叶树种有槲栎、栓皮砾、白蜡、黄栌、五角枫、山桃、柳树等，树种的选择和结构正好模拟华北暖温带自然群落结构，因此比较稳定。油松种在山坡较高处，白蜡、柳树临水，春季大量山桃开花成为景观的主调，柳树嫩芽一片新绿，秋季槲栎秋色突出成为主调，白蜡、黄栌、栾树秋色可作配调，显示出强烈的北国植物景观。

因河北气候四季分明，植物景观的季相也很突出，春有玉兰、碧桃、榆叶梅、连翘、丁香类、绣线菊类、迎春、黄刺玫、海棠类、蜡梅、牡丹、樱花等；夏有荷花、合欢、栾树、紫薇、木槿等；秋有海州常山、木本香薷、月季等，而秋色叶树种极为丰富，有黄栌、五角枫、黄连木、白蜡、银杏、火炬树、红瑞木、紫叶李、紫叶小檗、悬钩子、五叶地绵、胡枝子等。

除上述自然群落中下木及地被种类外，在河北园林中常见可植于庇荫处及作为下木的有栾树、白蜡、黄栌、五角枫、桧柏、珍珠梅、金银木、天目琼花、木本绣球、丁香属、绣线菊属、太平花、枸杞、六道木属、棣棠、胡枝子、金银花、地锦等。草本的如垂盆草、二月兰、紫花地丁、麦冬、萱草、玉簪、芍药等。

为了进一步美化，除了在植物配置上注意艺术性不断提高外，尚需做好以下几方面的工作。

一是要增加阔叶常绿及半常绿树种。河北冬季较长，目前大面积的色彩主要靠油松、桧柏、侧柏、白皮松等针叶树种来体现，缺乏阔叶树种，随着天气转暖，可以尝试引种栽培一些阔叶常绿种类。如尝试引种广玉兰、枸骨、海桐等乔灌木及阔叶麦冬、沿阶草、富贵草、中华常春藤等常绿地被植物。

二是要增加花灌木种类，并大量繁殖、应用。园林植物景观中花灌木的种类及数量繁多且占很大比例，效果很好。目前急需大量繁殖和应用。

三是要增加地被植物种类，大力发展缀花草地。我们可以在开展野生花卉引种栽培的基础上，挑选一些种类直接美化园林，或作为杂交的亲本。可以引种的种类如百合属、水仙类、白头翁、金莲花、石竹、侧金盏、荷包牡丹、芍药、三叶草、孔雀草、二月兰、紫花地丁、垂盆草、地被菊等。

四是要进一步扩大垂直绿化面积及增加群落设计。园林具有三大功能，但当前人们意识到改善适合人类生存的环境条件功能是最迫切和重要的，为了提高单位绿地面积的生态环境效益，最有效的办法是充分利用墙面乃至屋顶，结合周围环境，在可能的条件下设计人工栽培群落，大大增加绿化的叶面积。

四、园林规划设计

园林景观的欣赏要力求给人造成轻松自然随和的气氛，而园林景观的设计必须一丝不苟有条有理地进行。

（一）园林规划设计的特点

对于一块绿地，无论是初学者还是专业设计师，都应立足于一些基本点，才能使作品更好地满足其景观效果、生态、以人为本、可持续发展的要求。

1. 整体与共性的特点

要树立整体的基本观点，把园林视为一个整体。只有将设计的出发点与周围的环境、与整个国家和当地的总体规划联系起来，整体考虑，意境才会更高远。就一块绿地来说，在设计过程中，不能孤立地看待每一个区域和部分，应把它们互相联系起来共同构成一个整体，同时也与周围环境共同构成整体。

园林是环境的主体，环境中除有由植被、山石、水体、建筑构成的园林外，还有雕塑、道路、灯光、游乐设施以及标志物等物体，要统领每一空间环境的艺术设计，将环境中的诸多因素从位置、体量到色彩处理与园林浑然一体。不仅要注重平面绿化，还要注重立体绿化，增加景观，扩大观赏面，改善城市生态环境，更好地发挥大园林的作用。

每一块绿地均有其共同特性，无论是规则式园林、自然式园林，还是混合式园林，只是设计方法的不同，它们共同应具有客观的比例、尺度、几何性、衬托、重复、渐进、和谐、平衡、对比、交替、韵律、深度、层次等方面的要求，这就是共性。一件好的作品更应突出其个性，一是作品的内容不同，突出的重点也就不一样，可以突出景观效果，可以突出历史文化，也可以突出生态效益等，所以其特色就不一样。二是由于作品的主观审美性不同，所以设计人员在自身考虑和所考虑的作品对人群所产生的感受就不同，所突出的个性也就不一样。设计时应该考虑周到，保证其特色个性的突出。在做好基础的共性工作上突出特色个性就是设计的要求。只有在详细的现状调查研究后，充分把握现状特性基础之上，才能对整体、共性与个性有较深刻的理解，规划设计自然会找到切入点，设计出更好的作品。

2. 功能与形式的特点

从绿地群落角度，应顺应自然规律，利用生物修复技术，构建层次多、结构复杂和功能多样的植物群落，提高自我维持、更新和发展能力，增强绿地的稳定性和抗逆性，实现人工的低度管理和景观资源的可持续发展，达到功能、形式和意义的统一，满足人们游憩和身心需求，丰富和提升生态绿化的内涵和功能。如城市生态绿化是在改善城市生态环境，创造融合自然的生态游憩空间和稳定的绿地的基础上，运用生态学原理和技术，借鉴地带性植物群落和组成、结构特点和演替规律，以植物群落为绿化基本单元，科学而艺术地再现地带性群落特征的城市绿地。

在设计时应把改善城市生态环境作为首要功能，在建造各类公园绿地时都坚持使用植物材料、种植高大乔木，以复层种植结构为主，少搞硬质铺装，少搞大面积纯草坪，发挥最大的生态效益。要把适应公众日益增长的精神生活需求作为一项独特功能。从根本属性上看，园林属于文化艺术范畴，其自身的特色不仅在于融多种文化艺术于一体，而且是能够让公众进入其中进行赏用的公空间。

3. 继承与创新的特点

成功设计者的着力点应当继承中国园林的优秀传统，发扬中国传统园林特色。自然山水园就是善于依托立地的自然条件，因山就势、随曲和方，亲和环周景物，嘉则收之，巧借入园，对答呼应，连成一体，或作对比，或作融合；周回曲折，步移景异。山水树石同建筑物融为一体，借助天光云影、风雪月雨、声色馨香构成绚丽多姿效果。

设计要在继承的基础上大力创新。中国传统园林凝聚了深厚的传统文化，继承中国传统园林，绝不能简单地模拟仿建，必须大力创新，特别是当前已进入大园林的时代，就更需要大力创新，要转变认识，放开眼界，从狭隘的圈子中摆脱出来。大园林的设计要力求做到“新、大、深、精”。“新”就是要有新的立意，要有新的文化艺术科技内涵，要带有时代特色，适应时代要求，符合时代审美情趣；“大”就是要多采用大手笔、大色块，讲求大效果，追求大气魄；“深”就是要内涵丰富深邃，古今中外的文化艺术都能为我所用，要有丰富的内涵，深邃的意境，能够耐人咀嚼思索；“精”就是要精致，不出败笔。

4. 科学与艺术的特点

中国传统园林的精华是科学技术与艺术完美结合的产物，是一项运用自然的和生物的材料营构理想境域的创作，是中国特定的自然和文化条件下产生的物质的和精神的产品，其中凝聚着先人的科学理念、人的尊严、理智的信息、营造人居环境的经验，蕴藏着未来发展的希望。园林设计还必须顺应天象、气候、地理、水文、博物、土木营造等科学技术的规律，才能获得隽永的魅力并保持历久不衰的盛况。

5. 区划与布局的特点

园林布局是园林综合艺术的最终体现。园林布局，即在园林选址、构思的基础上，设计者在孕育园林作品过程中所进行的思维活动。主要包括选取、提炼题材；酝酿、确定主景、配景；功能分区；景点、游赏线分布；探索所采用的园林形式。整个园林观赏活动的内容，归结于“点”的观赏、“线”的游览两个方面。在分析园林观赏点、游览线之前，要了解园林的功能分区，功能分区是园林总体布局中首先要解决的技术问题。

在合理的功能分区基础上，组织游赏路线，创造构图空间，安排景区、景点。创造意境情景，是园林布局的核心内容。园林中的游览路线就是园路，园路要考虑组织观赏程序、疏导游览人流的集散、导向。园林游赏路线主要指贯穿于全园各景区、主要景点、景物之间的联系与贯通线路，也就是园林主路的结构和系统，而小路只起到辅助作用。

（二）园林规划设计的依据

园林设计的最终目的是创造出景色如画、环境舒适、健康文明的游憩境域。一方面，园林是反映社会意识形态的空间艺术，园林要满足人们精神文明的需要；另一方面，园林是社会的物质福利事业，是现实生活的实境，还要满足人们休息、娱乐的物质文明需要。

1. 科学依据

园林设计关系到科学技术方面的问题很多，有水利、土方工程技术方面的，有建筑科学技术方面的，有园林植物甚至还有动物方面的生物科学问题。在任何园林艺术创作的过程中，要依据有关工程项目的科学原理和技术要求进行。如要依据设计要求结合原地形进行园林的地形和水体规划，就必须对该地段的水文、地质、地貌、地下水位、土壤状况等资料进行详细了解，依靠科学依据，为地形改造、水体设计等提供物质基础，避免产生水体漏水，土方塌陷等工程事故。种植各种花草、树木，也要根据植物的生长要求，生物学特性，根据不同植物的喜阳、耐阴、耐旱、怕涝等不同的生态习性进行配置。

2. 社会需要

园林属于上层建筑范畴，它要反映社会的意识形态，为公众的精神与物质文明建设服务。园林设计者要体察公众的心态，了解他们对园林开展活动的要求，面向大众，面向人民，创造出能满足不同年龄、不同兴趣爱好、不同文化层次游人的需要的园林。

3. 功能要求

园林设计者要根据公众的审美要求、活动规律、功能要求等方面的内容，创造出景色优美、环境卫生、情趣健康、舒适方便的园林空间，满足人们的游览、休息和开展健身娱乐活动的功能要求。

4. 经济条件

经济条件是园林设计的重要依据。同样一处园林绿地，甚至同样一个设计方案，由于采用不同的建筑材料，不同规格的苗木，不同的施工标准，将需要不同的建园投资。设计者应当充分发挥最佳设计技能，节省开支，创造出最理想的作品。

总之，一项优秀的园林作品，必须做到科学性、艺术性、经济条件、社会需要紧密结合，相互协调，争取达到最佳的社会效益、环境效益和经济效益。

（三）园林规划设计的步骤

1. 设计准备

主要包括接受设计任务、基地实地踏勘、收集有关资料等内容。建设项目的业主（甲方）邀请设计单位进行方案设计，设计方（乙方）要了解整个项目的概况，包括建设规模、投资规模、可持续发展等方面，特别要了解业主对这个项目的总体方向和基本实施内容，确定绿地项目的性质、服务对象，以便正确制定规划原则。规划设计人员进行基地现场踏勘，收集规划设计前必须掌握的原始资料。这些资料包括所处地区的气候条件、基地内外环境等。规划设计人员结合业主提供的基地现状图（红线图），在作总体构思时，要克服和避让不利因素，充分合理利用有利因素。

2. 总体构思

基地现场收集资料后，必须进行整理、归纳。要在客观调查和评价的基础上对基地环境的各种因素作出综合性的分析与评价，可用图表或其他方式表示出来，并配以文字说明。在进行总体规划构思之前，必须认真阅读业主提供的设计任务书（设计招标书），将业主提出的项目总体定位进行一个构想，并与抽象的文化内涵相结合，同时必须考虑将设计任务书中的规划内容融合到有形的规划构图中去。在进行整个园林的用地规划和布置时，要保证功能合理，尽量利用好基地条件，并分区分块进行局部景点、景区的设计。该阶段工作内容包含进行功能分区、结合基地条件、空间及视觉构图确定使用区的平面位置，要综合考虑工程要求及基地环境条件，衡量利弊后确定一个或几个较好的方案，并加以完善形成初步设计。构思草图只是一个初步的规划轮廓，然后要将草图结合收集到的原始资料进行补充、修改。经过这次修改，使整个规划在功能上趋于合理，在构图形式上符合园林景观设计美观、适用的基本原则。

3. 方案形成

经过修改后的规划构思，并不是一个完全成熟的方案。设计人员应集思广益，多渠道、多层次并多次听取各方面的建议，以提高整个方案的新意与活力。最后，将规划方案的说明、投资匡（估）算、水电设计的一些主要节点，汇编成文字部分；将规划平面图、功能分区图、绿化种植图、小品设计图、全景透视图、局部景点透视图，汇编成图纸部分。最后形成一套完整的规划方案文本。业主拿到方案文本后，会提出一些调整意见：包括修改、添删项目内容，投资规模的增减，用地范围的变动等。对于业主的信息反馈，设计人员要认真听取反馈意见，积极主动地完成调整方案。撰写调整后的规划总图和一些必要的方案调整说明、匡（估）算调整说明等，为以后的方案评审会以及施工图设计等打下基础。

4. 方案评审

方案设计评审会和扩大初步设计评审会应由有关部门组织专家进行。项目设计负责人结合项目的总体设计情况，将项目概况、总体设计定位、设计原则、设计内容、技术经济指标、总投资估算等诸多方面内容作一个全方位汇报。在方案评审会上，应先将设计指导思想和设计原则阐述清楚，然后再介绍设计布局和内容。对专家意见要耐心听取，并落实到方案修改稿中。设计者结合专家组方案评审意见，进行扩大初步设计（以下简称扩初设计）。扩初设计评审会上，专家们的意见不会像方案评审会那样分散，而是比较集中，也更具有针对性。设计负责人根据方案评审会上专家们的意见，介绍扩初文本中修改过的内容和措施。经过方案设计评审会和扩初设计评审会后，总体规划平面和具体设计内容通过评审后，为施工图设计打下良好的基础。

5. 施工设计

首先要对基地进行再次踏勘，此次踏勘参加人员范围要扩大，踏勘深度要加大，以掌握最新、变化了的基地情况，找出对今后设计影响较大的变化因素，加以研究，然后调整施工图设计。施工图预算是以扩初设计中的概算为基础的，涵盖了施工图中所有设计项目的工程费用，其中包括：土方地形工程总造价，建筑小品工程总价，道路、广场工程总造价，绿化工程总造价，水、电安装工程总造价等。业主拿到施工设计图纸后，由业主牵头，组织设计方、监理方、施工方进行施工图设计交底会。设计方要结合设计图纸当场答复一些问题。

（四）总体规划布局的确定

园林总体规划包括：出入口的设置；依活动内容而作出的功能分区；山水地形的处理；道路建筑的安排；植物种植设计；园林工程规划等。

1. 功能分区

不同的使用者在园内进行的活动是不同的，因而有必要将园区进行功能分区。总结历来园林布局，可以归纳以下游览路线组织的特点。

水景区。一般多作环湖导游，主要原因是由人们固有的对水景的亲近性所决定的。中国园林中无园不水，比较共同的布局特点之一，是水池居中，桥岛相连，四周山石、建筑、花木环抱，错落布局。

山林区。道路的分布多沿山脊或山谷走向。向上观赏高远景致，向下观赏俯视景观。游览路线忌讳直通，方向重复，或树干分叉。路线组织追求环行、均衡分支，自成循环体系。

景物观赏点。观景点一般安排在主景物的南向，景物坐北朝南，不仅可以争取到好的采光、光照、背风，而且为植物生长创造良好条件。观赏点的几个主要特点：一是观赏点的位置，观赏点与被观赏的景物之间的位置有高有低，高视点多设于山顶或楼上，可获得较宽幅度的整体景观感觉。低视点多设于山脚或水边，水边的亭、榭或山洞底部上仰，飞檐挑梁、假山洞、悬崖，从而产生高耸、险峻的园景。观赏点与景物之间高差不大可产生平视效果，一般感觉平静、舒适。二是观赏点与景物的距离，一般来说，在大型的自然山水园林中，视距在200m以内，人眼能看清主景中单体的建筑物；200～600m之间，能看清单体建筑的轮廓；600～1200m之间能看清建筑群；视距大于1200m，则只能约略辨识建筑群外形。一般情况下，广场的尺度为园林建筑或园林雕塑作品的2～3倍，以满足园林建筑、园林雕像的艺术形象连同周围景物能完整地被游人观赏。此外，不同观赏点和不同观赏角度的变化，将为游人带来步移景异的景观效果。

殡葬园区至少应包括以下内容。

殡葬功能区。这应成为殡葬园区的主体，园区规划设计的中心，区内的园林规划设计应烘托出此区的庄重、肃穆之氛围。

业务服务区。是殡葬功能区的主要附属区，其主要任务为殡葬活动者办理有关业务，为实现殡葬功能而服务，可与殡葬功能区合设一处。

游览休憩区。主要供人游览休憩之用，此区要与殡葬功能区进行合理分隔，并进行适当的过渡处理，规划设计要尽量摆脱肃穆氛围，过渡到活泼、自由、欢快的景区。

园务管理区。包括园内后勤、保卫、园林等工作在内的办公区域，它占地面积一般较少，并尽可能设专用出入口。

2. 道路的设计

道路在绝大多数情况下本身不属景物，但它的处理决定着殡葬园区功能的实现和园林欣赏的时空感觉。园林中的道路可分为主干道、次干道、游步道和小径四级：主干道是出入口和各区间的联系干道，大园区内其宽度应满足双向错车的要求；次干道即各区间的主路，一般满足单向行驶即可；游步道和小径多设在游览区内，一般能使两人自然交错通过即可。殡葬功能区一般多采用规则式布局，而游览区则多采用自然式布局，因而道路宜曲不宜直，但要曲之有法，曲之有度。

（五）园林总体规划设计图

园林总体规划要根据殡葬园区条件决定活动内容，园林中各项活动的用地指标要合理，通过综合平衡各区所占面积，使其富有鲜明的个性。

园林总体规划要求对全园各部分统一的布局。小于8hm^{2}的园区一般采用1：500的比例尺，还要附有殡葬园区位置图，以便把殡葬园区与周围环境关系交代清楚。规划图要明确功能分区、景色分布区、地形处理、建筑道路广场的分布和公用设施的布网、植物景观设计、工程建筑设计、构图中心、特殊景点的重点设计、设计说明及工程概算。此外还应有全园鸟瞰图、断面图与平面图相配合，建筑应有立面图。

详细设计可采用1：200～1：500的比例尺，按照总体规划的意图将全园各个功能分区，出入口、道路、地形、种植区、建筑等不同内容分别进行深入而详细的设计，要求标明各部分尺寸、标高、位置、结构，植物应确定配置品种和栽植形式，在设计的同时作出园林工程预算。

施工设计是对详细设计的补充，如植物种植设计图应有植物材料表以详细说明品种、规格、数量、种植时间等。土方填挖的垂直设计也应使两者基本平衡，编写每项工作工程的序号，明确工程、所需人数、工作时间、技术要求，以便组织施工。

（六）现代园林规划的倾向

1. 设计要素的创新

现代社会给予当代设计师的材料与技术手段比以往任何时期都要多，现代设计师可以较自由地应用光影、色彩、声音、质感等形式要素与地形、水体、植物、建筑与构筑物等形体要素创造园林与环境。由于科技的发展，新材料与技术的应用，现代园林规划设计师具备了超越传统材料限制的条件，通过选用新颖的建筑或装饰材料，达到只有现代园林才能具备的质感、色彩、透明度、光影等特征，或达到传统材料无法达到的规模，这在一些具有创新或前卫精神的设计师身上反映得很突出。例如将花岗岩抛光形成镜面。科学技术的进步，使得现代园林及环境设计的设计要素在表现手法上更加宽广与自由。

2. 系统思维的应用

随着人类社会的进步和科学技术的发展，尤其是出现城市规划设计以来，经济学、生态学、社会学、心理学、文化学、建筑学、美学等与城市规划设计学的积极结合形成跨学科、边缘学科，有效地促进了环境设计学科的发展。对于殡葬园林来说，交通和基础工程规划可看作是一个有生命的机体的骨架和脉络，殡葬用地利用与开发可看作是这个机体的血肉组织，殡葬园区的景观和环境设计可看作是机体的外表。园林规划设计讲究“从大处着眼，小处着手”，这种整体而全面考虑问题的思维方法，是设计思维的最基本的出发点。现代设计方法需要的是系统思维。现代生态学、生物学、心理学、材料学、工程学、工艺学、物理学、文化学、社会学和环境美学等一系列崭新科学技术成果的出现，极大地丰富了人们的见识，为殡葬园林环境建设提供了科学依据和先进方法。

殡葬园林景观规划设计思维是在一个三维空间里进行的：一是经济轴，它表示一个社会经济力的大小，即社会的经济、财富状况，物质材料条件，技术装备力量，科学技术发展水平，民族文化素质以及社会各方面可以利用的其他力量和潜在能力等；二是社会轴，它表示一个社会的物质文明程度和精神文明程度，也就是社会的各种物质形态进化的程度和社会的各种文化现象，诸如哲学、宗教、传统、风俗、观念、审美意识等；三是时间轴，它既可以用人类社会的绝对历史发展阶段来表示，也可以用相对的时间来表示。系统思维即设计创作活动中能有效而迅速地达到最终合理目标的多元集约化的设计思维。

传统思维要寻找事物的内部联系和与之相关的外部影响条件，而系统思维之所以比传统思维更便捷地达到合理的最终目标，是因为它始终把创造的客体和周围环境融为一体，并放到宏观三维空间大环境中去研究分析，其思维方法具有多元性和集约性的特点。园林景观规划设计的系统思维可以分成资料收集、设计活动两大类，它贯穿于整个设计过程的各个阶段，相互之间有一种严密的逻辑关系。

园林景观全景模式，就是运用各种艺术形象手段，通过种种空间排列或组合的形象思维，表达出一个整体环境设计的社会主题或自然主题。如承德避暑山庄是一座大型皇家园林，通过长达 80 多年的修建，它的建筑、山水、植被、园路、小品等各种景观要素经过艺术加工，达到了“虽由人作，宛自天开”的艺术境界，它采用全景模式“移天缩地在君怀”，显示出皇权至高无上的封建意念，同时是建筑美与自然美巧妙结合的典范。

园林景观具有音乐艺术时间变化的特征，园林景观同音乐一样，具有强烈的表情性、民族性、地域性和时代性。在音乐模式的设计师眼中，空间变成了音域，建筑植被变成了音符、音节、乐句、乐章，风云雨雾以至虫叫鸟鸣变成了伴奏、伴声、伴唱，园林景观变成了多声部、多主旋律组合成的音乐作品，园林成了有展开、再现高潮和尾声的交响诗。

3. 抽象园林的盛行

抽象园林作为园林艺术的创作类型和方法，是相对于自然园林和几何图案式园林的，是与现代建筑环境和谐的园林流派，尤其适于平地园林。其艺术形象特色在于它几乎是完全运用植物材料来创作一种新颖而美丽的生活空间。抽象园林所表达的自然、社会和人生的观念，是人与自然的融合。它继承了中国古老的“天人合一”的思想，抽象园林空间表达的是洒脱无羁、激情奋进、自由自在的绿色天地。

抽象园林源于抽象艺术表现及本体论的哲学观念。“抽象”是从具体的自然实在里减去什么，或变形抽象出来的一种升华的东西，使其变成一种可以游弋的含蓄美。抽象艺术早就产生于人们生活之中，音乐、建筑就是人们公认的抽象艺术。在中国传统艺术中，其抽象艺术朦胧的起源是很早的，河图、洛书、太极图，既是一种文化符号，也可看作是一种抽象艺术。

抽象园林构成的基本要素是草坪、花灌木和观赏乔木，有时也采用置石或抽象雕塑，在较大的园林空间，有功能要求时可以配以软质的建筑景观。抽象园林按规模、功能和环境空间特点，可分为三类：一是庭院类，其空间特点一般是场地平坦，面积不大，空间界面多为建筑。二是公共绿地类，其空间特点一般是场地平坦或略有起伏，面积不大，空间界面多为植物。三是休憩绿地，其空间特点是场地或平坦或起伏，面积相对较大，空间环境的界面或建筑、或山岭、或林木。

抽象园林作为空间艺术，其设计是一个艺术创作的过程。

立意构思是创作的出发点。抽象园林在空间的界定面内，首先把地面草坪看成是一张绿色的纸，在其上用植物材料作立体画，由色彩斑驳的花灌木组合的立体景观，其体态、线条的设计所构成的空间体积要表现出随意和浪漫，形成人工园林艺术的美（而不是对其他自然的和艺术的模仿与再现）。

艺术构图是品评园景品位的主要标志之一，最简单的构图是绿色草坪上有一堆或两堆花丛。构图不要轴线对称，但要均衡。在任何情况下草坪空间都要占主导地位，花木群落、水体状态、观赏路径要避免规则的几何图形，以显示空间艺术境界的随意、纯洁、洒脱和不羁。抽象园林中的曲径是由于景观构图的需要，在草坪上用方整的片石汀步设置，其走向通常采用变幻的“S”形曲线。抽象园林的边缘，不宜用硬质栏杆，也不用植物树篱分隔，局部可用“意到笔不到”的方法，在边缘局部散植灌木花丛，以示空间的分隔。抽象园林中的建筑体量宜小，通常为一层，屋顶为软质的草顶，墙体最好是自然的木质或石质，以反映当地民居风情，更有返璞归真的时代心理追求。在总体景观效果上，抽象园林具有极强的图案装饰性，景观明快、开朗、简洁，能较好地在建筑围合的空间内发挥作用。在曲线运用上采用具流动感的人工几何曲线，飘逸流畅。

植物设计是决定抽象园林景观效果最关键的一环。植物设计的原则：一是选择形态个性突出，花、叶、干观赏品位较高的植物，如地毯草的细腻，龙柏球的致密，三角梅的艳丽等。二是色彩选择最佳审美要求，如绿叶深浅浓淡的和谐组合。三要考虑季相变化，在北方，冬季多数草要枯萎，灌木和乔木尽量选择常绿树木，观赏花木要注意花期的选择，尤其是北方要做到春天有万紫千红的景色，夏天有密枝浓荫，秋天有金花红叶，冬季有常绿植物或傲雪梅花等。四是所选择的植物要适宜本地区的生长栽培。

抽象园林是现代抽象主义艺术思潮对园林渗透的结果，它在造景上与众不同的处理手法以及图案装饰性的景观效果，在一定程度上顺应了时代发展的需要，能够满足现代人的审美需求。抽象园林造园的指导思想是利用特色植物材料，通过巧妙构图，创造出体态大方、色彩绚丽、生命力自我表现的现代生活空间，对改善生态的要求相对甚少。抽象园林作为一种风格独特的园林形式，在一些处理手法上符合现代人的审美情趣。通过借鉴和学习抽象园林艺术，能够指导殡葬园林建设。

近年来，北方不少城市争相仿效东南沿海及海外一些城市，盲目种植大面积草坪，但从生态角度讲，草坪宜湿宜水，需水量很大，炎热高温季节更需频频浇水，这对水资源匮乏乃至对生活用水尚需限额供应的北方城市来说是“得不偿失”，更重要的是，从净化空气、调节气温、保持水土、遮阳挡风阻沙、保护和改善环境诸多功效看，草坪与乔木是无法相比的。因而绿化应坚持“林荫型”的指导思想，新建各种大型绿地，乔木树种不应低于70%，要形成以乔木为主、乔灌藤花草相结合的复层绿化模式，对一些设计简单，以草为主，缺乏林木，甚至无树的绿地要改造。

4. 形式与功能的结合

与传统园林的服务对象和装饰与观赏性不同，现代园林面向大众的使用功能已成为设计师们所关心的基本问题之一。形式建立在功能之上，并且力求简明与合乎目的。例如广场平面犹如用水面、铺地与台阶、草地、种植坛组成的立体的抽象构图，有着清晰的结构和简洁的形态，用简明的现代设计语言形成了颇为丰富的空间。在满足功能上，还注重设计形式本身的探索与创新。在使用这些常见材料与基本形体时，用的是严谨的、比例和谐的几何结构，在布局方式、空间关系和尺度等多方面的推敲，使这些普通的形式语言产生令人振奋的效果。全球性的环境恶化与资源短缺使人类认识到对大自然式的开发与滥用所造成的后果。应运而生的生态与可持续发展思想给社会、经济及文化带来了新的发展思路，越来越多的环境规划设计行业正不断地吸纳环境生态观念。在整体设计过程中贯彻一种生态与可持续园林的设计思想。

5. 现代与传统的对话

由于传统园林在其形成过程中已树立和具备了社会所认可的形象和含义，借助于传统的形式与内容去寻找新的含义或形成新的视觉形象，既能使设计的内容与历史文化联系起来，又结合当代人的审美趣味，使设计具有现代感。因此，不少设计师将传统园林作为启迪设计与了解文化传统的场所，从中汲取合乎国情的形式与内容。在处理传统与现代之间关系的问题上有不同的方式。最常见的是视传统园林为形式或符号的语汇库，在设计中选用“只言片语”的传统形式语汇插到现代园林之中。这种“只言片语”式的处理方式使现代园林与历史传统隐隐约约地联系起来，让人能够感受到传统的一些“痕迹”。另一种处理方式是保留传统园林的内容或文化精神，或在整体上仍沿袭传统布局，在材料的处理方式与形式上却呈现一定的现代感；或保留传统园林中的造园素材，现代的一些布置手段，这种处理方式比直接引用一些“只言片语”的形式语汇要深入与复杂，要求设计师既要对传统文化有较深刻的理解与感情，也要清楚现代设计中的各种手法，从对待传统与现代结合方面来看，这是一种理性的处理方法。

向传统挑战的“反传统”园林，一种涉及形体创作中的材料，另一种是总体布局或构思。衡量一个园林传统与否的准绳是当时社会条件下已认同的园林与文化形态。当使用非传统的、令人意想不到的材料，或用变通材料做成怪异形体时，就会产生一种与传统形式截然不同的意象。每一个阶段都会有所谓的“传统”与“现代”之间矛盾的问题，“反传统”园林学者反对现代主义园林中所信奉与追求的和谐、统一、纯洁与稳定等传统审美原则，力图发掘形式不和谐、不统一与不纯洁的一面，例如采用相互冲突、无关序列叠置与结构的布局方式，变形扭曲、夸张、自相矛盾的造型形式。浓烈刺目或诙谐的色彩关系以获得与传统审美完全不同的设计效果。

由于受到艺术领域中后现代主义思潮的影响，园林规划设计中有一些设计师不满足于总是采用同样的生态、社会与功能上正确的观点与要求掩护园林规划设计中的美学要求，导致了他们更关心在园林与自然中进行大胆的艺术尝试与创新。除了园林规划设计师受到艺术运动的影响外，也有一些艺术家或艺术背景的学生加入园林规划设计的队伍中，成为一股新鲜与活跃的力量。

五、殡葬园林地形

园林用地，如同绘画中的画布，是构造园林的场所，在园林建设中，首先遇到的是如何选择、使用地形的问题，因此要对各类地形的特性进行研究，充分加以利用并进行必要的改造，以便创造出具有审美价值的园林。

（一）园林地形设计的原则

园林地形设计是园林建设中的基本问题之一，在地形设计时应遵循以下原则。

1. 满足功能要求

园林中活动内容很多，景观也要丰富多彩，如游人（或殡葬活动者）集中的地方要平坦，观赏风景的地方要有自然起伏；为给游人（或殡葬活动者）以远眺的条件，要堆土造山；为种荷、养鱼要开辟水面；用起伏的地形可分隔空间或遮蔽不美观的景物。园林地形设计应服从园林总体规划，并与建筑、植物等有机地结合起来。

2. 尊重自然规律

地形设计必须以自然山水为蓝本，如溪涧瀑布大都起源于高山峡谷，此外还要根据各类土壤的自然坡度，确定山坡或岸坡的坡度，使之处于稳定状态，以防崩塌、滑落等，同时还要使园林地形最大限度地符合园林艺术上的要求。地形改造要挖运大量的土石方，因而要坚持利用为主、改造为辅，因地制宜、顺其自然，考虑节约的原则，尽可能地就地取材，充分利用原有地形，堆山和挖湖要结合进行，以平衡土石方。我国传统造园技法即以因地制宜、顺其自然而著称，对原有地形尽量从现状出发加以利用，或经局部改造和修整后，使之更符合园林艺术构图的要求。

3. 符合排水要求

园林地形的设计，应有利于排除雨水和人为的污水、积水等，保证广场、道路及主要区域在雨后短时间能够恢复交通及使用，园林中各种地形的集水方向线应与总排水系统相衔接，总排水道的排水能力应与集水区域的水流量相适应。

（二）不同地形的利用特点

1. 按地形的自然形态划分

（1）凸地形

其表现形式有山峰、丘陵、土坡等，是一种具有动态感和威震感的地形。凸地形高出地面，从地面向上看，它具有明显的支配性地位，站立高处，又有广阔深远的视野，布置在凸地形顶部的建筑物，具有一种权威性，并且可以得到升华而产生出使人崇拜的震慑力量，它是极好的景点，又是观景的最佳之地。凸地形可分隔空间，强化审美效果，利用凸地形还可建造人工瀑布，形成造园景观的天然要素。

（2）凹地形

它表现为谷地、洼地等，具有内向性，给人一种封闭感和隐秘不公开的感觉。凹地形可因地制宜地改造成湖泊、水池、溪流等。在山坳山麓处，布置建筑可谓山深林静，环境幽邃，可取宁静清雅之利，层叠曲折之巧。

（3）平坦地形

其周围无明显的高坡遮挡视线，也没有下滑洼地的危险，因而平坦地形具有平衡、安定性。平坦地形给人一种自在、踏实、安稳而舒适的感觉，是休息、娱乐、工作的理想场所；平坦地形又是建筑景物的立地场所；平坦地形四周开阔空旷，可使人尽情欣赏园林的全貌。

2. 按地形的规划形式划分

按照园林规划形式对地形进行划分，可分为规则式、自然式、混合式三种形式。

（1）规则式

规则式地形一般是平坦地段由标高不同的水平及斜坡组成，有地形起伏的丘陵地，由台阶及斜坡构成，其剖面为折线；水体外形轮廓为几何图形，驳岸规整；建筑、道路、广场均为中轴对称；种植用地一般为整形花坛、花境，树木行列对植，并大量运用绿篱、绿墙来组织空间。

（2）自然式

自然式地形一般是自然起伏的和缓地形与人工堆置的山丘力求融合，尽可能利用自然中的地形、地貌，对支离破碎的地形的改造也要以自然界中的地形为模式。建筑用地要融合到整个地形中去，多采取不对称的布局，道路、广场的外形轮廓为自然的曲线；植物栽植是以自然界中植物群落为样本，充分利用自然地形条件；水体则是自然界中湖泊、瀑布等形态。

（3）混合式

园林设计中很难遇到绝对的规则式或自然式的地形，殡葬园林规划设计中遇到的多是混合结构的地形，因而在设计构思时，要综合研究，根据园林的用途规模确定功能分区，创造出不同的地形和空间。

3. 不同地形的利用特点

园林基地时而平坦广阔，时而山峦起伏，奏出优美的韵律，形成自身特有的性格，表现出各异的审美特性，在以凸、凹地形为主的基地上可建成自然式园林，在以平坦地形为主的基地上可建造规则式园林。

殡葬园区内进行园林建设，是在选择好基地的前提下进行的，要尽可能地利用基地的有利地形条件，突出优美的部分，改造那些影响审美效果、不和谐、不优美的部分，可采取“高阜可培、低方宜挖”的方法突出地形的起伏层次，奏出其内在的、强有力的韵律。

（三）平地处理与堆山理水

为了满足游人观赏风景或殡葬活动者进行祭扫的需要，园林中要设置一些平地，如草坪、集散广场、建筑用地等，因而需进行平地处理。

平地一般要有0.5～5°的坡度，以利排水。在缓坡上开辟平地，可分段操平，削高填低，改造为阶形平地，为了防止水土流失，应在裸露的斜坡上铺种草坪或地被植物。

在规划地段内没有地形变化的，要根据规划的功能要求，改造地形，使之利于园林功能艺术之要求。

山石可使园林风景活泼生动、富于变化，使园林布局曲折幽深，引人入胜。堆山应顺应自然，模拟自然。平面布置应有主有次，曲折变化，立面布置要有高有低，有峰有峦，起伏有致，给人以大自然的真实感。堆山既应按园林的主题要求合理布局，又要利用自然地形和水系条件，掘低地为池，其土方可堆山筑阜，这是自然合理又经济的办法。

堆山方法有两种。一是“外石内土”既有陡峭之势，又防止冲刷，其稳定性好，能塑出峭壁、悬崖、洞穴，富于山林意境，因该法造价较高，殡葬园区不宜过多使用；二是“土山带石”，在土山上点缀一些形体浑厚的石头，疏密相间，安顿有致，这种方式经济大方，布置容易，应用较广。

中国园林一向以山水取胜，堆山必须理水，山只有静景，在水的衬托下，景才会变得生动。水体之中可产生倒影，能打破空间的闭锁，同时水体使园林更加迷人，此外水体在调节气温和湿度、吸收灰尘、灌溉、消防等方面也有一定作用。

（四）殡葬园区的地面建设

近些年来，大多殡葬服务机构既把园林化建设作为“达标上等”的重要工作，又视之为“环境服务”的一项主要内容，使殡葬行业纳入园林建设健康发展的轨道。

1. 园林铺地

园林铺地是路面铺装的扩大，包括广场、庭院等场地的铺装。如江南古典园林中的“花街铺地”用砖、鹅卵石、石片、瓦片等组成四方灯锦、海棠芝花、攒六方、长八方等多种多样图案精美和色彩丰富的地纹，其形如织锦，颇为美观。又如苏州拙政园海棠春坞前的铺地选用万字海棠的图案。

在中国传统铺地的纹样设计中，还用各种“宝相”纹样铺地。如用荷花象征“出污泥而不染”的高洁品德；用忍冬草纹象征坚忍的情操；用兰花象征素雅清幽，品格高尚；用菊花的傲雪凌霜象征意志坚定。中国新园林的建设，继承了古代铺地设计中讲究韵律美的传统，并以简洁、明朗、大方的格调，增添了现代园林的时代感。如用光面混凝土砖与深色水刷石或细密条纹砖相间铺地，用圆形水刷石与卵石拼砌铺地，用白水泥勾缝的各种冰裂纹铺地等。此外，用各种条纹、沟槽的混凝土砖铺地，在阳光的照射下，能产生很好的光影效果，不仅具有很好的装饰性，还减少了路面的反光强度，提高了路面的抗滑性能。

彩色路面能把“情绪”赋予风景。一般来说，暖色调表现热烈、兴奋的情绪，冷色调较为优雅，明朗的色调给人清新愉快之感，灰暗的色调则表现为沉稳宁静。因此在铺地设计中有意识地利用色彩变化，可以丰富和加强空间的气氛。

2. 殡葬园区地面建设应注意的问题

第一，殡葬园区地面不可盲目进行封闭处理。铺设水泥面或沥青面的封闭性处理在道路、停车场等地方是必要的，但在其他一些不必要封闭的地方也进行封闭性处理，就会弊大于利了。这样做的副作用是减少植物生长面积，减少雨水下渗，不利于地下水的补给，无形之中提高了地表温度，增加了园区小气候的酷热程度等。因而在殡葬园区内，只要不是机动车辆行驶、停放的必需之处，都不可盲目封闭处理，人员活动较多的地方可选用科学的地面处理方法。

第二，增加绿地面积，保护野生植物。现代殡葬园区建设中有意识地增加绿地面积已成共识。绿地能形成美丽的生活环境，具有减缓太阳辐射，减轻噪声污染，净化空气，保持水土等作用。绿地还有预防自然灾害，快速疏散人群的作用。因而绿化占地是殡葬园区总面积与建设占地矛盾的统一体，它既能发挥生态效益和环境效益，还可以通过种植经济作物以提高经济效益。因而在殡葬园林建设中要尽量增加绿地面积，对原有的野生植物资源应尽量保留。

第三，科学的地面处理方法。种植耐踩踏的草坪是一种地面绿化方法，但禾草茎叶韧度和耐磨性有一定的限度。早在元代，人们就把生长力较强的禾草根茎植入红石板铺设的路面石缝中，近年来人们又把多种类型的禾草，植入具有各式花纹的水泥预制石板或石块的缝隙之中，充分发挥两者各自的优势，大大提高了草坪的使用范围。红石板与水泥预制品板块缝隙中可种植黑麦草或其他地被植物，如黄花酢浆草、细叶地锦等。紫红色的石板与绿色禾草组合在一起形成美妙的路面或场地。铺设时，向下挖20cm，先铺5～8cm厚的石块、煤屑或碎砖，以利于雨水渗透，减少积水，然后垫平栽培土，厚度为10cm左右，压平后浇水一次，再铺2～3cm厚的红石板，在不规则的红石板缝隙内植草。水泥漏孔石板的花纹可自选设计，厚度5cm左右，水泥漏孔石板的缝隙种种草，效果也很好。随着城市园林建设的发展，生态砖、草坪砖的生产方便了这种科学处理地面的方法推广。

六、标牌系统规划

殡葬园区标牌系统规划设计与管理的好坏在一定程度上影响着人们殡葬活动。如何使殡葬园区标牌系统方便人们殡葬活动，体现出殡葬园区特色，已成为殡葬园区建设不可缺少的内容。标牌系统规划设计是一项综合性的工作，因为它是基于对解译对象充分了解的前提下进行的，对于一些类型的标牌，从内容到形式需要多学科的合作，包括心理学、殡葬管理、生态学、旅游学、土壤学、园林学、地理学、规划学、美学、艺术等方面的专业人员配合，还需广泛征求意见，才能增强规划方案的科学性和可操作性。

（一）规划设计的原则

为了使殡葬园区标牌系统规划设计符合殡葬功能的要求并满足殡葬活动者的需求，同时结合殡葬园区园林景观的特点，充分发挥殡葬园区游览功能。殡葬园区以整体形象展现在殡葬活动者面前，是一个由自然与人文景观、殡葬基础设施、辅助设施构成的整体，因此在规划设计时，要有全局观念，把标牌个体融入整个标牌系统的艺术风格中，达到整体的最佳状态，实现最佳形象设计，如殡葬改革宣传口号，位置选择比较灵活，更应从全局上考虑其周边环境及与其他标牌的协调。

1. 地方特色原则

地方特色是设计能否成功的关键，地方特色越强，留给人们的印象就越深刻。内涵的地方特色要求符合解译对象的具体情况，如解译的是植树葬骨灰林中的某树种，对这个树种中文名、拉丁文名的拼写要准确；形式的地方特色主要表现在原材料、艺术风格与文化内涵，如民族图腾动植物图案等。地方特色原则还体现在语言文字选择上，如地处少数民族地区，除考虑汉语、英语外，还应配有少数民族语言文字对照。

2. 生态美学原则

生态美是建立在生态人文观基础上的一种崭新的具有生态哲学意义的美学概念，是生态文明社会中人类共同的美学追求，生态美包括自然美、生态关系和谐美、艺术与环境协调美。它与强调人为的规则、对称、形式、线条等传统美学形成鲜明对照。生态旅游已成为人们殡葬活动之余的一项主要附属内容，在完善殡葬功能的前提下积极开发园区旅游功能，也是殡葬园区经营管理多元化的趋势。珍视自然的生态美学观点是生态旅游的灵魂，生态旅游者追求的、生态旅游开发者所努力营造的以及生态旅游管理者极力维护的都是共同的生态美。殡葬园区标牌系统的规划设计也应在自然生态规律和生态美的法则指导下，效法自然，营造既保持当地原始的自然生态美，又与当地传统文化尤其是传统殡葬文化融为一体的人工生态美作品。

3. 语言美学原则

美的园区要靠大家用美的行为去精心呵护。随意摘花，践踏观赏性草坪，信手乱丢果皮、纸屑，甚至攀登、刻画损坏雕塑、园林小品的现象屡见不鲜。由于这些行为出现的随机性、隐蔽性强，范围广，就增加了管理工作的难度。管理者利用标牌对殡葬活动者和游人作出必要的提示和要求来辅助管理，要从全新的角度推出一些有创意的、能以情动人、以美感人、以趣娱人、以理服人的标牌语言来取代目前那种千篇一律的警告性口吻的语言，在管理者与游赏者之间架起一座沟通心灵的桥梁，可收到更好的效果。

（二）标牌系统的类型

标牌系统，按内容可分为指示性、规定性、说明性、解释性、宣传性等五类。

1. 指示性标牌

指示性标牌用来指示路线，让殡葬活动者或游人心中有数，帮助他们寻找目标，为便于游览，常配以图示。侧重指示服务设施的标牌多设置在入口处，措辞简练，以利于人们选择线路，如业务室、寄存室等；用来指示卫生间、垃圾投放点及其他服务设施的道路，方便人们使用的标牌体积要稍小，位置要低一些。

2. 规定性标牌

规定性标牌提示规章制度、规范游客行为，常设置在业务办理处、休息点与主要出入口等殡葬活动者比较集中的地方，通过这类标牌，提醒人们注意自己的责任，使其行为符合殡葬活动原则，人们与殡葬活动场所的距离接近，内容明确清楚，但措辞应是暗示性的，思想是积极的，不能让人们感到压抑。在祭奠区入口处，可设置有关提倡文明祭扫等内容的规定性标牌。

3. 说明性标牌

说明性标牌是用来说明殡葬园区有关情况的，可以拓宽人们的视野。如在殡葬园区的出入口，有必要对整个园区进行概括介绍，内容包括位置、面积、地形地貌、气候、动植物、自然与文化景观特色，如某公墓的湖是整个殡葬园区中游览区的水景中心部分，为增加游客的认知和兴趣，在湖边道旁设置了一块说明性标牌，说明湖面海拔、水深、面积、水文状况、湖心岛植物种类、景观变化等。

4. 解释性标牌

解释性标牌对殡葬园区内殡葬功能、殡葬服务设施等进行解译和介绍，以提高人们对殡葬服务的了解；对游览区内的生态系统与生态环境因子（土壤、地貌、植物、常见动物、气候现象等）进行科学解释、介绍，以提高人们认识大自然的水平。

5. 宣传性标牌

宣传性标牌主要是宣传殡葬改革、环境保护等口号，营造人与自然相和谐的活动氛围，同时弥补其他标牌系统之不足，设置地点主要在园区出入口、休息点等，要注意使原则性的语言变得亲切、感人。如在殡葬园区设置反映“厚养薄葬”“孝道”等的标牌，使人们进行合理的丧葬消费。在游览区域设置“天地之间，绿色房屋，生命永驻”等内容的标牌，垃圾箱旁“投进去的是垃圾，折射出的是文明”的标牌让人很自觉地把垃圾放入箱内，又如通过“让地球的乐章永远闪烁着绿色的音符”“森林是人类的摇篮，保护森林就是保护人类自己”等环境教育标牌，使人们与大自然沟通、对话，陶冶情操。

（三）规划设计的程序

1. 外业调查

调查包括解译对象与被解译对象的调查，解译对象即来到殡葬园区的殡葬活动者和游览者，利用统计学原理进行抽样调查，了解其来源、数量、动机及行为规律等，被解译对象包括园区内的资源、自然生态系统及生态因子、文化概况、已有设施等，主要分析清楚其位置、范围、规模大小、特色、性质、价值或功用。在野外，以文字或图片的形式及时记录有关的调查资料，有些还应标示在地形图上，为解译工作提供翔实而可靠的资料。

2. 明确内容

标牌内容是设立标牌的根本原因，其他一切如形式、材料等应有效地为内容服务。表达须通俗易懂、准确、科学、简练，构思要反映专业技巧，殡葬功能区要采用通俗易懂的殡葬语言，还有殡葬活动指南、行为规范等。游览区采用高级科普的语言风格，具体内容有园区自然环境基本概况、景区景点与服务设施情况和生态旅游资源。

标牌语言艺术性的高低是关键所在，它不仅直接影响到管理者与殡葬活动者和游人心灵间沟通程度和管理效果，而且还在一定程度上关系到园区美感的丰富程度和格调的高低。现在许多园区标牌语言多为“严禁摘花”“严禁乱弃果皮、纸屑杂物，违者罚款”等，这种生硬、冷漠、训诫式的言辞，忽视了游客的心理感受，势必引起游客心中的不快，不能充分发挥园林美陶冶人的功能。我们若能注重语言的艺术性，用较高的技巧表达，体现出对游客的尊重和信任，变警告为劝导，就会产生另一种效果。如保护花草类，用“护一片绿叶，惜一朵鲜花，愿生命的绿色与您的青春同在”“每一片绿色、每一缕芬芳，都是他人心血汗水浇灌；每一举手、每一投足，都是您文明和爱心的体现”；保持卫生类，用“青青草地、朵朵鲜花，您忍心破坏这种美丽吗”等。这类热情、生动、开导式的语言，既增添了园林的诗意、美感，又让人们看后倍感亲切，并能从中得到启迪、联想，激发出人们心灵深处热爱美、追求美、向往美的情愫，继而转化为美好的文明行为——爱美护绿的自觉行动。从而使管理者与殡葬活动者或游人的心灵得到真正沟通、融合。这样，园区美的保护在不知不觉中就成为彼此双方共同的职责了。

3. 选定形式

标牌形式的选定应结合地方自然特征和文化特色，与环境相协调，不应过于新奇，也不能不合时宜。一个设计成功的标牌应具有情感上的吸引力、令人赏心悦目的外观和庄严感，尺寸应依据具体地点而定，距离以能看到为宜，原材料可以就地取材，选用木料、石料或其他材料，文字书写上也有一定的讲究，如标牌内容的文字不要排得太密，不要用单一的印刷形式，正文、段落之间要留出足够空隙等。

4. 评估反馈

构思好标牌形式，拟订好标牌的内容，制作成样品或借助计算机打印成效果图，配以说明文字，在有关专业人员以及部分殡葬活动者或游客中广泛征求意见，进行评估，根据反馈回来的信息进行必要的修改，最后定稿，由质量信得过的单位制作。

5. 管理维护

标牌系统应始终保持良好的状态，一旦受到人为或自然因素（如暴雨冲刷等）损坏，就会影响景观，影响人们正常的殡葬活动，要尽快修理或更换。因此平时管理单位要储备一些常用的标牌，以便更换。

第四节　殡葬园林植物种植设计

丰富多彩的植物是构成园林风景的重要因素之一，植物在自然生态系统中是第一生产者，是园林生态环境的主要构成要素。园林植物是园中造景的主要素材，也是观赏的主题，一个城市或单位的绿化成果的指标是用园林植物覆盖面积来计算的，新建的园林应以植物为主。园林植物种植的好坏直接影响着整个园林的成败，因而合理配置园林植物，搞好植物种植设计是一项非常重要的技术与艺术的综合性工作。

一、园林植物选择的依据

园林植物的选择直接影响着园区内植物观赏特性以及植物的多样性，各地殡葬园区特点不同，园林植物的选择不能主观臆断，要以科学为依据。

（一）依据园林功能的要求

园林的功能是多种多样的，而一个园林则有一个具体的主要功能，殡葬园区应以殡葬功能为主，有条件的可以游览功能为辅。如作为行道树应选择树干高大、树冠浓密、深根性、耐干旱、清洁无臭的树种；火化间周围宜选用抗烟尘污染、消减噪声能力强的植物；殡葬功能区内选择深绿色植物、空旷地铺设草坪等，以形成庄严肃穆的环境气氛；殡葬园区应形成综合性园林：要有供集体活动的大广场（或大草坪），要有浓荫蔽日的大乔木、色彩斑斓的花灌木，可提供安静小憩的树林，选择姿态优美、色彩鲜明或花香果佳的植物构成层次丰富的植物林，布置开敞空间等。总之，园林中的一草一木都要最大限度地满足园林功能上的要求。

（二）依据植物的生态要求

各种植物在生长发育过程中，对光照、水分、湿度等环境因素都有不同的要求，因而选择植物必须满足其生态要求，使其正常生长和保持稳定，达到预期设计效果。由于树木生命周期较长，选择不当会造成严重后果，因而选择园林树木一定要本着“适地适树”的原则，尽可能选择乡土树种，以体现出地方特色。对于引进的树种，应在引种试验确有成功把握后方可大量推广。园林造景时常采用群体配置，要处理好种间关系，如在高大的阳性树下，配置耐阴的亚乔木、灌木和耐阴草坪，则能维持长期稳定的效果。

（三）依据园林艺术的要求

配置园林植物，要在绿化的前提下给人以美的享受，因而要全面考虑植物的观赏特性，合理配置才能创造出完美的园林意境。植物的观赏特征源于其生命，利用植物生长发育所形成的不同外表特征以及它们之间的组合来充当景物，能产生不同的审美效果。

植物的大小可构成园林骨架，合理组合种植不同大小的植物，能构造出层次丰富、画面深邃的空间环境，如低矮的植物群可形成开放型空间环境，给人以开阔、自由、欢快的感觉；大小不等的植物可构成封闭型空间，给人以神秘幽深的感觉；半开敞型空间既满足一定的隐秘性，又保证了人们需要阳光，带着希望的复杂而又丰富的情感。

植物自身的形态、质地、色彩等具有独特的审美价值。树形树姿是植物造景的基本因素之一，如尖塔或圆锥形（雪松、桧柏等）的树形显得庄严肃穆，柱状狭窄树冠（钻天杨、铅笔桧等）具有高耸挺拔之效果，垂枝型（垂柳、龙爪槐等）树种则富有优雅婀娜的风韵。

如何抓住植物材料季相变化中色彩的变化，创造出不同的园林景色是植物配置中应注意的。植物材料随着时间的增长而改变形态，如幼年油松翠绿丰满临风摇曳，而到了老年则青苍郁郁、虬枝枯干，形态完全不同。所以在植物配置中应很好地考虑并应用，否则达不到预期效果。园林景物季节的变化取决于植物的季相变化，季相变化中的色彩变化最主要，因为这个变化最显著，最能引人注意。植物的叶色是构成园林中最基本的色调，叶色的合理搭配，可使园林景色生机盎然，一年之中，植物的叶色随季节而发生季相变化，尤其是秋季变化极大，如秋季变红的黄栌、樟树、黄连木、元宝枫等；秋叶金黄的银杏、栾树、水杉等。在北方的园区内，要充分考虑植物的绿叶期，如绿叶期长的树种有柳树、国槐、迎春、海棠、太平花等，绿叶期长的多年生花卉有萱草、荷兰菊等，冷季型的草坪植物的绿叶期较长。

植物的花也是重要的观赏对象，造园时除考虑其花色、花期外，还要考虑其花相，如线条状的连翘、团簇状的绣球等。色彩变化中花色是最鲜艳最醒目最能吸引人的，榆叶梅和连翘同时开放，深粉红色和黄色配在一起非常艳丽，紫藤和黄刺玫同在五一前后开花，色彩相互衬托非常素雅。

植物的果实也具有极高的观赏价值，如柿、石榴、紫珠等。此外园林树木的树皮也具有一定观赏意义，如树皮粉白的白桦、血红的红瑞木、黄绿色的梧桐等。

因世人常把植物人格化，所以植物是有寓意和象征的，如“梅花清标雅韵，玉兰幽谷品逸，青竹节格刚直，菊花操介清逸”的“四君子”，荷花出淤泥而不染，红豆相思，紫薇和睦，萱草忘忧，石榴多子等都能引起人们丰富的联想和内心共鸣。殡葬园区宜选用苍古庄重的树种，富有哀思和中华民族风格，如松柏常青、凌冬不凋象征永垂不朽，垂枝柏、雪松等象征默悼志哀，选用蓝、紫、白等花色树种，以示悲哀之意，而在游览区内则尽可能选用感觉明快的树种。

根据园林植物选择的原则，一般殡葬园区可以“常绿树种作基调，落叶树种映四季，花卉灌木富生机，古树名木衬历史”为基本指导思想选择植物，在资源节约型社会建设中，要注重乡土树种的选择，既能节约资金，又能体现地方特色。

二、园林植物的配置艺术

我国植物栽培已有几千年的历史，见诸文献记载的也有3000多年，植物品种收集、分类研究、引种驯化、育种专著都领先于世。《江南古典园林艺术》中总结出植物材料在园林中的九个功能：“隐蔽围墙，拓展空间；笼罩景象，成荫投影；分隔联系，含蓄景深；装点山水，衬托建筑；陈列鉴赏，景象点题；渲染色彩，突出季相；表现风雨，借听天籁；散布芬芳，招蜂引蝶；根叶花果，四时清供。”

中国园林的植物配置要特别注重两点。一是植物的物质特性，二是植物在中国传统文化中被赋予的文化意蕴。植物的物质特性包括其色、香、形以及自然声息和光线作用于花草树木而产生的艺术效果。花草树木有斑斓之色彩，馨香之气息，多姿之形态，风拂树叶、雨打芭蕉之声，阳光月光下的树木婆娑之影。这一切诉诸感官，给人予视觉、嗅觉、听觉和触觉之美。中国园林植物不同凡响之处还在于其文化象征意义。在中国传统文化中，许多植物被认作高尚品质和高洁情操的象征。如编篱种菊取陶渊明“采菊东篱下，悠然见南山”之意，象征着简朴淡泊的生活之道。拟人化了的花草树木皆有情，其文化意蕴深化了植物美。中国古典园林的植物配置兼顾了植物的神形之美，是植物自然美和象征寓意美的艺术组合。

（一）园林植物配置的基本原则

1. 充分发挥植物的有效功能

根据殡葬园区内各功能区的不同进行合理配置，使植物充分发挥功能。一是要充分发挥园林植物在园林中的主体作用；二是要通过植物与其他园林要素的结合来发挥园林绿地的综合作用；三是要实现植物与建筑和环境景物相协调，植物形态、色彩不同，建筑的形式、色彩也不同，园林景物山石、棚架、亭、廊等轮廓、色彩各异，只有协调地配置，才能使景观活跃起来，表现出良好的个性。

2. 充分考虑植物的生态习性

要以乡土植物为主，引进植物为辅，结合植物习性，选用适应栽培环境的植物种类，因地制宜地进行合理配置，以达到预期效果。要充分考虑栽植环境与植物的关系，适地适树，借鉴当地植被，突出地方风格。要充分考虑植物种类间的关系，建立相对稳定的植物群落。

要因地制宜，植物配置首先要根据不同气候特点，不同的环境条件，不同绿地的性质、功能和造景要求，合理选择植物材料，采用不同的种植形式及种植距离，组成多样的园林空间供人们游憩观赏，这点是最主要的。有不同的植物材料，采用不同的栽植形式，因地制宜地创造出不同的优美的园林空间，是植物配置原则中最重要的一点。

要使植物配置因地制宜地起到功能性作用。首先是遮挡不利于景观的物体以及分隔不同功能的景区等，使欲达到封闭效果的空间更隐蔽、更安静，例如建筑物的败笔，应用相应的植物材料去遮挡或补充。其次是修饰和完善建筑物构成的空间以及将不同的、孤立的空间及景物连接在一起，形成一个有机的整体。植物配置可以使不协调变得协调，使互相没有关系的、零散的园林景素统一起来。再次是植物配置可以形成某个景物的框景，来装饰以这个景物为主景的画面，充分发挥框景作用以及利用植物的不同形态及色彩作为某构筑物的背景或装饰，从而使观赏者的注意力集中到应有的位置，充分发挥其强调作用。例如，一件汉白玉雕塑背后是深绿色的常绿树作为背景，它可以使雕塑更突出、更醒目。又如用水泥铺装来衬托，就不如用碧绿的草地来衬托显得鲜艳而有生气；再如植物配置中的遮阳、防风、防噪声及水土保持作用等，在植物配置当中都应该注意。

要注意因时制宜，园林空间景物的特点是随着时间的变化而变化的，这是因为园林植物有生命、能生长，它们随着时间的增长而生长发育，逐渐地改变着形态。这就要求进行植物配置的时候，既要考虑目前的园林效果，又要考虑长远的效果，也就是要注意保持园林景观的相对稳定性。

3. 兼顾近期绿化和远期效果

园林建设既要求见效快，又要从长计议，因而必须速生树种和缓生树种兼用，合理搭配，达到近期与远期效果相结合。植物配置时要想使绿地近期取得较好的绿化效果，又要保持园林景观的相对稳定，就要考虑好速生树与缓生树的比例。在植物配置中要使近期绿化效果好，就要选用一定数量的常绿树，还应该注意乔木与灌木的比例，灌木多丛生状，比较矮小，寿命比乔木短，但是灌木枝繁叶茂，而且有鲜艳的花朵和果实，观赏价值和功能价值都较高，可以作为乔木的陪衬，使绿地增加层次，可以组织分隔空间，灌木生长迅速，繁殖更新容易，价格低廉，所以想近期产生较好的绿化效果应当掌握好乔灌木的比例。草坪和地被植物都有浓密的覆盖度，而且有独特的色彩及质地，植株低矮可以将地面上不同形状的各种植物组合到一起，它是各种植物的衬景，它们还有防止冲刷、稳定土壤、调节气候等功能作用，而且草坪及地被植物生长快、繁殖容易，都是能迅速产生绿化效果的植物材料，所以在植物配置时，切不可忽视草坪及地被植物的应用。

（二）园林植物配置的美学原理

植物配置是运用艺术技法把各种植物要素组合起来，以美的形式使园林植物的形象美和基本特性得到最充分的发挥，创造出美的环境。

1. 统一与变化

园林植物配置在体形、体量、色彩、线条形式、风格等方面，都有一定程度的相似性或一致性，给人以统一的感觉。统一的布局会产生整齐、庄严、肃穆的感觉，但过分一致又觉呆板、单调，园林植物的配置要求统一中有变化，或变化中有统一。

2. 调和与对比

调和与对比是园林艺术构图的重要手段之一。园林景观需要有对比，以便突出主题，使景观丰富多彩。例如，植物色彩的调和与对比：色彩差异明显的，如绿与红、白与黄等就是对比；差异不大的就有调和效果。运用色彩的调和可获得宁静、稳定与舒适优美的环境，运用色彩对比则可获得鲜明而吸引人的良好效果。另外，植物配置的调和与对比还表现在形象、体量、明暗、虚实、开闭、高低等方面。

3. 韵律与节奏

植物配置中单体有规律的重复，有间隙的变化，在序列重复中产生节奏，在节奏变化中产生韵律。如路旁的行道树用一种或两种以上植物的重复出现形成韵律。一种树等距离排列称为“简单韵律”；两种树木尤其是一种乔木与一种花灌木相间排列或带状花坛中不同花色分段交替重复等，产生活泼的“交替韵律”。另外，还有植物色彩搭配，随季节发生变化的“季相韵律”；植物栽植由低到高，由疏到密，色彩由淡到浓的“渐变韵律”等。

4. 比例与尺度

比例是指园林中的景物在体形上具有适当的关系，其中既有景物本身各部分之间长、宽、厚的比例关系，又有景物之间个体与整体之间的比例关系。如面积较小的园林，在配置时，树木、置石或其他装饰品都是小型的，使人感到亲切；大型园林，在配置时，树木、草地、水池、纪念物等都是大型的，使人感到壮观。尺度既有比例关系，又有匀称、协调、平衡的审美要求，其中最重要是联系到人的体型标准之间的关系以及人所熟悉的大小关系。例如，在绿地中配置一株孤立树作主景，周围草坪的最小宽度就需以这一规律来限定，否则，就达不到对该树的最佳观赏效果。

5. 主体与从属

在植物配置中，往往由于环境、经济、苗木等各种因素的影响，人们常把景区分为主体和从属的关系，如绿地以乔木为主体，以灌木、草本为从属，或以大片草坪为主体，以零星乔木、花灌木为从属等。园林规划配置中，一般把主景置于主轴线或两轴线交点上，从属景物放在轴线两侧或副轴线上。自然式园林绿地中，主景应放在该地段的重心位置。

6. 均衡与稳定

各种园林植物都表现出不同的重量感，在平面上表示轻重关系适当的就是均衡，在立面上表示轻重关系适宜的则为稳定。

在平面上，规则式园林轴线两侧的景物应是对称均衡的，给人以整齐庄重的感觉。在一般情况园林景物不可能是绝对对称均衡的，但仍然要获得总体景观上的均衡。这包括各种植物或其他构成要素在体形、数目、质地、线条等各方面权衡比较，以求得景观效果的均衡。

在立面上，一个物体或一处景物，下部量大而上部量小，就是稳定的。园林景观为取得环境的最佳效果，一般应是稳定的。因此，那些干细而长，枝叶集生顶部的大乔木下应配置中小乔木、花灌木，使其形体加重，成为稳定的植物景观，达到自然活泼的效果。

（三）园林植物配置的主要程序

园林植物配置应该在确定规划设计原则、进行总体规划的同时加以考虑。

1. 植物景观类型选择与布局

植物景观类型就是植物群体配置在一起显现出来的外在表象类型。植物景观类型的选择与布局设计就是把诸如密林、线状的行道林、孤立树、灌木丛林、绿篱、地被、草坪等植物景观类型而不是植物个体作为设计元素进行空间配置，设计师需要从整体上考虑什么地方该布置什么样的植物景观类型。

植物景观类型的选择与布局首先是源于整体景观结构的布局，即通常所说的结构性景观布局。结构性景观布局主要确定设计区域的总体景观框架。它主要基于游客的总体景观意向需要和整体美学原则的需要来构筑景观框架。结构性景观布局在某种程度上等同于景观框架区划。其次植物景观类型的选择与布局源于功能的需要，即通常上所说的功能性景观布局。功能的需要，比如说某个地方需要遮阴，某个地方需要用密林阻挡外部视线或隔离噪声，林荫道路，广场遮阴等，是景观类型的选择与布局的基本考究。最后源于景观美化设计上的需要，比如说整体上布局安排景观线、景观点，某个视角需要软化，某些地方需要增加色彩或层次的变化等。有时也会源于其他特殊的或景观布局过渡需要。作为设计元素，植物景观类型同样具有诸如颜色、大小、质地、形状、空间尺度等要素特征，植物景观类型的选择与布局工作即是基于植物景观类型的这些要素特征而不是构成植物景观类型的植物个体的要素特征，并遵循植物配置理论所述的设计原则与创作手法来设计创作的。植物景观类型是由多种植物组成的，它们的要素特征虽与个体的要素特征高度相关，但绝不等同于某个个体植物的要素特征或多个个体植物要素特征的简单叠加。有时会表现出与个体植物的要素特征完全不同的要素特征。需要注意的是：植物景观类型的要素特征不仅与植物景观类型内部的植物构成有关，而且与内部植物个体的结构排列方式有很大关系。另外，同一植物景观类型可以有完全不同的植物结构组合。

植物景观类型的选择与布局是总体景观方案设计的重要组成部分，更多地带有美学创作的因素，相对来说，是一项习惯性、发挥性多于程序性的工作。

2. 植物个体的选择与布局

整体植物景观类型布局选择完成后，就要开始进行各个植物景观类型的构成设计，即解决植物个体的选择与布局问题。植物个体的选择与布局问题主要要解决植物品种的选择、植物大小的确定、植物数量的确定、植物个体在结构中的位置定位等问题。

（1）植物品种选择。根据植物景观类型布局图、植物景观类型统计表和植物景观类型构成分析表等资料，综合分析各景观类型的结构，确定植物类型及要求，制定植物类型及要求工作表。分析确定配置场地的气候耐寒区和主要环境限制因子。根据场地的气候耐寒区、主要环境限制因子和植物类型及要求工作表来与植物库数据配对搜寻，确定粗选的植物品种。据景观功能和美学的要求，进一步筛选植物品种。确定各植物类型的主要品种和次要品种。

（2）植物初植大小的确定。在国内，对种植植物的初植大小规格没有具体的标准规定。更多的是根据客户喜好和设计者的习惯来确定。有经验的设计者可以巧妙地利用一些美学的生态的手法来综合确定。以乔木为例，国外比较通行的乔木层尺寸一般也就在径阶 6～8cm 的完整植株。考虑到国内的习惯，建议乔木层尺寸径阶以 10～12cm 左右的完整植株较为适宜，一般不要超过 14～15cm。为了满足及时效果的需要，可以采用一些技巧性的方法，如增加大灌木的数量（高度 100～250cm），增加覆盖对比等。在树体比例尺度的处理方面，尽量缩短最大规格和最小规格植物的大小差距。

（3）植物数量的确定。准确地说植物数量确定问题是一个跟栽植间距高度相关的问题。一般说来，植物种植间距由植株成熟大小确定。在实际操作过程中，可以根据植物生长速度的快慢适当调整，但绝不能随意加大栽植密度。

（4）在植物景观类型结构中的位置定位。根据各景观类型的构成和各构成植物本身的特性将它们布置到适宜的位置。在这个过程中，会较多涉及基于植物个体的美学设计问题。从个体到构建植物景观类型的群体组合，其实是一项十分繁杂的工作，在这个阶段如果能够借用一些景观类型构成模块，可以大大提高工作效率。模块可以通过模拟自然、调查分析以前的设计或设计建模等方法获得。

3. 植物景观配置结果审评

由于交织着生态、美学乃至经济和其他等多种因素，植物景观配置工作是十分复杂和烦琐的，在设计过程中出现遗漏和纰漏是难免的。一件设计作品全部完成或阶段性完成后，进行系统的审评复检是很有必要的，它是设计质量保证体系的重要组成部分。

一般来说，审评主要进行两大方面的审评：美学原则审评和生态原则审评。审评程序主要由审评内容、审评方法和结果评定标准三方面组成。例如“植物配置的平衡原则”的审评程序大致如下。

（1）审评内容。设计是否符合平衡原则。

（2）审评方法。找出设计区域或分区的中心点；以中心点为交点绘出两条正交轴线；比较两条轴线两侧的配置的植物景观类型，植物个体类型，规格大小，分布和数量等。

（3）评定标准。两条轴线两侧的植物景观类型，植物个体类型，规格大小，分布，数量基本一致。

植物景观配置结果审评既可作为是设计者自检之用也可作为甲方和第三方对设计结果评审之用，并且不仅需要在整个设计完全结束后进行植物景观配置结果审评，而且需要在植物景观类型选择与布局工作完成后就要进行阶段性审评。

（四）园林植物配置的基本手法

在植物配置中，首先要利用不同植物的不同气质、不同情调来创造不同的园林空间气氛，使人们通过联想产生优美动人的园林意境。植物美除形态色彩美以外，还包含一种比较抽象却极富思想感情的美，可以说是含蓄美、意境美。人们在欣赏大自然中植物美的同时，有时将植物形象美人格化了，如松树寿达千年，经得住岁月风雪的侵蚀，因而将松树比喻人间的英雄君子。

在植物配置中要利用不同植物的不同体形和不同姿态来创造不同的园景。树木的体形姿态是多种多样的，例如，油松虬枝枯干，显得苍劲古朴，适宜于主山奇峰，而垂柳轻垂如烟似雾，有潇洒柔和、平静、安详的感觉。竹子青翠挺拔显得高洁秀丽，它适宜窗前屋后、池边坡脚成片成林栽植。

在植物配置中利用不同植物的色彩变化来创造不同的园林景色。自然界花草树木的色彩变化是非常丰富的，在不同季节中，如何利用植物材料以不同的色彩来创造园林景色供人欣赏，引起人们不同的感觉，这也是植物配置中主要的一点。

利用植物的芳香来创造园林景色，也是植物配置中常用的手法，不少树木花草能散发出芳香，使人们闻到后引起愉悦的感受，如桂花、蜡梅、丁香、月季、玫瑰、牡丹、芍药、杏树、合欢等都是有香味的植物。利用芳香植物创造的园景，不但使人们欣赏了树木的体形姿态美和色彩美，而且使人们闻到了芳香，更使人们感到心旷神怡。

（五）园林植物配置的艺术形式

植物配置的艺术形式主要分为规则式、自然式和混合式三种。

规则式是指取中心线，在两侧作平行或垂直栽植的对称配置手法；取中心轴，作方形、圆形、菱形、放射状等规则式布置手法，如行道树、绿篱、中心花坛、水池等。

自然式是按自然风景式的布置手法，树种宜用常绿与落叶搭配，乔、灌、草、藤等植物构成富有变化的空间。

混合式即规则式与自然式的协调组合，如河北省双凤山陵园因地形变化较大，平地上进行规则式栽植，而丘陵山地区域进行自然式栽植；殡葬功能区进行规则式栽植，而其他区域进行自然式栽植，同时注意了过渡地带的处理。

1. 规则式植物配置的艺术形式

规则式园林植物景观布局，是以轴线、轴心设对景，一般采用以下处理手法。

（1）统调。以轴心作统调，是统调全体的所在。如一个花坛，中心栽植一灌木，外围栽草花，灌木则处于统调地位。

（2）对称。以垂直轴线为中心，前后左右用同样景物均衡配置叫对称。如房前两侧列植或对植观赏树即为对称栽植。

（3）均匀。是强调体积上的概念，对称配置的物体，形量相同或形异量等叫均匀。如草花萱草与唐菖蒲形体相似。

（4）调和。有平面上的概念，如花坛栽多种植物，平面要整齐；又有色彩上概念，如多种植物的枝叶花色，有深有浅，形成对比，方显调和。

（5）比例。指物体尺度而言，不同植物的高度、冠幅的比例，建筑物与植物的比例，假山占水池面积的比例等都要得当。

2. 自然式植物配置的艺术形式

自然是中国园林主要造园手法，自然式植物配置的主要艺术手法包括以下做法。

（1）有疏有密，个体与群体的协调。单株孤植能充分发挥植物个体的形态美，近距离的栽植常作为庭院景物的主题，如桥头迎春、水旁柳、堂前玉兰能发挥对景和配景的作用。丛植可发挥群体美并在群体中反映出个体的特性，栽植要呈不规则式，乔木偏后，大灌木、小乔木居中，小灌木在前，用草坪衬托，既有层次，又有色相，相互渗透，美不胜收。

（2）有明有暗，常绿树与落叶树协调配合。常绿树色暗、严肃、端庄，落叶树色明、活泼、俏丽。落叶树的季相变化可产生动态美。如三株桧柏、五株桃花、五株栀子组成的自然式树丛，四季成景，效果甚好。

（3）错落有致，兼顾平面与立体景观。地面铺植草坪，外缘点缀花木丛，乔灌搭配，宽阔的草坪、紧密的树丛，景色自然。以藤本植物进行垂直绿化，增加绿意，打破形色的单调。棚廊之侧，墙面之前后，宜栽与之相协调的花木，如木质结构古色古香的棚廊，宜配置色浅、明快的花木。殡葬园区多为朴素之浅色，应配置深色乔灌木。

（4）有大有小，实现植物形体的协调。自然式园林的植物配置，以孤植和不规则的群植为常用手法，植物、建筑以及其他景物的形体都应依据大小，取得协调。

3. 植物配置主要方法

（1）孤植。在突出表现某树种的个体形态特色时采用，如树冠呈金字塔形、树形优美高大的雪松，常孤植于花坛中心，配置在主体建筑前和出入口之间形成的轴线上，可起含蓄、烘托作用。

（2）对植。指两株同种、同形、同量植株在平行线上进行对称栽植，如大门两侧、绿地入口两侧作左右均衡处理，起配景作用，也可用在某一景物前方栽植起“框景”作用。

（3）列植。在直线或弧线上呈单列或多列的等距栽植，列植时可栽单一树种，也可两个树种作间隔式栽植，如行道树栽植。

（4）环植。用植物沿地段边缘环绕一周的栽植方法，这是一种大密度的列植，常用于地界栽植的防护、各种形状花坛边缘镶饰，用木本植物作边缘镶饰即绿篱或花篱，用草本植物则叫镶边。

（5）丛植。由单一或多种植物结合生态要求构成群体，这种配置方法能以个体的形态美构成群体美，殡葬园区尤其是公墓多选址于荒山瘠地，比较适宜应用此法。丛植宜乔、灌木并用，形成层次，可显示出姿态、色彩的多样性并增强立体感。

单一树种的丛植，可加强其特征效果，在配置上注意形色一致，空间参差错落，平面要有疏有密，保持适宜的视距。

乔灌木结合的丛植，是一种来于自然又高于自然的形式，它可发挥各种植物的形态、色彩等众多优点，达成协调、对比、渐层、统一的景观，取得景相、季相的变化，呈现出丛植的整体美。乔灌木结合必须根据树种习性确定适宜丛植的树种，喜光、耐阴树种的结合，深根性与浅根性树种的结合，是这种丛植的技术关键。

乔灌木结合的丛植，首先要注意树种简洁，配置自然。要做到体量相称，高矮协调，切忌大乔木与小灌木比例失调的结合；要形态相称或对比鲜明，如桧柏与垂柳结合，一个上伸，一个下垂，很不协调，而桧柏与梅、绣线菊、棣棠等组合在一起，其形态、色彩就比较鲜明强烈；性格上要契合，如松、竹、梅的结合可体现出树丛的性格特征；要主次分明，重点突出，主体树种与宾体树种进行有机结合，协调地形成统一体；要有疏有密，参差错落，使其空间呈现出复杂多变的曲线，收到自然的景观效果。

乔灌木结合的丛植，还要注意常绿与落叶树种的搭配和色彩的协调。用常绿树作丛植的骨干材料，配以落叶树，可呈现出丰富的园林景色。在殡葬园区，从整体上来说，常绿树略多于落叶树较为适宜。常绿树有叶色、花色、季相的微略差异，而落叶树则更为明显，它们或以花色争艳、或以叶色取胜、或以果色悦目、或以姿态居优、或以芳香赏心，根据它们的属性，结合需要可构成优美的画面。尤其是秋叶变红或黄的典型的秋色树，差异于基本色调，更能构成园中佳作。

（6）群植。群植是将较大数量（20～30 株）的乔木、灌木按一定的构图方式栽植在一起，它是绿地中较大的植物群落，主要表现为群体美。树群一般不允许进入，因而在结构上可采用垂直郁闭的方式，上层为大乔木，其下为亚乔木、灌木和宿根的草本植物，其外部形态有高低起伏的变化。

（7）林植。林植是成片、成块大量栽植乔灌木，构成森林景观或发挥特殊防护功能。殡葬园区可营造大面积的疏林，在进行疏林设计时，构图上应讲究断续疏落，要有转换，有过渡，时而树丛，时而草地，形成疏朗简明的园林风光。

三、园林植物的种植设计

（一）常见的植物种植设计

1. 草坪植物种植设计

草坪是指园林中用人工铺植草皮或播种草籽培育形成的整片的绿地。草坪可以覆盖裸露的泥土，使园区整洁清新，生机勃勃，还可以形成柔软的绿色“地毯”，为人们提供游憩场所，给人一种和平、亲切、舒畅的感觉。此外，用植株矮小、叶密集或匍匐生长的地被植物密集成片栽植，也起到保护和装饰地面的效果。

草坪草种可分为暖季型和冷季型两大类，选择草种要尽可能用乡土草种，要适于当地生态条件，有较强的抗逆性；生长整齐，外形优美，绿色期长，能满足功能上的要求；繁殖容易，能迅速覆盖，与杂草竞争能力强，草坪稳定性好等，例如结缕草、狗牙草具喜光、耐踩耐干旱等特点，适宜全国各地的观赏、游憩性草坪；野牛草、羊胡子草耐阴，适宜北方林下草坪；假俭草耐阴，耐潮湿，适合长江以南的水池边、林下应用等。

2. 花卉植物种植设计

园林花卉种类繁多，丰富多彩，它培育期短，见效快，是园林中不可缺少的组成材料，其种植设计主要有以下几种。

（1）规则式布置。在具有一定几何形轮廓的植床内，布置各种观赏植物，以形成各种纹样或色彩的种植方式，它包括独立花坛、花坛群和花坛群组等。独立花坛能成为园林局部的构图中心，其几何形状和大小因环境而定，可设计成花丛式、模纹式、标题式、装饰物和立体花坛等，常布置在小广场中心、建筑前庭和花坛群的中心；花坛群是由两个以上的单体花坛组合而成，其规模大、变化多，具有完整的艺术构图，可组成完整的游览空间，一般布置在大型广场、园林入口、建筑前庭等。花坛植物选择时要注意：花丛式，宜选用花繁茂、花期长的草本植物为主，模纹花坛要选用耐修剪、生长慢的草本或木本观叶植物为主。

（2）自然式布置。花丛与花群的植床是自然形状的，床内花卉的布置也是自然式的，花卉采用易于成活的多年生花卉。花丛是自然式栽植的最小单位，可三五株，可单一品种，也可几种混植。丛内可参错疏密，以点状或块状混交为主，形成花丛组。花群则由花丛组构成，可装饰林缘草地。花丛和花群可作为园林的彩点布置，要沿透视线的集中点如道路终点、转弯处和树群前边进行安排，也常与岩石、假山配合组成自然式景点。

（3）混合式布置。是一种过渡的种植形式，根据需要建成50~100cm的台座，上面种植植物，形成花台，这是一种特殊的花坛类型，而另一种其平面呈规则式。平面为自然式的称为花境，它是一种竖向和水平相结合的观赏效果设计，常用多年生花卉和花灌木为主要材料表现观赏植物的自然美和群体美，如福禄考、百合、芍药、珍珠梅、连翘、榆叶梅等，花境广泛应用于道路、广场和建筑墙基附近，起装饰及缓冲作用。

3. 地被植物种植设计

（1）地被植物的特性。地被植物指覆盖在地表面的低矮植物，包括多年生低矮草本植物以及一些适应性较强的低矮、匍匐型灌木和藤本植物。优良地被植物应具备的特点是贴近地表生长，覆盖蔓延力强，适应能力强，种植以后不需经常更换，能够保持连年经久不衰。地被植物种类繁多，应用于园林景观中应按其机能、环境及欲展示的效果等加以选择。

（2）地被植物的功能。一是工程功能，可以防止土壤冲刷，减少风蚀和水蚀；减少地面反光所产生的刺眼现象；减少地面的声波传送，降低噪声污染；减少尘土飞扬，滞留粉尘，净化空气；引导交通路径；特定空间的界定；联结、组合空间。二是气候功能，减少地面辐射热的反散，减少地面层热气的传送，提高空气湿度。三是美化功能，有植物覆盖的地表比裸露的泥地更美观，若能整体设计，配置适当类型、色彩、质地、高矮的地被植物，则更能在绿化中达到美化的效果，此外，种植地被植物常能达到“变化中有统一”的基本设计目的。此外，地被植物可以招蜂引蝶、吸引鸟类，构成一道人与自然和谐相处的特殊景观。

（3）分类与应用。一是禾草植物类，最耐践踏，在庭园中常大面积栽植，供人们在其上活动、休息，如野牛草、结缕草、狗牙根、早熟禾、高羊茅等。二是草花及观叶植物类，生长低矮、快速，蔓延性极佳的草花及阳性观叶植物类，用它们装点绿地的主要景点，可使景观更加精致雅观，此类植物大都不耐践踏，只适宜作饰景、衬景、配色或其他诸如界定空间及基础栽植之用。三是藤蔓类，多数枝叶只是悬浮于地表，适宜平地栽植，无法在斜坡地上起水土保持作用，少数种类其茎节处易生不定根，可附地着生，抓地性较强，水土保持功能较佳，如凌霄、地锦、忍冬等。四是阴性观叶类，其叶具有较高的观赏性，且具有良好的耐阴性，能在隐蔽地点栽植，生长良好。五是低矮花灌木类，此类植物与草本类地被植物相比寿命较长，其景观效果较为稳定，有观花、观果、观看枝条等各种类型。

（4）地被植物的应用原则。地被植物种类繁多，在应用时首先考虑自然环境因子（如光照、湿度等），选择能适地生存并易蔓延生长的植物，这样才可能有良好的外观表现。其次必须考虑人们的活动情况，若该场所允许人们在上活动，就必须选择耐践踏性强的种类。斜坡处则可选择附地性强的植物如地锦，才有助于水土保持和景观效果稳定。最后，要注意展示效果，如观花或叶色艳丽者可突出色彩变化，若只作背景、衬托使用时，绿色枝叶者即可。质地及株高也是必须考虑的条件，如能同时考虑，即可获得最佳的展示效果。

4. 水生植物种植设计

水生植物配置于园林水体中，既为水面增添光彩，又减少水面蒸发，遮挡部分水面，增进水质清洁卫生。水生观赏植物分为三类，即挺水性植物（上部茎、叶、花能伸出水面，只有根部埋于水下的泥土中，如荷花、芦苇、水葱等）、浮水性植物（叶及花均浮于水面，根部埋于水下泥土中，如睡莲、菱角、芡实等，它们只能在浅水域或沿岸处生）、漂水性植物（全株漂浮水中，随水游动，如浮莲、凤眼莲、浮萍等，这类植物要求水面平稳）。

布置水生植物要根据其生态习性的不同进行，种植时切忌种满水面，并要采取一定措施控制植物根蔓延。水生植物作为观赏进行栽植时，要考虑其平、立面构图，要充分注意与岸上地形、树木及水中堤桥岛屿相协调，构成一个完整画面。

5. 木本植物种植设计

（1）点状配置。单株栽植（即孤植）是点状配置的最小单位，它在园林中有观赏、庇荫等作用，孤立树在风景构图中常放在突出位置上，北方常用白皮松、银杏、国槐等当作孤立树；对植常作配景，在规则式构图中，对植常采用严格的对称形式，而在自然式构图中，对植采用均衡对称形式；丛植是按一定的构图方式独立于周围树林、树群之外的乔灌木组合，一般由2~9株（最多不超过15株）树木组成，树丛的组合既要注意群体美的效果，又要照顾组成树丛的每一株树木在统一构图中的个体美，除两株树丛外，组合时不能布置成具有轴线的形状，以免影响效果；由多个树丛组成树丛组，用来组织空间、分隔空间，布置在林带、树群边缘使林缘产生变化，它是树群和树林的过渡；群植是较大量（20株以上）的乔灌木组成的群体，它可分隔空间，又可组织空间，并可组成自然风景的骨架。

（2）带状配置。带状配置是构成连续风景的骨架。按直线或缓曲线方向成行栽植乔灌木称行列栽植；多行行列栽植即形成林带栽植，自然式林带即带状树群，它可起防护、隔离的作用，密集型行列栽植主要指绿篱和树墙而言，树种要选择耐修剪的乔灌木，它可起到防范、防护作用以及园林绿地边饰作用和屏障、组织空间作用，绿篱、花篱、树墙可进行修剪、造型，但要注意与环境的协调一致。

（3）片状栽植。指成片的带有森林外貌的密林、疏林和风景林，它可以是单纯林，也可是混交林，适用于大型园林。

6. 攀缘植物种植设计

攀缘植物是园林垂直绿化的材料，可丰富园林景物构图的立面景观，起到装饰、遮阳、防尘、分隔空间等作用。用藤本植物进行垂直绿化的优点在于能充分利用土地和空间，并在短期内达到绿化效果。自古以来，攀缘植物一直是我国造园中常用的植物材料，充分利用攀缘植物进行垂直绿化则是拓展绿化空间、增加环境绿量、提高整体绿化水平、改善生态环境的重要途径。

（1）附壁式造景。附壁式造景可用于各种墙面、挡土墙等设施的绿化。在植物选择上，应当以吸附类攀缘植物为主。在较粗糙的表面，可选择枝叶较粗大的种类，如爬山虎、凌霄；而表面光滑细密的墙面则选用枝叶细小、吸附能力强的种类。

（2）篱垣式造景。篱垣式造景主要用于篱架、栏杆、栅栏、矮墙的绿化，这类设施在园林中最基本的用途是防护或分隔，也可单独使用，构成景观。

（3）棚架式造景。棚架式造景是园林中应用最广泛的攀缘植物造景方式，其装饰性和实用性很强，既可作为园林小品独立形成景，又具有遮阴功能，有时还具有分隔空间的作用。在中国古典园林中，棚架可以是葡萄架和紫藤架，也可以和亭、廊、景门、园桥相结合，组成外形优美的园林建筑群，甚至可用于屋顶花园。

（4）假山置石的绿化。古人有“山借树而为衣，树借山而为骨，树不可繁，要见山之秀丽”的说法。悬崖峭壁倒挂三五株老藤，柔条垂拂、坚柔相衬，使人更感到山的崇高峻峭，利用攀缘植物点缀假山置石，应当考虑植物与山石纹理、色彩的对比和统一。若主要表现山石的优美，可稀疏点缀络石、蔓长春花、小叶扶芳藤等枝叶细小的种类，让山石最优美的部分充分显露出来。如果假山之中设计有瀑布，在两侧配以蔓长春花、常春藤、探春等，则两者极为协调。若欲表现假山植被茂盛的状况，则可选择枝叶茂密的种类，如五叶地锦、紫藤、凌霄、扶芳藤。

植物按顺时针或逆时针方向旋转生长而缠绕支撑物的称为缠绕型攀缘植物，如紫藤、木通等；借助卷须和具有接触感应性的器官而使茎蔓上升的称为卷须型攀缘植物，如葡萄、牵牛、茑萝等；借助于茎蔓上的钩刺而使自身上升的称为钩攀型攀缘植物，如悬钩子属植物及蔓性蔷薇等；借助于吸盘或吸附根而攀缘于物体表面的称为吸附型攀缘植物，如地锦、常春藤、凌霄等。

攀缘植物可用来装饰林荫道、围墙、台阶、花架、游廊等。攀缘植物的种植方式主要有三种：一是采用吸附型攀缘植物直接贴附墙面，二是应用钩攀型攀缘植物借助支架攀缘，三是选择缠绕型和卷须型攀缘植物通过引绳牵引进行垂直绿化。

（二）园林小品的植物配置

园林小品泛指体量小巧的风景园林建筑（如花架、园椅、园凳、景墙、景窗等）及园林雕塑等，它们功能简明、造型新颖、立意有章，作为被观赏的对象，又是人们观赏景物的所在，在园林中应用很广。设计时除了考虑其自身的造型外，还应处理好它们与周围环境的关系，特别是与植物的配置问题。

随着园林绿化事业的不断发展，各种类型的园林小品越来越广泛地应用于园林绿地中，而园林小品的成功运用，不仅取决于其自身的形式、内容、体量等与其所处环境的协调，而且也有赖于与其密切相关的植物配置的合理性。因此，这就要求园林设计者在园林绿地中布置园林小品时，做到综合考虑、恰当安排、合理配置植物（包括种类、形式等）。只有这样，才能更利于提高园林小品的使用价值，增强其艺术感染力，产生较理想的园林景观效果，更好地发挥园林小品在园林绿地中的“画龙点睛”作用，充分体现其艺术价值。

1. 园林植物对园林小品的作用

园林小品是静止的，无生命的，其造型线条也大多比较生硬、平直。而花木却处于动静之间，而且是有生命、蓬蓬勃勃不断生长的，造型线条柔软、活泼，其色彩也可以随季节变化而变化。植物与小品的配置，主要是利用植物美丽的色彩和多变的线条，遮挡或缓和园林小品的生硬线条，并丰富园林小品的色彩；利用植物的四季变化与生长发育，使园林小品所处的环境在春、夏、秋、冬产生季相变化，赋予小品以时间和空间的季相感。如果配置得体，就可使园林小品与园林植物相互因借，相得益彰，充分体现人工美与自然美的巧妙结合，增强园林小品的艺术效果，提高其使用价值，并使景点变得更加优美，产生理想的景观效果。

2. 常见园林小品及其植物配置

（1）花架及其植物配置。花架主要是为了支持藤本植物生长而设置的构筑物，是建筑与植物相结合的组景造景素材。一方面，它具有亭、廊、门、篱等的休息、赏景及组织和划分空间等建筑功能；另一方面，在为可供观赏的攀缘植物生长创造生态条件的同时，还可以通过展示植物枝、叶、花、果的形态、色彩美来点缀环境，并形成通透的建筑空间。花架是较理想的立体绿化形式，如植物配置得当，能成为人们消夏庇荫的好场所。适于花架的藤本植物有上百种，常用的有紫藤、木香、凌霄、蔷薇、金银花等开花观果植物。由于它们的生长习性和攀缘方式不同，进行植物配置时，要结合花架的形状、大小，立地的光照条件、土壤酸碱度以及花架在园林中的功能作用等因素来综合考虑。如果花架高大、坚固，可栽种木质的紫藤、凌霄、南蛇藤等。如花架体量稍小，且处于光照不足的阴凉处，则宜选耐阴喜湿的藤本植物。另外，还可根据植物不同的生长特点，将几种藤本植物混植，既能延长观花期，又能遮挡建筑的某些缺憾并减少酷暑的炙烤和冬日的寒风，使之常年都能起到装饰美化环境的作用。

（2）园椅、园凳及其植物配置。园椅、园凳是园林或绿地中必备的设施，供游人就座休息和观赏风景，同时还具有组织风景和点缀风景的作用。其植物配置要求夏能遮阳，冬不蔽日。大树围凳（椅）、独柱花架围凳（椅）。古树横斜，下部围置浅盆状圆形或正多边形坐凳（椅），使树凳结合，既可遮阳纳凉，又可保护大树不受撞击、根部土壤不遭践踏。如在悬铃木的周围布置一圈座椅，做到大树底下可乘凉。在体形小巧的独柱花架周围，也可围以圆形或多边形园凳（椅），但架上植物应选用枝干轻细无刺的藤本植物，由于花架、植物、座凳（椅）三者巧妙结合，体态美观，故也可作景点设置。冠大荫浓的落叶树下设置条形座椅。这种形式，常在座椅附近配置榆叶梅、连翘、丁香等花灌木，花开时节，景色美丽，香气袭人，为游人创造一种幽静的休息和赏景环境。园椅（凳）与花坛结合。如有的是以花坛为核心，周边围椅（方形、圆形均可）包围花坛，作为独立一景；有的是长条座椅与花坛相间，使其形成一体，游人在树荫、花畔就座休息，花香扑鼻，令人心旷神怡。另外，在丛林中设置一组塑蘑菇状或仿树桩的休息园凳，能把周围环境衬托得自然、富有情趣，也是园椅、园凳与植物结合的常用手法。

（3）园墙、漏窗及其植物配置。园墙是空间构图的一个重要手段，其功能主要是分隔空间、丰富景致层次及控制引导游览路线等。园墙与植物搭配，是用攀缘植物或其他植物装饰墙面的一种立体绿化形式。通过植物在墙面上垂挂和攀缘，既可遮挡生硬单调的墙面，又可展示植物的枝、叶、花、果，使自然气氛倍增。常用的悬垂和攀缘植物有迎春、紫藤、木香、爬山虎、金银花等。另外，在墙前植树，使树木的光影上墙，以墙为纸，以植物的姿态和色彩作画，也是墙面绿化的一种形式。由于园墙在园林中的位置和作用不同，植物配置时还应充分考虑植物的生长特性。如常见的木香、紫藤、藤本月季、凌霄等喜阳植物，不适宜配置在光照时间短的北向或庇荫墙面，只能在南向或东南向墙面配置；但常春藤、扶芳藤等喜阴或耐阴的植物，则宜在背阴处的墙面生长。有时为了避免色彩单调或落叶的缺憾，还可将几种攀缘植物和花灌木相配伍，使其在形态和色彩上互相弥补和衬托，丰富墙面的景观和色彩。墙上开设漏窗，不仅可以装饰墙面，增加景深层次，而且还可起框景作用。透过漏窗，窗外景物隐约可见，若在窗后再进行适当的植物配置，形成一幅幅生动的小品图画，则更能取得理想的视觉效果。由于窗框的尺度是不变的，植物却在不断生长、增大体量，因此，进行植物配置时，窗前或窗后近处宜选择生长缓慢、体形不大的植物，如芭蕉、棕竹、南天竹、苏铁类、佛肚竹等。近旁还可配些尺度不变的剑石、湖石，增添其稳定感，这样有动有静，构成相对持久的画面；窗后远处则宜选体形高大、树姿动人、色彩美丽的树木。

(4) 园林雕塑及其植物配置。园林雕塑小品既具观赏性、又富有寓意。其题材不拘一格，形体可大可小，形象可具体可抽象，表达的主题可自然可浪漫，具有强烈的艺术感染力，在园林设计中有助于表现园林主题，点缀装饰风景。精美、成功的雕塑小品，又往往是园林局部的造景中心。园林雕塑小品的植物配置，主要强调环境气氛的渲染，其中背景的处理尤为重要。常用手法有：以各种浓绿的植物作为浅色雕塑的背景，对于不同主题的雕塑还应采取不同的种植方式和相应的树种。如在纪念性雕塑周围宜采用整齐的绿篱、花坛及行列式种植，并以体形整齐的常绿树种为宜。对于主题及形象比较活泼的雕塑小品，宜用比较自然的种植方式，在植物的树形、姿态、叶形、色彩等方面，则应选择比较潇洒自由的形式。

（三）园林水体的植物配置

在中国古代，自然美很早就被发现并被重视，《诗经》中很多篇章，就表现了中国传统文化这一显著特色的渊薮。人们崇尚、赞美也欣赏自然之美，寄托着天人合一的人生理想，即与自然谐和的人的精神，而观照自然山水。《管子·度地》曰“水之性，行至曲必留退，满则后推前，地下则平行，地高则控，杜曲则捣毁。杜曲激则跃，跃则倚，倚则环，环则中，中测涵，涵则塞，塞则移，移则控，控则水妄行，水妄行则伤人”。这一对于河曲现象深入分析而形成的理论总结，现代地理学家认为可与今日自然地理中河道迁移规律的研究相媲美。

1. 不同园林水体的植物配置

园林水体给人以明净、清澈的感受。水被称之为园林中的“血液”“灵魂”，宋朝的郭熙在《山泉高致·山水训》中有这样一段对水的描写：“水，活物也，其形欲深静、欲柔滑、欲汪洋、欲回环、欲肥腻、欲喷薄、欲激射、欲多泉、欲远流、欲瀑布插天、欲溅扑入池，欲渔钓恰恰、欲草木欣欣、欲挟烟而秀媚、欲照溪谷而光辉，此水之活体也。”堪称对水体绝妙的刻画。

水是构成景观的重要因素。李清照的“水光山色与人亲”，描述了人有亲水的欲望。园林水体可赏、可游。大水体有助空气流通，即使是一斗碧水映着蓝天，也可起到使游客的视线无限延伸的作用，在感觉上扩大了空间。淡绿透明的水色，简洁平淌的水面是各种园林景物的底色，与绿叶相调和，与艳丽的鲜花相对比，相映成趣。园林中各类水体，无论其在园林中是主景、配景或小景，无一不借助植物来丰富水体的景观。水中、水旁园林植物的姿态、色彩、所形成的倒影，均加强了水体的美感。有的绚丽夺目、五彩缤纷，有的则幽静含蓄，色调柔和。

综观园林水体，不外乎湖、池等静态水景及泉、河、溪、涧、瀑等动态水景。

（1）湖。湖是园林中最常见的水体景观。杭州西湖，湖面辽阔，视野宽广，沿湖景点突出季节景观，如苏堤春晓、曲院风荷、平湖秋月等，春季，桃红柳绿，垂铆、悬铃木、枫香、水杉、池杉新叶一片嫩绿；碧桃、东京樱花、垂丝海棠、迎春先后吐艳，与嫩绿叶色相映，春色明媚，确似一袭红妆笼罩在西湖沿岸。西湖的秋色更是绚丽多彩。红、黄、紫色俱备，色叶树种丰富，有无患子、悬铃木、银杏、鸡爪槭、红枫、枫香、三角枫、柿、重阳木、紫叶李等。

（2）池。在较小的园林中，水体的形式常以池为主。为了获得“小中见大”的效果，植物配置常突出个体姿态或利用植物分隔水面空间，增加层次。如苏州网师园，池面仅410m^2，水面集中，池边植以柳、碧桃、玉兰、黑松、侧柏等，疏密有致，既不挡视线，又增加了植物层次。池边一株苍劲、古朴的黑松，树冠及虬枝探向水面，倒影生动，颇具画章。在叠石驳岸上配置了南迎春、紫藤、地锦等，使得高于水面的驳岸略显悬崖野趣。

（3）泉。由于泉水喷吐跳跃，吸引了人们的视线，可作为景点的主题，再配置合适的植物加以烘托、陪衬，效果更佳。杭州西泠印社的“印泉”，面积仅1m^2，水深不过1m。池边叠石间隙夹以沿阶草，边上种植孝顺竹一丛，海花一株探向水面，形成疏影横斜、暗香浮动、雅静的景观。

（4）河。在园林中，直接运用河的形式不常见。北京颐和园的后湖实为六收六放的河流。两岸种植高大乔木，形成“两岸夹青山，一江流碧玉”的意境。在全长1000m的河道上，两岸高低起伏的岸路把河道障隔、收放成六个段落，沿岸的柳树、白蜡；山坡上的油松、架树、元宝枫、侧柏，加之散植的榆树、刺槐，形成一条绿色长廊，山桃山杏点缀其间，更显明媚，行舟漫游，最得山重水复、柳暗花明之趣。站在后湖桥凭栏而望，两岸古树参天，清新秀丽，一带河水映倒影，正是“两岸青山夹碧水”的写照。

2. 堤岛驳岸的植物配置

水体中设置堤、岛是划分水面空间的主要手段。堤、岛上的植物配置，不仅增添了水面空间的层次，而且丰富了水面空间的色彩，倒影成为主要的景观。

（1）堤。堤在园林中虽不多见，但杭州的苏堤、白堤，北京颐和园的西堤，堤常与桥相连，也是重要的游览路线之一。苏堤、白堤除桃红柳绿的景色外，各桥头配置不同植物，苏堤上还设置有花坛。北京颐和园西堤以杨、柳为主，玉带桥以浓郁的树林为背景，更衬出桥身洁白。

（2）岛。岛的类型众多，大小各异。有可游的半岛及湖中岛，也有仅供远眺、观赏的湖中岛。前者在植物配置时还要考虑导游路线，不能有碍交通，后者不考虑导游，植物配置密度较大，要求四面皆有景可赏。杭州三潭印月可谓是湖岛的绝例。全岛面积约 $7hm^2$。岛内由东西、南北两条堤将岛划成“田”字形的四个水面空间。堤上植大叶柳、香樟、木芙蓉、紫藤等乔灌木，疏密有致，高低有序，增加了湖岛的层次、景深和丰富的林冠线，构成了整个西湖的湖中有岛、岛中套湖的奇景，而这种虚实对比、交替变化的园林空间在巧妙的植物配置下，表现得淋漓尽致。

（3）驳岸。岸边植物配置，既能使山和水融成一体，又对水面空间的景观起着主导的作用。驳岸有土岸、石岸、混凝土岸等。自然式土岸边的植物配置最忌等距离，用同一树种，同样大小，甚至整形式修剪，绕岸栽植一圈。应结合地形、道路、岸线栽植，有近有远，有疏有密，有断有续，曲曲弯弯，自然有趣。规则式的石岸线条生硬、枯燥。柔软多变的植物枝条可补其拙。自然式的石岸线条丰富，优美的植物线条及色彩可增添景色与趣味。自然式石岸的岸石有美有丑，植物配置时要露美遮丑，如苏州拙政园规则式的石岸边种植垂柳和南迎春，细长柔和的柳枝下垂至水面，圆拱形的南迎春枝条沿着笔直的石岸壁下垂至水面，遮挡了石岸的丑陋。

4. 水边的植物配置

（1）水边植物配置的构图。一是色彩构图。淡绿透明的水色，是调和各种园林景物色彩的底色，如水边碧草、绿叶，水中蓝天、白云，但对绚丽的开花乔灌木及草本花卉，或秋色却具衬托的作用。二是线条构图。平直的水面通过配置具有各种树形及线条的植物，可丰富线条构图。我国园林中自古水边就主张植以垂柳，造成柔条拂水，湖上新春的景色。水边栽植植物，探向水面的枝条，或平伸，或斜展，或拱曲，在水面上都可形成优美的线条。

三是透景与借景。水边植物配置切忌等距种植及整形式修剪，以免失去画意，栽植片林时，留出透景线，利用树干、树冠框以对岸景点。一些姿态优美的树种，其倾向水面的枝、干可被用作框架，以远处的景色为画，构成一幅自然的画面。探向水面的技、干，尤其似倒未倒的水边大乔木，在构图上可起到增加水面层次的作用，富有野趣。

（2）水边植物配置的树种。水边绿化树种首先要具备一定耐水湿的能力，另外还要符合设计意图中美化的要求。我国从南到北常见应用的树种有：水松、小叶榕、高山榕、紫花羊蹄甲、椰树、蒲葵、落羽松、池杉、水杉、垂柳、旱柳、苦楝、悬铃木、枫香、枫杨、三角枫、重阳木、柿、榔榆、桑、柘、白蜡、海棠、香樟、棕榈、无患子、蔷薇、紫藤、连翘、夹竹桃、桧柏、丝棉木等。

5. 水面的植物配置

水面景观低于人的视线，与水边景观呼应，加上水中倒影，最宜游人观赏。湖面遍植荷花，能体现出“接天莲叶无穷碧，映日荷花别样红”的意境，每当游人环湖漫步在柳林下，阵阵清香袭来，非常惬意。在岸边若有亭、台、楼、阁、榭、塔等园林建筑，或种植有优美树姿、色彩艳丽的观花、观叶树种，则水中的植物配置切忌拥塞，必须予以控制，留出足够空旷的水面来展示倒影。对待一些污染严重，具有臭味的水面，则宜配置抗污染能力强的凤眼莲、水浮莲以及浮萍等，布满水面，隔臭防污，使水面犹如一片绿毯或花地。

第五节　殡葬园林建筑文化艺术

园林建筑作为造园四大要素之一，是一种独具特色的建筑，既要满足建筑的使用功能，又要满足园林景观的造景要求，并与园林环境密切结合，与自然融为一体的建筑类型。

一、园林建筑功能与分类

园林是改善、美化人们生活环境的设施，也是人们休息、游览、文化娱乐的场所，随着园林活动的日益增多和园林现代化设施水平的不断提高，园林建筑类型日益丰富。园林建筑是园林的重要组成部分，它较少受到自然条件的制约，是造园中最为灵活和积极的一个手段。

（一）建筑的文化内涵

1. 建筑的含义

（1）建筑是一种社会现象。建筑不是自然存在的东西，而是人类运用自己的力量和智慧创造的社会产品，是人类组成社会的最基本的物质财富。

（2）建筑是一种文化现象。建筑具有人类创造的文化品格和文化内涵，人类所创造物质文化与精神文化这两大文化，都能生动地凝聚在建筑身上。从文化发展的角度讲，我们可以认为建筑是人类历史发展的丰碑。在一定的历史时期，人类的物质文化具有什么特点，达到了什么境界，就会有什么样的建筑。

（3）建筑是一种人文景观。建筑是人的主观能动性、人的理想、追求、欢快、痛苦等情感与心理内容的外化。在建筑物上，包含了人类各种丰富、复杂的心理内容，这些内容既有普遍的、全人类的内容，又有受空间、时间的天然限制所形成的民族的、时代的内容；既有显而易见的群体性特征，又有鲜明、生动的个性特征。

（4）建筑是一门综合艺术。建筑是一门被世人所公认的历史悠久的艺术。建筑作为人类创造的一种特殊的艺术，既具有大量非艺术的技术、物质等因素，又具有作为艺术的各种要素，如引动人审美情趣的多姿多彩的形式。建筑是一种集物质功能与精神功能于一体的特殊艺术，它既具有不可否认的审美性，又具有最显而易见的物质实用性；既凝聚了生命战胜自然所得到的实益，又显示了思想超越自然灵气。因为在它们的整体造型和细部结构及材料的质地、色彩、技术、文化等因素都是浑然一体的。

2. 建筑美的本质特点

建筑是一种由人创造的、凝聚了人所创造的物质内容和精神内容的实体。这种实体不是一种自然的生成物，而是社会的产品，是人在社会中生存的生命与精神的寄托场所；不是一种由自然恩赐的物质，而是一种由人的智慧创造的文化。

（1）建筑美的物质性实用本质。建筑美的物质性实用本质主要有两方面的内容：一是个体的实用本质（指建筑的美对建筑自身的实用性），二是群体的实用本质（建筑美对于人类生存环境的实用性）。从最直观的事实方面说，建筑以自己“美”的形象，组成了人类生存的社会性环境——城市。从物质环境来看，建筑是组成城市的主要部件和基本细胞，它以自己的物质实体，为城市的形成提供了强有力的物质保证。

（2）建筑美的精神性实用本质。建筑美的精神性实用本质即引起人审美愉悦。建筑美实用本质的最直接反映者，是多姿多彩的建筑风格。各种风采纷呈的建筑，不仅直接反映出建筑美的物质性实用本质特征，而且也反映出建筑美的精神性的审美特征。

（3）建筑美的审美本质。建筑的美在抽象，不在具体。各种艺术，它们既包含了人对现实美的认识经验，又凝聚了人对理想美的追求。所以，它们能给审美主体提供比自然美更为集中、更为丰富、也更富于韵味的美感。建筑的美在“表现”不在“反映”。建筑作为一门特殊的艺术，它的美并不是在于它反映了什么，而是在于它或隐或显地表现了什么。建筑是一项技术性很强的工程。它是人类科学技术发展的直接见证者，它总要借助科学技术的物质手段不断地完善自己，体现自身的价值，构造自己的艺术形象。由于建筑作为一种空间形态的特殊艺术，具有最直接的社会、文化、心理的影响力，建筑的美受到它所存在的空间中的各种因素的影响，这些因素既有物质性的因素，如山、水、树木及其他人为的设施、景观，也有非物质性的因素，如风俗习惯、文化倾向、审美趣味、宗教意识、生活方式等。

建筑的原意是“巨大的工艺”，无论中国或外国，古代的“艺术”都是指工艺。建筑作为一种艺术，被赋予美的内涵，成为一个重要的审美对象，首先是因为它凝聚着人类的追求与理想，是人类自觉地认识和改造大自然的劳动成果。人对建筑的美感，客观上来源于建筑的形式。秩序井然的北京城，宏阔显赫的故宫……所有这些具体的感觉形式，无不包含着深刻的历史因素以及整个时代的民族的审美倾向。建筑美的欣赏，主要是对建筑美的一种感性把握，它的主观性较强。建筑美的批评则在欣赏的基础上，根据一定的标准，将对建筑美的感性认识，上升到一定的理性认识的层次所得出的判断，它具有一定的客观性。当一幢建筑或一群建筑落成后，就成为一种客观的存在物，当它或它们成为人们的审美对象后，也就成为审美客体。面对这些审美客体，一方面人们要受到它们形体、色彩等“语言”因素的制约，根据它们所提供的各种因素在大脑中形成一定的审美判断。此时，人们可能自觉地运用了建筑美的一定知识，也可能仅仅只凭感觉，从视觉印象中得出美或不美的判断，但人们这时的审美判断是被动的。另一方面，人们又会在此基础上，根据自己的生活感觉和审美经验，展开各种想象活动，对眼前的审美对象进行一种“再创造”，此时，即使是凭感觉的再创造，也是对建筑美学原理的“不自觉”的运用，表现了审美的主观能动性。

3. 中国建筑的文化精神

伟大的中国创造了独具特色的中华优秀传统文化。中国建筑艺术就是整体中华文明的一株奇葩。

古代世界曾经有过 7 个主要的独立建筑体系，其中有的或早已中断，或流传不广，如古埃及建筑、古代西亚建筑、古代印度建筑、古代美洲建筑等，只有中国建筑、欧洲建筑、伊斯兰建筑被认为是世界三大建筑体系。其中又以中国建筑和欧洲建筑延续时间最长、流域最广、成就也更为辉煌。

中国最早的史前建筑，诞生于距今约10000年的旧、新石器时代之交，即原始农业开始出现，人们的定居要求开始增强的时候。而最早显现出初步的关于美（即广义艺术要求）的建筑，则出现于公元前4000年新石器时代中期。从一种结构体系而言，中国传统建筑终结于20世纪初期。

在漫长的发展过程中，中国建筑始终完整保留了体系的基本性格。从其全部历史可以分出几个大的段落，如商周到秦汉，是萌芽与成长阶段，秦和西汉是发展的第一次高潮；历魏晋经隋唐而宋，是成熟与高峰阶段，唐宋的成就更为辉煌，是第二次高潮，是中国建筑的高峰；元至明清是充实与总结阶段，明至清以前是发展的第三次高潮。可以看出，每一次高潮的出现，都相应地伴有国家的统一、长期的安定和文化的急剧交流等社会背景，统一安定、经济繁荣、国力强大和文化交流，正是建筑艺术得以发展的内在契机。例如秦汉的统一加速了中原文化和楚、越文化的交流，隋唐的统一增强了中国与亚洲其他国家以及中国内部南北文化的交流，明清的统一又加强了中国各民族之间融合并开始了中西建筑文化的交流。

中国传统建筑以汉族建筑为主，主要包括如城市、宫殿、坛庙、陵墓、寺观、佛塔、石窟、园林、衙署、民间公共建筑、景观楼阁、王府、民居、桥梁等类型以及如牌坊、碑碣、华表等建筑小品。它们除了基本共同的发展历程外，又有时代、地域和类型风格的不同。

由于中国长期的宗法社会土壤，中国建筑以宫殿和都城规划的成就最高，突出了皇权至上的思想和严格的等级观念，体现了古代中国占统治地位的政治伦理观，而与欧洲建筑、伊斯兰建筑或古印度建筑以神庙、教堂和清真寺等宗教建筑成就明显不同。宫殿从夏代已经萌芽，隋唐时达到高峰，明清则更加精致。西周时期已形成了完整的都城规划观念，重视规整对称突出王宫的格局，“礼崩乐坏”的春秋战国，规整式格局有所破坏，汉代又开始向规整的复归，隋唐完成这一过程，元、明、清则更加丰富。

佛教建筑包括佛寺、佛塔和石窟，还有石幢、石灯等建筑小品。佛教建筑在初期受到印度的影响，很快就开始了中国化的过程，体现了中国人的审美观和文化性格，充满了宁静、平和而内向的氛围，而与西方宗教建筑的外向暴露，气氛动荡不安完全不同。道教是中国的本土宗教，道观向佛寺学习，同样具有安详的风韵。佛道寺观可分为敕建寺观和山林寺观两类，前者更接近宫殿，严谨壮丽；后者更接近民居，自由灵巧。

基于与自然高度协同的中国文化精神，热爱自然、尊重自然，建筑镶嵌在自然中，仿佛是大自然的一个有机组成，这在中国各建筑类型中都有明显的反映（如城市、村镇、陵墓或住宅的选址和布局等），并上升到一定的理论高度。注重与自然高度协同的观念在园林中更有突出的表现，属于自然式，中国园林主要有皇家园林和私家园林两种，两汉时以前者为主，成就高于后者，唐宋以后私家园林的水平渐高。它们虽具有共通的艺术性格，而私家园林更多地体现了文人学士的审美心态。

中国建筑特别重视群体组合的美。群体组合常取中轴对称的严谨构图方式，有些类型如园林、某些山林寺观和某些民居则采用了自由式组合，但都十分重视对中和、平易、含蓄而深沉的美学性格的追求，体现了中国人的民族审美习惯。

中国建筑是独具风姿的唯一以木结构为主的体系。结构不但具有工程技术的意义，其机智而巧妙的组合所显现的结构美和装饰美，本身也是建筑美的内容，尤其木结构体系，其复杂与精微都为砖石结构所不及，体现了中国人的智慧。

中国各少数民族建筑也都各具异彩，大大丰富了中国建筑的整体风貌。藏族建筑深植于独特的藏传佛教文化土壤之中，吸收了汉族建筑的一些形象和手法而自成体系，非常富于特色，规模宏大，色彩鲜明，性格粗犷巨丽。维吾尔族以伊斯兰教建筑成就最大，属于世界伊斯兰建筑体系，造型浑朴含韵，性格静穆沉思。这些民族的建筑艺术作品，像闪现在天空的点点明星，与汉族建筑一起共同形成中华建筑的灿烂。

中国建筑以中国为中心，并对朝鲜、日本和蒙古等广大东亚地区产生了巨大影响。它们与中国一起，共同构成为以中国建筑为核心的东亚建筑。

4. 建筑的类型与形式

中国的古代建筑，大体上可分为10种：皇宫、衙署、殿堂、宅第等宫廷府第建筑，城墙、城楼、村堡、关隘、长城、烽火台等防御守卫建筑；市楼、钟楼、鼓楼、牌坊、影壁等纪念性和点缀性建筑；石阙、石坊、崖墓、祭台，以及帝王陵寝宫殿等陵墓建筑；御园、宫囿、花园、别墅等园囿建筑；文庙（孔庙）、武庙（关帝庙）、祠宇等祭祀性建筑；石桥、木桥、堤坝、港口、码头等桥梁及水利建筑；窑洞、茅屋、草庵、民宅、庭堂、院落等民居建筑；佛教的寺、庵、堂、院，道教的祠、宫、庙、观，回教的清真寺，基督教的礼拜堂等宗教建筑；乐楼、舞楼、戏台、看台等娱乐性建筑。

中国的宗法伦理观念几乎影响到其他所有建筑类型，如祭祀自然神和先贤圣哲的准宗教建筑坛庙，以及在特别强调血缘宗亲关系、特别重视“慎终追远”“事死如生”等观念的文化背景下发展的帝王陵墓等，它们几乎是中国特有的建筑类型，以规模之隆重、气氛之肃穆而令人瞩目。

（1）形状的适宜感。规则严谨的几何构图空间，具有端庄、肃穆的气氛，如北京人民大会堂；不规则的自由构图的空间，则给人一种自然、灵活的感觉，如悉尼歌剧院。大尺度的空间显得宏伟、开阔，如北京展览馆；符合常情尺度的空间，如别墅、一般住宅楼，亲切、富有人情味。建筑的结构空间在很大程度上限定了室内空间的形态，在这种情况下，为了达到美化环境的目的，对空间的形状进行装修就要摸清空间形状的特点。装修时要针对结构空间的不同形状，选择相应的装修方法，太大的空间（如大宾馆、大饭店的大厅），如需要一种亲切感，就可以对太大的空间进行一定的分隔，利用柱、柜或其他物件将大空间分隔为几个层次分明又相互联系的小空间，同时对墙面进行“实”的处理，用木材、钢材等不透明的材料装饰墙面。相反，空间较小，又需要一种开阔感，就应该对墙面作“虚”的处理，如放面大镜子，同时尽量疏通空间，使其流畅，没有隔断的物件。对墙体上的柱子或立于空间中的柱子等，也可根据需要进行或圆或方的修饰，至于墙顶与墙脚，为了避免单调，可用“线”使其富有一定的变化。例如，各种墙脚抹灰和墙顶抹出线脚，就是为了使墙面富有变化，使空间的适宜感更强。

（2）色彩的美感。色彩是建筑空间中重要的因素，因为色彩能以最明显的形式刺激人的视觉，对人产生物理的、生理的以及心理作用，从而直接影响人对空间的审美感受。色彩具有深刻而丰富的象征力、表现力。色彩的美感是所有美感中最大众化的形式，因而室内空间的好坏，格调的高低、雅俗，在色彩的使用上可以最直接地反映出来。色彩对人的作用比之形状、材料对人的影响更为直接和全面，它不仅影响人的一般感觉，更深深地影响人的联想；它不仅对人有物理的、生理的作用，更对人有着强烈的心理作用。

从物理作用来看，色彩自身不受温度、重量和尺度影响，但却能使人产生温度感、重量感和尺度感。例如，红、橙、黄色，往往使人感到“暖”；绿、青、紫、白，往往让人感到“冷”。

从重量感看，白色、绿色、粉红色，如花似卉，常使人感到“轻”，红色、紫色、青色，厚实浓烈，则常使人感到“重”。在室内装饰时，为了均衡的视觉效果，往往可以上面用“轻”色，下面用“重”色。又如尺度感，红色、紫色常使人感到逼近，而白色、绿色等又使人感到距离拉远。如果根据色彩的这种尺度感装饰房间，在较小的空间用白、绿色，则可使空间有扩大感，反之，在大空间用红、紫等色，则可使空间获得缩小感。

从生理作用看，一种色彩长时间作用于人的视觉，使人容易疲劳。在室内装饰时，应尽可能地避免单色，而应采用相应的对比色。如以红色为主色的空间，就应在相应的地方涂上绿色或青色，因红色使人亢奋，绿、青色则使人安宁。

色彩本身并不含情感，但由于人们在长期的生活中形成了一些较为固定的象征、隐喻观念，这也就使色彩具有了某种情感和意味。所以，人们心理上往往会通过色彩产生一定的联想，与某种意味、某种情感联系起来。如红色是最富刺激性的色彩，它往往象征太阳、光明、热烈，而黑色常会引人想到恐怖与不祥。所以，园林建筑及装修时，就要根据艺术意境和功能的需要选择恰当的色彩。

(3) 形式与色彩的关系。建筑色彩和建筑形式一样，都是一定历史时期内的文化的产物，两者互相依存、相辅相成。如果没有建筑形式，建筑色彩就没有依托；如果没有建筑色彩，建筑形式就没有增饰。它们都是遵循建筑美学的原则而构成的建筑美学的基础，当然也受时间和空间的制约——随着时间和空间的变化而发生变化。

在悠久的历史中，一方面建筑形式采用了严格的左右对称的表现技法，像宫殿、寺院等建筑那样，显示出来权力、权威的象征；另一方面建筑色彩则采用了红色、黄色等来充分表现这些，以增加形式的庄严壮丽的气氛。这样，色彩与形式结合在一起，就能够产生出精神上的表现力。

随着时间的推移，建筑形式已不再采用对称均衡的表现技法，而像现代建筑那样反映着现代的思想意识。在这样的客观条件下，建筑色彩则配合新的形式发挥它的表现力，唤起人们的感觉，帮助人们体会这样的形式的美观。这时，根据不同的形式，起到色彩调节的作用。

在一定环境中，建筑色彩不但能显示出民族的、社会意识的表现力，而且还能给我们的生活带来相当大的影响。通过建筑色彩可以观察到一个社会、一个民族的物质文明和精神文明的程度。建筑是多姿多彩的，建筑物的颜色有着明显的时代特点、地方特点。如北京的故宫，黄色是主要的代表色，象征着皇权至高无上；苏州的民居，白墙、灰瓦，在青山绿水的映衬下，独具江南特色。

建筑物的内部和外部都使用色彩，在一个时期、一定的地区内，根据社会意识和物质要求，使用一些自然材料或人工材料，设计和建造出代表当时形式或风格的建筑物，所用色彩富有时代精神，是能够满足人们的生活要求的。建筑色彩既蕴含着传统，又是流行的，它总在不断地满足着人们的生活要求。

【扩展阅读】

传统风水理论与建筑美

风水作为中国古代的建筑理论，是中国传统建筑文化的重要组成部分。尽管它不可避免地带有迷信色彩，但也蕴含着自然知识、人生哲理以及传统的美学、伦理观念等诸多方面的丰富内容。风水把中国的古老哲学、科学（特别是天文学、地理学）引入建筑，充当中国哲学、科学与建筑的中介。风水理论，在景观方面，注重人文景观与自然景观的和谐统一；在环境方面，重视人工自然环境与天然环境的和谐统一，风水理论的宗旨是“勘查自然，顺应自然，有节制地利用和改造自然，选择和创造出适合于人的身心健康及其行为需求的最佳建筑环境，使之达到阴阳之和、天人之和、身心之和的至善境界”。但在引入的过程中却掺杂着大量的巫术，从而赋予中国建筑以特有的哲理意趣与巫术气息。我们今天应以科学的眼光辩证地来看待中国传统建筑文化中的风水理论，取其精华，剔其糟粕。

风水的核心便是探求建筑的择地、方位、布局与天道自然、人类命运的协调关系，它把中国古老哲学命题“天人合一”等引入建筑，其注意力不是放在人类行为如何制约环境上，而是注重人类对环境的感应，并指导人如何按这些感应来解决建筑的选址及其建造。

风格是民族的特征，也是时代的特征。各时代、各民族的建筑风格凝聚了当时当地几乎全部的上层建筑和意识形态的灵魂。因此，渗透进各种学说底层的“天人合一”宇宙观，镶嵌入民众心里的“传统风水”观念，必然影响着中国建筑风格的形成与变化。

风水深深植根于中国传统文化，在对建筑环境的选址规划中，还极为重视自然观的审美，讲究建筑人文美与环境自然美能达到和谐有机的统一，在理论和实践方面，表现出很强的美学性质，显示出中国传统文化的鲜明特色。如曹雪芹在《红楼梦》里借宝玉之口评稻香村时，就是以风水的模式为标准而来评价建筑环境的：“此处置一田庄，分明是人力造作而成，远无邻城，近不负郭，背山无脉，临水无源，高无隐寺之塔，下无通市之桥，峭然孤出，似非大观，那及先处，有自然之理，得自然之趣呢？虽种竹引泉亦不伤穿凿。”

“传统风水”与“建筑美学”在曲线美、对称美、和谐美、生机美等四个方面具有一致性。

一、曲线美

传统风水的曲线美主要体现在“山环水抱”和“曲径通幽”两方面。

“山环水抱必有气”是传统风水的一条重要定律。清代袁枚在《与韩绍真书》中写道：“贵曲者，文也。天上有文曲星，无文直星。木之直者无文，木之拳曲盘纡者有文；水之静者无文，水之被风挠激者有文。”中华大地，山环水抱的风水宝地不胜枚举，不仅被我国六大古都和名人故居所证实，也被名山大寺甚至著名的帝王陵墓所验证。而四合院建筑的左右两侧的厢房，犹如人的两臂呈环抱之势，是“山环水抱”的另一种体现。“山环水抱”之所以有情，其理就在于其状恰如人伸出双臂的拥抱姿态，既然这种姿态表示欢迎，自然就是有情的最好体现。

传统风水处处体现这种曲线美，山要有蜿蜒起伏之曲，水要有流连忘返之曲，路要有柳暗花明之曲，桥要有拱券之曲，廊要有回肠之曲。清代帝陵建筑群总是在大建筑物面前，修一些小建筑，如以石五供衬托明楼；又在横向建筑的前后修纵向建筑，如清西陵中雍正皇帝泰陵的龙门与石桥，构成一处纵横组合。这样，整个陵区错落有致，波澜起伏，抑扬顿挫，是曲线美的另一种表现形式。

从文化性格来说，中国传统美学观是内向、含蓄的，建筑美学除了含蓄、幽曲之外，还追求方正、对称之美，即追求“大雅”的表现；而含蓄、幽曲的最终效果，也是为了通过丰富的层次变化，获得博大幽深的艺术效果，两者是基本统一的。中国传统美学观所表现出来的含蓄、幽曲和对称、方正之美，在中国风水中得到了丰富的展现。

二、对称美

对称是自然美的形象表征。古今中外，许多古城、皇宫、民宅、陵墓，多是左右对称的。空间位置的这种对称性设计，是对大自然的有机模仿，在这种模仿中人类得到感官的愉悦和情操的陶冶，进而产生有益于人的身心健康的审美感受。

传统风水对周围环境的要求讲究“左青龙、右白虎”，这一风水模式就是美学对称均衡原则的最好体现。各种建筑本身都处处体现出一种对称美。

清代帝陵很注重对称美。清东陵以主陵（即顺治皇帝的孝陵）为中心的神道，成为整个陵区布局的中轴线，其他各陵均以孝陵为中心向两侧排布。每一座帝陵都有一条与地球经线平行的中轴线，南北延伸相对称。中轴线的主要建筑，一律坐北朝南。中轴线的顶端是横行的山脉，组成丁字形。中轴线的两旁都是成对的建筑，彼此呼应。如清东陵整个陵区的山川景物，皆由从昌瑞山到金星山的神道（中轴线）所左右，大小数十座建筑物沿神道排列配合有序，蔚为壮观。

三、和谐美

我国的先哲很讲究美，《国语·楚语》记载了春秋末期楚国大夫伍举给美下的一个定义："夫美者，上下、内外、大小、远近皆无害焉，故曰美。"道出了美的本质特征——和谐。

传统风水理论追求自然的美，不需要雕饰，只需要选择。"以人工改造形势，筑成抱水藏风美地，外观则善矣，无如掘凿太过，伤龙伤地，风水改观，吉地变成凶地。"说明在选择风水宝地时，应当注重地势的"美"与"恶"，同时，以天然的美为最好。这种自然美就是井然有序的和谐。

传统风水理论追求整体的美，而非零散的、支离破碎的美，这种整体美就是有机统一的和谐。

和谐美，首先体现在人为建筑与周围大自然的和谐统一，在这个前提之下再追求建筑与建筑之间和自身的和谐美。清代帝陵就非常注意建筑物与大自然的和谐。以横向的山脉作为天然屏障，使陵寝的背后呈现气势磅礴的背景。各条排水渠道都因其自然，在水沟边砌石、架桥。在小山包上建殿宇，独具匠心。清代帝陵还能突出中心，如清东陵的孝陵在中央，两旁分别是景陵（康熙）、裕陵（乾隆）等陵墓，进入陵区，先是稀散的建筑，越接近地宫，建筑越密凑，从南至北，由疏而密，整个陵区无不是和谐美的体现。

"建筑是凝固的音乐，音乐是流动的建筑"的说法，形象地说出了建筑的形式美是有法则可循的，其最高层次的法则就是和谐美。和谐美中包含了曲线美和对称美，是建筑形式美的综合体现和最佳体现。

四、生机美

如果说形式美是建筑美的肉体，那么生机美则是建筑美的灵魂。传统风水理论认为，选地要选雌雄交合之地，穴乃阴阳交合之区。宋代地理大师蔡元定曾在《发微论》"雌雄篇"中说明了雌雄交合的地方就是正穴所在。

风水"穴"的隐喻含义是女阴，"穴"之风水美的象征意义是"生生不息""阴阳交合而万物化生"，人们长期以来追求"风水宝地"，实际上就是追求一个有勃勃生机的生息之地。在如今的城市建筑群中，耸拔入云的高大建筑群，体现出雄壮之美；绿树成荫的街道公园，体现出柔秀之美，两者皆是生机盎然之象征，是建筑生机美的体现。这种刚柔相应、阴阳交泰之美，是城市"生机勃勃"的最好写照和对人类建筑美的最佳注解。

（二）园林建筑的内涵

园林建筑是组成园林不可缺少的部分，它具有观赏和使用的双重作用，它和植物、山水共同组成园景。狭义的园林建筑是指园林中的建筑物，广义的园林建筑还包括叠山、理水等工程。

园林建筑是中国建筑的又一种主要形式，它集中体现了中国人民丰富的想象力和独特的思维方式。中国的园林建筑往往用一山一石、一草一木巧设布局，将美的意趣暗含其中，再通过整体的谋篇布局，突现主题。如苏州的网师园，就以树林、花草、鸣禽、游鱼以及亭堂轩榭构造一幅江南水乡的立体图，在动与静、隐与显的意境中，突现了园林的主人“江湖归隐”之意。中国的园林建筑往往用曲折多变的空间造型，在有限的空间和景物中，一方面将整体划分为几个区，以障景手法使各区景观独立，形成曲折的景观变化；另一方面，又用“借景”的手法，将天空、山林、湖光引入园内，创造出变化无穷的空间审美效果。中国的园林在追求诗化的同时也追求自然化，这种自然化的最突出表现，就是园内的景观，尽可能保持其自然景观的风貌。而西方古典园林，其地貌一般都是经过人工平整后的平地或台地，水体常是具有几何形体的水池、喷泉、壁泉。植物也多为行列式，并且通常把树木修剪成几何形状或其他形状，把花卉和灌木修剪成地毯状的模纹花坛。中国园林崇尚自然美，充分体现了中国“天人合一”的宇宙意识。中国园林建筑基本格调是诗化、自然化、浪漫主义的，但园林中的众多楼台亭阁或方或圆，或对称或不对称地表现一种秩序、和谐、规范之美，同样不可掩饰地流露出所受时代意识影响的天机。

（三）园林建筑的功能

园林建筑具有满足人们生活活动、感官愉悦的功能，古人常以“堂以宴，亭以憩，阁以眺，廊以吟”来概括园林单体建筑的功能。园林建筑的特点主要表现在它对园林景观的创造所起到的积极作用，其功能可概括为以下几方面。

1. 划分园林空间

利用园林建筑可围合成一系列的庭院，或者以建筑为主，辅以山石、花木将园林划分为若干空间层次。

2. 组织导览路线

以道路结合建筑物的穿插，可以创造出步移景换的效果，因而建筑具有导向性的游览观赏效果。

一是点景，即点缀风景。建筑与山水、花木相结合而构成园林内的许多风景画面，有宜于近观的，也有适合远眺的。一般情况下，建筑物往往是这些画面的重点或主题；园林建筑常成为园林景观的构图中心主体，或易于近观的局部小景或成为主景，控制全园布局。园林建筑在园林景观构图中常有画龙点睛的作用，作为观赏园内外景物的场所，一栋建筑常成为画面的观赏点，而一组建筑物与游廊相连成为动观全景的观赏线。因此，建筑朝向、门窗位置大小要考虑赏景的要求，当人们的视线触及某处优美的园林建筑时，游览路线就会自然而然地延伸，建筑常成为视线引导的主要目标。园林设计空间组合和布局是重要内容，园林常以一系列的空间的变化巧妙安排给人以艺术享受，以建筑构成的各种形式的庭院及游廊、花墙、圆洞门等正是组织空间、划分空间的最好手段。

二是观景，即观赏风景。以一幢建筑物或一组建筑群作为观赏园内景物的场所，它的位置、朝向、封闭或敞开的处理往往取决于得景之佳否，即是否能够使得观赏者在视野范围内摄取到最佳的风景画面。在这种情况下，大至建筑群的组合布局、小至门窗洞口或由细部所构成的框景都可以利用作为剪裁风景画面的手段。

3. 发挥教育功能

在各类建筑身上都有不同程度的教育体现，但最集中、最明显、最有代表性和典型性的是体现在纪念性建筑中。由于纪念性建筑特殊的功能，不仅使其精神性的审美特征更为突出，也使其美感效应别具意蕴，它们往往以简单的体形，稳固的基座，厚重的体量，形成一种庄严、雄伟、肃穆的气氛，给人一种净化心灵的崇高、静穆、悲壮的审美的观感。纯粹的纪念性建筑，是人们按照自己的思想、情感的需要，根据对人的教育目的的需要，以明确的主题和历史事件为根据创作的纪念性的实体。它以集中的建筑手段，高度的强化建筑的精神实用功能，又内在地导引它在追求艺术的完美和神韵时，有意识地突出它的“教育功能”，并在最完满的意义上实现这种理想，构成了纪念性建筑的品性和最神圣的境界。纪念性建筑紧紧把握了审美教育的精神需要，显示了自己艺术追求的神圣和崇高，升华了自己形式美的境界。在审美效果上，纪念性建筑的风格往往以崇高、庄严、肃然、静穆等为特点，这构成了纪念性建筑与其他建筑艺术的一种功能区别，它常常不以单纯的情或理打动人，而是以情理结合的形象吸引人；它也不仅仅以历史的沉思为己任，而是在历史的回忆中昭示灿烂的明天；它不仅以美来显示自己的艺术生命，更以“教育”效果来升华自己的意境。

（四）园林建筑的审美

园林建筑蕴含着丰富的文化意义，即精神功能。园林建筑的物质外壳的内部有丰富的精神蕴藏，如亭、堂、馆等更多的是充当一种在文化礼仪及习俗上与“天地”及“先祖”沟通交流的物质媒体。但现代园林建筑更重要的是为了审美的需要。

1. 布局美

中国古典园林建筑呈现出严格对称的结构美和迂回曲折、趣味盎然的自然美的两种形式。如规则式建筑布局显得均衡、严谨、肃穆、对称，有典雅庄重之美；而与儒家的均衡对称相反的自然式布局则显示出返璞归真、潇洒超脱的追求天然之趣。

2. 造型美

园林建筑作为一种广义的造型艺术，偏重于构图外观的造型美，并由这种静的形态美构成一种意境，给人以联想。

3. 韵律美

园林建筑不仅在造型艺术上表现出巧妙与精致之美，还在于其形式美给予人心的涵养与陶冶以极大的影响，产生韵律美。园林建筑通常是通过错落有致的结构变化来体现节奏和韵律美的。

4. 意境美

中国园林抒情写意的艺术个性，赋予园林单体建筑以丰富的文化内涵，显得意境隽永，展示出理想美的人生境界。

（五）园林建筑的分类

园林建筑从个体建筑在园内所处的地位来分有宫、殿、厅、堂等空间体量较大，在园中一般居于正位和主位的“堂正型”建筑；有馆、轩、斋、室等空间体量稍小的“偏副型”建筑；从个体建筑所处的地势高低以及纵向层次的多少可分为建于高爽之地的两层以上的层高型（如台、楼、阁、塔等）和建于低处或不同程度的低层依水型（如榭、舫等）；从个体建筑在园内供人游览、观赏作用来分有“游赏型”（如廊、亭等）和装饰型（如门楼牌坊、照壁等）；此外还有棚架、园路、桥梁、灯、椅等园林建筑。

园林建筑按使用功能可分为以下几类：一是以装饰园林环境为主的园林建筑小品，它注重外观形象的艺术效果，兼有一定使用功能，如园灯、园椅、展览牌、景墙、栏杆等。二是为游人在旅途中提供生活上服务的服务性建筑设施，如小卖部、茶室、小吃部、餐厅、小型旅馆等。三是游憩性建筑，具有优美造型，有休息、游赏使用功能，如亭、廊、花架、榭、舫、园桥等。四是开展活动用的文化娱乐设施，如游船码头、游艺室、俱乐部、演出厅、露天剧场、展览厅等。五是办公管理设施，主要有公园大门、办公室、实验室、栽培温室等。

二、园林建筑的设计要点

（一）基本原则

任何一种建筑设计都是为了满足某种物质和精神的功能需要，采用一定的物质手段来组织特定的空间。建筑空间是建筑功能与工程技术和艺术技巧结合的产物，需要符合适用、坚固、经济、美观的原则，此外，在艺术构图技法上要考虑诸如统一、变化、尺度、比例、均衡、对比等原则，园林建筑设计还要考虑以下几点。

第一，园林建筑的功能要求，主要是为了满足人们休憩和文化娱乐生活，艺术性要求高，因而园林建筑应有较高的观赏价值并富于诗情画意。

第二，由于园林建筑受到休憩生活多样性和观赏性强的影响，因而在设计方面灵活性较大，但园林建筑所提供的空间要能适合游客在动中观景的需要，务求景色富于变化，在有限的空间中要令人产生变幻莫测的感觉，所以推敲建筑空间序列和组织观赏路线，比其他类型的建筑更为突出。

第三，园林建筑是园林与建筑有机结合的产物，无论是在风景区或市区内造园，出自对自然景色固有美的向往，都要使建筑物的设计有助于增添景色，并与园林环境相协调。

第四，园林建筑与其他类型建筑在设计方法和技巧上有很大不同，尤其要注意立意、选址、布局、借景、尺度与比例、色彩与质感等特点。园林建筑在布局上要因地制宜，巧于因借，建筑规划选址除考虑功能要求外，要善于利用地形，结合自然环境，与自然融为一体。在立意上要做到情景交融，园林建筑应结合情景，抒发情趣，尤其在古典园林建筑中，常与诗画结合，加强感染力，达到情景交融的境界。在园林建筑的空间处理上，尽量避免轴线对称，整形布局，力求曲折变化，参差错落，空间布置要灵活，通过空间划分，形成大小空间的对比，增加层次感，扩大空间感。园林建筑在造型上更重视美观的要求，建筑体形、轮廓要有表现力，增加园林画面美，建筑体量、体态都应与园林景观协调统一，造型要表现园林特色、环境特色、地方特色。一般而言，在造型上，体量宜轻盈，形式宜活泼，力求简洁明快，通透有度，达到功能与景观的有机统一。

（二）文化追求

中国传统园林文化与建筑设计的融合，体现了建筑艺术的文化追求。

1. 追求内向与外向的契合

我国传统建筑在群体组合中通常以内向的布局形式为主，而且大多数庭园建筑也都遵循这个规律，它们往往以水池为中心，并取不规则的平面形状，从而使所围的空间既具有向心的特点，又具有亲切、宁静、曲折且富有变化的特性。因此，在建筑整体空间的设计上应较多地采取这种向心的形式，从一个趣味中心扩展到更多的精彩局部，使人们能从空间的设计中感受到浓浓的中国文化和别具匠心的设计理念。

传统的园林建筑为了达到曲径通幽的效果，在局部的设计上，多采取部分内向，部分外向或使内向与外向相结合的布局形式。这样的园中园或建筑群，不仅具有良好的景观效果——外观开敞而富有变化；而且又能给观景提供有利条件——从这里可以眺望或观赏远山近景。将内向与外向较好地结合起来，着意营造出别样的自然情怀。

为了丰富空间的美感，还可在诸多空间中采用多种手法来布置空间，组织空间，创造空间，例如巧妙地运用借景、分景、隔景园林设计方法，丰富人们对建筑景物的感受与理解，为人们提供了一个审视中国园林艺术之美的窗口，营造出“大中见小，小中见大，虚中有实，实中有虚，或藏或露，或深或浅”的艺术风格。

2. 灵活处理建筑环境关系

处于园林之中的建筑物或景，一般都应同时满足两方面的要求：一是看，二是被看。“看”就是要提供合适的观赏角度去看周围的景物，从而获得良好的观景条件；“被看”就是景物应该作为观赏的对象而存在，必须具有优美的景观效果。这两方面要求，往往成为建筑物或景的位置选择的依据。园林建筑既无轴线引导，又不讲求平衡、对称或对位关系，看起来一切若似任意摆布，纯出偶然，但实际上却又深刻、含蓄地受到这种视觉关系的制约。在建筑设计中，应充分考虑“看和被看”的关系，将建筑空间中的人们置身于他们感兴趣的趣味中心，而趣味中心中又巧妙地融入自然的诸多视觉信息和影像元素之中，人们观景看景的角度设置独特而灵活，诸多景物看似随意摆放却又别具匠心。

3. 强调空间的衔接与对比

在建筑空间设计中，可以尝试着把具有显著差异的两个毗邻的空间安排在一起，借两者的对比作用突出各自的特点。例如使大小悬殊的空间相连接，当有小空间进入大空间时，由于小空间的对比、衬托，将会使大空间给人以更大的感觉。这个设计的灵感，来源于苏州的私家园林。在这些私园中，人口极其曲折狭长，又十分封闭，但由于处理很巧妙，不仅不使人感到沉闷、单调，相反，正是由于封闭的、狭长曲折的“小与窄”与突然明亮开放的园内主要空间的“大与宽”形成强烈对比，有效地突出了园内主要空间，形成物理空间与心理空间的巧妙融合，将空间感觉放大到极致。建筑内的空间转折与衔接确能体现出空间对比中的韵律美和节奏美。空间的对比转折，大小强弱的空间感觉对比，在整体空间建构中是非常重要的。可将“山重水复疑无路，柳暗花明又一村”意境运用到建筑设计中，突出主要的空间，加强过渡空间，创造一种欲扬先抑、豁然开朗的空间视觉冲击。

4. 蜿蜒曲折中的空间转换

“造园如作诗文，必使曲折有法”道出了我国传统造园艺术最基本的特点。绝大部分园林建筑均借助于“廊”的运用，从而使群体组合具有极其丰富曲折的变化。在建筑设计中，可充分利用建筑空间的互相交错穿插，着意营造曲折变化的空间序列，给人留下一种曲折迂回又无可穷尽的感觉，从而形成了理念中的“流动空间”。空间的流动可以使每一个进入空间的人产生一种情绪变化，这种变化随着穿插与转折，给人带来意念上的趣味和心理上的预期，使他们总有一种期待，期待着绚烂之美的豁然降临。

5. 空间层次的融合与渗透

追求意的优雅和境的深邃是传统园林的另一个重要特点。“庭院深深深几许”的诗句正是这一特点的写照。江南园林由于在极为有限的范围内经营，为求境的深邃，多不遗余力地用各种方法来增强景的深度感。例如某一对象，直接地看和隔着一重层次看，其距离感是不尽相同的，倘若隔着许多重层次去看它，尽管实际距离不变，但给人感觉上的距离似乎要远得多。可以利用这一种手法，来丰富建筑空间的层次变化，并借以造成一种深邃和不可穷尽的感觉。意的优雅和境的深邃也是空间的结构中所一直追寻的理念，建筑的许多空间设计中都能体现出“意、境”的影子，可采用如青砖、木材造型的隔窗、花格、扇门、漏窗等江南建筑和中国古典造园中运用的装饰造型的基本形式，使人们透过多重层次观赏眺望，犹如“雾里看花，水中望月”，距离感的框景给人带来一种隔山远眺的审美享受。

在现代建筑设计中，可以在中国传统造园文化中寻找设计的元素、概念和符号，并运用在设计之中，达到自然与和谐，这种“场所精神”能够“传承与超越中国传统文化的现代精神”。

三、园林建筑的植物配置

园林植物与建筑的配置处理得当，两者关系可求得和谐一致。植物丰富的自然色彩、柔和多变的线条、优美的姿态及风韵都能增添建筑的美感，使之产生出一种生动活泼而具有季节变化的感染力，一种动态的均衡构图，使建筑与周围的环境更为协调。

（一）园林建筑与园林植物的组景关系

一组优秀的建筑作品，犹如一曲凝固的音乐，给人带来艺术的享受，园林建筑是构成园林的重要因素，但是要和构成园林的主要因素——园林植物搭配起来，才能对景观产生很大影响。建筑与园林植物之间的关系应是相互因借、相互补充，使景观具有画意。优秀的建筑在园林中本身就是一景。建筑的线条往往比较硬直，而植物线条比较柔和、活泼。

园林植物与建筑的配置是自然美与人工美的结合。植物丰富的自然色彩、柔和多变的线条、优美的姿态及风韵都能增添建筑的美感，使之产生出一种生动活泼而具有季节变化的感染力。一种动态的均衡构图，能使建筑与周围的环境更为协调。

建筑与植物在组景中有密切关系。园林建筑是构成园林的重要因素，但只有同园林植物搭配起来，才能对景观产生很大影响。建筑与园林植物之间的关系应是相互因借、相互补充，使景观具有画意。

建筑常以门洞、窗框为景。同样，植物的枝干也可用来框借远处的建筑，甚至山峦。依山傍水的园林建筑，通过将植物配置其间，使其融成一体，成为一完整的景观。

（二）园林建筑与园林植物的配置艺术

我国历史悠久、文化灿烂，古典园林众多。由于园主人身份不同以及园林功能和地理位置的差异，导致园林建筑风格各异，故对植物配置的要求也有所不同。在北京大多为皇家古典园林，为了反映帝王的至高无上、尊严无比的思想，加之宫殿建筑体量庞大、色彩浓重、布局严整，选择了侧柏、桧柏、油松、白皮松等树体高大、四季常青、苍劲延年的树种作为基调，来显示帝王的兴旺不衰、万古长青是很相宜的。这些华北的乡土树种，耐旱耐寒，生长健壮，叶色浓绿，树姿雄伟，与皇家建筑相协调。颐和园前山部分的建筑庄严对称，植物配置也常为规则式。进门后两排桧柏犹如夹道的仪仗。数株盘槐规则地植于小建筑前，仿佛警卫一般，为了炫耀“玉堂富贵”“石榴多子”等传统意识，园内配置了白玉兰、海棠果、重瓣粉海棠、牡丹、芍药、石榴等树种，而迎春、蜡梅及柳树是作为报春来配置的。

苏州园林很多是代表文人墨客情趣和官僚士绅的私家园林。在思想上体现士大夫清高、风雅的情趣，建筑色彩淡雅。黑灰的瓦顶、白粉墙、栗色的梁柱、栏杆。在建筑分隔的空间中布置园林，因此，园林面积不大，故在地形及植物配置上力求以小中见大的手法，通过“咫尺山林”再现大自然景色。

植物配置充满诗情画意的意境。在景点命题上体现植物与建筑的巧妙结合，如“海棠春坞”的小庭园中，一丛翠竹，数块湖石，以沿阶草镶边，使一处角隅充满画意。而海棠果及垂丝海棠才是“海棠春坞”的主题，以欣赏海棠报春的景色。

纪念性园林中的建筑常具有庄严、稳重的特点。植物配置常用松、柏来象征革命先烈高风亮节的品格和永垂不朽的精神，也表达了人民对先烈的怀念和敬仰。配置方式多采用对称等规则式。广州中山纪念堂两侧选用了两棵白兰花，效果很好，且别具风格，既打破了纪念性园林只用松、柏的界线，又不失纪念的意味。常绿的白兰花可视作先烈为之奋斗的革命事业万古长青，香味醇郁的白色花朵象征着先烈的业绩流芳百世，香留人间。

园林建筑的门是游客游览必经之处，门和墙连在一起，起到分隔空间的作用。充分利用门的造型，以门为框，通过植物配置，与路、石等进行精细的艺术均图，不但可以入画，而且可以扩大视野，延伸视线。

园林建筑的窗也可充分利用作为框景的材料，安坐室内，透过窗框外的植物配置，俨然一幅生动画面。由于窗框的尺度是固定不变的，植物却不断生长，随着生长，体量增大，会破坏原来画面。因此要选择生长缓慢、变化不大的植物。如芭蕉、苏铁、棕竹等种类，近旁可再配些尺度不变的剑石、湖石，增添其稳固感。这样有动有静，构成相对稳定持久的画面。为了突出植物主题，故而窗框的花格不宜过于花哨，以免喧宾夺主。

园林建筑的墙的正常功能是承重和分隔空间。在园林中利用墙的南面良好的小气候特点引种栽培一些美丽的不抗寒的植物，继而发展成美化墙面的墙园。一般的墙园都是用藤本植物、或经过整形修剪及绑扎的观花、观果的灌木，甚至极少数的乔木来美化墙面，辅以各种球根、宿根花卉作为基础栽植，常用种类如紫藤、蔓性月季、地锦、五叶地锦、猕猴桃、葡萄、铁线莲属、凌霄、金银花、盘叶忍冬、五味子、绿萝、西番莲、迎春、连翘、火棘、银杏等。经过美化的墙面，自然气氛倍增。苏州园林中的白粉墙常起到画纸的作用，通过配置观赏植物，用其自然的姿态与色彩作画。常用的植物有红枫、山茶、木香、杜鹃、南天竺等，红色的叶、花、果则跃然墙上。欲取姿态效果的常选用一丛芭蕉或数枝修竹；为加深景深，可在围墙前做些高低不平的地形，将高低错落的植物植于其上，使墙面若隐若现，产生远近层次延伸的视觉。一些黑色的墙面前，宜配置些开白花的植物，如木绣球，使硕大饱满的圆球形白色花序明快地跳跃出来，也起到了扩大空间的视觉效果。墙前的基础栽植宜规则式，与墙面平直的线条取得一致。但应充分了解植物的生长速度，掌握其体量和比例，以免影响室内采光。在一些花格墙或虎皮墙前，宜选用草坪和低矮的花灌木以及宿根、球根花卉，以免喧宾夺主。

园林建筑的建筑的角隅线条生硬，通过植物配置进行缓和最为有效，宜选择观果、观叶、观花、观干等种类成丛配置，也可略做地形，竖石栽草，再植些优美的花灌木组成一景。

（三）园林建筑屋顶花园植物配置艺术

屋顶园林景观（包括屋顶绿化、空中花园）是绿化向立体空间发展，拓展绿色空间、扩大多维自然因素的一种绿化美化形式。在江南一带气候温暖、空气湿度较大，所以浅根性、树姿轻盈、秀美，花、叶美丽的植物种类都很适宜配置于屋顶花园中。尤其在屋顶铺以草皮，其上再植以花卉和花灌木，效果更佳。在北方营造屋顶花园困难较多，冬天严寒，屋顶薄薄的土层很易冻透，而早春的旱风在冻土层解冻前易将植物吹干，故宜选用抗旱、耐寒的草种、宿根、球根花卉以及乡土花灌木，也可采用盆栽、桶栽，冬天便于移至室内过冬。

1. 屋顶园林景观设计的基本原则

屋顶园林景观融建筑技术和绿化美化为一体，突出意境美。巧妙利用主体建筑物的屋顶、平台、阳台、窗台和墙面等开辟园林场地，充分利用园林植物、微地形、水体和园林小品等造园因素，采用借景、组景、点景、障景等造园技法，创造出不同使用功能和性质的园林景观。

（1）经济实用。合理、经济地利用城市空间环境，始终是城市规划者、建设者、管理者追求的目标。屋顶园林除满足不同的使用要求外，应以绿色植物为主，创造出多种环境气氛，以小景新颖多变的精品园林布局，达到生态效益、环境效益和经济效益的结合。

（2）安全科学。屋顶园林的载体是建筑物顶部，必须考虑建筑物本身和人员的安全，包括结构承重和屋顶防水构造的安全使用以及屋顶四周防护栏杆的安全等。由于与大地隔开，生态环境发生了变化，要满足植物生长对光、热、水、气、养分等的需要，必须采用新技术，运用新材料。

（3）精致美观。选用花木要与比拟、寓意联系在一起，同时路径、主景、建筑小品等位置和尺度，应仔细推敲，既要与主体建筑物及周围大环境协调一致，又要有独特新颖的园林风格。不仅在设计时，而且在选材和施工管理上要处处精心。此外，还应在草地、路口及高低错落地段安放各种园林专用灯具，不仅起照明作用，而且作为一种饰品增添美观和情调。

（4）系统全面。规划要有系统性，克服随意性，运用园林美学统一规划，以植物造景为主，尽量丰富绿色植物种类，同时在植物的选择上不单纯为观赏，要模拟自然。选择的园林植物抗逆性、抗污性和吸污性要强，易栽易活易管护。同时以复层配置为模式，提高叶面积指数，保证较高的环境效益。

2. 屋顶园林景观植物造景形式

假山、水池、亭、廊虽然是屋顶园林造景的重要部分，但应以植物为风景主题，各类树木、花卉、草坪等所占的比例应在50%～70%。常用屋顶园林景观植物造景形式的设计有以下几种。

乔灌木的丛植、孤植。植株较小的观赏乔木以及灌木、藤本，不仅是园林艺术的骨骼，更是改善大气环境质量的主角。所以乔灌木应是屋顶园林中的主体，其种植形式要讲究，以丛植、孤植为主，与大地园林讲究“亭台花木，不为行列”而突出群体美不同。丛植就是将多种乔灌木种在一起，通过树种不同及高矮错落的搭配，利用其形态和季相变化，形成富于变化的造型，表达某一意境，如玉兰与紫薇的丛植等。孤植则是将具有较好的观赏性和优美姿态、花期较长且花色俱佳的小乔木，如海棠、蜡梅等，单独种植在人们视线集中的地方。

花坛、花台设计。在有微地形变化的自由种植区，可建花坛、花台。花坛采用方形、圆形、长方形、菱形、梅花形等，可用单独或连续带状，也可用成群组合类型。所用花草要经常保持鲜艳的色彩与整齐的轮廓。多选用植株低矮、株形紧凑、开花繁茂、色系丰富、花期较长的种类，如报春、三色堇、一串红、万寿菊、金盏菊、四季海棠、郁金香、风信子、矮牵牛等。而花台，是将花卉栽植于高出屋顶平面的台座上，类似花坛但面积较小。也可将花台布置成“盆景式”，常以松、竹、梅、杜鹃、牡丹等为主，并配以山石小草。

巧设花境及草坪。以树丛、绿篱、矮墙或建筑小品作背景的带状自然式花卉配置。花径的边缘，依屋顶环境地段的不同，可以是自然曲线，也可以采用直线，而各种花卉的配置是自然混交。草坪种植不宜单独成景，而是以“见缝插绿”或在丛植、孤植乔灌木的屋面铺设，以形成“生物地毯”，起到点缀作用。

注意配景。除在主景外采用花盆、花桶等，点线地分散组成绿化区域或沿建筑物屋顶周边布置，增加气氛和景观外，应在曲径、草地边和较高的植株下，摆放一两块形状特异的奇石等，以体现刚柔相济的内涵，收到丰富园林景观的效果。

3. 屋顶园林设计与施工技术要点

屋顶园林是一种特殊的园林形式，它是以建筑物顶部平台为依托，进行蓄水、覆土并营造园林景观的一种空间绿化美化形式。因此，在屋顶园林的设计与施工中，还应解决好以下几方面的特殊技术问题。

减少荷载问题。荷载是衡量屋顶单位面积上承受重量的指标，是建筑物安全及屋顶园林成功与否的保障。用于园林造景的屋顶应采用整体浇筑或预制装配的钢筋混凝土屋面板作结构层，有条件者，可用隔热防渗透水材料制成的“生态屋顶块”，要求提供350kg/m^{2}以上的外加荷载能力。同时在具体设计中，除考虑屋面静荷载外，还应考虑非固定设施、人员数量流动、外加自然力等因素。为了减轻荷载，应将亭、廊、花坛、水池、假山等重量较大的景点设计在承重结构或跨度较小的位置上，同时尽量选择人造土、泥炭土、腐殖土等轻型材料。

防水设施及排水系统。在满足承重要求之后，应对整个屋顶进行防漏处理，其防水层处理应采用复合防水设施，即设置涂膜防水层和配筋细石混凝土刚性防水层两道防线。涂膜防水层应用无纺布做一布二涂或二布六涂，在此基础上做刚性防水层，刚性防水层与屋面防水必须一次做成，以保证其防水质量。涂膜防水层施工完毕后，还应进行防水试验。同时，在实施屋顶园林施工中，不管何种设施均不得打开或破坏屋面的防水层或保护层。另外还要设置完善的排水系统，除溢水孔、天沟外，还应设出水口、排水管道等，满足日常排水及暴雨泄洪的要求，并做好定期清洁、疏淘工作。

路径建设。一般路径宽50～70cm，弯弯曲曲的路径把整个屋顶面分隔成若干大小不等的小区。路径的路基可用6cm宽的砖砌成，每隔1.5m左右砌留贴地暗孔道排水，暗孔宽约7～8cm。用水泥砂浆作为路基，在路基上铺贴鹅卵石，使小路呈古朴风味。此外，有些屋顶面的落水管、排水管等与园林气氛极不协调，可用假山石将其包藏起来，也可用雕塑手法做成树干等。

第六节　殡葬园林文态建设艺术

殡葬作为一个特殊的行业，园林建设不能只讲生态而忽视文化，在重视生态环境的同时应与文态建设相结合，使其具有丰富的文化内涵。文态是指文化的形态和态势，即文化形势、氛围、状态等，是人类在一定的社会发展背景下所形成的文化表达方式、生活思维方式、精神追求方式及行为状态。换句话说，就是文脉的传承过程中所形成的“场”和形态以及它所影响到的范围和表现形式。“园林文态建设”的提出，给殡葬园林建设指明方向并提出更高层次的要求。

一、殡葬园林文态建设的含义

中国园林“发于商周成于汉，跃于宋而峰于明清”，从它产生之时就蕴含了人类文化的结晶，而近代、现代园林更是包含了深厚的文化内涵。园林文态与园林生态相对应，是指人文关系所创造的园林空间的表达方式，是园林蕴含的文化内涵。园林是人类社会发展到一定阶段的产物，它综合了历史、哲学、建筑、艺术、文学等多种学科的成就，凝结了人类文明和智慧。

（一）殡葬园林是历史文化的载体

中国传统园林是中国传统文化的重要组成部分，园林的发展印证了一个时代的历史变迁和文化兴衰。不同历史时代其文化迥异，反映在园林中，不同历史时期的园林由于受到当时文化思潮和审美情趣的影响，表现了不同的园林风格和造景手法。作为一种载体，它客观而又真实地反映了中国历代王朝不同的历史背景、社会经济的兴衰和工程技术的水平，鲜明地折射出中国人自然观、人生观和世界观的演变，蕴含了儒、释、道等哲学或宗教思想及山水诗、山水画等传统艺术的影响。中国古代神话中把西王母居住的“瑶池”和黄帝所居的“悬圃”都描绘成景色优美的花园，这正是人们梦寐以求的生活环境，它抒发了中华民族对自然和美好生活环境的向往与热爱。中国古典园林极富中国传统文化特色，“气势宏伟，山水萦回，花木繁茂，建筑华丽厚重”的皇家园林，“小巧玲珑，幽静隐逸，旧时达官贵人可居、可憩、可游”的第宅园林，“隐于深山幽谷之中，香烟缭绕，晨钟暮鼓，诵经阵阵，梵铃声声”的寺观园林，无一不折射出历史的光芒。殡葬园林作为中国园林的组成部分，同样能折射出一定的殡葬历史文化。

（二）殡葬园林是地域文化的体现

中华大地幅员辽阔，地理环境和气候条件的差异，不但形成了各地区独特的地形地貌和园林植物，也造就了不同的人文精神，因而园林也具有了丰富的地域文化特色，中国南北园林、中外园林的不同风格就是这种地域文化差异的体现。风格是在自然基础上的文态环境创造，是后天人为的，离不开自然的生态环境。如北方山水以刚劲雄厚的自然风格居多，南方则以青山绿水、秀美柔和的自然风格为主。殡葬园林地域文化是一个地域的社会历史和现实的外化，由视觉形象反映出来并给人以视觉心理感受。传统园林民族风格即我们民族文化、时代精神、地方特色以及造园家个性在园林作品中的表现，只有具有民族色彩意义的才能具有国际意义，也才能得到昌盛。民族的文化特性决定着园林民族风格，园林风格的形成主要受制于审美理想、审美机制及表现方法，这些都受到民族思想观念的支配。

人类生存于不同的地理环境区域，所形成的殡葬园林文化必然有所不同，以区域性差别的标准来划分殡葬园林文化总体，就有不同的殡葬园林文化类型。自然地理环境的差异使不同区域的人具有不同的殡葬园林认识观，当人类文化之力有了较大的增强之后，在一般的、原有的殡葬园林自然观里又逐渐加入了填补自然观空缺的宗教文化意识观念，于是就形成了一个完整的殡葬园林文化的思想意识观念。

（三）殡葬园林是精神文化的寄托

中国园林讲究“寄情山水”，将人的精神活动融入园林中，通过对景观的想象、延伸和升华，达到对人生哲理的领悟和精神境界的追求，从而产生园林的意境美。园林是一种文化现象，中国园林艺术是祖国文化的重要组成部分，这是因为它与源远流长的中国传统的佛家思想、道家思想、儒家思想有着密切的关系，并以景象这一独特的形式体现、抒发这些朴素的哲学观点和传统思想。园林文化是人类在一定的物质生活条件满足之后的精神生活的高层次的追求，这种追求（或需求）不仅推动了园林的发展，而且提高了人们的素质。园林的功能，包括物质的和精神的，殡葬园林在完善物质功能的前提下，要着重提高园林的精神功能，以通过这种潜在的精神力量推进殡葬改革。

（四）殡葬园林文态与文脉的关系

“文脉”是为人们或事物发展过程中介于各种元素之间的传承对话和内在联系，包括一脉传承的思想意识、历史传统、理想追求、表达方式、行为准则、审美观点和风俗习惯等。殡葬园林文脉就是指殡葬园林发展的历史过程中所形成并存在的人与事物、人与建筑、人与殡葬园林在历史文化大背景下不能割舍的传承记忆、内在联系和血脉关系，表达着殡葬园林发展过程中形成并一脉贯穿的历史文化或文明的渊源、基因和信息，成为殡葬园林生命不断延续的脉络和精神动力。殡葬园林文脉蕴含着殡葬园林发展的思想灵魂、传统红线和文化内涵，是不应被丢弃的。

殡葬园林文脉是以殡葬园林空间发展为载体、流淌在殡葬园林发展过程中的潜在文化血脉和思想意识，文字的记载、历史的见证以及传承的陶冶是其形成的要素和基本条件。殡葬园林文脉是经过长期文化积累、交融、创造、沉淀和提炼而体现出来的文化意识形态，表达着人们在殡葬园林发展过程中的心路历程和时代坐标。殡葬园林文脉是历来殡葬园林发展的纵向断面和主导红线，是殡葬园林文化支配殡葬园林发展的主动脉和脊梁，是扎根于世代人心目中被认知的文化共识。它还应当是一个让人们从殡葬园林发展中能够看得见、感受得到的实实在在的精神文化财富。透过文脉，可以从传统化、地方化、民族化的背景中找到各自城市殡葬园林文化的亮点和殡葬园林发展的生命轨迹。殡葬园林文脉是文明或文化在殡葬园林发展过程中的脉动，在传承的过程中不会是墨守成规、一成不变的，它必然融合着历史的变革风雨和时代的阳光雨露，从而能够永葆生命活力。当然，在其流动的过程中，有时候也会出现混浊、斑块、堵塞现象，甚至被切割断裂，但它总是以顽强的精神接续起来，潜移默化地对殡葬园林的发展起到推动作用，从而使殡葬园林文化在殡葬园林发展过程中显示出自己的生命特征和文化脉络。

殡葬园林文脉不仅针对殡葬园林发展，还体现文化主流，是两者相结合的客观存在，是以历史事实引证出来的文化思想智慧的传承脉络。研究探讨殡葬园林文脉就应在殡葬园林发展和文化指导中有的放矢、实事求是地分析它的渊源、存在和发展，从而谋求大家的认知、共识和认可。

殡葬园林的文脉与文态是相辅相成的，殡葬园林文脉是殡葬园林发展过程中潜在的主线，殡葬园林文态则是表达和支撑殡葬园林文脉有形和无形的行为状态。如果说殡葬园林文脉是殡葬园林文化的脊梁和血脉，那么，殡葬园林文态就是殡葬园林文化的骨骼和肌理，共同构成殡葬园林文化的有机整体，因此，殡葬园林文脉是不能离开殡葬园林文态而凭空存在的。

殡葬园林文态既是表现和见证殡葬园林文脉的客观文化形态，又是充实和延续殡葬园林文脉的空间场域、形象表达、文化环境和生命状态，是一个物化的具象的殡葬园林文化表现。主要由殡葬园林布局形态、殡葬建筑形式与风格、殡葬园林传统习俗、自然与人文景观环境等要素构成，形成独特的殡葬园林的文态系统或体系。殡葬园林文态各具特色，每一个殡葬园林都有自己的殡葬园林文态表征。

殡葬园林文态包括显性形态和隐性形态。显性形态包括人们的殡葬园林活动形式、活动领域、活动标志物以及由于人们长期活动所构成的殡葬园林发展格局、空间形象、殡葬园林肌理和发展方向等。活动形式包括人们在殡葬园林里相互交往、交流、集会、教育等需要形成集体活动的生活方式。人们的活动领域则指适合于上述活动而传承的公共活动空间，形成人们所向往和该殡葬园林最具特色、最富感染力和最有活力的场域。活动标志物主要指构成人们活动空间的山水、建筑雕塑、象征性建筑物和构筑物等，成为该殡葬园林文化发展的标志、象征和亮点。殡葬园林的空间形象、布局形态和发展格局，鲜明地表达着人们的文化智慧和历史文化延续下来的该殡葬园林的发展模式及特征，成为殡葬园林文态的有形载体和空间体现。隐性形态是指对殡葬园林的发展形势和发展方向具有潜在的、深刻影响的意识形态要素，包括社会制度、经济水平、人口构成、传统习俗、宗教信仰、民族风情、科学技术和审美心理等，它们在潜移默化地支配、制约和促进着显性形态的形成和发展，是一种无形的力量。

随着殡葬园林的发展和殡葬园林文脉的延续，殡葬园林文态也并不是一成不变的，既具有传承性、系统性、本土性，又有动态性、变革性、创新性，它见证着历史发展过程中不同时代的殡葬园林文化记忆以及文化氛围。因此，认识、甄别殡葬园林文态需要有与时俱进和实事求是的分析能力，作出高瞻远瞩和凸显实质内涵的判断，从而彰显殡葬园林文化美的秩序和精神魅力，突出殡葬园林特色。

总之，殡葬园林文态是殡葬园林文脉所贯穿的使殡葬园林赖以生存、发展和创新的人文景象，即与殡葬园林的内在本质相关联、相呼应、相影响的空间特征和精神氛围。包括殡葬园林文化所表达出来的文脉形态以及长期以来殡葬园林文化潜移默化构建的理想追求、社会制度、社会习俗、心理行为、精神信念等所形成的殡葬园林独有的人文生态环境。

二、殡葬园林文态建设的途径

园林是物化的精神或精神的物化，园林文化是一种境界文化信息，它通过生境的营造、环境的改造、意境的创造架起物质转化为精神的桥梁。人们到殡葬园区，不是为了获得某种物质，而是为了获得一种精神的信息、物质的文化。只有包含了深厚文化底蕴的园林才能享有经久不衰的魅力，园林文态建设，就是在生态建设的基础上，充分挖掘园林的文化内涵，营造园林文化气息，使之更具内在的韵味。

传统文化是一个包含着过去、现在和未来整个时间维度上的开放系统。在当今的殡葬园林建设中，弘扬传统文化具有双重内容：一是以现存的、定型的殡葬园林文化为核心，对园林景观进行再现和挖掘，旨在沟通人们在园林中的意境感受，陶冶情趣，传播历史文化。二是使“传统”带着新的现代的“民族文化心理结构”，在新园林中得以实现。

殡葬园区的园林绿化是“形”，而殡葬园林文化是“神”，殡葬园区的园林绿化除了美化环境、改善生态外，更应体现出殡葬特点，通过形神兼备的设计，使其人文特点、行业特点通过绿化的外部表现体现出来。殡葬园林文化可以借助植物本身的“比德”来传递。例如殡葬园区以教师为主的安葬区，可以配以人性化的桃、李等植物进行合理配置。

任何一种行为都要以一定的思想观念为指导，而任何一种建设行为都在贯彻着一种思想文化观念。殡葬园林建设必须着眼于现在，放眼于未来，要在“现代”上做文章，力求新意，既有传统的内涵，又富于时代感。

（一）突出文化品位

人们总是怀念过去、研究过去并延续着融入人类文化感情的历史文脉而继承文化，殡葬园林除了注重传统的文化品位外，还要与历史遗迹和古树名木等人文景观的保护和开发结合起来，将古树名木、历史人物、民间传说等纳入殡葬园林的系统规划之中，突出园林的历史文化背景，从中汲取灵感，提炼主题，寓传统文化于殡葬园林。

现代园林文化的基点是创造，关键是品位，我们要在把握园林文化性质的前提下，创造出适应时代特点和人民需要的高水平的精品园林文化。任何空间艺术的问题，其本质都是文化问题，布局、建筑、道路、绿化等都是某一种文化在空间上的投影，都具有相应的文化意义，我们只有认清殡葬园林空间表现出的文化特性，才能把握其文化脉络。

园林不是园和林的混合体，而是以植物为主体的艺术境界，其中植物造景艺术是园林文化的核心，山水建筑是构成园林文化的重要因素，园林建筑小品也蕴含着一定的文化意蕴。中国园林的植物配置要特别注重植物的物质特性及其在中国传统文化中被赋予的文化意蕴。植物的物质特性包括其色、香、形以及自然声息和光线作用于花草树木而产生的艺术效果，花草树木有斑斓之色彩，馨香之气息，多姿之形态，风拂树叶雨打芭蕉之声，阳光月光下的树木婆娑之影，这一切诉诸感官，给人以视觉、嗅觉、听觉和触觉之美。中国园林植物不同凡响之处还在于其文化象征意义。“借景生情”或“托物言志”，将人的思想感情寓于园林景观和花草树木中，结合诗词曲赋，产生高于自然景观之外的人生感悟和园林意境。在中国传统文化中，许多植物被认作高尚品质和高洁情操的象征，拟人化了的花草树木皆有情，其文化意蕴深化了植物美。如“编篱种菊”取陶渊明“采菊东篱下，悠然见南山”之意，象征着简朴淡泊的生活之道。中国古典园林的植物配置兼顾了植物的神形之美，是植物自然美和象征寓意美的艺术组合。另外运用雕塑、园林小品等艺术表现形式可突出主题，让游人在欣赏艺术作品的同时领悟设计者所要表达的文化思想。

文化内涵是一种潜在的物质，是长期积累的结果，也是殡葬园区品位和形象的重要标志。因此，在殡葬园区的文化建设方面，力求在文化内涵上具有鲜明的时代特点，在继承传统殡葬文化的基础上有所创新和发展，并与现代文化和表现形式进行有机的结合，使现代殡葬园区具有丰富的文化底蕴。

人文景观与自然景观的相互协调，既起到画龙点睛的作用，又产生浑然一体、相映生辉的效果。

不断增强自身的文化底蕴，强化殡葬园区的文化功能，营造浓厚的文化氛围，可增强殡葬园区的影响力和生命力。充分挖掘和利用自身文化资源优势，大力弘扬英模人物的感人事迹，可以使殡葬园区在开展爱国主义和革命传统教育活动中发挥重要作用。殡葬园区的教育功能是其自身潜在的重要功能之一，也是扩大社会影响和提高社会地位的重要因素。因此，殡葬园区的开发建设过程中把教育功能摆到突出位置。例如公墓中的安葬对象来自社会各个阶层，其中不乏早年投身革命，为党和人民的事业操劳一生的老领导、老同志；有为了民族独立身经百战、屡建奇功的战斗英雄；还有在社会主义建设时期各行各业的劳动模范等。他们虽然没有像黄继光、董存瑞那样壮烈地牺牲在战场上，但有很多的事迹非常感人，是不可多得的教育材料。充分挖掘、整理、展示英模人物的生平事迹，大力宣传他们立党为公、无私奉献、艰苦奋斗、全心全意为人民服务的共产主义精神，对加强两个文明建设，对广大青少年开展爱国主义教育有着重要的现实意义。

例如，河北省双凤山陵园（河北省民政厅直属的城市公墓）安放着革命烈士 40 多位，已故省军级领导 100 多位、地师级领导 1100 多位，抗战前参加革命的老同志 30 多位，地市级以上劳动模范 100 多位，有高级专业技术职称的各类专家 300 多位。他们当中有曾为革命事业立下汗马功劳的老一辈革命家、戎马一生的老将军、著名英模人物以及社会各界知名人士。“中国革命摄影第一人”沙飞，石家庄第一位女共产党员、妇女运动领袖朱琏，在解放石家庄战役中率部活捉敌守备司令刘英的傅崇碧将军，带领 4 户贫困农民办起全国第一个“土地合伙组”的著名劳动模范耿长锁，著名劳动模范、全国“三八红旗手”吕玉兰，著名战斗英雄郭恩志、脱三更，为抢救落水儿童英勇献身的革命烈士王德恒，第一位志愿军女战士一等功荣立者、电影《英雄儿女》女主人公王芳原型之一解秀梅等均长眠在双凤山陵园。近年来陵园注重合理利用自身优势，挖掘革命和历史文化资源，广泛征集教育素材和革命文物史料，特别是对战斗英雄、劳动模范、社会知名人士和有突出贡献的人员进行重点征集。对征集的文献资料、著作、照片和各类遗物等，认真整理分类，建档立卷，妥善保管。自 2002 年以来，陵园共征集照片资料 600 多张，各类书籍 100 余册，各类实物 70 多件，珍贵手稿 10 余万字，名人书画作品 20 余幅。其中石家庄第一位女共产党员朱琏同志在抗日战争期间亲手缝制的“马褡子”被确定为二级文物，印度援华医疗队柯棣华大夫送给朱琏同志的医药箱和部分医疗器械被确定为一级文物。陵园还建立了“英模事迹陈列馆”，选择了20位在社会主义革命和建设事业中作出突出贡献的优秀代表，将他们的感人事迹进行陈列，并把“中国革命摄影第一人”沙飞的摄影作品单独辟专馆长期展出，进一步拓展了陵园的教育功能，为把陵园建设成为传播革命传统、弘扬爱国主义精神的阵地打下了坚实的基础。

（二）突破时空界限

园林是多维空间，而殡葬园林建设更要突破时空界限，将传统的造园理论、造景手法运用于现代园林之中，使人们在殡葬活动或通过对园林的欣赏时联想到古代劳动人民的智慧或故人之情。

从规划角度来说，殡葬园林景观设计的目的是提供一个与殡葬活动相适应的环境，提高殡葬园区的（商业、文化、生态）价值。景观设计本质上是在土地上建立人与自然、人与人、人与文化之间的关系，即在充分认识自然功能的基础上，通过改造、管理、保护、修复，使自然更宜人。真正的现代化是自然和文化的天人合一，用最少的投入，最简单的维护，充分利用自然环境和原有特色，达到设计与当地风土人情、文化氛围相融合的境界。在进行景观设计时，首先要考虑与周围的景观相融合，分析场地自然形成的过程，如生物、生态条件、土壤条件、周围的山水格局、现状的植被情况等诸多问题；其次要进行系统的自然背景分析，然后再作整体设计分析。景观设计必须尊重地方文化，因为文化是地方的一个文脉，它是长期与自然适应、人与人之间适应而形成的一整套赋予这块土地的含义。

以生态学理论规划造景，要贯彻以人为本的人文原则，处处从殡葬活动者的角度出发，设计并创造出顺应殡葬活动者情趣、便于殡葬活动的空间。除考虑殡葬功能外，还要考虑到其园林功能，设计出自然化、艺术化的园林环境，创造出满足不同年龄、不同文化水平、不同活动内容、服务设施完备的殡葬园林。充分认识和确定人的主体地位和人与自然的双向互动关系，强调把关心人、尊重人的宗旨具体体现在殡葬园林空间的创造中，以适应不同阶层、不同年龄、不同职业的市民的多样化需求。突出个性创造的特色即一处环境的规划与其他环境有不同的本质和外部特征，这种特征能为人们生理、心理所认知和感受，具有特定的地方、时代特色，并且与人们生活紧密结合。

文化性空间每一个时代都有着自身独特的文化特性，现代高科技文化完全可以体现在殡葬园区的空间文化形态上，殡葬园林设计者应通过殡葬园林环境表达现代高科技文化内容，以独特的空间格局、建筑形象、园林材料等为载体，传递独特的殡葬文化。文化性空间把观赏者内心世界同景观的文化内涵相互交融，使观者真正融于景观之中。景观在形成自己主题文化内容的同时，更兼环境特色，突出强烈的文化氛围。在殡葬园林景观中，要有反映殡葬文化的空间，以体现出殡葬园林特色。植物种植设计在景观意境以及传统文化意蕴的信息传递中有着独特的作用，通过树影、声响、叶色等传递风、月、云等自然的信息，植物材料在满足生态功能的基础上可以营造独特的文化、意境空间，例如殡葬园区选用个性较强的常绿针叶树通过种植点的经营进行意境创造，产生静态或半静态空间。

殡葬园林环境的设计既要尊重传统，继承文脉，又要反映时代的特征，有所创新和发展。一是生态性要求景观在功能上维护或不破坏生态平衡，在形式上应和原有的自然景观及人文景观的秩序性相一致；二是殡葬园区作为特殊的感情交流场所，其景观应充满人情味并体现地方特色。具有时尚内容的空间环境，往往给观者耳目一新的感受，观者在观赏、品味景观的同时可以体会时代的发展。因此在景观处理、设计手法、空间处理、构筑物材料、植物景观的应用等方面都具有时尚性或超时尚性。

殡葬园林具有社会美，它通过建筑群、交通网、园林绿地系统等的建设和设置，重新组合了自然空间，形成多种多样的环境，园区环境中自然的、社会的物质文化空间，除了以多姿多彩的动态和静态的形式美展示它们的风姿之外，还浸润着历史的、现实的、民族的、地区的极其丰厚的文化内涵。殡葬园区环境美的文化，其特征既取决于城市文化的总特征，又具有独特性，现代殡葬园区环境美是自然美、社会美、技术美、艺术美等多因素、多层次的有机融合，具有综合性和整体性，因而现代殡葬园区美文化必然是现代科学技术和现代环境艺术的高度融合，是中国殡葬文化形象的再现。殡葬园林文化具有浓厚的群众性，因此要面向公众，以一种文明、高层次的管理来实现它的功能，要把握文化定位和自身特色，殡葬园区是社会的产物，在建造过程中受历史、地域、政治、经济、文化等诸多方面因素的影响，确立各自的文化定位，形成不同的风格和特色，这种文化定位、风格和特色是每个殡葬园区存在和发展的物质基础，因而要始终把握其文化定位和自身特色。

（三）展示现代风貌

现代科学的进步，新材料、新结构、新技术、新工艺的发展，为造园的革新提供了新的因素，将现代科技和材料融入园林，可展现时代的技术水平和特色。

目前世界上传统材料已有几十万种，而新材料的品种正以每年约5%的速度增长，园林设计者应竭尽所能提高园林的科技含量，引用或开发诸多新技术、新材料建造园林。现代的殡葬园林为人们提供的不应该仅仅是殡葬和观景的功能，而应该运用新技术创造让人们能参与活动的新内容。园林不仅可以采用粉墙黛瓦建设，同样也可以运用玻璃和不锈钢等现代材料来表现。园林的路灯可采用节能、抗老化、防爆的聚酸酯球形灯，光线柔和，造型别致。园路表面可采用强化水泥仿真地坪路面等造园的新兴材料。

运用现代的结构手段同样能创造出像古典园林传统木构体系那样灵活多变、渗透流动的空间，各种新装饰材料的质感和色彩也有助于现代园林轻快明朗的格调。新技艺和新材料在园林建筑的造型、结构、装修等方面也创造了许多的表达手段，如用钢筋混凝土也可作悬挑结构，取得视线开阔，造型简洁的景致，用钢筋混凝土等材料代替一定量的天然景石构造出假山和山石小品，如园林游廊，采用钢筋混凝土结构代替以往木质结构，在形、神、势方面仍能保持着传统游的特色，担负起在景观上组景、借景和划分空间的良好作用。

在现代造园中，利用科学设备成就也能创造出奇特景观，如人工海涛、人造云雾等，为现代园林增加了富有吸引力的活动项目。现代光、声技术的发展也大大丰富了新颖园林景致，如各种声控喷泉和水幕所组成的美妙声调旋律；利用电子技术把静止的内蕴美的艺术创作变为新颖、活跃、充满动态的“动感雕塑”是把振动原理、闪光照明、回馈控制系统三种技术结合起来创造成的，它能在游客的参与下作出反应，创造出种种不同的视觉形象，五彩缤纷、绚丽夺目的光影变幻和奇妙的投影光束，把人们带入神话般的境界。

三、殡葬园林文态建设的前景

没有正确的思想观念，就不可能有正确的行为。只有追求园林的完美空间形式，赋予园林建设与管理以浓厚的精神文化色彩和科学技术成分，才能创造出新时代的园林文化。中国这个文明古国正逐步走向世界，作为中华文化重要组成部分的中国园林肩负着向世界传播文化的重要使命。中国园林要走向世界，必须牢牢把握民族传统文化特色，从中国传统文化中吸取营养并赋予时代的精神，将现代最新科技成果应用于园林建设中，提高园林的科技含量，在生态建设的基础上深化园林文化内涵，提高园林文化品位，使中国园林这颗东方明珠在世界园林宝库中更加璀璨夺目。殡葬园林作为现代园林的一个重要组成部分，加强园林文态建设，是时代赋予殡葬工作者的责任。

第四章　殡葬园林管理文化

殡葬园林作为一种文化现象，它为殡葬活动者提供服务，具有一定的社会性，因而要树立以人为本的管理思想，把满足殡葬活动者的需要作为第一标准，把握文化定位和自身特色，以一种文明的、高层次的管理来实现它的功能，文化定位、特色和风格是殡葬园林存在和发展的物质基础，是其生命的源泉。创造要符合殡葬园林文化定位，发展要保持风格和特色。因而要认识园林管理的规律，提高科学管理水平，逐步从经验型、粗放型向科学型的方向发展，增加管理中的科学技术含量，自觉地运用科学的手段管理园林，加强园林生物多样性的保护和花草树木的养护管理，保持其艺术创造的景观特色，不断提高园林生态保护水平。

第一节　殡葬园林管理概述

管理是人类社会活动和生产活动中普遍存在的社会现象。园林管理是以政治经济学为理论基础，结合园林科学技术，研究园林发展、园林建设、经营管理和园林经济的客观规律，最佳地组织人力、物力、财力，取得最好的园林综合效益。从改善生态环境的角度来看，殡葬园林以技术为主，从美化环境的角度来看，殡葬园林还涉及文化行为（即艺术）。殡葬园林管理的好坏除影响园林综合效益外，还影响着殡葬事业的发展。

一、殡葬园林管理的内容

园林管理的内容十分广泛，殡葬园林管理主要包括以下几方面内容。

（一）殡葬园林规划管理

规划管理是殡葬园区管理者根据上级主管部门的任务（或客观经济规律）结合实际情况编制积极可行的园林建设规划。按规划的期限可分为长期规划、中期规划、年度计划；按规划的内容可分园林建设规划、园林维护管理规划、园林生产规划、园林服务规划；在年度计划中一般又分为财务收支计划、劳动力配备及用工计划、材料设备计划、作业计划等。在实施园林计划的同时，要做好园林统计工作，如绿化工程统计、植树成活率调查、树木减少率调查、养护树木台账、伐除树木月报等。

（二）殡葬园林技术管理

技术是以获取（含建设）或控制一定形式的物质、能量、信息为目的的，具有确定程序的人类行为。园林技术管理是对园林工作中各项技术活动过程和技术工作的各种要素进行科学管理的总称，它包括园林施工、园林质量、园林科研、园林科技信息、园林科技档案等。

（三）殡葬园林劳动管理

园林劳动管理又称“人员管理”，是有关劳动方面的一切管理工作的总称。它包括劳动力管理、工作管理、劳动保护、劳动保险与福利管理。进行园林劳动管理必须考虑园林劳动的特殊性，即季节性强、手工作业多、工种繁、工作任务弹性大等因素。

（四）殡葬园林供应管理

一是殡葬园林物资设备的管理，主要指园林建设管理所需材料、设备的供应与管理（一般不包括植物材料的供应管理工作）。园林生产管理的物资大部分属于市场物资，如砖、瓦、石等建材，蒲包、草绳、蒲席、花盆、有机肥都要到市场上采购，因而要合理组织物资供应，并进行经济核算。

二是园林植物材料的生产与管理。植物是园林的主要材料，从社会上取得这些材料，往往因其种类、规格、质量、时间不能满足本园林的要求而需自己有计划地培育部分材料，因而要抓好植物种类的规划和育苗规划，以保证植物材料的生产适应殡葬园林绿化的需要。

（五）殡葬园林经济管理

经济是在资源有限的条件下，人们所进行的获取（含建设）或控制一定形式的物质、能量、信息，来满足社会成员的程序行为。经济管理是为了达到特定的经济目的，在群体中对人类行为进行的程序制定、执行和调节。园林经济管理包括财务管理与核算、经济核算、经济活动分析、综合效益评价等。

二、殡葬园林的技术管理

殡葬园林技术管理是殡葬园林管理工作的重要组成部分，加强技术管理，有利于建立良好的生产秩序，提高技术水平和劳动生产率。

（一）殡葬园林技术的主要特点

1. 多样性

殡葬园林工作涉及建筑、机具维修、育苗、造园、花卉培育与出售（为殡葬活动者提供文明祭扫用花）等多种业务，因而带来不同的技术性质和技术要求，使园林技术具有多样性。

2. 综合性

园林绿化和育苗需要土壤、肥料、植物、生态、生理、植保等多种学科的技术综合运用，造园还涉及建筑学、美学、艺术学等方面的技术。因此，园林技术具有综合性。

3. 季节性

绿化植树、树木养护、育苗生产都有很强的季节性，不同季节应采取不同的技术措施，同时，各项技术措施还必须和自然条件相结合。

4. 阶段性

园林绿化建设是有阶段的，一般说育苗是一个阶段，种植造园是一个阶段，养护管理是一个阶段，各阶段都有各自的质量标准和技术要求，如育苗要求合格苗成苗率，养护管理要求保存率和充分发挥绿化效益，每个阶段又都紧密相关。

5. 连续性

园林绿化不是建成交付使用就算完成任务，其设计的最终意图和最佳效果要经过很长时期，有的要延续几十年甚至上百年的养护管理，才能充分发挥出来。因而园林技术具有很长的连续性。

（二）殡葬园林技术管理的内容

园林技术管理要求科学地组织各项技术工作，建立良好的技术秩序，保证园林管理过程中符合技术规律要求，促进技术不断发展更新。殡葬园林技术管理更要按科学技术的规律办事，认真贯彻国家的技术政策，同时要讲求技术工作的综合效益。

殡葬园林技术管理的主要内容除了建立健全管理体系和管理制度、编制远中近期技术发展规划、建立技术信息和技术档案工作外，目前较为重要的是制定技术规范和技术规程，组织技术革新，开展试验研究。技术规范和技术规程是进行技术管理的依据和基础，在技术管理上具有法律作用。目前，园林的国家标准还不健全，殡葬园林标准则更是空白，可参照民政部门有关标准和城建园林部门的一些标准草拟殡葬园林技术管理的技术规范和技术规程。在草拟时要以国家技术政策和技术标准为依据，因地制宜，实事求是，既要有严格的技术规范，又要切实可行，防止脱离实际的标准和条件。

殡葬园区的园林技术人员要以应用技术研究为主、基础理论研究为辅，密切结合当前殡葬园林实践，提出课题，组织研究，并和基层园林技术革新活动相结合，努力把科研成果转变为生产力。园林工作者还要对园林科技信息进行收集、整理、报道、交流等，以推动园林技术的发展。殡葬园区还应设机构或专职人员，进行科技档案的科学管理。

三、殡葬园林的价值工程

在第二次世界大战结束前后，因美国军火工业发展迅速而出现原材料供应紧张和奇缺等问题，为了解决战时急需，必须设法寻找性能相近、可以代用的材料，因而在 1947 年，由美国通用电气公司属下的奇异电器公司担任设计和原材料采购的 L. D. 麦尔斯工程师从研究材料代用开始到研究产品改革，进而研究在新产品设计中应用，其应用范围逐渐扩大，逐步发展成为一项降低成本和新产品设计的系统方法——价值工程理论。

价值工程是一门新兴的科学，它是从技术和经济效益两方面相结合的角度研究提高产品、工程或劳务的价值，降低产品、工程或劳务的成本以取得较好的技术经济效益的学科，它摆脱了以往那种孤立地单纯从技术方面或者单纯从经济效益方面去研究生产经营效益的做法，而采取了两者结合、符合客观实际的有效方法。这一项把技术和经济结合在一起的管理方法（或技术）自 1947 年产生至今，在经济发达的国家已广泛应用于工业、交通、建筑等方面，近年来该理论也在我国得到应用，国内外应用实践的大量事实也已证明价值工程是一项提高经济效益的有效科学方法。在以往园林界有意无意地运用着价值工程，在商品经济的观念及机制引入园林经济的今天，价值工程作为一种现代管理技术引入园林系统已经是极为必要的，以使我们能有意识地、系统地、全面地运用价值工程理论，提高园林价值。

（一）价值工程的基本理论

1. 价值概念

价值工程中用价值评价事物的有益程度，是以事物的功能和得到这种功能时投入资源的比值来评价的，对园林经济来说，价值是指园林工程的功能与成本（费用）的关系。

即：价值=功能/成本；

简略式：V=F/C

上式为价值工程的基本公式，从公式可以得知：如果工程的功能F加大，投入成本C减少，则工程价值就高；功能相同的工程，成本低的工程价值高；成本相同的工程，功能大的价值高。

2. 园林工程的功能及评价方法

功能是指对象（产品、工程或劳务）能满足某种需求的属性，即它的用途或作用。对于园林工程来说，功能指园林效益（环境效益、社会效益、经济效益），园林工程既有使用功能，又有美学功能（外观功能），它必须能满足游客游憩和审美活动，使其最大限度地提高园林效益。

殡葬园林的功能是指殡葬园林能满足某种需要的属性，即满足人们需要的使用价值及其外观审美价值，也就是殡葬园林的环境效益、社会效益和经济效益。殡葬园林既有使用功能，又有美学功能，表现为多方面的和综合性的一系列的功能，而不同的资源又可能具有相同的性能。实现殡葬功能可以对多种资源进行选择，即性能相同的不同资源在实现殡葬功能时可以相互替代，殡葬园林功能的“形成的替代性”为开发殡葬园林物质要素的殡葬功能提供了理论依据。

功能评价是对功能价值进行测量、评定和比较，是对功能进行定量分析。它包括对每个功能本身价值的测量和评价（即用一定方法计量出F值）以及对实现每个功能的经济效益的评价（即计算功能的成本C值）。园林功能评价的具体方法很多，但各有优缺点，尚没有最完善的决定性方法，园林功能评价一般要根据价值工程对象的不同性质及其功能评价的目标和要强调的内容，选取合适的方法，园林功能可以用理论成本标准法、实际成本标准法、功能重要度评价法（包括强制确定法、环比法、逻辑流程法等）、经验估计评价法等方法进行定量计算。

价值工程中的成本与企业日常财务核算的成本不同，它是指工程寿命周期成本，它包括工程的设计、建造和使用过程中全部耗费在内的寿命周期的总成本，园林工程的成本一般也可以用数据来表示，它包括设计费用、施工费用、维修费用在内。

3. 寿命周期成本

殡葬园林最低寿命周期成本的意义在于如何降低殡葬园林建设成本，同时考虑降低使用成本（如节约资源、有利于维修管理与养护等），以求得园林所需的总成本达到最低限度。

实现功能所消耗资源而支付的成本，直接取决于为获得这一资源所支付的物化劳动与活动的总量，成本的形成具有地区的差异性、综合利用的不同性和技术的不等性。20 世纪 70 年代产生的可持续发展的思想，提出了自然资源及其开发利用程度之间的平衡，给殡葬园林寿命周期成本的研究与应用提供了前瞻性极强的理论依据，即充分考虑殡葬与生态环境功能的实现和对使用成本的关注。

4. 殡葬园林价值工程的主要内容

殡葬园林价值工程活动，就是根据殡葬园林的特点，找出功能与成本之间最佳关节点。在进行殡葬园区园林景观生态建设的过程中，开发园林物质要素的殡葬功能，充分利用园林物质要素进行多种形式的骨灰处理，使园林物质“一物多能”，以提高殡葬园林的综合效益。

殡葬园林价值工程活动要坚持殡葬客户第一的观点，通过人力资源的开发（也就是充分发挥殡葬员工和殡葬客户的智慧）而有效地利用物质资源。一是把殡葬功能分析作为核心；二是采用系统分析方法，研究整个寿命周期内殡葬客户对殡葬园林功能的接受情况，以达到殡葬客户的满意；三是以提高社会效益、环境效益、经济效益为目的。

价值工程是以有组织有领导的活动为基础，发动各部门、各类专业人员参加，集思广益，依靠大家的智慧和经验，组织起来进行有目的的活动，而殡葬价值工程应本着“在殡葬法规允许的前提下，最大限度地满足人们合理的殡葬需要”的原则，使“骨灰处理多样化与殡葬园区景观生态建设相结合”成为殡葬服务机构倡导、群众响应的社会活动。

5. 提高园林价值的途径

提高园林价值的主要途径有以下 5 种。

（1）园林功能一定，费用降低，则园林价值提高。采取适当措施降低成本开支，如用一般材料代替稀缺材料、就近购料取代远途进料、改进施工方法、改进管理方法（以减少维修费用）等，尽管园林功能没有提高，但能够提高园林价值。

（2）园林功能提高，费用不变，则园林价值提高。在园林科技发展较快的时代应用较广，通过提高造园技术与艺术，尽管成本不变，但能提高造园原材料的使用价值，因而使园林价值提高。

（3）园林功能大幅度提高，费用有少量提高，则园林价值提高。采用先进造园技艺，有时虽稍微提高成本支出，但能产生新的较高的功能，这样也能使园林价值提高。

(4) 园林功能略有下降，但费用大幅度下降，则园林价值提高。此法在园林中应用具有极大的优越性，造园时“以假代真”可大大降低原材料费用，尽管园林功能略有下降，但仍能使园林价值提高。

(5) 园林功能提高，成本降低，则园林价值大幅度提高。这是提高园林价值的最理想途径，也是资源节约型、环境友好型社会建设中的重要途径。

(二) 价值工程的园林应用

园林工作的任务就是追求最优的园林价值，也就是用较少的费用建成具有较高功能的园林，因而价值工程理论可以在园林中进行系统、全面的应用。

1. 园林地形的利用与改造

在园林建设中，首先遇到的就是利用和改造地形地貌的问题，用价值工程理论来解决这一园林建设的基本问题是十分合理的。

在地形设计过程中，首先要满足园林功能的要求。园林中的活动内容很多，景观也要求丰富多彩，如游人集中的地方及体育活动场地要地势平坦；欣赏自然风光要有起伏；为创造划船、游泳、种荷、养鱼的条件要开辟水面；为给游人以远眺的条件，应堆阜造山；此外还可以利用起伏的地形来分隔空间或遮蔽不美观的景物，或阻挡大雪、风沙等不良气候的侵袭。其次要考虑到实现园林功能的成本。这就要求做到“利用为主，改造为辅，因地制宜，顺其自然”的原则，地形改造常要挖运土石方，因而要本着节约的原则，尽可能就地取材，充分利用原地的山石、土方；堆山和挖湖要结合进行，使土石方平衡；对原有的自然地形要尽量从现状出发加以利用，或经局部改造和修整后，使之满足园林功能，在造园中巧妙地利用山坡山麓、峰顶等富有变化的地形，做到因地制宜，使地形处理符合自然规律，体现出中国传统的自然园林特点，充分提高使用价值，使园林价值得到提高。同时还要强化园林管理，降低园林维修费用，提高园林价值。

我国园林常以山水作为主要构成因素，因而常采用堆山的办法创造出高低起伏的地势，以调节游人视点，组织空间，丰富景观层次，增加园林的艺术效果，提高园林的功能。堆山应按园林的主题要求合理布局，又要利用自然地形和水系条件，掘低地而为池，其土方可堆山筑阜，是自然合理而又经济的办法。堆山的主要材料是石与土，石与土具有不同的质，两者在叠山工程中要交叉互补，“外石内土”既有陡峭之势，又能防止冲刷，稳定性好，能塑造出峭壁悬崖、洞穴涧壑，又能点缀花草树木，富于山林意境；另一种是“土山带石”，在堆积的土山上点缀一些体形浑厚的石头，疏密相间，安顿有致，易取得天然委曲之妙，能避免石山那种百衲僧衣之“假”，生发出“假山如真”的审美效果。只用土或石，难以满足园林审美功能，而且有时成本相对较高。由此可见，“土石交叉”堆山法是符合价值工程理论的。

2. 园林造景

园林造景是指人工创造出既符合一定的功能要求，又寓以一定意境的景区或景点，这是一种艺术实体，不仅可以观赏，而且可以入游，在园林造景中，需按价值工程理论，既满足和提高园林功能，又降低成本，提高园林造景的价值。

园林物质要素包括园林植物、建筑、地形、山石、园路、水体等，园林也像其他艺术品一样通过一定的材料、媒介来实现内容和形式的统一，造园的材料也就是园林构成要素，一般可分为植物、鸟兽虫鱼等有生命的自然景物；地形、水体等无生命的自然景物；建筑、小品、道路及其他硬质景观。这些材料的选择与利用直接影响着园林功能。园林构成要素的配置是构成要素在保证其主要功能的同时能成为人们的欣赏对象，给人以美的感受的园林规划设计工作。园林构成要素的配置就是“用园林艺术手法将园林构成要素有机地组合在一起，使形成的组合体具备一定的园林功能，尤其是生态功能和美学功能”。园林构成要素的配置包括两方面内容：一是选择哪些要素和各要素的数量，二是数量各异的所有要素的有机结合。从维系城市生态平衡和美化城市环境角度看，园林植物是最主要的要素，园林造景首先要充分利用植物造景，凡能用植物材料代替的，尽可能采用植物进行园林造景。园林理论与实践证明，植物造景能充分提高园林功能，绿色植物能维持人与自然的生态平衡，它能净化空气，消除污染，吸滞粉尘，降灭病菌，还能调节空气湿度，改善气候，充分利用植物进行园林造景，还能产生良好的防护功能，产生社会效益和环境效益，对改造自然起着巨大作用，同时植物还能创造财富，增加收入，另外绿色空间对于人的视觉生理和视觉心理有着积极的意义和不可忽视的价值，它具有抚慰视觉器官的审美作用。总之，用植物作园林造景的材料是其他材料难以比拟的，为了维持生态平衡，提高园林功能，降低园林造价，应贯彻“植物造景为主，园林建筑为辅”的原则，以提高园林价值。在园林植物选择时，要本着“一物多能”的原则，一种植物的功能（如绿化美化、降低噪声、吸收有害气体等功能）越多越强，其使用价值就高，园林植物造景就会收到显著效果，使园林价值明显提高。

21 世纪的绿化已不再是一般意义上的环境绿化，而应朝着赋以文化内涵的、贴近人们生活环境的、以植物造景为主的园林化方向发展。绿化应以植物造景为主，形成若干个植物群落和植物景观，以满足人们生存需要、观瞻需要。植物造景就是通过人们精心设计、精心布置，使乔、灌、花、草等各种不同植物有韵律地进行组合、配置。有条件的在植物造景时，可选用声控、光控、激光、水幕等现代高科技相辅助，产生自然的、高观赏价值的园林景观效果，常用的有：植物的层次、树冠、姿态、色彩（包括季节性变色）、果实、香味、声音（松涛声、竹曳声、雨打芭蕉声）等组成的植物景观；水池、喷泉、瀑布、水幕、流水等水景景观；亭、廊、架等构筑物景观；假山石、散石、盆景石等观赏石景观；射灯、霓虹灯、泛光灯、潜水灯、彩虹灯等各种光源景观；轻音乐、管弦乐等音乐欣赏；楹联、匾额、碑刻等人文文化景观。通过景观的主次配合，使人们在欣赏中观其形、赏其势、阅其色、闻其香、听其声、知其文、受其教，陶冶情操，心旷神怡。

园林有一定的界限范园，为了打破园林界限，扩大空间，丰富园景、增加变化，可采用借景手法把园外景色组织到园林画面中来，成为园景的一部分，这种手法可大大降低成本，使有限的园林提高功能，因而使园林价值提高。借景按空间距离、空间方位作为分类标准可分为远借、近借、邻借、仰借、俯借等；以借景的时间流程作为分类标准（即应时而借）可分为借春、借夏、借秋、借冬、借日月、借雨雾等；以借景的内容作为分类标准可分为借山、借水、借花木、借建筑等；此外借景还可以按所借形式等因素作为分类标准分为借形、借色、借光、借声等。尽管借景需对园林进行特有的人工改造（如堆山、建筑以提供观景点）才能把园外之景借入园内，但其成本要远比建成一个实景少得多，因而借景是提高园林价值的一种重要手法。

3. 以假代真

园林作为一种特殊的艺术产品，追求最优价值时，比起一般的产品或工程来有一定的特殊优越性，即可以用以假代真、以假乱真，以无代有、以无胜有的方法来降低成本，提高园林价值。如上海淀山湖大观园在建设“女娲遗石”景点时，就采用此法；怡红院室内有盆玛瑙花，价值近2000元，根据价值工程理论，这盆花可以用玻璃花或塑料花代替，在光、电等现代技术配合下显示出同玛瑙花一样的功能，成本费用大大降低，园林价值会大大提高。园林盆景（树桩盆景、山水盆景）有移天缩地、小中见大的妙趣，其审美功能较高，这也是价值工程的应用实例。

4. 园林建筑

园林建筑是组成园林不可缺少的部分，它具有观赏和使用的双重作用，它和植物、山水共同组成园景，狭义的园林建筑是指园林中的建筑物，而广义的是园林建造，还包括叠山、理水等工程，园林建筑从个体建筑在园内所处的地位来分有宫、殿、厅、堂等空间体量较大，在园中一般居于正位和主位的“堂正型”建筑；有馆、轩、斋、室等空间体量稍小的“偏副型”建筑；从个体建筑所处的地势高低以及纵向层次的多少可分为建于高爽之地的两层以上的层高型（如台、楼、阁、塔等）和建于低处或不同程度的低层依水型（如榭、舫等）；从个体建筑在园内供人游览、观赏作用来分有“游赏型”（如廊、亭等）和装饰型（如门楼牌坊、照壁等）；此外还有棚架、园路、桥梁、灯、椅、桌等园林建筑，这些建筑大多既是景点又是观赏点，在充分考虑经济的前提下应适当运用，在建设过程中应充分发挥植物功能为主，结合赏景。如用绿篱代替栏杆，用藤本花架代替凉亭等，这样既能收到较好的效果，又能节省开支。

价值工程在园林建筑中的应用与一般建筑相似，不同的是园林建筑为特殊的艺术实体，在利用时有其独特的优越性。如上海大观园内建筑水塔，其外观建成仿古宝塔，既是风景又成为游客观赏登高处，既能保证水塔的功能，又大大提高了园林的功能，使园林价值得到提高，又如假山的内部空间作为仓库等方法都是价值工程的具体应用；又如石家庄陆军学院的照壁，它设在大门前方，其材料只是普通的砖和水泥，在照壁面上用水彩画出一幅大型风景画，其画面正与一进门时所见到的景色“绿廊通山”相对称，当人从院内向外走时，画面能与院内景色相连接，似乎院内大路与行道树以及远处的青山又一次显现在眼前，也有“以假乱真”的效果，起到一定的装饰、照应、烘托之作用。如果在门外也同样修建一条大路，并和院内一样进行绿化装饰，必定耗资巨大，修建一座照壁，起到的功能与实景相同，而成本则大大降低，建筑价值猛增，正是价值工程应用的最佳实例。

（三）价值工程的成果评价

价值工程在殡葬园林中应用的成果，应从技术与经济两方面既分别又综合地进行客观的评价。

1. 技术水平评价

可以通过方案比较法、直观判断法或效果评价法对技术水平进行评价，凡可定量的要把定量化指标汇总，进行总评价，易于定性而难于定量的也要想法定量，使定性定量相结合，把定性指标定量化。

2. 功能对比评价

从殡葬活动者的立场出发，客观地评价满足游客的必要功能的程度，有哪些取得了突破性的改革而提高了功能。园林事业具有社会效益、环境效益和经济效益，在评价时要贯彻“科学性、适用性、可比性”的原则。

3. 成本耗费对比评价

与原方案的成本对比，与国内外同类工程的成本相对比，看差距如何。

4. 综合成果评价

对价值工程在殡葬园林中应用成果进行评价，要把技术和经济两方面的评价成果综合起来评价，才能得出一个全面的、统一的评价意见。

四、殡葬园林的多维管理

园林的多维管理，可以这样理解：一维为点，如景点、观赏点等；二维为线、面，点的连续成为线，线的交织成为面，如园林设计中的主线、副线、边际线、游览路线，远近层次、观赏面等；三维为体，如流动的观赏线、移动的观赏面、空间的组合、虚实等；四维为时，能够穿越空间的为时间，如“季相变化”“时序交替”等；五维为人，人的思想可以穿越时空，如“人本位”“人文性”“历史文化积淀”等。

殡葬园区的园林大多以植物为主，无论是孤植、群植还是生态种植，只有通过时间的推移才能逐步展示出它们的全部潜力。园林不可能凭借偶然性达到预期的完美境地，其效果的展现不可能一蹴而就，随着时间的推移，只有当植物达到设计预期的规格和外形时，才能显示出美丽多姿之态并充分发挥其各种效益。在园林设计付诸实施的过程中，一切措施要按计划去贯彻，不能立见效果的项目要精心管理，因而园林管理中需要提出“时间”这个第四维的概念和“人”这个第五维的概念，要成功地运用植物进行园林建设，必须充分重视多维管理尺度的应用，重视管理及养护工作。

园林管理是一门综合艺术的管理，园林植物的特性决定了园林美在某种程度上是动态的，因而管理工作必须以保持和发扬园林的美感效益作为中心环节，立足于园林的美（包括设计者的创作意图和园林整体风格与布局）并保持发扬园林原有的美感价值。

园林的日常维护是保持园林美的基本工作。殡葬园区园林日常维护的对象主要是植物，园林工作者必须深刻领会植物美的关系，才能做好日常维护管理工作。植物的形态、颜色等自然美是构成园林美的基础之一，植物在园林中的配置是有韵律感的。管理工作中为使园林美得以常新，要注意保持植物配置的合理安排、调节，使其美感得到更好的体现。园林中植物的总体配置（包括园林中植物的高低、疏密及品种的交叉配置）在建园时一般是有意识地加以安排的，然而随着树木的生长，其高低、疏密就发生变化，因而在管理中要结合特定景观加以调整，使这种变化不破坏原有的园林美。尤其是一些高大树木、多年生名贵花木及花坛的位置等都要精心设计安排，但草本植物、一年生花卉需经常更新替换，日常维护工作中就要注意植物高低的协调、配合。园林中怎样通过植物配置来减少冬季萧条冷落之感，是管理工作的课题，如在落叶植物较集中的地方及裸地花卉附近引种一些冬天仍能保持绿色的黑麦草等，也是点缀冬景比较简单的方法之一。园林植物的日常维护，不仅仅是使花草树木能健康生长，还应从更好地发挥自然美及体现整个园林的美感效益的高度来考虑。

总之，殡葬园林的功效主要是满足殡葬活动者的环境要求并满足人们多层次多角度的审美情趣，园林管理工作应从这个基本点出发，深挖潜力，更好地发挥园林功效。殡葬作为一种文化，只要有人死，只要有遗体的处理方式，就永远有文化。始终注重将传统的殡葬文化和现代理念紧密结合的上海福寿园（公墓），在营造“慎终追远，缅古怀祖”文化氛围的同时，更注重让生者“多一点欣慰，少一点悲伤”，经常组织各种社会公益活动，旨在让生者尤其是老人得到更多的关爱，使他们不断改善提高生活质量、生命质量。他们多次组织中老年书法绘画比赛、垂钓比赛、中老年健身舞蹈大赛，为劳模建造丰碑园，为青少年开辟传统教育基地，为杰出的人士树碑立传，为社会孤老和特困家庭老人去世后提供永久性骨灰安放等。

第二节　殡葬生态管理文化

殡葬设施的建设与管理主要包括生态的和文态的，这是殡葬园林建设与管理的高层次的追求。生态管理是运用生态学、经济学和社会学等跨学科的原理和现代科学技术来管理人类行动对生态环境的影响，力图平衡发展和生态环境保护之间的冲突，最终实现经济、社会和生态环境的协调可持续发展。

一、生态管理的基本概念

（一）生态环境

生态是指生物在一定的自然环境下生存和发展的状态，即生物与其环境之间的相互关系。环境是指相对人类活动周围的地方或周围的情况和条件。植物生存地点（包括地上和地下部分）周围空间的一切因素，都称为环境。对植物来说，它们彼此之间也互为环境，环境影响着植物，反过来植物也影响着环境的变化，环境因子中对植物起作用的，称为生态因子，其中包括光、温度、水分、空气等气候因子；土壤有机物和无机物的物理、化学性质以及土壤微生物等土壤因子；包括植物和动物在内的生物因子；山地、平原、洼地、坡向、坡度等地形因子。所有生态因子综合起来构成植物的生态环境，简称生境。

园林范围内的植被生态构成（包括地带性气候以及山水环境因素）综合作用于人体的生理及心理的系统效应称为生态效应。不同区域生态效应有一定的差别，它影响着人的思维活动。

（二）综合效益

殡葬园林建设的效益主要表现在环境质量的提高和维持生态平衡上。生态园林效益具有无界性，它不受人为界线的约束，为多数人有意或无意地共享，生态园林效益具有空间上的范围性和时间上的扩展性。生态环境是由各种生态因子（如土壤、阳光、空气、植物等）所组成，由植物生态因子形成的生态效益，只是在一定的生态环境范围起作用。广义的生态效益指全球生态平衡与综合效应，狭义的生态效益指园林范围内植被生态构成综合作用于人体的生理及心理的系统效应，它只是全球性生态平衡的一个组成部分。对于殡葬生态环境来说，一般多指小环境及其所表现出来的小生态，它所产生的效益只是微观的生态效益。

环境效益是指园林绿化在维护生态平衡、改善小气候、降低环境污染、美化环境等方面的效益。社会效益是指园林绿化为群众提供休闲、娱乐、科普教育等方面的能力和水平。经济效益是指园林绿化本身产生的经济价值和为群众提供游览服务的经济收入。

（三）生态园林

早在20世纪70多年以前，荷兰、美国、英国等西方国家就已出现了生态园林，早期的生态园林是从植物的生态学角度出发，在植物配置和地形、水体创造等方面尽量模仿自然景观，包括植物的自然群落和它们的自然生境，基本不需人工养护就能使植物生长繁茂。可见生态园林是在园林建设中，模仿自然生态景观，通过艺术加工，创造出既美观又具有多种生态功能的园林景观，它是依靠植物来形成环境、保护环境、利用环境和美化环境的。生态园林的着眼点是形成发挥良性循环的、以绿色植物为主体的园林绿地生态系统，它是包括植物、动物、微生物及其整个生境在内的自然生态系统，是能进行自然演化的园林系统。因而生态园林是一种综合的、多功能的物质境域。

生态园林是遵循生态学和植物生态学原理，以植物为主体，发挥园林的多种功能，并以生态经济学为指导，使生态效益、社会效益、经济效益得到协调发展，建成一定的园林景观，而在可能的条件下能生产出一定的园林产品，又能保护生物的多样性，为人类创造出理想的清洁、优美、文明的现代生态环境。

人类社会进入21世纪后，传统的造园艺术面临前所未有的挑战。园林的分类越来越细，其内涵与外延却越来越大，远远超出了传统造园的界限，如今园林的概念与传统造园的概念已相去甚远。在日本，“造园”一词在渐渐成为历史，取而代之的是景观环境设计、绿地环境规划、绿地生态设计、地域环境生态学等。随着生态农业、生态林业、生态城市等概念的提出，生态园林已成为我国园林界共同关注的焦点之一。

狭义的生态园林又称为生态公园、生态园、自然园、自然观察园。是20世纪70年代以来，欧洲、美国、日本等国家模仿自然景观、自然植被及自然环境的公园或园中园。其基本理念是：创造多样性自然生态环境，追求人与自然共生的乐趣，提高人们的自然志向，使人们在观察自然、学习自然的过程中，认识到生态环境保护的重要性。

广义的生态园林或称区域性生态园林，是一个城市及郊区的区域范围的自然生态系统或绿地系统。其概念范围大于生态公园、小于宏观范围的生态绿化。其基本理念是：在城市及市郊范围内建立人与自然共存的良性循环的生态空间，保护和修复区域性生态系统，遵循生态学原理，建立合理的复合的人工植物群落，保护生物多样性，建立“人类－动物－植物”和谐共生的城市生态环境。

殡葬生态园林是从维护殡葬生态系统平衡、改善生态环境为出发点，研究从宏观规划到植物的选择、施工和管理的殡葬园林建设的全部问题。殡葬园林生态建设是我国殡葬改革和国土整治中的新事物，是对我国“入土为安”的殡葬传统文化的正确导向，对节约土地资源、荒山生态修复、建设新园林、开辟新的人文景观和旅游景点都有十分重要的意义。

（四）绿地指标

人类为了减轻自然灾害，改善和美化环境而栽植植物达到一定的规模和程度，都可称作绿化。绿地系统是由相互作用、相互依赖的具有一定数量与质量的各类绿地所组成的，是具有生态效益、社会效益和相应的经济效益的特定功能的有机整体。

联合国关于最适合人类居住的城市的评选结果表明：环境、基础设施、城市管理、城市文化、市民素质是最主要的衡量指标，这其中园林绿地的数量、质量和文化氛围是评价环境优劣最直观、最显著的要素。对于一个殡葬设施来说也应是这样，当现代文明的进程把城市从混凝土堆砌的几何空间推向绿地、蓝天、白云之际，新时期的殡葬设施也应该把绿地作为文明程度的象征。

凡稳定保持着植物生长的土地，不论是自然植被还是人工栽培的，都称为绿地。绿化形式即植物种植或配置的形式，可分为规则式、自然式、混合式，在配置的方法上有孤植、对植、列植、环植、丛植等。

殡葬园林绿地指标可以反映殡葬绿地的质量与绿化效果，是评价殡葬环境质量的一个重要指标。它可以作为殡葬总体规划和各个阶段调整用地的主要依据，是评价规划方案经济性、合理性的数据。

反映殡葬园林绿地水平的指标可以有多种表示方法，其目的是为了反映绿化的质量与数量，并要求便于统计。

绿化覆盖面积：是指乔灌木和多年生草本植物的覆盖面积，按植物的垂直投影测算，但乔木树冠下重叠的灌木和草本植物不再重复计算。

覆盖率：是园林绿地现状效果的反映。它不仅如实地反映了绿地的数量，也大体了解到绿地环保功能作用的大小，可以促使绿地规划者在考虑树种规划时注意到树种选择与配置，根据树种的寿命和不同时期的冠幅，合理地进行树木的更新，使绿地在一定时间内达到规划的覆盖率指标。

绿视率：即人在视野中植物绿色所占的比例。植物吸收太阳光中对眼睛有害的紫外线，反射出适合视网膜的绿色光。据研究，人的视野里，植物的绿色占 25% 时感到最舒服。

叶面积系数：植物的叶面积总和与植物覆盖面积之比，称为叶面积系数。植物通过叶片光合作用，吸收贮存太阳能，从而产生生态效益（如生产氧气、吸收二氧化碳和有毒气体、吸附灰尘、杀菌、降温、增湿等），叶面积系数越大，生态效益就越大，叶面积系数与叶片密度、大小、植物种类和植物群落的组成有很大的关系，乔木比灌木和草本植物的叶面积系数要大得多，如果用乔木、灌木和地被植物组成复层混交的、合理的人工植物群落，就可以得到最大的叶面积系数。

在确保绿地数量的前提下，还要充分考虑绿地的质量。绿地的质量有两层含义：一是绿地的管理水平，它能否充分发挥其环保效应；二是绿地中植物配置的优劣，包括近期和远期景观效果。

（五）生态管理

生态管理（Ecosystem management）是管理史上的一次深刻革命。首先，它强调经济与生态的平衡可持续发展。其次，它意味着一种管理方式的转变，即从传统的“线性、理解性”管理（对被管理的系统有全面、定量和连续的了解）转向一种“循环的渐进式”管理（又叫适应性管理），即根据试验结果和可靠的新信息来改变管理方案，原因在于人类对生态系统的复杂结构和功能、反应特性以及它未来的演化趋势的了解还不够深入，所以只能以预防优先为原则，以免造成不可逆的损失。再次，生态管理非常强调整体性和系统性，要求认知到所有生命之间的相互依存，个体和社会都是自然界的组成部分，及生态系统内各组成部分彼此间的复杂影响，要用整体论和系统的思想来指导经济和政治事务，谋求社会经济系统和自然生态系统协调、稳定和持续的发展。最后，生态管理强调更多公众和利益相关者的更广泛的参与，它是一种民主的而非保守的管理方式。

1. 管理主体的生态化

生态管理要求应对企业全体员工进行环保知识的普及和培训，各级管理者具备的知识结构中应当具备基本的生态意识和生态观念；同时企业在发展过程中不应以个体利润最大化为目标，应把环境保护纳入长远的发展战略和决策中，注意企业和自然环境的协调发展，实施可持续发展战略，维护经济增长所依赖的生态环境的有序性，保障经济增长有一个稳定的生态环境基础，而不是仅从利己角度出发对资源无限索取。

2. 管理效益的生态化

传统管理理论认为，企业管理者的主要责任是按股东利益经营业务，企业的管理效益是使股东利润最大化，为此企业可以置自然、生态环境于不顾去追求效率、利益以博取股东的欢心和信心。但随着生态时代的到来，认为企业除对股东负责外，还必须建立和维护他们的社会责任，不仅让员工，更重要地要使顾客、社会感到满意。因此，企业自身所赖以生存的自然生态环境是保证企业生存的第一要义。效益不仅是指生产的直接成果，同时也指这些成果对整个社会利益、对社会发展的长远影响。忽视生态化对个别企业而言虽然会产生极丰硕的成果，甚至获得超额利润，但对整个社会、自然界就会产生更大的“负效益”。

3. 产品设计生态化

与传统产品设计思路不同，生态设计不仅只考虑如何进入消费领域，还应延伸到产品寿命终期。生态化设计首先应考虑如何以低耗、低污染的材料为亮点去满足客户的“绿色需要”，其次还应考虑残余产品的分解、拆卸和重新使用，使产品废弃后对生态的影响和破坏降至最低。

4. 产品生产生态化

产品生产生态化的基本内容至少应包括：生产环境的绿色化；最有效地利用资源；生产中尽量使用无毒无害、低毒低害的原材料；采用无污染、少污染的高新技术设备，采取一系列对废弃物合理的处置。

二、生态管理的基本理论

生态学是研究生物与其环境（包括其他生物与非生物）之间关系的科学，是以某个生物或生物群落为主体进行研究的科学。例如植物生态学是研究植物相互间和植物与生存环境关系的科学，阐明环境条件对植物的形态构造、生理活动、化学成分、遗传特性和地理分布的影响，植物对环境条件的适应和改造作用。又如人的“生态环境”是从生态学角度看待人的生存环境。

生态园林是从维护生态系统平衡、改善生态环境为出发点，殡葬园林生态建设实践需要生态学理论的指导，生态园林涉及园林与生态学和生态系统的许多方面，其着眼点主要有：重视园林的生态效益，强调利用园林改善环境的生态系统；强调造园要以植物为主要材料，充分发挥生态效益；强调造园要掌握植物生态习性并模拟再现自然植物群落；从自然生态系统的审美意识出发，提倡自然景观的创造。园林的生态效应指园林范围内的植被生态构成综合作用于人体的生理和心理的系统效应，如空气组成中的氧气含量、单位体积空气中离子态氧的数量、对相对湿度的调节等因素，综合作用于人体生理心理所起的系统效应。完善的生态综合效应，其妙处可以助长神思，启发灵感，使人的思维活动处于生理协调的最佳状态，有助于发现事物内在的美，产生与自然美景共鸣之情。

人们对城市绿化的要求不仅要求城市绿地面积数量有很大的增加，而城市绿地改善城市生态环境的作用是通过园林植物的物质循环和能量流动所产生的生态效益来实现的。生态效益的大小取决于绿量，而绿量的大小则取决于园林植物总叶面积的大小。改善城市绿地的植物配置和空间结构，坚持以乔木为主体，乔灌草结构合理，提高绿地的空间利用率，增加城市的绿量，使有限的城市绿地发挥最大的生态效益和景观效益。这就要求坚持以生态平衡为指导思想，以生物多样性为基础，地带性植被为特征，适地适树，常绿树种与落叶树种比例合理，速生树种与慢生树种相结合，最终实现以乔木为主体、乔灌草合理配置的，能发挥最大生态效益和景观效益的城市绿地生态系统。

（一）园林植物造景的理论

园林植物是园林中的主导素材，植物造园是社会发展的趋势，随着社会经济的发展，人们越来越渴望回到郁郁葱葱、鸟语花香的绿色世界之中去，这种返璞归真的趋势直接影响到园林设计的指导思想，要求能顺应这种心理趋势，遵循以“自然美”为指导思想，以植物造园为主，来改善生态环境。

以植物造景为主，走生态园林的道路，是当代园林绿化建设的发展方向。植物在一定生态条件下的生存、生长状况以及其他结构、数量和分布状况，在很大程度上决定了它的多种功能的发挥，支配着园林绿化的质量和水平；按照生态学的原则作为园林绿化规划和种植管理技术依据的趋势正在形成和发展。“园林设计归根结底是植物的设计，其目的就是改善人类的生态环境。其他的内容只能在一个有植物的环境中发挥作用。”我国园林建设比较注重植物景观的设计，强调植物的合理配置，为提高环境生态效益，以生态学为指导，以植物为主体，建立一个完善的、多功能的、良性循环的生态系统是当今世界保护环境的必然趋势。

植物不仅能在保护生态环境方面发挥重要作用，在创造优美的园林景观方面也是必不可少的。园林植物生机勃勃、千变万化，具有独特的形态、色彩、风韵之美，利用植物材料可以创造富有生命活力的园林景观。园林空间是包括时间在内的多维空间，园林植物能表现时空变化，该空间随着时间的变化而相应地发生变化，这主要表现在植物的季相演变。植物的自然生长形成了“春天繁花盛开，夏季绿树成荫，秋季硕果累累，冬季枝干苍劲”的不同景象。随着植物的生长，植物个体也相应变化，由稀疏的枝叶到茂密的树冠，对园林景观产生了重要影响。根据植物的季相变化，不同花期的植物搭配种植，使得同一地点的某一时期，产生某种特有景观，给人不同的感受。园林绿地不仅能用建筑、山水等来分隔空间，植物材料也能达到同样的创造空间的效果。一般来说，植物布局应疏密错落，有景可借的地方，树要栽得稀疏，树冠要高于或低于主景，对视线杂乱的地方则要用致密的植物以遮挡。

利用植物可改造地形。园林中地形的高低起伏，往往使人产生新奇感，同时也增强了空间的变化，利用植物能强调地形的高低起伏，地形较高处种植高大的乔灌木，能强化高耸的感觉，种于凹处则能使地形平缓。地形平坦、起伏变化不大时，为强调地形变化，在略为突起的地面上栽植植物，摆放山石，修筑小径，增加了地形的起伏变化，浓荫蔽日，极富山林情趣。

植物能够起到衬托作用。植物的枝条呈现一种自然的曲线，园林中往往利用它的质感以及自然曲线，来衬托人工硬质材料构成的规则式建筑形体，这种对比更加突出两种材料质感。现代殡葬设施园林中往往以常绿树作为雕塑或碑墓的背景，通过色彩对比来强调某一特定的空间，加强人们对这一景点的印象。植物不仅能令人赏心悦目，还可以进行意境的创作。人们常借助植物抒发情怀，寓情于景。例如用松柏苍劲挺拔、蟠虬古朴的形态，来比拟人的坚贞不屈、永葆青春的意志。

（二）园林植物群落的理论

自然界各地域由于环境条件的差异和植物种类适应性的不同，在一定地段的自然条件下，总是由一定的植物种类结合在一起，成为一个有规律的组合，这种植物组合就称为植物群落。植物群落是在长期的历史内植物、动物和各种生境因子相互作用的产物，是一个相对稳定的组合体，植物群落构成的自然空间和环境能提供休憩、观赏等生活需求，可形成观赏型、环保型、知识型、文化环境型、文化娱乐型等。因而植物群落的理论在生态园林实践中应用极其广泛。

1. 生态绿化法

生态绿化法是应用现代生态学原理分析对殡葬设施园林生态环境有重大影响的有利与有害因素（包括自然的和社会的），针对有害因素采取营造相应的大面积绿地（风景林、小游园等）的方法加以遏制或抵消，这些极具针对性和有效特征的大面积绿地即称为“生态绿地”。生态绿地所组成的最大限度地维护殡葬设施生态平衡的系统则称为“生态绿地系统”。生态绿化法最大的特点之一就是生态绿地系统中的每一块生态绿地都具有鲜明的针对性，生态绿化法中的生态绿地不是绿色植物的堆积，而是在生态群落和审美基础上的艺术配置。

2. 人工植物群落

在规划范围的绿化圈内，按生态学原理科学地种植植物群落，这种人工植物群落参照自然植物群落进行配置，它们能够封闭、自养、循环，像自然植物群落一样，功能上能起到保护生态环境、改善环境小气候、净化空气、保持水土等综合作用，达到生态环境的良性循环。观赏型人工植物群落能以丰富多彩的形象显示出园林生态文化赋予大众的生态美学、环境心理和生理感受的理念。如以植物的形态表现性格特征，寄寓深邃的主题思想，使其具有纪念意义和象征意义；又如殡葬设施成组种植松柏类观赏常绿树木，可造就墓园庄严、肃穆的气氛，也能体现人类精神的不死。

群落配置不仅因增加叶面积系数而提高了单位“生态绿地”的生态效益，而且相对减少了占地面积，人工群落最科学的设计方法就是遵循自然规律，在了解当地植被类型和自然群落的基础上，以乡土植物为主来设计群落层次和结构，大量应用耐阴草坪地被植物和宿根花卉，只有这样才能达到群落的稳定，使群落种植成功。

建立科学的人工植物群落，能够提高园林的生态效益。园林的生态效益主要是通过一定量的绿色植物达到的，绿化的量要从绿地面积、绿化覆盖率和叶面积系数三个方面来考虑。殡葬设施要按照植物生态与造景相结合的原则进行复层结构的植物配置，以乡土树种为主，广泛选择植物，达到乔、灌、草相结合，阳生与阴生相结合，常绿与落叶相结合。提高组合的叶面积系数，可适当提高栽植密度和上下层次，以后逐步间伐，既保证了人工群落的科学性，又提高园林的经济性。这种运用生态原理创造的人工群落可以在相当长的时期内保持其景观效果的稳定，具有较强的生态性、抵御性、保存性、观赏性、多样性，而且还具有节约工程投资和养护费用的经济性。人工群落要以本地区自然群落为基础，从中选出适合不同环境的多种群落，也可从现有的绿化树种中找出适合群落要求的组合。公墓大多是利用荒山瘠地建立的，更应充分利用植物建立人工群落。设计时要兼顾远期效果和近期效果，适当选择药用植物、果树、油料植物等经济价值较高的植物，适当选用大规格苗木，提高园林的经济性。

园林绿化是以组织自然空间为特征的整体环境艺术，生态园林强调以绿色植物材料造园，人工植物群落在提高环境质量、生态效益的同时，也提高了景观质量，适应了千差万别的环境要求和观赏要求。

3. 模拟自然群落

模拟自然群落的多层次生态群落是根据不同植物的生物学和生态特性组成垂直型混交或梯度型混交形式，可有效地调节植物的生态关系，巧妙地处理植物群落与地形的关系。提高植物群落单位叶面积系数，采取多层次（上层、中层、下层、地被）种植法，使之提高太阳能的利用率和生物能的转化率，从而制造出更多的人类需要的氧气，最大限度地强化生态效益，改善生活环境质量。如在已经郁闭的树林下种植耐阴灌木和草本植物。为了满足游人活动（或祭扫后的游览），可种植乔木建成疏林，下部空间让游人来点缀与充实，形成人与植物共享的群落结构。

生态绿化要以经济学为指导，重视园林绿化对社会所发生的直接经济效益和间接经济效益。发挥植物的多种效应，将生态园林的价值体系（生态价值、环境保护价值、保健休养价值、游览价值、美学价值、社会公益价值和经济价值等）纳入社会经济大系统。

（三）园林生态文化的理论

园林生态文化是人类当代社会的一种文化现象，它反映了当代社会政治经济的状况，反映了人类价值观和宇宙观的变化，这种变化会导致人类生活习惯和行为准则的变化，使人类与环境协调共处，形成一个完善、和谐、稳定的生存空间关系。

中国园林历来与文化有不解之缘，中国古典园林在追求意境的漫长发展过程中，贯穿了古代哲学“天人合一”的主题，这也是处理当今人与自然关系的准则，人类文化的发展已产生了由崇拜自然到欣赏自然的飞跃，欣赏自然的空间具有文化内涵，是社会文明和社会文化的一个组成部分。我们追求的意境所要表述的主题是“人与环境的协调”，要考虑到绿地的文化氛围，绿地除了植物自身的形象外，其广场、憩地、建筑物、雕塑、文化活动内容也应提高思想和艺术档次，这也正是殡葬设施绿化建设与精神文明的重要结合部，例如在殡葬设施绿地中设置反映厚养薄葬的传统雕塑小品。

1. 中国文化的环境价值

一个成功的环境设计，设计师们可以通过现代科学技术所提供的精确数据和手段来满足人的生理要求，同时设计师通过发掘存在于人们内心深处的理想环境模式，并使设计与这一心理模式相和谐来满足人的心理要求。

通过心理统计、中国人的环境吉凶意识和日常行为观察等途径，可以寻找一些中国人心目中理想环境的外部特征，以人类进化史及中国文化发展史为依据，通过中国原始人类的环境经验和中国文化在其主要定型时期的环境经验，可揭示中国人的理想环境模式的深层结构，为环境设计提供启迪。

中国古代寺庙及陵墓的选址，从某种意义上说最能反映中国人的理想环境模式。因为这类建筑的选址受现实生活功利性的制约较小，且多发生在自然环境中，具有很大的自由度和选择域。“风水说”始终强调了这样一个整体环境模式“左青龙，右白虎，前朱雀，后玄武”。晋代郭璞的《葬书》描述这一模式的理想状态是“玄武垂头，朱雀翔舞，青龙蜿蜒，白虎顺俯”。即建筑选址应在山脉止落之处，背依山峰；面临平原，水流屈曲，收八方之“生气”；左右护山绕抱，前有秀峰相迎。

通过观察人们日常的行为，就会发现人们无意中表现出来的对某些环境结构的偏好。诸如对“边缘”环境的优先选择，包括对“草地－树木”边缘、“水－陆”边缘及广场边缘的偏好，对便于瞭望和庇护的环境的偏好以及对走廊和便于“窥视”或“非法出入”的豁口的偏好等。原始人“满意”的生态环境是现代人理想环境模式的基本原型，人类祖先离开森林走向大地之后，其生活便充满了残酷的竞争和挑战，自然选择的结果使人类进化并遗传下了识别、评价、预测和利用自然环境的能力，凭着这种心理能力，人类祖先去选择利于其生存和发展的“满意生态环境”。

处于山地与平原/盆地或河谷平原的边缘带上边缘结构特征产生了边缘效应：一是由于边缘地段上自然生境的多样化，导致了植被类型的多样化，是多种草食性动物的集中分布区，为原始人的采集和狩猎提供了丰富的资源。

二是边缘地带具有“瞭望－庇护”的便利性。

自然环境是无限的，而人的运动速度和强度及环境的识别能力都是有限的，一个“满意”的生态环境必须是一个有明确边界的、尺度适宜的生活空间，在这样有限的范围内，任何潜在的危险都是可以排除的，使其生活的空间具有确定性的整体感。

一个满意的闭合空间并不是绝对封闭的，它具有一些与外界相联系的豁口，这种豁口成为沟通各相邻闭合空间的走廊。环境的边缘结构/闭合结构及尺度限制/豁口及走廊结构，对原始人的生存与进化有着极其重要的生态意义，正因为如此，自然选择通过遗传途径，使人类具有对上述环境结构的本能的偏好。依山面水或俯临平原的建筑选址，背靠树丛面向草地或水面的座椅选择；环抱而“透气”的“风水空间”围合的树林草地；屈曲水流、蜿蜒的道路及走廊等，都反映了人们对环境的边缘结构、闭合结构及走廊结构环境整体特征的偏好。原始人类的“满意生态环境”正是现代人理想环境的原型。环境的灾害效应促进了中华民族环境生态意识的发展。如“风水说”，以山上林木茂密为吉，并通过在建筑环境中种植“风水树”或“风水林”来“聚气”。由于环境的边缘、闭合及走廊等结构特征对原始人的生存、进化有着至关重要的生态意义，自然选择使中国人对这些环境结构有着本能的偏好。

2. 中国文化的理想景观

任何一个民族、一种文化，都有其独特的理想环境模式。园林及风景审美活动是人们环境理想的具体体现，而理想环境模式的形成是与特定民族和文化的生态经验密不可分的。人们的景观理想深藏于人的内心深处，它与现实的景观追求和偏好有着一定的距离，园林作为一种特殊的生活空间，与其他现实环境相比，具有更多的非功利性特征，所以它使人们的景观理想得到较大程度的实现。

（1）仙境和神域景观模式。如昆仑山模式是经过历代中国人千百年的加工和提炼，成为一个能满足人的一切欲望，甚至可以使人不死的理想境域，中国文化中它已抽象为一个以高峻为主要特征的理想景观模式；又如以水和岛屿为主的蓬莱模式；蓬莱和昆仑这两个属于不同神话体系的仙境，都具有某些趋同化的特征，即高峻的山体，海洋所阻隔的岛屿，这实际上是千百年来中国人对其景观理想的典型化、模式化的结果。而“壶天模式”揭示了中国文化中理想景观模式的又两大结构特征：一个与外界相隔离的围合空间（壶腔），一个连接内外空间的狭口（壶口）。

（2）风水佳穴模式。“风水说”作为中国人关于人－环境关系的信仰体系，所表达的是中国人的环境理想，无论是阴宅或是阳宅的选址，“风水说”

遵循了高度理想化和抽象化的择穴模式，因阴宅的选址大多可在自然景观中进行，且受现实功利性的制约较小，所以风水佳穴模式的理想状态能得到最充分的表达。中国人为自己和祖宗的来世生活所设计的理想景观，正是仙境神域。

风水理论形成于中国古代社会，植根于中国传统风俗文化之中，是“使生者与死者之所处与宇宙气息中的地气取得和合的艺术”，是“通过选择合适的时间与地点，使人与大地和谐相处，取得最大利益、安宁和繁荣的艺术”。

同宇宙保持一致和协调是中国人思维的基本特点，风水是我国古代人民本能地从选择与布局环境的实际中，从避凶趋吉的需要出发发展起来的景观经济文化系统。风水理论建立在中国古代哲学关于阴阳五行的理论基础上，其核心是“天人合一、天人感应”，即天、地、人系统的、有机的、和谐的观念，深刻地反映在“入土为安”以及“返璞归真”的伦理观中，以良好的自然环境寄托了逝者对未来美好生活的希冀追求和生者对逝者的哀悼。这正是现代和未来生态学所追求的目标。

风水理论渗透并扎根于具有几千年文明史的中国民众心灵深处，正确认识中国古老的风水思想中关于人与自然和谐统一的精髓，对于缓解当前的环境危机、协调和改善人与环境的关系，正确引导当前我国殡葬改革具有重大的现实意义。追求一种优美的、赏心悦目的自然和人为环境的思想始终包含在风水理论之中，环境不仅要有良好的自然生态，也要有良好的自然景观和人为景观。依照风水理论所构成的景观，常具有以下特点。

围合封闭的景观。群山环绕，自有洞天，形成远离人寰的世外桃源。这与中国道家的回归自然、佛家的出世哲学以及士大夫的隐逸思想都有密切的联系。

中轴对称的景观。以“主山—基址—案山—朝山”为纵轴，以左肩右臂的青龙、白虎山为两翼，以河流为横轴，形成左右对称的风景格局或非绝对对称的均衡格局，这又与中国儒家的中庸之道及礼教观念有一定的联系。

富于层次感的景观。主山后的少祖山及祖山，案山外之朝山，左肩右臂的青龙白虎山之外的护山，均构成层峦叠嶂的风景区，富有空间深度感，这种风水格局的追求，在景观上正符合中国传统绘画理论在山水画构图技法上所提的“平远、高远”等风景意境和鸟瞰透视的画面效果。

富于曲线美、动态美的景观。笔架式起伏的山，金带式弯曲的水，均富有柔媚的曲折蜿蜒动态之美，打破了对称的构图的严肃性，使风景画面更加流畅、生动、活泼。

通过传统风水文化的引导，对荒山荒地进行生态修复和建设，使人死后迅速进入生物地球化学循环，创造新的自然景观和人文景观是我国殡葬建设可持续发展的必然选择。风水理论对墓穴的环境选择通常要求“有山有水”且地形土壤通气排水良好。根据地理环境状况更好地组织空间，并进行适当的布置，或者将不利的环境通过适当的时空重新组织和改造，使其人为地转变为新的意义上“风水宝地”。因此，城市公墓建设时可利用风水术中的“拆成”原理，把原来生态条件恶劣、植被覆盖率低、水土流失严重的荒山瘠地陡坡，通过现代技术，人工地将其建设成为有山有水、环境宜人、安静祥和的公墓，以便符合死者生前“入土为安”及其亲属所信仰的传统心理要求。

尽管各模式都强调了某一个或几个方面的景观特征（如高峻、岛屿、围合等），但它们之间存在的趋同性正好反映了中国人试图对其心目中的理想景观最完美的描绘。

3. 现代殡葬设施的特征

（1）布局整体化。殡葬设施的功能分区、建筑布局都要做到整体化。一是殡葬设施建设要与周围环境相协调，互成整体。二是殡葬设施建设要根据当前情况和今后发展趋势，精心规划，合理建设，对铺设道路、修建停车场、兴建景点、划分墓区、绿化美化等布局，要求统筹安排，做到既能满足殡葬活动者的消费心理需求，又能方便服务，显示出公墓自身完整的特征。

如广东省惠州市罗浮山净土园林，位于罗浮山飞云顶南面，黄龙洞景区西侧，坐北朝南，北靠罗浮山主峰——飞云顶和上界三峰，右有名山老虎窝，左有清流成龙潭，前有广陌名福田，远处有显岗水库、联合水库。背靠山峦，左处灵木，右环秀水，肃穆庄严，是理想的殡葬园林区域。综合服务区包括一座仿唐式的建筑管理中心大厦，5000m^2 的停车场，另有展览室、接待室、销售处、茶座、凉茶亭等，是贵宾停车、住宿、餐饮的场所。在祭奠区，九曲环溪之上筑有拦河坝，将飞瀑泉水截流成七宝莲花池（养生池），并在溪流之上修建接仙桥。过桥步入广场，70m 神道、60m 长廊、丹霞楼（钟楼）、紫光楼（鼓楼）、主殿慈恩堂，充分兼顾盛唐泱泱之气度，又采纳江南园林艺术特点，风格典雅而古朴，宽敞而明亮，是举行祭奠仪式、追思先祖的场所。在灵塔区（殡葬功能区），由主殿慈恩堂向上，经 70m 神道台阶，便进入由 80 座形状各异、大小不一的灵塔组成的塔林，几十座灵塔耸立在同一坚实而深厚的基座上，可“上采瑞气而下借地灵”。罗浮净土园林还有 40 多处配套景点：龙潭瀑布、别有洞天、问泉庄、栖霞桥、避云洞、凌虚亭、听雨轩、竹荫房等。这些景点集宗教与艺术的汇聚，佛心与人愿的融合，既是先德灵魂超度的归宿，又是旅游观光的新景点。

（2）环境工程艺术化。环境工程艺术化是群众丧葬消费高档化的需求。

例如公墓建设过程中，根据不同墓区的情况，在墓体、墓碑的质料、造型，或碑文和墓志铭的文学性、雕刻以及墓体的排列分布形式等方面，都要美观、新颖，具有时代感、富有艺术性，使所建造的公墓具有欣赏价值，给人以文化、艺术美的享受。

例如上海福寿园（公墓）把“具有中国特色、体现传统精华和华夏文明的人文纪念公园”作为“传之后世、享之弥远”的目标追求和民族骄傲。园中有特色的艺术墓地，余纯顺、程之、张慧冲……安眠于园中的每个灵魂，生前都有一个属于自己的故事。园中的每块墓碑，都有着各自不同的风格，它们不再是简单意义上摆放骨灰的墓座，而是一件件蕴含着深厚文化底蕴的艺术作品，一处处耐人寻味、发人深思的人文景观。这类文化陵园的崛起，传递着一种新的文化信息。走进福寿园，桃红柳绿、水波涟漪，透出别样的风情。园内座座风格各异的碑墓雕塑，生动地展示了每一个安眠在此的人物生前职业特征以及他们的音容笑貌：白鸽、礼帽、手杖是我国现代魔术的创始人张慧冲艺术人生的写照；调色板上的几支画笔，让人想起吕蒙这位可敬的老画家；丁善德教授的钢琴刚刚合上盖，那美妙旋律依然在人们耳边回响；看着可爱的小兔子，人们立即想起了大白兔奶糖图案的设计者王纯言；一生与三弦为伴的杨振雄似乎还向人们弹唱着他的弹词名篇《长生殿》；红烛教师施良方、摄影大师黄绍芬、电影皇帝金焰、著名演员程之、一代艺人阮玲玉等人的墓雕设计，都风格迥异、独具匠心。置身于这样的人文环境下，会得到文化的熏陶、艺术的享受、人生哲理的启迪、灵魂的净化和精神境界的升华。

（3）环境园林化。搞好绿化美化，应合理栽植有利于净化空气、有观赏价值的花草树木。要改善殡葬园区的整体环境，构建和谐氛围，从而减轻殡葬活动者的悲伤、凄惨感，以便更好地给殡葬设施带来生命和活力。

例如上海福寿园（公墓），穿过青砖铺地、松柏苍翠的庭院和刻画着“二十四孝”历史故事的壁画长廊，是13层高的塔楼。塔楼北侧是江南园林风格的“栖星阁”，亭葬区内建有7座鳞次栉比的亭楼，朝晖夕映，一派田园风光，别具雅趣。北邻“栖仙园”别墅葬区，建有4栋欧式别墅，欧陆风情，异国情调；整个园区融合了古今园林的雅致和清幽，为殡葬活动者提供了游览观光休闲娱乐之地。西边是“栖霞林”单体墓穴区，代表世界各国和地区风格的墓葬；南面有弯弯的小河、鱼塘和芳草萋萋的草坪墓区。整个陵园完美融合传统文化与现代文明艺术于一体，气势恢宏，风格典雅。无论是游廊画檐、亭台楼榭，还是香径雕塑、小桥流水，一草一木、一水一石无不展示出设计者的独具匠心。

又如黑龙江省哈尔滨市的元宝山陵园（公墓）的选址和规划建设。元宝山陵园所处的帽儿山地区，处在黑龙江省三条特色旅游线之一的哈尔滨至牡丹江山体天然林旅游线上，西有阿城金上京会宁府遗址、亚沟石刻、金代道教名山松峰山省级森林公园、玉泉狩猎场、滑雪场，西南有以西泉眼水库及山水风光为主要特色的金泉国家级森林公园，东为一面坡国家森林公园和亚布力国际滑雪场。元宝山陵园位于这些名胜之中，可谓享天地之灵气、借友邻之风光，对于墓园的营销和宣传有着得天独厚的优势。

元宝山陵园有着得天独厚的自然资源优势：

一是秀丽多姿的山林景观。元宝山区内峰奇景秀、壁立当空、林木茂密、果园飘香；脚下的阿什河水蜿蜒西去，澈如明镜，鱼游虾戏，尽可直观。远眺，云雾缭绕；近看，松林苍翠。秀丽而粗犷的北国风光令人流连忘返。由于帽儿山地区植被得到保护，加之该地区地广人稀，环境极少被破坏，充满了古朴原始的自然野趣。而且山、林、水结合得相得益彰，是人们寻求休息，调节生理和心理平衡，接触大自然的理想佳境。

二是生机盎然的生命世界。优越的自然环境成为野生动物理想的栖息乐园。元宝山山林内松鼠、花鼠、野兔等动物时有出没。鸟类资源丰富，每年春夏之际，林内百鸟齐鸣，彩蝶纷飞，使森林充满了生机。

三是丰富奇幻的季相变化。由于地区气候的特点，这里四季变化明显，园中主要的物影要素，在不同的季节会呈现不同的特色，春季山花烂漫，夏季山清水秀，秋季如七彩锦缎，冬季皑皑的白雪与松林形成的林海雪原独具北国风情。

元宝山陵园的经营者确定了科学的规划原则：

一是保护并顺应自然，坚持植物造景、生态造园的营园思想。除必要的纳骨塔、展馆、休息、服务和管理设施外，尽量少设建筑，充分利用有限面积设立大草坪、疏林花境、景点小品等，突出自然野趣，力图营造一个绿野繁花、舒朗大方、美丽宜人的大自然环境。

二是求新求异，强调个性。规划中着意吸取国内外园林特别是现代造园精华，通过明确的轴线组织、变化丰富的台地、大尺度的跌水和铺装平台、新颖的布景形式等，使陵园的花园环境个性突出，更符合现代人审美情趣和对陵园环境气氛的特殊要求。

三是强调景区各具特色，注意整体均衡及对未来营销的影响。全园以各景轴为主干，通过不同的主题，多变的艺术形式，形成景致各异的景区。而且从经营的角度，使园区内不同位置的墓位在未来销售上均有取得合理价位的依据。

四是突出文化建园的思想，从高品位的角度体现生命文化。用隐喻的艺术语言，现代的表现手法来展示东西方生命文化（尤其是中国传统文化），使陵园文化摆脱陈腐、压抑的感受，使之成为集艺术性、趣味性、知识性和参与性于一体的富有现代感的艺术长廊。

三、殡葬景观的生态管理

殡葬园区（殡仪馆、火葬场、骨灰安置处、公墓等）是为人民群众提供殡葬服务的公共场所。殡葬改革的目的之一就是减少殡葬对资源的消耗。在人口总量增加、人类生存空间变小的形势下，本着改善生态环境和节约资源的原则，在进行殡葬园区园林景观生态建设的同时，积极开发殡葬园林物质要素的多种功能，探讨如何充分利用现有殡葬服务设施实行多样化骨灰处理，以提高殡葬服务设施综合效益的路子，对利国利民的殡葬改革事业是大有裨益的。

对殡葬园区园林景观生态建设的物质要素进行功能分析，开发出殡葬园林物质要素的殡葬功能，可以提高殡葬服务设施的综合价值。

（一）殡葬设施的景观分析

我国殡葬改革的核心内容就是推行火葬，大力推行少占或不占土地的骨灰处理方式，引导人们由保留骨灰向不保留骨灰转变。

1. 骨灰处理多样化

现阶段的骨灰处理方式，按节约土地程度可分为以下三个层次。

一是骨灰安放。依建筑形式可分为以下几种：室内骨灰架寄存的骨灰堂（塔、楼）；将骨灰盒嵌在亭、廊、墙等建筑形式的墙壁内并用石板或其他建筑材料封闭的壁葬；将骨灰存入地下室封闭，地上为亭、雕塑等园林建筑景观的骨灰深葬。

二是骨灰安葬。属于有规划的相对集中安葬，地下构筑墓穴，地上立碑，园区向绿化、美化、生态化发展。

三是骨灰撒散。是不保留骨灰的一种先进的骨灰处理方式。如植树葬、草坪葬、海葬等。

2. 骨灰处理的载体分析

骨灰作为一种特殊的物质，无论采取何种方式对其进行处理，都需要一种载体。载体是骨灰处理的基础，是承载骨灰处理多样化的物质形体。我们应该运用智慧去寻找既符合殡葬改革要求，又能被人们广泛接受的骨灰处理的载体。

(1) 骨灰安放的载体主要是建筑。殡葬建筑是殡葬园区不可缺少的部分，它具有明显的实用性即为殡葬活动服务，同时又具有文化、审美和空间情态等作用。这类建筑要在注重殡葬功能的实用性的基础上，开发其园林审美功能，以提高殡葬建筑的综合价值。殡葬园区中为环境服务的园林建筑，如亭、台、楼、阁、塔等富于空间景观变换的建筑，其主要功能是观赏风景和点缀风景。因而进行整体布局时既要其空间艺术处理，又要考虑并适当开发出殡葬功能，以充分发挥其多重功能。

(2) 骨灰安葬的载体主要是土地。骨灰安葬的墓穴占用地下空间，而墓体的地上部分即墓碑可视为园林中的特殊雕塑。反之，园林中的雕塑、建筑小品、山石等可视为特殊的墓碑，而这些特殊的墓碑所占用的土地可以用来安葬骨灰。

(3) 骨灰撒散的载体主要是园林。骨灰撒散是不保留骨灰的一种葬法，所需的载体主要是绿地和水体。任何殡葬园区都有一定面积的绿地，如草坪、绿篱、花篱、花坛、花境、树林等。殡葬园区中特定的水体及其附属设施也同绿地一样可以撒散骨灰。园路的附属设施、园路铺装及绿化设计时可以考虑骨灰撒散后作为殡葬标志，以增加其殡葬功能。

（二）殡葬设施的生态建设

1. 殡葬设施生态环境建设

殡葬园区园林景观生态建设是从改善生态环境、维护生态系统平衡出发，从自然生态系统的审美意识出发，创造优美的自然景观，充分发挥园林的综合效益。

一是人工营造植物群落。根据不同植物的生物和生态学特性组成模拟自然群落的多层次生态群落，可有效地调节植物的生态关系，在功能上起到改善并保护生态环境的综合作用，促进生态环境的良性循环，提高景观质量。因而应按照园林生态学理论营造自然空间和环境，形成不同特点的植物群落，以满足人们殡葬活动、休憩、观赏等需求。

二是建立生态绿地系统。应用现代生态学原理分析对殡葬园林生态环境有重大影响的因素，针对有害因素采取营造相应的大面积绿地的方法加以遏制或抵消，形成极具针对性的大面积生态绿地，最大限度维护殡葬园区生态平衡的生态绿地系统。

三是园林景观生态建设。从景观角度关注生态问题，注重人类与景观的相互作用和协调，在园林生态系统结构的基础上，进行生态工程的结构复制和功能模拟，并在生态群落和审美基础上进行艺术配置，将生态园林的价值体系（生态、环境保护、美学、社会公益和经济等价值）纳入社会经济大系统，从而达到殡葬园区的园林生态结构优化和整体协调。

2. 殡葬设施生态文化建设

生态文化是反映人与自然、社会与自然以及人与社会之间和谐相处、共同发展的一种社会文化，是物质文明与精神文明在自然与社会生态关系上的具体表现。生态文化作为一种人与环境和谐共处、持续生存、稳定发展的文化，从狭义的角度看是以生态价值观为指导的社会意识形态、人类精神和社会制度，如生态哲学、生态伦理学、生态经济学、生态法学、生态文艺学、生态美学等。从广义的角度看是人类新的生存方式，即人与自然和谐发展的生存方式。生态文化是从人统治自然的文化，过渡到人与自然和谐发展的文化。生态文化是人类与自然环境的和谐统一。如果说人类在物质生产基础上创造了物质文化、制度文化、精神文化，这三者的和谐统一构成了社会文化，那么，人与自然的和谐统一就构成了生态文化。

生态文化是一种新型的文化，是以人与自然的和谐为核心和信念的文化取代以人类为中心、以人的需求为中心、以自然界及自然环境为征服对象的文化，是一种以生态意识和生态思维为主体构成的文化体系。它不仅包括生态意识和生态思维，还包括生态伦理和生态道德、生态价值等。从深层次的意义上看，保护生态环境理念的确立和行为的自觉实施需要一种文化意义上的变革和建设。只有从文化的层次上对人们的观念进行调整并建构一种与之相适应的文化支撑系统，才能从根本上提高和保证生态环境保护的自觉性。生态文化是人类文化发展的最新取向，殡葬园区作为社会大系统的子系统，也必将致力于生态文化的构建。因此，生态文化是殡葬园区生态建设的更高境界和重要内容，也是殡葬园区得以持续健康发展的前提与保障。

生态文化作为一种人类社会的历史现象，有其产生、存在、积累和发展的过程。因此，殡葬园区的生态文化建设是一项长期而复杂的系统工程，具有自身的特点和规律。建设生态文化应遵循以下基本原则。

（1）科学性原则。生态文化的内容涉及生态学、环境科学、技术科学和社会科学等诸多方面。因此，生态文化建设既要遵循自然规律，又要遵循社会规律。只有从建设和谐社会的高度，采用跨学科、跨领域、多视角、多层面的综合研究方法，运用环境科学、生态学和经济科学以及人文社会科学等多方面的知识，结合殡葬园区的现状，对生态文化进行深入系统的调查研究，才能充分揭示生态文化的实质及重要性，在更深层次上发展生态文化。

（2）系统性原则。殡葬园区的环境，是由自然、社会、经济等多因素组成的复合系统，它们之间既相互联系，又相互制约。生态文化建设应遵循系统性原则，即把人与环境作为一个整体，把自然生态环境与人类自身看成相辅相成的共生关系，从两者的总体进步考虑殡葬园区的发展，以系统论的观点看待人与自然的关系，将人－社会－自然看作相互关联、相互作用、协调发展的有机整体。为此，生态文化的建设有赖于殡葬园区生态资源持续供给的能力，有赖于殡葬园区内生产、生活和生态功能的协调，有赖于有效的社会调控、部门间的协调行为以及公众的监督与参与。任何一方面功能的削弱或增强都会影响殡葬园区生态建设与可持续发展的进程。

（3）群众性原则。生态文化建设的主要任务就是用生态建设的科学知识武装群众，唤起群众的生态意识，提高群众参与生态环境建设的积极性、主动性和创造性。殡葬活动者是殡葬园区生态保护的重要力量，他们的生态保护和建设实践为生态文化提供了产生、发展的坚实基础，有助于政府的正确决策，促进有关部门执法的公正和效率，从而保证殡葬园区生态文化建设的顺利进行。因此，殡葬园区生态文化建设中，公众的积极配合和参与是非常重要的。

（4）借鉴性原则。生态文化是开放的文化，离不开对人类优秀文明成果的继承、汲取和借鉴。生态文化也是发展的文化，它必须在吸纳古今国内外生态文化的精华的基础上，反映时代要求，体现时代精神，与时俱进，不断向前发展。在生态文化建设中，对中华民族的生态智慧及其生态文化遗产，要提倡“古为今用”，去其糟粕，取其精华，将批判继承与创新发展结合起来。同时要吸收和借鉴国外生态文化的精华，提倡“洋为中用”，结合我国的实际，根据本地区、本民族自身的需要，进行自我改造、自我创新，在不同文化之间的相互交流、借鉴和融合中形成具有中国特色的生态文化。

（5）平等性原则。殡葬园区的生态文化建设应遵循平等性原则，倡导人与人的平等和人与自然的平等。这种平等观不仅表现在当代人与人、国家与国家、社团与社团间的关系上，同时也表现在人与自然的关系上。生态文化主张人是自然的成员，人与人之间、区域与区域之间应互相尊重，相互平等。一个社会或一个团体的发展不仅不应以牺牲另一个社团利益为代价，也不能以牺牲生态环境为代价。因此，殡葬园区生态文化建设要以人与自然和谐发展为准则，克服“人类中心主义”和“生态中心主义”的错误思想，提倡人与自然的和谐相处、共同发展，树立自觉保护社区生态环境和自觉保护社区人文环境的意识，在追求平等和公正的基础上，倡导协调与稳固，把经济、社会、生态看成是一个三位一体的复合系统，寻求经济、社会、生态的协调发展。

（三）殡葬景观的生态管理

我国的殡葬传统和改革都充分体现回归自然这一观念，无论是入土为安的传统殡葬观念，还是现行殡葬改革提倡的少占或不占土地的多种骨灰处理方式，都遵循着“物质不灭定律”，也就是说骨灰处理离不开载体。目前我国殡葬改革所推行的主要是火葬，倡导骨灰处理多样化。在殡葬园区进行骨灰处理离不开殡葬园林物质要素，而骨灰处置后需要设立标志物的葬法，更离不开殡葬园林物质要素。例如植树葬的以树代碑，就是以殡葬园林物质替代传统殡葬功能物质的一种形式，而在园林物质上留下个性化的纪念标志，既为积极响应“不保留骨灰”号召的人们提供纪念亲友的场所，又是新时期殡葬文化的具体体现。可见殡葬园林物质要素作为骨灰处理多样化的载体具有很强的可行性。

1. 骨灰壁葬法

骨灰壁葬是骨灰安放的一种形式。基本建筑形式是壁葬墙。壁葬墙比普通墙体略厚，墙体正面分布着井字形的壁葬格，骨灰盒可放入其中。格位口用石板或其他建筑材料封闭，并可作为墓碑刻上碑文。壁葬的建筑形式十分丰富，有回廊式、亭式、四合院式、多层式的等。殡葬园区中的墙、台、廊等园林建筑可开发成骨灰墙、骨灰台、骨灰廊。

2. 骨灰安葬法

按照传统的殡葬观念，骨灰安葬地下，地上多设有墓志，除了传统的墓地安葬外，殡葬园区中的一些园林物质可作为骨灰安葬的地上标志物。

殡葬园区中的亭多布置于主要的观景点和风景点，因而在园林中处于上乘位置。骨灰亭的主要做法是：亭的下方预先建有地下室，可作为安葬骨灰的空间，地下室可以是传统的用于夫妻合葬的墓穴形式，可以是用于家庭墓葬的多层结构，还可将地下空间的四壁做成骨灰壁葬形式用于骨灰地下壁葬。亭的平台中心可以设置墓碑，作为墓志。亭的柱子、栏杆、栏板、美人靠等部位可作为集体葬刻制墓志之用。同样，园林的雕塑、小品、散置的山石等也可作为墓志之用，其地下用于安葬骨灰。

3. 骨灰撒散法

骨灰撒散属于不保留骨灰的处理方式，是殡葬改革的方向。

在殡葬园区实行骨灰撒散一般选择绿地。在树木旁撒散，可以在树上挂一精美的标志牌，或在树下设立一块小巧的标志物，刻上有关殡葬文字以示纪念；在草坪或疏林草地中撒散，可以依托绿地中散置的山石、小品等园林物质作殡葬标志物；在路旁树木或绿地中撒散，可以依托道牙石、路灯杆、休息椅等园林物质作为殡葬标志物。在花坛绿地撒散骨灰，花坛建筑可兼作殡葬标志物。

在殡葬园区中的水体进行骨灰撒散要考虑到骨灰的污染性（包括心理污染），尽量辟出专用水域并进行相应的防污处理，而临水园林物质（如驳岸、水际散置的山石、树木、雕塑、小品、护栏等）可作为殡葬标志物，特殊的水榭、舫、桥等大型园林水际建筑及其构件也可作为殡葬标志物。水榭和舫这两种形式的建筑还可以考虑把内部空间作为骨灰安放之用。

4. 生态安葬法

生态安葬法并非单独的一种葬法，而是指遗体（或骨灰）安葬的生态化。

现行殡葬改革提倡树立科学的殡葬发展观，使殡葬活动与自然和谐统一。节约资源和可持续发展是我国的基本国策，推行殡葬改革要与保护生态环境相结合，尽量采用有利于保护生态环境的殡葬方式，达到保护或修复生态环境的目的。

绿色安葬就是一种生态葬法。人们把骨灰埋入树木的间隙或草坪内，以花草树木代替墓碑。这种充分利用现有的殡葬园区中的绿地，把节约土地资源和保护生态环境有机结合起来的骨灰处理方式，代表着文明的进步、生存的需要和殡葬发展的必然。

生态葬法的形式很多，各地可根据本地人文、地理环境实际，因地制宜地选择合适的生态葬法。骨灰处理多样化要坚持前瞻性与现实性相结合、继承性与创新性相结合的思想，立足现实，着眼长远，着力解决当前面临的突出问题。我们可以从环保要求、大众接受能力、改革需要等方面，对多种骨灰处理方式进行比较研究并优选。

总之，殡葬改革的目的是减少殡葬对自然资源的消耗和对自然环境的污染与破坏，建立可持续发展的殡葬体系并保持与之相适应的可持续利用的资源和环境基础。针对我国殡葬改革现状，应该充分开发现有殡葬服务设施的殡葬功能，提高殡葬服务的综合效益，在全社会形成资源节约的殡葬方式和健康文明的殡葬消费模式。同时，还要积极探讨并倡导符合国情的骨灰处理方式，并在骨灰处理之前进行必要的无公害处理。

第五章 现代殡葬文化建设

我国殡葬改革经过半个多世纪的发展，在实行火葬、改革土葬的基础上，殡葬习俗改革取得突破性进展，殡葬法治稳步推进。但随着社会的发展，改革的深入和文化的交融，一些地方出现了与殡葬改革不和谐的现象，尤其是殡葬与生态环境的矛盾日益突出。如何解决殡葬领域一系列的人口、资源和环境问题，使生者、故人与环境能友好和谐地相处，成为构建社会主义和谐社会进程中的严肃课题。

从党的十二大到十五大，我国一直强调建设社会主义物质文明和精神文明，十六大在此基础上提出了社会主义政治文明，十七大首次提出“建设生态文明”并实现了科学与和谐发展理念的一次升华，十八大把生态文明建设放在十分突出的地位，形成了经济建设、政治建设、文化建设、社会建设、生态文明建设“五位一体”的中国特色社会主义事业总布局，充分体现了实现全面协调可持续发展的科学发展观基本要求。党的十八届三中全会着眼于维护最广大人民根本利益、最大限度增加和谐因素、增强社会发展活力，提出了创新社会治理体制的新观点新要求新部署，如何从建设生态文明社会的高度来重新定位殡葬改革和管理，把生态文明的新理念融入新时期殡葬改革和管理中来，充分观照中国传统文化的殡葬观念和习俗，继承发扬殡葬改革和管理的经验，顺应社会治理、公共服务、生态文明发展大趋势，破解殡葬改革和管理深层次的矛盾，切实保护人类生存环境，确立一个既由政府强力推进又有全民自觉参与、既实现殡葬改革确定的社会效益，又充分体现对死者和殡葬活动者人文关怀的殡葬管理和改革新理念，成为以生态文明为主要特征的新时期给我们提出的新要求。

第一节 生态文明建设

生态文明是人类按照生态系统和社会系统的客观规律建立起来的人与自

然、人与社会的良性运行机制与和谐发展的社会文明形式，是人类遵循人与自然和谐发展规律，积极改善和优化人与自然、人与人、人与社会的关系，建设有序的生态运行机制和良好的生态环境，推进社会、经济和文化发展所取得的物质、精神和制度成果的总和。

一、生态文明的基本内涵

（一）生态文明的基本含义

生态文明以全新的视角审视人与自然的关系，以尊重和维护生态环境为主旨，以可持续发展为根据，从维护社会、经济、自然系统的整体利益出发，强调人类在改造自然的同时必须尊重和爱护自然生态，注重提高生态环境质量，把物质生产、物质消费、资源消耗和污染水平控制在生态系统所能承载的限度之内，以有效地解决人类活动的需求同自然生态环境系统供给之间的矛盾，实现人与自然的相互依存、相互促进、共处共融，促进经济社会、自然生态环境的可持续发展。

生态文明是一个高度复杂的巨系统。广义的生态文明是人类社会继原始文明、农业文明、工业文明后的新型文明形态，它以人与自然协调发展为准则，建立健康有序的生态机制，实现经济、社会、自然环境的可持续发展，体现了人类物质、精神、制度成果的总和。狭义的生态文明与物质文明、精神文明和政治文明是并列的文明形式，是协调人与自然关系的文明，着重强调人类在处理与自然关系时所达到的文明程度，它包含人类保护自然环境和生态安全的意识、法律、制度、政策，也包括维护生态平衡和可持续发展的科学技术、组织机构和实际行动。

生态文明理念下的物质文明，致力于消除人类活动对大自然构成的威胁，逐步形成与生态相协调的生产生活与消费方式；生态文明下的精神文明，包括价值观、伦理观、道德规范等，提倡尊重自然，建立人自身全面发展的文化与氛围；生态文明下的政治文明，包括社会政治体制、法律体系、社会结构、科学文化技术结构、经济结构等，尊重利益和需求多元化，注重平衡各种关系，避免由于资源分配不公、人或人群的斗争以及权力的滥用而造成对生态的破坏。

（二）生态文明的基本内容

生态文明主要包括生态意识文明、生态制度文明和生态行为文明三个方面。

生态意识文明是人们正确对待生态问题的一种进步的观念形态，包括进步的生态意识、生态心理、生态道德以及体现人与自然平等、和谐的价值取向。

生态制度文明是人们正确对待生态问题的一种进步的制度形态，包括生态制度、法律和规范，强调健全和完善与生态文明建设标准相关的法制体系，重点突出强制性生态技术法制的地位和作用。

生态行为文明是在生态文明观念和意识指导下，人们在实践中推动生态文明进步发展的活动，包括清洁生产、循环经济、环保产业、绿化建设以及一切具有生态文明意义的参与和管理活动。

生态文明是社会主义文明体系的重要组成部分，它同物质文明、政治文明、精神文明交互作用而形成四位一体，共同支撑起我国文明建设体系的大厦，推动社会文明的发展。

生态文明贯穿于社会主义物质文明、精神文明之中，也离不开政治文明的支持，并对政治文明产生影响。生态文明是物质文明、政治文明和精神文明的基础和前提，没有生态文明，就不可能有高度发达的物质文明、政治文明和精神文明。建设社会主义的物质文明，要求社会经济与自然生态的平衡发展和可持续发展；建设社会主义的精神文明，包含着环境保护和生态平衡的思想观念和精神追求；建设社会主义的政治文明，包含着保护生态、实现人与自然和谐相处的制度和政策法规。

生态文明在人与自然关系方面所创造的生态环境为物质文明、精神文明、政治文明建设提供了必不可少的生态基础。生态文明不仅改造人与自然的关系，消除社会不公，使人与人的关系协调发展，而且还把许多新观念、新内容引进精神领域，全面推进人类文明的发展和进步，充分体现了物质文明、精神文明和政治文明建设的升华。

二、生态文明建设的内容

生态文明作为对农业文明和工业文明的超越，代表了一种更为高级的人类文明形态。生态文明建设立足于建立人与自然的和谐关系，实现人与自然的协调发展。生态文明的建设目标是实现生态与社会系统的可持续发展，进而实现生态与社会系统的和谐共存。生态文明建设不仅包括人类在生态问题上所有积极的、进步的思想观念建设，而且包括生态意识在社会各个领域的延伸和物化建设。

（一）经济层面

生态文明建设要求人类活动要符合人与自然和谐的要求，即人类活动的

"绿色化"、无害化以及生态环境保护产业化。要着重维护生态平衡，保障人类生存基础的生态安全，实行节约生产、清洁生产。要在全社会倡导节约资源的观念，建立科学合理的能源资源利用体系，努力形成有利于节约资源、减少污染的生产模式、产业结构和消费方式，把建设资源节约型、环境友好型社会放在现代化发展战略的重要位置，并具体落实到单位、家庭、个人。要进行清洁生产意识教育，引导人们转变传统生产观念，使采用清洁能源、预防和减少污染成为政府、企业、社会的自觉意识和行为。

（二）政治层面

党和政府要重视生态问题，把建设生态文明作为贯彻落实科学发展观、构建和谐社会的重要内容。要树立正确的发展观和生态观，把生态文明建设作为实现好、维护好、发展好公众根本利益的一项重要任务。要加强生态法制建设，调动公众主动自觉地进行生态环境保护、参与生态环境保护监督管理的积极性，明确生态环境保护的职责、权利和义务，通过建立和实施生态环境违法违规责任追究制度，激发和强化各级领导干部和公众的生态文明建设责任意识。要推进生态民主建设，发挥公众的主体作用，保证公众生态文明建设的知情权、参与权和监督权，从而激发其参与生态文明建设的热情。

（三）文化层面

一切文化活动（包括指导人们进行生态环境创造的一切思想、方法、组织、规划等意识和行为）都必须符合生态文明建设的要求。通过生态教育，提高人们对生态文化的认同，增强人们对自然生态环境行为的自律，牢固树立生态文化意识。生态道德驱动着人们的生态意识和行为的自觉性、自律性与责任感，加强生态道德教育，可以使人们自觉地承担保护生态环境的责任和义务。要广泛动员公众参与多种形式的生态道德实践活动，努力形成防止污染、保护生态、美化家园、绿化祖国的社会文明新风尚，在普及生态文明观的基础上，不断优化人与自然、人与社会以及人与人之间的关系，促进社会和自然生态系统和谐繁荣，共同进步。

（四）社会层面

建立法制化、民主化的秩序以及高效率的社会管理体系，形成以生态文化意识为主导的社会潮流，树立以文明、健康、科学、和谐生活方式为主导的社会风气，创造和谐的社会发展环境，推动人们生活方式的革新。

总之，生态文明建设以科学为依据，运用生态学理论统筹人与自然的和谐发展，给自然以人文关怀，走人性化、生态化的道路，重视和实现法制保障和道德教育的结合、科学技术与人文内涵的结合、经济增长与资源保护的结合、近期成果和长远效益的结合、政府主导和社会参与的结合，促进经济、社会、自然的全面与协调发展。

三、殡葬的生态文明建设

中国正以历史上最脆弱的生态环境承载着历史上最多的人口，担负着历史上规模空前的资源消耗和经济活动，并面临着历史上最为突出的生态环境挑战。严峻的现实要求我们要把符合生态文明条件下构建社会主义和谐社会总体要求的“绿色殡葬”作为新兴殡葬文化的特质，以绿色殡葬的科学技术为手段，建立一个包含观念文化、技术范式、发展模式、经济、政治、社会制度等多个层面的绿色殡葬体系，实现殡葬过程中人与自然、人与人的和谐，使殡葬与社会文化、生态文化、生态环境相协调，更好地促进社会和谐发展。

（一）加强生态教育，提高生态道德素质

提高生态道德素质，离不开生态道德教育。通过传统文化专家创建绿色殡葬文化，普及绿色殡葬知识，提高全民绿色殡葬意识；通过现代理论研究专家开展绿色殡葬基础理论研究，取得学术成果，以指导绿色殡葬实践；通过知名社会学家加强绿色殡葬生态教育，即生态文明观念的教育、生态道德教育、生态法制教育等，提高全民认识高度。

1. 加强生态文明教育，牢固树立绿色殡葬理念

要从人与自然和谐统一的高度树立正确的自然观、环境价值观，深入开展环境保护与生态文明教育，建立常态的宣传机制，利用各种媒体和舆论工具，大力宣传环境法规和环境保护知识，提高公民环保意识，改变人们的意识文明，大幅度提高社会公众参与可持续发展的力度，从而把人们的价值观念与思维方式引领到生态文明中来，将生态文明的理念渗透到殡葬工作与殡葬活动中，使人们对生态环境的保护转化为自觉的行动。殡葬改革作为社会发展和文明建设的重要内容之一，其中心是殡葬观念的改革，要树立科学发展观，使人与自然和谐的原则贯穿并渗透到殡葬改革和管理工作之中，在继续实行火化的基础上逐步确立集人文关怀、生态保护和不占土地、节约殡葬费用为一体的以绿色殡葬为内涵的殡葬改革新体制和殡葬管理新格局，为构建和谐社会创造一个良好的社会氛围。

2. 加强生态道德教育，提高绿色殡葬生态意识

生态道德意识是建设生态文明的精神依托和道德基础，生态文明倡导人

与自然和谐的文化价值观，要通过树立符合自然生态原则的价值需求、价值规范和价值目标，使生态文化、生态意识成为大众文化意识。要大力倡导人类的生态责任感，培育全民族的生态道德意识，动员全社会各方面的力量，包括政府中的规划者、领导者、管理者、企业经理、教育机构工作者、普通公民，把道德关怀引入人与自然的关系中，大力倡导节能环保、爱护生态、崇尚自然，倡导适度消费、绿色消费，提高公众的生态意识，营造崇尚环境文化和有利于生态文明建设的社会氛围，加强人们对生态文明观的进一步了解与认同，增强人们对于生态环境的道德意识，使之认识到保护自然环境、维护生态平衡是人类为了自身的生存所应履行的道德义务与责任，逐步将绿色殡葬变成公民自觉遵守的道德行为规范，使生态道德成为普遍道德并具有广泛的社会影响力。要运用多种教育手段和大众传媒工具，多种渠道广泛宣传绿色殡葬、绿色消费、生态环境等有关生态文明建设的科普知识。通过先进殡葬文化的精神支撑作用，使整个殡葬行业朝着资源节约、环境友好的方向发展，最终实现人与自然和谐相处。

3. 加强生态法制教育，规范公众绿色殡葬行为

建设生态文明，不仅需要人类的道德自觉，同时更需要社会法制的保障。生态法制教育的根本宗旨是让人们了解各种保护自然、保护环境的法规与条例，从而更加自觉地遵循自然生态法则，使旨在为人类生存发展提供优质空间的殡葬活动符合生态文明建设的要求。要广泛开展环境宣传教育，多形式、多方位、多层面地宣传环境保护知识、政策和法律法规，弘扬环境文化，倡导生态文明和可持续发展理念，营造全社会关心、支持、参与环境保护的文化氛围，提高全民保护环境的自觉性。

（二）完善政策法规，加强生态文明建设

绿色殡葬建设不仅需要通过对人们进行长期的疏导、教育并制定必要的道德标准加以规范，从而形成强大的道德推动力，更需要政府和权力机关出台必要的政策，制定相关法律法规来进行强制约束。

1. 建立综合决策制度

生态文明条件下构建社会主义和谐社会进程中，要把殡葬改革“实行火葬，改革土葬，文明节俭办丧事”的方针的贯彻落实与“以人为本”“充分尊重传统文化习俗”等要求有机地结合起来，让决策者、殡葬服务者、殡葬活动者能从战略和战术上考虑殡葬和选择殡葬的模式，从整体上建立绿色殡葬体系的约束机制和保障机制，使绿色殡葬成为殡葬新文化的特质并充分发挥殡葬文化的引导教化功能，有力地推进社会管理和殡葬改革，以实现人类

环境可持续发展的目的。

2. 明确生态殡葬方向

要把具有生态文明特质的绿色殡葬的内在要求以法规的形式加以确认，进一步健全各种旨在保护生态环境的绿色殡葬法律、法规，使绿色殡葬的实施得到法律上具体而切实的保障，从而保证生态文明建设的健康发展。要加快国家绿色殡葬标准制度体系的建设，实行殡葬的标准化全程控制，制定和完善各类产业标准、行业标准和产品标准，特别强调殡葬过程中对遗体和骨灰处理的标准化，在殡葬活动中预防和制止由于殡葬活动而威胁人民的生存环境以及对人民的身体健康的损害，把殡葬对环境的污染降到最低限度，依法建立严格的监管制度，加大执法检查的力度，切实维护法律的尊严。

3. 加强殡葬法制建设

要充分发挥环境和资源立法在经济和社会生活中的约束作用，对我国现有殡葬法规进行修改和完善，把生态文明的内在要求写入《殡葬管理条例》，从殡葬管理的“基本法”上保证生态文明建设的健康发展。

（三）注重行为文明，建立生态消费模式

行为文明是建设生态文明的重要形式。生态文明作为一种处理人与自然关系的新型文明，应通过政府、企业、公众等的行为，运用包括政治、经济、科技等多方面手段，通过确实有效的手法，解决人类不可持续发展过程中面临的各类问题。每个人的消费都直接或者间接地消耗各种能源和资源，同时产生各种排放物和废弃物，人类应改变过去那种高消费、高享受的消费观念与生活方式，提倡勤俭节约，选择健康、适度的消费行为，提倡绿色生活，以利于人类自身的健康发展与自然资源的永续利用。

殡葬技术革新与进步是发展绿色殡葬的关键，也是中国殡葬改革和管理的提供和文化支撑。用科学发展观统领殡葬工作，充分利用人类文明进步特别是科技发展的优秀成果，建立与资源节约和环境友好型社会目标相适应的殡葬与环境科学技术体系，大力发展和应用资源节约和环境友好型殡葬科学技术，在合理使用设施设备的前提下，重视资源的合理利用和保护，并维持良好的生态环境，使殡葬活动最大限度地减少对生态环境的负面影响，使殡葬活动从污染型、破坏型向和睦型、清洁型过渡。培育新型殡葬消费文化和殡葬消费群体，通过转变殡葬消费方式引导和促进殡葬产业结构优化和产品升级，使全社会都采取资源节约和环境友好型的殡葬方式、殡葬礼仪和消费方式，建立人与环境良性互动的关系，在全社会的共同参与下体现社会发展的价值目标。

生态消费模式是以维护自然生态环境的平衡为前提，在满足人的基本生存和发展需要基础上的一种可持续的消费模式，这种健康、适度的消费模式，以人的合理需要为出发点，追求绿色、环保、低耗消费，崇尚适度消费，把消费控制在自然界承载力范围之内，直接减少对自然资源的消耗和对生态环境的压力。消费者选择资源消耗少、对生态环境无害或者危害较小的环保商品而排斥非环保商品，将会引导企业甚至迫使企业减少或停止非环保产品的生产而转向环保产品的生产和清洁生产，生态消费通过对生产的引导作用，带动绿色殡葬产品和服务的生产，形成绿色消费与绿色生产和服务之间的良性互动，间接地保护生态环境，减少资源消耗。

第二节　绿色殡葬文化

从人类殡葬发展史来看，殡葬本身就是人类文明的产物，殡葬源于人类祖先为保障人类生存环境而选择的遗体处理方式和一系列的礼仪，殡葬活动以尊重自然规律、顺应自然为前提，以实现和谐、共生为原则的生存哲学和人类价值观为基础，其目的是更好地保护人类生存空间。殡葬改革的目标是减少殡葬对自然资源的浪费和对自然环境的污染及破坏，正确处理和分析殡葬与自然环境之间的关系，建立可持续发展的殡葬体系和保持与之相适应的可持续利用资源和环境基础。

以生态文明的全新视角来审视人与自然和人与人之间的关系，认识殡葬这个古老而又全新的命题，引发了人们对殡葬的新反思。当今人类面临全球生态恶化、资源危机、人口膨胀等威胁人类存续的外部环境灾难带来的严重挑战，绿色殡葬作为迄今为止人类殡葬文明发展的最高阶段，它以人与自然、人与人、人与社会和谐共生、良性循环为宗旨，强调在殡葬改革和管理的进程中，最大限度地节约资源和保护生态环境，是当代人类社会应对生态环境危机挑战和反省自身行为结果的重要修正和选择。

一、绿色殡葬的基本内涵

我国是一个人口众多、人均资源相对贫乏的国家，随着社会的发展、人口的增长、资源的锐减和环境的恶化，殡葬与资源和环境的矛盾日益突出。殡葬活动作为一种社会文化现象，涉及千家万户并关系到构建社会主义和谐社会进程中社会主义物质文明、精神文明、政治文明和生态文明建设。绿色殡葬就是指充分运用先进科学技术、先进设施设备和先进管理理念，以促进殡葬安全、生态安全、资源安全和提高殡葬综合效益的协调统一为目标，以倡导殡葬标准化为手段，推动人类社会协调、可持续发展的殡葬理念和殡葬模式。

（一）绿色殡葬的提出

绿色殡葬是人类社会遵循环保、生态、低碳、经济的原则处理遗体（骨灰）的过程及相关活动。绿色殡葬通过殡葬科技与文化创新，以环境承载力为基础，以绿色殡葬科技为动力，对殡葬全过程进行有效监控，采取多种措施降低污染产生量，减少殡葬对自然资源的消耗和对自然环境的污染与破坏，实现殡葬与社会、生态、科技、经济的协调和可持续发展。

1. 殡葬改革引发新问题

火葬和土葬作为我国目前殡葬管理政策中较为普遍的葬法，在不同程度上影响着社会、环境和生态。

（1）实行火葬。以实行火葬为主要内容的殡葬改革，1978—2013 年，全国共火化遗体 10394 万具，每年节省数万亩耕地、百万立方米木材和数百亿元殡葬费用，在一定程度上缓解了资源不足的压力，保护了生态环境，推动了经济与社会的协调发展，促进了人与自然的和谐相处，为社会主义生态文明建设作出了积极贡献。火葬作为一种生物燃烧，是使用能源（电力、柴油、煤炭等）将遗体在高温给氧条件下快速焚化的过程。相对于土葬来说，火葬节约森林和土地资源，却消耗了电力、石油、煤炭等能源；火葬能消除遗体细菌病毒等生物污染，减少遗体土葬对土壤、水资源的污染，限制了占用耕地的问题，却又增加了空气污染。我国现阶段火化及消烟除尘设备还比较落后，减少火化对能源的消耗和对环境的污染，成为推行火葬过程中亟待解决的重要问题。2013 年，全国死亡 972.8 万人，468.9 万人实行了火葬，按火化一具遗体需 30kg 柴油计算，则耗费柴油 14.1 万 t，火化遗体排放的大量废气粉尘，成为造成空气污染的因素之一。火葬政策实施 50 多年来，大部分地区实行了火葬，但由于一些地方对火化后骨灰装棺二次土葬问题制止措施不得力，致使殡葬费用居高不下；有的地方民政部门把火化率作为衡量殡葬工作好坏的首要指标，过度推行火葬，激化了干群矛盾；实行火葬而直接产生骨灰处置问题并形成骨灰数量的大量累积，出现了“骨灰占地”的新问题，增加了骨灰安置设施（骨灰寄存、骨灰公墓等）的压力，而火化后骨灰土葬，仍占用耕地，还增加了殡葬费用等负担，这有悖于推行火葬政策的初衷，尤其是受传统殡葬习俗的影响，集中祭奠引发的交通、安全、环境等社会问题也日趋明显，所有这些都严重影响了火葬政策所预期的实施效果。

（2）改革土葬。土葬是遗体自然氧化分解的缓慢过程，土葬后的遗体在微生物作用下分解，对环境产生化学污染和生物污染，而遗体内有毒重金属元素会随降水的地下渗透作用溶入地下水，对土壤和水体造成污染。为改变乱埋乱葬、占用耕地的状况，全国兴建了 7 万多个农村公益性遗体墓地、200 个城镇遗体墓地和 40 个为土葬服务的殡仪馆。各地还因地制宜地推行了植树葬、深埋不留坟头等少占或不占土地的遗体安葬形式，逐步改变了千百年来沿袭的葬法。土葬的改革并非仅仅是少占或不占土地的问题，更重要的是解决遗体污染环境的问题，尤其是土葬改革区大多交通不便、经济欠发达，安葬前对遗体的无公害处理成为土葬改革的难点。

（3）丧俗改革。在实行火葬、改革土葬的同时，国家倡导葬法、葬礼和祭奠方式的改革，新兴的文明殡葬礼仪正伴随着和谐社会的构建，逐步为人们所接受，尤其是在城市被普遍采用的遗体告别、追悼会等简洁的葬礼形式正在广大农村推广，因大大缩短了停灵时间而减少了遗体对环境的污染。近年来，丧事大操大办，焚烧纸扎、冥币等带有迷信色彩的传统殡葬文化中的糟粕又死灰复燃，既污染环境，又易引发火灾，还给社会造成精神污染，尤其是一些不健康的殡葬用品的使用，给殡葬改革带来了许多新的困难和问题。

2. 殡葬的生态文明思考

（1）用科学发展观解决殡葬与社会的矛盾。科学发展观强调全面、协调、可持续发展以及人与自然和谐发展。环境是人类赖以生存的基础，殡葬的实质是如何处理人类遗体与环境的关系，殡葬改革的目标和人与自然和谐是统一的。生态文明要求全社会都采取有利于环境保护的生产方式、生活方式、消费方式，建立人与环境良性互动的关系。殡葬改革是一项长期而艰巨的系统工程，只有在充分体现科学发展观的殡葬法规的指导和约束下，由政府的倡导变为人民大众自觉的行动，才能达到殡葬事业可持续发展。要寻求一条能够使殡葬改革取得重大突破、殡葬管理取得重要成果的道路，就要认真对待当今社会对殡葬管理与改革以及对殡葬行业所提出的质疑并解决问题，与时俱进地调整现行殡葬改革政策，以实行火化为主、改革土葬为辅，实现殡葬模式的多元化，逐步建立以集人文关怀、生态保护和不占土地、节约殡葬费用为一体的绿色殡葬新体制和殡葬管理新格局。

（2）殡葬改革要有利于解放和发展生产力。殡葬改革在解放生产力、发展生产力方面具有不可忽视的间接作用。在以建立资源节约型、环境友好型社会为主要内容的社会主义和谐社会建设进程中，我国已明确提出把节约土地、保护生态环境作为基本国策，因而要顺应时代要求，认识到殡葬改革和管理的最终目标是不保留遗体和骨灰，殡葬改革的方向和重点是构建体现社会主义生态文明的殡葬文化，引导人们树立科学、文明、节俭的殡葬消费观，做到文明节俭办丧事。

(3) 殡葬改革要体现出以人为本的思想。科学发展观的核心和落脚点就是以人为本。殡葬工作是为“死者安息，生者慰藉”而服务的。推进殡葬改革的力度适应群众的接受程度，要让群众了解殡葬改革的初衷和意义，注意工作的方式方法，不能简单粗暴，激化矛盾，制造不稳定因素，从而影响整个殡葬工作在群众心目中的位置。

(4) 殡葬文化的创新是殡葬改革的基础。殡葬改革不仅仅是殡葬方式的改革，更重要的是殡葬文化的改革，殡葬文化的创新更有利于殡葬改革的推进。一是通过殡葬观念创新，引发葬式、葬仪、祭奠等殡葬活动一系列创新。如“网上祭奠”把现代技术和传统殡葬观念结合在一起，利用无限的虚拟空间来完成人们寄托哀思的需求，缓解了集中实地祭奠引发的一系列社会压力等矛盾。二是殡葬活动形式的创新应朝着多样化方向发展。如传统的祭奠活动演化到家庭追思会。三是殡葬服务创新要以满足公众需要为出发点。如把城市公墓建成集墓葬、祭扫、游览、休闲、教育为一体的人文纪念公园。

（二）绿色殡葬的属性

绿色殡葬的内涵决定了在殡葬行业的建设、管理和服务过程中，要以人为本，有选择地运用运营和管理手段，不断提高殡葬活动的生态性、和谐性、民生性、人文性和文化性，推动社会协调、可持续发展的行业发展形态，即绿色殡葬业态，也就是以多种服务形态建立的融生态环保、人文关怀、公益惠民、节约资源、科学文明、理念创新为一体的殡葬行业新面貌。

1. 自然属性

(1) 环保性。环保是解决现实的或潜在的环境问题，协调人与自然环境的关系，保障经济社会的持续发展而采取的各种活动。绿色殡葬的环保性特征主要包括遗体处理的环保、火化设备的环保、骨灰处理的环保、土葬的环保。由于火化遗体的过程中产生大量的二氧化碳和有害气体，既消耗掉了大量燃料又污染了空气，对人体健康造成影响，按照绿色殡葬的要求，火化设备必须按照国家标准，最大限度地减少有害气体和烟尘的排放，同时要减少对能源（柴油、煤炭、电等）的消耗。处理骨灰最环保的方式当然是不保留骨灰，把骨灰深埋或经过处理，回归大自然。土葬也要符合绿色殡葬的环保的要求，防止污染，要提倡遗体深埋，不留坟头，使用薄棺和降解周期短的环保棺埋葬遗体。

(2) 生态性。绿色殡葬生态性要求就是人类从事殡仪活动要符合自然规律，以不破坏自然环境为原则，形成自然的良性循环。绿色殡葬要求人们在处理遗体（骨灰）过程中必须遵循减少碳排放量的原则，在遗体火化过程中，充分利用高科技，产生最少的燃料焚烧，降低碳排放；在殡仪礼仪中，要摒弃丧事大办的陋俗，以简洁、便捷的方式处理，以减少人员活动带来的碳排放；在祭扫过程中，要从原来的燃烧纸钱、鞭炮转向以鲜花、网络祭扫。

（3）经济性。绿色殡葬经济性要求是指节俭办丧事，摒弃重殓厚葬的传统观念，树立厚养薄葬殡葬新观念，在处理丧葬的过程中，要以节俭为原则，丧事办理过程中不要铺张浪费，避免丧事大操大办，以减少开支，也就是间接地减少碳排放，达到绿色殡葬的要求。

2. 社会属性

（1）文化性。绿色殡葬要求通过不断优化行业文化内涵、强化殡葬行业发展对历史文化的发掘、对人生价值和生命尊严的尊重。绿色殡葬的文化性首先表现在以绿色观念为指导，积极开发和自觉组织绿色殡葬，提倡绿色消费，进行绿色殡葬市场定位，树立绿色殡葬服务机构形象。其次是改良传统殡葬文化，强化“人”的导向和价值、“人”的安全、健康和发展。绿色殡葬更加重视人的文化。集中体现了重视人、尊重人、关心人、爱护人。绿色殡葬文化体现在尊重逝者，树立以人为本的思想，从有利于人文环境协调发展的高度出发，增加文化性、艺术性和选择性，在体现人们对自然的关怀的同时，要体现对逝者与家属的关心，对服务对象提供温馨感、亲情感和家庭感的服务，减少由于丧事而造成的悲痛感和不愉快感，使他们尽快从丧事中的不良情绪中摆脱出来，使逝者回归自然。

（2）系统性。殡葬改革是一个系统工程，绿色殡葬要求用系统论的观点把绿色殡葬贯穿于殡葬决策过程和整个经营服务与管理过程，在实施整体管理原则指导下，全面协调殡葬与环境的相互关系并采取相应的行为，尽可能地为消费者提供“安全、环保、健康”的绿色殡葬空间与服务，确保殡葬服务场所与设施无污染，坚持以绿色文明和环境保护为导向的绿色殡葬，实现社会效益、经济效益与环境效益的协调发展。绿色殡葬的系统性表现在整体性、全程性、多样性，整体性是指绿色殡葬业态是一个系统的、形成了完整产业链的行业发展形态，其中的不同类型化主体虽然定位不同，但共同服务于同一发展目标。全程性是指根据系统化规范体系要求，对殡葬活动全过程进行环保、人文、安全等方面全方位控制。多样性是指绿色殡葬立足地域、民族、信仰、需求、经济状况等多种因素的差异化，满足不同主体的多层次、类型化需求。

（3）持续性。绿色殡葬要求在充分满足当前的消费需求，争取适当利润和发展水平的同时，从充分满足子孙后代消费需求出发，注重自然生态平衡，减少环境污染，保护和节约自然资源，维护殡葬服务机构和人类的长远利益及长远发展。生态化、持续性的绿色殡葬业态遵循破坏和影响最小化原理，在提高环境保护和环境优化、减少污染排废和人体危害、降低资源消耗方面不断加强。

（4）和谐性。绿色殡葬要求殡葬过程始终重视规模、速度、效益的协调，内部关系与资源配置的协调，殡葬社会环境及自然环境的协调，经济效益与社会效益的协调。殡葬行业实施绿色殡葬，除给自己带来经济利益外，也给其他经济主体带来正面影响，包括对生态环境的保护，对其他殡葬服务机构的导向作用，给消费者带来的福利和对健康的社会文化、伦理以及可持续性发展的推动作用等。和谐性的绿色殡葬是在与人、自然、经济规律、社会发展良性相互作用的状态下发展，注重协调复杂关系、化解各种矛盾、稳妥协调地推进殡葬行业发展。绿色殡葬具有民生性，即以民生为本，消灭垄断和暴利，完善基本殡葬服务的社会公益性。与经济社会发展相适应，不断提高保障民生的力度和覆盖面。绿色殡葬具有人文性，其发展立足以人为本，从人的需求出发，在发展中不断提高人文关怀水平和多层次人性化需求的满足能力。

（三）绿色殡葬的特征

1. 绿色殡葬是全新的殡葬理念

绿色殡葬富有人与环境和谐相处的内涵，具有开放性、标准化、高效性和持续性的鲜明特征。

一是开放性，即充分利用人类文明进步特别是科技发展的一切优秀成果，依靠科技进步来满足人类殡葬活动的需求。

二是标准化，即实行殡葬的标准化全程控制，特别强调殡葬过程中对遗体和骨灰处理的标准化，把殡葬对环境的污染降到最低限度。如有的殡葬服务机构实施了 ISO9000 质量管理体系认证、ISO14000 环境管理体系认证和 OHSAS18000 职业健康安全管理体系的三项认证为内容。

三是高效性，即在追求殡葬的优质、高效、安全、生态的基础上，通过建立殡葬市场许可制度、殡葬机构执业资格制度、殡葬从业人员职业资格制度等，提高殡葬的社会综合效益。

四是持续性，即在合理使用设施设备的前提下，重视资源的合理利用和保护，并维持良好的生态环境。

2. 绿色殡葬是科学的殡葬方式

殡葬方式的改革要求人们在殡葬活动中合理地使用各种资源，为人类的生存留下必要的空间。绿色殡葬主张回归自然，主要葬法有植树葬、花葬、草坪葬、海葬、虚拟墓地等。如植树葬“深埋地下，不留坟头，以树代碑，节俭治丧”。在农村鼓励采用骨灰（或遗体）深葬不留标记不影响耕作的方式，这些改革已经在我国普遍展开，并正向深度和广度发展。

提高科学殡葬意识，改变遗体处理和骨灰安置方式，构建与社会经济环境协调发展相适应的殡葬文明，是社会文明发展的时代要求，也是重塑优秀传统殡葬文化中的以厚养薄葬为主题的节约文化的迫切需要。只有这样才能解决殡葬与土地资源紧张、环境质量恶化的矛盾，促进社会主义物质文明、精神文明、政治文明和生态文明的建设和发展。使社会主义物质文明建设与精神文明建设和谐地向前发展。

3. 绿色殡葬是全程的科学环保

我国每年死亡人口约900万，以每人70kg计，全国每年就有63万t遗体需要妥善处理，采用原始的殡葬方式根本无法避免遗体本身的化学污染和生物污染，只有采取科学的殡葬手段，才能减少和消除其潜在的危害。狭义的绿色殡葬就是环保科技在殡葬全过程中的运用，即按照环境保护的理念，以解决殡葬与环境问题为核心，将生态学、环境学、卫生学、土壤学等多学科的原理综合运用到遗体的接收、运输、保存、整容、防腐、火化、安置和悼念等各项殡葬活动中，进行殡葬的全程无污染、无公害的安全控制，在殡葬服务的过程中节约资源，清洁实施殡葬服务和相关的生产，减少资源消耗，减低并控制污染排放，实现殡葬与社会、生态、科技、经济的协调和可持续发展。

4. 绿色殡葬是时尚的人生消费

绿色消费有三层含义：倡导消费未被污染或有助于公众健康的绿色产品；消费过程中注重对垃圾的处置，不造成环境污染；引导消费者转变消费观念，注重环保，节约资源和能源，不是以挥霍消耗资源、能源求得生活上的舒适，而是在求得舒适的基础上，尽量节约资源和能源。通过开展消费者有意识地选择对环境有益的商品，诱导企业提供节约自然资源和有益于环境的商品，从生产到消费每一个环节充分体现可持续发展的理念。

倡导绿色消费，就是要制定统一的消费政策和引导措施，促进绿色消费数量的增长和产品结构的优化，确立科学的、有益人类健康和环境保护的殡葬消费模式。殡葬业应在减少殡葬对自然资源的消耗和对自然环境的污染与破坏的基础上，建立可持续发展的殡葬体系并保持与之相适应的可持续利用的资源和环境。如减少火化耗能量，节约墓葬用地、严格限制墓位占地面积和使用年限，以减缓墓地扩展的速度和形成墓地循环使用机制，不保留骨灰或遗体骨灰的处理不占用土地资源等。

二、绿色殡葬的实施要点

（一）葬前遗体的处置

人死亡后的停灵、遗体接运、吊唁、遗体告别等殡葬活动中，遗体不同程度地向环境散发出的细菌、病毒等直接危害人类健康。要在现行殡葬政策基础上进一步完善和规范，强调对遗体进行必要的消毒处理，遗体火化（或安葬）前必须严格消毒，恶性传染病患者必须尽快就近火化，以减少遗体对环境的直接污染。遗体整容防腐过程中的洗涤、引流等，必须进行必要的科学处理，以免造成殡仪馆周围水体和土壤污染。

（二）葬中的技术处理

一是火化过程中污染物减排与控制。遗体火化过程中，遗体、燃料、衣物、随葬品等通过燃烧产生大量的烟尘、二氧化硫、氮氧化物、硫化氢、一氧化碳等污染物，还能产生二噁英类强致癌、致畸物质，火化废气中有害物质最终要以干沉淀或湿沉降的形式归于地面，湿法处理火化废气产生高浓度的有毒有害废水，火化所排出的二氧化碳和其他废气，加剧了大气中的温室效应，成为导致气候变暖的因素之一。火化过程中污染物的减排与控制，要从产生污染的源头即遗体抓起，殡仪馆要严格执行《殡仪馆建筑设计规范》《殡仪场所致病菌安全限值》和《燃油式火化机污染物排放限值及监测方法》等标准，除了使用于环境和人类无毒无害的消毒防腐液对遗体进行必要的处理外，还要大力开发使用以再生瓦楞纸和可降解塑料等为原料的经济适用型葬具和遗体包装物等绿色殡葬用品。

二是利用生物降解技术解决遗体土葬问题。在土葬改革区，要尽量减少遗体停放时间，并对遗体进行必要的消毒处理。积极研究并大力推广利用生物降解遗体的科学方法，使遗体连同可降解的葬具在一定的时间内化解成植物所需要的营养物质。遗体土葬前所使用的葬具和寿衣等选用易于降解的材质，安葬时在葬具内置放降解催化剂，安葬后在地面上种植绿色植物，以减少遗体土葬对环境的影响。

（三）骨灰的生态安置

由于受传统殡葬习俗的影响，我国殡葬改革过程中实行火葬的同时，派生出了骨灰安置问题，成为当前殡葬改革的重要内容之一。目前火化后骨灰安置方式主要有保留骨灰（将骨灰存放于楼、堂、墙、廊、塔等建筑形式的设施内)，骨灰土葬（公墓安葬、深埋不留坟头和标志物等)，不保留骨灰（即骨灰撒散）的方式主要有植树葬、水葬（包括在海、河、江、湖等水域内的撒散）等。

假设一具遗体焚化后产生 3kg 骨灰（含衣物等的残余物)，而死者家属取走的骨灰约为 1kg，我国年死亡人口 900 万，其中 50% 左右在火葬场火化，这就意味着一年内除了殡仪馆集中处理死者家属取走部分骨灰后剩余的 9000t 骨灰残余物外，还有 4500t 的骨灰由死者家属进行不同形式的分散处理，因而骨灰多样化处理之前的骨灰无公害处理具有极其重要的现实意义。

骨灰无公害处理的基本方法是：骨灰处理前使用专用防腐杀菌剂对骨灰进行处理，并通过化学处理将骨灰中残留的重金属淋溶回收或转化成无公害的无机化合物；采取必要的隔离措施，避免骨灰直接撒散于土壤或水体中导致的污染；对长期存放的骨灰实行定期消毒制度。

（四）生态墓地的建设

修坟立碑作为悼念先人的凭证和载体，是千百年来中国人的一贯做法。随着社会的发展，利用墓地、灵塔、骨灰堂等殡葬设施安置骨灰（或遗体）的形式已日益凸显出占用土地、浪费资源、破坏环境景观等弊端，人们越来越强烈地呼唤新的殡葬方式。为了提升生态环境质量，保障生态安全，我们要将生态思想纳入殡葬改革，积极推行生态墓葬以代替传统墓葬。

我国现有城市公墓 1831 个，多数公墓布局不合理，绿地系统生态景观效果差，综合效益偏低，纪念性景观功能缺失，艺术品位偏低，导致城市景观破碎，产生城市视觉污染。城市公墓作为城市环境景观的一部分，应发挥城市公共绿地的功能。城市公墓的规划建设应按照自然特点和经济条件，在保护城市可持续发展的生态境域、自然风景的前提下，有计划、有步骤地把公墓建设成为景色优美、建筑协调、设施齐全的生态园区。要从景观角度关注生态问题，从改善生态环境、维护生态系统平衡出发，注重人类与景观的相互作用和协调，从自然生态系统的审美意识出发，按照园林景观生态学理论营造自然空间和环境，在生态群落和审美基础上进行艺术配置，达到公墓园林生态结构优化和整体协调，满足人们殡葬活动、休憩、观赏等需求，充分发挥其环境效益、社会效益和经济效益。

目前我国农村公益性墓地近 20 万个，普遍存在缺乏整体规划、绿化覆盖率偏低、尚未从生态和经济角度关注公墓的生态环境保护和循环经济的发展等问题，一些公益性墓地长期无专人管理的问题较为突出，一些地方还存在村民在个人承包的土地上零散安葬骨灰（或遗体）并做坟头或建造标志性建筑物的问题。积极倡导深埋不留坟头或植树作为标志并因地制宜地选用经济林木进行绿化的新型葬法，对改善我国的生态环境，提高森林覆盖率和经济林木的良性循环利用，增加农民经济收入具有重要的现实意义。

在土葬改革区，作为传统墓葬的改革，将遗体（或骨灰）用可降解的葬具装殓后深埋地下，地面植树以为纪念，遗体（或骨灰）进入自然界的良性循环，实现能量流动和物质流动的良性循环，是殡葬文化与环保理念较为完善的结合。民政部门可会同农业、林业、国土、规划等部门，通过立法将这种以生态葬为核心的绿色殡葬作为殡葬改革的模式之一，规划建设公益性或经营性生态墓地，将公民安置骨灰（或遗体）的权利与植树造林的法定义务联系起来，使传统土葬侵占土地的“老大难”问题以及全民义务植树运动缺乏广泛群众基础和内在动力的深层次问题得以解决。

（五）绿色祭奠的开展

祭奠是遗体（或骨灰）得以处理后的一系列具有连续性和长期性的重要殡葬礼仪。绿色殡葬提倡以文明节俭的方式缅怀死者、寄托哀思。如祭奠活动不设祭品，不使用污染环境的祭奠用品，而以敬献鲜花、植树栽花种草、培土浇水和整饰环境为主要内容。近年来已有数百家殡葬服务机构推出网上公墓服务活动，创新出“家庭追思会”“网上祭扫”“代客祭扫”等方式，在一定程度上缓解了因集中实地祭扫而引发的交通、安全、环境等社会问题，新的文明祭奠形式正伴随着和谐社会的构建，逐步深入群众生活之中。

三、绿色殡葬体系的建立

绿色殡葬的实施是构建社会主义和谐社会的重要内容之一，也是生态文明条件下殡葬改革的伟大创新与实践。

（一）绿色殡葬体系的基本框架结构

绿色殡葬是自然资源消耗少、能源消耗低、无污染、具有地方特色和丰富文化内涵的健康文明的殡葬模式。绿色殡葬的实践是一项高度复杂的系统工程，不仅需要运用生态环保的理念采取相应的设计方法，还需要管理层、殡葬服务机构、殡葬活动者都具有较强的环保意识，促使在殡葬设计、运行、管理和维护过程中更多地考虑环境因素，引导殡葬向节能、环保、健康文明的轨道发展。绿色殡葬应考虑土地、能源、排放物以及对地区生态的影响，同时还应考虑与之相应的殡葬的功能性和文化性等关键问题。殡葬活动作为一种社会文化现象，涉及千家万户并关系到构建社会主义和谐社会进程中社会主义物质文明、精神文明、政治文明和生态文明建设。绿色殡葬将通过殡葬科技与文化创新，充分运用先进科学技术、先进设施设备和先进管理理念，以促进殡葬安全、生态安全、资源安全和提高殡葬综合效益的协调统一为目标，以环境承载力为基础，以绿色殡葬科技为动力，对殡葬全过程进行有效监控，采取多种措施降低污染产生量，减少殡葬对自然资源的消耗和对自然环境的污染与破坏，实现殡葬与社会、生态、科技、经济的协调和可持续发展。

绿色殡葬是自然资源消耗少、能源消耗少、无污染、具有地方特色和丰富文化内涵的健康文明的殡葬模式。就技术层面而言，绿色殡葬应考虑土地、能源、排放物和水的使用以及对地区生态的影响，同时还应考虑与之相应的殡葬的功能性和文化性等关键问题。绿色殡葬的实践是一项高度复杂的系统工程，不仅需要运用生态环保的理念采取相应的设计方法，还需要管理层、殡葬服务机构、殡葬活动者都具有较强的环保意识，促使在殡葬设计、运行、管理和维护过程中更多考虑环境因素，引导殡葬向节能、环保、健康文明的轨道发展。

针对我国目前殡葬改革和管理与环境保护、构建社会主义和谐社会的国情，在生态文明理论的指导下统筹解决殡葬领域一系列的人口、资源和环境问题，使生者、故人与环境友好和谐地相处，构建绿色殡葬体系，确定以人与自然和谐发展为核心，以建设资源节约型、环境友好型社会两大主线为支撑的绿色殡葬体系，重点建立绿色殡葬监督管理、绿色殡葬科技支撑、绿色殡葬社会经济、绿色殡葬文化等为框架，主要包括绿色殡葬政策制度创新、绿色殡葬法律保障、绿色殡葬科技支撑、绿色殡葬标准、绿色殡葬管理、绿色殡葬服务、绿色殡葬评价预测、绿色殡葬人才技术教育培训、绿色殡葬文化、绿色殡葬消费等内容的绿色殡葬体系。绿色殡葬体系的建立，是生态文明条件下构建社会主义和谐社会进程中殡葬理论与实践的创新。

（二）绿色殡葬体系建设的理论基础

随着人口老龄化的发展，如何在生态文明条件下的和谐社会建设中树立绿色殡葬理念，注重殡葬科技与文化的创新，建立以绿色殡葬为主题的殡葬新文化体系，使殡葬与社会文化、生态文化、生态环境相协调，以更好地促进社会和谐发展，具有重要的现实意义和长远的历史意义。

生态文明是社会主义文明体系的重要组成部分，包含观念文化、技术范式、发展模式、社会制度等多个层面，它同物质文明、政治文明、精神文明交互作用，共同推动社会文明的发展。生态文明建设是一个系统工程，其主体内容是强化公民生态意识、加强生态制度建设、规范生态文明行为。生态文明条件下和谐社会的建立，需要全社会都采取有利于环境保护的生产方式、生活方式、消费方式，建立人与环境良性互动的关系，它不仅包括人类在生态问题上所有积极的、进步的思想观念建设，而且包括生态意识在经济社会各个领域的延伸和物化建设，如观念文化、技术范式、发展模式、经济、政治、社会制度等多个层面。建设生态文明要把生态文明纳入社会主义文明体系，包括加强生态教育，在全社会牢固树立生态文明观念，提高全民族的生态道德素质，使人们对生态环境的保护转化为自觉的行动，开发推广应用维护生态平衡、持续发展的技术，转变发展方式，制定和完善符合生态伦理和生态规律、促进可持续发展的法律、政策、机制，完善生态文明建设的法律体系和政策体系，最后形成社会和生态可持续的、公正合理的社会制度。

建设符合中国特色社会主义要求的生态文明，是践行科学发展观的内在要求，是建设和谐社会的基础和保障。一方面，要立足于中国特殊的自然生态环境、人口素质状况、经济文化发展水平和社会政治条件，建设具有中国特色的生态文明；另一方面，要把建设社会主义生态文明的目标与社会主义现代化建设的其他远景发展目标有机地结合起来，使生态文明的建设与和谐社会的建设有机地整合起来，互相协调，整体推进。

（三）绿色殡葬体系建设的基本原则

1. *以科学发展观为目标*

生态文明与科学发展观都以尊重和维护生态环境为出发点，强调人与自然、人与人以及经济与社会的协调发展，要求社会经济的发展必须与自然生态的保护相协调，努力实现人与自然的和谐以及社会环境与生态环境的平衡。殡葬改革和管理过程中要落实科学的发展观，积极创新殡葬科技与文化，充分考虑资源承载能力，将殡葬活动和消费规制在生态承载力、环境容量限度之内，采用资源节约和环境友好型殡葬模式，最大限度地减少殡葬对资源的消耗。

2. *以统筹发展为途径*

节约资源、保护环境是殡葬改革与管理的出发点和落脚点。良好的生态环境是人类生存和发展的物质基础，同时又是人类文明的凝聚和体现。发展是满足人类自身需求的基础和前提，人类殡葬活动要充分考虑环境、资源和生态的可承载能力，使经济发展和殡葬活动不超出自然资源的再生能力和生态环境的自我净化能力，以实现自然资源的永续利用和社会的永续发展。可持续发展的着眼点在于保护自然，关怀人类未来的利益和发展，不仅用整体、协调、循环、再生的生态文明来调节人与人、人与社会之间的关系，而且也用生态文明来调节人与自然之间的道德关系，调节人的行为规范和准则，最终实现人与社会、人与环境、当代人与后代人的协调发展。

3. 以平等公正为准则

社会公正能够有效地凝聚社会各领域、各阶层的力量，推动符合广大人民利益的改革。政府承担着维持社会公正的责任，在利益多元化的社会现实中，推动各项政策的有效实施，从深层结构方面提高文明水平，维护社会公正。殡葬改革和管理涉及社会每个细胞（即家庭），与公众利益休戚相关，各级政府要积极倡导节约资源的殡葬方式和健康文明的殡葬消费模式，使生态文明条件下的绿色殡葬目标从国家的意志、发展规划变成每个家庭、每个单位或组织的行动，从而实现经济、社会、环境的共赢。

四、绿色殡葬的发展战略

（一）绿色殡葬发展战略的内涵

建立绿色殡葬体系在于让决策者、殡葬服务者、殡葬活动者能从战略和战术上考虑殡葬和选择殡葬的模式，从整体上建立系统化的约束机制和保障机制，以实现人类环境可持续发展的目的。在分析殡葬发展现状的基础上，要提出绿色殡葬的基本理念并科学地分析其内涵，构建绿色殡葬发展战略框架，建立以绿色殡葬法律、科技、评价等为核心内容的绿色殡葬体系，将生态学、环境学、社会学等多学科的原理综合运用到遗体的接运、保存、防腐、火化、骨灰安置、悼念和祭扫等殡葬活动中，通过殡葬科技与文化创新，对殡葬全过程进行有效监控，进行殡葬全程的无污染、无公害的安全控制，采取多种措施降低污染产生量，减少殡葬对自然资源的消耗和对自然环境的污染与破坏，实现殡葬与社会、生态、科技、文化、经济的高度协调和可持续发展。

1. 国际环境保护形势催生了绿色殡葬的实施

绿色已经成为发达国家殡葬服务机构在市场经济条件下进行殡葬活动的一种相当重要的战略。温室气体排放带来全球气候变暖和气候异常，给地球造成严重的影响，以减少温室气体排放（低碳排）为目标的绿色战略，是全球人类保护地球、保护人类自身共同的重大行动，是每一个国家和地区在实施生产活动与改善经济生活水平过程中必须履行的义务与职责，殡葬服务机构低碳排放将逐渐成为衡量其履行社会责任的全球性最高道德标准之一。

为使人类免受气候变暖的威胁，早于1997年12月，在日本京都召开的

《联合国气候变化框架公约》缔约方第三次会议，通过了旨在限制发达国家温室气体排放量以抑制全球变暖的《京都议定书》，成为具有法律约束力的国际公约。绿色化发展是当今世界人类的必然选择，低碳经济、低碳产品和低碳生活方式等绿色化发展是世界各国和地区发展的必然要求与必然趋势，是衡量世界各国和地区社会发展的新标准，社会发展模式的革命给世界各国和地区殡葬服务机构提供了巨大的发展机会。

应对气候变化、减少温室气体排放、保护地球这个人类唯一的家园是世界各国和地区共同的责任和目标，世界各国和地区绿色化发展目标是一致的，但绿色化道路的选择和发展重点有所不同。自“十一五”规划以来，中国把“节能减排、环境保护和可持续发展”作为国家的基本国策，与欧美等发达国家倡导的“低碳经济、低碳生产与低碳产品时代”相比，中国在节能减排、低碳生产与低碳产品方面面临着更大的压力。提高殡葬服务机构管理者对绿色化发展的认识，使其透彻理解绿色化发展带来的机会与挑战，已成为当务之急。绿色发展战略是殡葬服务机构发展必然之路，殡葬服务机构绿色发展可以进一步推动殡葬服务机构当前经济效益的进一步提高，殡葬服务机构要有应对绿色发展的使命、目标、战略、战术和有效措施。

2. 殡葬行业外部环境促进了绿色殡葬的实施

从政治、法律环境角度看，当政府在环境方面的法规日益健全，甚至直接影响到殡葬服务机构和殡葬消费者的活动时，殡葬行业有必要开展环境管理，实施绿色战略；从经济因素看，当市场呈现出绿色消费趋势，殡葬商品（包括产品和服务）必须针对绿色需求，当殡葬行业使用的资源能源面临绿色压力时，就应该考虑实施绿色战略；从社会文化角度看，当公众的环境意识日益觉醒，环境要求不断提高，对生活、工作、消费等方面发生倾向于环保的方式变更时，殡葬行业有必要理解和接受公众的变化，实施相应的绿色发展战略；从技术层面上看，当政府和殡葬服务机构对绿色技术创新日益重视，不断增加投入、研究改造，当绿色技术创新成为可能，殡葬行业有条件使用效率更高、损耗更低的改进工艺技术时，殡葬行业必须实施清洁生产，实现全过程污染控制，达到绿色化发展目标。

3. 殡葬行业内部条件推进了绿色殡葬的实施

当殡葬行业的绿色化能够使得殡葬行业从满足绿色需求方面来获得殡葬行业所追求的效益时，殡葬行业就拥有了实施绿色战略的内在动力；当殡葬行业由于环境成本的内化而感到自身发展压力的不断加重时，殡葬行业就有了进行绿色技术创新、实施绿色战略、降低环境成本的内在压力；当殡葬行业的管理者、需求方、受益方以及其他“共同参与治理”者的绿色发展要求不断明确和坚定时，殡葬行业就具备实施绿色战略的现实推动力。

（二）绿色殡葬发展战略的目标

绿色殡葬核心理念是科学、安全、高效、和谐。绿色殡葬将市场、资源、生态等约束变量内生化到殡葬体系，变事后监督为过程控制，强调殡葬全程的标准化，注重殡葬的社会效益和多功能性。

绿色殡葬具有三个基本内涵：一是倡导资源节约型、环境友好型社会的建设，追求的是清洁生产、绿色产品和资源循环利用，要求控制和合理地使用化学物质，对生产、生活废弃物实行资源化处理，逐步改善殡葬生产、生活和生态环境。二是倡导树立以人为本的战略思想，提供消费合理、卫生安全、数量充足的殡葬用品是绿色殡葬发展的基本功能。三是积极倡导和贯彻殡葬全程一体化管理的理念，注重殡葬的源头控制和全过程控制。

绿色殡葬发展战略的主要目标：一是实现共生型殡葬，即现代殡葬不以牺牲环境和生态为代价，而是积极有效地采取技术和措施实现殡葬与环境的共同进步；二是实现资源节约型殡葬，通过集约型的科学管理，合理配置资源，使殡葬所需要的各种物质资源最有效、最充分地得到利用，减少、降低在殡葬过程中造成的资源浪费；三是实现循环型殡葬，在通过实行以预防为主的措施和全过程控制的环境管理，使殡葬过程中的各种废弃物最大限度地减少的同时，实现再生资源的回收和利用，实现再资源化。

（三）绿色殡葬发展战略的重点

1. 注重绿色殡葬规划

绿色殡葬规划的目的在于从自然规律出发，分析其发展演变规律，在此基础上确定人类如何进行科学合理的殡葬活动，建立一个包含观念文化、技术范式、发展模式、经济、政治、社会制度等多个层面的绿色殡葬体系，使殡葬与社会文化、生态文化、生态环境相协调，更好地促进社会和谐发展。绿色殡葬规划的主要内容应该包括规划期达到的目标、阶段安排和各阶段的目标、重大绿色殡葬工程的安排等。

2. 扶持绿色殡葬方式

殡葬方式有多种，都有各自的特点和优点，同样也有各自的缺点。从经济学的角度讲，它们之间有替代性，但属于弱替代性，也就是说，它们之间有叠加、有可替代的部分，但是，谁也不可能完全替代和被替代。要研究这些不同殡葬方式的特点和发展规律，寻找它们之间最佳的搭配关系。

政府必须通过“有形的手”，站在建设绿色殡葬和谐社会的战略高度，调整殡葬结构，在发展规划、提供投融资政策、财税制度、价格政策等方面对高效、节能、低耗殡葬方式的发展给予支持。国家从法规、政策层面形成鼓励绿色殡葬的机制，对公众选择绿色殡葬方式的，给予一定的优惠政策，减免一部分费用，使之在与传统殡葬方式的竞争中具有明显的价格优势。如北京市、辽宁省大连市、山东省青岛市实现了骨灰撒海全部由政府买单，这一措施也应适用于树葬、花葬、草坪葬，鼓励公众树立节俭文明的殡葬观念，让不保留骨灰等的绿色殡葬方式逐渐推开，从而真正使生者慰藉，逝者安息，为人类的生存留下必要空间。

3. 推行绿色殡葬工程

广义的绿色殡葬工程是指绿色殡葬理念的树立及其决策、实施与评估的全过程；狭义的绿色殡葬工程是指绿色殡葬的实施过程，包括葬法的创新、推广普及以及殡葬基础设施建设。绿色殡葬工程就是在殡葬基础设施工程规划、工程设计、工程施工等建设过程以及工程投入使用后，高度重视环境问题，做到与环境保护措施同时进行，使殡葬工程项目形成保护自然、改良环境和抵御灾害的殡葬生态系统：一是绿色规划。即在规划阶段注意殡葬工程对社会发展、现有公共设施、资源开发利用和项目区域内自然景观、人文景观的影响以及对野生动物、植物及栖息地、地表植被的破坏和水土流失、水利环境等的影响。二是绿色设计。即在设计阶段要合理选择工程方案并与城乡规划相协调，要大力进行绿化、防尘、减噪。三是绿色施工。即在建设阶段加强施工管理，主要考虑防噪（禁止超出国家标准的机械进入施工现场，同时加强维护，合理安排施工场所和施工时间）、防大气污染（加强材料堆场的管理，对施工场地、料场及进出料场的道路等应经常洒水，减少可能的起尘）、防水污染（加强施工队伍生活污水和漏油的管理，施工垃圾要运到指定地点抛弃，对施工机械应定期检查）等。实施绿色殡葬工程，在满足绿色殡葬需求的基础上，可以提高殡葬基础设施的工程质量与抗灾能力，达到减少损失、保证殡葬和谐的目的。四是绿色运行。在殡葬基础设施投入使用后，要按照清洁生产的环保要求，使殡葬活动符合环境保护的相关要求。

4. 构建绿色殡葬系统

绿色殡葬系统是绿色殡葬管理、绿色殡葬方式、绿色殡葬设施和绿色殡葬服务的综合。绿色殡葬系统是一个完整的体系，是以生态学为理论基础，考虑生态和殡葬双重需求的前提下，在殡葬规划、建设和运营中，最大限度地降低因殡葬系统正常运转所造成的环境污染和资源消耗，形成符合生态环境保护要求的绿色殡葬体系。

我国应充分借鉴西方发达国家的经验，高起点、高标准制定绿色殡葬发展战略，以最低的环境代价、有限的资源消耗实现提供高效率、高品质的殡葬服务，又好又快地建成高质量的绿色殡葬系统。方便、快捷的多层次殡葬系统主要由经改进后的殡葬运输工具、方便殡葬活动的设施布局、高效的殡葬服务管理系统综合组成。在绿色殡葬系统的建设中，建设和管理好殡葬设施是很重要的一个环节。殡葬设施占用了土地资源，恶化了生态空间，其建设必须考虑土地的有限性，既要考虑面积大、数量多，又要考虑生态性。因此要因地制宜，合理布局，并设置足够数量的公共设施。

绿色殡葬的规划、建设、管理与人们的日常工作、生活息息相关，因此，绿色殡葬的建设离不开公众的积极参与。绿色殡葬的公众参与需要公众提高自身素质、改变传统思想，树立有节制的殡葬观念，用符合环保的绿色殡葬思想观念去改变自己的行为方式。

（四）绿色殡葬发展战略的实施

绿色殡葬的实施是一个涉及理念、组织、制度、技术、结构和文化等方面因素的全方位的系统改造和创新过程，需要走稳健、均衡、渐进的可持续发展之路。绿色殡葬实施的关键是如何使殡葬活动更加顾及环境保护及资源的合理利用，用长远的眼光进行绿色投入，激发消费者的绿色需求，形成“绿色生产－绿色销售－绿色消费”的良性循环。在环境污染日益严重的情况下，绿色殡葬的实施、绿色市场的培育成为殡葬服务机构未来发展的一个重要方向。坚持“以人为本、和谐社会”高瞻远瞩的指导思想，采取政府部门宏观调控、殡葬机构全力实施、社会各界广泛监督、社会公众积极响应的战略组合，成为绿色殡葬发展战略的主要对策。

1. 完善政府管理机制，加大政府强制推行力度

政府调控是一种宏观层面的行为，而且是绿色殡葬得以实施的首要前提。随着我国进入老龄化社会，殡葬服务需求量不断上升，面对人口与资源的矛盾，绿色殡葬作为世界性的殡葬改革发展方向，也是推进我国殡葬事业科学发展的必然要求。目前我国殡葬改革正在向纵深发展，改革的重心之一是加强政府公共服务，解决公益性殡葬服务和设施不足、经营性殡葬市场混乱等问题，政府应从保障公众基本殡葬权利出发，在殡葬服务各个环节增加基本服务供给，建立绿色通道，为公众提供优质高效的殡葬服务，切实保障公众殡葬需求。另外，通过改善设施条件，减少污染，节约土地，并提倡多种生态葬法，移风易俗，普及文明的殡葬文化。

绿色殡葬涉及国家的发展、有限资源的合理配置、生态的安全乃至整个

人类的未来，必须将绿色殡葬提升到国家战略的高度，借助政府的权威性，宏观调控并有效实施绿色殡葬，真正实现殡葬事业可持续发展。在绿色殡葬发展战略体系的设计上，要体现战略思想、战略目标、战略重点、战略步骤、实施路线等内容，使殡葬发展战略体系具有较强的系统性和可行性。在绿色殡葬发展战略目标的制定上，指标要适当，既要有一定高度，对现实问题具有针对性，又要对未来具有指导性和引导性。在绿色殡葬发展战略方案的实施上，要有组织保证和调整修正等预先安排，根据殡葬面临的主客观环境的发展变化，对绿色殡葬发展战略进行适时调整，以便及时解决各种可能产生的矛盾。

（1）完善立法，规范绿色殡葬市场。绿色殡葬建设不仅需要通过对人们进行长期的教育和必要的道德标准加以规范，从而形成强大的道德推动力，更需要政府和权力机关出台必要的政策，通过相关法律法规进行硬约束，政府应健全相关法律法规，加强绿色殡葬环境立法和执法。绿色殡葬发展的政府规制主要包括殡葬与环境立法、许可制度和绿色殡葬标准等方面。要把具有生态文明特质的绿色殡葬的内在要求以法规的形式加以确认，进一步健全各种旨在保护生态环境的绿色殡葬法律、法规，使绿色殡葬的实施得到法律上具体而切实的保障，从而保证生态文明建设的健康发展。预防和制止由于殡葬活动而威胁人类生存环境以及对人民身心健康的损害，把殡葬对环境的污染和生活的影响降到最低限度，依法建立严格的监管制度，加大执法检查的力度，切实维护法律的尊严。在基本政策的指导下，积极出台绿色殡葬相关法律法规，形成一套完善的三维体系框架，第一维度是由主干法和相关法组成的横向体系，第二维度是由法律、法规、规章和规范性文件四个层次构成的纵向体系，第三维度是绿色殡葬政策法规的类型，除了强制性办法，还应该包括激励性办法和政绩考核办法，以推进绿色殡葬发展。

（2）健全制度，发挥宏观调控作用。政府的权威性可规范和约束人们的殡葬行为，确保生态环境免遭破坏。要充分发挥政府综合决策作用，适时制定和完善发展绿色殡葬政策，出台财政补贴、绿色贷款、减税政策等方面的成套激励政策，用优惠的政策引导和调动殡葬行业开展环境保护和绿色殡葬的积极性，让决策者、殡葬服务者、殡葬活动者考虑殡葬和选择殡葬的模式，从整体上建立绿色殡葬体系的约束机制和保障机制。

一是建立综合决策制度。用政府的权威规范和约束人们的殡葬行为，确保生态环境免遭破坏。要充分发挥政府综合决策的作用，适时出台相关政策，统筹考虑，综合决策，用宏观调控手段引导绿色殡葬生态文明建设的积极性，把生态环境目标与殡葬改革和管理目标结合起来，以政府的权威保证各项重大决策既符合经济效率的原则又符合生态建设的要求，从源头上解决殡葬对生态的危害问题。要加大投入力度，改善政府公共服务。制订城乡基本殡葬设施建设规划，加大政府财政性投入，新建和改建一批城乡基本殡葬服务设施，包括殡仪馆、火葬场、骨灰堂、公墓及殡仪服务站等，改变部分地区殡葬设施短缺甚至空白的状况，更新一批环保节能殡葬设备，提高基本殡葬服务的可及性。政府应明确殡葬公共服务保障范围，采取低价或政府补贴的方式满足公众基本的殡葬需求，对于城乡困难群体应给予费用减免和救助。

二是实行绿色经济制度。在市场经济条件下，发挥绿色经济制度的宏观调控作用。绿色经济制度的主旨是将自然资源和生态环境纳入规范经济行为和考核经济绩效中。绿色环境制度包括绿色资源制度、绿色市场制度、绿色产业制度、绿色技术制度、绿色产品设计制度等，为从生态环境角度规范和考核殡葬行为创造有益的制度环境。绿色规范制度包括绿色生产制度、绿色消费制度、绿色殡葬制度、绿色管理制度，旨在使生态环境资源在生产、交换、分配、消费经济各领域实现有效配置，并对各种经济行为进行有利的约束与规范。绿色激励制度包括绿色财政制度、绿色金融制度、绿色税收制度、绿色投资制度，旨在对生态环境资源利用和保护的经济动力提供一种有效的制度保障。绿色考核制度旨在对殡葬行为实行有效的定量考核与监督，从定量上将生态环境资源的存量消耗与折旧以及保护与损失费用纳入经济绩效的考核之中，能较好地反映出人类经济行为的真实经济绩效。绿色经济制度在实现生态环境资源有效配置中必然发挥激励作用和遏制作用。绿色经济制度的建立与实施，可以大大鼓励那些率先实行低消耗、低污染的经济行为，可以迫使殡葬机构不得不放弃传统的高消耗、高污染的经济行为，有效地迫使殡葬机构采取果断的经济技术措施去转变经济行为，以利于实现生态环境资源有效配置。

三是完善绿色财税制度。建立健全符合绿色殡葬发展的财税制度体系，可以促进殡葬行业向“低能耗、低污染、高效率”方式的转型。借鉴国内外有关行业重视生态环保、走可持续发展道路的做法和经验，应制定和完善促进绿色殡葬发展的财税法规和政策：加大殡葬节能预算投资比例，鼓励绿色殡葬发展低碳化；加大财政扶持力度，实现绿色殡葬发展公平化；明确殡葬服务的免税范围，推动绿色殡葬发展规范化；建立和完善财税制度体系，促进殡葬行业发展方式转型。

（3）加强管理，培育绿色殡葬典范。绿色殡葬是着眼于未来的新观念，所要实现的是人类社会的协调、持续发展。殡葬管理部门要把绿色殡葬纳入殡葬发展规划，在绿色殡葬布局、绿色殡葬设施、绿色服务管理等方面加大力度，促进殡葬行业在发展战略上将殡葬服务机构、消费者和社会三个方面利益有机统一和兼顾起来。

绿色管理将环境保护的思想观念融入政府殡葬管理与殡葬服务机构经营管理之中，以使殡葬服务机构降低管理成本与资源消耗和提高管理效率与水平，这就需要用可持续发展思想创新殡葬管理和服务，开发殡葬设施绿色教育管理手段、降低管理成本，管理过程中将资源耗费降到最低，提倡以降低殡葬服务与管理过程成本与环境污染和提高殡葬质量的绿色管理。

殡葬服务机构实行绿色管理，将其传统的只顾自身利益最大化而过度掠夺自然资源的殡葬服务机构管理模式，转变为谋求于殡葬服务机构、社会、环境三方共赢的绿色管理模式，才能在激烈的市场竞争中生存并实现可持续发展。殡葬服务机构自身利益也促使殡葬服务机构强化环保意识，实施绿色管理可降低单位产品资源消耗，提高资源利用率，既节约材料利用成本，又可降低污染和污染治理费用，从而提高殡葬服务机构自身的经济利益，保障消费者利益，以较少的绿色投入，取得较大的经济效益和社会效益。而那些污染严重、资源消耗大的殡葬服务机构，不仅要负担沉重的治污费用，甚至是来自政府环保部门的罚款，更严重者还遭受关门停业的风险，而且殡葬服务机构自身的运行成本居高不下，殡葬商品缺乏竞争力，最终会被市场淘汰出局。

绿色管理贯穿于殡葬服务机构运营的全过程，必须由殡葬管理机构的高层推动。殡葬主管部门应当建立专门的绿色组织来推进殡葬服务机构的绿色管理，使绿色管理系统化、标准化。殡葬服务机构绿色组织可根据殡葬服务机构的现实情况，以环保认证标准为参照，分析影响环境的因素，培养员工的环保意识。在殡葬商品的设计生产、原料采购、殡葬行为等经营管理的全过程，建立标准规范的绿色管理体系，以实现殡葬服务机构经济效益和环境效益的最优化。另外，绿色管理战略的具体实施，涉及殡葬活动的各个层面，需要全体员工的参与和支持。绿色管理的核心内容是以保护环境、节约资源、实现可持续发展为特征的绿色文化，包括绿色殡葬服务机构精神、绿色价值标准、绿色经营理念、绿色规章制度、绿色文化生活等。它所倡导的绿色价值观将影响管理者的决策和员工的工作态度，并推动殡葬服务机构绿色管理战略的实施和发展。在殡葬服务机构长远发展战略和重大决策中，把节约资源、保护环境、谋求可持续发展作为必需和重要的因素予以考虑，重视研究并采取环境资源保护措施，建立健全绿色运行机制。殡葬服务机构的战略调整应定位于绿色市场，加强制度约束体制建立，不断提高科技应用的主动性和积极性，严格执行殡葬行业节能减排的法律制度和技术规范，建立殡葬行业节能减排监管服务体系，落实殡葬行业节能减排目标责任制，严肃查处违法行为。要严格实施环境保护法等法律法规，并不断完善相关环境法律法规，在宏观上对殡葬进行管理控制，加强对现有的殡葬体制强化管理，并制定优惠政策鼓励殡葬服务机构绿色化运营，构筑绿色殡葬发展的框架。

2. 唤醒公众生态意识，激发全民参与绿色殡葬

绿色殡葬是对生态伦理和社会风俗的进一步改进和完善，蕴含着感恩和对生命价值的尊严判断，绿色殡葬的内涵反映了生态文明的思想，它不仅需要对殡葬活动区域的物质环境、空间形态的重建与重构，还必须考虑社会功能、人类生态、道德伦理、文化价值，对传统殡葬文化、经济、技术等方面进行变革，特别是殡葬文化的创新。要把殡葬改革“实行火葬，改革土葬，文明节俭办丧事”方针的贯彻落实与“以人为本”“充分尊重传统文化习俗”等社会要求有机地结合起来，使绿色殡葬成为殡葬新文化的特质并充分发挥殡葬文化的引导教化功能，有效地推进社会管理和殡葬改革，以实现人类环境可持续发展的目标。

(1) 更新观念，树立绿色殡葬理念。随着经济社会的发展和生活水平的提高，人民对环境问题越来越关注，对环境质量的需求越来越高。绿色殡葬的发展有其深刻的现实意义和理论基础，它符合时代发展的要求和人类生存发展的利益，因而是殡葬管理发展的方向和趋势。推行绿色殡葬发展战略的基础是树立绿色殡葬观念，充分考虑公共利益和对环境的影响，切实把环境保护贯穿于殡葬的开发、设计、使用和服务等各项环节中，保证达到社会、经济与生态环境协调发展的目标。

要坚持政策导向，强化绿色殡葬理念。只有人们思想观念得到转变，才能真正推动绿色殡葬发展进程。因此，需要政府坚持政策导向，并发挥各类宣传媒体作用，加强生态葬法、实行葬法改革重要性的宣传，加强殡葬改革先进典型宣传，将节约土地与保护环境资源重要性和紧迫感讲深讲透，以典型引导广大公众积极加入这一行列。

政府必须重视绿色理念的推广以及对消费者和殡葬服务机构经营者绿色殡葬理念的宣传教育，唤醒殡葬服务机构、社会组织和公众的危机意识，为绿色殡葬的实施营造良好的舆论氛围和社会环境。强化绿色殡葬意识分为三个层次：一要有前瞻性的绿色殡葬发展理念，将殡葬与绿色化进行有机的结合；二要引导殡葬服务机构增强绿色殡葬意识，引导殡葬服务机构打破“环保不经济、绿色等于浪费”的传统观念，着眼于殡葬服务机构和社会的长远利益，树立集体协作、节能环保的团队精神，围绕绿色环保和可持续发展的理念开展殡葬活动，将节约资源、减少废物、避免污染等目标作为殡葬服务

机构的长远发展目标；三要倡导绿色殡葬，鼓励、引导殡葬服务机构降低成本，消除或者避免多余殡葬活动，加大绿色宣传力度，传播绿色殡葬知识，提高公众的绿色环保和可持续发展意识，并转化为人们内在的行为指导理念。

绿色殡葬组织创新、制度创新、体系建设和管理创新是实现绿色殡葬制度目标的根本和重要保证，要正确处理好观念更新、技术创新、制度创新和体系建设间的关系。观念更新是实现绿色殡葬目标的前提和基础。只有观念更新，才有目标、手段和方法的更新。技术创新是实现绿色殡葬的重要依托，是提高殡葬服务机构竞争力的根本途径和最有效方法。制度创新是实现绿色殡葬的关键，是改变生产方式和消费方式的前提和基础，通过制度创新可以合理整合、利用各种优势的资源，提高资源生产利用效率；通过制度创新可以调整生产结构和社会再生产的产品分配过程，通过生产结构的调整，促进资源和产品向有效资源利用的部门或产品生产的部门和方向转移，提高资源的利用率和生产效益；通过制度创新可以规范和约束人们的殡葬行为，提高绿色产品、绿色生产和绿色经营的法律意识，保护资源、保护环境，促进可持续发展。组织创新和体系建设是制度创新的重要内容，是实现绿色殡葬的重要环节。

树立人与自然和谐的人文理念，倡导生态型、环保型、节能型殡葬。科学发展观强调的是全面发展，是社会在物质、政治、精神和生态四个方面的协调发展，这是建设和谐社会在人文环境与自然环境方面展示的显著特点。殡葬工作需要把殡葬文化的传承创新、生态环境的保护作为一项工程来对待，把握住这个阶段性发展之间的关键性连接点。必须在改变传统的丧葬方式方面作出不懈的努力，一方面通过依法治理、综合治理，提高火化率；另一方面通过倡导、引导，逐步改变人们的殡葬理念，摒弃入土为安、骨灰长期寄存的做法，接受新的、现代文明的丧葬方式。以现代殡葬文化理念为基础，以不保留骨灰为标志的殡葬第二次革命，在促进殡葬事业持续发展的同时，必将为移风易俗、保护土地和环境、促进两个文明建设发挥更加积极的作用。

（2）全面倡导，推行绿色殡葬消费。殡葬消费和其他领域的消费一样，是市场经济条件下人们社会生活的一部分，殡葬消费源于殡葬文化的形成和发展，又对殡葬文化的发展起到推动作用。殡葬消费主要是精神层面的，现实的表现为心理上的慰藉、平衡和满足，沉淀下来的是文化。殡葬消费的增长是经济发展和社会进步的必然。殡葬消费程度得当，将对社会经济起正面作用。从社会可持续发展的角度，殡葬消费分为资源型消费和产品（服务）型消费。社会对前者应加以限制，后者只要是健康的，则应着力研究、开发、提倡、推广。殡葬消费关键问题是要考虑到多数人消费承受能力，提供不同层次的消费档次，尊重和满足不同层次消费者的意愿、选择和要求。绿色殡葬反映了殡葬行业呈现出的环境友好、资源高效、系统和谐、类型多样、社会融洽状态，这种状态实现了社会价值、社会需求和生态价值之间的和谐共赢。

满足绿色需求是绿色殡葬的出发点。绿色消费是指消费者意识到环境恶化已影响了其生活质量及生活方式，要求人类活动对环境影响最小，以减少环境的危害，自觉抵制对环境有危害的消费行为。绿色消费是一种观念上的革新，要改善消费者对绿色产品要求的整体水平较低的薄弱局面，就要大力倡导绿色意识。政府可以通过教育、宣传等方式培育消费者的绿色意识。

绿色殡葬消费模式的建立是建设绿色殡葬生态文明的终极支撑，通过生态消费理念的教育和灌输，可以重新塑造并变革全社会的消费理念，把绿色消费的理念植入每一个普通消费者的观念中，在全社会培育生态文化、确立人与自然和谐的生态文明价值观，从根本上促进殡葬消费行为的转变，并最终建立符合生态文明要求的绿色殡葬体系。

（3）强化监督，发挥公众参与作用。发展绿色殡葬依赖于良好的宏观环境。政府承担改善和优化发展绿色殡葬宏观环境责任，保护环境是一项关系到公众切身利益和子孙后代长远利益的事业，绿色殡葬发展除了要完善政府政策法规的管理性和强制性外，还需要广大公众的积极参与。要公开殡葬环境质量、环境管理、企业环境行为等信息，维护公众的环境知情权、参与权和监督权，对涉及公众环境权益的殡葬发展规划和建设项目，通过听证会、论证会或者社会公示等形式，听取公众意见，接受舆论监督。要健全公众参与机制，发挥社会组织的作用，为各种社会力量参与殡葬环境保护搭建平台，鼓励公众检举揭发各种环境违法行为，推动殡葬环境公益诉讼。

3. 强化殡葬机构责任，加快绿色殡葬体系建设

根据公民责任框架，殡葬服务机构确定绿色殡葬发展战略的指导思想应该是：以行业持续发展、社会和谐文明为目标，把殡葬服务机构建设成为依法开展殡葬业务、积极保障所有利益相关者利益的机构，通过对遗体的人性化处理，达到保护环境、传承文化、开展生命教育的目的；通过不断的业务创新、技术改革和管理升级，提升单位竞争能力和员工发展能力；通过参与公益活动来践行对社会的回报，加大殡葬服务中文化传承和生命教育的比重，倡导厚养薄葬，提出做好“殡”的新理念；建立以专业专职人员为主、社会志愿者为补充的哀悼辅导和居丧干预人才队伍，开展相关业务，打造殡葬服务高端品牌。殡葬服务机构只有通过正确认识自己在新兴市场经济条件下的具有公民责任的身份，从管理根源上规范自身，实现从价值观、使命、核心

理念到行为的整体提升，才能推动我国殡葬业可持续、良性、健康发展，最终服务于国家包容性增长的总体战略。

(1) 科学规划，建设绿色殡葬设施。殡葬设施是一种特殊的公共服务设施，各国和地区对其兴建都坚持政府审批的原则，实行总量控制，按需设立，并对经营主体资格进行限制。由于殡葬行业的特殊性，在遗体的运送、保存和火化等涉及公共卫生和安全的基本殡葬服务领域实行自然垄断仍然十分必要。殡葬主管部门应根据本行政区域殡葬改革规划、人口密度以及殡葬服务辐射范围等条件，科学确定殡葬服务设施的数量、布局和建设规模，保证殡葬设施基本殡葬服务功能，提高殡葬机构的殡葬服务质量。进行殡葬设施规划时要避免两种极端：一是殡葬设施过少，导致基本殡葬服务供不应求，服务质量差，难以满足公众的基本殡葬需求；二是殡葬设施过多，造成系统内恶性竞争或资源闲置、效益低下。

绿色殡葬设施是指以生态学的基本原理和方法为基础，环境可持续发展的殡葬设施。它不同于传统的殡葬设施，而是一个可持续发展的，集生态园林、环境友好与环境人文为一体的和谐的绿色殡葬设施。殡葬设施是人们进行殡葬活动的公共场所，一方“春有花、夏有荫、秋有果、冬有绿”的殡葬设施，形成自然优美、生态良性循环、布局合理、与殡葬设施文化融为一体的绿色殡葬设施环境，就是一支默默无语，又无时无刻不在感化人们的教育力量，陶冶着优良的情操，塑造着美好的心灵。绿色殡葬设施规划建设要针对殡葬设施的不同情况因地制宜地进行，当殡葬设施景观建设初具规模、环境友好技术逐步使用时，都需要启动系统化的绿色管理，做好绿色殡葬设施的维护、保持与深入工作。

建设绿色殡葬设施既可为人们提供优美整洁、舒适宜人的殡葬活动环境，同时也对身处其间的殡葬活动者发挥着潜移默化的环境意识教育作用，因此开展绿色殡葬设施建设可以为环境教育打下坚实的物质基础，为可持续发展提供有力保障。要重视现有殡葬基础设施的利用和改造，通过对其规模、布局、功能进行科学的整合，提高现有设施的使用效率，发挥现有设施的综合效能。要加强新建殡葬基础设施的宏观协调和功能整合，从整体战略的高度协调殡葬相关规划，理顺各种规划的关系，防止重复建设，避免土地资源的浪费。要继续扩大殡葬基础设施投资规模，加大殡葬配套设施的建设力度，对基础性、公益性殡葬设施，政府要增加投入，对经营性设施应按照市场经济规律，扩大投融资渠道，提高殡葬服务机构的服务水平。

从系统论的角度出发，作为景观重要组成部分的殡葬基础设施，它的“绿色规划、绿色设计、绿色建设、绿色使用和绿色管理”，既要考虑其殡葬服务功能，也不能忽视生态功能、文化功能、教育功能和休闲功能；既要考虑其经济效益定位，更要注重环境效益定位、生态效益定位和社会效益定位；实现殡葬基础设施现代简约、设备先进环保。从均衡管理角度出发，按照自然特点和经济条件，采取园区建设、文化教育、产业发展等相结合的多种方式，有计划、有步骤地把殡葬基础设施建设成为景色优美、建筑协调、设施齐全的生态园林；从“平面型生态绿化”到“立体型生态绿化”，兼具“生态型、艺术型、休闲型”的功能。既可满足逝者回归自然的心愿，延续中华传统文化，更利于后人对当今史料的考古和研究，使之成为“绿色银行”，使之“有景可赏、有情可寄、有史可读”，兼顾公众利益和社会文明。

（2）提高效率，发展绿色殡葬技术。随着殡葬服务机构内部条件与外部环境的变化，对效能与效率的评价的好坏或高低也会发生变化；相同的效能与效率指标，在不同的内部条件与外部环境下，对殡葬服务机构管理的评价也是不同的。在殡葬服务机构绿色战略方案中，要特别注重殡葬服务机构各项资源的利用效率，紧紧围绕能耗效率指标进行核算、分析与评价，思考的重点是通过改进殡葬流程与方法、提升殡葬设施设备与技术含量、提高从业人员技能水平、改善殡葬活动环境等，达到提高资源利用率，降低能源消耗，减少殡葬服务机构二氧化碳排放的目标。从这个角度来看，殡葬服务机构绿色战略与殡葬服务机构当前经济效益是一致的，通过实施绿色战略，促进殡葬服务机构各项资源的利用达到新的水平，降低了能源消耗和二氧化碳排放，提高了殡葬服务机构经济效益，体现了殡葬服务机构练好内功的本领。

在殡葬服务机构绿色战略方案中，尤其要注重耗能大的关键设备与工艺流程进行适当的技术改造，大大提高能源的利用，降低能源的耗损。改进殡葬服务机构能源结构是减少碳排放的重要措施。对大部分中小殡葬服务机构来说，使用新能源的活动本身就是实现殡葬服务机构进一步提升、得到再一次发展的机会，也是为减少二氧化碳排放作出贡献的良好机会，殡葬服务机构完全有可能在新能源开发与应用的供应链中，获得新的发展机会。

（3）低碳环保，推广绿色殡葬服务。低碳的核心内容是低碳经济和低碳生活，即以低能耗、低污染、低排放为基础的经济模式的改变以及以减少能源消耗、降低二氧化碳的排放量为目标的生活方式的转变。“低碳殡葬服务”是指在可持续发展理念指导下，通过能源创新、技术创新、制度创新、葬法创新、殡仪创新等多种手段，在殡葬服务领域尽可能地减少高碳能源消耗，减少温室气体排放和环境污染，达到殡葬事业和生态环境保护双赢的良好发展态势。

一是建立“低碳殡葬服务”的推进机制。要建立“低碳殡葬服务”的推进机制，加大政府对“低碳”的引导和控制力度，形成正确的舆论导向，加强对殡葬低碳服务的认识和宣传，通过行政与执法介入，在殡葬业加强对低碳的强制执行制度。政府应大力扶持低碳殡葬，对殡葬服务提出低碳要求，出台低碳殡葬政策，并以一定的行政执法为手段，配套相应的奖惩并举激励措施，保护、倡导、扶持殡葬服务的低碳行为。政府应在财政、税收和法制等方面引导殡葬服务的低碳消费和生产，鼓励可再生能源的使用，遏制奢侈消费。殡葬服务机构应全力追求低碳目标。殡葬服务机构要建立“碳约束”观念，增强为碳排放买单的自觉性。应加大殡葬设施改造的力度，在节能减排、除烟去味、绿化环境等方面努力。应加大殡葬环保服务项目的投入和开发，将传统的殡葬“一条龙”服务低碳化、惠民化，不断改进殡殓、告别、安葬、祭奠等服务方式。殡葬消费应始终坚持低碳原则。从业者方面，要善于利用价格杠杆，给予低碳服务项目适当的价格优惠，充分发挥经济的补偿调节作用，千方百计引导和推广殡葬低碳服务，以此来带动整个殡葬行业的改革，满足客户的殡葬消费期望值。在消费者方面，通过社会舆论和价格引导，提高消费者的公共科学素养，形成低碳消费观念，自觉选择低碳绿色殡葬服务。

二是创新低碳殡葬服务的运行方式。要从服务的源头控制资源能源消耗。一方面，殡葬服务的所有原材料的选择应坚持低碳。建材、耗材的选择，包括对墓型、墓碑建材的选择，尽量减少钢筋、水泥等材料的使用，倡导使用绿色植被；棺木、挽联等的材质选择，以环保、易降解为导向。另一方面，设计、开发、推介殡葬服务时坚持低碳。以最有利于生态环保为基准，美化和改进“草坪葬、植树葬、花坛葬”等节约资源的殡葬方式，坚持开发和使用可降解的殡葬用品等。从服务的源头多管齐下控制能源消耗，迫使殡葬厂商钻研低碳科技，开发、生产更多符合标准的殡葬产品；吸引消费者关注和选择殡葬低碳服务，从而促进整个殡葬业步入低碳良性循环轨道。要从“服务的过程”强化节能减排。服务通常在殡葬服务过程（包括接运、装殓、防腐、整容、告别、火化、安葬和祭扫等一系列过程）中以低碳为标准进行过程化控制，通过对服务中的每个节点进行节能减排控制，合理调整殡葬服务产业结构，从而实现全面低碳管理。这种过程控制要求每一个服务细节都低能耗、低污染、低排放，其控制效果主要依赖于强化执法和提高技术，要加强科技研究，努力将火化带来的耗费油料、污染大气等不利因素降到最低。要从“服务的末端”实现可循环利用与无害化，推动循环经济。在殡葬服务的末端强调最大限度地保护环境和利用资源。如殡殓业务中，对遗体清洁产生的废水和逝者留下的遗物等，一定要经净化处理，达到环保标准后再进行无害排放；在礼厅布置业务中，包括鲜花、布幔等，采用出租、销售两种不同的方式，并将出租价格尽量定价低廉，引导低资源消费，加强循环利用；在墓地业务中，通过规定或限制墓地面积、建墓材质、墓地使用期限来控制墓葬用地，墓区循环使用。

三是丰富低碳殡葬服务的文化内涵。要利用文化增值来拓展殡葬服务平面铺开的广度。大力开发富有文化内涵的低碳业务，根据殡葬传统，设计个性化告别、安葬和祭奠礼仪，增加人性化美好体验和个性化自由操作空间，增添公墓、殡仪馆、骨灰安置场所的服务附加值。大力倡导鲜花祭奠、音乐祭奠，开发体现情感价值的无碳殡葬业务，制作逝者人文纪念册，记载逝者的生平、相片、视频、个性记录、人生感悟和亲友追忆，以生命档案的形式来提升殡葬的文化品位，打造记录生命、见证生命和延续生命的历史空间。大力发展殡葬文化传承和情感体验的延伸和增值服务，将殡葬与低碳、艺术、审美、时尚相融合，在殡葬领域开创生命教育基地、文化教育基地和艺术教育基地。

将再利用技术、能源利用技术、新材料技术、生态恢复技术等现代高科技应用到殡葬服务中，不断减少资源浪费，节约空间占用。在殡葬服务的全过程引进知识型产业，利用动画、数字、信息等新技术，全面推动殡葬服务新发展，实现真正的低碳。要利用网络技术来发展殡葬行业立体服务的深度。网络殡葬是低碳殡葬开发的一个热点和重点，它不仅能避免社会与自然资源的严重浪费，而且大大便捷了人们的祭奠需求。因此进行系统规划和精细设计，应用网络殡葬沟通虚拟与现实的界限，打造亲情化的服务平台，以无形网络、有形网络构建殡葬服务信息桥梁，实现网络殡葬服务全覆盖。

4. 运用高新科技手段，提高殡葬整体技术含量

（1）大力创新，开发绿色殡葬技术。殡葬服务机构在殡葬商品（包括产品和服务）的设计、制造、实施过程中，应以可持续发展为宗旨，不断研究、创造有利于生态环境、消费者身心健康的科技成果，增强殡葬商品各环节的绿色因素，杜绝殡葬活动对环境所造成的危害，这就需要以绿色技术来推动绿色殡葬的发展。这是一个巨大的系统工程，从绿色资源的合理配置、清洁殡葬方式的推行到新兴绿色技术的应用，都需要殡葬服务机构全力以赴。

要大力推进技术创新，寻求科技支撑，建立绿色设计组织，剖析殡葬服务机构目前的绿色设计表现，决定殡葬服务机构未来的技术研发方向，评价现有设计与未来需求的目标差距，掌握最新的绿色设计和技术信息，研发绿色殡葬技术，提升殡葬服务品质。因科技的局限，现有的遗体处理和骨灰处理在材料消耗、环境污染等方面的绿色程度不够，我们必须寻求更进步的科

技来支撑和推动绿色殡葬的发展。加大对殡葬科技进步的投入，加大新产品、新技术的开发力度，引进国外先进的殡葬设备，提高殡葬产业的科技水平和应用能力，加快殡葬设施设备和技术的更新改造，加速淘汰污染重、能耗高的陈旧设备，从源头上开展节能减排工作。用清洁环保技术发展遗体和骨灰处理技术，实现遗体处理全面机械化，发展火化机及其后处理技术，提升污水处理水平。将现代科技充分应用在遗体接运、遗体防腐、殡葬礼仪、骨灰安置、追思祭奠等方面，大力提升殡葬服务品质。

（2）协调沟通，收集绿色殡葬信息。殡葬服务机构应收集各种绿色信息，调整和预测绿色需求，分析绿色细分市场，推出定位绿色市场的经营和发展战略。面对大量的绿色商机，殡葬服务机构要在分析自身经营特点和状况的基础上，协调与消费者的沟通方式，创建“消费者－殡葬服务机构”双向绿色信息渠道，从殡葬市场需求出发，多方面收集相关的绿色信息，深入研究信息的真实性和可行性，在此基础上正确地选择目标市场、合理地进行绿色殡葬市场定位，有计划、有目的地开发绿色商品，不断开拓新的市场并及时采取相应的对策。

要收集绿色设计和技术研发信息，兼顾内部（如减废技术、绿色制造成本等）及外在因素（如绿色供应商、技术发展等）的评价和分析，从而拟定以环保为导向的殡葬服务机构设计策略与研发方向。根据收集的绿色信息提出各种具体可行的绿色方案，对方案在设计、制造、包装、运输、消费、废弃、处理等综合流程中，以废弃物的减量化、最小化、资源化作为设计和研发目标，并根据每一个方案的技术可行性与市场配合性进行整体的评估，最后确定可行的设计方案。对最终可行的设计方案，进行殡葬商品生命周期分析，经过综合评估并进行适当补充或修正后，作出最后的绿色殡葬设计决策。

要加强生态环境污染监控和殡葬商品质量安全预警系统建设，对殡葬商品质量安全进行全程跟踪和监督；加强研究收集国外的绿色壁垒条款、措施，建立绿色壁垒信息中心和数据库，并及时将信息反馈给有关部门和殡葬服务机构，做好防范工作。

（3）扎实稳妥，完善绿色殡葬标准。殡葬服务标准体系是殡葬领域规范服务活动的标准按其内在联系而形成的有机整体。随着人口增长和经济发展，人们对殡葬提出了更多更严的服务要求，只有建立科学的殡葬服务标准体系，才能实现规范化服务与管理，促进我国殡葬服务业健康有序地发展。建立殡葬服务标准体系，能为我国殡葬管理部门提供大量殡葬领域的标准化信息，有利于从技术上评价行业的发展现状及趋势，有利于管理部门的科学决策。

建立绿色殡葬技术标准体系是全面、合理、科学地规划、配置、利用科技资源以及其他资源的一种重要手段，也是全面提高科技水平、实现全面协调发展的关键措施。建立绿色殡葬技术标准体系，要以全面提高绿色殡葬质量安全水平为核心，以改善殡葬环境为基础，以殡葬过程源头控制为切入点，以机制创新和科技创新为动力，以依法加强质量监测管理为手段，力争用较短时间基本上解决我国殡葬污染问题。

实行殡葬服务的全程无公害、生态性、人文性标准化控制，用标准化体系建设推动绿色殡葬的发展。一方面，绿色殡葬要求充分吸收新技术、新工艺、新方法的实用技术体系，加快实践经验、技术成果及法规政策条款向标准的立项转化，按照规范性的要求，加速殡葬相关设施设备的更新换代，从殡葬各环节严把生态环保关，提高设施的功能、效率与减排能力，实现高效、低耗、少污、生态平衡的殡葬设施环境；另一方面，在绿色殡葬的人文化进程上要加快创制具有先导性、规范性和长效性的标准性文件，明确绿色殡葬的文明新风与陈规陋俗的界限，为殡葬事业的科学发展指明方向、设定边界。

要加强现有标准修订工作，引入竞争机制，推进绿色殡葬高新技术标准和服务标准，对涉及人身健康、环境保护等方面的强制性标准，保证实施效果。一是要健全绿色殡葬标准体系，抓紧制定急需的绿色殡葬系列标准。二是要加强绿色殡葬质量安全的检疫、检测体系建设，积极引进先进的检测技术和设备，努力缩小与发达国家在检验检疫方面的差距。三是要加快认证体系建设，整顿绿色产品市场，规范绿色产品的认证、发证工作；加强认证机构建设，重视与国际权威认证机构的交流与合作，提高认证工作的权威性。四是要积极鼓励殡葬服务机构采用国际标准，加大对采标项目的资金投入，保证国际标准转化工作任务的落实。国际标准化组织顺应世界保护环境的潮流，对环境管理制定了一套国际标准，即ISO14000《环境管理系列标准》，以规范殡葬服务机构等组织行为，达到节省资源，减少环境污染，改善环境质量，促进绿色殡葬持续、健康发展的目的。

绿色殡葬凝聚了全新的哲学理念，是破解殡葬改革阻力的有效途径，是促进生态文明建设、增强可持续发展能力的必然要求。在当前全球环境问题日益严重和我国基本国情的背景下，大力发展绿色殡葬，确立人与自然的和谐关系，有助于解决21世纪中国所面临的人口、资源、环境的挑战，对于生态环境的保护和中国经济的可持续发展具有深远的现实意义。绿色殡葬把殡葬文化与环保意识完美结合起来，是把生态和可持续发展理念引入殡葬领域的结果，是世界范围内先进的殡葬理念和行为。我们要紧紧围绕生态文明条件下构建社会主义和谐社会对殡葬的新要求，认真分析中国现代殡葬行为与文化新现象，重新认识和挖掘现代殡葬文化内涵，总结因社会进步、文化交流等因素而产生殡葬文化变异性的规律和特点并赋予现代殡葬新文化的特质，树立以绿色殡葬为主题的现代殡葬文化理念，建立符合生态文明的绿色殡葬体系的总体框架和主要内容，在生态系统承载能力范围内运用生态经济学原理和系统工程方法，改变殡葬活动和消费方式，建设体制合理、社会和谐的殡葬文化以及生态健康、景观适宜的殡葬环境，寻求一条能够使殡葬改革取得重要成果、重大突破的道路，与时俱进地调整现行殡葬改革政策，以实行火化为主，改革土葬为辅，实现殡葬模式的多元化，引导人们树立科学、文明、节俭的殡葬消费观，倡导人们实行文明节俭的殡葬方式，逐步确立以集人文关怀、生态保护和不占土地、节约殡葬费用为一体的绿色殡葬新体制和殡葬管理新格局，将使中国殡葬事业走上健康发展之路，最终实现人与自然的和谐。

第三节　生态殡葬文化

随着社会的发展、改革的深入和文化的交融以及城市化进程的加快和城乡建设规模的日益扩大，与人们息息相关的生态与环境问题越来越受到重视。殡葬活动不可避免地给生态环境带来了负面影响，特别是人口的剧增、资源的锐减和环境的恶化，殡葬与生态环境的矛盾日益突出，如何解决遗体和骨灰处理与人类生存环境之间的矛盾，较好地实现殡葬活动与城乡生态环境之间从“独立”到“依存”，从“对立”到“和谐”的转变，重构人类殡葬活动与自然的和谐，成为生态文明社会的时代要求。这就需要调整现行殡葬改革政策，实现殡葬模式的多元化，引导人们树立科学、文明、节俭、生态的殡葬消费观，逐步确立以集人文关怀、生态保护和不占土地、节约殡葬费用为一体的生态殡葬新体制和殡葬管理新格局，形成既由政府强力推进又有全民自觉参与，既实现殡葬改革确定的社会效益又充分体现对死者和殡葬活动者人文关怀的殡葬管理和改革实践，有效地促进政府社会管理和公共服务职能，使我国殡葬事业走上健康发展之路，最终实现人与自然和谐相处的先进的殡葬理念和行为以及人类环境可持续发展。

生态殡葬是在保护并改善生态环境的前提下，统筹考虑殡葬问题，按照生态学原理和经济学原理，运用现代科学技术成果和现代管理手段以及已有的殡葬改革和管理的有效经验建立起来的，能获得较高的生态效益和社会效益的现代殡葬模式。生态殡葬以协调人与自然关系为基础，把殡葬管理和生态环境治理与保护、资源高效利用融为一体，遵循“整体、协调、循环、再生”的基本原理，运用生态系统理论与生态经济规律和系统科学方法，建立生态优化的殡葬体系，特别是优化殡葬技术体系，更好地统筹考虑并解决殡葬问题，实现多目标综合决策，从而推动和谐社会的建设进程。

一、生态殡葬的基本内涵

（一）生态殡葬的基本概念

“生态”一词最初见于生态学，是指一定地域（或空间）内生存的包括人类在内的生物与生物之间、生物与环境之间的相互关系及作用规律，即一切生物的生存状态，它强调系统中各因子之间的相互联系、相互作用以及功能上的统一。在人类社会的复杂关系中，它既是一种竞争、共生和自生的机制，又是一种健康、文明的目标；既是一种高效的近乎理想境界的发展进化过程，也是一种整体、协调、循环、自生的系统功能；既是保护生存环境、保护生产力、保护生命保障系统的长远战略举措，也是走向可持续发展的具体行动。

生态殡葬是指通过对殡葬和生态环境有关的环节进行系统的研究，按自然生态、人文生态和经济生态原理规划、建设和管理的，由殡葬设施、殡葬设备和殡葬环境组成的资源能源消耗低、污染排放少、与环境相协调的生态复合型殡葬体系，其目标是使殡葬不仅具有处置人类遗体的基本功能，而且具备改善、美化、促进和优化周围环境生态条件的功能。

生态殡葬具备适应性、超前性和进化性，是贯彻落实科学发展观，破解资源环境要素约束，促进人与自然和谐发展的内在要求和必然选择。生态殡葬系统是基于可持续发展理念的协调式殡葬系统，它以环保、安全和高效为目标，从观念、技术、政策等方面协调殡葬需求、殡葬设施供应、环境质量与经济发展之间的相互关系。生态殡葬作为面向生态文明时代的人类殡葬活动方式，其内涵反映了生态文明的思想，它不仅需要对殡葬活动的物质环境、空间形态的重建、重构，还必须考虑社会功能、人类生态、道德伦理、文化价值，对传统殡葬文化、经济、技术等方面进行变革，特别是殡葬文化的创新。

生态殡葬与传统殡葬相比具有质的变化。生态殡葬既要完成殡葬的特有功能，还要克服殡葬产生噪声、排出废气、侵占土地等负外部性，成为对周围生态环境具备改善、美化、促进和优化的殡葬。生态殡葬不再只是围绕处置遗体而进行的社会活动，而是资源高效、能源清洁、环境友好、生态健康、行为文明和景观优美的殡葬。

生态殡葬秉承“低碳、环保”的建设理念，以低能耗、低污染、低排放为基础的发展模式，是人类社会继农业文明、工业文明之后的又一次重大进步。在殡葬设施设计方面，改变以往只注重殡葬设施本身功能作用的传统观念，充分考虑并强调殡葬设施建设与周围自然环境及景观的协调性。在殡葬设施建设方面，创新建筑材料的生产，使用节能环保的建筑材料，最大限度地节约资源，降低能耗，保护环境，将生态、环保、人文理念融入殡葬设施建设的各个环节中，用最小的环境代价实现殡葬设施建设目标。

（二）生态殡葬的主要内容

生态殡葬是社会、经济和环境生态化的重要内容之一。社会生态化体现在人们拥有自觉的生态意识和环境价值观，人口素质、生活质量、健康水平与社会进步和经济发展相适应，有一个保障人人平等、自由、接受教育、人权和免受暴力的社会环境。殡葬环境是指围绕殡葬活动的外部世界，既包括自然环境，又包括与殡葬系统有关的社会、经济和自然环境在内的复合环境系统，是围绕环境－主体－殡葬活动者而建立起来的，具有多种组合并通过物质循环、能量流动和信息传递与主体产生相互联系的复杂系统。区域殡葬行为者因殡葬活动形成的社会实体构成了社会环境，区域与殡葬系统发生关联的自然资源和生态系统构成了自然环境，而与殡葬发展有关的经济要素体系则构成了经济环境。

1. 殡葬设施的生态化

殡葬设施的建设对生态环境的损害主要表现为：侵占土地，破坏植被、生态链和生态条件，产生殡葬污染等。生态化的殡葬设施是指在生态系统承载能力范围内，综合运用生态工程、社会工程和系统工程方法，采用现代科学技术手段，挖掘殡葬设施区域内外一切可以利用的资源潜力，使殡葬设施建设对环境的破坏降至最低，构建生态健康、景观适宜的殡葬环境和文明和谐的殡葬文化，形成生态良性循环的以殡葬功能为主的公共场所。生态化的殡葬设施作为与生态文明时代相对应的人类殡葬活动新的空间组织形式，是一定地域空间内资源高效利用、环境和谐、发展持续的人与自然和谐统一的人类殡葬活动区。

生态化殡葬设施的基础是环境的生态化，主要表现为以保护自然为基础，利用环境景观学原理规划、建设和管理殡葬设施，进一步完善殡葬设施绿地系统，最大限度地维持生物多样性，保护自然环境及其演进过程，有效防治和减少园区各种污染，实施清洁的殡葬活动，使殡葬环境更加清洁、安全、优美、舒适，保证殡葬活动始终保持在环境承载能力之内。生态化的殡葬设施景观优美，与生态环境相适应，与自然风光相协调，与动物、植物、生物和谐相处，还能自动调节生态系统，对殡葬设施及其周边环境具有较明显的改善、净化和保护作用，为人们提供更高层次的殡葬文化活动需要和生存发展的绿色生态环境。

生态化殡葬设施包括以下三个层面。

一是殡葬设施内部环境的生态化。殡葬设施保持自身的价值、遵循内在规律以寻求内部各因子的平衡，包括殡葬环境及资源配置的生态化。环境的生态化表现为：发展以保护自然为基础，与环境的承载能力相协调。自然环境及其演进过程得到最大限度的保护，合理利用一切自然资源和保护生命支持系统，开发建设活动始终保持在环境的承载能力之内。

二是殡葬设施内外环境的生态化。殡葬设施在保持系统内部平衡发展的同时，实现系统内部与外部的生态平衡，面向社会，实行开放，达到交融。

三是殡葬设施及其系统的生态化。殡葬设施将殡葬目标真正转移到以殡葬消费者身心为本，调整殡葬的原则、内容和方法，同时要求所采取的殡葬模式和手段生态化，最终形成一个均衡的殡葬系统。

2. 殡葬经济的生态化

经济的生态化表现为：采用可持续发展的生产、消费等发展模式，实现清洁生产和文明消费，推广生态产业和生态工程技术，对于经济增长，不仅重视数量的增长，更追求质量的提高，提高资源的再生和综合利用水平，节约能源、提高热能利用率，降低矿物燃料使用率，研究开发替代能源，提倡大力使用自然能源。

生态化殡葬设施的建设与发展保持经济高效，遵循可持续发展原则，全方位体现“节约能源、节省资源、保护环境、以人为本”的基本理念，创造高效低耗、无废无污、健康舒适、生态平衡的殡葬环境，提高殡葬设施的功能、效率与舒适度。殡葬经济生态化主要表现为采用可持续的生产和消费模式，在经济发展上追求质量与效益的提高，努力提高资源的再生和综合利用水平。按照生态经济原理，应用生态工程的方法，模拟自然生态系统建成具有完整的生命周期、高效的代谢过程及和谐的生态功能的园区，其目的是消除殡葬污染，提高资源的再生和综合利用水平，将环境保护融入殡葬活动和消费中，将殡葬废物的处理寓于利用中，达到生态、社会及经济效益的多重目标。

3. 殡葬活动的生态化

生态文化是物质文明与精神文明在自然与社会生态关系上的具体表现，殡葬活动的生态化主要表现在人们有自觉的生态环境价值观，殡葬活动质量、人口素质、健康水平与社会进步、经济发展相适应，有一个保障人人平等、自由、安全的公共环境，形成强烈的生态环境保护风气、自觉的生态意识和环境价值观。殡葬活动的生态化主要体现在遗体运输、遗体存放和遗体处置的生态化等环节。如遗体运输对生态环境的损害主要表现为：废气排放，产生噪声以及遗体运输过程中可能对环境带来的污染。生态化运输遗体就是依靠高新科技建立的设备设施，如无废气排放的电动、太阳能驱动甚至是风能驱动的运输车辆，高性能、低噪声的动力和传动；依靠现代化的管理软件和管理措施，如全程跟踪的遗体控制运输系统，完善的事故预警和应急救援系统等，使得遗体运输过程中有害废气排放量很少或者几乎没有，运输产生的噪声完全在正常的范围以内，遗体运输的事故发生率很少且在可控制中。运输车辆样式的创新，遗体运输过程中的物流、人流、信息流，将不再会影响社会进步，而是对物质文明、精神文明、政治文明和生态文明起到推进作用。

4. 殡葬消费的生态化

消费生态化是一种消费模式由异化消费转向生态消费的消费文化定向改变。它以人与自然和谐协调、社会公平正义为理念，以健康、科学、生态化、可持续为规范，是建立在人、自然与社会和谐协调基础上的一种高层次的理性消费方式。它是人类对旧工业文明体系中消费主义的反省和矫正，蕴含着消费观念、消费结构、消费行为的健康安全、节约资源、保护环境、生态化、科学化、可持续的发展原则。其消费水平既要与社会生产力发展水平相适应，又要与自然生态的正常平衡相适应，倡导适度消费，反对过度消费；其消费行为、消费内容，既要符合生态和谐的要求，节约资源、保护环境，又要符合科学、健康的要求，有利于消费者的身心健康；其倡导的消费观念、消费结构和消费模式，既能满足正常需求消费的物质享受，又能满足人们更高层次的精神文化享受，培养人们积极科学的道德观、价值观和人生观，从而促进人的全面发展和社会的文明进步。

殡葬消费生态化指人们在殡葬消费活动中用生态学的观点和方法规范自己的行为。消费生态化是建设生态文明的要求，它强调适度消费和绿色消费、注重物质生活与精神生活互补、提倡责任消费。具体表现在：消费品本身及其来源是生态型的，包括生产用的原材料和生产工艺、生产过程与环境的关系；消费过程是生态型的（在对消费品的使用过程中，不会对其他社会成员的工作、生活和周围环境造成伤害）；消费结果是生态型的（完成对消费品的使用后，不会产生过量的垃圾、噪声、污水、污气等短期内难以处理的、对环境造成压力、破坏的消费残存物）。与传统消费模式相比，生态消费具有适度性、高成本性、可持续性、精神消费第一性等特征。特别是殡葬生态消费突出人的精神心理方面的需要，在更高意义上表现为一种对高品质殡葬活动的追求，一种高尚品质和伦理道德的体现，特别是注入了精神内涵。

（三）生态殡葬的基本特点

绿色殡葬即环保的殡葬，是指对人类的生存环境不造成污染或较少污染的殡葬方式，也就是通过低污染的殡葬方式来完成殡葬活动，以达到降低污染的殡葬系统。

和谐殡葬是随着和谐社会建设的需要而诞生的。和谐殡葬就是公平共享、法治有序、便捷高效、安全可靠、环境友善的殡葬，就是能够适应构建社会主义和谐社会要求的殡葬，能使广大公众的殡葬需求得到满足的殡葬，能让广大公众对殡葬服务感到满意的殡葬。

公平共享的殡葬，就是要使全社会各地区、各阶层、各群体民众都能充分享受到殡葬发展与改革的丰硕成果，并使其殡葬权益都能得到实现、维护和发展，充分体现殡葬事业的社会性、公用性和公益性。生态殡葬系统充分考虑到其服务功能社会公平性，不论殡葬活动者的收入、年龄、性别和身体状况，都拥有平等的权利和享受高质量殡葬服务的权利，同时也拥有平等参与生态殡葬系统规划、建设与运营等方案设计的决策权和实施的监督权。政府应使殡葬系统对个体需求、群体需求、公众需求和公共需求四个层次都突出对“公共空间”“公共需求”“公共服务”的关怀，殡葬资源配置的中性化、均衡化，使不同阶层、不同群体、多元文化能在合理的空间配置环境中和谐共存共生，以“公共需求”的满足为基础，重视与关注民生，对民生的关怀。

法治有序的殡葬，就是要有完善的法规体系，使殡葬管理者、殡葬服务者和殡葬活动者都能够遵纪守法，保证殡葬行为的有序运行。

便捷高效的殡葬，就是要使殡葬事业的发展最大限度地提高覆盖率、通达度和机动性。做到殡葬服务能力充足、殡葬活动方便顺畅。

安全可靠的殡葬，就是要使安全至上成为全社会所有殡葬参与者的共同理念，不遗余力地减少殡葬危害、增进公众安全，在保证安全的基础上实现殡葬的可靠性，实现全方位的殡葬服务。

环境友善的殡葬，就是要建设低能源消耗、低资源占用、低环境污染、低财政负担、低使用成本的殡葬系统，以最小的资源环境代价实现殡葬的发展目标，实现殡葬文明与生态文明的协调发展。

绿色殡葬、生态殡葬与和谐殡葬存在着包容的关系，和谐殡葬包含着生态殡葬，而生态殡葬包含着绿色殡葬。绿色殡葬和生态殡葬均强调环保，生态殡葬侧重于生态环境，视野更宽广；而和谐殡葬除了环保外，强调公平，更突出了社会性；绿色殡葬重点考虑对殡葬方式的变动来减少污染、减少噪声，整体性较弱；生态殡葬主要是从殡葬整体的层面上来研究和分析殡葬对生态环境的关系，和谐殡葬主要是从殡葬整体的层面上来研究和分析殡葬对自然、对社会的关系，两者的整体性都比较强。绿色殡葬与和谐殡葬都比较强调适应性，重在改善、重在和谐，追求平衡，主动性弱。而生态殡葬强调殡葬对生态环境的促进、引导和优化作用，有很强的主动性。

二、生态殡葬的核心价值

（一）生态殡葬建设的意义

生态殡葬以殡葬设施为载体，利用殡葬设施的景观价值和环保价值，美化优化环境，促进人与自然的和谐发展，是生态文明建设的重要组成部分。设计得当、与周围环境相得益彰的殡葬设施，不仅烘托出城乡的特色和风貌，而且保护了生态环境，是城乡生态文明水平的具体体现。殡葬活动是文明的标志，生态殡葬又是生态文明水平的具体体现。

1. 绿色殡葬建设的需要

我国大部分殡葬设施先天不足、统筹不够、空间布局不合理，殡葬污染成为城乡的污染源，影响人们的工作生活和身心健康，成为社会广泛关注的热点和政府施政的难点。

由于殡葬设施建设选址不当，破坏了生态环境，机械化施工中填、挖土方，取、弃土造成植被破坏，形成裸露表面，引起水土流失，并导致附近水源、水体和周边环境受到污染，绿色殡葬的建设刻不容缓。

在构建绿色殡葬的过程中，如不从生态殡葬的高度进行，就难以从根本上解决问题。生态殡葬和绿色殡葬是包容关系，建设绿色殡葬必须提升到生态殡葬建设的高度进行思考、规划和建设，才能做到前瞻性、全局性、主动性和可持续性，避免重复建设。绿色殡葬具有迫切性和可操作性，容易“立竿见影”，很快地见到效果和效益，因此，把绿色殡葬的建设作为建设生态殡葬的突破口，是一种极佳的战略途径。

2. 和谐殡葬建设的需要

和谐殡葬包含着生态殡葬，建设和谐殡葬自然也就包含着生态殡葬建设的内容，和谐殡葬的建设需要建设生态殡葬，例如殡葬安全问题是和谐殡葬的重要内容。生态条件好的殡葬环境，会缓解人们的悲痛心情。建设生态殡葬是建设和谐殡葬的需要，是构建社会主义和谐社会的需要。

3. 现代殡葬建设的需要

现代化是一种状态，也是一个过程。“两次现代化理论”把它分为两个阶段或两次现代化，即第一次现代化的从农业化到工业化社会和第二次现代化的从工业化到知识化社会的转变。第一次现代化是对大自然的征服，第二次现代化是对大自然的亲善；第一次现代化是对大自然的掠夺，第二次现代化是对大自然的回归。第一次现代化强调的是利润的攫取，第二次现代化强调的是可持续发展。生态现代化正是可持续发展“既满足当代人的需求，又不危及后代人满足其需求的发展”的基本内容，是第二次现代化的一个重要分支，是现代化与自然环境的一种互利耦合，是世界现代化的一种生态转型。

殡葬现代化是社会经济现代化的重要组成部分，生态殡葬是生态现代化的重要组成部分。生态现代化的许多理论、规律可以应用到生态殡葬建设上来，生态殡葬的建设又为生态现代化的建设提供支撑作用。因此，生态殡葬建设是现代化殡葬和现代化社会建设的需要。

4. 殡葬文化创新的需要

（1）生态殡葬文化习俗是人类社会发展过程中形成的优秀文化。周朝通过“凡庶民不树者无椁”（《周礼》）的法令来动员群众植树，无意识地把殡葬和林学结合在一起。殡葬是为保障人类生存环境而选择的科学处理遗体的一种社会活动，其实质是如何处理人类遗体与环境的关系，更好地保护人类生存空间，促进人类社会健康和谐发展。我国的殡葬从“古之葬者，厚衣之以薪，葬之中野，不封不树，丧期无数”（《易经·系辞》）到“冢人以爵等为丘封之度与树数”（《周礼·春官》），再到以“冢上松柏”象征着中国古代身份等级制度在殡葬领域松弛瓦解，直到如今的植树葬、栽植殡葬纪念树等殡葬行为，体现了中国生态殡葬文化习俗的发展历程，也是人类社会发展过程中形成的优秀生态文化。

（2）生态殡葬文化习俗随着社会进步而发展。树在先民的观念中占有重要的位置，远古时代人类崇拜万物，出现了象征土神乃至祖先神的“社树”“社林”。汉末曹植“桂之树，得道之真人咸来会讲仙”是幻想通过具有神性的树而使人的灵魂升入天堂。古代树葬的出现就是随着人类意识形态的发展而出现的，如《周书·异域上》记载了莫奚人“死者则以苇薄裹尸，悬于树上”的树葬习俗。墓旁植树作为朴素的生态殡葬思想，是我国传统殡葬文化的重要内容，也是人类森林文化（植树造林文化）与殡葬文化的融合。墓旁植树是随着墓上筑坟丘而产生的中国墓葬史上巨大的变化。栽植殡葬纪念树早就成为中国传统文化中朴素的生态殡葬文化习俗，各民族的宗教信仰、社会心理、民风民俗等也往往从“在坟墓上树标记或纪念物”中得到反映。通过全民义务植树法规与生态殡葬文化习俗嫁接整合，把以栽植殡葬纪念树为基本内容的生态殡葬文化理念上升为殡葬与环境资源保护基本法律规范的范畴，使生态殡葬法制化，必将为人们所关心的殡葬与环境问题的解决提供一个全新的途径，树立人与自然和谐相处的先进的殡葬理念，使我国殡葬改革事业在构建社会主义和谐社会进程中作出积极的贡献。中华民族的生态殡葬观念有着悠久历史和优秀传统，在和谐社会背景下，创造性地弘扬优秀的传统殡葬文化，挖掘生态殡葬文化习俗的林学价值，创造出符合时代要求的生态殡葬模式，将公民殡葬权利与生态殡葬文化习俗有机结合起来，使传统殡葬方式侵占土地的“老大难”问题和生态殡葬文化习俗潜力挖掘不足的深层次问题得以解决，在推行殡葬改革的同时，推进国土绿化与环境整治的进程，实现人与自然和谐相处。

（二）生态殡葬的主要特征

1. 生态殡葬的思想特征

生态世界观决定了生态殡葬是在人与自然系统整体协调、和谐的基础上实现自身的功能。生态殡葬作为面向生态文明时代的人类殡葬活动方式，其内涵反映了生态文明的思想，它不仅需要对殡葬活动的物质环境、空间形态的重建、重构，还必须考虑社会功能、人类生态、道德伦理、文化价值，对传统殡葬文化、经济、技术等方面进行变革，特别是殡葬文化的创新。

（1）生态技术层次。以信息技术、新能源技术、新材料技术、生物技术和空间技术等为主要内容的生态技术革命，主张和其他生命物种相互依存、共同繁荣，对资源和能源进行可再生利用，投入少量的能量，产生很低的污染或完全没有污染，不以经济增长为唯一的目标，兼顾人类健康、环境保护目标，实现资源的多层次利用。生态殡葬对技术选择的基础不仅仅是技术的考虑和论证，而且还包括经济、文化、环境、能源和社会条件的标准。

（2）生态文化层次。生态文化是生态文明时代的主流文化形态，是一种以“非人类中心主义”为哲学指导思想，追求人与自然和谐共处、协同进化，实现经济社会可持续发展的文化形态。在精神或价值观层面，走出了“人类中心主义”，抛弃人与自然割裂、对立的思维方式，确立人与自然和谐共处、互相促进的可持续发展关系模式，培育和提倡生态价值观、生态伦理意识、生态保护意识、生态科技意识和尊重自然的态度。在物质层面，即在生产生活过程中，坚持生态效益、社会效益和经济效益三结合的原则，走无污染、零排放、节约、高效的道路，大力发展循环经济，提倡节约的生活方式和保护环境的生活习惯。在制度层面，即在政策法规、风俗习惯等各种社会约束中，建立保护生态环境的政策、法律、法规和管理办法，积极鼓励健康文明的社会习俗和生活方式，改革或禁止不利于生态环境保护的政策、法规以及风俗。

生态文化摒弃了人统治自然的思想，是一种人与自然协调发展的文化。生态殡葬承载着殡葬文化，展示着生态文明时代的价值、观念和理想，具有殡葬活动民主化、多样化、丰富性的特点，能够从人与自然整体的角度来协调、统一不同背景下文化的发展，不同信仰、不同种族、不同阶层的人能在特定区域内共同和谐地进行殡葬活动。

文化个性和文化魅力是生态殡葬的灵魂，生态殡葬从其文化观念意识的深处崇尚健康、节约、人道、平等、公正、民主、协调、共存、精神追求与物质满足的协调、多种文化的互补与渗透等，而反对浪费、掠夺、急功近利等。生态殡葬在发展过程中一方面保持传统文化精华的传承与动态发展的统一，另一方面在全球化浪潮中保存一种比较完整的具有民族、地域特色的文化生态。促进生态殡葬向可持续的生态系统演变，有利于国家提倡的生态园林城市建设和社会主义新农村建设，有利于促进人们传统殡葬活动方式及价值观念向环境友好、资源高效、系统和谐、社会融洽的生态文化转型。

体现现代文明的生态文化体系的主要任务是培养生态环境意识，提倡公众参与，规范和强化生态行为，建立完善的法规体系和管理体制。通过普及生态科学知识和生态教育，培育和引导体现物质文明、精神文明、生态文明的生产、生活和消费方式，形成爱护和保护资源与环境的生态价值观念。生态文化的建设要求人们从精神形态上转变思维方式，在全民全社会树立生态价值观、伦理道德和行为规范、充分体现人文关怀，形成良好的社会氛围；从物质形态上改变传统的生产方式、生活方式和消费方式，把开发、利用和保护三者统一起来；从制度形态上强化生态法律法规和政策制度建设，规范、约束人们和社会团体的行为，实现人与自然和谐共存。

（3）生态经济层次。工业经济发展模式是以最少的成本、最快的速度、最短的周期去谋求最多的利益，这种“外在化”的资源经济最大的缺陷在于过度使用自然资本和物质资本。生态经济建立的是一种以人力资本占主体的集约内涵式的知识经济，这种“内在化”的经济活动注重提高一切资源的利用效率，尽可能地实现资源的区内闭路循环，减少对外部环境的依赖，并实现外部“生态成本”的“内部化”，从根本上解决资源短缺以及资源可持续开发利用问题，实现以最少量的资源投入和最低限度的生态环境代价，为人们提供最充分、最有效的殡葬服务。

（4）生态文明层次。生态文明是继人类原始文明、农业文明、工业文明之后形成的迄今为止人类文明发展的新型文明形态，它以一种全新的视角来审视人与自然的关系，以尊重和维护生态环境为主旨，以可持续发展为根据，从维护社会、经济、自然系统的整体利益出发，强调人类在改造自然的同时必须尊重和爱护自然生态，注重提高生态环境质量，根据生态限度限制自身的发展，把物质生产、物质消费、资源消耗和污染水平控制在生态系统所能够承载的限度之内，以有效地解决人类经济社会活动的需求同自然生态环境系统供给之间的矛盾，实现人与自然环境的相互依存、相互促进、共处共融，促进经济社会、自然生态环境的可持续发展。生态文明的核心内容是在健康的政治共同体中，政府、个人与社会组织，将公共利益作为最高诉求，通过多元参与，在对话、沟通、交流中，形成关于公共利益的共识，作出符合大多数人利益的合法的决策。

2. 生态殡葬的本质特征

由于我国政策规定殡葬设施应利用荒山瘠地而建，因而殡葬设施是一个不完整的生态系统，其生态环境表现出以下特点：一是有限性，其空间有限（对人的容量）、资源有限（对人的物质要求满足程度有限）、调节能力有限（对污染物）。二是依赖性，殡葬设施作为城乡建设的一个“点”，其建设与管理离不开周边地域的资源和物质的供应。三是整体性，殡葬设施生态环境与其周边地域是一个不可分割的整体。生态殡葬与传统殡葬相比有着本质的差别，主要表现在以下四个方面。

（1）整体性。生态殡葬运用现代科学的管理手段与决策系统，在建设中坚持合理布局，不仅有良好的空间环境，而且还有适宜的人文和自然景观。生态殡葬不是仅仅追求环境优美或自身的繁荣，而是在整体协调的社会、经济和环境新秩序下寻求发展，注重经济发展与生态环境协调以及对人类殡葬活动质量的提高。

（2）高效性。生态殡葬一改传统殡葬“高能耗”“非循环”的运行机制，以循环经济为本，提高一切资源的利用效率，物质、能量得到多层次分级利用，实现废弃物循环再生和利用，使生态殡葬中所有能源和原材料保持清洁并得到充分利用，达到人、动物、植物之间的共生关系协调。

（3）持续性。生态殡葬以可持续发展思想为指导，合理配置资源，公平地满足现代与后代在发展和环境方面的需要，不因眼前的利益而采用“掠夺”的方式促进殡葬设施暂时的“繁荣”，以保证其健康、持续、协调地发展。中国的生态殡葬重视对传统知识的传承，不仅要求继承和发扬传统殡葬技术的精华，注意吸收现代科学技术，而且要求对整个殡葬技术体系进行生态优化，并通过一系列典型生态工程模式将技术集成，发挥技术综合优势，从而为我国传统殡葬向现代殡葬的健康过渡，实现以传统知识的继承为主走向传统精华与现代技术的融合。

（4）和谐性。生态殡葬的和谐性不仅反映在人与自然关系上，更重要的是反映在人与人的关系上。生态殡葬是一个优美的殡葬活动环境，更是一个满足人类殡葬需求、文化气息浓郁、富有生机与活力的生态环境。

三、生态殡葬的发展战略

（一）生态殡葬战略目标

建设生态殡葬的战略目标是通过对殡葬和生态环境有关的环节进行系统研究、规划、建设和管理，在建设绿色殡葬的基础上，进一步延伸和发展其环保功能，争取使殡葬不仅具有处置人类遗体、传承殡葬文化的功能，还要具有补偿、改善周围环境生态条件、美化生态环境、促进生态社会建设的功能，实现殡葬的生态化，为国家实现社会、经济和生态的现代化打下坚实的基础。

（二）生态殡葬战略重点

1. 注重生态殡葬规划

生态规划与建设是以生态学原理和可持续发展原理为指导，应用多学科的手段辨识、模拟和规划设计区域或城市人工复合生态系统内的各种生态要素和生态关系，确定资源开发利用与保护的生态适宜度和生态安全格局，探讨改善城市结构与功能的综合对策。生态规划与建设的目的在于从自然要素的规律出发，分析其发展演变规律，在此基础上确定人类如何进行社会经济生产和生活，有效地开发、利用、保护自然资源要素，促进社会经济和生态环境的协调发展。

针对我国殡葬与资源和环境日益突出的矛盾，对我国殡仪馆、公墓等殡葬服务机构以及农村殡葬环境进行生态调查，运用生态学、环境科学和可持续发展的原理与方法，分析、评价我国新时期殡葬改革与管理出现的突出问题，以殡葬、环境、和谐的有机结合为切入点，提出以生态殡葬为主题的现代殡葬理念并挖掘其深刻内涵，特别是人与环境和谐相处的丰富内涵，剖析其显著特征，以解决殡葬方式和殡葬活动与生态环境的矛盾和问题为核心，通过对殡葬方式、殡葬活动内容与生态环境有关的环节进行系统研究，把生态科技运用在殡葬全过程中，将生态学、环境保护学、土壤学等多学科的原理综合运用到遗体的运输、保存、整容、防腐、火化、安置和悼念等各项殡葬活动中，以环境承载力为基础，以生态殡葬的科学技术为手段，进行殡葬的全程生态化的安全控制，实现殡葬与社会、生态、科技、经济的协调和可持续发展，逐步确立以集人文关怀、生态保护和节约资源为一体的以生态殡葬为内涵的殡葬改革新体制和殡葬管理新格局，建立一个包含观念文化、技术范式、发展模式、经济、政治、社会制度等多个层面的生态殡葬体系，使殡葬与社会文化、生态文化、生态环境相协调，更好地促进社会和谐发展。

生态殡葬规划的主要内容应该包括规划期达到的目标、阶段安排和各阶段的目标、重大生态殡葬工程的安排等。

2. 扶持生态殡葬方式

殡葬方式有多种，都有各自的特点和优点，同样也有各自的缺点。从经济学的角度讲，它们之间有替代性，但属于弱替代性，也就是说，它们之间有叠加、有可替代的部分，但是，谁也不可能完全替代和被替代。要研究这些不同殡葬方式的特点和发展规律，寻找它们之间最佳的搭配关系。

政府必须通过“有形的手”，站在建设生态殡葬、生态社会、和谐社会的战略高度，调整殡葬结构，在发展规划、提供投融资政策、财税政策、价格政策等方面对高效、节能、低耗殡葬方式的发展给予支持。国家从法规、政策层面形成鼓励生态殡葬的机制，对公众选择生态殡葬方式的，给予一定的优惠政策，减免一部分费用，使之在与传统殡葬方式的竞争中有明显的价格优势。如辽宁省大连市的海葬全部实现了由政府买单，这种措施也应适用于树葬、花葬、草坪葬，鼓励大家树立节俭文明的殡葬观念，让不保留骨灰等生态的殡葬方式逐渐推开，从而真正使生者慰藉，逝者安息，为人类的生存留下必要空间。

3. 推行生态殡葬工程

生态殡葬工程就是在殡葬基础设施建设过程中，工程规划、工程设计、工程施工中高度重视生态问题，做到与环境保护措施同时进行，使殡葬工程项目形成美化国土、保护自然、改良环境和抵御灾害的殡葬生态系统：一是生态规划。即在规划阶段注意殡葬工程对社会发展、居民生活质量、现有公共设施、资源开发利用和项目区域内自然景观、人文景观的影响以及对野生动物、植物及栖息地、地表植被的破坏和水土流失、水利环境等的影响。二是生态设计。即在设计阶段要合理选择工程方案并与城市规划相协调，要注意保持原有的水网体系，要大力进行绿化、防尘、减噪。三是生态施工。即在建设阶段加强施工管理，主要考虑防噪（禁止超出国家标准的机械进入施工现场，同时加强维护，合理安排施工场所和施工时间）、防大气污染（加强材料堆场、码头的管理，对施工场地、料场及进出料场的道路等应经常洒水，减少可能的起尘）、防水污染（加强施工队伍生活污水和漏油的管理，施工垃圾要运到指定地点抛弃，对施工机械应定期检查）等。实施生态殡葬工程，可以提高殡葬基础设施的工程质量与抗灾能力，达到减少损失，保证殡葬和谐的目的。

4. 构建生态殡葬系统

生态殡葬系统是生态殡葬方式、生态殡葬设施和生态殡葬管理的综合，是生态殡葬发挥生态效能的舞台。生态殡葬的生态性正是通过生态殡葬系统展示出来，同时生态殡葬诸元素的综合作用会使系统的生态效能产生乘数效应。生态殡葬系统是一个完整的体系，是以生态学为理论基础，考虑生态和殡葬双重需求的前提下，在殡葬规划、建设和运营中，最大限度地降低因殡葬系统正常运转所造成的环境污染和资源消耗，形成的生态化的殡葬体系。

发达国家在殡葬发展过程中，经历了需求导向、效率导向和环境导向三个阶段，才逐步建立起生态殡葬系统。我国应充分借鉴西方发达国家的经验，采取高起点、高标准制定生态殡葬发展战略，又好又快地建成高质量的生态殡葬系统。要建立方便、快捷的多层次殡葬系统。殡葬以最低的环境代价、有限的资源实现提供高效率、高品质的殡葬服务。一般情况下，方便、快捷的多层次殡葬系统主要由经生态化改进后的殡葬运输工具、方便殡葬活动的设施布局、高效的殡葬管理系统综合组成。

在生态殡葬系统的建设中，建设和管理好殡葬设施是很重要的一个环节。殡葬设施占用了土地资源，恶化了生态空间，其建设必须考虑土地的有限性，既要考虑面积大、数量多，又要考虑生态性。因此要因地制宜，合理布局，要设置足够数量的公共设施。生态殡葬的规划、建设、管理与人们的日常工作、生活息息相关，因此，生态殡葬的建设离不开公众的积极参与。生态殡葬的公众参与需要公众提高自己的素质、改变自己的思想，建立有节制的殡葬观念，用符合生态殡葬的思想观念去改变自己的行为方式。

（三）生态殡葬战略举措

1. 加强殡葬污染治理

（1）减少废气排放。一是实施清洁燃油策略。采用排出废气中污染物数量较少的燃油，如清洁燃料等。二是严格排放标准的策略。强化火化设备排出气体管理规章，制定更加严格的火化设备排放标准，促进火化设备结构改善和技术革新。三是实施生态建设工程策略。改善殡葬设施布局结构，建设环保型殡葬设施，如设置绿化带以吸收废气。

（2）降低噪声污染。加强殡葬设施的规划工作，优化殡葬设施布局，使主要殡葬设施绕开居民区和住宅区，并采取措施减轻居民区、住宅区噪声；对于现在离城市太近的殡葬设施可以考虑搬迁，建设资源节约型、环境友好型的殡葬设施。

(3) 减少水体污染。造成殡葬水体污染的污染源主要是遗体防腐整容和殡葬活动用水。为减少殡葬引起的水体污染，重要的是加强殡葬的运营管理和工程建设项目管理中的环境保护以及有关的环保执法。

(4) 加强应急管理。加强殡葬污染源头的预防性技术和管理措施，加强地方及区域范围的环境监控，建立环境污染紧急救援系统，组织紧急救援团队，以处理可能的污染事件或事故。

2. 建设生态殡葬设施

生态是指一切生物在一定的自然环境下生存和发展的状态以及它们之间和它与环境之间环环相扣的关系，它侧重于环境的多元性、动态性、整体性、制衡性、消长性、综合性。生态殡葬设施的建设，要求发展低资源占用的殡葬方式，最大限度地发挥资源的效能，以尽可能地减少资源消耗。新的土地法对土地实行了更严格的用途管制和占补平衡制度，这既有利于土地资源的保护，同时也给殡葬业的发展带来了一定的影响。如何处理好殡葬发展与耕地保护的关系，成为影响可持续殡葬发展的重要因素。应当在地方和区域层面上整合殡葬和土地利用规划，协调各种殡葬方式的基础设施的规划建设，并与殡葬需求管理相结合，保证殡葬建设对土地的占用符合可持续发展的总体要求。

殡葬设施生态系统的生存与发展取决于其生命保障系统的活力，包括园区生态基础设施的承载能力和生态服务功能的强弱以及园区内外物质代谢链的闭合、循环和滞竭程度。殡葬设施可持续能力的提高和维持有赖于对殡葬设施环境、经济和文化因子间复杂的人类生态关系的综合规划及系统管理。生态殡葬设施的建设与发展应当贯穿景观生态理论，增强殡葬设施生态系统的稳定性，既满足当代人的需要，又对后代满足其需要的能力不构成危害的发展，亦即谋求经济、社会与自然环境的协调发展，减少资源损耗和环境污染，在保持和增强未来发展机会的同时满足当代人需求，提高殡葬设施整体服务质量。

生态殡葬设施要求布局合理、基础设施完善、环境质量高、社会环境稳定。生态殡葬设施建设是一个渐进、有序的系统发育和功能完善过程，一般都要经历生态卫生、生态安全、生态景观和生态文化等阶段。

(1) 生态卫生。生态卫生（Ecological sanitation）是应用生态学原理，以无害化、减量化、资源化为准则，建设生态卫生设施，将无害化处理后的废物合理地加以资源化利用，从而达到健康保护和生态平衡的目的。殡葬设施的生态卫生系统由技术和社会行为所控制，自然生命保障系统所维持的人与自然间的生态代谢系统，由相互影响、相互制约的殡葬环境系统、废物管理系统、卫生保健系统共同组成。通过采用生态导向、经济可行和环境友好的生态工程方法处理和回收殡葬活动废弃物，减少空气和噪声污染，以便为人们提供一个整洁健康的殡葬环境。

（2）生态安全。生态安全（Ecological safety）是指生态系统的健康和完整情况，是人类在生产、生活和健康等方面不受生态破坏与环境污染等影响的保障程度，包括空气质量与绿色环境等基本要素。狭义的生态安全概念是指自然和半自然生态系统的安全，即生态系统完整性和健康的整体水平反映。健康系统是稳定的和可持续的，在时间上能够维持它的组织结构和自治以及保持对胁迫的恢复力。若将生态安全与保障程度相联系，生态安全可以理解为人类在生产、生活和健康等方面不受生态破坏与环境污染等影响的保障程度。殡葬设施是人们进行殡葬活动的公共场所，因而要确保殡葬活动的生态安全，主要包括殡葬环境安全（空气、水、土壤的面源、点源和内源污染）、生命安全（生理、心理健康，社会治安和交通事故）、减灾（地质、流行病及人为灾难）等。

（3）生态景观。生态景观（Ecological landscape）是社会、经济、自然复合生态系统的多维生态网络，包括自然景观（地理格局、水文过程、气候条件、生物活力）、经济景观（能源、交通、基础设施、土地利用、产业过程）、人文景观（人口、体制、文化、历史、风俗、风尚、伦理、信仰等）的格局、过程和功能的多维耦合，是由物理的、化学的、生物的、区域的、社会的、经济的及文化的组分在时、空、量、构、序范畴上相互作用形成的人与自然的复合生态网络。它不仅包括有形的地理和生物景观，还包括了无形的个体与整体、内部与外部、过去和未来以及主观与客观间的系统生态联系。它强调人类生态系统内部与外部环境之间的和谐，系统结构和功能的耦合，过去、现在和未来发展的关联以及天、地、人之间的融洽性。生态景观规划旨在达到物理形态、生态功能和美学效果上的创新，遵循整合性、和谐性、流通性、自净能力、安全性、多样性和可持续性等科学原理，强调通过景观生态规划与建设来优化景观格局及过程，减轻殡葬活动对环境的影响。

（4）生态文化。生态文化（Ecological culture）是有关生态与文化关系的文化，就是从人统治自然的文化发展到人与自然和谐的文化。生态文化是指以生态价值观念、生态理论方法为指导形成的生态物质文化、生态精神文化、生态行为文化的总称。生态文化重要的特点在于用生态学的基本观点去观察现实事物，解释现实社会，处理现实问题，运用科学的态度去认识生态学的研究途径和基本观点，建立科学的生态思维理论。生态文化的任务体现在所有文化层次：在制度文化层次，改造传统社会没有自觉地保护环境的机制，却有自发地破坏环境机制的状况，通过社会关系和社会体制的变革，使环境保护制度化；在物质文化层次，通过新的技术形式（生态技术）的采用以及创造新的能源结构，实现社会物质生产和社会生活的生态化；在精神文化层次，使哲学、科学、道德、艺术和宗教沿着符合生态保护的方向发展，以便建设更加美好的新文化乐园，走向生态文化新时代。生态文化是物质文明与精神文明在自然与社会生态关系上的具体表现，是生态建设的原动力，殡葬设施生态文化的核心是影响人的价值取向和行为模式，启迪人的生态境界，诱导一种健康、文明的殡葬消费方式。

各地殡葬设施可根据自己的具体情况依以上四个层面制定发展目标，基础比较差的殡葬设施应从前两项抓起，而总体水平较好的殡葬设施则应重点抓好后两项建设。

3. 建立殡葬安全机制

生态殡葬建设不仅需要道德力量的推动，通过对人们进行长期的疏导、教育并制定必要的道德标准加以规范，更需要政府和权力机关出台必要的政策，制定相关法律法规来进行硬约束。低事故率的生态殡葬是和谐殡葬的一个组成部分，事故频发的殡葬既不是和谐的，也不是生态的。现在我国殡葬事故发生频率大大高于发达国家的现状，就是我国生态殡葬建设远未达标的重要标志。要加强殡葬安全方面的研究，建立和实施低事故率的殡葬机制。包括加强市场准入制度，加强市场安全管理和检查，引入经济手段来解决殡葬安全问题，建立处理殡葬事件和事故，保障殡葬安全的应急反应机制。在殡葬的各个环节，采取有效的组织、管理和技术上的措施，提高对重大灾害及突发事件的应对能力，尽可能地减少殡葬事故率和事故损失。

4. 发展生态殡葬科技

生态殡葬理念是经济基础发展到高级阶段（即第二次现代化阶段）而形成的意识形态，要想实现殡葬的生态化，必须发展殡葬环保科技，培养生态殡葬建设的人才。

（1）创设优化的生态殡葬政策环境，加大生态殡葬科技政府投人。建立促使科技人员投身生态殡葬建设的奖励机制，制定有利于殡葬环保科技成果推广的政策，妥善解决利益分配问题。进一步树立科技成果是商品的观念，调动科技人员的积极性和创造性。增强各级政府对殡葬环保科技投入的认识，形成多渠道、多形式、多层次的投入体系。在生态殡葬基础理论、区域生态殡葬环境建设等方面应以国家投入为主体。

（2）成立专门的生态殡葬研究机构，开展生态殡葬前沿理论研究。可以依托现有各科研院所和相关院校，建立全国殡葬环保科技的研究机构、信息网络中心，同时培育和发展技术市场，形成一个从基础研究到应用研究、试验发展、产业化和市场的有机完整的体系，逐步进入良性循环，大大提高科技实力，并逐步扩大国际殡葬环保科技合作与交流工作，加强双边、多边合作，多渠道争取合作项目和开展多种交流活动。没有正确理论指导的实践是盲目的，要想生态殡葬建设成功，必须下大力研究和建立殡葬生态理论。首先是要建立殡葬生态学。殡葬生态学就是通过研究殡葬系统、人、环境之间的相互作用关系和作用规律，优化殡葬系统的结构，实现殡葬系统、人、环境的和谐发展的科学。研究殡葬对生物圈的影响，殡葬环境因子、殡葬技术因子、殡葬经济因子和殡葬文化因子的关联关系、运动流程、发展机理，找出其中的规律，然后能动地控制它们。

（3）创建专业的生态殡葬教育机构，加大生态殡葬人才培养力度。首先，要建立培养生态殡葬理论和实践人才的院系和专业，加快相关人才的培养速度。其次，要组织中青年科研人员出国进修、考察、合作研究或培训，提高学术水平。再次，解决引进国外先进技术和智力，鼓励出国人员学成回国，为留学回国人员创造良好的环境条件。特别是要建立生态殡葬建设创新体系，形成由高层次人才组成，相关的科研院所、高等院校与企业实行联合，形成网络，互相协作的一个开发的整体。

只有符合自然发展规律、促进社会和谐发展的文明理念，才能得到社会的广泛认同和接受。随着国民环保意识的不断增强，生态化已被广泛地体现到新时期的各项建设当中，构建生态殡葬，以殡葬设施建设为载体，传递人们对自然的理解和尊重，积极促进社会生态文明建设，是时代和社会赋予人们的使命和责任。生态殡葬是在保护并改善生态环境的前提下，统筹考虑殡葬问题，按照生态经济学原理，运用现代科学技术成果和现代管理手段以及已有的殡葬改革和管理的有效经验建立起来的，能获得较高的生态效益和社会效益的现代殡葬模式。生态殡葬以协调人与自然关系为基础，把殡葬管理和生态环境治理与保护、资源高效利用融为一体，遵循“整体、协调、循环、再生”的基本原理，运用生态系统理论与生态经济规律和系统科学方法，建立生态优化的殡葬体系，特别是优化殡葬技术体系，更好地统筹考虑并解决殡葬问题，实现多目标综合决策，从而推动和谐社会的建设进程。只有统筹考虑殡葬改革和管理工作，建立生态殡葬的约束机制和保障机制，因地制宜地建立一套全新的、充分运用先进生态技术、先进设施设备和先进管理理念，以促进殡葬安全、生态安全、资源安全和提高殡葬综合效益的协调统一为目标，以倡导殡葬标准化为手段，合理利用自然资源，提高殡葬综合功能和生态环境的质量，才能破解殡葬改革和管理深层次的矛盾，在满足公众基本殡葬权益的前提下，提升殡葬活动质量，切实促进人类生存环境质量的提高，建设体制合理、社会和谐的殡葬文化以及生态健康、景观适宜的殡葬环境，以促进生态系统的稳定性和持续性，推动人类社会协调、可持续发展。

主要参考文献

［1］王朝闻．美学概论［M］．北京：人民出版社，1981.

［2］陈从周．说园［M］．上海：同济大学出版社，1984.

［3］宗白华等．中国园林艺术概观［M］．南京：江苏人民出版社，1987.

［4］张立文等．传统文化与现代化［M］．北京：中国人民大学出版社，1987.

［5］王耀辉．园林绿化［M］．北京：中国林业出版社，1987.

［6］余树勋．园林美与园林艺术［M］．北京：科学出版社，1987.

［7］周维权．中国古典园林史［M］．北京：清华大学出版社，1990.

［8］赵春林．园林美学概论［M］．北京：中国建筑工业出版社，1992.

［9］艾定增等．景观园林新论［M］．北京：中国建筑工业出版社，1995.

［10］陈凯峰．建筑文化学［M］．上海：同济大学出版社，1996.

［11］王夫子．殡葬文化学［M］．北京：中国社会出版社，1998.

［12］杨俊平．景观生态绿化工程设计模式研究［M］．北京：科学出版社，1999.

［13］杨世杰等．旅游观光与审美［M］．北京：长征出版社，1999.

［14］杨宝祥．殡葬设施建设与管理［M］．北京：中国社会出版社，2010.

［15］杨宝祥．现代殡葬生态文明建设研究［M］．北京：中国社会出版社，2013.